鄢敬新 著

鄭板橋評傳

青岛出版社

图书在版编目（CIP）数据

郑板桥评传 / 鄢敬新著 . — 青岛：青岛出版社，
2023.6
ISBN 978-7-5736-1022-5

Ⅰ.①郑… Ⅱ.①鄢… Ⅲ.①郑板桥（1693—1765）– 评传 Ⅳ.①K825.72

中国国家版本馆CIP数据核字(2023)第052997号

ZHENG BANQIAO PINGZHUAN
书　　名	郑板桥评传
作　　者	鄢敬新
书名题签	宋文京
出版发行	青岛出版社
社　　址	青岛市崂山区海尔路182号（266061）
本社网址	http://www.qdpub.com
责任编辑	郭东明　程兆军　梁　娜
制　　版	青岛乐喜力科技发展有限公司
印　　刷	青岛双星华信印刷有限公司
出版日期	2023年6月第1版　2023年6月第1次印刷
开　　本	16开（787mm×1092mm）
印　　张	27.5
字　　数	560千
书　　号	ISBN 978-7-5736-1022-5
定　　价	78.00元

编校印装质量、盗版监督服务电话　4006532017　0532-68068050

前 言

常言道:"谋事在人,成事在天。"意思是说,人能否成就某件事,自己说了并不算,还得看天意究竟如何。窃以为,此处所谓"天",其实并非指古代神话传说中诸如玉皇大帝、王母娘娘这些虚无缥缈所谓主宰人间众生命运的神仙,而是指欲成就此事须具备的各种机缘条件。也就是说,内因在外缘的触发之下,人所欲成就某件事的各种因素条件具足,就会水到渠成、瓜熟蒂落,自然而然地得到自己想要的结果。读者手中拿的这部《郑板桥评传》,便是例证之一。

农历壬寅春分(2022年3月20日)早上一觉醒来,我在思考拙著《弘一法师李叔同评传》出版之后,自己是否应该在深入钻研钟爱的弘一法师书体基础上,再兼学其他书家书体的问题时,那个身着长衫、其貌不扬、被称为"扬州八怪"之一的郑板桥,突然在我眼前一亮。我紧接着转念一想,这位被誉为"三绝诗书画"且于其中饱含真气、真意、真趣的郑板桥,难道不应该纳入自己的创作选题,付诸笔端好好描述一番,进而也撰写一部《郑板桥评传》吗?这看似忽发奇想,其实也有其必然性。通过这件事,我清楚地认识到:但凡世间所有的偶然,无不皆由其必然所孕育。当人们埋藏在内心的某种欲念在某种情境、某种因素的激发触动之下,所谓偶然,也就可能顺其自然地成为必然了。

家父鄢天祥,本名鄢立兴,字祥卿,山东青岛崂山人。抗日战争时期参加革命后,他因从事党的秘密工作需要而改现名。家父生于山东潍县并长于潍县,直到他参加台儿庄大战身负重伤后,才返回原籍青岛崂山。家父小时候在潍县私塾上学读书时就钟爱书画艺术,每当他与人谈及清代曾经担任过潍县知县郑板桥的书画艺术成就时,更是如数家珍,对其钦敬有加。家父工作之余学习临摹郑板桥书画所创作的书画艺术作品,形神酷似,足以乱真,因此也常被书画艺术圈内的明眼人称赞为极具"板桥遗风"。由于深受家父熏陶，耳濡目染，我从小也对郑板桥创作的一些书画作品耳熟能详，并且在大学毕业参加工作之后，也经常找来自己喜欢的范本临摹，学习书法、绘画和篆刻艺术。

一念既起，说干就干。壬寅春分那天早饭后，我在完成例行的核酸检测之后，便将自己多年来收藏的与郑板桥相关的所有文献资料统统从书架中检出，认真阅读起来。午休之后，我更是为自己考虑到"郑板桥评传"这个选题而兴奋不已，在一种无法抑制的创作冲动的指使下，当天下午便将自己手头上正在撰写的一部长篇纪实文学作品暂时搁置，全力以赴地投入《郑板桥评传》创作中去。白天满怀激情敲击电脑键盘笔耕不辍，晚上躺在床上，满脑子也都在思考与其相关的问题，甚至梦中也是如此。随着撰写进程的逐步深入，脑海中积累的资料也日渐丰富详尽，使得原先在脑海中轮廓模糊的郑板桥形象，逐渐清晰起来。

清代张维屏在《松轩随笔》中说："板桥大令有三绝，曰画，曰诗，曰书；三绝之中有三真，曰真气，曰真意，曰真趣。"

窃以为，郑板桥的"真气"，主要体现在他创作的文章、诗词、家书、杂著等方面。作为一个仅为七品芝麻官的清代知县郑板桥，能创作出关注民生疾苦、关怀百姓生活的"衙斋卧听萧萧竹，疑是民间疾苦声。些小吾曹州县吏，一枝一叶总关情"和虽然身处逆境，遭受挫折然却不怕困难、勇于斗争的"咬定青山不放松，立根原在破岩中，千磨万击还坚劲，任尔东西南北风"这等脍炙人口的诗作，的确难能可贵。因此，也使得大多数人耳熟能详，并广为传颂。郑板桥还将自己在山东范县和潍县担任知县期间的所见所闻，通过自己创作的诸如《范县诗》《逃荒行》《还家行》《潍县竹枝词》等诗词作品呈现出来，真实地反映了所谓"康乾盛世"中社会民众的现实生活，成为研究清史学者不可或缺的重要史料。除此之外，郑板桥还在《板桥自叙》中，对自己曾经的一些以如今道德行为准则来衡量应该算作龌龊的糗事，直言不讳。这也从另一个侧面反映了郑板桥的"真气"所在。

郑板桥的"真意"，主要体现在画作及其题记方面。郑板桥所画兰、竹、石，最为人们称道。郑板桥画作中所描绘的这些自然之物，经郑板桥在创作过程中对其精心加工提炼，取其精神，所展示出来的艺术画面却又明显高于现实自然。这些画作不仅给人以清风拂面的艺术享受，其中也蕴含彰显文人士大夫道德修养、操守气节的哲学思想及其观念。例如，郑板桥在画兰时，常将所画之兰与荆棘"同框"，以此来说明君子能容纳小人的深刻寓意。

郑板桥的"真趣"，则主要体现在他自称"将汉八分杂入楷行草"的所谓"六分半书"的书法方面。郑板桥那看似"乱石铺街"的书法样式，实际上也成为他彰显真趣、别具一格、自成一家的独特艺术符号。

坊间关于郑板桥的研究著述，可谓连篇累牍，数不胜数，然概括起来，可以大致分为三类：一是具有文献资料性质的典籍，一是展示郑板桥诗作、词作、书作、画作的图片类集册，还有一些则是根据郑板桥的生平轶事所铺陈演绎具有文学性质的故事小说。

窃以为，当代关于郑板桥研究文献资料类著述所取得的成果中，尤以周积寅《郑板桥年谱》和卞孝萱《郑板桥全集》（增补本），用功为深，成就为最，值得钦敬赞叹。毋庸讳言，我在撰著这部《郑板桥评传》过程中参考引用相关资料时，却发现其中错、倒、衍、漏和自相矛盾等不当之处，竟然也有上百处之多。而在展示郑板桥书画艺术作品的图片类集册中，长城出版社出版的《郑板桥书画集》，既有书法，也有绘画，而且图片均系彩色印刷，可以较好地反映出郑板桥书画艺术成就的基本面目。然令人倍感遗憾的是，在为其所作的文字注释中，却错误百出。

毫无疑问，欲撰写一部能够经得起长期检验的历史人物评传，绝非易事。而给被誉为"三绝诗书画"的郑板桥撰写评传，更是难上加难。除了至少应该具有历史、文学、哲学、宗教诸方面的研究功底，还需要具有诗词、书法、绘画、篆刻等若干艺术方面的修养。郑板桥诗作、词作、书作、画作中，涉及天文、地理、人物、朝代、典故等诸多方面的知识，可谓包罗万象。如不对其加以简要解读说明，会令某些读者感觉不知所云。

好在这些年，我一直在从事中华古籍整理研究工作，通过对古籍标点校勘、文稿审校，以及撰写诗书画印等文学艺术方面的著述，积累了些许经验，这也为撰写这部《郑板桥评传》奠定了基础。加上自己有数十年购买收集的数千册近万卷藏书作为资料支撑，我才不揣谫陋，斗胆以周积寅《郑板桥年谱》为主要线索，参考上海古籍版《郑板桥集》、卞孝萱《郑板桥全集》（增补本）以及众多相关资料（详见附后《参考文献》），并采录《郑板桥书画集》中部分彩色图片，对所发现此前关于郑板桥研究相关文献资料中的若干谬误加以匡正，进而试图全方位、多视角、立体地展现郑板桥的生平行迹、心路历程和艺术成就，力求更加真实地还原郑板桥的本来面目。然由于本人水平所限，疏漏不当之处在所难免，敬祈读者方家，不吝赐教。

目 录

一、三十未立心茫然 …………………………………… 001

二、卖画扬州梦十年 …………………………………… 025

三、求取功名与交游 …………………………………… 055

四、山左知县七品官 …………………………………… 133

五、三绝风流美名传 …………………………………… 298

后　记 ………………………………………………… 424

参考文献 ……………………………………………… 425

一、三十未立心茫然

清康熙三十二年癸酉（1693）十月二十五日子时，江苏扬州府兴化县东门外古板桥清苦塾馆先生郑之本家中，突然传来一声令全家人喜不自胜的新生儿啼哭。这个呱呱坠地的新生儿，便是本名郑燮，字克柔，号理庵，又号板桥、板桥道人、板桥居士的本书传主郑板桥。

·郑燮故居（兴化昭阳镇东门郑家巷）

郑燮有一枚由杭州身汝敬为其所刻的"雪婆婆同日生"白文常用印，说的就是郑板桥的生日。所谓"雪婆婆"，系古代神话故事中负责掌管人间瑞雪的天象神灵，她根据天帝旨意，布施人间瑞雪。民间传说，雪婆婆的生日为农历十月二十五日。郑燮在《板桥先生印册》中对此记载道：

雪婆婆同日生

杭州身汝敬刻。

俗以十月廿五日为雪婆婆生日，燮与之同日生，故有是刻。或以不典为诮，予应之曰：古之谚语，今之典；今之谚语，后之典。"宫中作高髻，四方高一尺"。真成俗语而今为典矣。

· 郑燮常用印"雪婆婆同日生"（清代身汝敬刻）

古代文人，除了名，通常还有字与号。名，是一个人在社会上使用的特称符号，通常用以自称或者供长辈称呼晚辈；字，一般是对名的解释和补充，或与名意思相近，或延伸，或相反，总之在意义上是相表里的，因此又称为"表字"。对平辈或长辈称字，则表示礼貌和尊敬；若对长辈或者不熟的平辈直呼其名，会被认为是一种十分不恭敬的行为。一个人的名与字，大都是由长辈定的；号，通常则是由自己或外人为之取的。

文人取号的习俗，始自周代。宋以后，文人之间大多以号相称。明清时代，取号已成为风尚。文人或以居所（书斋）为号，或以个性或名句为号，或以籍贯官职为号。例如，人们以其籍贯，称唐代韩愈为韩昌黎，称柳宗元为柳河东；以其官职，称王维为王右丞，称韦应物为韦左司。而称苏轼为苏东坡，称郑燮为郑板桥，则都是以其别号来称谓的。由此可见，古代许多功成名就的文人，或以名行于世，或以字行于世，或以号行于世。由于郑燮以别号板桥行于世且广为人知，因此本书采用"郑板桥评传"作为书名。

· 郑燮常用印"扬州兴化人"（清代潘西凤刻）　· 郑燮常用印"板桥居士"（清代郭伟勋刻）

郑燮的先世，历居苏州。直至明代洪武年间，其先祖方才迁至兴化城内汪头居住。兴化位于江苏省中部，古称昭阳，又名阳山、楚阳、楚水，今归江苏省泰州市管辖。五代十国时十国政权之一杨吴（902—937）曾于此置县，治所即在兴化。南宋绍兴五年（1135）废，十九年复置。兴化境内，地势低洼，河湖纵横，号称水乡。

· 清代兴化城池图

据嘉庆年间所修《昭阳郑氏族谱》记载，郑燮的先祖郑重一、重二兄弟，"洪武年间，自苏州阊门播迁兴化，住居汪头"。

明太祖朱元璋登基之后，采取给予没有田地耕种的穷苦细民以耕牛、种子、舟船、粮食，且三年不征其税的方法，从苏州、松江、嘉兴、湖州、杭州这些人口稠密之地，向人口相对稀少、土地充裕的安徽凤阳及其周边一带县乡移民，以开垦闲置土地，增强综合国力，改善民生。据明《太祖高皇帝实录》卷五三记载，洪武三年（1370）六月辛巳，"上谕中书省臣曰：'苏、松、嘉、湖、杭五郡，地狭民众，细民无田以耕，往往逐末利，而食不给。临濠（凤阳），朕故乡也，田多未辟，土有遗利。宜令五郡民无田产者，往临濠开种，就以所种田为己利，官给牛、种、舟、粮，以资遣之，仍三年不征其税。'于是徙者凡四千余户。"

兴化在明代属扬州府高邮州，距离临濠不远。郑燮的先祖郑重一、重二兄弟俩，或是在当时见移民去临濠的人数过多，又改迁至兴化的。另外，通过《昭阳郑氏族谱》"（郑重二）同兄迁来，闻后又去江西九江府"的记载，可知郑燮系出于郑重一长门一支。《昭阳郑氏族谱》中关于郑重一长门这一支，记载如下：

郑重一—从宜—廷秀—以德—良玉—轩（水村，子昂）—鹤龄（海汀）—大元（寅川）—毓瀛（昆明，淑才）—名驹（九逸）—新万（长卿）—湜（清之）—之本（立庵，梦阳）—燮（克柔，板桥）—田（砚耕）—镕（范金）

卞孝萱《郑板桥全集》（增补本）将《昭阳郑氏族谱》中"郑重一"误作"郑重"。

《昭阳郑氏族谱》中还有关于八世郑大元"幼报农民",九世郑毓瀛"文林郎",十世郑名驹和十一世郑新万皆系"文庠",十二世郑湜"儒官",郑之本"廪生"的记载。

所谓"文林郎",系散官名,于隋文帝开皇六年设置。品级历代变化。至明、清时,用来授正七品文官。所谓"文庠",又称庠序,指学校。在庠序读书的生员,一般称为庠生。所谓"儒官",一般指古代在政府任职的儒客,或指掌管学务的官员以及官学教师。所谓"廪生",是指由府、州、县按时发给银子和粮食以补助生活的廪膳生员。按照如今的说法,就是国家发给助学金以助其学习者。由此可见郑燮的先祖们,处于从田间辛苦劳作的农民向学人士大夫转变的过程之中。

郑燮在乾隆十四年(1749)57岁时于潍县所作述已平生志趣颇详的《板桥自叙》中写道:

兴化有三郑氏,其一为"铁郑",其一为"糖郑",其一为"板桥郑"。居士自喜其名,故天下咸称为郑板桥云。

窃以为,郑燮此处所谓"铁郑"之"铁"和"糖郑"之"糖",或系与其所从事的职业相关。由于兴化乃水乡,此处所谓"板桥",应系古代以木板搭建方便人们通行的小桥。清代刘熙载等《重修兴化县志·舆地志·公署桥梁》:"古板桥东门外。邑人郑进士居此。按今易板以砖。"由此可见,尽管后来这座木板桥被改建为砖桥,但仍称古板桥,后被拆除。1982年寻见古板桥桥碑,与咸丰《兴化县志》所载相符。

郑燮的曾祖父郑新万,字长卿,庠生。娶吴氏、陈氏。郑燮的祖父郑湜,字清之,儒官。祖母蔡氏,系兴化县人蔡灵皋室女。郑湜与妻子蔡氏,育有二子。长子郑之本,生于康熙十二年癸丑(1673)十月初四日未时,字立庵,号梦阳,娶淮安府盐城县人汪翊文室女汪氏为妻,生子郑燮。郑湜的次子郑之标,生于康熙十四年乙卯(1675)二月十一日巳时,字省庵,娶江氏为妻,生子郑墨。

李一氓《郑板桥判牍》中载录了他从济南得到的郑燮亲笔书写自家三代两纸图片。郑燮写道:

祖父湜,殁。系江苏扬州府兴化县人,未仕,未经受封。
祖母蔡氏,殁。系江苏扬州府兴化县人,蔡灵皋室女,并无再醮,未经受封。
父之本,殁。系江苏扬州府兴化县人,廪生,未经受封。
母汪氏,殁。系江苏淮安府盐城县人,汪翊文室女,并无再醮,未经受封。

继母郝氏，殁。系江苏淮安府盐城县人，郝林森室女，并无再醮，亦未受封。

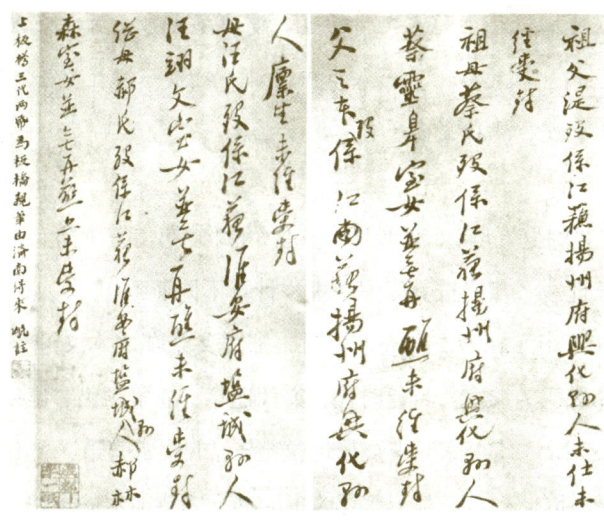

·郑燮亲笔书三代两纸

李一氓于该图片后作注："上板桥三代两纸，为板桥亲笔。由济南得来。氓注。"

郑燮的外祖父汪翊文，江苏淮安府盐城县人，奇才博学，隐居不仕。生女一人，即郑燮生母汪氏。郑燮在《板桥自叙》中写道：

> 板桥外王父汪氏，名翊文，奇才博学，隐居不仕。生女一人，端严聪慧特绝，即板桥之母也。板桥文学性分，得外家气居多。

康熙三十五年丙子（1696），郑燮生母汪氏病逝。郑燮在康熙六十一年壬寅（1722）30岁时所作叙述自己身世的《七歌》中，对母亲病殁自己不知还登床呼母索乳之事有所描述，可谓情真意切，字字催泪，句句扎心。郑燮在《七歌》第二首中写道：

> 我生三岁我母无，叮咛难割襁中孤。登床索乳抱母卧，不知母殁还相呼！儿昔夜啼啼不已，阿母扶病随啼起；婉转噢抚儿熟眠，灯昏母咳寒窗里。呜呼！二歌兮夜欲半，鸦栖不稳庭槐断！

郑燮生母汪氏去世后，郑燮由乳母费氏抚育。费氏，系郑燮祖母蔡太孺人之侍婢，善良仁厚，对郑燮百般照顾，慈爱有加。郑燮在乾隆二年丁巳（1737）45岁时所作《乳母诗·序》

中对此写道：

> 乳母费氏，先祖母蔡太孺人之侍婢也。燮四岁失母，育于费氏。时值岁饥，费自食于外，服劳于内。每晨起，负燮入市中，以一钱市一饼置燮手，然后治他事。间有鱼飧瓜果，必先食燮，然后夫妻子母可得食也。

郑燮此处所谓"燮四岁失母"，似乎与郑燮在《七歌》第二首中所写"我生三岁我母无"，自相矛盾。窃以为，此或系郑燮按其周岁、虚岁计算不同所致。

清康熙三十六年丁丑（1697）郑燮5岁时，郑燮父亲郑之本又迎娶了江苏淮安府盐城县郝家庄郝林森室女郝氏为继室。封建时代，灾荒连年、战争频仍、瘟疫时来、缺医少药，社会人均寿命仅有三四十，使得家庭中继母现象比较常见。常言道"人不为己，天诛地灭"，厚己薄人乃人之常情。因此，人们对于恶毒凶狠的继母虐待前窝的现象，也早已司空见惯、见怪不怪了。尽管社会上继母贤者鲜见，但也并非绝无仅有。幸运的是，郑燮继母郝氏过门后没有生育，因此将郑燮视为己出，像亲娘似的对他百般疼爱。郑燮有时在家中缺粮少柴自己吃不饱时，竟然将继母郝氏当作埋怨发泄对象，甚至耍性子。郑燮在《七歌》第三首后半段中写道：

> 时缺一升半升米，儿怒饭少相触抵。伏地啼呼面垢污，母取衣衫为潾洗。呜呼！三歌兮歌彷徨，北风猎猎吹我裳！

郑燮之父郑之本曾经居家设塾馆授徒。郑燮到了五六岁时，也跟随父亲郑之本在塾馆读书。郑燮在《板桥自叙》中写道：

> 父立庵先生，以文章品行为士先。教授生徒数百辈，皆成就。板桥幼随其父学，无他师也。

郑燮于此期间，自立雄心壮志，发奋刻苦学习，不苟同俗。他时常与同学徐宗于、陆白义等人，日夕征逐。有时聚于古庙中论诗谈文，至二三鼓不去；或又骑在庙门前石狮子脊背上，论兵起舞，纵言天下之事。不过，郑燮此时毕竟年幼，刚愎自负，时常目空一切、口出狂言、漫骂无择，惹得街坊众邻对其侧目相看。甚至还有不少家长告诫自己的孩子，远离这个其貌不扬的郑燮，不要与其交往玩耍。好在此时的郑燮，虽然好高骛远、目空一切，尚能沉下心来刻苦读书。当时有不少人认为，郑燮之所以读书能过目不忘，是由于其记忆力超强，脑子好用，但郑燮对此不以为然。他认为自己之所以能够将学习的文章记得牢，并非善于记忆，而是善于诵读。每读一书，必千百遍，乃至行住坐卧，手不释卷；甚至食忘匕箸，对客不听其语，是在如此狠下了一番功夫之后，方才记住的。郑燮在《板桥自叙》中对此写道：

> 幼时殊无异人处，少长，虽长大，貌寝陋，人咸易之。又好大言，自负太过，漫骂无择。诸先辈皆侧目，戒勿与往来。然读书能自刻苦，自愤激，自竖立，不苟同俗，深自屈曲委蛇，由浅入深，由卑及高，由迩达远，以赴古人之奥区，以自畅其性情才力之所不尽。人咸谓板桥读书善记，不知非善记，乃善诵耳。板桥每读一书，必千百遍。舟中、马上、被底，或当食忘匕箸，或对客不听其语，并自忘其所语，皆记书默诵也。书有弗记者乎？

郑燮在读书学习过程中，对自己学习的内容也有所选择，唯求其精，不求多滥。而对自己喜爱的诗文，却无不细读。郑燮在乾隆二十五年庚辰（1760）68岁时于扬州汪氏文园所作又一述己平生志趣颇详的《板桥自序》中对此写道：

> 板桥居士读书求精不求多，非不多也，唯精乃能运多，徒多徒烂耳。少陵七律、五律、七古、五古、排律皆绝妙，一首可值千金。板桥无不细读，而尤爱七古，盖其性之所嗜，偏重在此。《曹将军丹青引》《渼陂行》《瘦马行》《兵车行》《哀王孙》《洗兵马》《缚鸡行》《赠毕四曜》，此其最者；其余不过三四十首，并前后《打渔歌》，尽在其中矣。是《左传》，是《史记》，似《庄子》《离骚》，而六朝香艳，亦时用之以为奴隶。大哉杜诗，其无所不包括乎！

卞孝萱《郑板桥全集》（增补本）将《板桥自序》题作《板桥后序》。

由于当时连年的旱涝灾荒，使得郑家拥有的微薄田亩连年歉收；郑燮父亲郑之本所设的塾馆学生也越来越少，学生们送来的束脩也大不如前，使得郑家原本捉襟见肘并不宽裕的日子更加拮据。郑之本是一个沉潜在故纸堆中埋头钻研学问的人，读书、教书构成了使他与世隔绝的另一个世界，世间的饥馑与扰攘，动摇不了他自己独有的这方天地。郑家老少的日常生活，似乎也与他毫不相干，全靠继室郝氏一人筹划打理，实属不易。

康熙三十八年己卯（1699），郑燮7岁。是年二月，康熙皇帝第三次南巡，至扬州、苏州、杭州等地，五月返京。

是年，郑燮乳母费氏为生活所迫，在其夫婿多次要她辞工跟随外出重谋生活出路的情况下，不得不离开了郑家。临行前几日，费氏每每念及郑家老少对自己宽厚仁慈，时常落泪。她除了为郑燮祖母蔡太孺人和郑燮洗补旧衣物、汲水盈缸外，还买来数十束柴薪积存灶下。费氏悄然离去的那天清晨，郑燮入其室寻找费氏，只见室内除了破床败几纵横之外，空空如也；当他掀开锅盖一看，锅里放着自己平日喜欢吃的饭菜，尚有余温。郑燮见状，痛哭不食。郑燮在《乳母诗·序》中对此写道：

> 数年，费益不支，其夫谋去，乳母不敢言，然长带泪痕。日取太孺人旧衣溅洗补缀、汲水盈缸满瓮，又买薪数十束积灶下，不数日竟去矣。燮晨入其室，空空然，见破床败几纵横，视其灶犹温，有饭一盏，菜一盂，藏釜内，即常所饲燮者也。燮痛哭，竟亦不能食矣。

乳母费氏离开郑家之后，郑燮被送到祖母蔡太孺人侄女蔡氏二表姑母家抚养，前后住了大约三年。郑燮成人之后，念念不忘自己小时候蔡氏二表姑母照顾自己的恩情，经常回忆自己幼年于其家生活时，蔡二姑母"月淡灯寒夜正长，罗帏空复绣鸳鸯"；而自己则如同一只玩耍一天累了的"孤雏"，躺在姑母床上"被底孤雏惟解睡"的情景。

康熙四十一年壬午（1702）郑燮10岁时，乳母费氏又重返郑家帮佣后，郑燮便从蔡氏二表姑母家返回自家居住。但由于此时郑燮父亲郑之本正在盐城大丰西团塾馆教书，因此他常与叔父郑之标一起生活。关于郑之本在西团设塾馆一事，郑燮在雍正十一年癸丑（1733）所作《行书恭祝子功八十二寿通屏》中曾写道："先君子馆西团，常过小海造先生之庐而谒焉。"

由于郑之标与江氏婚后很长时间未有生育，因此对侄子郑燮视为己出，关怀备至。每当郑燮在外面惹事被人找上门来时，叔父总是将其藏匿庇护，为其护短论长。当郑燮读书厌倦时，叔父总会为其偷懒脱身寻找借口，带其外出游玩。郑燮夜里跟随叔父在一张床上睡觉尿床时，叔父不厌其烦披衣起床，将其从尿湿的被窝中移至干燥被褥中，处处显露出对侄儿郑燮的疼爱。郑燮在《七歌》第四首中写道：

> 有叔有叔偏爱侄，护短论长潜覆匿，倦书逃药无事无，藏怀负背趋而逸。布衾单薄如空橐，败絮零星兼卧恶，纵横溲溺漫不省，就湿移干叔夜醒。呜呼！四歌兮风萧萧，一天寒雨闻鸡号。

康熙四十二年癸未（1703），郑燮 11 岁。是年正月，康熙皇帝第四次南巡，三月回京。

为了使读者更好地对与郑燮相关的历史人物有所了解，本书将以简历的方式对相关人物予以介绍。

是年，画家蒋廷锡登进士。蒋廷锡（1669—1732），字扬孙，一字西君，号西谷，又号南沙，江苏常熟人。周积寅《郑板桥年谱》将"蒋廷锡"全部误作"蒋廷锡"。

是年，费氏之子俊谋得八品官操江提塘官一职，屡至郑家迎请费氏回家奉养。"操江提塘"，乃清时江防大员的驻京传信官职之名。其中"操江"，即管领江防的官吏之职名；"提塘"，即操江或各省派驻京城、传递本部文书的传令官职名。然费氏念于郑家忠厚本分，一向待己不薄，甘愿继续留在郑家照顾蔡太孺人和郑燮而坚辞不往。郑燮对乳母费氏抚养自己成人的恩典亦没齿难忘。

郑燮 3 岁丧母，在继母郝氏、乳母费氏、二表姑母蔡氏以及叔父郑之标的关爱抚育下，度过了童年和少年时代。这也对其性格和心理特质的养成，具有极大的影响。诚如郑燮后来在《署中示舍弟墨》中所说，自己"少予失教，燥率易轻。水衰火炽，老更不平"，并由此使得他对社会、对人生进行深入思考，逐步形成了自己独特的思维模式和行为模式。人们常说"性格即命运"，郑燮的这种性格和心理特质，对其一生产生了巨大的影响。

当时如果想通过科举进身，必须进入府学、州（直隶州）学或县学读书才行。康熙四十三年甲申（1704）郑燮 12 岁时，被父亲送至真州毛家桥读书。

真州即清代由江苏扬州府所辖的仪征县，地处江苏中部偏西，位于长江北岸，邻近安徽，为东南水运要冲。宋代真州的繁华程度，远在扬州之上。宋朝的第三位皇帝宋真宗赵恒，曾下诏在仪征熔铸远祖皇帝的金像。由于仪征此次按照皇帝之诏所熔铸这些皇帝金像仪容逼真，深受赵恒喜爱，遂将仪征命名为"真州"。毛家桥，又称茅家桥，道光刊本《仪征志》中记载："在县东北卅五里，近江都界。"

以当时社会的交通状况来说，从兴化到真州的路途，可谓遥远。郑燮日夜兼程，至为艰辛。这一点，通过郑燮在赴真州途中所作《晓行真州道中》诗，可见一斑。其中写道：

僮仆飘零不可寻，客途长伴一张琴。五更上马披风露，晓月随人出树林。麦秀带烟春郭迥，山光隔岸大江深。劳劳天地成何事，扑碎鞭梢为苦吟。

值得一提的是，诸多典籍著述中对于郑燮去真州毛家桥读书的具体时间，多有分歧。卞孝萱《郑板桥全集》（增补本）中，将时间记为康熙四十七年戊子（1708）郑燮 16 岁时。

而上海古籍版《郑板桥集》中所附《郑板桥年表》，则将郑燮赴真州毛家桥读书的时间记为康熙四十八年己丑（1709）郑燮17岁时，并注曰："因年月无考，姑系于此。"窃以为，周积寅在其所著《郑板桥》附录一《郑板桥年表》中于"康熙四十三年甲申（1704）十二岁"条下所记"约于是年，读书于真州之毛家桥"的说法，比较可信。郑燮曾在《郑板桥集·题画·为马秋玉画扇》中写道："余少时读书真州之毛家桥。"一般而言，人的年龄，大致可以分为婴儿、童年、少年、青年、壮年、老年等不同时段。少年，通常指的是10岁至15岁的时段。若依郑燮父亲郑之本当时靠开塾馆教学为生的思想观念和当时郑家的生活条件，让12岁的郑燮前往真州读书，应该与理相合。

一般而言，绝大多数人对于自己儿时的生活状况和情景，总会记忆深刻，终生难忘。郑燮日后也经常回忆起自己少年时代在真州毛家桥读书时的情景。郑燮在《郑板桥集·题画·为马秋玉画扇》中写道：

　　余少时读书真州之毛家桥，日在竹中闲步。潮去则湿泥软沙，潮来则溶溶漾漾，水浅沙明，绿荫澄鲜可爱。时有鲦鱼数十头，自池中溢出，游戏于竹根短草之间，与余乐也。

康熙四十四年乙酉（1705），郑燮13岁。是年正月，康熙皇帝玄烨第五次南巡，至杭州，闰四月回。是年，王原祁升侍讲学士，入值南书房，充书画总裁；彭定求、曹寅等编《全唐诗》九百卷成书；明末清初著名书画家朱耷卒。朱耷（1626—1705），本名朱统𨨗，字刃庵，号八大山人、雪个、个山、人屋、道朗等，江西南昌人。朱耷是明太祖朱元璋第十七子朱权的九世孙，明亡后削发为僧，法名传綮。后改信道教，住南昌青云谱道院。擅书画，能诗文，早年书法取法黄庭坚。花鸟以水墨写意为主，形象夸张奇特，笔墨凝练沉毅，风格雄奇隽永；山水师法董其昌，笔致简洁，有静穆之趣，得疏旷之韵。

康熙四十五年丙戌（1706），郑燮14岁。是年，郑燮继母郝氏病逝。郑燮闻知噩耗，至为心酸，涕泗横流。在短短十年之中，郑燮生母汪氏和继母郝氏的相继离世，使郑燮深深感受到了人生短暂、生离死别的愁苦，以及自己孤独无依的滋味。郑燮便将自己思念继母郝氏在郑家辛勤操持家务、竭尽全力免使全家遭受饥寒之苦的辛劳，以及当时自己少不更事，一一付诸笔端。郑燮在《七歌》第三首前半段写道：

　　无端涕泗横阑干，思我后母心悲酸。十载持家足辛苦，使我不复忧饥寒。

康熙四十六年丁亥（1707），郑燮15岁。是年正月，康熙皇帝第六次南巡，至杭州，五月返京。是年，后来被称为"扬州八怪"之一的金农，读书于书法家何焯家。何焯，字屺瞻，号义门，长洲（今江苏苏州）人。康熙四十二年（1703）进士，授编修。博览群书，长于考订。校勘古碑版最精。喜临摹晋、唐法帖，所作真、行书入能品。与姜宸英、汪士铉、陈奕禧，称"四大书家"。著有《何学士题跋》。

康熙四十七年戊子（1708），16岁的郑燮从真州毛家桥重返兴化，从乡贤前辈陆种园先生学习填词。郑燮在《词钞·自序》中写道：

陆种园先生讳震，邑中前辈。燮幼从之学词。

陆种园，名震，字仲远，又字仲子，号榕村、北郭生、蓼村、种园，江苏兴化人。刘熙载等《重修兴化县志·人物志·文苑国朝》："陆震，字仲子，一字种园。廷抡子。少负才气，傲睨狂放，不为龊龊小谨。宋冢宰荦巡抚江南，期以大器。震澹于名利，厌制艺，攻古文辞及行草书。性孤峭，贫而好饮，辄以笔质酒家，索书者出钱为赎笔。家无儋石储，顾数急友难。某负官钱，震出其先仪部奉使朝鲜方正学辈赠行诗卷，俾质金以偿，后遂失之，某恶甚，震曰'甑已破矣'，与其人交契如初。诗工截句，诗余妙绝等伦，郑燮从之学词焉。所填甚夥，身后无子，稿半佚，同里刘宗需搜罗荟萃，属休宁程某锓版行世。"

一生落拓、半世伴狂的陆震，系宋元时期兴化"四大家族"之一绿荫堂陆氏后人。陆震之父陆廷抡（字悬圃），是当时地方上有名的诗人。明亡后，陆廷抡誓做一个不忘故主的遗民，闭门著述，读书不仕。陆震是陆廷抡次子，故字"仲子"，又以号"北郭生"标明自己是土生土长的北门人。陆震自小受父亲陆廷抡诗书熏陶和气节浸染，虽才气十足，却不喜八股"制艺"，平日仅将意气相投之人引为知己，而与那些汲汲于功名富贵的书生，不相往来。由此也使得他与出仕做官无缘，依靠"力耕先世陇"和在兴化北城外设塾授徒以及出卖字画勉强维生。陆震甚好杯中之物，稍有银钱，便付之酒家。某次，他在喝得酩酊大醉后，随手将在路边摘来的一朵鲜花簪于自己发辫之上，嘴里哼唱着旁人听不懂的曲子，在繁华街市中左摇右摆跟跄行走，被一群孩童围观笑闹，他却全然不觉有失读书人颜面，哼唱声越发拔高，由此被街人讥为"怪人"。

陆震时常家无余储，无钱买酒，在店家实在无法通融不肯再赊酒给他时，甚至将自己写字的斗笔押在店中。由于陆震的书法在当时的兴化城里很有名气，当那些喜好书法或附庸风雅之辈登门向其求字时，陆震便让他们代付酒钱从酒家赎回自己的斗笔，作为为其挥毫泼墨的酬劳。

陆震先祖陆伯瞻，做过明初的外交官，曾两度出使朝鲜。当时陆震家中传有朝鲜君臣送给陆伯瞻的赠行诗文卷，十分珍贵，陆震将其视如拱璧。然当陆震得知朋友因欠债遇到麻烦时，为了帮助朋友渡过难关，竟毅然拿出这份传家之宝供朋友抵押还债。岂料，后来这位朋友将陆震这份视若拱璧的诗文卷遗失，羞惭地上门请罪，陆震对此却一笑了之，不予追究，与这位朋友仍然交好如初。关于陆伯瞻诗文卷失而复得一事，详见后文。

陆震不仅善书而且工词，其词作享誉词坛，非同俗流，曾被《清词史》称为"阳羡（宜兴）词派"的派外传人。人们通过郑燮《词钞》中所附陆种园先生词二首，可见一斑。陆震在《贺新郎·吊史阁部墓》中写道："孤冢狐穿罅，对西风招魂剪纸，浇羹列鲊。野老为言当日事，战火连天相射，夜未半层城欲下。十万横磨刀似雪，尽孤臣一死他何怕，气堪作，长虹挂。

难禁恨泪如铅泻，人道是衣冠葬所，音容难画。欹仄路傍松与柏，日日行人系马，且一任樵苏尽打。只有残碑留汉字，细摩挲不识谁题者，一半是，荒苔藉。"

此处所谓"史阁部"，指的是明末抗清名将史可法（1601—1645），字宪之，号道邻，河南祥符（今开封）人。崇祯十七年（1644），明亡，史可法在南京拥立福王（弘光帝），加大学士，称史阁部。

"史阁部墓"，即史可法衣冠冢，在扬州市广储门外梅花岭右。史可法在明末抗清守卫扬州殉难后，曾与史可法一道抗击清兵的养子史德威，因未寻见史可法遗体，便将其父穿戴过的衣冠埋葬于此。乾隆三十七年（1772），扬州士人为了纪念史可法，于其墓旁建祠堂，使祠与墓相连，通称史公祠。

不过，郑燮《词钞》中所附陆种园先生《贺新郎·吊史阁部墓》词文，与陆震《陆仲子遗稿·贺新郎·梅花岭拜明史阁部葬衣冠处用迦陵词韵》，存在多处异文。卞孝萱《郑板桥全集》（增补本）于郑燮《词钞》所附陆种园先生《贺新郎·吊史阁部墓》后作编者注中，抄录陆震《陆仲子遗稿·贺新郎·梅花岭拜明史阁部葬衣冠处用迦陵词韵》原文如下："孤冢狐穿罅，倚西风招魂何处，浇羹奠鲊。野老能言当日事，夜火城边相射，看肉薄乘城都下。十万横磨刀似雪，尽孤臣一死他何怕，气堪作，长虹挂。　至今恨泪如铅泻，道此中衣冠犹在，音容难画。欹侧路旁松与柏，日日行人系马，况又被樵苏尽打。只有残碑题汉字，细摩挲不识谁题者，一半是，青苔藉。（'题汉字'一作'留汉字'）"

一生郁郁不得志的陆震，除了在词作中由衷感叹世道不公、贫富差距悬殊，或发发牢骚之外，别无良策。陆震在《满江红·赠王正子》词中写道："蓦地逢君，且携手垆边细语。说蜀栈十年烽火，万山鼙鼓。枫叶满林愁客思，黄花遍地迷归路。叹他乡好景最无多，难常聚。　同是客，君尤苦；两人恨，凭谁诉？看囊中罄矣，酒钱何处？吾辈无端寒至此，富儿何物肥如许！脱敝裘付与酒家娘，摇头去。"

中国历史博物馆藏郑燮为丹老世长兄所书陆震这首《满江红·赠王正子》墨迹中，也有异文。郑燮将"寒至此"书作"穷至此"，将"肥如许"书作"腰如许"，落款署"丹老世长兄索书，郑燮"。

陆震的词作，既有上文所录心念苍生疾苦大气磅礴之作，亦有抒写乡土情趣民俗风物小家碧玉般清新明快的佳篇。例如，陆震曾在《忆江南·端阳词》中写道："端阳节，照眼石榴红。艾虎朱符儿女意，香蒲角黍岁时风。小扇午窗中。"

郑燮与当时兴化城内的后起之秀王国栋（号竹楼）、顾于观（字桐峰，号澥陆）等人，十分仰慕陆震词作英名，于是结伴到陆震在兴化北城外开设的私塾中追随其学习填词。郑燮在《七歌》第七首前半段中写道：

种园先生是吾师，竹楼桐峰文字奇，十载乡园共游憩，壮心磊落无不为。

关于郑燮追随陆震学词的具体时间，诸文献资料也是表述非一，既有20岁之说，也有16岁之说。尽管这些说法都是依据郑燮《七歌》而言的，但问题在于对郑燮《七歌》中所说"十载乡园共游憩"中的"十载"起始时间解读有所不同。上古版《郑板桥集》中所附《郑板桥年表》在康熙五十一年壬辰（1721）郑燮20岁条下写道："从乡先辈陆种园先生学填词，与王竹楼国栋、顾桐峰于观同塾。《七歌》云：'种园先生是吾师，竹楼桐峰文字奇。十载乡园共游憩，壮心磊落无不为。'案《七歌》作于三十岁时，故推知二十岁从陆就学。"卞孝萱《郑板桥全集》（增补本），也沿袭了这种说法。不过，周积寅在《郑板桥》康熙四十七年戊子（1708）十六岁条下记曰："从乡先辈陆种园先生学填词。（《板桥交游行踪漫考》。）"并作"［按］《郑板桥年表》谓学词为廿岁，是据《七歌》'十载乡园共游憩'，从作歌之卅岁上溯十年。然板桥廿六岁离家教馆，即与陆等分别，故'十载'应从廿六岁上溯十年才是"。窃以为，周积寅所说甚是，故从其说。

郑燮在追随陆震学习词作期间，陆震所具有的那种贫而有志、放浪形骸的豪迈性格及其精湛深邃的学识修养，对郑燮日后形成立志专研"圣贤天地之心，万物生民之命"的有用诗词文章，"得志则加之于民"，以自己的满腔热血为国为民报效一生思想的影响，相当深远。郑燮撰写的充满真淳硬直之气的词作，无疑得益于陆震先生的熏陶。

清代刘熙载等《重修兴化县志·人物志·文苑国朝》："王国栋，字殿高，一字竹楼。乾隆六年付榜，工诗，尤善书。客居扬、通、润等州，每日求书者甚多。尝与黄慎、李鱓等往还酬唱。著《秋吟阁诗钞》。"周积寅《郑板桥年谱》在抄录此文时，将"黄慎"误作"黄填"。

清代刘熙载等《重修兴化县志·人物志·文苑国朝》:"顾于观,字万峰,一字瀣陆。父问,性孝友,工制艺,早殁。问弟言,诗文亦工,刚正不挠,里人缓急赖之。于观性嗜古,不屑攻举子业,书出入魏、晋。杭太史世骏评其诗云:'绵邈滂沛,清峭凄厉。'居乡惟李鱓、郑燮友,目无余子。客游四方,公卿大夫及知名士莫不折服,简亲王亦怜其才而下交焉。乾隆七年,张宫詹鹏翀录其诗,进呈乙览。十六年,高庙南巡,于观献赋颂恩,赐大缎。数奇不偶,恬然无怨尤意。尝语人曰:'吾生平最得意事,惟登泰山绝顶,见云气喷薄有声,俯视大海,茫茫洋洋,此时四顾无俦,作天际真人想,觉尘世富贵,无异鸱得腐鼠耳。'少为庠生,俄弃去,以山人终。著《瀣陆诗钞》。"

陆震的词作,后来在其生前挚友同里刘宗儒和门生郑燮等人的苦心搜罗荟萃下,仅得《陆仲子遗稿》一卷,共148阕,属休宁程某锓版行世,流传至今。其中,还有陆震描述自己门生郑燮述梦的一首词作,由此可见陆震与郑燮的师生情谊。陆震《陆仲子遗稿·虞美人·郑克柔述梦》:"寻思百二河山壮,更陟莲峰上。那能牖下死句留,恨杀尘缘欲脱、苦无由。故人一觉荒唐甚,娓娓殊堪听。君还有梦到秦中,我并灞桥驴背、梦俱空。"

康熙四十八年己丑(1709),郑燮17岁。是年,后来被称为"扬州八怪"之一的高凤翰,游南京燕子矶宏济寺。高凤翰(1683—1748),字西园,号南村,晚年号南阜老人,山东胶州人。曾官泰州巡盐分司,久寓江苏扬州一带。能诗,工书法、篆刻,善画山水、花卉,不拘成法。晚年右手病废,自号丁巳残人,亦号尚左生,改以左手作书画,仍很苍劲。好藏砚,达千余方,均手自铭琢。著有《砚史》《南阜山人全集》等。

康熙四十九年庚寅(1710),郑燮18岁。是年,石涛《画谱》成书于扬州大涤堂。石涛(1630—1707),俗名朱若极,小字阿长,广西桂林人。明朝宗室。明太祖朱元璋的长兄南昌王的曾孙朱守谦,封靖江王,封地桂林。朱守谦卒后,其子朱赞仪袭封王位。石涛是朱赞仪十世孙,他所使用的"赞之十世孙""靖江王之后"两方印章,就是指其家世而言的。明崇祯皇帝朱由检于煤山自缢后,明太祖九世孙唐王朱聿键在福州建立隆武政权。石涛的父亲朱亨嘉以"唐藩序不当立",在桂林打出"监国"的旗号,但此举遭到忠于唐王政权的广西巡抚瞿式耜的反对,瞿式耜与两广总制丁魁楚、思恩参将陈邦传以及中军官焦琏串通发难,擒获了朱亨嘉,送至福州唐王处,被"幽死"。石涛"为宫中仆臣负出,逃至武昌,剃发为僧"。法名元济,一作原济,号石涛,别号众多,有小乘客、瞎尊者、苦瓜和尚、零丁老人、石道人、钝根、济山僧、枝下人、靖江后人、清湘老人、大涤子等。从此隐姓埋名,客居武昌,云游湖广,旅居宣城、金陵、京师,漂泊一生。直到晚年方才定居扬州。石涛是中国绘画史上为数不多的全能型的人物。他工山水、花卉、人物,擅长书法、篆刻,并精于园林假山,享有很高的声誉。石涛晚年定居扬州后,被推崇为"扬州画派"的创始人，对"扬州八怪"影响很大。石涛的绘画思想，主要集中反映在《石涛画语录》和大量的题画诗、跋中。

康熙五十年辛卯（1711），郑燮19岁。是年，高凤翰中秀才，补博士弟子员。是年，诗人、文学家、诗词理论家王士禛卒，享年78岁。遗言收高凤翰为门人。王士禛（1634—1711），字子真，一字贻上，号阮亭，又号渔洋山人，世称王渔洋。后因避雍正名讳，改名王士祯。山东新城（今山东桓台）人。主张诗文创作"神韵说"，著有《池北偶谈》《古夫于亭杂录》《香祖笔记》等。卒后谥文简。

是年，后来被称为"扬州八怪"之一的郑燮乡贤挚友李鱓，在乡试中考中举人，年26岁。李鱓（1686—1757，一作1762），字宗扬，号复堂，别号懊道人、墨磨人，系明代状元宰相李春芳的六世孙。初师蒋廷锡，为宫廷作画，后因不愿受"正统派"画风的束缚而遭忌离职。乾隆三年，出任山东滕县知县，颇得民心。后因得罪上司罢官而居扬州，以卖画为生。擅花卉虫鸟，画法工致；又师高其佩，进而崇尚写意，取法徐渭、朱耷，落笔劲健而有气势。能诗。清代李斗《扬州画舫录》："李鱓，字宗扬，号复堂。兴化孝廉。官知县。花鸟学林良，纵横驰聘，不拘绳墨，而得天趣。往来扬州，与贺吴村友善。其时，陈撰，字楞山，写生与鱓齐名。陈馥，字松亭；戴礼，字石屏，皆从学焉。"

是年，李陈常（1657—1716），字时夏，别字峄山，浙江嘉兴府秀水人，任两淮盐运都转使于扬州。是年，后来在扬州担任两淮转运使的卢见曾（1690—1768），字澹园，又字抱孙，号雅雨，又号道悦子，山东德州人，也在乡试中考中举人。

康熙五十一年壬辰（1712），郑燮20岁。是年，曹寅卒，享年55岁。曹寅（1658—1712），字子清，号荔轩，又号楝亭、雪樵。曹寅16岁入宫，为康熙銮仪卫。康熙二十九年任苏州织造，三年后移任江宁织造。康熙六次南巡，其中有四次住在曹寅家。曹寅通诗词，晓音律，为人风雅，喜交名士。著有《楝亭诗钞》《诗钞别集》《词钞》《词钞别集》《文钞》传世。

康熙五十二年癸巳（1713），郑燮21岁。是年，郑燮开始学习绘画。郑燮在乾隆二十八年癸未（1763）71岁时所作《墨竹图》题记中写道：

今年七十有一，不学他技，不宗一家，学之五十年不辍，亦非首而已也。

由此可见，周积寅在其所著的《郑板桥》中认为郑燮系于康熙五十三年甲午（1714）22岁时开始学习绘画的说法，显然有误。

一般而言，人们初学绘画，总得师从某人，或请人指教。不过，从目前掌握的各种文献资料中,并没有发现郑燮有关这方面的任何记述。郑燮自己撰写的各种文章诗词题记中,也没有留下任何蛛丝马迹。以真气、真意、真趣著称于世的郑燮,如果在学习绘画时的确有所师承的话,他绝不会忘记恩师和埋没恩师指教恩典的,不可能不有所提及。由此可见,郑燮于此所谓"不宗一家",意思是说,并非专门限于师承某家某派,而是按照自己的眼界和兴趣"师其意而不在迹象间",否则"依样葫芦,无有是处"。

是年,李鱓于热河行宫献诗康熙皇帝;五月,高凤翰于胶州过"庸生墓"并赋诗。

康熙五十三年甲午(1714),郑燮22岁。是年,李鱓入清宫,充当内廷供奉,并受命从蒋廷锡学画花卉。是年,郑燮考中秀才。郑燮在《板桥自叙》中写道:

板桥康熙秀才,雍正壬子举人,乾隆丙辰进士。

所谓"秀才",是我国古代社会在选拔人才时对贤者的一种美称。明清时代的秀才,一般专指府(或直隶州)学、县学的生员,是对通过读四书五经而进学者的专称。如果想要取得秀才这种资格,必须通过取得生员(秀才)资格的入学考试——童子试,简称"童试"。三年内举行两次。丑、未、辰、戌年为岁考,寅、申、巳、亥为科考。凡应童子试者,不论年龄,皆称为"童生"。鲁迅那篇著名小说《孔乙己》中的主人公孔乙己,在前清多次童子试中均未考上,直到终老,还是童生。如果童试通过取中,则称为"进学",通名"生员",亦即"秀才"。

虽然郑燮在《板桥自叙》中,对自己考中举人和进士的具体年份有详细记载,却并未对自己考中秀才的具体年份予以说明。由此导致各种文献资料中,对郑燮考中秀才的具体年份,众说不一。

王家诚在《郑板桥年谱》中认为,郑燮是康熙四十八年己丑(1709)17岁时考中秀才的。不过,王家诚后来却又在《郑板桥传》中说:"大约二十岁前后,板桥考中了秀才。"这显然与其前说自相矛盾。秦岭云在《扬州八家丛话》中认为,郑燮是在康熙五十五年丙申(1716)24岁时考中秀才的。周积寅在《郑板桥年谱》中援引《扬州八家年表》,认为郑燮是24岁考中秀才的。同时作[按]:"王氏《郑板桥年谱》:一说十七岁'参加县学考试取中秀才'。一说约于此际寓居扬州。"周积寅还在书中声称:"拙著《郑板桥年谱》取秦说。"

虽然柳声白在《扬州八怪全集》中,也认为郑燮是在康熙五十三年甲午(1714)22岁时考中秀才的,但令人遗憾的是,以上这些说法均未在文中举出资料予以佐证。因此,不足采信。

我在撰写这部《郑板桥评传》过程中，经过反复查阅资料，终于在郑燮于乾隆己巳时年 57 岁所撰的《板桥自叙》中找到了些许蛛丝马迹，或许可以解决这个令人困扰多年的问题。郑燮在《板桥自叙》中写道：

> 所刻《诗钞》《词钞》《道情十首》《与舍弟书十六通》行于世。善书法，自号"六分半书"。又以余闲作为兰竹，凡王公大人、卿士大夫、骚人词伯、山中老僧、黄冠炼客，得其一片纸、只字书，皆珍惜藏度。然板桥从不借诸人以为名。惟同邑李鱓复堂相友善。复堂起家孝廉，以画事为内廷供奉，康熙朝，名噪京师及江淮湖海，无不望慕叹美。是时板桥方应童子试，无所知名。后二十年，以诗词文字与之比并齐声。索画者，必曰复堂；索诗字文者，必曰板桥。

《板桥自叙》中提及的"同邑李鱓复堂"，即扬州府兴化人李鱓。上面说过，李鱓于康熙五十年中举。于康熙五十二年在热河行宫给康熙皇帝献诗。由于李鱓工笔画造诣颇深，于康熙五十三年应召为内廷供奉，受命从蒋廷锡学画花卉。因此通过郑板桥在《板桥自叙》中所写"（李鱓）以画事为内廷供奉……是时板桥方应童子试"的说法，足以证明郑燮应该是在康熙五十三年时年 22 岁考中秀才的。

是年二月，诗人程羽宸游黄山，作《黄山纪游诗》六十八首。清代沈德潜《清诗别裁集·程之鵔》云："程之鵔，字羽宸，江南歙县人。著有《练江诗钞》。练江游踪几遍大江南北及楚越东鲁而登眺不倦，尤在黄山。故发而为诗，多登临凭吊之作。"程羽宸后来对郑燮生活多有资助。详见后叙。是年清秋，华嵒作《溪山图扇面》。是年九月至十二月，李鱓于热河挹翠山房作《花果册》（十二页）。是年冬，高凤翰作《芭蕉图》。

人非草木，孰能无情。尤其是自己的初恋情人，更是令人难以忘怀，时不时地会于脑海中浮现。当郑燮情窦初开，便对自己当时倾慕的、时常喜欢以男孩子打扮并以胭脂点染额头装饰自己的邻家娇小女孩王一姐，从心底生发出来一种懵懂爱恋。郑燮在与王一姐分别二十年后重逢时，曾作词相赠，透露出他当年对其难以言表的那种爱恋情结。郑燮在《贺新郎·赠王一姐》中写道：

> 竹马相过日，还记汝云鬟覆颈，胭脂点额。阿母扶携翁负背，幻作儿郎妆饰，小则小寸心怜惜。放学归来犹未晚，向红楼存问春消息，问我索，画眉笔。　　廿年湖海长为客，都付与风吹梦杳，雨荒云隔。今日重逢深院里，一种温存犹昔，添多少周

旋形迹！回首当年娇小态，但片言微忤容颜赤，只此意，最难得。

当时社会上流行所谓"亲上加亲"，表亲之间的婚姻关系比比皆是。通过郑燮撰写的词作可见，他当时除了对王一姐怀有一段懵懂爱恋外，还对与自己一起学习诗词的表妹，怀有一种难以启齿的暗恋情愫。郑燮在《踏莎行·无题》中写道：

中表姻亲，诗文情愫，十年幼小娇相护。不须燕子引人行，画堂得到重重户。
颠倒思量，朦胧劫数，藕丝不断莲心苦。分明一见怕销魂，却愁不到销魂处。

尽管郑燮当时暗恋自己的表妹，但终归与表妹有缘无份，失之交臂。康熙五十四年乙未（1715）郑燮23岁时，遵从"父母之命，媒妁之言"的婚嫁习俗，迎娶同邑徐氏为妻。徐氏于闺门未嫁之前，曾受其父母教诲，也略通文墨。

是年七月，也就是李鱓入清宫充当内廷供奉次年，以恩师蒋廷锡画法，作绢本著色《石畔秋英图轴》。这一年，意大利画家、天主教耶稣会修士郎世宁（1688—1766）来中国传教，旋入清宫任宫廷画家，成为清代宫廷十大画家之一，历经康熙、雍正、乾隆三朝，从事绘画创作50多年。

中国传统文人始终将行万里路读万卷书、结交天下通人名士，以增长丰富自己的见识，视为一种优良传统。郑燮当然也不例外。他在《板桥自序》中说：

板桥游历山水虽不多，亦不少；读书虽不多，亦不少；结交天下通人名士虽不多，亦不少。初极贫，后亦稍稍富贵；富贵后亦稍稍贫。故其诗文中无所不有。

郑燮在迎娶徐氏为妻之后的这年秋天，为了结交天下通人名士，为自己寻找出路，便北漂至京师，借住在瓮山漱云轩。瓮山，即今北京颐和园内的万寿山。清代吴长元《宸垣识略》云："瓮山在京城西三十里玉泉之东，西湖（即今之昆明湖）当其前，金山拱其后。乾隆十六年赐名万寿山，山前为清漪园。"郑燮于此期间，书《小楷欧阳修秋声赋》，这是目前所见郑燮书作流传至今最早的一幅。该幅作品系用蝇头小楷书就，功力非凡。郑燮于其上作跋曰：

乙未九秋，山中寻菊，感黄叶之半零，望孤云而不返，残阳水面，渺渺寒涛，古寺山腰，凄凄晚磬，栖鸦欲定而犹惊，凉月虽升而未倾，偶翻欧《赋》，遂录是篇，讽咏未终，百端交集。村醪数盏，任凉露之侵衣；清梦半床，听山鸡之送晓。聊书所历，有愧前贤。

板桥郑燮写于瓮山之漱云轩。

若按常理来说，郑燮考中秀才之后，理应马上准备参加乡试，争取考取举人才是。然而郑燮考中秀才之后，命运实在不济，因其模样寝陋，不见重于时，又为忌者所阻，并没有获得参加乡试的机会。郑燮在《刘柳村册子》中对此写道：

板桥貌寝，既不见重于时，又为忌者所阻，不得入试。愈愤怒，愈迫窘，愈敛厉，愈微细，遂作《渔父》一首，倍其调为双叠，亦自立门户之意也。

郑燮在上面所提及的《渔父·本意》词中写道：

宿雨新晴江气凉，湿烟初破柳丝黄。才上巳，又清明，桃花村店酒瓶香。
漠漠海云微漏日，茫茫春水渐盈塘。波澹荡，燕低昂，小舟丝网晒鱼梁。

也就是说，郑燮在踏上科举初始阶段，便为忌者所阻，不得入试。他在倍感前途渺茫无望、心理极度愤怒迫窘情况下，为了求得心理暂时平衡，开始向往渔父所过的那种世外桃源般的生活。

康熙五十五年丙申（1716），郑燮24岁。是年，金农病痁江上。所谓"痁"，就是疟疾。金农取崔国辅"寂寥抱冬心"句，自号"冬心先生"。

是年，清代著名文学家、诗人袁枚出生。袁枚（1716—1798），字子才，号简斋，晚年自号仓山居士、随园主人、随园老人，钱塘（今浙江省杭州市）人。袁枚少有才名，擅长诗文。乾隆四年（1739）进士，授翰林院庶吉士。自乾隆七年（1742）起，先后为官溧水、江宁、江浦、沭阳县令七年，治绩颇有声望。乾隆十四年（1749），袁枚因仕途不顺，无意吏禄，遂辞官隐居南京小仓山随园，吟咏其中，由此世称"随园先生"。嘉庆二年（1798）去世，享年82岁。葬于南京百步坡。袁枚于审美倡导"性灵说"，主张诗文创作应该抒写作者性灵及其个性，表现个人生活遭际中的真情实感。主要著作有《小仓山房文集》《随园诗话》以及《随园诗话补遗》《随园食单》《子不语》《续子不语》等。

康熙五十六年丁酉（1717），郑燮25岁。是年八月十一日，时年43岁的郑燮叔父郑之标生子郑墨，字克己，号五桥。据《昭阳郑氏族谱》记载，郑墨，亦乃文庠，"娶陆氏"，"殁于嘉庆（三年）戊午（1798）"，"寿八十二岁"。郑燮对这个比自己年龄小25岁的堂弟郑墨，关心抚慰、教育培养，可谓无微不至。郑燮在《郑板桥集·家书》中所刊载自己外出读书和为官时所书、被《清史列传·郑燮传》誉为"有光禄《庭诰》《颜氏家训》遗意"的16封家书，都是写给堂弟郑墨的。除此之外，郑燮还有写给郑墨的《与四弟书》《与墨弟书》等家信，以及《署中示舍弟墨》长诗等。通过郑燮写给郑墨的这些家书和长诗，可见郑燮期望堂弟郑墨健康成长的良苦用心，以及对郑墨苦口婆心的关切叮咛。

这一年，蒋廷锡擢升内阁学士。金农于后来被称为"扬州八怪"之一的陈撰的玉几山房观摩宋画。陈撰（1678—1758），字楞山，号玉几、玉几山人，浙江鄞县（今宁波鄞州区）人，居钱塘（今杭州）。后以书画游江淮间，流寓扬州。陈撰精收藏，善草书，擅长花鸟画，尤精写梅，间作山水。画作格调清雅超逸，与李鱓齐名，时人将其并称"复堂玉几"。乾隆元年（1736）被荐举博学鸿词科，拒不应试。著有《玉几山房吟卷》《绣铗集》。辑《玉几山房画补录》。

是年九月，后来被称为"扬州八怪"之一的华喦，客居京城。华喦（1682—1756），字秋岳，号新罗山人、东园生、布衣生、离垢居士等，福建上杭人。后寓杭州。擅画人物、山水，尤精花鸟、草虫、走兽，远师马和之，近受陈洪绶、恽寿平及石涛等影响。华喦重视写生，画风清丽，别具一格。工书，亦能诗。著有《离垢集》《解弢馆诗集》。

康熙五十七年戊戌（1718），郑燮26岁。当他在燕京借居逗留寻找门路无果而终返回故乡兴化时，由于已经有了自己的孩子，不得不也仿照父亲开设塾馆授徒的做法，先后在自己幼时曾经读书的真州江村，以及兴化竹泓、盐城沙沟等地，开设塾馆授徒四年，以维持生计。柳诒徵《禹余轩存稿序》："竹泓，故郑克柔授徒之地，文采风流，蝉嫣数百年不替，他邑乡镇弗能逮。"

旧时的私塾先生，无任何功名，地位微贱，时常被人看不起。后来郑燮在其平步青云时所作的诗中，诉说了自己当年作为塾师，傍人门户如同不戴枷锁的囚徒般生活的苦恼。郑燮在《教馆诗》中写道：

教馆本来是下流，傍人门户过春秋。半饥半饱清闲客，无锁无枷自在囚。课少父兄嫌懒惰，功多子弟结冤仇。而今幸得青云步，遮却当年一半羞。

郑燮后来在康熙五十八年己亥（1719）27岁时，亦即他在江村设塾的第二年所作《村塾示诸徒》中，再次记述了自己此时仍然以塾师营生的苦恼。其中写道：

飘蓬几载困青毡，忽忽村居又一年；得句喜拈花叶写，看书倦当枕头眠。萧骚易惹穷途恨，放荡深惭学俸钱。欲买扁舟从钓叟，一竿春雨一蓑烟。

郑燮诗中所谓"青毡"，指的是儒生的家传旧物。源自《晋书·王献之传》："夜卧斋中，而有偷人入其室，盗物都尽。献之徐曰：'偷儿，青毡我家旧物，可特置之。'群偷惊走。"此处借指儒生穷困生活。

"萧骚"，乃风雨吹洒树木声。罗隐《经耒阳杜工部墓》中有"奠君江畔雨萧骚"句。此处形容萧条冷落之意。

此时在塾馆教书困顿失意的郑燮，复又强化了此前向往渔父所过的那种世外桃源般生活的隐逸思想。俗话说"穷则思变"，郑燮由此开始将自己的兴趣转移到对诗书画创作的研究上。郑燮在其所画的《竹》上题记：

江馆清秋，晨起看竹，烟光日影露气，皆浮动于疏枝密叶之间。胸中勃勃，遂有画意。

是年，高凤翰游崂山绝顶。是年夏日，金农同厉鹗访鲍西冈留宿，又同游若溪。厉鹗（1692—1752），字太鸿，又字雄飞，号樊榭、南湖花隐等，钱塘（今杭州）人。系清代著名诗人、学者，浙西词派中坚人物，江西词派说首倡者。厉鹗乾隆元年参加博学鸿词科试名落孙山后，再无意科举，终身未仕。著有《樊榭山房集》《宋诗纪事》《南宋杂事诗》《绝妙好词笺》等。是年九月，李鱓作《设色花卉册》于东淘舟次。

康熙五十八年己亥（1719），郑燮27岁。上面说过，是年，郑燮于江村作《村塾示诸徒》诗，抒发了自己此时作为塾师困顿失意的悲凉感受，希望能够尽快摆脱这种无聊营生，去过自己心中羡慕的那种扁舟钓叟的渔隐生活。是年，李鱓于石城（今南京）旅舍作《杂花卷》。

康熙五十九年庚子（1720），郑燮28岁。这一年，厉鹗中举，入京。是年仲冬，金农在扬州作《麻姑仙坛记跋》。

康熙六十年辛丑（1721），郑燮29岁。是年，山东德州人卢见曾中进士。历官洪雅知县、滦州知州、永平知府，后任长芦、两淮盐运使。性度高廓，不拘小节，形貌矮瘦，人称"矮卢"。学诗于王渔洋，有诗名，爱才好客，四方名士咸集，流连唱和，一时称为海内宗匠。乾隆三十三年（1768），两淮盐引案发，卢见曾因收受盐商价值万余之古玩，被拘系，病死扬州狱中。著有《雅雨堂诗文集》等，刻有《雅雨堂丛书》。纪晓岚长女嫁卢见曾之孙卢荫文。盐引案发，乾隆皇帝旨派大学士刘统勋、吏部尚书托恩多查得纪昀因漏言获罪，遣戍乌鲁木齐。

周积寅在《郑板桥》附录一《郑板桥年表》中，于康熙五十七年戊戌（1718）条下记：

"卢见曾中进士（据《雅雨堂诗文遗集》）"，然却又在康熙六十年辛丑（1721）条下记："卢见曾中进士（据《进士题名碑录》）"。周积寅以上两种说法，显然自相矛盾。窃以为，当以《进士题名碑录》所记为是。

是年，厉鹗南归，《南宋院画录》成书。是年，高凤翰游琅琊，并于初夏作《荷花芦苇图轴》。后来郑燮于高凤翰这幅画上题记：

> 辛丑初夏，南村居士写意。
> 济南城外百池塘，荇叶荷花菱藕香。更有苇竿堪作钓，画工点染入沧浪。
> 苇花秋水逼秋清，画舫江南旧日情。最是采莲诸女伴，鬅髾高凤郑笑呼名。
> 观故人高西园画，故感赋二首。板桥郑燮。

周积寅《郑板桥年谱》将高凤翰作于康熙六十年辛丑（1721）的此幅《荷花芦苇图轴》，误记为康熙五十九年庚子（1720）作，并将郑燮题记中所写的"济南城外百池塘"误作"济南城外有池塘"。

康熙六十一年壬寅（1722），郑燮30岁。是年正月，朝廷举行千叟宴。

是年，郑燮父亲郑之本病殁。父亲的病逝，使得郑燮顿觉郑家顶梁柱顷刻崩塌，悲痛欲绝。

据《昭阳郑氏族谱》记载，郑氏先祖的茔地共有卧钟地、钱家垛、刹院寺、苏顾庄等四处。郑燮将父亲郑之本葬于刹院寺祖坟茔地。郑燮后来在《范县署中寄舍弟墨》中写道：

> 刹院寺祖坟，是东门一枝大家公共的，我因葬父母无地，遂葬其傍。得风水力，成进士，作官数年无恙。

将父亲安葬之后的郑燮，由于家中时常无钱买米，灶下绝薪，无颜面妻；又频遭债主催债逼门，读书不得。在这种万般无奈的情况下，郑燮不得不靠出卖父亲遗留下来的经典书籍，还债度日。此时的他深愧自己于而立之年，谋事十事九事殆，学书学剑皆不成，落拓江海无一营。由此郑燮也认真回顾了自

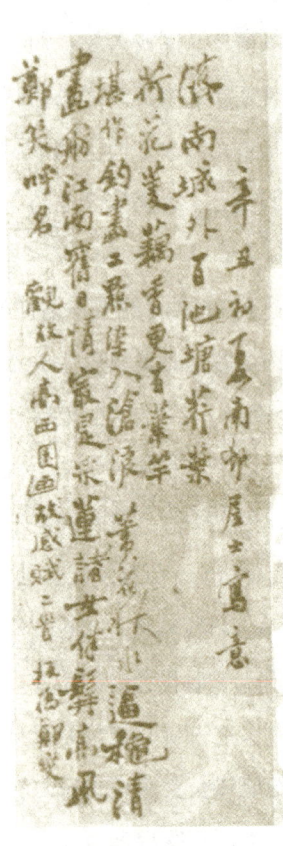

· 郑燮题高凤翰作《荷花芦苇图轴》

己三十年来的困顿生活经历，并将对父亲、母亲、继母、叔父、陆震师的思念，一一付诸笔端，撰成《七歌》，其凄怆心境，悲切词语，跃然纸上。

郑燮在《七歌》第一首中写道：

郑生三十无一营，学书学剑皆不成。市楼饮酒拉年少，终日击鼓吹竽笙。今年父殁遗书卖，剩卷残编看不快。爨下荒凉告绝薪，门前剥啄来催债。呜呼！一歌兮歌逼侧，皇遽读书读不得！

郑燮此处所谓"学书学剑皆不成"，源自《史记·项羽本纪》："项籍少时，学书不成，去学剑，又不成。"

郑燮在《七歌》第五首中写道：

几年落拓向江海，谋事十事九事殆。长啸一声沽酒楼，背人独自问真宰。枯蓬吹断久无根，乡心未尽思田园。千里还家到反怯，入门忸怩妻无言。呜呼！五歌兮头发竖，丈夫意气闺房沮。

此时郑燮与徐氏已经育有二女一子。仅仅依靠自己开设塾馆授徒的俸钱养家糊口，日子过得捉襟见肘，入不敷出。家中床上破被烂褥不敌寒冷；孩子们因缺吃少穿冻馁啼哭；自己为此上火生气欲以鞭打教训，但又因舍不得而手软；孩子们早上起床后吵着要买饼吃，自己无钱去买只能以好言诱哄其躺在床上多睡一会儿。郑燮叹息自己因无能对不住孩子而深感惭愧自责。他甚至想到不如"眼不见，心不烦"，以逃避的方式摆脱烦恼。

郑燮在《七歌》第六首中写道：

我生二女复一儿，寒无絮络饥无糜，啼号触怒事鞭朴，心怜手软翻成悲。萧萧夜雨盈阶陀，空床破帐寒秋水。清晨那得饼饵持，诱以贪眠罢早起。呜呼！眼前儿女兮休呼爷，六歌未阕思离家。

由于郑燮《七歌》中的第二、第三、第四、第七首，前面已经说明，此处不再赘述。

康熙六十一年壬申（1722）十一月，康熙皇帝圣祖爱新觉罗·玄烨驾崩。皇四子雍亲王爱新觉罗·胤禛继位。

是年十二月二十七日，郑燮读范质诗。范质，字文素，宗城人。后唐进士，知制诰。后周时累知枢密院。北宋太祖加侍中，封鲁国公。质性卞急，好面折人，以廉介自持。所得禄赐，多给孤遗。有集及《五代通录》《邕管记》流传。

郑燮在读范质诗时，想到范质身为位高权重的宰相，在从子杲向自己求奏迁秩时，也予以拒绝，并动之以情、晓之以理作诗规劝之。郑燮读诗至此，对范质顾全君臣大义、忠贞亮节的行为，不禁肃然起敬，慨然叹息。由此书《小楷范质诗》并《跋》：

> 范鲁公质为宰相，从子杲尝求奏迁秩，质作诗晓之。康熙六十一年岁在壬寅嘉平月廿有七日，读小学至此，不觉慨然叹息，想见质之为人，至于君臣大义、忠贞亮节姑置勿论矣。　　睢园郑燮书。

郑燮在而立之年仍然一事无成，仅仅依靠塾馆教书又生活困顿很难养活老婆孩子，他毅然做出改变自己职业生涯的决定，转而到扬州充当画师，靠售卖自己所作的书画作品来谋生。

·郑燮书《小楷范质诗》

二、卖画扬州梦十年

康熙皇帝玄烨驾崩次年,世宗宪皇帝胤禛改元为雍正。

雍正元年癸卯(1723),郑燮31岁。是年,郑燮启程到扬州以卖画谋生,而且一干就是十年。直到他于雍正十年壬子(1732)40岁时在南京考中举人之后,为了备考参加更高一级的会试,才逐渐脱离这一行当。后来郑燮曾在《和学使者于殿元枉赠之作讳敏中》中对此回忆道:

    十载扬州作画师,长将赭墨代胭脂。写来竹柏无颜色,卖与东风不合时。

所谓"殿元",是对殿试赐进士及第第一甲第一名状元的称谓。郑燮此处所说的"于殿元",指的是江苏金坛人于敏中(1714—1780),字叔子,一字重棠,号耐圃。乾隆二年丁巳(1737年),于敏中以赐进士及第第一甲第一名中状元,授翰林院修撰。官至文华殿大学士兼领班军机大臣,是乾隆朝汉臣首揆中执政最久者。乾隆三十八年癸巳(1773年),诏议开馆校书,于敏中为四库全书馆正总裁。乾隆四十四年己亥十二月(1780年1月)于敏中去世,时年66岁,追谥为文襄,入祀贤良祠。著有《浙程备览》《临清纪略》等。乾隆五十一年丙午(1786),于敏中因疑似牵涉甘肃监粮冒赈之案,被撤出贤良祠。

扬州位于江苏省中部,东依运河,北踞蜀岗,南临长江,与镇江隔江相望,始建于春秋时代,古称广陵、江都。吴王夫差北上伐齐,曾于此开邗沟,筑邗城。6世纪末的隋代,将此地称为扬州。隋炀帝杨广不仅曾乘龙舟游览扬州,还在扬州建筑了自己的行宫。

唐宋以降,扬州地处江淮要冲,为南北枢纽,是漕米北运的必经之道,便成为当时盐业、茶叶、木材、粮食、布匹等货资云集商业繁荣的经济中心。其中,尤以盐业为发展龙头。当时两淮盐产量居全国第一,盐税占全国商业总税收的一半,故而朝廷将管理盐务的最高行政机构"两淮盐运使衙门"设在扬州。由此,也使得盐官盐商麇集扬州。除此之外,扬州手工业当时也极为发达,其中尤以漆器镶嵌等最为著名。

明末清初是扬州盐商大发展时期,至乾隆年间大小盐商200余家,已达到天下之富无出其右的程度。李澄《淮鹾备要》卷七云："淮商资本之充实者，以千万计，其次亦以数百万计。"清代李斗《扬州画舫录》卷十五在记述徽州出身的盐商汪廷璋时云："汪廷璋，字令闻，号敬亭，歙县稠墅人。自其先世大千迁扬州以盐荚起家，甲第为淮南之冠。人谓其族为铁门限。父交加……守财帛，富至千万。寿八十。"其实，当时"富至千万"者，远不止汪廷璋一人，还有汪交如、张四可等人。

巨额的盐业资本，对扬州城市建设和经济发展起到了巨大的推动作用。清代乾隆皇帝六下江南，其中三次到过扬州。为了奉迎清帝南巡，盐商们在康、乾时为其建筑了塔湾行宫与天宁门行宫，并修建了"虹桥揽胜""长堤春柳"等名胜景点，而且他们各出新意，争奇斗丽，在城中宅畔建造富丽堂皇的小巧园林，诚如清代孔尚任在《杨尔崧园亭即事》中所描绘的那样："名园十里斗繁华，咫尺仙园闭在家。转入亭中千曲路，不知篱外几重花。"

经济的发达，市场的繁荣，自然也促进和推动了文化产业的兴旺。因此扬州历来文人荟萃，风流辈出。历史上若干文人墨客、才子佳人，都曾在扬州留有踪迹和诗章。例如，唐代李白《黄鹤楼送孟浩然之广陵》"故人西辞黄鹤楼，烟花三月下扬州"，唐代王建《夜看扬州市》"夜市千灯照碧云，高楼红袖客纷纷"，唐代徐凝《忆扬州》"天下三分明月夜，二分无赖是扬州"，这些脍炙人口的诗句都是对扬州繁荣景象的赞颂。

清代中叶，著名的"扬州八怪"在扬州画坛上崛起，这些画家以大胆、泼辣、放纵的画笔，一扫当时以王时敏、王鉴、王翚、王原祁所谓"四王"摹古画派为正统的陈旧画风，创造出了新的艺术风格，由此形成了一股清流，给人以崭新的视觉面貌和心灵冲击，对后来的画坛产生了巨大影响。

所谓"扬州八怪"，一般指清代李玉棻《瓯钵罗室书画过目考》中所说的金农、高翔、汪士慎、黄慎、李鱓、李方膺、郑燮、罗聘等八个人。不过，其他相关文献资料中，对"扬州八怪"则有不同的说法。

清代凌霞《天隐堂集·扬州八怪歌》："板桥落拓诗中豪，辞官卖画谋泉刀，画竹挥尽秋兔毫，时人雅谑常呼'猫'。郑燮。冬心品诣殊孤高，荐举鸿博轻鸿毛，漆书有如金错刀，诗格画旨皆清超，'六十不出'仍游遨。曾有'六十不出翁'小印。金农。西园砚癖夸石交，左手握管疑持螯，涉笔诡异别趣饶。高凤翰。复堂作画真粗豪，大胆落墨气不挠，东涂西抹皆坚牢，砚池滚滚惊飞涛。李鱓。晴江五斗曾折腰，拜梅与梅为朋曹，画梅倔强犹腾蛟，腕底飒飒风雨号，'金刚怒目'来献嘲。蒋苕生论晴江画诗有云：'怒目撑眉气力强，不成菩萨是金刚。'李方膺。闽中画师有瘿瓢，曹衣吴带皆溶陶，点睛活泼同秋狨。黄慎。苇间居士寄兴遥，老笔气狭霜天高，平沙落雁秋萧骚。边寿民。已军篆法能兼包，诗情古淡惟白描，太羹玄酒非官庖。杨法。"由此可见，凌霞将郑燮、金农、高凤翰、李鱓、李方膺、黄慎、边寿民、杨法等八个人列为"扬州八怪"。

黄宾虹《古画微·扬州八怪之变体》:"自僧石涛客居维扬,画法大变,多尚简易。杭人金农字寿门,号冬心;闽人华喦字秋岳,号新罗山人,相继而来,画山水人物花卉,脱去时习,力追古法,学者因师其意。李方膺字虬仲,号晴江,画松竹梅兰。汪士慎字近人,号巢林,善墨梅。高翔字凤岗,号西唐,甘泉人,善山水。边寿民字颐公,淮安人,写芦雁。郑燮号板桥,善书画,长于兰竹。李鱓字宗扬,号复堂,兴化人,善花鸟。陈撰字楞山,号玉几,仪真人,善写生。罗聘号两峰,善人物,画《鬼趣图》。时有'扬州八怪'之目。要多纵横驰骋,不拘绳墨,得于天趣为多。"黄宾虹认为"扬州八怪"是李方膺、汪士慎、高翔、边寿民、郑燮、李鱓、陈撰、罗聘等八人。

郑午昌《中国画学全史》将金农、罗聘、郑燮、闵贞、汪士慎、高凤翰、黄慎、李鱓等八人列为"扬州八怪"。

陈师曾《中国绘画史》则列闵贞、李方膺、金农、罗聘、郑燮、汪士慎、黄慎、高翔、李鱓而成九人。

俞剑华在《中国绘画史》中写道:"按扬州八怪之名不甚一律,郑著《中国画学全史》为金农、罗聘、郑燮、闵贞、汪士慎、高凤翰、黄慎、李鱓。秦著《中国绘画学史》去闵贞改为李方膺,易高凤翰为高翔。而陈著《中国绘画史》则并列闵贞、李方膺、金农、罗聘、郑燮、汪士慎、黄慎、高翔、李鱓而成九人。愚以为是诸人者均曾树帜于维扬之画坛,当时虽有八怪之名,而其实人数不止于八人,并无固定之人名,后人遂不免稍有出入。"俞剑华关于"扬州八怪"的这种并存说,为大多数学者所接受,对后来画坛产生了较大影响。

王伯敏《中国绘画史》认为:"'八怪',就是奇奇怪怪,与'八'的数字关系不大。所以'扬州八怪',八人也好,九人也好,就是十五人也好,反正是这些'怪'画家,或称之为'扬州画派'。"

翻开清代"扬州八怪"的历史,可见这些人大多或因功名不就,"以布衣雄世";或退出官场,"两袖清风";或出身清苦,终生不仕。但都是有所作为的文人画家。尽管各家师承不一,风格各异,但他们都具有独创精神,追求个性解放,强调抒发感情,反对泥古不化,且大多以水墨写意花鸟梅竹为主,不受拘束,阔笔放纵,使之与诗书画印相结合,给人以崭新的视觉享受。

实践证明,每当一种新事物出现,在受到一部分人欢迎的同时,也肯定会受到另一部分人的反对和批评。

清代画家汪鋆,字研山,江苏仪征人。善画山水花卉,也能写真。精通金石,擅长写诗。辑清代扬州画家作品作《扬州画苑录》,该书成于光绪九年(1883)。汪鋆在《扬州画苑录》

卷二中对"扬州八怪"论议道:"……别有清湘恣肆,破格标奇。具广大之神通,括群能而皆善。墨沈酣嬉,竹梅固成绝诣;大力包举,山水另辟径途。槖白脱而别趣含,丘壑罗而生气出。司农嗟其难及,耕烟誳为知言。斯固吾扬奇正之精英,康、乾艺林之领袖者焉。所惜同时并举,另出偏师,怪以八名,如李复堂、啸村之类。画非一体。似苏、张之捭阖,俪徐、黄之遗规。率汰三笔五笔,覆酱嫌粗;胡诌五言七言,打油自喜。非无异趣,适赴歧途。示崭新于一时,只盛行乎百里。幸来闽叟新罗山人力挽颓波。"尽管汪鋆当时站在正统摹古画派立场上以激烈措词批评"扬州八怪",但他依然承认这是一种"示崭新于一时"的绘画艺术,所谓"适赴歧途",正是"扬州八怪"区别于"四王"正统摹古画派所走的道路。

汪鋆此处所谓"清湘",指的是明代宗室靖江王朱亨嘉之子、明末清初著名画家石涛。

"司农",指的是清代著名书画家金农(1687—1763),字寿门、司农、吉金,号冬心先生、稽留山民、曲江外史、昔耶居士,浙江仁和(今杭州)人。

"耕烟",指的是明末清初画家王翚(1632—1717),字石谷,号耕烟散人、剑门樵客、乌目山人、清晖老人等,苏州府常熟人。其画以山水为主,融会南北诸家之长,创立了所谓"南宗笔墨,北宗丘壑"的新面貌,被誉为"清初画圣",与王时敏、王原祁、王鉴合称山水画家"四王",又与吴历、恽寿平等并称"清六家"。

"啸村",指的是李葂(1691—1755),字啸村,又字让泉、磐寿,号铁笛生,安徽怀宁人,寓居扬州贺园。诸生。乾隆十六年(1751)清帝南巡召试有赐。晚年落魄,寄食瓜洲。工诗画,擅山水、花卉、翎毛。尝为两淮盐运使卢雅雨画《虹桥揽胜图》著名于时。著有《啸村近体诗》。

"新罗山人",指的是华嵒(1682—1756),字德嵩,更字秋岳,号新罗山人、东园生、布衣生、离垢居士等,福建上杭人,后寓杭州。工人物、山水、花鸟、草虫,所写动物尤佳。脱去时习,力追古法。善书,能诗,时称"三绝"。

诚如傅抱石在《郑板桥集·前言》中所说:"不妨从石涛的定居扬州开始,我们清楚地可以认识:'八怪'之所以产自扬州,扬州之所以形成'八怪',不是不可以理解,毋宁说它是极为自然的一种发展,它是当时的历史条件和社会条件的产物。但是在以'正宗'(正统)自居的一切以古人自许的画家们——如华亭、吴门、娄东、虞山诸家看来,却看不上眼,认为他们是'旁门外道',是'异端',不足登大雅之堂。郑板桥和李鱓、金农、高翔、汪士慎、黄慎、李方膺、罗聘七家之被后来称作'八怪',道理不是非常明白的么?"

傅抱石此处所谓"华亭",指的是明代以董其昌和陈继儒为代表、活跃于华亭一带的山水画诗人所形成的所谓"华亭画派"。华亭画派以笔墨洗练、生拙简朴、趣味清逸为特点。董其昌(1555—1636)字玄宰,号思白、香光居士,松江府华亭(今上海)人。万历十七年考中进士,授翰林院编修。擅长山水画,师法董源、巨然、黄公望、倪瓒,笔致清秀中和,恬静疏旷；用墨明洁隽朗，温敦淡荡。以佛家禅宗喻画，倡"南北宗"论。其画作及画论对明末清初的画坛影响甚大。书法出入晋唐，自成一格。颇能诗文，著有《画禅室随笔》《容台文集》等。

陈继儒（1558—1639），字仲醇，号眉公、麋公，松江府华亭（今上海）人。工诗善文，书法师苏轼、米芾，兼能绘事，擅长墨梅、山水，意态萧疏，自然随意。屡被皇诏征用，皆以疾辞。著有《陈眉公全集》《小窗幽记》《妮古录》等。

所谓"吴门"，指的是明代吴门画派。因苏州在春秋时为吴国都城，有"吴门"之谓，而该派代表画家沈周、文徵明、唐寅、仇英等人均为吴郡人，且该派的大多数画家活跃于吴门地区，故名。最早提出吴门画派之称的是董其昌。一般认为，此派兴于沈周，成于文徵明。该派画家，除唐寅、仇英外，大都是文徵明的子侄与学生。他们大多为以诗、书、画作名世的文人名士，艺术上尚意趣，以山水、花鸟、人物等题材表现自身品格和情怀，进而体现自得其乐的精神生活。吴门画派在明代中后期的画坛上具有重要地位，对明末清初其他画派有很大影响。华亭、云间等画派，均与其有渊源关系。

所谓"娄东"，指的是以王时敏、王原祁、王鉴、王翚等"四王"为核心的"娄东画派"。江苏太仓，位于太湖进入东海的三条主要河流之一的娄江东面，因此也被称为"娄东"。王时敏、王原祁、王鉴三个人都出生在太仓；王翚虽然出生在离太仓不远的常熟虞山，然其年轻时即追随王鉴学画，并到太仓成为王时敏的入室弟子。娄东画派深受董其昌的影响，大量临摹古人作品，并于立意、布局、运笔、色彩、线条等方面，追随古人，亦步亦趋，达到登峰造极地步。其作品，大多凸显出一种平淡天真、萧散超逸的格调。

所谓"虞山"，指的是以黄公望为奠基之祖的"虞山画派"，因江苏常熟有虞山而得名。该画派也以尊崇临摹古人画作为风尚，并尊崇三度临摹元代黄公望《富春山居图》的王翚为画派开山之父。

郑燮初到扬州时，尽管其画作水平已经相当不错，但由于初出茅庐，不为人知，前往买其画者寥寥无几，一日仅入百钱。郑燮后来在描述自己艺术生涯的《署中示舍弟墨》长诗中写道：

> 学诗不成，去而学写。学写不成，去而学画。日卖百钱，以代耕稼；实救困贫，托名风雅……

此时，郑燮与"扬州八怪"之一的金农相识，两人一见如故，志同道合。金农（1687—1763），字寿门，又字司农、吉金，号冬心先生、稽留山民、曲江外史、昔耶居士等，浙江仁和（今杭州）人。少受业于何焯，与丁敬等相交。博学多才，嗜古好学，工诗词书画，精鉴古，好收藏。雍正十三年（1735），朝廷开博学鸿词科，金农受裘思芹（鲁青）推荐，于次年入都应选，未就而返。心情抑郁不得志的金农，遂周游四方，走齐、鲁、燕、赵，历秦、晋、楚、粤，然却终无所遇。由此终身布衣不仕。金农曾在自己所作《马图》上题记："今予画马，苍苍凉凉，有顾影酸嘶自怜之态，其悲跋涉之劳乎？世无伯乐，即遇其人，亦云暮矣！吾不欲求知于风尘漠野之间也。"由此可见其怀才不遇的心情。据文献资料记载，金农直到应博学鸿词科试未就的50岁后，方才开始作画。尽管金农正式开始从事绘画创作已届暮年，但由于他学识渊博，修养高深，所见古代绘画名迹很多，过目即辨真伪。加之具有较好的书法基础，因此金农"涉笔即古，脱尽画家之习"，所画竹梅、鞍马、佛像、人物、山水，格调独树一帜，拙厚淳朴，受到人们的推崇。故宫博物院藏金农《山水人物册》和上海博物馆藏金农《山水册》，每页上都有金农自题自作诗词，描绘的就是他自己的生活。尽管他在表现手法上，人物景致造型上，看上去不求形似，用笔笨拙，但其布局构图，却别具心裁，意境深邃，令人玩味。金农正是在这种古拙之中，追求自家画风和自己独有的一种趣味。金农创作的人物肖像，妙在似与不似之间。当然也必须指出，金农传世的许多画作中，除去伪作之外，其中有很大一部分是由其弟子罗聘、项均和童子陈彭代笔创作的，金农自己对此也毫无隐讳。金农在书法艺术上，隶书古朴，楷书别具一格，创造出一种自称"漆书"的书体，被评论为是从《天发神谶碑》《国山碑》《谷朗碑》中变化而来。金农亦能篆刻，得秦汉印法。此后，金农客居扬州依靠鬻诗文、卖书画为生，居三祝庵和西方寺，至衰老穷困而死。有《冬心先生集》《冬心先生杂著》等行于世。

· 金农《墨梅图》

金农曾在《冬心先生画竹题记》中,记录了自己所见郑燮初到扬州卖画时遭人欺侮的落拓模样。金农写道:"兴化郑进士板桥,风流雅谑,极有书名。狂草古籀,一字一笔兼众妙之长。十年前予与先后游广陵,相亲相洽,若鸥鹭之在汀渚也。又善画竹,雨梢风箨,不学而能。广陵故多明童,巧而黠,俟板桥所欲,每逢酒天花地间,各持研笺纨扇,求其笑写一竿,板桥不敢不应其索也。若少不称陈蛮子、田顺郎意,则更画,醉墨渍污上襟袖,不惜也。"金农文中所谓"陈蛮子",指的是明代永乐年间人,力士。"田顺郎",乃唐代著名歌者。

郑燮来到扬州不久,便于雍正元年癸卯(1723)初春,到距离扬州不远的海陵一游。海陵,即如今泰州市。道光刊本《泰州志》:"泰州,春秋时吴地,汉置海陵县。唐武德三年置吴州(即以县置),更县曰吴陵,七年州废,县复曰海陵,属邗州。"

郑燮为了节省游资,借居在海陵城南的弥陀庵中,始与弥陀庵主梅鉴和尚交往。《泰州志·寺观》记载:"弥陀庵……在南山寺东南。兴化郑燮有诗。"郑燮在离开海陵所作的《别梅鉴上人》诗中,记载了自己此次于弥陀庵寄宿时的情形。其中写道:

海陵南郭居人少,古树斜阳破佛楼。一径晚烟篱菊瘦,几家黄叶豆棚秋。云山有约怜狂客,钟鼓无情老比邱。回首旧房留宿处,暗窗寒纸飒飕飕。

人们通过郑燮词作或许可知,郑燮于此次海陵之旅过程中,曾经遇到一位心仪的红颜知己,并与其发生过一夜情事。临别时,郑燮还与之相约明年再会,并作词相赠。郑燮在《贺新郎·有赠》中写道:

旧作吴陵客,镇日向小西湖上,临流弄石。雨洗梨花风欲软,已逗蝶蜂消息,却又被春寒微勒。闻道可人家不远,转画桥西去萝门碧,时听见,高楼笛。　缘悭觌面还相失,谁知向海云深处,殷勤款惜。一夜尊前知己泪,背着短檠偷滴,又互把罗衫抆湿。相约明年春事早,嚼花心红蕊相思汁,共染得,肝肠赤。

通过郑燮词中所说的"雨洗梨花风欲软,已逗蝶蜂消息"可知,他这次到海陵游历的时间,应该是在初春。《泰州志·古迹》载:"小西湖,在州治西,泰山下。"

当郑燮在海陵闻知"刘烈妇"的事迹后,大为感动,为作《海陵刘烈妇歌》。明末清初左良玉(1599—1645),字昆山,东昌府临清州(今山东临清市)人,官至平贼将军、太子少保,封宁南侯。左良玉军中时有将士武举。没有后人子嗣的武举阵亡后,武举之妻

刘氏发誓侍奉公婆。待其公婆死后,刘氏即自缢身亡。刘氏由此被州人称为"刘烈妇"。郑燮在《海陵刘烈妇歌》中写道:

> 烈妇夫武举,从左良玉阵亡,无后。妇誓奉公姑,待其终年,即自缢死。州人哀之,称为刘烈妇云。
>
> 湿云压窗灯欲死,少妇停梭拂衣起;夜惨心孤倦欹卧,沙场梦入深闺里。破甲残旗裹血痕,手提败鼓号冤魂;自云转战身陷没,断骸漂骨黄河奔。仓皇踯躅妇惊觉,群犬乱吠秋篱根。深夜欲啼啼不得,泪珠逬落罗衾湿。抹去胭脂罢晓妆,翠翘云髻无颜色。凶问传来败散军,果然与梦无差分。温言绪语慰翁媪,幽闺裂破绣罗裙;椎心一哭数斗血,纸钱飘去回秋云。柴门寂寞鼪鼯斗,病妇把家门户瘦;夜夜寒机达曙光,朝朝破井提鸳鸯。十亩荒田岁不收,一园花柳空如绣。翁殁媪殁妇即殁,宗祀无人妾何立?拚将皓颈委红罗,要使芳魂觅沙碛。丈夫死国妻死夫,忠义不得转呼吸;一念徘徊事则败,包羞泉壤何嗟及。至今坟树晚悲号,荒河白草秋原高;寒鸦孤栖夜不定,哀鸣向月求其曹。

郑燮结束海陵之旅返回扬州后,闻知曾与自己共同追随陆震种园先生学习填词的同学顾于观应招赴山东常使君幕府公干,作词赠贺顾于观。郑燮除了借机抒发自己"半世销沉儿女态,羁绊难逾乡里"的坎坷处境和怀才不遇的胸怀之外,也对顾于观此行能施展才华抱负、造福一方,深表祝贺。在对其能于廨署驻地饱览泰山雄伟奇观表示欣喜羡慕不已的同时,也言及顾于观抛家离母外出公干的确不易,勉励其要有所建树,勿虚此行。郑燮在《贺新郎·送顾万峰之山东常使君幕》中写道:

> 掷帽悲歌起,叹当年父母生我,悬弧射矢。半世销沉儿女态,羁绊难逾乡里。健美尔萧然揽辔,首路春风冰冻释,泊马头浩渺黄河水,望不尽,汹汹势。　到看泰岱从天坠,矗空青千岩万嶂,云揉月洗。封禅碑铭今在否?鸟迹虫鱼怪异,为我吊秦皇汉帝。夜半更须陵日观,紫金球涌出沧溟底,尽海内,奇观矣。
>
> 独有难忘者,宁不见慈亲黑发,于今雪洒。检点装囊针线密,老泪潺湲而泻,知多少梦魂牵惹。不为深情酬国士,肯孤踪独骑天边跨?游子叹,关山夜。　顾闻东道兼骚雅,最美是峰峦十万,青排脚下。此去唱酬官阁里,酒在冰壶共把,须勖以仁风遍野。如此清时宜树立,况鲁邹旧俗非难化,休沉溺,篇章也!

郑燮词中所谓"使君",是汉时对太守的称谓,清时常用以恭维府、州、县的长官。常使君,名建极,字近辰,正蓝旗人,监生出身。诗人。康熙五十三年(1714)任扬州府泰州州同。康熙五十五年(1716)至五十九年(1720),任山东泰安府东平州州判。

"悬弧",是说古时生男孩悬弓于门左,以示尚武。"弧",即弓。"射矢",出自《礼记·内则》:"国君世子生,告于君……三日卜士负之,吉者宿齐,朝服寝门外,诗负之。射人以桑弧蓬矢六,射天地四方。"

"泰岱",即泰山,又名岱宗。

"封禅碑铭"中的"封禅",指的是古代帝王至泰山举行祭祀天地的典礼,并刻石以纪其事。

"鸟迹虫鱼",指的是碑刻上的文字。

"秦皇汉帝",指的是秦始皇和汉武帝,他们都曾至泰山进行封禅活动。

"日观",指的是泰山日观峰。

"紫金球",用以形容朝日冉冉升起的模样。

"国士",指的是才能冠杰一国之人。《史记·刺客列传》:"豫让曰:'臣事范、中行氏,范、中行氏皆众人遇我,我故众人报之。至于智伯,国士遇我,我故国士报之。'"

"冰壶",本指用以盛冰的玉壶,后用以比喻居身清洁。姚崇《冰壶诫》:"冰壶者,清洁之至也。君子对之,不忘乎清。"

"鲁邹",系指山东。其地为孔孟故乡,自古被誉为"礼仪之邦"。

郑燮既然来到扬州以靠卖画为生,天天耳闻目睹,自然也就量今酌古对扬州风物习俗有了更加深切的认识和感悟。郑燮在《扬州》诗中写道:

画舫乘春破晓烟,满城丝管拂榆钱。千家养女先教曲,十里栽花算种田。雨过隋堤原不湿,风吹红袖欲登仙。词人久已伤头白,酒暖香温倍悄然。

廿四桥边草径荒,新开小港透雷塘。画楼隐隐烟霞远,铁板铮铮树木凉。文字岂能传太守,风流原不碍隋皇。量今酌古情何限,愿借东风作小狂。

西风又到洗妆楼,衰草连天落日愁。瓦砾数堆樵唱晚,凉云几片燕惊秋。繁华一刻人偏恋,呜咽千年水不流。借问累累荒冢畔,几人耕出玉搔头?

江上澄鲜秋水新,邗沟几日雪迷津。千年战伐百余次,一岁变更何限人。尽把黄金通显要,惟余白眼到清贫。可怜道上饥寒子,昨日华堂卧锦茵。

郑燮此处所谓"隋堤",据《扬州府志·古迹》记载,隋炀帝大业元年开通济渠,自西苑引穀水、洛水入淮河；自板渚引黄河水入汴水，经泗水达淮河；又开邗沟，自山阳至扬子入长江。渠广四十步。沿通济渠、邗沟岸筑御道，道旁种植杨柳，后人谓之隋堤。

"廿四桥"，李斗《扬州画舫录》卷十五载："廿四桥即吴家砖桥。一名红药桥。在熙春台后。平泉涌瀑之水，即金匮山水，由廿四桥而来者也。桥跨西门街东西两岸。砖墙废版，围以红栏。直西通新教场，北折入金匮山。桥西吴家瓦屋圩墙上石刻'烟花夜月'四字。不著书者姓名。《扬州鼓吹词序》云，是桥因古之二十四美人吹箫于此，故名。或曰即古之二十四桥。二说皆非。按二十四桥见之沈存中《补笔谈》，记扬州二十四桥之名。曰浊河桥、茶园桥、大明桥、九曲桥、下马桥、作坊桥、洗马桥、南桥、阿师桥、周家桥、小市桥、广济桥、新桥、开明桥、顾家桥、通明桥、太平桥、利国桥、万岁桥、青园桥、驿桥、参佐桥、山光桥、下马桥，实有二十四名。美人之说，盖附会言之矣。"不过，《扬州画舫录》关于二十四桥的这段记述中，存在两个"下马桥"，显然有误。

李斗《扬州画舫录》文中所说的沈存中，指的是北宋著名科学家沈括（1031—1095），字存中，号梦溪丈人，杭州钱塘（今浙江杭州）人。沈括出身于仕宦之家，幼年随父宦游各地。嘉祐八年（1063）进士及第，授扬州司理参军。宋神宗时参与熙宁变法，受王安石器重，历任太子中允、检正中书刑房、提举司天监、史馆检讨、三司使等职。元丰三年（1080）出知延州，兼任鄜延路经略安抚使，驻守边境，抵御西夏，后因永乐城之战牵连被贬。晚年移居润州（今江苏镇江），隐居梦溪园。绍圣二年（1095）卒，享年65岁。沈括一生致志于科学研究，在众多学科领域都有很深的造诣和卓越的成就，其代表作《梦溪笔谈》，内容丰富，集前代科学成就之大成，在世界文化史上有着重要的地位。

沈括在《梦溪笔谈·补笔谈·杂志》中写道："扬州在唐时最为富盛，旧城南北十五里一百一十步，东西七里三十步，可纪者有二十四桥。最西浊河茶园桥，次东大明桥，今大明寺前。入西水门有九曲桥，今建隆寺前。次东正当帅牙南门有下马桥，又东作坊桥，桥东河转向南，有洗马桥，次南桥，见在今州城北门外。又南阿师桥，周家桥，今此处为城北门。小市桥，今存。广济桥，今存。新桥，开明桥，今存。顾家桥，通泗桥，今存。太平桥，今存。利园桥，出南水门有万岁桥，今存。青园桥，自驿桥北河流东出，有参佐桥，今开元寺前。次东水门，今有新桥，非古迹也。东出有山光桥，见在今山光寺前。又自衙门下马桥直南有北三桥，中三桥，南三桥，号'九桥'，不通船，不在二十四桥之数，皆在今州城西门之外。"

"玉搔头"，即古代女子首饰之一的玉簪。白居易《长恨歌》中有"花钿委地无人收，翠翘金雀玉搔头"句。

"邗沟"，淮扬运河，古称邗沟，指的是从江苏淮安到扬州的这段人工开凿的运河河道。

是年，黄慎初到扬州。黄慎原名黄盛，字恭寿，一字恭懋，亦作公懋、躬懋，别号瘿瓢山人，简称瘿瓢、瘿瓢子,又号东海布衣,福建宁化人,生于清康熙二十六年(1687),卒年不详。有资料称其卒于1768年后。也有资料说他乾隆三十五年(1770)84岁时尚在。

黄慎的早年,因父亲去世后生活清贫,为了侍养母亲,他放弃了举子业,从同里画家上官周学习人物、花鸟、山水画以谋生。尽管他后来所画时常被恩师上官周称道,但黄慎并未以此满足而止步,立志别具一格,不居人后,仍然日夜琢磨画技,以致废寝忘食。黄慎曾说:"吾师绝技难以争名矣,志士当自立以成名,岂肯居人后哉!"后来黄慎在临习书法时见到唐代怀素草书时,便细心揣摩体会其用笔,并从中深受启发,在其人物画创作过程中运用草书笔法,由此使得画作人物形象怪异,从而形成了自己独特的绘画风格。

黄慎早期的人物画,用笔设色十分工细,还保持着恩师上官周的风格面貌。变化之后,则用笔粗犷,气象雄伟。黄慎人物画大多取材于历史故事,如《商山四皓图》《伏生授经图》《东坡玩砚图》等。同时他也画一些神仙佛道之类与宗教相关的人物画。这些画的幅面通常很大,用笔设色更加大胆泼辣,如《醉眠图》等。除此之外,黄慎还有一部分作品,直接取材于现实生活,画一些渔夫樵叟等。黄慎曾创作过一幅《群乞图》,描写灾荒年中,乞丐们流落街头、受人凌辱的痛苦生括,表现出他对劳苦大众的同情之心。黄慎的人物画,虽然在技法风格上有所独创,但有些也不免失之粗俗。尤其是人物衣纹皱折太多,似乎显得过于累赘。黄慎在花鸟画上的造诣也很高。如《芦鸭图》,用笔简练奔放,描画在水中游泳的鸭子,具有活泼生气。即使画幅较小的册页,亦潇洒有致。此外,黄慎所作山水画,也各尽其妙。黄慎在书法艺术上,得怀素笔意尤多。用笔枯劲,但其上下勾连,喜作怪笔,人多难以辨识。黄慎亦能诗,著有《蛟湖诗钞》行于世。黄慎曾先后三次居住扬州,与郑燮、李鱓等往来友善。

·黄慎《山水人物册·东坡玩砚图》

雍正二年甲辰（1724），郑燮32岁。这一年，郑燮与徐氏所生独子犉病殁，使得郑燮遭受生离死别的西河之痛。所谓"西河之痛"，出自《史记·仲尼弟子列传》："孔子既没，子夏居西河教授，为魏文侯师。其子死，哭之失明。"意思是说，孔子的学生子夏，晚年到魏国西河一带教学时，儿子死了，子夏伤心地把自己的眼睛都哭瞎了。此后人们便用"西河之痛""痛抱西河"或"抱痛西河"等，来表示丧子之痛。

郑燮在独子犉儿死后，撰诗悼念，可谓字字血，声声泪。郑燮在《哭犉儿五首》中写道：

天荒食粥竟为长，惭对吾儿泪数行。今日一匙浇汝饭，可能呼起更重尝！
歪角鬏儿好戴花，也随诸姊要盘鸦。于今宝镜无颜色，一任朝光满碧纱。
坟草青青白水寒，孤魂小胆怯风湍。荒涂野鬼诛求惯，为诉家贫楮镪难。
可有森严十地开，儿魂一去几时回？啼号莫倚娇怜态，逻刹非而父母来。
蜡烛烧残尚有灰，纸钱飘去作尘埃。浮图似有三生说，未了前因好再来。

郑燮诗中所谓"歪角鬏儿"，指的是男孩子头上盘成的发结。"盘鸦"，则是女子盘卷头发而成的发髻。

"楮镪"，指用以祭祀焚化的冥币。"十地"，指地狱。"逻刹"，乃梵语"逻刹婆"的略译，意为或住在灵庙，或依于树林，或居山谷中的大势鬼。"浮图"，梵语音译，有多义，一般意为"觉者"或"佛"，这里指佛教。"三生"，指的是佛教所谓前生、此生、来生之说。郑燮于此借用佛家观念，期望自己与儿子的今世因缘未尽，当儿子乘愿再来人世时，仍然可以与自己成为亲戚骨肉。

郑燮将独子犉儿埋葬之后，为了排解思念儿子的苦恼，宣泄心中的烦闷，出游江西。

郑燮此次出游江西期间，与居住在西庐山的佛教僧人无方上人相识，并结为知己。后来，无方上人从庐山移锡京师瓮山，两个人依然过从甚密。所谓"上人"，乃佛教信众对僧人的一种尊称。《圆觉要览》云："内有德智，外有胜行，在人之上，曰上人。"

郑燮还在庐山无方上人处，与笔帖式保禄相识结交。保禄，字在中，号雨村，满洲旗人。时官户部笔帖式。著有《野人居稿》。所谓"笔帖式"，乃清代官名。负责掌管翻译满汉章奏文字等事，置于京师各部、院和盛京五部，以及外省将军、都统、副都统官署。以满族、蒙古族、汉军旗人充任。

郑燮自庐山下来之后，又到湖南洞庭湖游览，并作《浪淘沙·和洪觉范潇湘八景》词。郑燮所作词名中的"洪觉范"，指的是北宋佛教僧人惠洪，俗姓彭，名觉范。擅书法，工诗词，著有《冷斋夜话》等流传于世。洪觉范所作《潇湘八景》词，后世代有赓和。"潇湘八景"，指的是潇水、湘水附近的八处胜景，北宋画家宋迪曾画之。后人以此八景专属潇湘洞庭，而将其称为潇湘八景。元代马致远《落梅风》、鲜于必仁《普天乐》等，写的都是潇湘八景。

郑燮在《浪淘沙·和洪觉范潇湘八景·潇湘夜雨》中写道：

风雨夜江寒，篷背声喧，渔人稳卧客人叹。明日不知晴也未？红蓼花残。
晨起望沙滩，一片波澜，乱流飞瀑洞庭宽。何处雨情还是旧？只有君山。

郑燮此处所谓"君山"，又名湘山、洞庭山，位于洞庭湖中。《水经注·湘水》："《山海经》云：洞庭之山，帝之二女居焉。沅澧之风，交潇湘之浦，出入多飘风暴雨。湖中有君山、编山。君山有石穴，潜通吴之包山，郭景纯所谓'巴陵地道'者也。是山，湘君之所游处，故曰君山矣。昔秦始皇遭风于此而问其故。博士曰：湘君出入则多风。秦王乃赭其山。汉武帝亦登之，射蛟于是。"

郑燮在《浪淘沙·和洪觉范潇湘八景·山市晴岚》中写道：

雨净又风恬，山翠新添，薰烝上接蔚蓝天。惹得王孙芳草色，酝酿春田。
朝景尚拖烟，日午澄鲜，小桥山店倍增妍。近到略无些色相，远望依然。

郑燮在《浪淘沙·和洪觉范潇湘八景·渔村夕照》中写道：

山迥暮云遮，风紧寒鸦，渔舟个个泊江沙。江上酒旗飘不定，旗外烟霞。
烂醉作生涯，醉梦清佳，船头鸡犬自成家。夜火秋星浑一片，隐跃芦花。

郑燮在《浪淘沙·和洪觉范潇湘八景·烟寺晚钟》中写道：

日落万山巅，一片云烟，望中楼阁有无边。惟有钟声拦不住，飞满江天。
秋水落秋泉，昼夜潺湲，梵王钟好不多传。除却晨昏三两击，悄悄无言。

此处所谓"梵王钟"中的"梵王"，乃大梵天王的简称。佛教将一切世界分为欲界、色界、无色界等三界。大梵天，是第二色界诸天的第三天，其王被称为大梵天王，亦称为梵天王、大梵王。"梵王钟"，指的则是佛教寺庙的钟。

郑燮在《浪淘沙·和洪觉范潇湘八景·远浦归帆》中写道：

> 远水净无波，芦荻花多，暮帆千叠傍山坡。望里欲行还不动，红日西殂。
> 名利竟如何？岁月蹉跎，几番风浪几晴和。愁水愁风愁不尽，总是南柯。

此处所谓"南柯"，乃唐代李公佐所作传奇故事《南柯太守传》中的地名。故事的大意是说，东平人淳于棼在一棵古槐树下醉倒，梦见自己变成槐安国的驸马，任南柯太守二十年，与金枝公主生了五男二女，荣华富贵，显赫一时。后来他与檀萝国交战被打败，金枝公主也病死。最后在失宠被遣返故里归途中由于破车颠簸而惊醒，他发现所谓"槐安国"和"檀萝国"，竟然都是蚁穴。后来人们便将梦境称为"南柯"，成语"南柯一梦"典始于此。

郑燮在《浪淘沙·和洪觉范潇湘八景·平沙落雁》中写道：

> 秋水漾平沙，天末澄霞，雁行栖定又喧哗。怕见洲边灯火焰，怕近芦花。
> 是处网罗赊，何苦天涯，劝伊早早北还家。江上风光留不得，请问飞鸦。

郑燮在《浪淘沙·和洪觉范潇湘八景·洞庭秋月》中写道：

> 谁买洞庭秋，黄鹤楼头，槐花半老桂花稠。才送斜阳西岭去，月上帘钩。
> 漭漭大荒流，烟净云收，万条银线接天浮。不用画船沽酒去，我自神游。

郑燮在《浪淘沙·和洪觉范潇湘八景·江天暮雪》中写道：

> 雪意满潇湘，天淡云黄，梅花冻折老松僵。惟有酒家偏得意，帘旂飘扬。
> 不待揭帘香，引动渔郎，蓑衣燎湿暖锅傍。踏碎琼瑶归路远，醉指银塘。

此处所谓"琼瑶"，本指白色的玉。此处借指为雪。

郑燮于洞庭湖游毕，又去湘水入洞庭处的黄陵庙参观游览。《水经注·湘水》："湘水又北，迳黄陵亭西，右合黄陵水口，其水上承大湖。湖水西流，迳二妃庙南，世谓之黄陵庙也。言大舜之陟方也，二妃从征，溺于湘江，神游洞庭之渊，出入潇湘之浦。潇者，水清深也。《湘中记》曰：'湘川清照五六丈下，见底石如樗蒲矣。五色鲜明，白沙如霜雪，赤岸若朝霞，是纳潇湘之名矣。故民为立祠于水侧焉。荆州牧刘表刊石立碑，树之于庙，以旌不朽之传矣。'"

唐代韩愈《黄陵庙碑》云："湘旁有庙曰黄陵。自前古以祠尧之二女，舜之二妃者。"《括地志》："黄陵庙在岳州湘阴县北五十七里，舜二妃之神。"

郑燮在黄陵庙游览时，为黄陵庙女道士画《竹》，并于其上题诗。郑燮在《为黄陵庙女道士画竹》中写道：

湘娥夜抱湘云哭，杜宇鹧鸪泪相逐；丛篁密篠遍抽新，碎剪春愁满江绿。赤龙卖尽潇湘水，衡山夜烧连天紫；洞庭湖竭荠尘沙，惟有竹枝干不死。竹梢露滴苍梧君，竹根竹节盘秋坟；巫娥乱入襄王梦，不值一钱为贱云。

郑燮此处所谓"湘娥"，指的是舜之娥皇、女英二妃。

"杜宇"，古蜀帝名，死后化为杜鹃，后人因称杜鹃为杜宇。

"鹧鸪"，指的是唐代郑谷《鹧鸪诗》。其中有"雨昏青草湖边过，花发黄陵庙里啼"句。

"赤龙"，即赤色之龙，亦即火龙。《骈字类编》卷二十一引王毂《苦热行》诗："祝融南来鞭火龙，火旗焰焰烧天红。"此处所谓"祝融"，即相传为火神的赤帝。

"衡山"，位于湖南，乃五岳之一，有七十二峰，以祝融、天柱、芙蓉、紫盖、石廪五峰最为著名。其中祝融峰，即因祝融氏而得名。"衡山夜烧"，是说衡山周边农夫放火烧野草以肥田。

"竹梢露滴苍梧君"句，系据《述异记》："舜南巡，葬于苍梧。尧二女娥皇、女英泪下沾竹，文悉为之斑。"其中"苍梧君"，指舜。

"巫娥乱入襄王梦"句，系据宋玉《高唐赋序》："（怀王）梦见一妇人曰：'妾巫山之女也，为高唐之客，闻君游高唐，愿荐枕席。'王因幸之。"又《神女赋序》云："楚襄王与宋玉游于云梦之浦，使玉赋高唐之事，其夜王寝，梦与神女遇。"其实，梦遇神女者系怀王，而非襄王，但由于《神女赋序》中有两处"王""玉"互讹，后人遂误认之。巫女既入怀王之梦，又入襄王之梦，同私父子，故曰"乱入"。郑燮此处借用以巫娥与湘娥对比。

郑燮《为黄陵庙女道士画竹》诗成传开之后，便有人为之唱和。清代韩梦周在《和郑板桥为黄陵庙女道士画竹》中写道："皇娥有恨泪成血，六月幽皇戛飞雪；九嶷明灭隔苍烟，洞庭浪泣君山裂。千枝万枝压宫墙，杜宇无声秋草黄；西风欲下行人绝，参差哀怨满三湘。貌作荒江悲帝子，老筠惨淡凌风起；婵娟太息空扬灵，一幅《离骚》照秋水。"

雍正三年乙巳（1725），郑燮33岁。这一年，郑燮第二次出游京师，借居在慈仁寺。郑燮此次赴京的目的，是想以直隶秀才入北闱参加乡试，结果却未如愿。郑燮后来在乾隆七年壬戌（1742）50岁时所作《刘柳村册子》（故宫博物院藏墨迹）中回顾此事写道：

> 欲以直隶秀才入北闱，为友人所阻。先不得入小试，遂发愤入山，与老僧枯坐，或游于碎泉乱石卧松倒柏之间。

郑方坤《本朝名家诗钞小传·板桥诗钞小传》："郑燮……壮岁客燕市，喜与禅宗尊宿及期门、羽林诸子弟游。日放言高谈，臧否人物，无所忌讳，坐是得狂名。"由此可见，郑燮此次逗留京师期间，除了与佛教尊宿长老交往外，还与那些执兵掌宿卫、因皇帝微行以"期诸殿门"的期门后改称羽林的禁卫军诸弟子们游，且每日高谈阔论，臧否人物，无所顾忌，由此得狂名。

郑燮此次赴京最重要的收获之一，就是与康熙皇帝玄烨第二十一子爱新觉罗·允禧相识，并以自己的诗书画作，开始与允禧交往。允禧（1711—1758），本名胤禧，字谦斋，别号紫琼崖主人、春浮居士。清朝宗室大臣。后因避雍正皇帝讳，改名允禧。9岁，即从幸塞外。雍正八年（1730）二月，封固山贝子；五月晋封贝勒。雍正十一年（1733），授镶黄旗满洲都统。雍正十三年（1735），授宗人府左宗正、正黄旗汉军都统。乾隆皇帝即位后，封慎郡王。乾隆三年（1738）擢为议政大臣。乾隆五年（1740），授正白旗满洲都统。乾隆七年（1742），充玉牒馆总裁。乾隆二十三年（1758）五月去世，享年48岁。谥号靖。

允禧礼贤下士，善书画，能诗。著有《随猎诗钞》《花间堂诗钞》等。清代李放（充国）《八旗画录前编》卷首："慎靖郡王允禧，别号紫琼道人，又号春浮居士。圣祖仁皇帝第二十一子……《绘境轩读画记》云：'王尝得端石砚山，名曰紫琼岩，因自号紫琼，薨后用以为徇（殉）。所作山水、花卉，能合石谷、南田为一手，本朝宗蕃第一。'"赵尔巽等撰《清史稿·慎靖郡王允禧传》："慎靖郡王允禧，圣祖第二十一子。康熙五十九年，始从幸塞外。雍正八年二月，封贝子。五月，谕以允禧立志向上，进贝勒。十三年十一月，高宗即位，进慎郡王。允禧诗清秀，尤工画，远希董源，近接文徵明，自署紫琼道人。乾隆二十三年五月，薨，予谥。"

是年清明后一日，郑燮为《宋拓虞永兴破邪论序册》题跋。此处所谓"虞永兴"，即唐初书法家虞世南（558—638），字伯施，越州余姚（今属浙江）人。官至秘书监，封永兴县子，人称虞永兴。能文辞，工书法，亲承王羲之七代孙僧智永传授，继承了王羲之、王献之父子的书法传统，外柔内刚，笔致圆融遒丽，与欧阳询、诸遂良、薛稷并称"唐初四大书家"。正书碑刻有《孔子庙堂碑》。编有《北堂书钞》一百六十卷。

唐初，面对以傅奕为代表的诋毁攻击佛教之流，法琳法师撰《破邪论》，虞世南为之作序并书。小楷36行，行20字，前衔题"太子中书舍人吴郡虞世南撰并书"。郑燮在为《宋拓虞永兴破邪论序册》题跋中，除了强调书法与人品相表里，对虞世南的人品和书品大加赞叹外，还以虞世南仕途经历为例，说明士人有遇有不遇者，诚所谓"神龙出没隐现，各得其时"。这其中当然也含有自己至今不遇，是由于不得其时的寓意在。郑燮写道：

  书法与人品相表里。方炀帝征辽时，世南草檄袁宝儿，顾盼殿上，帝伴优之，命赋一诗而罢，终身不复见用。及太宗皇帝定天下，乃起从之。卓为学者宗师，可不谓神龙出没隐现，各得其时哉！士固有遇有不遇，藉使开皇之末，仍然五季，天下土崩，无复圣天子出，虽终其身蓬室枢户可也，岂区区于仕进乎！夫区区仕进，必不完于炀帝时矣。今观其所书《庙堂碑》及《破邪论序》，介而和，温而栗，峭劲不迫，风雅有度，即其人品，于此见矣。昔有评右军书云：位重才高，调清词雅，声华未泯，翰牍仍存。吾于世南亦云。题《破邪论序》后。时乙巳清明后一日。板桥郑燮。

此处所谓《庙堂碑》，即唐代由虞世南撰文并书，记述高祖武德九年（626）封孔丘二十三世后裔孔德伦为褒圣侯以及修葺孔庙等事的《孔子庙堂碑》。书法俊朗圆腴，内刚外柔，为唐楷典型之一。周积寅在《郑板桥年谱》为其所作注中写道："原石久佚，在北宋时流传拓本已很少。有重刻本二：一在陕西西安碑林，号称'陕本'，或'西庙堂碑'，为宋初王彦超摹刻；一在山东城武，亦称'城武本'，或'东庙堂碑'，无刊刻年月。今存有元康里傅脩藏原石拓本，所缺四分之一的字，用'陕本'配补。"

据清代秦祖永辑《七家印跋》可知，是年秋日，郑燮刻治《思古》印章一枚，并刻边款："乙巳秋日，板桥道人燮。"

从现有的文献资料来看，最早记载郑燮善于篆刻者，是清代的阮充。阮充（1862—1892），字实斋，号云庄，江苏仪征人。工诗善画，书法二王，兼精篆刻。著有《云庄印话》。阮充《云庄印话·印人诗事》："板桥曾为先祖制'学圃'石印，并绘赠墨竹巨幅，题云：'新竹高于旧竹枝，全凭老干为扶持；来年更有新生者，十丈龙孙绕凤池。'惜未入集中。"

秦祖永在《桐阴论画》卷下中对郑燮篆刻评论道："印章笔力朴古，逼近文、何。"这句话，显然是秦祖永对郑燮篆刻的印章经过一番研究所得出的结论。此处所谓"文、何"，指明代著名篆刻家文彭及其弟子何震。文彭（1498—1573），字寿承，号三桥，江苏苏州人。何震（1522—1604），字主臣、长卿，号雪渔，徽州婺源（今属江西）人。在明代，文、何一起从印风、文字、印材、款识等方面重整印坛，提倡篆刻宗法于秦汉印玺传统，强调文字六书原则，力矫怪谬浅陋、混乱芜杂之时弊。文、何印风以追摹汉印工稳纯正、浑穆苍劲、空灵明洁见长。文彭开掘并提倡以浙江青田石作为印材。石章的出现，对篆刻的艺术发展起到了极为重要的作用。何震创单刀款识，错落雄健，又大大丰富了篆刻艺术的内容。由于文彭和何震共同开创了明清篆刻艺术流派之先河，后人便将其并称为"文何"。

通过郑燮为印人所作的印谱题跋，也可从中窥见其印学思想。郑燮在《题程邃印谱》中写道：

周栎园（亮工）先生《印人传》，八十余人，以何雪渔、文三桥为首，而往复流连，赞不容口者，则为垢道人，可谓知人特识矣。其《赖古堂印谱》近千颗，分为四册，然皆方硬板重，如道人之浑古流媚者，百不得一。想道人亦深自贵重，不轻为人捉刀耶？

程邃（1605—1691），字穆倩，号垢道人，安徽歙县人，朱文喜以大篆入印，面目一新。白文深得汉印神髓，于文、何、汪（肇）、朱（简）外，另立门户，人称"歙派"开山。

尽管郑燮此次赴京仍借住在佛寺，日与诸多佛教、道教人士交往，但郑燮毕竟是一位文人，并不崇信佛教和道教，因此他既不烧铅汞炼丹，也不烧香念佛。由于郑燮此次于京师可谓诸事不顺，屡遭挫折，且逗留时间久了，心中不免生发思念家乡之想。郑燮于是年清秋长夏日作《燕京杂诗》，道尽了对家乡景物风致和亲人的思念。郑燮写道：

不烧铅汞不逃禅，不爱乌纱不要钱。但愿清秋长夏日，江湖常放米家船。
偶因烦热便思家，千里江南道路赊。门外绿杨三十顷，西风吹满白莲花。
碧纱窗外绿芭蕉，书破繁阴坐寂寥。小妇最怜消渴疾，玉盘红颗进冰桃。

郑燮此处所谓"米家船"，指的是北宋书画家米芾的书画作品。由于米芾时常乘舟载其书画游览江湖，人们便以"米家船"来借指米芾的书画。宋代黄庭坚在《戏赠米元章》诗之一中写道："沧江尽夜虹贯月，定是米家书画舡。"金代元好问《钱过庭烟溪独钓图二首》之二："小景风流二百年，典刑来自米家船。诗人无复承平旧，重为遗音一慨然！"

郑燮此次赴京还偶得乌丝，遂抄《花品》。郑燮于是年十月十九日在燕京忆花轩作《花品跋》，行间字里，充满一片乡情；墨际毫端，洋溢几多愁思。其中写道：

仆江南逋客，塞北羁人。满目风尘，何知花月；连宵梦寐，似越关河。金尊檀板，入疏篱密竹之间；画舸银筝，在绿荇红蕖之外。痴迷特甚，惆怅绝多。偶得乌丝，遂抄《花品》。行间字里，一片乡情；墨际毫端，几多愁思。书非绝妙，赠之须得其人；意有堪传，藏者须防其蠹。雍正三年十月十九日，板桥郑燮书于燕京之忆花轩。

郑燮此处所谓"乌丝"，即乌丝栏。古代人们书写在缣帛、竹简木牍或者纸上的文字，皆由上而下书写，每行字数没有一定。为了使各行文字书写整齐美观，人们事先用赤丝或乌丝在缣帛上织出界栏；或用朱笔、墨笔在纸上为其画上界栏，专供书写传抄之用。由此将界栏红色者称为"朱丝栏"，将黑色者称为"乌丝栏"，亦作乌丝阑，或乌丝襕。例如，唐代罗隐《谢江都郑长官启》："保持所切，已高黄绢之名；传写可知，旋长乌丝之价。"宋代梅尧臣《韩玉汝遗澄心纸二轴》："君家兄弟意，将此比乌丝。"宋代陆游《雪中怀成都》："乌丝阑展新诗就，油壁车迎小猎归。"宋代辛弃疾《乌夜啼》："一段乌丝阑上、记多情。"元代周德清《蟾宫曲·送客之武昌》："笑把霜毫，满写乌丝。"清代吴伟业《题鸳湖闺咏》："石州螺黛点新妆，小拂乌丝字几行。"

此处所谓《花品》，即宋代欧阳修撰《洛阳牡丹记》中的第一篇。清代永瑢等撰《四库全书总目·子部二十五》："《洛阳牡丹记》一卷，宋代欧阳修撰。修有《诗本义》，已著录。是记凡三篇。一曰花品，叙所列凡二十四种。二曰花释名，述花名之所自来。三曰风俗记。"

郑燮此次赴京，还与大理寺少卿孙勷结识。孙勷，字子未，一字予未，号峨山，又号诚斋，山东德州人。康熙二十四年乙丑（1685）进士，入翰林院，文名满天下。康熙四十八年己丑（1709）督学贵州。后补为通政司参议。孙勷性孤高简傲，不偕于俗。工诗文。著有《鹤侣斋集》。他曾于《鹤侣斋集·石丈诗》中写道："山鬼矜伎俩，此老如不闻；或具袍笏拜，此老亦不尊。坦然自高卧，雨蚀青苔痕。"孙勷此诗，显然系君子自道。是年，孙勷将自己拟于次年（雍正四年丙午）辞官致仕、告老归乡的想法，提前告知郑燮。由此，郑燮为孙勷作《盆兰图》并题诗相赠。其中写道：

宿草栽培数十年，根深叶老倍鲜妍。而今归到山中去，满眼名葩是后贤。

郑燮此处所谓"宿草"，指的是多年生兰花。"名葩"，泛指名花，郑燮借此比喻当代名人。"后贤"，则指孙勷教育有方。孙勷在任贵州学政期间，曾亲诲郡秀，后生晚辈中多有闻达；其子孙后代亦多有成就者。

约于此际，郑燮乡贤、兵部职方司主事官孙兆奎也解甲归田，郑燮赋诗相赠。《兴化县志》:"孙兆奎,字斗文,江苏兴化人。学识渊博,专于评文。康熙四十二年(1703)进士,历任知县、兵部职方司主事、吏兵二部则例馆纂修官等职。"郑燮在《送职方员外孙丈归田》中写道:

先生六月江南去,敝橐秋风亦径归。鲈鲙先尝应忆我,蕨薇堪饱莫开扉。故人几辈头俱白,后学相看识者稀。淮海文章终自在,任渠披诮绛纱帏。

鹤儿湾畔藕花香,龙舌津边粳稻黄。小艇雾中看日出,青钱柳下买鱼尝。村墟古庙红墙立,天末孤云白带长。借取渔家新箬笠,一竿烟雨入沧浪。

郑燮诗题中所谓"职方员外",系兵部职方司主事官,掌管地图及四方职贡之事。"孙丈",则指孙兆奎。

"鲈鲙先尝",源自晋代张翰的典故。张翰,字季鹰,吴(今江苏苏州)人。齐王司马冏召为大司马东曹掾。时,政事混乱。张翰为躲避祸乱,急欲南归,乃以见秋风起,思念故乡鲈鲙蕨薇等美味为托辞,辞官归吴。《世说新语·识鉴》:"张季鹰辟齐王东曹掾,在洛,见秋风起,因思吴中菰菜、蓴羹、鲈鱼脍,曰:'人生贵得适意尔,何能羁宦数千里以要名爵?'遂命驾便归。俄而齐王败,时人皆谓为见机。'"此处所谓"菰",即茭白。"蓴",乃"莼"的异体字。意思是说,西晋时吴地人张翰,在洛阳做官,见秋风起,便思念家乡美味的茭白、莼菜羹和鲈鱼脍,于是辞官归去。此后文人士大夫便将思乡和归隐称为"莼鲈之思"。

"蕨薇堪饱"中的"蕨",是多年生草本植物,生长在山野草地里,根茎长,横生地下,羽状复叶,用孢子繁殖。嫩叶可以吃,名蕨菜,根状茎可制淀粉,也可入药。"薇",也是一种一年生或二年生草本植物名,又名"大巢菜""野豌豆"。花紫红色,结寸许长扁荚,荚中有种子五六粒,可以食用。文献资料中对此多有记载。例如,《史记·伯夷传》:"采薇而食之。"明代顾炎武《复庵记》:"采薇而食者。"方文《访姚若侯山中不值留此》:"知君秉性甘薇蕨,暇日相思还杖藜。"

这里需要说明的是,郑燮诗中的"鲈鲙先尝应忆我"句中的"鲈鲙",不同文献资料中存有异文。中州古籍出版社据1935年世界书局本影印《郑板桥全集》和卞孝萱《郑板桥全集》(增补本)中,均将其写作"鲈鲙";而上古版《郑板桥集》和周积寅《郑板桥年谱》中,则将其写作"鲈脍"。须知"鲙"乃一种鱼的名字,即鳓鱼,又称为曹白鱼,其背青灰色,腹银白色。而"脍",则是细切的肉。窃以为,如果从郑燮诗中所写的"鲈鲙先尝"

这两种鱼和紧随其后的"蕨薇堪饱"这两种野菜的并列对应关系来看，此处或当以"鲈鲙"为是。

"淮海"，乃北宋词人秦观（1049—1100）之号，郑燮借以称誉孙兆奎之才学。"渠"，指他。"披谒"，指前来晋见。"绛纱帷"，即红色帐帷。《后汉书·马融传》："常坐高堂，施绛纱帐，前授生徒，后列女乐。"后因以"绛帐"为师长或讲座的代称，含有尊敬称美的意思。

"鹤儿湾"，在兴化城西北七里。"龙舌津"，又名东湾，在兴化东门外。

郑燮由京师落拓返回扬州后，为自己此次赴京心愿并未实现而郁郁不乐。他为了自遣自歌，打破春梦，销除烦恼，唤醒痴聋，自觉觉他，而作《四时行乐歌》和《道情十首》。郑燮后来在《刘柳村册子》中写道：

> 板桥自京师落拓而归，作《四时行乐歌》，又作《道情十首》。

所谓"道情"，乃曲艺的一个类别。渊源于唐代以道教故事为题材，宣扬出世思想的《九真》《承天》等道曲。自南宋始，人们在演奏这些道曲时采用渔鼓和简板为伴奏乐器，因此也被称为"渔鼓"。元人杂剧《岳阳楼》《竹叶舟》等剧中均有穿插演唱。明清以降流传甚广，题材也有所扩大，并与各地民间歌谣相结合而发展成许多种曲艺。有的地方将其称为"道情"，如"陕北道情""义乌道情"等；有的地方则将其称为"渔鼓"，如"湖北渔鼓""山东渔鼓"等；在四川，又将其称为"竹琴"。其共同特点是以唱为主，以说为辅，也有只唱不说的。

然令人遗憾的是，郑燮此处所说的《四时行乐歌》，并未在相关文献资料中见其具体文字内容；而郑燮此时所作的《道情十首》，也仅仅是初稿，此后又经过他反复修改，方才正式刊印。详见后文。

是年，汪士慎于拥万山堂书《绳伎诗》。是年，金农由金司农更名为金农，字由寿田改为寿门。是年春，金农开始山西泽州（今由山西晋城市辖）之行，扬州好友汪士慎、厉鹗、马曰璐送行并以诗纪之。金农此行路过京师时，结识有同门之谊的探花徐葆光、贵族阿金、书法家王澍等。是年九月，金农抵达山西泽州，投陈壮履（字幼安）处，客居三年。

雍正四年丙午（1726），郑燮34岁。是年夏五月，黄慎作《钟馗小妹图》，并于画上落款："雍正四年夏五月，闽中黄慎敬图。"郑燮在题记中写道：

> 五月终南进士家，深怀巨盏醉生涯。笑他未嫁婵娟妹，已解宜男是好花。板桥郑燮题。

· 郑燮题黄慎作《钟馗小妹图》

是年,高凤翰赴济南参加省试;高其佩拜少司寇;蒋廷锡擢升户部尚书。

雍正五年丁未(1727),郑燮35岁,客居南通州。"南通州",即今位于江苏省东南部的南通市。郑燮在游南通名胜狼山后,作《游白狼山》。其中写道:

积雨空山草木多,山僧晨起斫烟萝。崖前露出一块石,悄坐松阴似达摩。悬岩小阁碧梧桐,似有人声在半空。百叩铜镮浑不应,松花满地午阴浓。

此处所谓"狼山",在南通市南、长江北岸。相传此山曾居有白狼,故又名白狼山。"达摩",乃中国佛教禅宗的创始者菩提达摩的简称。菩提达摩,为南天竺人。南朝宋末航海至广州,又往北魏洛阳,后住嵩山少林寺。传说菩提达摩于此面壁打坐九年。后遇慧可(487—593),授以《楞伽经》四卷。慧可承受了菩提达摩的心法,禅宗得以在中土流传。

这一年,如皋名士郑勷,在如皋白蒲镇为自己诵经别墅立匾额"梅熟庵"。当时京都外省巨卿名士、书画名流、山人词客凡过蒲者,无不于此停骖。清代陶承煦《白蒲镇志》卷首对此记曰:"梅熟庵:郑克襄勷诵经别墅。余幼时,亲见堂上有悬龛,供奉观音金像。今屋宇已无寸椽矣。外门犹存额书'梅熟庵'三字,旁署'雍正丁未年,郑勷立'款识。将圮,余劝令后主重修存迹。传闻昔年凡京都外省巨卿名士过蒲者,无不停骖于此,久暂不一,如袁随园、郑板桥、罗两峰、巴慰祖、范十山、蔡松园、李复堂、张研夫,书画名流,山人词客,并不可记忆者甚多。今惟存荒土一区,深可叹也……同治九年,岁次庚午,重阳前三日,守瓶居士又识。"

由于如皋白蒲镇诸郑姓者与郑燮具有谱谊，且与扬州、兴化距离不远，郑燮此时以及后来多次流连郑勷"梅熟庵"作诗书画，亦为情理中事。姚鹏春《白蒲镇志》卷六对此记载："郑燮，字克柔，号板桥。以楚阳名进士为潍县长。罢官后，浪游大江南北，寓蒲最久，与镇中诸郑叙谱谊，定称呼，以月以年，流连不忍去，故书画墨迹，莫多于蒲上。法宝寺'藏经楼'三字，其所书也。尝为绘春园主人作春兰两箭、秋兰两箭，题曰：'更无佳处，只是春秋之气居多耳！'语亦蕴藉可喜。"

雍正六年戊申（1728），郑燮36岁。此时的郑燮，考虑到自己当时的名声并不显赫，在扬州卖画也不过是自己养家糊口、维持生计的权宜之计，且如此碌碌无为度过一生，也于心不甘，而想要登科入仕，毕竟还得依靠科举才能求取功名，出人头地。为了参加雍正十年壬子（1732）举行的乡试，他便到扬州天宁寺认真读书备考。

天宁寺，在扬州城北，本为晋太傅谢安别墅，后舍建为谢司空寺。东晋义熙十四年（418）尼泊尔名僧佛驮跋陀罗（觉贤），于此译《华严经》。唐证圣元年（695）于此处建证圣寺。北宋政和年间改今名。后被毁，明洪武年间重建。清康熙年间曹寅兼任两淮巡盐御史时，曾受钦命于此设书局，主持刊刻《全唐诗》，纂修《佩文韵府》。乾隆二十二年（1757），乾隆皇帝巡游扬州，曾在寺内建造行宫、御花园和寺前的御码头。御花园的文汇阁内藏有《图书集成》一部。寺内尚有山门、天王殿、大雄宝殿、万佛楼、两厢廊房及方丈楼等。现为扬州博物馆。

值得注意的是，原中华上编版和上古版《郑板桥集》中所附《郑板桥年表》，均将郑燮"读书于扬州天宁寺"误作"读书兴化之天宁寺"。

郑燮于天宁寺读书备考，在与诸砚友比赛诵读经典检验记忆生熟程度时，于两个月内，默写《论语》《孟子》《大学》《中庸》各一部。由此可见，郑燮记忆能力和刻苦学习程度，的确非同凡响。郑燮还在《四书手读序》中强调，"当忘者不容不忘；不当忘者，不容不不忘耳"。郑燮写道：

·扬州天宁寺（今扬州博物馆）

> 板桥生平最不喜人过目不忘，而《四书》《五经》，自家又未尝时刻而稍忘。无他，当忘者不容不忘；不当忘者，不容不不忘耳。戊申之春，读书天宁寺，

咕哔之暇，戏同陆、徐诸砚友赛《经》□生熟。市坊间印格，日默三五纸，或一二纸，或七八十余纸，或兴之所至，间可三二十纸。不两月而竣工。虽字有真草讹减之不齐，而语句之间，实无毫厘错谬。固诵读之勤，亦刻苦之验也。

是年八月，与郑燮交厚的李鱓、黄慎等人，亦寄寓扬州天宁寺。郑燮在读书备考之余，亦与李鱓、黄慎赋诗、论书、作画、品画。清代翁方纲《复初斋诗集》卷五十二中记载，郑燮后来在黄慎于天宁寺所作的《米山小帧》上题记：

苍茫一晌扬州梦，郑李兼之对榻僧；记我倚栏论画品，濛濛海气隔帘灯。
尝在东莱蠡勺亭，与友共论瘦瓢画，登莱间人极重其画也。

此处所谓"东莱"，郡、国名。汉高帝置郡。治所在山东掖县（今烟台市下辖莱州市）。其辖境相当于如今山东胶莱河以东、岠嵎山以北和乳山河以东地。东汉后，治所屡有迁移，西晋改为国，南朝宋仍为郡。隋初废。大业及唐天宝、至德时，又曾改莱州为东莱郡。"登莱"，即登州与莱州。"登州"，州、府名。武周如意元年置州，治所在山东牟平（今烟台市牟平区）。唐神龙中，移治山东蓬莱（今烟台市蓬莱区）。唐、宋辖境相当于今山东蓬莱、龙口、栖霞、海阳以东地。明洪武九年升为府，增辖今招远、莱阳、莱西、海阳等县地。1913年废。"莱州"，州、府名。隋开皇五年改光州为莱州，治所在掖县。唐辖境相当于今山东莱州、即墨、莱阳、平度、莱西、海阳等地。明洪武九年升为府，辖境略有扩大。1913年废。

是年秋，高凤翰赴京应贤良方正试，成绩列一等，雍正帝于圆明园召见，授正八品修职郎，分发安徽授歙县丞。

雍正七年己酉（1729），郑燮37岁。是年，郑燮作《道情十首》。郑燮后来在《道情十首·跋》中写道：

是曲作于雍正七年，屡抹屡更。至乾隆八年，乃付诸梓。刻者司徒文膏也。

郑燮还在《刘柳村册子》中写道：

《道情十首》，作于雍正七年，改削十四年，而后梓而问世。

由此可见，若将郑燮雍正三年所作《道情十首》称为未定稿的话，那么，郑燮是年所作《道情十首》，则可称为初定稿。

郑燮生于破落地主之家，自小非常熟悉农民的生活状况，并对农家的辛勤劳作和苦难生活予以深切的同情。在他创作的诗词作品中，也不乏关注和留意民生民意、为民代言之作。

郑燮于是年以过桥新格创作的《满江红·田家四时苦乐歌》，尤其为人称道。其中如实描述了田家一年四季生活场景，畅叙农民起早贪黑，于田间地头风吹日晒、面朝黄土背朝天耕作的辛苦，与喜获丰收喝自家所酿黍酒、听社鼓喧天乐舞时的欢乐，凸显了他的真情与真意，使人读来倍感真实亲切。按照如今的话来说，就是非常接地气，这当然与那些没有农民真实生活体验的官僚文人的粉饰太平、空洞夸大之作，有着天壤之别。郑燮作毕之后，自己也觉得非常满意，还将其以行书书作纸本长卷。这幅长卷墨迹，现由上海博物馆收藏。郑燮在《满江红·田家四时苦乐歌过桥新格》中写道：

细雨轻雷，惊蛰后和风动土。正父老催人早作，东畲南圃。夜月荷锄村犬吠，晨星叱犊山沉雾。到五更惊起是荒鸡，田家苦。疏篱外，桃华灼；池塘上，杨丝弱。渐茅檐日暖，小姑衣薄。春韭满园随意剪，腊醅半瓮邀人酌。喜白头人醉白头扶，田家乐。

麦浪翻风，又早是秧针半吐。看垄上鸣槔滑滑，倾银泼乳。脱笠雨梳头顶发，耘苗汗滴禾根土。更养蚕忙杀采桑娘，田家苦。风荡荡，摇新箬；声渐渐，飘新箨。正青蒲水面，红榴屋角。原上摘瓜童子笑，池边濯足斜阳落。晚风前个个说荒唐，田家乐。

云淡风高，送鸿雁一声凄楚。最怕是打场天气，秋阴秋雨。霜穗未储终岁食，县符已索逃租户。更爪牙常例急于官，田家苦。紫蟹熟，红菱剥；桄桔响，村歌作。听喧填社鼓，漫山动郭。挟瑟灵巫传吉兆，扶藜老子持康爵。祝年年多似此丰穰，田家乐。

老树槎丫，撼四壁寒声正怒。扫不尽牛溲满地，粪渣当户。茅舍日斜云酿雪，长堤路断风吹雨。尽村春夜火到天明，田家苦。草为榻，芦为幕；土为锉，瓢为杓。砍松枝带雪，烹葵煮藿。秫酒酿成欢里舍，官租完了离城郭。笑山妻涂粉过新年，田家乐。

关于这首词题中的小字注"过桥新格"，清代谢章铤在《赌棋山庄集·词话》中曾对其解释道："《满江红》旧有平仄二体，板桥填《田家四时苦乐歌》，一阕前后苦乐分押，目为'过桥新格'，

• 郑燮书赠旭旦《贺新郎·送顾万峰之山东常使君幕》墨迹

亦词苑别调也。"

是年三月三日，华嵒自鄞江回钱塘。是年，陈宏谋任扬州知府；高凤翰自编《鸿雪集》诗集成书；金农客浙江会稽二年；李方膺随父亲进京，见雍正，帝特旨以知县用。

雍正八年庚戌（1730），郑燮38岁。郑燮通常对于自己所作的诗词歌赋，除了当时书写留作纪念或赠人之外，对其中一些自己觉得满意之作，他还会在日后合适情境场合下再次书写赠人。是年夏至，郑燮又将自己雍正元年癸卯（1723）时年31岁所作《贺新郎·送顾万峰之山东常使君幕》，以行书书写赠送给旭旦先生。郑燮还在这幅墨迹"最羡是峰峦十万，青排脚下"句下，以小字作注写道：

常君《登泰山绝顶》诗云："二三星斗胸前落，十万峰峦脚底青。"

是年，李方膺出任江西乐安知县。周积寅在《郑板桥》中将其误作"李方膺知山东乐安"。

雍正九年辛亥（1731），郑燮39岁。是年春日，郑燮作《草书节录怀素自叙轴》，并于其上写道：

草稿之作，起于汉代……屡蒙激昂教以笔法。雍正九年春日，板桥郑燮。

唐代著名书法家怀素（725—785），字藏真，本姓钱，长沙（今属湖南）人，后出家为僧。精勤学书，相传其用过之秃笔成冢，并以善狂草而闻名于世。怀素为了练字，以蕉叶代纸而广植芭蕉，因名其居曰"绿天庵"。怀素好饮酒，兴到运笔，如骤雨旋风，飞动圆转，虽变化多端，然却法度森然。晚年书风，则渐趋于平淡。前人评怀素狂草，继承张旭而有所发展，将其与张旭并称为"颠张醉素"，对后世影响很大。存世书迹有《自叙》《苦笋》等帖。郑燮以草书或行书节录怀素《自叙》者颇多，故宫博物院以及上海、镇江、扬州等地博物馆，均藏有其墨迹。

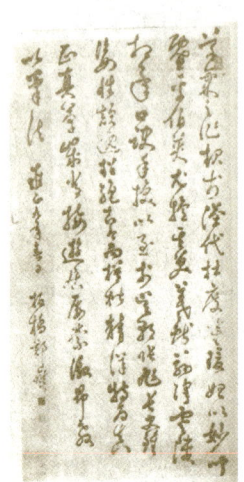

·郑燮《草书节录怀素自叙轴》

是年，郑燮原配夫人徐氏病殁，郑燮伤心至极。回想起自己与徐氏共同生活的十七年中，生活艰难，有时甚至需要徐氏"脱簪典旧衣"来买米买柴，深感自己愧对徐氏。郑燮在《贫士》诗中写道：

贫士多窘艰，夜起披罗帏。徘徊立庭树，皎月堕晨辉。念我故人好，谋告当无违。

出门气颇壮，半道神已微。相遇作冷语，吞话还来归。归来对妻子，局促无仪威。谁知相慰藉，脱簪典旧衣。入厨燃破釜，烟光凝朝晖。盘中宿果饼，分饷诸儿饥。待我富贵来，鬓发短且稀。莫以新花枝，诮此蘼芜非。

郑燮还曾在《七歌》第五首中写道：

几年落拓向江海，谋事十事九事殆……千里还家到反怯，入门怩怩妻无言。呜呼！五歌兮头发竖，丈夫意气闺房沮。

尽管生活艰难，但郑燮与徐氏却是相濡以沫、患难与共、共赴时艰的。郑燮在其所创作的诗词中，时常流露出他与徐氏之间深厚的夫妻情感。徐氏在未嫁之前，曾随父母识文断句，略知文墨。过门之后，时常为郑燮拭砚磨墨，令郑燮十分知足愉悦。郑燮曾在《闲居》中对此写道：

懒慢从来应接疏，闭门扫地足闲居。荆妻拭砚磨新墨，弱女持笺索楷书。柿叶微霜千点赤，纱厨斜日半窗虚。江南大好秋蔬菜，紫笋红姜煮鲫鱼。

郑燮在徐氏去世后，深感孤独。也正因为如此，郑燮在次年游杭州所作的《韬光庵》诗中，才会有"我已无家不愿归"之句。郑燮还在《客扬州不得之西村之作》中写道：

自别青山负凤期，偶来相近辄相思。河桥尚欠年时酒，店壁还留醉后诗。落日无言秋屋冷，花枝有恨晓莺痴。野人话我平生事，手种垂杨十丈丝。

诗中所谓"西村"，指的是郑燮少时曾经读书的江村。郑燮这首诗前四句，抒写了自己对西村的怀念；五、六两句，描写了徐氏殁后自己的处境，以及空虚落寞的心情。面对如此处境，郑燮只好依靠忆昔怀旧来宣泄郁闷，排遣孤独。郑燮在《贺新郎·西村感旧》中写道：

抚景伤飘泊，对西风怀人忆地，年年担搁。最是江村读书处，流水板桥篱落，绕一带烟波杜若。密树连云藤盖瓦，穿绿阴折入闲亭阁，一静坐，思量着。　今朝重践山中约，画墙边朱门欹倒，名花寂寞。瓜圃豆棚虚点缀，衰草斜阳暮雀，村犬吠故人偏恶。只有青山还是旧，恐青山笑我今非昨，双鬓减，壮心弱。

所谓"河桥"，指的是西村酒家所在之地。郑燮在《唐多令·寄怀刘道士并示酒家徐郎》中写道：

> 一抹晚天霞，微红透碧纱，颤西风凉叶些些。正是客愁愁不稳，杨柳外，又惊鸦。
> 桃李别君家，霜凄菊已花，数归期雪满天涯。分付河桥多酿酒，须留待，故人赊。

诚如郑燮在《七歌》第六首中所写"我生二女复一儿"，郑燮与徐氏共生育两个女儿和一个儿子。只可惜独子犉儿，因病于雍正二年夭亡。据相关资料，其长女成人后嫁于赵姓为妻，次女成人后嫁于袁姓为妻。

徐氏去世之后，郑燮又娶郭氏。通过现存的文献资料来看，郑燮与郭氏的夫妻感情似乎比较淡漠。除了他后来在潍县知县任上写给堂弟郑墨的家书中有两封曾经提及郭氏之外，再没有留下关于郭氏更多的记载。

雍正九年七月十四日，郑燮作《小楷金陵怀古小令十二首》，于其上记曰：

> 雍正辛亥秋七月旬有四日，扬州兴化县郑燮。

是年秋，郑燮由兴化迂曲到高邮一游，并以通俗易懂的语词，将自己一路上所见秋季江南水乡的风物景致和百姓生活，精心描述了一番。郑燮在《由兴化迂曲至高邮七截句》中写道：

> 百六十里荷花田，几千万家鱼鸭边；舟子搁篙撑不得，红粉照人娇可怜。
> 烟蓑雨笠水云居，鞋样船儿蜗样庐；卖取青钱沽酒得，乱摊荷叶摆鲜鱼。
> 湖上买鱼鱼最美，煮鱼便是湖中水；打桨十年天地间，鹭鸶认我为渔子。
> 买得鲈鱼四片腮，莼羹点豉一尊开；近来张翰无心出，不待秋风始却回。
> 柳坞瓜乡老绿多，幺红一点是秋荷；暮云卷尽夕阳出，天末冷风吹细波。
> 一塘蒲过一塘莲，苻叶菱丝满稻田；最是江南秋八月，鸡头米赛蚌珠圆。
> 船窗无事哺秋虫，容易年光又冷风；绣被无情团扇薄，任他霜打柿园红。

郑燮诗中所谓"打桨十年天地间"句，或系郑燮隐喻自己在扬州卖画已近十年。

"鹭鸶"，鸟名，即白鹭；又作官名。《魏书·官氏志》："初，帝欲法古纯质，每于制定官号，多不依周汉旧名，或取诸身，或取诸物，或以民事，皆拟远古云鸟之义。诸曹走使谓之凫鸭，取飞之迅疾；以伺察者为侯官，谓之白鹭，取其延颈远望。自余之官，义皆类此，咸有比况。"郑燮此处用来隐喻某些功名利禄之徒。

"近来"两句，系郑燮又一次谈及晋人张翰为躲避祸乱，急欲南归，乃以见秋风起，思念故乡鲈鲙蕨薇等美味为托辞，辞官归吴的典故。从这两句话的内容看，郑燮此处试图以此说明自己也不想做官，不必待秋风起后才归。不过，通过前面所说此时郑燮正在忙于读书备考争取登科入仕的现实来看，郑燮如此说法，或系调侃。

"绣被"句，系郑燮是年丧妻徐氏，用以述己鳏居之感。

"团扇薄"，系郑燮借用西汉以辞赋见长的才女班婕妤《怨歌行》"裁为合欢扇，团团似明月。出入君怀袖，摇动微风发。常恐秋节至，凉飙夺炎热。弃捐箧笥中，恩情中道绝"之意，来说明徐氏病殁，夫妻恩情中绝之意。

值得注意的是，关于郑燮《由兴化迂曲至高邮七截句》所作时间，诸文献资料中，有不同看法。上古版《郑板桥集》所附《郑板桥年表》，将其认定为乾隆二十二年丁丑（1757）郑燮65岁时所作。而周积寅《郑板桥年谱》，则认为作于雍正九年，并且援引《郑板桥集详注》云："这组诗可能作于板桥四十岁上下。板桥三十岁以后至扬州卖画，诗中有'打桨十年天地间'之句，可能是经过十年扬州卖画生涯之后。又诗有'绣被无情团扇薄'之句，说明作者新近丧偶。另外诗言'近来张翰无心出，不待秋风始却回'，说明既不是作于将要做官的五十岁前后，也不是作于六十一岁辞官之后。"窃以为，以上说法不无道理，当以此诗作于雍正九年为是。

另外，郑燮这首诗中"不待秋风始却回"句，周积寅在《郑板桥年谱》中作"不待秋风始觉回"，而上古版《郑板桥集》和卞孝萱《郑板桥全集》（增补本）均作"不待秋风始却回"。窃以为，当以后者为是。

雍正九年年末，郑燮考虑到自己明年将参加乡试，而自己眼下生活处境十分艰难，只能求助于人，便于是年除夕前一日作诗，上呈时任兴化县令的汪芳藻，向其表达心声，希望这位县太爷能助自己一臂之力，帮他克服眼下生活的困窘，顺利参加乡试，以实现人生美好愿望和理想。郑燮在《除夕前一日上中尊汪夫子》中写道：

琐事贫家日万端，破裘虽补不禁寒。瓶中白水供先祀，窗外梅花当早餐。结网纵勤河又冱，卖书无主岁偏阑。明年又值抢才会，愿向秋风借羽翰。

当关心民瘼、爱才如命的兴化县令汪芳藻在除夕那天见到郑燮所作的这首诗后,当即赠金给郑燮,玉成其事。

此处所谓"中尊汪夫子",指的是时任兴化县令的汪芳藻。雍正九年汪芳藻由教习知县事,莅任三载。清代周榘《题板桥先生行吟图轴》中云:"汪邑宰芳藻,余之旧识也。曾于除夕见板桥诗,即大赠金,玉成其进士,邑中之美谈也。"

"抢才会",指的是选取举人的乡试。而"抢才",即指通过科举考试选拔人才。由于乡试通常在秋天举行,故云"秋风"。"羽翰",即翅膀。郑燮于此借用唐代刘禹锡所作《宣上人远寄贺礼部王侍郎放榜后诗因而继和》诗意,表达自己希望能于此次乡试考中举人,从而一举成名的愿望。刘禹锡在诗中写道:"礼闱新榜动长安,九陌人人走马看。一日声名遍天下,满城桃李属春官。自吟《白雪》诠词赋,指示青云借羽翰。借问至公谁印可,支郎天眼定中观。"

兴化县令汪芳藻对郑燮的慷慨赠金,令其家庭生活困境得以暂时改善,使得郑燮可以安下心来认真读书,准备参加乡试。此时郑燮的同乡好友李鱓,也为郑燮居室题写了横额"适我居"。

是年,张师载任扬州知府;高凤翰出任安徽绩溪知县。

三、求取功名与交游

雍正十年壬子（1732），郑燮40岁。是年秋天，郑燮赴南京江南贡院参加乡试。

· 清代南京江南贡院

南京，古称金陵、建康，地居我国东南，当长江下游，北控中原，南制闽粤，西扼巴蜀，东临吴越；居长江流域之沃野，控沿海七省之腰膂；有所谓"龙蟠虎踞""负山带江"之称，因此为历代统治者所重视。历史上的东吴、东晋和南朝宋、齐、梁、陈六个朝代，均曾于此建都，由此被誉为"六朝古都"，存有大量名胜古迹。

郑燮于乡试结束后逗留南京期间，饶有兴致地参观游览了石头城、周瑜宅、桃叶渡、劳劳亭、莫愁湖、长干里、台城、胭脂井、高座寺、孝陵、方景两先生祠等多处古迹胜景，并将自己心中的感受付诸笔墨，作《念奴娇·金陵怀古十二首》，以抒发凭吊幽情。

郑燮在《石头城》中写道：

悬岩千尺，借欧刀吴斧，削成江郭。千里金城回不尽，万里洪涛喷薄。王濬楼船，旌麾直指，风利何曾泊。船头列炬，等闲烧断铁索。　　而今春去秋来，一江烟雨，万点征鸿掠。叫尽六朝兴废事，叫断孝陵殿阁。山色苍凉，江流悍急，潮打空城脚。数声渔笛，芦花风起作作。

郑燮旨在以此说明，石头城虽然坚固，但却无法阻挡改朝换代，时代更替。此处所谓"石头城"，一名石首城，简称石城，在今江苏南京西清凉山。本楚威王所置金陵邑，东汉建安十七年（212）孙权重筑改名。唐以前其城负山面江，控扼江险，南临秦淮河口，形势险固，宛如虎踞，故有"石头虎踞"之称。武德后，石头城渐废。如今人们将其俗称为"鬼脸城"。

"欧刀吴斧"，指的都是锋利无比的刀具利器。其中"欧刀"，有人认为系行刑所用之刀。例如，《后汉书·虞诩传》所说："宁伏欧刀，以示远近。"也有人认为指的是春秋时名工欧冶子锻打铸造的刀具。"吴斧"，有人认为系指吴国所铸造的兵器，也有人认为是古代神话传说居于月宫中的吴刚用以砍伐桂树的利斧。

"王濬楼船……等闲烧断铁索"，说的是西晋大将王濬攻克吴都建业（石头城），灭吴之事。

郑燮在《周瑜宅》中写道：

周郎年少，正雄姿历落，江东人杰。八十万军飞一炬，风卷滩前黄叶。楼橹云崩，旌旗电扫，熛射江流血。咸阳三月，火光无此横绝。　想他豪竹哀丝，回头顾曲，虎帐谈兵歇。公瑾伯符天挺秀，中道君臣惜别。吴蜀交疏，炎刘鼎沸，老魅成奸黠。至今遗恨，秦淮夜夜幽咽。

郑燮在这首词中歌颂了周瑜的英杰挺秀。上片写赤壁之战，下片则为周瑜最终未能成就东吴帝业而深感遗憾和惋惜。周瑜（175—210），字公瑾，庐江舒县（今安徽舒城）人，乃三国时辅佐孙权之吴国名将。曾率吴军大破曹兵于赤壁（在今湖北蒲圻西北），稳定了孙氏在江东的统治。

相传"周瑜宅"，在今南京市，明时为应天府邸，清时为江宁府邸。但据后人考证，这种说法并不可信。

"历落"，指出人头地。

"楼橹"，指的是古代作战时用以侦察、防守和攻城的木制高台。此处泛指用于军事操练的水旱工事。

"咸阳三月，火光无此横绝"，即使当年项羽焚烧咸阳宫殿三个月，也比不上火烧赤壁之火势凶猛。

"伯符",即孙策(175—200),字伯符,三国吴郡富春(今浙江富阳)人,系长沙太守孙坚长子。孙坚死后,孙策割据吴、会稽等五郡,封吴侯。孙策与周瑜同年,独相友善。周瑜归孙策后,孙策授周瑜要职。建安五年(200)孙策被人刺死时,年仅26岁,因此郑燮于此云:"中道君臣惜别。"

"炎刘",指的是汉代刘姓,以火德王,故称。

"老魅",指曹操。

郑燮在《桃叶渡》中写道:

桥低红板,正秦淮水长,绿杨飘撇。管领春风陪舞燕,带露含凄惜别。烟软梨花,雨娇寒食,芳草催时节。画船箫鼓,歌声缭绕空阔。 究竟桃叶桃根,古今岂少,色艺称双绝。一缕红丝偏系左,闺阁几多埋灭。假使夷光,苎萝终老,谁道倾城哲。王郎一曲,千秋艳说江楫。

郑燮在这首词中由桃叶渡而想起东晋书法家王献之的小妾桃叶,并由此联想到历代堪称色艺双绝的众多杰出女性,为她们被埋没不遇而鸣不平。

"桃叶渡",在秦淮河与青溪汇合处。相传王献之送妾桃叶于此渡江时,曾赠桃叶《桃叶诗》一首曰:"桃叶复桃叶,渡江不用楫,但渡无所苦,我自迎接汝。"桃叶遂以《团扇诗》作答。后人便名其地为桃叶渡。

"桃根",乃桃叶之妹。

"夷光",指的是春秋时越国美女施夷光,即人们常说的西施。也有人将其称为"西子"。西施,姓施氏,春秋末期出生于越国句无苎萝村(今浙江省绍兴市诸暨苎萝村)。天生丽质、倾国倾城的美女西施,自幼随母浣纱江边,故又称"浣纱女"。越王勾践在对吴国战争失利后,采纳文种伐吴术中的"遗美女以惑其心,而乱其谋"的计策,于苎萝山下得西施、郑旦二人。并于土城山建美女宫,饰以绫罗,教以歌舞礼仪。待二女三年学成之后,使范蠡将此二女献于吴王。吴王夫差为此大悦,筑姑苏台,建馆娃宫,置二女于椒花之房,沉溺酒色,荒于国政,而宠嬖西施尤甚。勾践灭吴后,西施随范蠡泛五湖而去。一说沉江而死,一说复归浣江,终老山林。

"苎萝",即西施生长之地。"倾城哲",谓绝美好,源自《诗·大雅·瞻卬》:"哲夫成城,哲妇倾城。"

"王郎一曲",指王献之赠《桃叶诗》一首。

"江楫",借王献之《桃叶诗》中二字,指代王献之送桃叶渡江之事。

郑燮在《劳劳亭》中写道：

> 劳劳亭畔，被西风一夜，逼成衰柳。如线如丝无限恨，和雨和烟儴佣。江上征帆，尊前列泪，眼底多情友。寸言不尽，斜阳脉脉凄瘦。　　半生图利图名，闲中细算，十件长输九。跳尽猢狲妆尽戏，总被他家哄诱。马上旌旄，街头乞叫，一样归乌有。达将何乐，穷更不若株守。

郑燮这首词上片揭示人生离别的痛苦，下片则以老庄达观思想，对自己半生奔波谋利图名，然却"十件长输九"进行反思，想到无论是发达为官，还是窘困潦倒，最终都将化为乌有，最后以乐达不如守穷来自我慰藉。

"劳劳亭"，又名劳楼、劳劳楼、望远楼、望远亭、远望楼、临沧观。在今南京市西南近江渚处，相传为三国吴所建，常为人们送别之所。历代文人墨客亦多为之题词赋诗，其中尤以唐代李白所作《劳劳亭》诗最为著名。其中写道："天下伤心处，劳劳送客亭。春风知别苦，不遣柳条青。"

所谓"儴佣"，即烦恼、憔悴的模样。

郑燮在《莫愁湖》中写道：

> 鸳鸯二字，是红闺佳话，然乎否否？多少英雄儿女态，酿出祸胎冤薮。前殿金莲，后庭玉树，风雨催残骤。卢家何幸，一歌一曲长久。　　即今湖柳如烟，湖云似梦，湖浪浓于酒。山下藤萝飘翠带，隔水残霞舞袖。桃叶身微，莫愁家小，翻借词人口。风流何罪，无荣无辱无咎。

郑燮这首词，旨在批判历史上某些统治者凭借权位的渔色荒淫生活，指出这是造成许多历史悲剧的祸胎冤薮，不可不引以为鉴戒。

"莫愁湖"，在南京水西门外，清时被称为"金陵第一名胜"。原所附建筑，后来毁于兵火，湖被淤塞。新中国建立后始重加修建，将其辟为公园。有胜棋楼、郁金堂、湖心亭、水榭等胜迹。

"莫愁"，乃古乐府中所传女子。一说为石城（在今湖北钟祥）人；一说为洛阳人。又有人将石城误作石头城，以为金陵又有一女子卢莫愁。

"前殿金莲"，源自南朝齐第六任皇帝萧宝卷的故事。萧宝卷，即东昏侯，字智藏，本名明贤，南兰陵郡兰陵县（今江苏常州）人。《南史·废帝东昏侯纪》："又凿金为莲花以帖地,令潘妃行其上,曰:'此步步生莲花也。'"萧宝卷在位不到三年,便被臣下杀死。

"后庭玉树",即陈后主陈叔宝所作乐府歌辞《玉树后庭花》。南朝陈末代皇帝陈叔宝,字元秀,小名黄奴,吴兴郡长城县(今浙江省长兴县)人。由于他宠爱贵妃张丽华,歌酒游宴,淫靡无度,在位七年即被隋所灭。

郑燮在《长干里》中写道:

逶迤曲巷,在春城斜角,绿杨阴里。赭白青黄墙砌石,门映碧溪流水。细雨饧箫,斜阳牧笛,一径穿桃李。风吹花落,落花风又吹起。 更兼处处缫车,家家社燕,江介风光美。四月樱桃红满市,雪片鲥鱼刀鲚。淮水秋青,钟山暮紫,老马耕闲地。一丘一壑,吾将终老于此。

郑燮在描述长干里淳朴的生活民俗和优美风光的同时,表达了自己愿意隐居其间的美好愿望。

"长干里",一作长干巷。在今南京市南秦淮河南。"淮水",即秦淮河。唐时因旧传秦始皇凿通此河,遂冠以"秦"字。

郑燮在《台城》中写道:

秋之为气,正一番风雨,一番萧瑟。落日鸡鸣山下路,为问台城旧迹。老蔓藏蛇,幽花溅血,坏堞零烟碧。有人牧马,城头吹起觱栗。 当初面代牺牲,食惟菜果,恪守沙门律。何事饿来翻掘鼠,雀卵攀巢而吸?再曰"荷荷",趺跏竟逝,得亦何妨失。酸心硬语,英雄泪在胸臆。

郑燮旨在以此说明没有雄才大略,只知佞佛的梁武帝萧衍,不能守成,好不容易到手的江山得而复失。

这首词的上片描写台城秋色,下片则用来悲悼梁武帝昔日被困,乃至病饿而死之事。

"台城",在今江苏南京市鸡鸣山南乾河沿北,本为三国吴后苑城,东晋成帝加以改建,称为台城。南朝侯景之乱,南朝梁开国皇帝、信奉佛教吃斋念佛的梁武帝萧衍,饿死于此。

"鸡鸣山",在今南京解放门内,上有鸡鸣寺,附近有台城等古迹。

"觱栗",系由龟兹传入中土的一种簧管乐器。

郑燮在《胭脂井》中写道:

辘轳转转，把繁华旧梦，转归何许？只有青山围故国，黄叶西风菜圃。拾橡瑶阶，打鱼宫沼，薄暮人归去。铜瓶百丈，哀音历历如诉。　　过江咫尺迷楼，宇文化及，便是韩擒虎。井底胭脂联臂出，问尔萧娘何处？《清夜游》词，《后庭花》曲，唱彻江关女。词场本色，帝王家数然否？

郑燮旨在通过这首词对陈后主、隋炀帝等人荒淫女色，贻误国事，进行揭露予以讽刺。

"胭脂井"，位于南京玄武湖南侧、鸡鸣寺内。相传，其井栏以手拭之作胭脂色，故名。原为南朝陈景阳殿之井，又名景阳井。南朝陈祯明三年（589），隋将韩擒虎率领隋兵南下过江，攻占台城，陈后主闻隋兵至，与妃张丽华、孔贵嫔于此井中躲藏。至夜，为隋兵执获。后人因将此井称为"辱井"。隋唐以后，台城屡遭破坏，景阳殿已毁，景阳井也随之湮没。后人为了汲取陈后主亡国教训，遂在鸡鸣寺立井告以警示。

词之下片，说的是隋炀帝杨广登基之后，重蹈陈后主覆辙，在江都（扬州）修筑迷楼，被右屯卫将军宇文化及所杀，致使隋灭，其下场亦如昔日隋将韩擒虎灭陈一样。

郑燮在《高座寺》中写道：

暮云明灭，望破楼隐隐，卧钟残院。院外青山千万叠，阶下流泉清浅。鸦噪松廊，鼠翻经匣，僧与孤云远。空梁蛇脱，旧巢无复归燕。　　可怜六代兴亡，生公宝志，绝不关恩怨。手种菩提心剑戟，先堕释迦轮转。青史讥弹，传灯笑柄，枉作骑墙汉。恒沙无量，人间劫数自短。

郑燮这首词的上片，写高座寺当年荒凉残破的景象；下片则用来讽刺六朝诸如梁武帝之流那些既信佛又从政的人，其内心充满杀机，与佛教倡导的根本教义并不相容。

"高座寺"，在今南京市中华门外雨花台梅冈上。相传东晋时西天竺僧人尸黎密来中国，为丞相王导等人所礼敬，因号所居为高座。尸黎密圆寂后，于其冢侧立刹，谢鲲因名为高座寺。

"生公"，指的是晋末高僧竺道生。

"宝志"，乃齐梁时高僧，深受梁武帝礼敬，曾为高座寺住持。

"菩提"，树名，原产印度。相传佛教创始人释迦牟尼曾于菩提树下觉悟成道，修成正果。由此成为佛教名相，意谓通过修行达至彻悟境界。

"轮转"，又称轮回。佛教认为众生各依所作善恶业因，一直在所谓天、人、阿修罗、地狱、饿鬼、畜生等六道之中生死相续，升沉不定，犹如车轮旋转轮回不停。

"传灯"，犹言传法。佛家通常以灯喻法。

"恒沙",乃恒河沙之略语。意思是说,就像印度恒河中的沙子无法计算。佛教通常以"恒沙"指称数量多得难以计算。

"劫数",佛教通常以"劫"表示时间概念,并且认为劫中会存在诸如旱涝兵火等若干厄运灾难。

郑燮在《孝陵》中写道:

> 东南王气,扫偏安旧习,江山整肃。老桧苍松盘寝殿,夜夜蛟龙来宿。翁仲衣冠,狮麟头角,静锁苔痕绿。斜阳断碣,几人系马而读。　闻说物换星移,神山风雨,夜半幽灵哭。不记当年开国日,元主泥人泪簌。蛋壳乾坤,丸泥世界,疾卷如风烛。老僧山畔,烹泉只取一掬。

郑燮旨在通过这首词讽刺明清之际的改朝换代,以及对统治者们争夺政权所抱有的那种蔑视态度。

"孝陵",指的是位于南京钟山南麓独龙阜玩珠峰下明太祖朱元璋和马皇后的陵墓——明孝陵。

"翁仲",即墓前矗立的石人。秦时巨人阮翁仲守临洮时,匈奴震惮。阮翁仲死后,朝廷为纪念他,铸其铜像立于咸阳宫。故后世称铜像及墓前石像,皆曰翁仲。

郑燮在《方景两先生祠》中写道:

> 乾坤欹侧,借豪英几辈,半空撑住。千古龙逢原不死,七窍比干肺腑。竹杖麻衣,朱袍白刃,朴拙为艰苦。信心而出,自家不解何故。　也知稷、契、皋、夔、闳、颠、散、适,岳降维申甫。彼自承平吾破裂,题目原非一路。十族全诛,皮囊万段,魂魄雄而武。世间鼠辈,如何妆得老虎。

郑燮于这首词中,歌颂了方孝孺和景清两个人忠于大明王朝、誓不贰臣的气节。

"方景",指的是明代的方孝孺和景清两个人。方孝儒(1357—1402),字希直,浙江宁海人。为明惠帝朱允炆师。后因帮助惠帝削藩而得罪燕王朱棣。朱棣陷南京后,将其磔于午门内,灭其十族(九族及学生)。景清(1362—1403),一说本姓耿,明陕西真宁(今甘肃省正宁县)人,明惠帝时官御史大夫。燕王入京,景清约方孝孺殉国,自挟利刃入朝,欲行刺时被发现,遭灭族。后人为方孝孺和景清两人立祠于紫金山下孝陵之侧。

"龙逢",即夏桀王之臣关龙逢。关龙逢因屡次直谏而被杀。

"比干"，乃商纣王叔父，屡劝谏纣王，纣王说他心有七窍，被割心而死。

"竹杖麻衣"，指的是穿着孝服。燕王入京，召见方孝孺，方孝孺身穿孝服上朝，以示为惠帝吊丧。

"朱袍白刃"，是说景清欲行刺，穿着朝服内怀利刃上朝。

"稷（后稷）、契、皋（陶）、夔"，相传为舜时四位贤臣。

"闳（夭）、（太）颠、散（宣生）、（南宫）适"，均为文王时贤臣。

"岳降维申甫"，源自《诗·大雅·崧高》："维岳降神，生甫及申。"朱熹《集传》："言岳山高大，而降其神灵和气，以生甫受、申伯，实能为周之桢干屏蔽，而宣其德泽于天下也。"甫、申，均为周宣王时人。

郑燮在游览金陵上述古迹之后，还由此联想到明朝末代皇帝朱由检自缢身亡后，留都南京官员拥立福王朱由崧称帝的弘光朝，感叹其"只得东南半壁。国事兴亡，人家成败，运数谁逃得"。郑燮在《弘光》中写道：

弘光建国，是金莲玉树，后来狂客。草木山川何限痛，只解徵歌选色。燕子衔笺，春灯说谜，夜短嫌天窄。海云分付，五更拦住红日。　更兼马、阮当朝，高、刘作镇，犬豕包巾帻。卖尽江山犹恨少，只得东南半壁。国事兴亡，人家成败，运数谁逃得！太平隆万，此曹久已生出。

郑燮以这首词鞭挞弘光君臣生活奢侈糜烂、误国卖国，致使明朝灭亡的罪行。

"弘光"，1644年李自成攻克北京。崇祯皇帝朱由检自缢身亡后，明朝留都南京的官员拥立福王朱由崧称帝，年号弘光，在位仅八个月。

"金莲玉树"，指代南朝齐废帝萧宝卷和陈后主陈叔宝。

"燕子衔笺，春灯说谜"，指的是阮大铖所作的两种传奇剧本《燕子笺》和《春灯谜》。

"马、阮"，指的是马士英和阮大铖。马士英（约1591—1646），明末贵州贵阳人，别字瑶草。万历进士。崇祯末任凤阳总督。李自成攻克京师（今北京），推翻明王朝后，他利用江北四总兵实力，拥立福王朱由崧于南京称帝。任东阁大学士，进太保，专国政，起用阉党阮大铖，专与东林党人相倾轧，排斥史可法等，不为防御清兵之计。南京陷落后，南走浙江，又入太湖吴易军中，为清军俘杀。一说浙江鲁正兵败后，他投降清军，又与福建的隆武帝暗通消息，事败露，在延平被杀。阮大铖（约1587—约1646），明末怀宁（今属安徽）人。天启时依附魏忠贤。弘光时马士英执政，得任兵部尚书。后降清，从攻仙霞岭而死；一说为清军所杀。

"高、刘",指的是南明镇守江北前线的将领高杰、刘泽清和刘良佐。高杰在国难当头之际,争权夺势,制造内讧,致使刘泽清和刘良佐投降清军。

"隆万",指的是明代隆庆和万历这两个年号。隆庆(1567—1572)是明穆宗朱载垕的年号,万历(1573—1620)是明神宗朱翊钧的年号。

"此曹",指的是马士英、阮大铖、高杰、刘泽清和刘良佐诸人。

值得注意的是,卞孝萱在《郑板桥全集》(增补本)中,不仅将这首词的词名"弘光"误作"洪光",还在正文中将其误作"宏光"。

郑燮在《念奴娇·金陵怀古十二首》撰毕之后,似乎意犹未尽,又撰写了《满江红·金陵怀古》作为小结。其中写道:

淮水东头,问月夜何时是了。空照彻飘零宫殿,凄凉华表。才子总缘杯酒误,英雄只向棋盘闹。问几家输局几家赢,都秋草。　　流不断,长江淼;拔不倒,钟山峭。剩古碑荒冢,淡鸦残照。碧叶伤心亡国柳,红墙堕泪南朝庙。问孝陵松柏几多存?年年少。

郑燮此处所写的"淮水东头,问月夜何时是了",系援引唐代刘禹锡《金陵五题·石头城》中"淮水东边旧时月,夜深还过女墙来"句,并就此发问。

"华表",指的是古代矗立在桥梁、宫殿、城垣或陵墓等建筑物前作为标志和装饰之用的大石柱。柱身多雕有蟠龙、祥云等纹饰,上有蹲兽。

"棋盘",比喻战场或政治斗争处所。

"南朝庙",泛指南朝(宋、齐、梁、陈)在南京建都时所遗存的寺庙。杜牧《江南春》曰:"南朝四百八十寺,多少楼台烟雨中。"

雍正十一年癸丑(1733),郑燮41岁。他于此期间创作了反映南京日常生活的《白门杨柳花》《长干女儿》《长干里》等诗,所描写的杨柳飘絮以及人们外出踏青春游等事,说明他在是年春天还在南京逗留。郑燮在《白门杨柳花》中写道:

白门杨柳花飘飘,陌上游人互见招;明珰翠袖车中手,锦带弯弓马上腰。少年何必曾相识,好鸟名花天下惜;妾住青楼第几家,映门桃柳方连刻。家有水亭新绿荷,东风不大生微波;愿得晴明好天气,郎来倚槛流清歌。郎意温勤自安妥,郎情佻薄谁关锁?陌上游人尽爱侬,侬得郎怜然后可。

此处所谓"白门",是南京旧时别称。六朝时都城建康(今南京市)的正南门宣阳门,世称白门，故名。

郑燮在《长干女儿》中写道：

> 长干女儿年十四，春游偶过南朝寺；鬟发纤松拜佛迟，低头堕下金钗翠。寺里游人最少年，闲行拾得翠花钿；送还不识谁家物，几嗅香风立怅然。

郑燮在《长干里》中写道：

> 墙里花开墙外见，篱门半覆垂杨线；门外春流一派清，青山立在门当面。老子栽花百种多，清晨担卖下前坡；三间古屋无儿女，换得鲜鱼供阿婆。缫丝织绣家家事，金凤银龙贡天子；花样新添一线云，旧机不用西湖水。机上男儿百巧民，单衫布褐不遮身；中原百岁无争战，免荷干戈敢怨贫！

周积寅所作《郑板桥》中，将郑燮这首诗题《长干里》误为《长于里》。

郑燮此时除了赋诗描写南京风物景致、生活习俗外，还因时常怀念曾屡次上疏弹劾马士英、阮大铖不被采纳，愤然辞去官职回家种菜以避奸臣的常延龄而作歌，热情颂扬常延龄忠贞节操的同时，斥责南明昏君权臣的荒淫生活和卖国行径。《国朝耆献类征·隐逸》："怀远侯常延龄，字乔若，号苍谷，开平（明开国勋臣常遇春封开平王）十二世（《明史》作十世）孙。有大志，袭封，官锦衣指挥。遇事敢言，崇祯中疏陈时政，凡十二上，帝为嘉纳……福王立，马士英荐起阮大铖，乃与给事中罗万象、应天府丞郭维等具疏劾之。不报，即挂冠去。乙酉后，与妻氏徐中山上公女偕隐金陵湖墅，种菜为生，晏如也。殁后无以殓，友人酬金葬之雨花台侧。"

郑燮在《种菜歌为常公延龄作》中写道：

> 有明万历天启间，时事坏烂生凶顽；群贤就戮九千岁，宫中不复尊龙颜。烈皇帝起震而怒，练帛一条殪凶獟；天荒气败不可回，龟鼎潜移九庙仆。苍谷先生开平嗣，屡疏交章称天意；提将白刃守宫门，散尽黄金酬死事。都城陷没走南邦，恶孽桐城马贵阳；新王夜夜酣春梦，戍卒朝朝立晓霜。上方请剑长号唾，忠谠不闻城又破；虎口才离二黠奸，孤舟欲覆江流大。买田种菜作生涯，泪落春风迸野花；懒寻旧第乌衣巷，怕看钟山日暮霞。荷锄负担为佣保，菜羹粝食随荒草；时供麦饭孝陵前，一声长哭松楸倒。家有贤媛魏国孙，甘贫茹苦破柴门；烧残昔日鸳鸯锦，涤尽从前翡翠痕。一畦

菜熟一畦种，时时汲水提春瓮；玉纤牵断井边绳，茅棚压匾钗梁凤。几年氤氲先生死，含饭无资乞邻里；天涯有客独挥金，棺衾画翣皆周视。人心不死古今然，欲往金陵问菜田；招魂何处孤臣墓，万里春风哭杜鹃。

此处所谓"群贤"，指被宦官魏忠贤杀害的杨涟、左光斗、魏大中等朝臣。

"九千岁"，指的是宦官魏忠贤（1568—1627）。万历时入宫。天启间，勾结熹宗乳母客氏，专断国政。自称九千岁。崇祯即位后，畏罪自缢。

"龙颜"，指称帝王颜表。《史记·高祖本纪》："高祖为人，隆准而龙颜。"后世遂以之尊称帝王颜表。这里指熹宗皇帝朱由校（1605—1627）。

"烈皇帝"，即崇祯皇帝朱由检（1611—1644）。李自成攻克北京，朱由检在煤山（今北京景山）自缢。清兵入关，谥怀宗，后改庄烈帝。

"龟鼎"，即占卜所用的龟甲以及礼器大鼎，古时将其作为国家象征。龟鼎两者转移，即表示改朝换代。

"九庙"，古制帝王立太祖、三昭、三穆等七庙祭祀祖先；王莽增设为祖庙五、亲庙四，共九庙。

"南邦"，即指南明。明亡后，其残余力量曾先后在南方建立政权，史称南明。有福王弘光政权、唐王隆武政权、唐王绍武政权、桂王永历政权、韩王定武政权等。

"桐城"，以其籍贯代指阮大铖。

"马贵阳"，以其籍贯代指马士英。

"上方请剑"，指上疏劾马士英和阮大铖二黜奸事。

"孤舟"，喻南明小朝廷。

"江流"，喻清军。

"乌衣巷"，东晋宰相王导、谢安家族宅第处，在金陵城外。这里指常延龄昔日府第。

"贤媛"，通常指贤惠淑美的女子。这里指常延龄妻，系明魏国公徐辉祖（中山王徐达之子）的后代。

"氤氲"，即烦恼；烦躁不安。

"含饭"，古时入殓，视死者身份不同，以玉、璧、珠、琩、米、贝等物含于死者口中，称为含饭。这里指入殓发送。

"杜鹃"，又名子规。相传周时蜀王杜宇死后化为鸟，名杜鹃。啼时常至流血。

郑燮在南京等候乡试发榜期间，颇感烦闷无聊，又去大运河南端的杭州散心游览，寄住在韬光庵中。韬光庵，在杭州灵隐寺西北的巢枸坞内。相传唐长庆年间，四川著名诗僧韬光于此结庵。时任杭州刺史的白居易，常慕韬光之名前往拜访，并与之吟诗唱和。庵内建有敞厅、韬庵、诵芬阁和吕洞宾炼丹台等。由于台前所置观海亭正对钱塘江，唐代诗人宋之问曾为之撰"楼观沧海日，门对浙江潮"诗联。由此人们将"韬光观海"列为杭州风景之一。韬庵东端，还有韬光当年引水种莲花的金莲池，距今已有上千年的历史。

郑燮在杭州逗留期间，参观游览了西湖。西湖，是我国著名的游览胜地，位于杭州西部，古时曾与杭州湾相通，后由泥沙堰塞而成面积约6平方公里的湖。汉时称明圣湖，唐后始称西湖。环湖有南高峰、北高峰、玉皇山等山峰。湖中以孤山、白堤、苏堤分隔为外西湖、里西湖、后西湖、小南湖及岳湖。湖光山色，风景绮丽。旧曾以"三潭印月""苏堤春晓""平湖秋月""双峰插云""柳浪闻莺""花港观鱼""曲院风荷""断桥残雪""南屏晚钟""雷峰夕照"为"西湖十景"。

其间，郑燮还去钱塘江观潮。钱塘江系浙江第一大江，源于浙江、江西、安徽三省交界的莲花尖。因其江口呈喇叭形，向内逐渐浅狭，潮波传播受约束而形成涌潮。潮来时，潮头壁立，波涛汹涌，势如万马奔腾，景色极为壮观。尤以农历八月十八日前后在海宁所见者为最，故又称"海宁潮"。唐代刘禹锡在《杂曲歌辞·浪淘沙》中有"八月涛声吼地来，头高数丈触山回；须臾却入海门去，卷起沙堆似雪堆"句。

郑燮在杭州逗留期间，作《韬光》《观潮行》《罗隐》《弄潮曲》诸诗；月夜乘小舟游览西湖之后，作《沁园春·西湖夜月有怀扬州旧游》词，还在韬光庵中给堂弟郑墨写家书《杭州韬光庵中寄舍弟墨》。

郑燮在《韬光》诗中写道：

> 韬光古庵嵌山巚，北窗直吸余杭县。葛洪小儿峰岭低，南屏一片排秋扇。钱塘雪浪打西湖，只隔杭州一条线。海日烘云湿已乾，下界奔雷作蛇电。山中老僧貌奇古，十年不踏西泠土；厌听湖中歌吹声，肯来伺候衙门鼓？曲房幽涧养神鱼，古碑剔藓蝌蚪书；铜瓶野花乌几静，湘帘竹榻清风徐。饮我食我复导我，茅屋数间山侧左；分屋而居分地耕，夜灯共此琉璃火。我已无家不愿归，请来了此前生果。

郑燮诗中所谓"余杭"，系秦置县名。位于杭州市北部，大运河和沪杭铁路、杭长铁路经过境内。

"葛岭"，在杭州宝石山西面，绵延数里，与栖霞岭相接。相传东晋咸和年间，葛洪（号抱朴子）曾在此炼丹，故名。

"南屏"；即南屏山，为杭州南山的一部分，与北山遥遥相望。

"钱塘雪浪",指的是钱塘江潮卷起的白色浪花。

"西泠",系西湖桥名,又名"西林""西陵"。在杭州西湖孤山的西北尽处,横跨于西里湖,是孤山到北山的必经之地。

"蝌蚪书",古人用漆汁在竹简木牍上书写时,由于漆汁较为黏稠,通常下笔时漆多,收笔时漆少,故其笔画大多头大尾小,形似蝌蚪。由此,人们将其称为蝌蚪书或蝌蚪文。

"前生果",指此生。佛家认为,人们当下所感受的今世之果,皆由其前世所种之因所生成。

郑燮在这首诗中除了描述韬光庵的地理位置和风物景致之外,还对庵中僧人日常生活深生羡慕之心,再加上其妻徐氏去年病殁,因此他在诗的结尾中感叹"我已无家不愿归",甚至产生了拟在韬庵中"了此前生果"的想法。当然,这不过是说说而已,因为此时他正在惦念是否能够通过此次乡试中举呢。

钱塘观潮,始自魏晋时期,东晋画家顾恺之曾作《观潮赋》。唐宋以降,钱塘观潮之风大盛,咏吟者甚多。例如,唐代刘禹锡有《浪淘沙·八月涛声》,北宋潘阆有《酒泉·长忆观潮》,北宋陈师道有《观潮二首》,明代张舆有《江潮》等。南宋著名画家夏珪,又名圭,字禹玉,画有《钱塘观潮图册页》等。郑燮在观潮兴奋之余,作《观潮行》诗:

银龙翻江截江入,万水争飞一江急。云雷风霆为先驱,潮头笋并青山立。百里之外光荧荧,若断若续最有情。崩轰喧豗倏已过,万马飞渡萧山城。钱塘岸高石五丈,古松大栎盘森堎。翠楼朱槛冲波翻,羽旗金甲云涛上。伍胥文种两将军,指挥鲲鳄鲸鼍蟒。杭州小民不敢射,荡猪击鹿来相享。我辈平生多郁塞,豪情逸气新搔痒。风定月高潮渐平,老鱼夜哭蛟宫荡。

伍胥(?—前484),名员,字子胥,系春秋时楚大夫伍奢次子、吴国大夫。楚平王七年(前522),伍胥在父亲伍奢被杀后,冒险历经宋、郑等国进入吴国,帮助阖闾刺杀吴王僚,夺取了王位,整军经武,国势日盛。吴国攻破楚国,阖闾以功封伍胥于申,因此又称申胥。吴王夫差当政时,伍胥因劝谏吴王夫差拒绝越国求和并停止伐齐,渐被吴王夫差疏远。后吴王夫差赐剑命他自杀。伍胥死后,尸首被盛入马皮袋,抛入钱塘江中。

文种,春秋末年越国大夫,字少禽(一作子禽),楚国郢(今湖北江陵)人。吴王夫差二年(前494),越被吴击破,困守会稽(今浙江绍兴)。文种献计越王勾践,到吴贿赂太宰嚭,得免亡国。勾践归国后,授以国政,君臣刻苦图强,终于灭亡吴国。后勾践听信谗言,赐剑文种,命其自杀,尸首也被抛入钱塘江中。后世遂将伍胥与文种视为钱塘江水神。

"射",指射潮。吴越开国君王钱镠修筑捍海石塘时,因钱塘江涛昼夜冲击而不能就,遂下令命士兵用弓箭射钱塘涛头,向水神开战。

郑燮由钱镠下令命士兵用弓箭射钱塘涛头向水神开战一事,联想唐代文学家罗隐而赋诗。罗隐(883—909),字昭谏,余杭(今属浙江)人,一作新登(今浙江桐庐)人。本名横,以十举进士不第,乃改名。光启中,罗隐入镇海军节度使钱镠幕,后迁节度判官、给事中等职。其散文小品笔锋犀利,几乎全都是抗争和愤激之谈,其诗亦颇有讽刺现实之作。有诗集《甲乙集》流传于世。清人辑有《罗昭谏集》。郑燮在《罗隐》诗中写道:

罗隐终身不负唐,君王原自爱文章;诸臣琐琐忧辚轹,改面更衣却事梁。吴越山川艳寂寥,秀才心事有刍荛;如何万弩横江上,不射朱温却射潮?

郑燮诗中所谓"辚轹",本为被车轮碾压之意,后引申为被欺压侵凌。

"梁",指五代之一的后梁。公元907年,朱温代唐称帝,建都汴(今河南开封),国号梁,史称后梁。

"吴越",指由五代吴越王钱镠统治的江浙一带地区。

"秀才",系指罗隐。

"刍荛"中的"刍",指喂牲口的草;"荛",指柴草。此处由指割草打柴之人,引申为草野之人。后来人们常以"刍荛之言"作为向人陈述自己意见的谦词。《汉书·艺文志》"小说家流,盖出于稗官。街谈巷语,道听途说者之造也……闾里小知者之所及,亦使缀而不忘。如或一言可采,此亦刍荛狂夫之议也。"

钱塘人不畏浪涛冒险弄潮,也是历代民间保留的传统节目之一。弄潮儿都是本地人,潮来时,披头散发,浑身刺着花绣,分持十幅大彩旗,争先鼓勇,迎潮而上,出没于惊涛骇浪之中,腾身起舞,旗尾丝毫不会沾湿。北宋潘阆《酒泉子·长忆观潮》中就有"弄潮儿向涛头立,手把红旗旗不湿"句。南宋周密在《武林旧事·观潮》对此写道:"浙江之潮,天下之伟观也,自既望以至十八日为最盛。方其远出海门,仅如银线;既而渐近,则玉城雪岭,际天而来,大声如雷霆,震撼激射,吞天沃日,势极雄豪……每岁京尹出浙江亭教阅水军,艨艟数百,分列两岸;既而尽奔腾分合五阵之势,并有乘骑弄旗标枪舞刀于水面者,如履平地。倏尔黄烟四起,人物略不相睹,水爆轰震,声如崩山。烟消波静,则一舸无迹,仅有'敌船'为火所焚,随波而逝。吴儿善泅者数百,皆披发文身,手持十幅大彩旗,争先鼓勇,溯迎而上,出没于鲸波万仞中,腾身百变,而旗尾略不沾湿,以此夸能。而豪民贵宦,争赏银彩。江干上下十余里间,珠翠罗绮溢目,车马塞途,饮食百物皆倍穹常时,而僦赁看幕,虽席地不容间也,禁中例观潮于'天开图画',高台下瞰,如在指掌。都民遥瞻黄伞雉扇于九霄之上,真若箫台蓬岛也。"

郑燮在观看钱塘弄潮儿弄潮之后,也将自己所思所想赋诗予以抒发,并提出"世人历险应如此,忍耐平夷在后头"的观点。郑燮在《弄潮曲》中写道:

钱塘小儿学弄潮,硬篙长楫捺复捎。舵楼一人如铸铁,死灰面色睛不摇。潮头如山挺船入,樯橹掀翻船竖立。忽然灭没无影踪,缓缓浮波众船集。潮平浪滑逐沙鸥,歌笑山青水碧流。世人历险应如此,忍耐平夷在后头。

郑燮在赴钱塘记观潮后趁着月夜乘坐小舟游览西湖过程中,回顾往昔在扬州游冶的盛况,相比之下,不禁为自己青春不再而流露出一股莫名忧闷愁苦。郑燮返回韬光庵后,即作《沁园春·西湖夜月有怀扬州旧游》词。其中写道:

飞镜悬空,万叠秋山,一片晴湖。望远林灯火,乍明还灭;近堤人影,似有如无。马上提壶,沙边奏曲,芳草迷人卧莫扶。非无故,为青春不再,著意萧疏。
十年梦破江都,奈梦里繁华费扫除。更红楼夜宴,千条绛蜡;彩船春泛,四座名姝。醉后高歌,狂来痛哭,我辈多情有是夫。今宵月,问江南江北,风景何如?

郑燮在杭州游览期间,不忘关心堂弟郑墨。他在写给郑墨的家书中,引用《史记·陈涉世家》中所说的"王侯将相宁有种乎",谆谆告诫郑墨"天道循环倚伏","为人处,即是为己处",凡那些处心积虑算尽他人者,无疑就是在"算尽自家耳",应当引以为戒;他教导郑墨为人处世要心存宽厚,还回顾自己曾将藏在家中旧书簏中的那些到郑家为奴仆帮佣的契约债券统统以火焚之,立志从自己开始,家中凡雇佣人,皆不立契约债券。合则留,不合则去。以免后世子孙借契约债券为口实,苛求抑勒奴仆佣人。郑燮这种在不使其知晓的情况下将雇佣奴仆帮佣的契约债券统统以火焚之善举,无论在当时还是在后世社会中,都十分罕见。郑燮在《雍正十年杭州韬光庵中寄舍弟墨》中写道:

谁非黄帝尧舜之子孙,而至于今日,其不幸而为臧获,为婢妾,为舆台、皂隶,窘穷迫逼,无可奈何。非其数十代以前即自臧获婢妾舆台皂隶来也。一旦奋发有为,精勤不倦,有及身而富贵者矣,有及其子孙而富贵者矣,王侯将相岂有种乎!而一二失路名家,落魄贵胄,借祖宗以欺人,述先代而自大。辄曰:彼何人也,反在霄汉;

我何人也，反在泥涂。天道不可凭，人事不可问。嗟乎！不知此正所谓天道人事也。天道福善祸淫，彼善而富贵，尔淫而贫贱，理也，庸何伤？天道循环倚伏，彼祖宗贫贱，今当富贵，尔祖宗富贵，今当贫贱，理也，又何伤？天道如此，人事即在其中矣。愚兄为秀才时，检家中旧书簏，得前代家奴契券，即于灯下焚去，并不返诸其人。恐明与之，反多一番形迹，增一番愧恧。自我用人，从不书券。合则留，不合则去。何苦存此一纸，使吾后世子孙，借为口实，以便苛求抑勒呼！如此存心，是为人处，即是为己处。若事事预留把柄，使入其网罗，无能逃脱，其穷愈速，其祸即来，其子孙即有不可问之事、不可测之忧。试看世间会打算的，何曾打算得别人一点，直是算尽自家耳！可哀可叹，吾弟识之。

郑燮此处所谓"臧获"，即奴仆。
"舆台"中的"舆"和"台"，都是古代奴隶社会中低等级奴隶的名称，后泛指地位低贱者。
"皂隶"，指古代贱役。后用来专指旧时衙门中的差役。

正当郑燮为自己参加此次乡试是否得中而倍感苦闷难耐之际，突然闻知自己在乡试考官楼简亭夫子的推荐下考中举人，不由得悲喜交集。他在愉悦兴奋之余想到，尽管自己经过寒窗苦读十年，如今终于中举，然此时父母双亲以及继母、妻子徐氏和儿子犉，均已不在人世，不能将自己中举的喜讯与其分享了。郑燮在《得南闱捷音》中写道：

忽漫泥金入破篱，举家欢乐又增悲。一枝桂影功名小，十载征途发达迟。何处宁亲惟哭墓，无人对镜懒窥帷。他年纵有毛公檄，捧入华堂却慰谁？

郑燮诗题中的所谓"南闱"，指的是江南乡试。明清科举时，称顺天乡试为北闱；称江南乡试为南闱。
"桂影"，指考中举人。古时以"折桂"喻科举及第，而中举仅仅是考取进士的前提资质，所以称为桂影。
毛公，字少节，名义，东汉庐江人。毛义以家贫却有孝行闻名乡里。官府发檄征其为官，然毛公为母守孝而未复命。"毛公檄"借指朝廷任命官员的文书。
按照清代规定，乡试、会试每三年举行一次。郑燮此时想到，恰巧就在自己中举的第二年，亦即雍正十一年癸丑，就有一次会试的机会，应该尽快抓紧时间赶回扬州去为会试进行准备了。郑燮在离开韬光庵前，为了感谢时任韬光庵住持的松岳上人对自己在韬光庵生活期间的百般照顾，欣然为松岳上人画兰竹相赠，并在《韬光庵为松岳上人作画》中写道：

> 天阴作图画，纸墨俱润泽；更爱嫩晴天，寥寥三五笔。
>
> 元日画兰竹，远寄郭芸亭；万水千山外，知余老更青。
>
> 缀玉含珠几箭兰，新篁叶叶翠琅玕；老夫本是琼林客，只画春风不画寒。

郑燮此处所谓"远寄郭芸亭"中的郭芸亭，本名郭伟绩（一作勋），山东潍县人。曾为郑燮刻"板桥居士"印。郑燮在《板桥先生印册》"板桥居士"印下注明："潍县诸生郭伟绩芸亭刻"。民国《潍县志稿》卷二十三《教育志·征举科贡表》有"（乾隆）五十四年己酉恩科、举人郭伟绩（由增生）"，以及"（乾隆）五十五年庚戌恩科、检讨郭伟绩"等记载。郑燮在《板桥先生印册》中称郭伟绩为诸生，表明郑燮撰《板桥先生印册》时，郭伟绩尚未中举。

郑燮万万没想到，就在他由南京辗转返回扬州途中，却因身患大疮，浑身动弹不得，只好落魄栖居在大丰县小海的外祖父家医治调养，以致丧失了次年（雍正十一年癸丑）赴京参加会试的机会。所谓"大疮"，俗称梅毒，即软性下疳等性病在身体表面上形成的溃疡。这种病对于当时那些走马章台、拈柳平康、沉湎青楼、倜傥风流的人来说，并不罕见。窃以为，郑燮栖居在外祖父家治病，原因无非两种：郑燮不愿意让更多的人知晓此事，或是其外祖父家附近有专门医治这种病的郎中，能使他尽快痊愈。

是年，尹会一任扬州知府；蒋廷锡卒，享年64岁；李方膺调知兰山，以事系狱。

雍正十一年癸丑（1733），郑燮41岁。是年三月十八日酉时，郑燮叔父郑之标病殁。当郑燮闻知这一噩耗时，痛苦不已，潸然泪下。回想起《七歌》第四首中"有叔有叔偏爱侄"所描述的叔父对自己视若己出、关怀备至的情景，郑燮伤心至极。

值得注意的是，关于郑之标去世的时间，上古版《郑板桥集》所附《郑板桥年表》和周积寅《郑板桥年谱》，均将其记为雍正十一年癸丑（1733）。但卞孝萱《郑板桥全集》（增补本）在附录二《郑板桥丛考·板桥叔父、堂弟》中却写道："据《谱》，郑之标字省庵，'娶江氏'，'殁于雍正七年三月十八日酉时'。"由于作者并未亲见卞孝萱所说之《谱》，只能对其所谓郑之标"殁于雍正七年"的说法存疑。

郑燮栖居在外祖父家治疗大疮痊愈之后，为住在大丰县小海镇的父亲生前同年好友朱子功老伯作《行书恭祝子功八十二寿通屏》十二幅，其中写道：

> 东海之滨，有君子焉，姓朱氏，人称子功先生，盖予先君子之良友而愚小子之父执也。
>
> 东海之滨，土坚燥，人劲悍，率多慷慨英达豪侠诡激之徒，而恂恂退让君子绝少。先生自少以孝友闻，家本素封，父安如公酷嗜读书，不问家人生产作业，又好施与，其

家遂少落。先生曲承父志，不敢违：完婚姻、助丧葬、拯乏困、济颠危，不可一、二数；古庙坏决，有葺之，使整完；清明寒食，念荒塚无后人，令奴子奔土覆之，虽无酒浆麦饭之荐，而地下之感，倍于人世也。然先生绝不著于颜色，与人处若无一能无一长者。事伯兄如父，事长嫂如母。其幼弟极能文，不幸早逝，先生哭之哀，泪尽而继以血，其平生孝友德让不能尽，其大概可见者如此。至于内自节俭，外历勤苦，家道之隆较昔倍之。然则世之鄙吝者何必富，而好施者何必贫耶！先君子馆西团，常过小海造先生之庐而谒焉。其心慕口诵，为予小子言者历历也。东海之风，亦于斯一变矣。令嗣麟标、丹五两世兄，幼与予善，迄今廿有余载，其人敛英才于学力，浑义勇于从客，所见者大，所识者远也。其孙秉琳如芝草五色而映日，兰芽初苗而带露也。盖先生之孝友德让足以动天而报以后人，有以夫！雍正十一年，先生八十有二，子始克祝于其家，请先生而谒焉。其气清貌古，意浑神闲，益信先君子之言不谬。而两世兄之根柢深而枝叶茂也。古人以百二十岁为上寿，以百岁为中寿，以八十为下寿。先生孝友著于家庭，德让化于乡党，子孙迈于今人，寿考自当孚于上世，今之八十其初发轫乎。如峦峤笔峙而涧壑渟泓，渊渊乎。其莫测也，如玉之初剖、珠之方莹，而金之出矿而就镕也；如鸾凤之羽毛鲜洁，鼎彝之青翠斑驳而未有艾耶！后三十八年而复来为寿，恭祝子翁老伯先生八十二寿。年家眷教小姪郑燮拜首拜撰。

郑燮在这篇祝寿文中，历数朱子功乐善好施、孝友德让的事迹并予以赞叹，还提及自己的父亲郑之本在西团设塾馆教书时，常到小海看望朱子功，对朱子功的这些事迹心慕口诵，时常对自己言说；朱子功的两个儿子麟标和丹五，也自小与郑燮交好，可谓两代世交了。郑燮所书《行书恭祝子功八十二寿通屏》十二幅墨迹，如今已由朱氏后裔朱光熙捐献给国家，现由江苏省大丰县文化馆收藏。窃以为，周积寅《郑板桥年谱》所抄录郑燮文中之"浑义勇为从客"，或为"浑义勇为从容"之误。

郑燮大疮治愈、离开大丰县小海的外祖父家之后，又第二次前往海陵，客居在海陵城南的弥陀庵中。

是年，高凤翰以仪征县丞兼泰州坝监掣。泰州，古称海陵，滨江临海，有着广袤无际的滩涂资源和里下河得天独厚的舟楫之利。唐宋时，海陵"盐税曾居天下半"，其盐监产量居朝廷在全国所设十大盐监之首。高凤翰上任伊始，改变了泰坝官员在船仓内办公的旧制，在泰州创建了泰坝监掣官署。初建时，南北进深六间，东西纵向三排，高凤翰于大门东壁所嵌的一块横石上亲手隶书题刻"盐津总会"四个大字，并于大门左坊题写"肃醝裕运"；右坊题写"秉掣持平"。《泰州志》卷二十记载："高凤翰，字南阜，山东人。雍正年官泰坝监掣。时缺系新设,凤翰莅位后,多所创建。喜吟咏,暇日与兴化郑燮、邑中王家相、田云鹤辈相倡和。"由此可见,郑燮此次于海陵客居时,多与高凤翰交往。

郑燮在是年重阳节辞别弥陀庵住持梅鉴上人时,再次作《别梅鉴上人》诗,其中写道:

十年不见亦如斯,逐日相从了不奇;挑菜旧篮犹挂壁,种花新陇欲通池。

风霜渐逼慵缝衲,楮墨重寻但索诗;此别无多应会面,雪花飘落马头时。

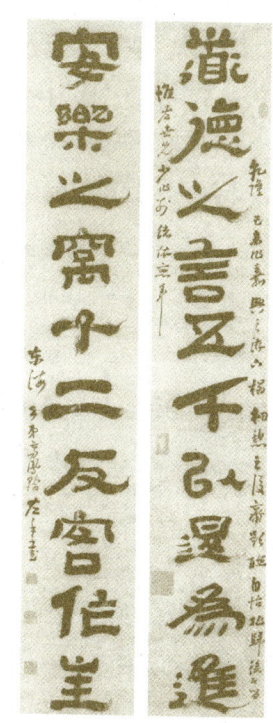

· 高凤翰隶书十言联

郑燮在雍正元年癸卯(1723)初春首次到海陵时寄宿在弥陀庵并与住持梅鉴上人相识,至此已结交十年。因此,郑燮这首诗第一句便写道:"十年不见亦如斯。"

乾隆二十年乙亥(1755)时年63岁的郑燮自山左致仕南归扬州重过海陵时,再次与梅鉴上人相见。此时,梅鉴上人请郑燮将雍正元年癸卯(1723)初春和雍正十一年癸丑(1733)秋两次寄宿在弥陀庵所作《别梅鉴上人》两首诗,重书一遍。由于郑燮考虑到此时梅鉴上人身边有两个徒弟,便将其书为一大一小各一幅,以备将来梅鉴上人圆寂后,这两个徒弟可以分守之。郑燮于第二首上题记:

此雍正十一年重九日奉别梅鉴和尚之作也,时结交已十余载。乾隆二十年,余自山左南归,重过海陵,师请再书,遂作一大幅,又一小幅,以供方丈,他日二徒可分守矣。

由此可见,周积寅在《郑板桥年谱》中将这两首诗罗列合并在一起称"九月九日,第二次客海陵,作《别梅鉴上人》诗两首",显然不当。

通常,人们会将一个人在遇到困难自己无力解决时给予帮助的那个人,称为"贵人"。郑燮在求取功名的过程中,有幸得到两个"贵人"的帮助。一个是郑燮准备参加乡试前慷慨赠金给他的兴化县令汪芳藻,另一个则是西江友人程羽宸。

程羽宸(1687—1760),名之駿,一名子駿,字羽宸,又字采山,徽州歙县人。贡生,也做过教谕。工诗。清代沈德潜编《清诗别裁集》(原名《国朝诗别裁集》)卷二十九:"程之骏,字羽宸,江南歙县人。著有《练江诗钞》。练江游踪,几遍大江南北及楚越东鲁而登眺不倦。尤在黄山,故发而为诗,多登临凭吊之作。同郡曹进士震亭与之倡和。震亭多才,不轻许可,独折服练江,则练江之诗可知矣。"程羽宸继承祖辈所经营的茶业,家财万贯、富甲一方,常以家财周济那些遇到经济困难需要帮助的文人。

郑燮准备参加会试前,曾得到程羽宸的千金资助,使得他可以扫开寒雾,一洗穷愁。后来郑燮在《怀程羽宸》诗中写道:

余江湖落拓数十年,惟程三子骏奉千金为寿,一洗穷愁。羽宸是其表字。
世人开口易千金,毕竟千金结客心;自遇西江程子骏,扫开寒雾到如今。
十载音书迥不通,蓼花洲上有西风;传来似有非常信,几夜酸辛屡梦公。

郑燮在得到程羽宸给予的资助后,于是年秋赴位于镇江的焦山,先后寄居在别峰庵和双峰阁中读书,备考应试。

焦山,处在江苏镇江东北长江之中,与南岸象山对峙。焦山,本名樵山,后因东汉高士焦光(一名先,字孝然,河东人。一说陕中人)隐居山中而得名。又因其满山苍松翠竹,宛如碧玉浮江,又名浮玉山。山东北有二小山雄峙,名松寥山,古人称为海门。焦山如中流砥柱,耸立于滚滚白浪之中,气势雄伟,自古以来即为游览胜地。焦山定慧寺古刹,是佛教胜地。山上存有六朝柏、宋槐、明银杏等若干珍稀植物。现存名胜古迹有吸江楼、华严阁、壮观亭、观澜阁、三诏古洞以及别峰庵板桥读书处等。宝墨轩碑刻(又名焦山碑林)是焦山有名的历史文物,搜集自六朝至明清碑刻260多方。其中以《瘗鹤铭》《魏法师碑》《澄鉴堂法帖》最为著名。西山摩崖石刻,存有唐宋以来200多位名人题刻,以米芾、陆游题刻尤为引人注目。

郑燮后来在其诗作中,对自己当年在焦山读书的生活环境有过详细描述。他在《送友人焦山读书》中写道:

焦山须从象山渡,参差上下一江树;高枝倒挽行云住,低枝搏击江涛怒。枯藤盘挐蛇走壁,怪石崚嶒鬼峡路。日落烟生江雾昏,微茫星火沿江村;忽然飞镜出东海,万里一碧开乾坤。夜悄山中更凄肃,鹳鹤无声千树秃。邻屋时闻老僧咳,山魈远在云端哭。几年不到大江滨,花枝鸟语春复春。抱书送尔入山去,双峰觅我题诗处。

是年,画家罗聘生。罗聘(1733—1799),字遯夫,号两峰、花之寺僧,江苏甘泉(今扬州)

人，自题所居为"朱草诗林"。金农弟子。画人物、佛像、花果、梅竹、山水，自成风格。曾作《鬼趣图》，借以讽刺时政。袁枚、姚鼐、钱大昕、翁方纲等为之题咏。兼能诗，著有《香叶草堂集》。罗聘《香叶草堂诗存·江上怀人绝句十五首》中有《郑板桥》诗云："一官轻弃返初心，游戏人间岁月深；曾到蓬莱看东海，题诗笑付老龙吟。"

是年，书法家、金石学家翁方纲生。翁方纲（1733—1818），字正三，号覃溪，晚号苏斋，直隶大兴（今属北京市）人。官至内阁学士。精于鉴赏，尤长考证，存世著名碑帖，多经其题跋。书学欧阳询、虞世南，隶法《史晨》《韩敕》诸碑，谨守法度。论诗创肌理说。著有《两汉金石记》《汉石经残字考》《焦山鼎铭考》《苏米斋兰亭考》《复初斋文集》《复初斋诗集》《复初斋集外诗》《石洲诗话》等。

翁方纲在《复初斋集外诗·甲辰正月至丙午八月一百三十三首·晋观稿》中有《旬日间瘦铜数来论诗，又贡夫以其乡人顾万峰诗轴见赠，未得报也，怀柔道中各为一诗寄酬》诗，其中对郑燮、顾万峰、高凤翰皆有论议，尤其是对郑燮诗书画作给予很高评价。翁方纲在诗中写道："高人与我疏，手笔日苦僵。睹此题画竹，顿觉神飞扬。昔读板桥诗，词旨郁雷琅。顾侯破余地，洒翰未能忘。世儒评郑君，形迹类颠狂。吾但论其书，体已得钟王。顾也臭味同，名与南阜翔。笔墨关人品，逸气飒轩昂。当其运腕时，古隶参汉唐。呜呼知音难，识者为惋伤。不合貂组宴，文锦张华堂。泠然拈一笑，来挂苏斋旁。"

翁方纲《复初斋集外诗·甲寅至戊午一百一首·苏斋小草》中有《梅渊公万松一艇横卷为未谷题二首》云："万卷之书万里路，恰逢行箧鉴藏人；深山柏枧松肪煮，蚕尾题评尚未真。（首七字，郑板桥跋中语也。）郑跋《庄》《骚》《左》《史》如，我追松石墨飞初；正同未谷横题卷，指爪撑空古隶书。"

是年，续修《大清会典》成；金农自序《冬心斋砚铭》《冬心先生集》；小说家吴敬梓（1701—1754）居南京，经常往来苏北扬州各地。是年十一月，官府下令各地不得擅立牙行。所谓牙行，即经纪人，指的是在市场上为买卖双方说合、介绍交易，并抽取佣金的商行或中间商人。汉代，将市场上进行马匹交易的经纪人称为"驵侩"或略作"侩"。汉至隋唐，经纪人获官府给予的垄断权，由此得"牙侩"之名。宋以后将其称为"牙行"。后来亦将其称为"牙人""牙纪""牙子""牙商""牙郎""互郎""侩"等。经营牙行须经官府批准，并交纳税课。由于牙行在交易过程中，起着评物价、通商贾、代官府管理商业市场的作用，故也将其称为"官牙"。郑燮后来在担任潍县知县期间，曾于乾隆十四年作《潍县永禁烟行经纪碑文》，详见后文。

雍正十二年甲寅（1734），郑燮42岁。他在焦山别峰庵中读书备考之余，自然免不了思念家乡和亲人。尤其是在叔父郑之标去世之后，更加觉得自己有责任关心帮助比自己年少25岁的堂弟郑墨,将其培育成人;同时也想到自己与堂弟郑墨性格才分各有短长,分居两地,如同互不相交的树木枝干,容易被他人伤害,因此应该相互护持,相互帮衬,苦乐同尝才是。郑燮在离开家一两月之际所作的《怀舍弟墨》中写道:

> 我无亲兄弟,同堂仅二人;上推父与叔,岂不同一身!一身若连枝,叶叶相依因;树大枝叶富,树小枝叶贫。况我两弱干,荒河蔓草滨。走马折为鞭,樵斧摧为薪;含凄度霜雪,努力爱秋春。我年四十二,我弟年十八。忆昔幼小时,清癯欠肥腴。老父酷怜爱,谓叔晚年儿;饼饵拥其手,病饱不病饥。出门几回顾,入门先抱持。年来父叔殁,移家傲他宅;幸有破茅茨,而无饱糠籺。老兄似有才,苦不受绳尺;贤弟才似短,循循受谦益。前年葬大父,圹有金虾蟆,或云是贵征,便当兴其家。起家望贤弟,老兄太浮夸。家贫富书史,我又无儿子;生儿当与分,无儿尽付尔。离家一两月,念尔不能忘。客中有老树,枝叶郁苍苍。东枝近檐屋,西枝过邻墙;两枝不相顾,剪伐谁护将?感此伤我怀,苦乐须同尝!

郑燮焦山读书备考时,由于身处佛教胜地,在与僧人朝夕相处的环境和氛围之中,自然也会对佛教及僧人形成自己的思考和看法。因此他在写给堂弟郑墨的家书中,除了揭露当时僧人与秀才违背祖师初心和教诲,持有杀盗淫妄、不仁不智等各种现实劣行之外,还认为秀才和僧人不应该相互攻击、相互斥责、相互谩骂,而是应该各自安分守己,努力干好自己的本业。郑燮还将这封信抄寄给此时驻锡京师瓮山寺的无方上人,征询意见。郑燮在《焦山读书寄四弟墨》中写道:

> 僧人遍满天下,不是西域送来的。即吾中国之父兄子弟,穷而无归,入而难返者也。削去头发便是他,留起头发还是我。怒眉嗔目,叱为异端而深恶痛绝之,亦觉太过。佛自周昭王时下生,迄于灭度,足迹未尝履中国土。后八百年而有汉明帝,说谎说梦,惹出这场事来,佛实不闻不晓。今不责明帝,而齐声骂佛,佛何辜乎?况自昌黎辟佛以来,孔道大明,佛焰渐息,帝王卿相,一遵六经四子之书,以为齐家治国平天下之道,此时而犹言辟佛,亦如同嚼蜡而已。和尚是佛之罪人,杀盗淫妄,贪婪势利,无复明心见性之规。秀才亦是孔子罪人,不仁不智,无礼无义,无复守先待后之意。秀才骂和尚,和尚亦骂秀才。语云:"各人自扫阶前雪,莫管他家屋瓦霜。"老弟以为然否?偶有所触,书以寄汝,并示无方师一笑也。

郑燮所谓"西域",指的是汉以后对于玉门关(今甘肃敦煌西北)以西地区的总称,始见于《汉书·西域传》。郑燮此处系指印度。

"削去头发",即剃发出家为僧。唐代王维《留别山中温古上人兄并示舍弟缙》:"……理齐少狎隐,道胜宁外物。舍弟官崇高,宗兄此削发。荆扉但洒扫,乘闲当过拂。"

"佛",指的是佛教创始者、古印度人释迦牟尼。据《佛光大辞典》载:"释尊诞生之年代,现代学者亦有多种推定。日本佛教学者宇井伯寿谓西元前466年为佛诞年;中村元依据其说,后采用新发现之希腊史料,考证后订为西元前463年。"另据《中外历史年表》所记,公元前1000年,为周昭王元年。公元前977年周昭王南巡狩不返,卒于江上。子穆王满立。因此,郑燮家书中所言"佛自周昭王时下生",不确。

"灭度",系佛教专用名相。佛家将人之死亡,谓为灭度,或曰圆寂,或曰往生。

郑燮于此所写的"佛自周昭王时下生……后八百年而有汉明帝,说谎说梦,惹出这场事来,佛实不闻不晓"这段文字,说的是关于佛教传入中土的机缘与时间。东汉末牟融《理惑论》云,明帝梦见神人在殿前飞行,次日问朝臣,得知是佛。遂遣使至西域抄写佛书《四十二章经》,归来后在洛阳城西造白马寺。如果按佛教自东汉明帝永平十年(67)传入中土的话,郑燮于家书中言八百年,亦不确。目前学术界普遍认为,佛教大约于西汉末、东汉初,也就是两汉之际传入中土的。

"昌黎辟佛",指的是唐代著名文学家、哲学家韩愈(768—824),自谓郡望昌黎,世称韩昌黎。韩愈在政治上反对藩镇割据,思想上尊儒排佛。后因上《论佛骨表》谏阻宪宗迎奉凤翔法门寺佛骨,被贬为潮州刺史。

"六经",指的是儒家经典《诗经》《书经》《易经》《礼经》《乐经》和《春秋》。

"四子书",指的是儒家经典《大学》《中庸》《论语》《孟子》四书。

"明心见性",指的是佛教禅宗的主要修持方法与修行目的。意谓"心"是可以转变的(转迷为悟),但"性"是永远不变的。因此只有了悟自心本性(即佛性),才能觉悟成佛。

"守先待后",源自《孟子·滕文公章句下》:"守先王之道,以待后之学者。"

"并示无方",指的是将这封信再抄一份,寄给时居京师瓮山寺的无方上人。

郑燮寄居焦山读书备考时,佛寺中晨钟暮鼓、吃斋念佛的孤寂凄冷环境氛围,也使得他倍感孤独寂寞。此时,郑燮好友袁梅府为了帮助他排遣孤寂之感,隔三岔五乘舟前往焦山探望。郑燮在《焦山赠袁四梅府》中写道:

画角凄凉铁笛哀,一江秋色冷莓苔。多情只有袁梅府,十日扁舟五去来。

郑燮诗中所谓"画角",系一种传自西羌的古管乐器。形如竹筒,本细末大,以竹木或皮革等制成。因其表面画有彩绘,故称。画角发声哀厉高亢,古时军中多用以警昏晓、振士气、肃军容。帝王出巡,亦用以报警戒严。郑燮以此代指寺院昏晓报时的暮鼓晨钟。

袁梅府深知郑燮喜爱兰花,是年秋日某夜,还专程趁着月色乘舟过江为郑燮送来秋兰多箭,供他赏玩。郑燮在次日所作的《客焦山袁梅府送兰》中写道:

秋兰一百八十箭,送与焦山石屋开。晓月敲门传简帖,烟帆昨夜过江来。

于此期间,郑燮之乡邻好友,也不断与之有书信往来,互通信息。当时兴化有长者顾世永代弟顾世美买妾,在向卖家支付定金成交后,却又闻知该女子已有丈夫,顾世永非但没有责怪卖家和追回已付定金,反倒还有赠金给这个女子的义举。兴化县令汪芳藻为此专门赋诗歌咏,予以表彰。郑燮于是年七月九日闻知此事后,亦赋诗奉和。郑燮在《和汪芳藻咏顾世永代弟买妾》中写道:

一夜花枝泣别离,东风无复订佳期。樱桃熟后凭人摘,梅子酸时只自知。何幸荆钗完凤契,免教破镜葸相思。人间处处风波在,莫打鸳鸯与鹭鸶。

德远老亲台老年翁顾公世永为其弟世美买妾,既成价矣,闻其有夫,即还之,不责其值,且赠以金。此义举也。中尊汪夫子邑侯汪公芳藻既旌其庐,复歌咏其事。燮不揣固陋,赋诗谨和。时雍正十二年七月九日也。

值得注意的是,上古版《郑板桥集》将这首诗以《为顾世永代弟买妾事手书七律一首》为题。然据郑燮所书内容,此诗当以《和汪芳藻咏顾世永代弟买妾》为题才是。

是年九秋,郑燮忆念起生母汪夫人去世、乳母费氏离开之后,亲切抚育自己并对自己百般痛爱照顾的蔡二姑母,撰小诗二章恭颂之。郑燮在《恭颂徐母蔡二姑母》中写道:

罗帏空复绣鸳鸯,月淡灯寒夜正长。被底孤雏惟解睡,梦中双雁不成行。廿年婚嫁今才毕,百尺松筠老更强。惨淡自临楼上镜,不堪青鬓总苍苍。

忆昔相从□□年,外家池屋傍红莲。侄方凭虎矜神骏,姑正描鸾坐绣帘。眴眼风光归落叶,两家人物付奔川。惟余妙理谈无尽,羯末终输道韫贤。

小诗二章,恭颂徐母蔡二姑母。雍正甲寅九秋,愚表侄郑燮拜稿。

卞孝萱《郑板桥全集》（增补本）将"罗帏空复绣鸳鸯"作"罗帏空复绣鸳央"。周积寅《郑板桥年谱》将"晌眼风光归落叶"误作"晌眼风光扫落叶"。

郑燮此处所谓"羯末终输道韫贤"句中的"羯"，指的是谢玄；"末"，指的是谢琰；"道韫"，指的是谢道韫。出自《晋书·列女·王凝之妻谢氏》："（谢道韫）初适凝之，还，甚不乐。安曰：'王郎，逸少子，不恶，汝何恨也？'答曰：'一门叔父则有阿大、中郎，群从兄弟复有封、胡、羯、末，不意天壤之中乃有王郎！'封谓谢韶，胡谓谢朗，羯谓谢玄，末谓谢川，皆小字也。"

郑燮在焦山忙于读书备考时，偶尔也有一些好友邀请他下山乘舟外出游玩，以切磋交流，适当缓解读书疲惫，消遣一下。关于这一点，通过郑燮是年十月为好友李鱓画作题记和李鱓是年十一月的自题画，可见一斑。郑燮在李鱓作《蕉竹月季堂幅》上题记：

君家蕉竹浙江东，此画还添柱石功。最美先生清贵客，宫袍南院四时红。
板桥居士弟郑燮拜手，为复堂先生题。

郑燮所题"宫袍南院四时红"中的"宫袍"，乃月季花花名。卞孝萱《郑板桥全集》（增补本）中，将"宫袍"误作"官袍"。

是年十一月十日，李鱓自题《竹菊石图轴》云：

此画不知作于何时，雍正甲寅十一月十日，同板桥居士、莲若上人过登李世兄宅，乃泚笔足成之。懊道人记。

李鱓此处提及的莲若上人，即莲若和尚，系郑燮与李鱓的方外好友，亦善作书画。

据《中国古代书画目录》载，郑燮于是年十一月十日至嘉平（即十二月），曾作《行草楷诗文册》（八页）。

是年，扬州梅花书院落成；高其佩卒，享年75岁；金农客扬州，开始留髭，人称"髯金"。

雍正十三年乙卯（1755），郑燮43岁。是年，郑燮遇到了他人生中又一件大事，交上了桃花运。虽然无数读书人时常以"书中自有黄金屋，书中自有颜如玉"自勉，不过到头来却发现，并非人人如此。尽管人们常说"天上不会掉馅饼"，郑燮却在是年早春二月某日晨起游览扬州北郊玉勾斜遗迹过程中，幸运地被天上掉下来的年仅17岁的饶五姑娘这位"仙女"击中。尽管双方年龄悬殊，但情投意合，互敬互慕，深陷爱河，不能自拔。郑燮除了应饶五姑娘请求为其书写《道情十首》外，二人还以郑燮《西江月·赠饶五姑娘》词为证，契定终身。

乾隆十二年丁卯（1747）秋，时年55岁的郑燮在潍县知县任上奉调赴济南协助德保参与秋闱乡试，回忆起与饶五姑娘的这段恋情，仍然觉得自己十分幸运。郑燮在于济南锁院所作的《行书扬州杂记卷》前半部分中对此记道：

> 扬州二月，花时也。板桥居士晨起，由傍花村过虹桥，直抵雷塘，问玉勾斜遗迹，去城盖十里许矣。树木丛茂，居民渐少，遥望文杏一株，在围墙竹树之间。叩门迳入，徘徊花下。有一老媪，捧茶一瓯，延茅亭小坐。其壁间所贴，即板桥词也。问曰："识此人乎？"答曰："闻其名，不识其人。"告曰："板桥，即我也。"媪大喜，走相呼曰："女儿子起来，女儿子起来，郑板桥先生在此也。"是刻已日上三竿矣，腹馁甚。媪具食。食罢，其女艳妆出，并拜而谢曰："久闻公名，读公词，甚爱慕，闻有《道情十首》，能为妾一书乎？"板桥许诺。即取淞江蜜色花笺、湖颖笔、紫端石砚，纤手磨墨，索板桥书。书毕，复题《西江月》一阕赠之，其词曰："微雨晓风初歇，纱窗旭日才温，绣帏香梦半朦胧，窗外鹦哥未醒。蟹眼茶声静悄，虾须帘影轻明，梅花老去杏花匀，夜夜胭脂怯冷。"母女皆笑领词意。问其姓，姓饶；问其年，十七岁矣。有五女，其四皆嫁，惟留此女为养老计，名五姑娘。又曰："闻君失偶，何不纳此女为箕帚妾？亦不恶，且又慕君。"板桥曰："仆寒士，何能得此丽人？"媪曰："不多求金，但足养老妇人者可矣。"板桥许诺，曰："今年乙卯，来年丙辰计偕，后年丁巳，若成进士，必后年乃得归，能待我乎？"媪与女皆曰："能。"即以所赠词为订。明年，板桥成进士，留京师。饶氏益贫，花钿服饰，折卖略尽。宅边有小园五亩，亦售人。有富贾者，发七百金，欲购五姑娘为妾。其母几动，女曰："已与郑公约，背之不义，七百两亦有了时耳。不过一年，彼必归，请待之。"

通过上海博物馆藏郑燮书《扬州杂记》墨迹可知，周积寅《郑板桥年谱》将郑燮文中"闻其名"误作"闻名"；将"走相呼曰"误作"走相乎曰"；将"并拜而谢曰"误作"再拜而谢曰"；将"即取淞江蜜色花笺"误作"即取松江蜜色花笺"；将"饶氏益贫"误作"饶氏亦贫"。

通过郑燮文中所说的饶五姑娘家中壁间所贴板桥词，以及饶五姑娘取来淞江蜜色花笺、湖颖笔、紫端石砚，纤手磨墨，索郑燮书《道情十首》诸事来看，饶五姑娘应该也是个知书达理、富有学识修养之人。不过，由于郑燮此时正在忙于读书备考，且当时又没钱迎纳饶五姑娘，只好与饶五姑娘商定，待其赴京应试之后再说。

此处所谓"锁院",是防止考试作弊的重要手段之一。宋代殿试前三日,试官入学士院后即锁院,然后陪同考生赴殿对策。明清沿之,但其制略有不同,试官入院后,即封锁内外门户,以严关防。

"傍花村",清代李斗《扬州画舫录·草河录上》:"傍花村居人多种菊,薜萝周匝,完若墙壁。南邻北垞,园种户植,连架接荫,生意各殊。花时填街绕陌,品水徵茶。沈学子大成诗云:'杖藜城外去,一径入烟村。碧树平围野,黄花直到门。乱鸦投屋背,老犊系篱根。寂寞深秋意,王蒙小笔存。'"周积寅《郑板桥年谱》是年注②中将"薜萝周匝"误作"薜萝周市"。

"虹桥",即红桥,在保障湖(今瘦西湖)中。《府志》云:"在北门外。一名虹桥。朱阑跨岸,绿杨盈堤,酒帘掩映,为郡城畦游地。"《扬州画舫录·虹桥下》:"虹桥为北郊佳丽之地。梦香词云:'扬州好,第一是虹桥。杨柳绿齐三尺雨,樱桃红破一声箫。'"

"雷塘",在扬州北郊观音山北、竹西芳径西北。

"玉勾斜",又作"玉沟斜""玉钩斜",是扬州一处有名的古迹。自唐迄清,皆为文人凭吊咏叹之处。《嘉庆扬州府志》云:"玉钩斜在城西吴公台。"吴公台,又名斗鸡台、戏马台、弩台,即今蜀冈西峰。玉钩斜的具体地点,在如今蜀冈西峰生态公园东首的山坡上,此处复建有"玉钩亭"。

据史书记载,隋炀帝巡幸江都(扬州),随带十六院嫔妃及无数宫女,又强征殿脚女一千人,牵挽龙舟上的"漾彩",她们因饱受摧残,迭有死亡,死后被丛葬于这片荒原上。由于其地处于一片由高逐步降低的斜坡上,故称作"宫人斜"。唐代诗人窦巩曾撰"离宫路远北原斜,生死深恩不到家。云雨今归何处去?黄鹂飞上野棠花"诗句,对这些遭遇不幸的宫女,寄予深切同情。

唐宪宗元和年间(806—820),李夷简镇守扬州。某日傍晚,当其与幕客们散步遣兴时,忽见城之西南,新月如钩,因在宫人斜旧址,构建一座玉钩亭以为游赏之地。古文大家皇甫湜还为此作《玉钩亭记》。从此,"宫人斜"便被唤做"玉钩斜"。其后,亭圮。咸通(860—874)中,李蔚镇淮海,又在原址重建"赏心亭",意在以"赏心悦目"的嘉名,转移游人到此触景伤怀的心境。

然当宋代苏轼来扬州寻访"玉钩斜"遗踪时,非但"赏心亭"不复存在,其路径也被荒草覆盖渺茫难辨,遂令苏轼生发"路失玉钩芳草合"之叹。尽管如此,这片曾经葬玉埋香的土地,仍然吸引许多游人来此凭吊。

清初诗人吴梅村应征北上途经扬州时,为了借咏叹隋代宫女不幸,表达自己被逼无奈的心情,也留下"玉钩斜畔泣婵娟"这样的诗句。长洲才子尤侗还写了一篇缠绵悱恻的《玉钩斜赋》,深深寄托其哀惋的情怀。彭孙遹还在诗中记述了自己所见当时玉钩斜的地貌:"高柳平田噪暮鸦,相传此是玉钩斜。年年寒食多风雨,落尽棠梨几树花。"

郑燮还于是年五月,忙里偷闲去他当年设塾馆教书之仪真江村重游。期间,郑燮好友许既白备舟,邀请郑燮同去看江景,并游一饯港。郑燮游毕返回后,于江村茶社给堂弟郑墨写信,以古今文人书家为例,告诫郑墨凡为文书字,当须想春江之妙境,并以令人悦心娱目美词、新鲜秀活之气为之。只有这样,方宜于场屋科名、享富贵福泽;而怨词凄调、刻削孤峭,则容易使人早世晚达、崎岖屯难。郑燮在《仪真县江村茶社寄舍弟》中写道:

江雨初晴,宿烟收尽,林花碧柳,皆洗沐以待朝暾,而又娇鸟唤人,微风叠浪,吴、楚诸山,青葱明秀,几欲渡江而来。此时坐水阁上,烹龙凤茶,烧夹剪香,令友人吹笛,作《落梅花》一弄,真是人间仙境也。嗟乎!为文者不当如是乎!一种新鲜秀活之气,宜场屋,利科名,即其人富贵福泽享用,自从容无棘刺。王逸少、虞世南书,字字馨逸,二公皆年高厚福。诗人李白,仙品也;王维,贵品也;杜牧,隽品也。维、牧皆得大名,归老辋川、樊川,车马之客,日造门下。维之弟有缙,牧之子有荀鹤,又复表表后人。惟太白长流夜郎。然其走马上金銮,御手调羹,贵妃侍砚,与崔宗之著宫锦袍游遨江上,望之如神仙,过扬州未匝月,用朝廷金钱三十六万,凡失路名流,落魄公子,皆厚赠之,此其际遇何如哉!正不得以夜郎为太白病。先朝董思白,我朝韩慕庐,皆以鲜秀之笔,作为制艺,取重当时。思翁犹是庆、历规模,慕庐则一扫从前,横斜疏放,愈不整齐,愈觉妍妙。二公并以大宗伯归老于家,享江山儿女之乐。方百川、灵皋两先生,出慕庐门下,学其文而精思刻酷过之,然一片怨词,满纸凄调。百川早世,灵皋晚达,其崎岖屯难亦至矣,皆其文之所必致也。吾弟为文,须想春江之妙境,挹先辈之美词,令人悦心娱目,自尔利科名,厚福泽。或曰:吾子论文,常曰生辣,曰古奥,曰离奇,曰淡远,何忽作此秀媚语?余曰:论文,公道也;训子弟,私情也。岂有子弟而不愿其富贵寿考者乎!故韩非、商鞅、晁错之文,非不刻削,吾不愿子弟学之也。褚河南、欧阳率更之书,非不孤峭,吾不愿子孙学之也。郊寒岛瘦,长吉鬼语,诗非不妙,吾不愿子孙学之也。私也,非公也。是日许生既白买舟系阁下,邀看江景,并游一饯港。书罢,登舟而去。

周积寅《郑板桥年谱》将郑燮《仪真县江村茶社寄舍弟》误作《仪征县江村茶社寄舍弟》。郑燮这封家书中所谓"吴、楚诸山",指的是长江下游古吴、楚之地的诸山峰峦。"场屋",即古代科举考试场所。

"王逸少"，即东晋著名书法家王羲之（321—379，一作303—361，又作307—365），字逸少，琅邪临沂（今属山东临沂）人。曾官至右军将军、会稽内史，人称"王右军"。辞官后定居会稽山阴（今浙江绍兴）。早年从卫夫人（铄）学书法，后改变初学，草书学张芝，正书学钟繇，并博采众长，精研体势，推陈出新，一变汉、魏以来质朴书风而成妍美流便的新体。其书备精诸体，尤擅正行，字势雄强多变化，为历代书家所宗尚，影响极大。行书保存在唐僧怀仁集书《圣教序》内最多。草书有《十七帖》等。真迹无存。唯有唐人双钩廓填的行书《姨母》《奉橘》《丧乱》《孔侍中》及草书《初月》等帖。

虞世南（558—638），字伯施，浙江余姚人，是由隋入唐的初唐四大书家之一。其书法得"二王"（王羲之、王献之）及智永笔法之妙，笔势圆融遒劲，外柔内刚。论者以为如裙带飘扬而束身矩步，有不可犯之色。虞世南博学卓识，坦诚忠直，故深得宠幸。唐太宗曾誓言远学王羲之，近学虞世南，足见其影响力之大。

李白（701—762），字太白，号青莲居士。被称为诗仙的李白，祖籍陇西成纪（今甘肃秦安东），其先人于隋末流寓至碎叶（今巴尔喀什湖南面的楚河流域），李白即出生于此。有《李太白集》流传于世。

王维（701—761），字摩诘，系唐代诗人、画家。原籍祁（今属山西），其父迁居蒲州（治今山西永济西），遂为河东人。有《王右丞集》流传于世。

杜牧（803—852），字牧之，京兆万年（今陕西西安）人。唐代文学家。太和二年（828）进士，曾为淮南节度府掌书记（驻扬州），官至中书舍人。为官刚正耿介，因而常遭权贵打击，于是纵情声色，生活放荡不检。有《樊川文集》流传于世。

董思白，即明代书画家董其昌（1555—1636），字玄宰，号思白、香光居士，华亭（今上海市松江县）人。官至南京礼部尚书。有《容台集》《容台别集》《画禅室随笔》《画旨》《画眼》等流传于世。

韩慕庐，即清代著名学者韩菼（1637—1704），字元少，号慕庐，长洲（今江苏苏州）人。康熙十二年状元，时年37岁，授翰林院修撰。官至礼部尚书兼翰林院掌院学士。特工制艺（又名制义、八股文）。乾隆皇帝称誉韩慕庐"所撰制义，清真雅正，开风气之先，为艺林楷则"。

"庆、历"，指的是明穆宗朱载垕年号隆庆和明神宗朱翊钧年号万历。

方百川（1665—1701），名舟，安徽桐城人，寄居南京。诸生。以时文闻名天下。

"灵皋"，即桐城派散文的创始者方苞（1668—1749），字灵皋，号望溪，安徽桐城人。康熙进士，曾因戴名世《南山集》案牵连入狱，后得赦，官礼部侍郎。有《方望溪先生全集》流传于世。

韩非（约前280—前233），又称韩非子。战国末期思想家，法家代表人物。出身韩国贵族，系荀况的学生。后人收集整理其著述编纂成《韩非子》流传于世。

商鞅（约前390—前338），卫国人，战国时政治家、法家代表人物。现传《商君书》中，记述了他的思想学说。

晁错（前200—前154），西汉政论家、法家代表人物。颍川（治今河南禹州）人。所著政论有《论募民徙塞下书》《论贵粟疏》等，论议犀利，分析深刻，被誉为鸿文名篇。

"褚河南"，即唐代政治家、书法家褚遂良（596—658/659），字登善，杭州钱塘（今浙江杭州）人。曾官至宰相，封河南郡公，人称褚河南。因反对册立武则天称皇后，一再被贬。武则天执政后，迁桂林都督，再贬爱州（今越南清化）刺史，卒于任上。精通文史，博学多才。工书法，继王羲之、王献之、欧阳询、虞世南后，别开生面。晚年正书饱满流畅，变化多姿，对后代书风具有很大影响。与欧阳询、虞世南、薛稷并称为"唐初四大书家"。

"欧阳率更"，即唐代书法家欧阳询（557—641），字信本，潭州临湘（今湖南长沙）人。因曾官至太子率更令，故称。工书法，学二王，劲险刻厉，于平正中见险绝，自成面目，人称"欧体"，对后世影响很大。

"郊寒岛瘦"中的"郊寒"，指的是唐代诗人孟郊（751—814），在其诗作中时常感伤自己的苦难遭遇，多有寒苦词句。"岛瘦"，则指唐代诗人贾岛（779—843），其诗作喜写荒凉枯寂之境，且多有瘦硬词句。

"长吉鬼语"，指的是唐代诗人李贺（790—816），字长吉。其诗作善于熔铸词采，驰骋想象，时常运用古代神话传说，创造出新奇瑰丽的诗境，具有积极浪漫主义的精神。但有些作品情调阴郁低沉，语言过于雕琢，由此被称善作"鬼语"。

"一戗港"，位于仪征西南二十五里，发源于境内神山、青山的水流经此，南入大江。

郑燮此次仪真江村之旅结束之后，又重返焦山别峰庵。别峰庵，位于焦山双峰之阴的别岭上。时，郑燮正于此庵读书备考。庵内除佛殿和小客堂外，还有花树一庭，小斋三向，环境幽雅。门上刻有郑燮作并书"室雅何须大，花香不在多"楹联。别峰庵"板桥读书处"，至今仍保留完好。

· 焦山别峰庵郑燮读书处

·郑燮《室雅何须大，花香不在多》

郑燮返回焦山不久，又于五月二十四日作家书寄堂弟郑墨，谈了自己对秦始皇焚书以及孔子烧书的看法，并提出世上那些风云月露之辞、悖理伤道之作，必将自焚自灭的观点。还给郑墨开列出必读书目，叮嘱郑墨如若于其中刻刻寻讨贯串，须臾离开不得，必将终身受用不尽。郑燮在《焦山别峰庵雨中无事书寄舍弟墨》中写道：

秦始皇烧书，孔子亦烧书。删书断自唐虞，则唐虞以前，孔子得而烧之矣。《诗》三千篇，存三百十一篇，则二千六百八十九篇，孔子亦得而烧之矣。孔子烧其可烧，故灰灭无所复存，而存者为经，身尊道隆，为天下后世法。始皇虎狼其心，蜂虿其性，烧经灭圣，欲剜天眼而浊人心，故身死宗亡国灭，而遗经复出。始皇之烧，正不如孔子之烧也。自汉以来，求书著书，汲汲每若不可及。魏晋而下，迄于唐宋，著书者数千百家。其间风云月露之辞，悖理伤道之作，不可胜数，常恨不得始皇而烧之。而抑又不然，此等书不必始皇烧，彼将自烧也。昔欧阳永叔读书秘阁中，见数千万卷，皆霉烂不可收拾，又有书目数十卷亦烂去，但存数卷而已。视其人名皆不识，视其书名皆未见。夫欧公不为不博，而书之能藏秘阁者，亦必非无名之子。录目数卷中，竟无一人一书识者，此其自焚自灭为何如！尚待他人举火乎？近世所存汉、魏、晋丛书，唐、宋丛书，《津逮秘书》《唐类函》《说郛》《文献通考》，杜佑《通典》，郑樵《通志》之类，皆卷册浩繁，不能翻刻，数百年兵火之后，十亡七八矣。刘向《说苑》《新序》，《韩诗外传》，陆贾《新语》，扬雄《太玄》《法言》，王充《论衡》，蔡邕《独断》，皆汉儒之矫矫者也。虽有些零碎道理，譬之《六经》，犹苍蝇声耳，岂得为日月经天，江河行地哉！吾弟读书，《四书》之上有《六经》，《六经》之下有《左》《史》《庄》《骚》，贾、董策略，诸葛表章，韩文杜诗而已，只此数书，终身读不尽，终身受用不尽。至如《二十一史》，书一代之事，必不可废。然魏收秽书，宋子京《新唐书》简而枯，脱脱《宋书》冗而杂。欲如韩文杜诗脍炙人口，岂可得哉！此所谓不烧之烧，未怕秦灰，终归孔炬耳。《六经》之文，至矣尽矣，而又有至之至者，浑沦磅礴，阔大精微，却是家常日用。《禹贡》《洪范》《月令》，"七月流火"是也，当刻刻寻讨贯串，一刻离不得。张横渠《西铭》一篇，巍然接《六经》而作，呜呼休哉！雍正十三年五月二十四日，哥哥字。

郑燮家书中所谓"秦始皇烧书"，指的是秦始皇嬴政于始皇帝三十四年（前213）采纳丞相李斯的建议，下令焚烧《秦记》以外的列国史记。司马迁在《史记·秦始皇本纪》中记载："非秦记皆烧之……所不去者医药、卜筮、种树之书。"

"唐虞"，是唐尧和虞舜的并称。亦指尧与舜的时代，古人以之为太平盛世。《论语·泰伯》："唐虞之际，于斯为盛。"

"汉、魏丛书"，系明嘉靖中何镗所辑，计有100种。其中所收，多为古经逸史、稗官野乘之作。原稿未刻，至万历中程荣选刻38种。后经何允中补刻，增至80种，题名《广汉魏丛书》。清乾隆中，王谟重加编次，再增至96种，题名《增订汉魏丛书》。

"唐、宋丛书"，系明末钟人杰、张遂辰所辑，计有103种。分为经翼、别史、子余、载籍四大类。其体例选材，与《汉魏丛书》略同。所辑多为唐、宋人著作，故名。但取材于《说郛》，且多为删节之本。

《津逮秘书》，系明崇祯中毛晋所辑。凡50集，141种。先是胡震亨辑刻《秘册汇函》毁于火，毛晋得其残版，并合家藏旧籍，辑成此编。其中多为宋、元人著作，偏重掌故琐记。前此如《百川学海》《宝颜堂秘笈》等各家丛书，多不足之本，而此书所收，则全帙较多。

《唐类函》，系明万历中俞安期所辑，计有200卷。分43部，汇辑唐人类书，以《艺文类聚》为主，并取《北堂书钞》《初学记》《六帖》删其重复而成；其缺略之处，选取韩鄂《岁华纪丽》、杜佑《通典》等相关文献资料加以补充。实为唐代类书的汇编。

《说郛》，系元末陶宗仪所编，100卷。原本已佚，近人据明钞本配齐，有涵芬楼排印本。系选辑汉魏至宋元的各种笔记汇编而成。于经史、诸子及诗话、文论等，也有收入，采用之书600余种。其中少数作品，世无传本。又有120卷本，为清代陶珽所增订，收书1000多种，但错误较多。

《文献通考》，系宋元之际马端临所撰，348卷。其中记载上古到宋宁宗时的典章制度的沿革。资料较《通典》为详。于宋代制度尤称详备。

《通典》，唐代杜佑撰，200卷。记载历代典章制度的沿革。上起传说中的唐虞，下迄唐肃宗、代宗时。其中于唐代叙述尤详。

《通志》，南宋郑樵撰，200卷。系综合历代史料而成的通史。其中分本纪、年谱、略、世家、列传。纪传自三皇至隋，依各史抄录。旧以此书与《通典》《文献通考》，合称"三通"。不过，由于这部书系通史，若与《通典》《通考》并列，或恐不当。

《说苑》，西汉刘向撰，原20卷，后来仅存5卷。后经宋代曾巩搜辑，复为20卷。内分君道、臣术、建本、立节等20门，分类纂辑先秦至汉代史事，杂以议论，借以阐明儒家的政治思想和伦理观念。刘向又有《新序》一书，性质与此相类。今本10卷，系曾巩所校定，较原本30卷已有残缺。采集舜、禹至汉代史实，分类编纂，所记事实与《左传》《战国策》《史记》等，颇有出入。

《韩诗外传》，西汉韩婴撰。今本作10卷。其书杂述古事古语。

《新语》，西汉陆贾著。分为上下两卷，共12篇。该书系陆贾遵从汉高祖刘邦旨意"试为我著秦所以失天下，吾所以得之者何，及古成败之国"，乃粗述存亡之征以秦，高祖称善，遂号其书曰《新语》。

《太玄》，亦称《太玄经》，西汉扬雄著。共10卷。体裁模拟《周易》，全书以"玄"为中心思想，相当于《老子》之"道"和《周易》之"易"。《法言》，亦乃扬雄模拟《论语》体裁所著，共13卷。其内容以儒家传统思想为中心。

《论衡》，东汉王充著。全书30卷，分85篇，现缺《招致》一篇。其中阐述了"气"是万物本源的学说，以唯物主义思想解释人与自然、精神与肉体的关系，深入批判了当时流行的谶纬神学和宗教唯心主义思想。由此也被一些人斥为"异端邪说"。

《独断》，东汉蔡邕著。其书论旧制，综述遗文，与《白虎通义》《风俗通义》相似。

"《左》《史》《庄》《骚》"，指《左传》《史记》《庄子》《离骚》。

"贾董策略"，系指汉代贾谊的《治安策》，以及董仲舒所作的"天人三策"等。

"诸葛表章"，指的是三国蜀诸葛亮之《出师表》。

"韩文杜诗"，指韩愈所作之文和杜甫所作之诗。

《廿一史》，指《史记》《汉书》《后汉书》《三国志》《晋书》《宋书》《南齐书》《梁书》《陈书》《魏书》《北齐书》《周书》《隋书》《南史》《北史》《新唐书》《新五代史》《宋史》《辽史》《金史》《元史》。

"魏收秽书"，系指北齐史学家魏收所撰北魏史《魏书》。该书尊魏和东魏为正统，称晋为僭伪，把刘聪、石勒及南朝都列入外国传，并借修史酬恩报怨。书成，即遭到学术界的指责，并将其称为"秽史"。

《新唐书》，由北宋欧阳修、宋祁（字子京）等撰。是在刘昫《旧唐书》的基础上，对史料有所补充增益而成的。虽然作者声称"事增于前，文省于旧"，然却文辞略显枯燥，史实亦多有含糊不清之处。

《宋书》，即元代脱脱等撰《宋史》。全书卷帙浩繁，因仓促成书，资料剪裁、史实考订，多不精审。

《禹贡》《洪范》，系《尚书》中二篇名。前者记述当时全国土地、山川，物产的分布状况，后者则从政治、经济等方面论述帝王统治的原则。《月令》，乃《礼记》篇名，记述古代时令节候及其相关事物。

"七月流火"，汉语成语，出自《诗经·国风·豳风》。意思是说，每当农历七月天气转凉时节，天刚擦黑时，人们便可以看见火星从西方滑落下去。有不少人误将这个成语解释为七月天气热得像火似的。

《西铭》，系宋代张载著《正蒙·乾称篇》中的一部分。《铭》中提出"民吾同胞，物吾与也"的"博爱"主张，并宣扬了"顺天乐命"思想。郑燮在乾隆二十六年所作《墨竹册页》中曾自题云："莫漫锄荆棘，由他与竹高，《西铭》原有说，万物总同胞。板桥。"

值得注意的是，周积寅《郑板桥年谱》中，将"录目数卷中"误作"录书目卷中"。另外应该指出的是，郑燮这封家书中所提及的"七月流火"，并非书名，然上古版《郑板桥集》和周积寅《郑板桥年谱》中，却皆为其误加了书名号。

是年六月初，郑燮由焦山别峰庵迁至焦山双峰阁，想到父亲生前曾经看好继母郝氏原籍郝家庄墓田一处，却因为这块地里有一座无主孤坟须刨去而没有购买。郑燮由此欲致书郝家庄郝表弟，打听此地下落。如若未售，自己可以购置此地，将其作为自己百年之后与夫人安葬之处，并写信给堂弟郑墨说明此事，借此机会强调"吾辈存心，须刻刻去浇存厚，虽有恶风水，必变为善地，此理断可信也"。郑燮在六月十日《焦山双峰阁寄舍弟墨》中写道：

郝家庄有墓田一块，价十二两，先君曾欲买置，因有无主孤坟一座，必须刨去。先君曰："嗟乎！岂有掘人之冢以自立其冢者乎！"遂去之。但吾家不买，必有他人买者，此冢仍然不保。吾意欲致书郝表弟，问此地下落，若未售，则封去十二金，买以葬吾夫妇。即留此孤坟，以为牛眠一伴，刻石示子孙，永永不废，岂非先君忠厚之义而又深之乎！夫堪舆家言，亦何足信。吾辈存心，须刻刻去浇存厚，虽有恶风水，必变为善地，此理断可信也。后世子孙，清明上冢，亦祭此墓。卮酒、只鸡、盂饭，纸钱百陌，著为例。雍正十三年六月十日，哥哥寄。

郑燮书中所谓"郝表弟"，指继母郝氏之侄。

"牛眠",旧时称吉祥的坟茔地为牛眠地。源自《晋书·周光传》:"陶侃失牛,不知所在。一老夫曰:前冈见一牛眠,其地若葬,位极人臣。"

"堪舆家",指为人看宅地、坟茔地的风水先生。

"去浇存厚"中的"浇",指的是尖酸刻薄。意思是说,为人应该宅心仁厚,切勿尖酸刻薄。

不过,通过郑燮去世之后葬于兴化县城东管阮庄可知,郑燮当初欲购买郝家庄这处墓田的想法,并没有实现。

雍正十三年乙卯(1735)八月,世宗宪皇帝胤禛驾崩。皇四子宝亲王弘历嗣,是为高宗纯皇帝。

是年八月,浙江举行乡试时,郑燮被聘任为浙江乡试外廉一职(提调监试)赴杭州。郑燮在乾隆元年(1736)题雍正乙卯冬十二月李鱓《三清图轴》中写道:

雍正乙卯,余分校浙闱,得外廉,同人皆怅怅不乐,因解之曰:孤山探梅,不胜于区区桃李。

郑燮在被聘任浙江乡试外廉事结束后,感觉一身轻松,便于是年十月去西陵游览,参观被誉为"梅妻鹤子"的宋初著名隐逸诗人林和靖故居。郑燮在乾隆元年题雍正乙卯冬十二月李鱓《三清图轴》中写道:

徹(撒)棘石,饱游西陵松柏,过林处士家,时已十月后,神(?)英略略数枝也。

此处所谓"林处士",指的是林逋(967—1028),字君复,钱塘人。林逋祖父林克己,曾做过吴越钱氏时的通儒院学士。林逋少孤力学,宋真宗景德中放游江淮间,晚年归隐杭州,结庐孤山,二十年未曾入城市。宋真宗曾赐其号"和靖处士"。林逋不娶无子,死后,宋仁宗赐谥"和靖先生"。后世习惯上称林逋为林和靖。

是年冬,郑燮由杭州返归扬州,与李鱓谈及此次赴浙之事。李鱓为其作《三清图轴》。郑燮在乾隆元年题雍正乙卯冬十二月李鱓《三清图轴》中写道:

归而语复堂先生,先生曰:"吾为君作红梅夺桃李之色有余矣。子盍题诗以纪其事乎。"乃爰笺书二十八字:

浙江桃李属他人,只有梅花是我春;写取一枝清又贵,夕阳红影出松筠。

是年，黄慎奉母归闽。

世宗宪皇帝胤禛驾崩次年，高宗纯皇帝爱新觉罗·弘历改元乾隆。

乾隆元年丙辰（1736），郑燮44岁。是年年初，郑燮赴京师，准备参加丙辰科会试。二月，郑燮在贡院参加礼部会试，中贡士。

周积寅《郑板桥年谱》："二月至三月，在贡院参加礼部会试，中贡士。"卞孝萱《郑板桥全集》（增补本）则写道："三月会试。"然据商承祚《清代科举考试述录》："清初二月会试，三月发榜……后改三月会试，四月发榜。"盛奇秀《中国古代考试制度》："会试日期初定于二月，乾隆十年改于三月，成为定制。"由此可见，郑燮于乾隆元年参加礼部会试，应该为二月才是。

是年三月，郑燮又重录自己在李鱓于雍正十三年乙卯冬十二月所作《三清图轴》上的题记：

雍正乙卯，余分校浙闱……乃爰笺书二十八字：浙江桃李属他人……夕阳红影出松筠。

雍正间题此，乾隆元年三月，板桥道人郑燮重录。

郑燮考中贡士之后，还要在京准备参加殿试。关于清代殿试的时间，傅增湘在《清代殿试考略》中写道："顺治初，定四月一日殿试，康熙时改五月初，乾隆十年改四月二十六日，二十六年乃定为四月二十一日殿试，二十五日传胪，其后遂为永制。"

关于清代殿试的地点，盛奇秀在《中国古代考试制度》中写道："殿试地点，最初在天安门外。顺治十五年（1658），改在太和殿前丹墀。乾隆五十四年（1789），又改保和殿，成为定制。"

五月初，郑燮于太和殿前丹墀参加殿试。殿试结果，通常根据考生考试成绩分为三甲等次。一甲赐进士及第，二甲赐进士出身，三甲赐同进士出身。殿试一甲名额定为三名，第一名状元，第二名榜眼，第三名探花。二甲、三甲名额视考情而定。乾隆元年殿试二甲名额为90名，郑燮以赐进士出身第二甲第88名中进士。《国朝历科题名碑录初集》中记载："大清乾隆元年进士题名碑录丙辰科赐进士及第第一甲三名……赐进士出身第二甲九十名……郑燮江南扬州府兴化县人……赐同进士出身第三甲二百五十一名……"

郑燮对于自己通过寒窗苦读若干年如今终于考中进士，感到十分得意。为了纪念自己人生旅途中这一重要的里程碑，郑燮特作《秋葵石笋图》以自庆贺，并于其上题诗曰：

牡丹富贵号花王,芍药调和宰相祥;我亦终葵称进士,相随丹桂状元郎。

板桥郑燮题。

当郑燮乳母费氏闻知郑燮考中进士的喜讯后,想到自己多年来对郑燮和自己的儿子俊辛勤抚育如今终于得到回报,乐不可支,乃喜曰:"吾抚幼主成名,儿子作八品官,复何恨!"

不过,考中了进士,仅仅具备了做官的资质而已,想要谋得一官半职,还得看官场是否有缺、是否有人推荐。毋庸置疑,官场上用人的腐败问题,在任何朝代都在所难免。当权者"说你行,你就行,不行也行;说你不行,你就不行,行也不行"。那些学富五车、才高八斗、具有真才实学、为人耿直、忠厚老实之人,未必能得到重用,而那些善于投机钻营、奸猾谄媚的庸才蠢材、草包滥人,照样可以占据高位,作威作福。由此,社会上又有多少人为此感叹"千里马常有而伯乐不常有",并为自己生不逢时而懊恼不已。

毫无疑问,所谓"知人善任",其前提首先是要被人所知。尽管郑燮此时的交游不可谓不广,除了诗人、词客、书家、画师之外,还有王侯、官吏、商贾、布衣、和尚、道士、歌童、妓女等。不过,在郑燮交往的这些人中,真正能帮忙推荐他出任官职者,却寥寥无几。诚如俗话所说"朝中有人好做官",郑燮在考中进士后,为了尽快实现自己做官的理想抱负,没有马上离京返乡,而是在京逗留寻找机会,设法与有权有势者相识交往,希望借此尽快谋得一官半职。

郑燮在京逗留期间,所交游的对象基本上仍为两种类型:一类是伊福纳、张若霭、鄂容安、图牧山、侯嘉璠、方超然等官僚文人;另一类则是瓮山寺住持无方上人、香山卧佛寺青崖和尚、法海寺仁公、光明殿道士娄真人等方外人士。郑燮与这些人的交往交流,还是采取赠其自己擅长的诗作、书作和画作方式进行。

郑燮还借赠自己诗书画作给当权执政者的机会,委婉表达自己谋求官职心切之意。这一点,通过其撰写的《呈长者》和《读昌黎上宰相书因呈执政》诗,可见一斑。

郑燮在《呈长者》中写道:

御沟杨柳万千丝,雨过烟浓嫩日迟;拟折一枝犹未折,骂人春燕太娇痴。桃花嫩汁捣来鲜,染得幽闺小样笺;欲寄情人羞自嫁,把诗烧入博山烟。

通过郑燮这首诗现存墨迹来看,郑燮这首诗曾经书写过不止一遍。诗中"雨过烟浓嫩日迟"句,墨迹作"细雨浓烟日上迟";"桃花嫩汁捣来鲜"句,墨迹作"水晶帘幕翠花钿";"染得幽闺小样笺"句,墨迹作"染得巴江五色笺";"把诗烧入博山烟"句,墨迹作"不知担搁好青年"。由此可见,郑燮此处所谓"长者",并非特指某一个人,而该诗曾经呈送给多人。

郑燮还根据韩愈曾经三上宰相书事例赋诗呈执政,表示自己意欲前往面谒,以求提携之意。郑燮在《读昌黎上宰相书因呈执政》中写道:

> 常怪昌黎命世雄,功名之际太匆匆;也应不肯他途进,惟有修书谒相公。

韩愈于贞元元年(785)登第,后又试博学宏辞于礼部。所谓"博学宏辞",又作"博学弘词"或"博学鸿词",是古代朝廷设置的临时制科考试科目之一。韩愈曾于登第十年后的贞元十一年(795)正月二十七日、二月十六日、三月十六日,连续三次上宰相书求仕,然却并未如愿,只好于是年五月悻悻东归。南宋礼部侍郎张九成(字子韶,号无垢居士,浙江钱塘人),曾对韩愈三次上宰相书求官之事评论道:"退之平生木强人。而为饥寒所迫,累数千言求官于宰相,亦可怪也。"

郑燮此次于京逗留期间,还与户部郎中伊福纳结识,并结伴同游西山。伊福纳,姓那拉,字兼五,一字肩吾,号抑堂,满洲镶红旗人。雍正八年进士。历任主事、员外郎、御史。工诗。著有《白山诗钞》。

斯时,郑燮还与续名桥结交相好,并以小楷精心书《道情十首》二纸,一奉续名桥,另一奉续名桥父亲续雁峰老伯。后来郑燮于乾隆十九年所书《道情词卷》上作跋云:

> 名桥续大哥,二十年前相好于京师,见予《道情十首》,嘱书小楷二纸,其一纸尤楷者,盖奉老伯雁峰先生也。老伯爱余书画诗词特甚,故敬书之。今几年事,明桥宦游,封公舍其禄,邮书复索重写。老不能漫楷,真行相杂,勿罪也。

郑燮自从雍正二年在庐山初次与无方上人相识结交,至此已十余年。期间,两人频有书信往来。前面曾经说过的郑燮将《焦山读书寄四弟墨》家书抄送给无方上人征询意见,就是一例。此时,无方上人正驻锡在西郊瓮山寺,郑燮便前往拜访与之叙旧,表达思慕之情,并赋诗作画相赠。郑燮在《赠瓮山无方上人二首》中写道:

> 山裏都城北,僧居御苑西。雨晴千嶂碧,云起万松低。天乐飘还细,宫莎剪欲齐。菜人驱豆马,历历俯长堤。
>
> 一见空尘俗,相思已十年。补衣仍带绽,闲话亦深禅。烟雨江南梦,荒寒蓟北田。

闲来浇菜圃，日日引山泉。

郑燮诗中所谓"御苑"，指的是乾隆时的清漪园。清末，清漪园始扩建为颐和园。所谓"江南"，指的是郑燮与无方上人相识的江西庐山。

"蓟北"，古蓟在今北京市西南，此处系指京师。

郑燮又在《瓮山示无方上人》中写道：

松梢雁影度清秋，云淡山空古寺幽。蟋蟀乱鸣黄叶径，瓜棚半倒夕阳楼。客来招饮欣同出，僧去烹茶又小留。寄语长安车马道，观鱼濠上是天游。

郑燮诗中所谓"长安车马道"，指的是往来京城路上的求官者。此处"长安"，借指清都京师。"观鱼濠上"，源自《庄子·秋水》："庄子与惠子游于濠梁之上。庄子曰：'儵鱼出游从容，是鱼之乐也。'惠子曰：'子非鱼，安知鱼之乐？'庄子曰：'子非我，安知我不知鱼之乐？'惠子曰：'我非子，固不知子矣；子固非鱼也，子之不知鱼之乐，全矣。'"此后，人们多用此典故比喻别有会心、自得其乐的境地。

郑燮此次瓮山寺拜访之行，除了赋诗赠无方上人，还为其作画。郑燮在《为无方上人写竹》中写道：

春雷一夜打新篁，解箨抽梢万尺长。最爱白方窗纸破，乱穿青影照禅床。

郑燮还为无方上人画盆兰，并题诗奉劝无方上人南归庐山。郑燮在《画盆兰劝无方上人南归》中写道：

万里关河异暑寒，纷纷灌溉反摧残。不如归去匡庐阜，分付诸花莫出山。

当郑燮闻知无方上人后来移锡孝儿营的消息时，作《怀无方上人》诗，记述自己与无方上人相识交往的过程和感受。其中写道：

初识上人在西江，庐山细瀑鸣秋窗。后遇上人入燕赵，瓮山古瓦埋荒庙。今君闻住孝儿营，乱石寒云补棘荆；别筑岩前数间屋，绘图招我同归耕。伊昔茅棚晒秋药，我混屠沽君种作；推堕寒驴村市中，笑而不怒心寥廓。嗟我近事如束柴，爪牙恶吏相推排；不知喜怒为何事，夜梦局蹐朝喧阗。一年一年逐留滞，徒使高人笑疣赘；我已心魂傍尔飞，来岁不归有如水。

郑燮于此期间，还去香山卧佛寺拜访僧人青崖和尚。清代吴长元《宸垣识略·郊坰四》："十方普觉寺，俗称卧佛寺……后殿铜卧佛一，明宪宗时造。本朝世宗（雍正）赐今名，有御制碑，又今上（乾隆）御书联额。"郑燮去卧佛寺拜访青崖和尚时，作《寄青崖和尚》相赠。其中写道：

　　　山中卧佛何时起，寺里樱桃此日红。骤雨忽添崖下水，泉声都作晚来风。紫衣郑重君恩在，御墨淋漓象教崇。透脱儒书千万轴，遂令禅事得真空。

郑燮诗中所谓"卧佛"，暗指青崖和尚。

"紫衣郑重君恩在"句，用以说明青崖和尚修行如法，道行高深，深受信众钦仰，皇帝曾赐其紫袈裟。宋代高承《事物纪原》："则天朝，僧法朗译《大云经》，陈符命言，法朗等皆赐紫袈裟。则僧之赐紫，自武后始也。"

"御墨"，指雍正、乾隆书赐卧佛寺御碑联额。

"象教"，指的是佛教。正确的写法应该是"像教"。所谓"像教"，即指佛教像法时期的教化。佛教将佛陀入灭后依其教法的传承运行状况，分为正法五百年、像法（像，即相似之意）一千年、末法一万年三个时期，并以教法、修行、证果之具足或不具足，与之相配。也就是说，佛陀灭度后，教法住世，人们依其教法修行，即能证果，称为正法；虽有教法及修行者，然却多不能证果，称为像法；将教法垂世，人虽有秉教，而不能修行证果，称为末法。由此可见，佛教认为像法时期，仅有教说与修行者，而欠缺证果者。

"真空"，系佛教所谓超出一切色相意识的真实境界。佛教认为，众生由迷真空而受幻色，菩萨因修般若慧观，照了幻色，即是真空。

郑燮在卧佛寺见壁间有张若霭学士与鄂容安侍读题诗四首，遂作《访青崖和尚，和壁间晴岚学士、虚亭侍读原韵》以和之。其中写道：

　　　西风肯结万山缘，吹破浓云作冷烟。匹马径寻黄叶寺，雨晴稻熟早秋天。渴疾由来亦易消，山前酒旆望非遥。夜深更饮秋潭水，带月连星舀一瓢。屋边流水势潺湲，峭壁千条瀑布繁。自是老僧饶佛力，杖头拨处起灵源。烟霞文字本关情，袍笏山林味总清。两两凤凰天外叫，人间小鸟更无声。

张若霭（1713—1746），字晴岚（《读画辑略》作字景采，号晴岚），安徽桐城人。相国张廷玉之子。雍正十一年（1733）传胪，官礼部尚书，袭伯爵。以书画供奉内廷。一日，太后出方寸之玉佩，命书《心经》一篇，竟日而就。善画山水、花鸟，得王榖祥、周之冕遗意。著《晴岚诗存》。

鄂容安，字休如，号虚亭，姓西林觉罗氏，满洲镶蓝旗人。鄂尔泰之子。雍正十一年（1733）进士，袭三等襄勤伯，官两江总督。书法欧颜，笔力峻拔，瘦硬通神。曾于云南嵩明州海潮寺书"海暗云无叶，山寒雪有花"楹联。

"袍笏"，代指做官。其中所谓"袍"，乃官员上朝时所着的官服；"笏"乃官员上朝时手持用以记事的狭长手板，其材质或为玉，或为象牙，或为竹片。

"两两凤凰天外叫，人间小鸟更无声"句，意谓张若霭、鄂容安诗作擅美于前，他人只能搁笔。梅尧臣（1002—1060，字圣俞）曾于《题老人泉寄苏明允》中写道："日月不知老，家有雏凤凰；百鸟戢羽翼，不敢言文章。"

郑燮还于是年秋日造访法海寺，拜谒仁公。清代吴长元《宸垣识略》云："法海寺、法华寺在万安山，二寺前后互相连属，相传为弘教寺遗址。本朝顺治十七年修建，改今名，有御书联额。"郑燮在《法海寺访仁公》中写道：

昔年曾此摘蘋婆，石径欹危挽绿萝。金碧顿成新法界，惜他荒朴转无多。参差楼殿密遮山，鸦雀无声树影闲。门外秋风敲落叶，错疑人叩紫金镮。树满空山叶满廊，袈裟吹透北风凉。不知多少秋滋味，卷起湘帘问夕阳。

郑燮此次造访法海寺没过几天，又与起林上人结伴重访法海寺仁公。郑燮在《同起林上人重访仁公》诗中写道：

几日不相见，作诗盈一囊。立残云外漏，销尽定中香。雨歇四天碧，风高秋稼黄。可应歌《击壤》，更为继陶唐。

宾主吟声合，幽窗夜火然。风铃如欲语，树鹤不成眠。月转山沉雾，花深鸟入烟。朝霞铺满径，裁取作蛮笺。

胜地前朝辟，青山帝主情。莫教轻一物，可待报他生。斋粥分天庚，盘蔬列贡甖。秋风满松篁，幽梵晓来清。

此处所谓"漏"，指的是古代采用铜壶滴漏方式计时的仪器。也借指时刻。例如"漏尽更深"。

"定",指的是入定。意思是说,僧人在坐禅修行时,心不驰散,进入一种安然不动的禅定状态。

"击壤",是一种源自狩猎的古老投掷游戏。击壤所用之"壤",最早或许是土块或石块,后来才逐渐演变为木块、陶瓦之类。三国邯郸淳《经艺》:"壤以木为之,前广后锐,长尺四,阔三寸,其形如履。将戏,先侧一壤于地,遥于三四十步以手中壤敲之,中者为上。"人们闲暇所玩的类似击壤的这种投掷游戏,一直延续至近现代。上世纪五六十年代,仍然在儿童游戏中盛行。此处之所以将"击壤"加上书名号,显然系指在玩击壤游戏时所唱的《击壤歌》。

"陶唐",即帝喾与陈锋氏所生之子帝尧,名放勋,号陶唐氏。

"蛮笺",蜀地所产,又称蜀笺。古代,曾将中土之外人烟稀少的荒蛮之地,依其所在方位称之为南蛮、北狄、东夷、西戎。蜀地位于南方,因此将其生产之笺,称为"蛮笺"。

"天庾",指皇家粮仓。《晋书·天文志》:"天仓南四星曰天庾,积厨粟之所也。"

"幽梵",指僧人诵经的声音。

郑燮此次与起林上人同赴法海寺造访时,还于某月夜陪同起林上人夜坐,并作诗,饶有兴趣地将周边环境及自己当时的心境描述了一番。激情所至,二百五十言长诗一气呵成,瞬间吟就。由于当时郑燮手头无笺纸,便将其书写在破窗纸上。郑燮在《山中夜坐再陪起林上人作》中写道:

  人语山上烟,月出秋树底。清光射玲珑,峭壁澄寒水。栖鸟见其腹,历历明可指。秋虫草际鸣,切切哀不已。禅心冷欲冰,诗怀淡弥旨。吟成无笺麻,书上破窗纸。

  顽奴倦烹茶,汤沸火已灭;冷然酌秋泉,心肺总寒洌。丛花夜露滋,细媚石上茁。老槐恃气力,排风骨正折。坐久月当中,寒光射毛发。不但饮秋泉,此心何得热。

  晨起望诸山,烟岚溽涨塞。阳乌初出海,气弱不得力。墨云横亘天,稚霞敛颜色。重帛那禁寒,拥衾坐岩崱。露重如小雨,径危滑难陟。酸枣垂累累,瓜果蔓寒棘。招手谓山鸟,与尔得饱食。

  诗成令我写,写就复涂抹。骨脉微参差,有爱忍心割。未得如抽茧,针尖隐毛褐。既得如尸解,蜣螂忽蝉脱。主人门外来,诗才日豪阔。迟疾各性情,维余气先夺。

此处所谓"禅心",乃佛教名相,指的是清静寂定的心境。

"阳乌",指太阳。古代神话谓日中有金乌,故名。

"尸解"，乃道教所谓人死后灵魂离开肉体，升入仙界。

起林上人，生平不详。通过郑燮上述与起林上人的交往，以及他后来在《刘柳村册子》中所写"《道情十首》，作于雍正七年，改削十四年，而后梓而问世。传至京师，幼女招哥首唱之，老僧起林又唱之"可知，郑燮与起林上人过从甚密。

郑燮此次逗留京师期间，除了参访佛教寺庙与僧人叙旧结交之外，还与应召入京师、居大光明殿的道士娄真人有过交往，并借宿大光明殿。娄真人，字近垣，江西人。年九十余卒。娄真人虽嗣道教，然却不喜言炼气修真之法，云此皆妄人借以谋生耳。郑燮在《宿光明殿赠娄真人讳近垣》中写道：

老聃庄列人中仙，未闻白昼升青天；五千妙义《南华》诠，虚静恬澹返自然。秦皇汉武心如烟，腾空飘幻无涯边；茂陵树接骊山阡，牧羊奴子来烧煎。金丹服食促寿年，元和大历无愚贤。我朝力扫诸从前，踢翻药灶流丹铅。真人应运来翩翩，神清气朗心静专，浑融天地为方圆，出入仁义恢经权，藏和纳粹归心田。有何烧炼丹磨研？有何解脱尸蛇蝉？我来古殿夜宿眠，银龙金索摇星躔，雕阑玉砌朝露鲜，名花异草相绵连。费民千百万金钱，有明事业诸所传。真人假寓心弃捐，毁之重劳姑置焉，天子曰俞聊取便。匪令逐逐还沾沾，富而教之王政全，万国寿命同修延。

"光明殿"，即大光明殿。《宸垣识略·皇城》："大光明殿，在永佑庙西光明殿胡同（今北海公园附近），明万寿宫也。嘉靖中建，本朝雍正、乾隆年间，两次重修……大光明殿地极敞豁，门曰登丰；前为圆殿，高数十丈，题曰大光明殿；中为太极殿；后有香阁，题曰天元阁。皆覆黄瓦，下列文石花础作龙尾道，丹楹金饰龙绕其上，白石陛三重，中设七宝云龙牌位，以祀上帝。"

"老聃"，即春秋时思想家、道家的创始人老子。著《老子》，又名《道德经》《老子五千文》。"庄"，即被称为"庄子"的战国时期哲学家庄周（约前369—前286），著有道家经典之一的《庄子》，亦称《南华经》。"列"，即相传被道家尊为前辈、战国时期道家的列御寇。著有《列子》（今本可能是晋人伪托）。

"茂陵"，即汉武帝陵寝，在今陕西兴平县东北。"骊山阡"，即秦始皇的墓地，在今陕西临潼县东南。

"元和"，乃唐宪宗李纯年号（806—820）。"大历"，乃唐代宗李豫年号之一（766—779）。

"万国"，泛指天下。

郑燮除了向娄真人赠诗，还为娄真人画兰并题诗相赠。郑燮在《为娄真人画兰》中写道：

> 银鸭金猊暖碧纱，瑶台砚墨带烟霞；一挥满幅兰芽出，当得君家顷刻花。

此处所谓"银鸭""金猊"，皆为香炉名称。

"瑶台"，乃古代神话传说中神仙所住之处。此处指娄真人居所。

"顷刻花"，源自宋代张君房编《云笈七籤·续仙传·殷文祥》："殷七七，名文祥，又名道筌，常自称七七，俗多呼之，不知何许人也……每醉自歌曰：'解酝须臾酒，能开顷刻花，琴弹《碧玉调》，炉炼白朱砂。'宝试之，悉有验。"

是年秋，郑燮还抽空赴京南沙窝门，访书画家图清格，并赋诗相赠。图清格，字牧山，满洲人。官大同知府。书喜作钟鼎文、蝌蚪文；山水画作，学石涛。花鸟画，则独辟蹊径，常以草书法写菊；所画竹石、花卉、草虫，亦皆超逸，具足异趣。震钧在《天咫偶闻·西城》中写道："图清格，字牧山，满洲人。以草书法写菊花，盖不屑随人步趋，而能自辟一径者也。官大同府太守，亲丧庐墓，筑丙舍于西山，孝行可风。"

"沙窝门"，位于京南七十里采育镇。元时，这里曾是沙漠之地，附近村庄有名沙窝营者，疑即此。郑燮后来在回忆此行时所作《赠图牧山讳清格》中写道：

> 我访图牧山，步出沙窝门。臃肿百本树，断续千丈垣。野庙包其中，蹒跚僧灌园。僮奴数十家，鸡犬自成村。青鞋踏晓露，小阁延朝暾。烹茶亦已熟，洗盏犹细扪。平生书画意，绝口不一言。江南渺音耗，不知君尚存。愿书千万幅，相与寄南辕。

之后，郑燮再次回顾自己到古树荒坟边造访图牧山的情景，并作《又赠牧山》诗，将图牧山在进行书画创作时的状态及其品位格调，精心描述了一番。其中写道：

> 十日不能下一笔，闭门静坐秋萧瑟。忽然兴致风雨来，笔飞墨走精灵出。小草小虫意微妙，古石古云气奔逸。字作神禹钟鼎文，杂以蝌蚪点浓漆。怪迂荒幻性所钟，妥贴细腻学之谧。访君古树荒坟边，叶凋草硬霜凛栗。一醉十日亦不辞，芦沟归马催人疾。扬州老僧文思最念君，一纸寄之胜千镒。

"扬州老僧文思"，字熙甫，系居于扬州枝上村天宁寺的僧人。工诗。

郑燮在京师交往的文人名士友人中，还有国子学正侯嘉璠、中书舍人方超然、文学家胡天游等,郑燮均有诗作投赠。

侯嘉璠,字元经,台州(今浙江临海)人。词赋敏捷,屡困科场,年五十官江宁县丞。袁枚曾称其"诗文迅疾,始于笔染,终于纸尽,挥霍睥睨,瞬息百变"。郑燮在《赠国子学正侯嘉璠弟》中写道:

读书数万卷,胸中无适主;便如暴富儿,颇为用钱苦。大哉侯生诗,直达其肺腑;不为古所累,气与意相辅。洒洒如贯珠,斩斩入规矩。当今文士场,如公那可睹!家住浙东头,山凹水之浒;雁峰天上排,台根海底柱。树密龙气深,云霾石情怒。安得从君游,啸歌入天姥!龙湫万丈悬,对坐濯灵府。我诗无部曲,弥漫列卒伍。转斗屡蹶伤,犹思暴猛虎。家非山水乡,半生食盐卤。顽石乱木根,凭君施巨斧。

郑燮诗中所谓"山",指的是天台山。

"雁峰",指浙江东南部的雁荡山。脉走南北向,旧传山顶有荡,秋雁归时多宿于此,故名。

"天姥",乃位于浙江北部的山名,为括苍山余脉。道书将其列为第十六洞天福地。

"龙湫",指的是雁荡山瀑布大龙湫。

此时,郑燮也与中书舍人、书法家方超然(1699—?),字苏台,浙江淳安人,有缘结识。所谓"中书舍人",乃清廷内阁缮写文书的官员。郑燮在《酬中书舍人方超然弟》诗中写道:

研粉宫笺五色裁,兔毫挥断紫烟煤。书成便拟《兰亭帖》,何用萧郎赚辨才!君家两世文名盛,宦况萧条分所宜。笑我笔花枯已尽,半生冤枉作贫儿。老伯文辀先生,讳棨如。

此处所谓"老伯文辀先生",系方超然的父亲方棨如,字文辀,号朴山。康熙丙戌进士。曾任丰润知县。方超然系其长子。

《兰亭帖》,即王羲之所书著名法帖《兰亭序》,又名《兰亭宴集序》《兰亭集序》《临河序》《禊序》《禊帖》。系东晋永和九年(353)三月三日,王羲之与谢安、孙绰等41人在山阴(今浙江绍兴)兰亭修禊时所作的诗序。相传是本共28行,324字。唐初为太宗所得,推为王书代表,曾命赵模等钩摹数本,分赐亲贵近臣。太宗死,以真迹殉葬。存世唐摹本墨迹以"神龙本"为最著,石刻首推"定武本"。尽管这篇序文是否出自王羲之手笔至今仍有争论,但《兰亭序》在书法艺术上的价值,是得到肯定的。

"萧郎赚辨才",是一个故事。相传,唐太宗特别喜爱书圣王羲之的字。当其听说王羲之所书的《兰亭集序》真迹在一位名叫辨才的和尚手中,便派人去向辨才索取,然辨才不承认自己藏有这幅墨宝。后来,有人向唐太宗推荐派萧翼去设法谋取。萧翼受唐太宗之命后,带了一些王羲之墨迹并假扮成书生模样去见辨才,并对辨才说自己想找个清静的地方读书。辨才见萧翼书生打扮,允许他在寺里住下。萧翼借此机会,常常与辨才聚在一起谈论诗文字画。某日,当他俩谈及王羲之书法时,萧翼故意炫耀自己所藏王羲之书法乃世间所无。此时对萧翼早已放松警惕的辨才,却说萧翼的收藏无足为奇,并告诉萧翼,王羲之所书《兰亭》真迹在自己手里,还从隐秘藏处取出拿给萧翼验看。萧翼对此佯作惊异,却把辨才收藏《兰亭》处所,暗记在心。某日,萧翼趁辨才有事外出,会同地方官员到寺中将辨才所藏真迹起出,回朝复命。传唐代阎立本曾作《萧翼赚兰亭图卷》,墨迹现藏台北故宫博物院。

"笔花枯已尽",说的是李白与江淹的故事。五代王仁裕《开元天宝遗事·梦笔头生花》:"李太白少时,梦所用之笔头上生花,后天才赡逸,名闻天下。"《南史·江淹传》:"淹少以文章显,晚节才思微退,云为宣城太守时罢归,始泊禅灵寺渚,夜梦一人自称张景阳,谓曰:'前以一匹锦相寄,今可见还。'淹探怀中得数尺与之,此人大恚曰:'那得割截都尽。'顾见丘迟谓曰:'余此数尺既无所用,以遗君。'自而淹文章踬矣。又尝宿于冶亭,梦一丈夫自称郭璞,谓淹曰:'吾有笔在卿处多年,可以见还。'淹乃探怀中得五色笔一以授之。而后为诗绝无美句,时人谓之才尽。"

胡天游(1696—1758),一名骙,字稚威,号云持,浙江山阴(今绍兴)人。少年聪颖,性好读书。雍正间两举副榜。所谓"副榜",亦称"备榜",指的是古代科举考试时,由于名额所限,除了将正式录取者以正榜示之外,还会选取若干名文章优异但未能列入正榜者,附加榜示。令胡天游特别遗憾的是,他在被荐参加博学鸿词科考试时,又因鼻衄大作未考至终场而退出。胡天游才思敏捷,每稠人广座间,援笔数千言,落纸如飞。所作骈文雄奥,善于用事。散文颇险涩。亦能诗,且工书画。著有《石笥山房文集》《石笥山房诗集》等。郑燮在与胡天游相识交往时所作《赠胡天游弟》中写道:

作文勉强为,荆棘塞喉齿。乃兴勃发处,烟云拂满纸。检点岂不施,涛澜浩无涘。昨读《秋霖赋》,触手生妙理。涂抹古是非,排挞世欢喜。抽思云影外,造语石骨里。李广飞将军,自然成壁垒;列子御风行,庸天寻辙轨。钱塘江雨青,山阴石发紫。何必采灵芝,千崖看秀起。山灵爱狂逸,魑魅识才技。杂沓吾扬州,烟花欲羞死。

《秋霖赋》，是胡天游的一篇赋作，载《石笥山房文集》中。

李广（？—前119），西汉名将。陇西成纪（今甘肃秦安）人。善骑射。匈奴称之为"飞将军"。

"列子"，战国时道家列御寇，郑人。《庄子·逍遥游》和《列子·黄帝篇》中，都说列子能够乘风而行。

"山阴"，即今浙江绍兴，因在会稽山北（阴）而得名。

"石发"，《尔雅》注："水苔也，一名石发。"

是年七至八月，李鱓寓居旧扬州会馆（宣武门外之古槐宾馆）作《花鸟册》（八页）。

乾隆元年九月，清廷于保和殿开考博学鸿词科。为避乾隆皇帝弘历名讳，"博学弘词科"改称"博学鸿词科"。乾隆皇帝曾在此次于保和殿开考的博学鸿词科中，亲试176人，录15人。杭世骏列一等第五，授翰林院编修。陈撰、丁敬、吴敬梓、马曰琯、马曰璐，举而不赴；金农、厉鹗、钱载，举而不遇。此处谈及的这些人，留待后叙。

斯时，郑燮的"贵人"程羽宸又帮助郑燮成全了他与饶五姑娘结亲的好事。是年程羽宸外出游历路过真州江上茶肆时，见郑燮所书"山光扑面因朝雨，江水回头为晚潮"对联，至为敬仰，遂至扬州寻求拜见。然此时郑燮仍在京逗留。而当程羽辰在扬州得知郑燮曾以《西江月·赠饶五姑娘》词为证，与饶五姑娘契定终身之事时，即出五百金作为郑燮迎纳饶氏的聘资授饶氏。乾隆十二年丁卯（1747）秋，郑燮于济南锁院所作《行书扬州杂记卷》中对此事记述道：

> 江西蓼洲人程羽宸，过真州江上茶肆，见一对联云："山光扑面因朝雨，江水回头为晚潮。"傍写"板桥郑燮题"。甚惊异，问何人。茶肆主人曰："但至扬州问人便知一切。"羽宸至扬州，问板桥，在京，且知饶氏事，即以五百金为板桥聘资授饶氏。

郑燮文中所谓程羽宸见此对联"甚惊异，问何人"的说法，的确令人匪夷所思。若按常理，程羽宸既然此前曾出千金资助郑燮读书备考，说明两个人早已成为朋友，且此对联落款已经明写"板桥郑燮题"，程羽宸怎么可能会"甚惊异，问何人"呢？窃以为，此或系郑燮于文中故弄噱头罢了。

据兴化《任氏族谱·艺文谱》卷七载，郑燮此次在京逗留期间，还与同乡任陈晋（后山），同受知于蒲州人提督顺天学政崔纪，"三荐不售，邀入文幕，校士直隶，极礼遇之"。任祖镛在《郑板桥中进士后"校士直隶"考释》一文中写道："郑板桥从北京南归扬州的时间最迟当在乾隆二年（1737）深秋。"因此"他任幕友的时间最多至第二年秋天，约一年光景"。

是年，书法家桂馥生。桂馥（1736—1805），字冬卉，一字未谷，山东曲阜人。乾隆五十五年（1790）进士，官云南永平知县。学问该博，精于金石考据之学。篆刻、汉隶，雅负盛名。兼能山水、墨竹。著有《说文义证》《缪篆分韵》《晚学集》《国朝隶品》等。

由于桂馥对郑燮的诗书画作多有论议，且较公允，因此这里摘抄几则，供读者参考。桂馥在《国朝隶品》中对郑燮书法评论道："郑板桥如灌夫使酒骂坐，目无卿相。"

桂馥收藏颇富，然包括郑燮书画在内的若干珍贵藏品，不幸遭丁亥火灾。桂馥《丁亥烬遗录·书画灾烬目录》卷三记云："郑板桥《竹兰巨册》，真迹、逸品。纸本。高约一尺一寸，阔约一尺四五寸。共十二页，画竹兰各半。画史称郑板桥长于写意兰竹，用草书法，脱尽时习，画石尤妙……古人论画墨竹，称文与可为圣。余以苏东坡、柯敬仲、吴仲圭、王孟端，方诸四配。吾友孙竹雅太守以为确论。自王孟端而后，继超者惟郑板桥，又可方诸继圣学之朱子。今又百余年，画墨竹者虽多，或有笔无墨，或有墨无笔，未能全美……先生画兰，自谓不及白丁、石涛……余见白丁、石涛所画兰各十数帧：白丁以少胜、以韵胜；石涛以多胜、以气胜。较之李复堂、吕寿田则过之，而潇洒清劲似又不及板桥先生也。十二帧中，皆有题咏。"

"又《竹石吊轴》，真迹，逸品。纸本。高四尺，阔二尺。画一石耸立，高约二尺许。石后画大竹一竿，竹篠二三枝。其石似先生所谓一笔石也……先生画此石，不过二三笔，有浓有淡，而石之瘦皱漏透俱备。其竹横涂竖抹，血脉相连，筋骨老健，用笔用墨用水之妙，似可追迹文湖州于八百余年之上。上题七绝一首，后书乾隆某年月，奉赠峨山前辈。（名勷，德州人，进士。）其字怪逸可喜，自成一家。竹、石、字，可称三绝。先生姿性洒脱，而书画诗词虽纵横驰骛，无不该规矩者，故能以此终其身而名后世……余不惟爱先生之书画，并爱先生之为人。恨余生也晚，欲求为门下走狗而不得。数十年来，所见先生书画，不下百余件，真迹不过十之二、三。所有《竹兰巨册》，乃老友王云逵司马（名图，昆明茂才，原任古州同知，工书画。）以三十金得之黔阳。云逵与余道义交，故求而得之。当为势豪所知，几有匹夫无罪，怀璧其罪之祸……《竹石吊轴》，得自扬州，与所藏王舍人墨竹并重，均已无矣。而今而后，当暑日炎天，书斋素壁，无复张挂，以引薰风入座。"

是年，书画家方薰生。方薰（1736—1799），字兰士，一字懒儒，号兰坻、兰如、兰生、长青、樗盦主，浙江石门（今属浙江桐乡）人。斋名山静居、井研斋。性高逸狷介，朴野如山僧。诗书画并妙。郭麐《灵芬馆诗话》称其"五言古体，有汉魏盛唐之情致而无其面目，五七言律风格亦不减唐贤，一时诗人，未能或之先也"。书法师褚遂良，风格与恽南田相近。亦工篆刻，登文、何之室，再上窥秦汉。著有《兰坻诗钞》《井研斋印存》《山静居稿》《山静居诗话》《山静居画论》等。

是年，卢见曾任两淮盐运都转运，到扬州。卢见曾（1690—？），字抱孙，号雅雨山人，山东德州人。康熙六十年（1721）进士。著有《忠雅堂诗集》。后人辑有《雅雨堂诗文遗集》。所谓"都转运"，全名为"都转盐运使司盐运使"，简称"盐运使""转运使"，系朝廷于重要盐产区所设管理盐务的长官。

是年，李方膺出狱，官复原职；被称为"汪髯"的种花人汪希文，寓居扬州。《扬州画舫录》卷六："勺园，种花人汪氏宅也。汪氏行四，字希文，吴人。工歌。乾隆丙辰来扬州，卖茶枝上村。与李复堂、郑板桥、咏堂僧友善。后购是地种花。复堂为题'勺园'额，刻石嵌水门上。中有板桥所书联云'移花得蝶，买石饶云'。"

乾隆二年丁巳（1737），郑燮45岁。正月初七，郑燮考虑到自己虽于去年登第，然其胸中犹是昔日萧骚。一般而言，人于贫贱时好为感慨，一朝得志则讳言之。郑燮为使从己所游的西峰老贤弟异日为国之柱石时，勿忘寒士家风，便以行书作《道情十首长卷》赠西峰。其中写道：

· 郑燮《移花得蝶，买石饶云》

暑往寒来春复秋，夕阳西下水东流。将军战马今何在？野草闲花满地愁。列位晓得这四句诗是那里的？是秦王苻坚墓碑上的。那碑阴还有《敕勒布歌》。无非慨往古之兴亡，叹人生之奄忽，凄凄切切，悲楚动人。那秦王苻坚也是一条好汉，只因不听先臣王猛之言，南来伐晋，那晓得八公山草木皆兵，一败而还，身死国灭，岂不可怜！岂不可叹！昨日板桥道人授我《道情十首》，倒也踢倒乾坤，掀翻世界，唤醒多少痴聋，打破几场春梦。今日闲暇无事，不免将来歌唱一番，有何不可。

老渔翁，一钓竿，靠山崖，傍水湾，扁舟来往无牵绊。沙鸥点点轻波远，荻港萧萧白昼寒，高歌一阕斜阳晚。一霎时波摇金影，蓦抬头月上东山。

老樵夫，自砍柴，捆青松，夹绿槐，茫茫野草秋山外。丰碑是处成荒冢，华表千寻卧碧苔，坟前石马磨刀坏。倒不如闲钱沽酒，醉醺醺山径归来。

老头陀，古庙中，自烧香，自打钟，兔葵燕麦闲斋供。山门破落无关锁，斜日苍黄有乱松，秋星闪烁颓垣缝。黑漆漆蒲团打坐，夜烧茶炉火通红。

水田衣，老道人，背葫芦，戴袱巾，棕鞋布袜相厮称。修琴卖药般般会，捉鬼拿妖件件能，白云红叶归山径。闻说道悬崖结屋，却教人何处相寻？

老书生，白屋中，说黄虞，道古风，许多后辈高科中。门前仆从雄如虎，陌上旌旗去似龙，一朝势落成春梦。倒不如蓬门僻巷，教几个小小蒙童。

尽风流，小乞儿，数莲花，唱竹枝，千门打鼓沿街市。桥边日出犹酣睡，山外斜阳已早归，残杯冷炙饶滋味。醉倒在回廊古庙，一凭他雨打风吹。

掩柴扉，怕出头，剪西风，菊径秋，看看又是重阳后。几行衰草迷山郭，一片残阳下酒楼，栖鸦点上萧萧柳。撮几句盲辞瞎话，交还他铁板歌喉。

邈唐虞，远夏殷，卷宗周，入暴秦，争雄七国相兼并。文章两汉空陈迹，金粉南朝总废尘，李唐赵宋慌忙尽。最可叹龙盘虎踞，尽销磨《燕子》《春灯》。

吊龙逢，哭比干，羡庄周，拜老聃，未央宫里王孙惨。南来薏苡徒兴谤，七尺珊瑚只自残。孔明枉做那英雄汉，早知道茅庐高卧，省多少六出祁山。

拨琵琶，续续弹，唤庸愚，警懦顽，四条弦上多哀怨。黄沙白草无人迹，古戍寒云乱鸟还，虞罗惯打孤飞雁。收拾起渔樵事业，任从他风雪关山。

风流家世元和老，旧曲翻新调；扯碎状元袍，脱却乌纱帽，俺唱这道情儿归山去了。

玉笛金箫良夜，红楼翠馆佳人，花枝鸟语漫争春，转眼西风一阵。滚滚大江东去，滔滔红日西沉。世间多少梦和醒，惹得黄粱饭冷。你听前面山头上隐隐吹笛之声，想是板桥道人来也。趁此月明风细，不免从他唱和追随，不得久留谈话。列位请了。

雍正三年，岁在乙巳，予落拓京师，不得志而归，因作《道情十首》以遣兴。今十二年而登第，其胸中犹是昔日萧骚也。人于贫贱时，好为感慨。一朝得志，则讳言之，其胸中把鼻安在！西峰老贤弟从予游，书此赠之。异日为国之柱石，勿忘寒士家风也。乾隆二年人日，板桥居士郑燮书并识。

郑燮此处所谓秦王苻坚（338—385），系十六国时前秦皇帝。建元十九年（383）苻坚征调九十万军队攻晋，在淝水大败。各族首领乘机反秦自立。两年后，苻坚为羌族首领姚苌擒杀。

王猛（325—375），系十六国时前秦大臣，官至丞相。建元十一年（375）王猛病危时，认为东晋无隙可乘，谏议苻坚不宜攻晋。但苻坚对于王猛这个谏议置若罔闻，并未采纳，以至于在攻打晋的淝水之战中大败。

·郑燮《行书道情十首长卷》

"头陀"，系梵语音译佛教名相，意为"抖擞（排除）烦恼"。僧侣行"头陀"时，须遵守乞食、穿破衣等十二项苦行。后用以称呼行脚乞食或贫苦之僧人。

"白屋"，出自《汉书·吾丘寿王传》："吾丘寿王字子赣，赵人也……今陛下昭明德，建太平，举俊才，兴学官，三公有司或由穷巷，起白屋，裂地而封……"颜师古注曰："白屋，以白茅覆屋也。"

"黄虞"，指的是黄帝与虞舜。

"莲花"，指的是"莲花落"，又称为"莲花闹""莲华乐""落子""莲花板"等，是一种说唱兼有的曲艺艺术，宋时即已流行，多为乞丐在向人乞讨时所唱。

"宗周"，指周朝。周夺取天下后，分封同姓或异姓为许多诸侯国，这些诸侯国皆尊周天子为宗主，故称。

"七国"，指的是战国时期秦、齐、楚、燕、韩、赵、魏七个大国。

"金粉南朝"，说的是南朝统治阶级豪侈奢靡的生活。其中"金粉"，通常指的是女性化妆所用的铅粉。不过，南朝贵族中也有男性敷粉者。

"龙盘虎踞"，代指南京。此指建都于此的南明王朝。

"庄周"，即庄子。"老聃"，即老子。

"未央宫里王孙惨"句，系指汉初功臣韩信为汉高祖刘邦所疑忌，被斩于未央宫之事。其中"未央宫"，乃汉宫殿名，汉初由萧何主持建造。"王孙"，指的是韩信。

"南来薏苡徒兴谤"句，指的是东汉伏波将军马援，因从南方往内地载运薏苡而被诬陷一事。《后汉书·马援传》："马援字文渊，扶风茂陵人也……南方薏苡实大，援欲以为种，军还，载之一车。时人以为南土珍怪，权贵皆望之。援时方有宠，故莫以闻。及卒后，有上书谮之者，以为前所载还，皆明珠文犀。"其中"薏苡"，亦称"薏米"，是一种既可供食用或酿酒，亦可入药的植物。

"七尺珊瑚只自残"句，系指西晋大官僚石崇与贵戚王恺斗富，打碎珊瑚一事。南朝刘义庆《世说新语·汰侈篇》载："石崇与王恺争豪，并穷绮丽以饰舆服。武帝，恺之甥也，每助恺。尝以一珊瑚树高二尺许赐恺，枝柯扶疏，世罕其比。恺以示崇，崇视讫，以铁如意击之，应手而碎。恺既惋惜，又以为疾己之宝，声色甚厉。崇曰：'不足恨，今还卿。'乃命左右取珊瑚树，有三尺四尺，条干绝世，光采溢目者六七枚，如恺许比甚众。恺惘然自失。"郑燮于此言"七尺珊瑚"，显系夸大之辞。

"孔明枉作那英雄汉"中的"孔明"，即三国蜀汉政治家、军事家诸葛亮（181—234）。诸葛亮于东汉末隐居南阳卧龙冈。刘备闻其名，三顾茅庐，聘其为军师。后诸葛亮辅佐刘备据西蜀，定与魏、吴三分天下之大局。此段末句所谓"省多少六出祁山"句，说的是刘备死后，诸葛亮又辅佐后主刘禅，曾多次由祁山出兵攻魏，试图争夺中原，但都没有成功。诸葛亮死后，蜀亦为魏所灭。

"虞罗"，指猎人用以捕获猎物的网罗。其中所谓"虞"，乃古时管理山林之官名。此处代指猎人。

这里尤其需要说明的是，由于郑燮所撰《道情十首》，屡抹屡更，因此存在若干不同的版本。据周积寅《郑板桥年谱》记载，上述广东省博物馆所藏郑燮《行书道情十首长卷》墨迹手稿卷后，还有清何绍基于同治庚午冬至前一日题跋，其中写道："板桥书《道情》词，余屡见之，词亦不尽同，盖随手更易耳。一生跌宕牢骚、奇趣横溢俱流露于词中。字仿山谷，间以兰竹意致，尤多别趣。山谷草法源于怀素，怀素得法于张长史，其妙处在不见起止之痕。前张后黄，皆当让素师独步，即板桥亦未能造此藏境也。连日借得杨石泉中丞所藏怀素自叙帖，把玩不忍释，忽于淡如观察兄处持示此卷，欣然记此，板桥有知，恐不谓然也。同治庚午冬至前一日，何绍基漫记于定香堂室。"

我国民间有一个被称为"花朝"或"花神"的节日，俗称"百花生日"。花朝节的具体日期，在我国南方北方有所不同。南方通常以二月十二日为花朝节，北方则是二月十五日。乾隆二年花朝节那天，郑燮以宋代黄庚和陆游所作诗，为在兹学长作《行书扇面》，其中写道：

红藕花多映碧阑，秋风初起易凋残；池塘一段荣枯事，都被沙鸥冷眼看。

裴相功名冠四朝，许浑身世老渔樵；若论风月江山主，丁卯桥应胜午桥。

丁巳花朝为在兹学长兄先生。板桥郑燮。

郑燮此处所书前一首，出自黄庚《池荷》。只不过，郑燮将黄庚诗中第二句"秋风才起易凋残"写作"秋风初起易凋残"。黄庚，字星甫，号天台山人，浙江天台人。早年习举子业。以游幕和教馆为生。晚年自编其诗为《月屋漫稿》。

后一首，出自陆游《剑南诗稿》卷八十二载《读许浑诗浑居丹阳丁卯桥其诗〈丁卯集〉》。只不过，郑燮将陆游此诗中第二句"许浑身世落渔樵"书成了"许浑身世老渔樵"。陆游（1125—1210），字务观，号放翁，越州山阴（今浙江绍兴）人。年十二能诗文，以荫补登仕郎。开禧三年（1207），进爵渭南县伯。嘉定三年（1210）卒，享年85岁。陆游是宋代著名爱国诗人，毕生主张抗金，收复失地。著作繁富，有《渭南文集》50卷，《剑南诗稿》85卷。

陆游诗中所谓"裴相"，指的是唐代相国裴休（791—864），字公美，河内济源（今河南济源）人。裴休学问渊博，通晓诸子百家，工于诗画，擅长书法，以欧阳询、柳公权为宗。裴休所处年代正是佛教衰微之时。唐武宗发难佛教，裴休挺身而出，以重臣之身而翼护，故佛教史称其为"懋绩巨勋，不可及也"。

许浑（约791—约858），字用晦，润州丹阳人。系晚唐著名诗人。一生不作古诗，专攻律体，尤以五七律为多。诗中多描写雨、水之景，被后人以"许浑千首湿"评价之。

丁卯桥，位于江苏丹徒县南。晋时运粮出京口，为水涸，奏请立埭，以丁卯日制可，后人筑桥，因名。陆游《跋许用晦丁卯集》："许用晦居于丹阳之丁卯桥，故其诗名《丁卯集》。"

是年春，两淮盐运使卢见曾于扬州平山堂宴集宾客，遣使招正在仪征处理公务的高凤翰。高凤翰于次日进见，补赓二章。卢见曾旋因于平山堂宴集宾客被人以结党罪告遭弹劾罢官。高凤翰也因被控为卢见曾同党受牵连遭弹劾罢官而入狱。

中国传统文人历来讲究将画作中的诗、书、画、印视为一个整体来欣赏评价，因此大多数画家于这四个艺术门类皆有所造就，郑燮也不例外。

乾隆二年丁巳暮春初日，郑燮为刘燕廷治印《刘氏燕廷》，边跋有二：其一首句为"焚虚大师自西湖来"，其二首句为"佛老云"。这也是相关文献资料中论及郑燮篆刻艺术方面少有的记载。

最早记载郑燮善于篆刻艺术的是清末的阮充。阮充（1862—1892），字实斋，号云庄，别署碧香吟馆主人，江苏仪征人。工诗善画，书法"二王"，兼精篆刻，著有《云庄印话》。阮充在《云庄印话·印人诗事》中写道："板桥曾为先祖制'学圃'石印，并绘赠墨竹巨幅，题云：'新竹高于旧竹枝，全凭老干为扶持；来年更有新生者，十丈龙孙绕凤池。'惜未入集中。"

傅抱石在《郑板桥集·前言》中认为："'八怪'里面多数能刻印。板桥对于篆刻，也是擅长的。可惜这方面，我们还没有掌握更多的实物资料（原印和拓本），这是值得进一步研究的。因为当时的绘画艺术已经形成为画、书、文（诗词题跋）、印的'交响乐'，印章已是整个画面有机的一部分。同时'八怪'的时代，又正是篆刻艺术的高潮时代，板桥的精于此道，是不足为怪的。不少资料提到他在书画上自用的印章多半是高西园、沈凡民刻的。我们从经常过目的印章看来，应该承认有此可能。他和西园是好朋友，后来西园右手病废，板桥还刻过一方《砚田生计》的印章送给他。并在边款上刻了一首诗，跋云'西园工诗画，尤善印篆，病废后用左臂，书画更奇。余作此印赠之，竟稍忘其雷门'。这最后一句，我以为可以看作是谦虚，也可以看作对此印刻得颇为满意。《桐阴论画》的作者秦祖永曾把丁敬、金农、郑燮、黄易、奚冈、蒋仁、陈鸿寿七人的印章边款题跋辑为《七家印跋》，板桥的印跋才得流传下来。七家中除板桥、冬心外，五家都是浙派大家。虽然今天能明确定为板桥的篆刻作品还很少，但七家并举，它们的风格或者不至距离太远，那么板桥的篆刻可能和浙派有某些因缘，也未可知。"

周积寅在《郑板桥》中写道："清末秦祖永（1825—1884）《桐阴论画》卷下，评板桥：'印章笔力朴古，逼近文、何。'秦氏曾见过丁敬、金农、郑燮、黄易、奚冈、蒋仁、陈鸿寿七人篆刻作品，并辑为《七家印跋》。其中著录板桥所刻印章十二方，其印文为：《留伴烟霞》《砚田生计》《修竹吾庐》《活人一术》《桃花潭》《更一点销磨未尽爱花成癖》《恬然自适》《花梦绿映衫》《大吉羊》《明月前身》《茶烟琴韵书声》《思古》。这十二方印章，早已不知去向，其跋语亦未见其原件或影印本。考其内容，真伪夹杂。"

卞孝萱则在《秦祖永辑郑板桥〈印跋〉考辨》一文中认为："或许秦祖永见到十二方郑板桥的印拓，《思古》一方有款，《活人一术》《桃花潭》《更一点销磨未尽爱花成癖》三方有跋。他又从《板桥诗钞》《板桥词钞》《板桥题画》中摘取了一些句子，冒充其他八印章的跋语，拼凑而成《（板桥）印跋》一书。由于他的水平不高，弄得印跋与印文不符。他还抄错、抄漏了若干字，弄得文理不通。特别是他添加了一些内容，与郑板桥的生平不合，露出了作伪的马脚。"

窃以为，综合傅抱石、周积寅、卞孝萱以上所说，在目前关于郑燮篆刻作品资料十分欠缺的情况下，恐怕还很难对郑燮篆刻艺术成就给予实事求是公允的评价。尽管郑燮也善篆刻，但目前所见的文献资料中，并没有明确记载郑燮常用印究竟哪一枚是由他自己篆刻的。实际上，郑燮日常用印，绝大多数或系出自他人之手。

清代著名经学家、训诂学家、金石学家阮元在《广陵诗事》卷九云："郑板桥图章，皆出沈凡民（凤）、高西园（凤翰）之手。如《板桥道人》，如《十年县令》，如《雪浪斋》，如《郑大》，如《爽鸠氏之官》，如《所南翁后》，如《心血为炉熔铸古今》，如《然藜阁》，如《游好在六经》，如《畏人嫌我真》，如《恨不得填漫了普天饥债》，如《直心道场》，如《思贻父母令名》，如《乾隆东封书画史》，如《潍夷长》，如《鹧鸪》，如《无数青山拜草庐》，如《私心有所不尽鄙陋》，如《扬州兴化人》，如《燮何力之有焉》，如《樗散》，如《以天得古》，如《老画师》，如《敢征兰乎》，如《七品官耳》：皆切姓、切地、切官、切事。又有云《康熙秀才雍正举人乾隆进士》。至有一印云：《麻丫头针线》，则太涉习气矣。"由此可见，阮元认为郑燮日常所用以上印章，皆出自沈凤和高凤翰之手。

阮元所说郑燮印章之事，马宗霍《书林纪事·公卿士庶·郑燮》、孙静庵《栖霞阁野乘·板桥图章》《清朝野史大观·清朝艺苑·郑板桥图章》中，亦有记载。

不过，20世纪60年代郑燮《板桥先生印册》佚文的发现，推翻了阮元以上说法。《板桥先生印册》共21页，诸印皆系墨笔摹成，极饶风趣，旁注跋语尤觉逸趣横生。可惜原作已失，只有抄本全文传世，被收录在清代徐兆丰《风月谈余录》卷六中。

通过《板桥先生印册》可知，为郑燮篆刻常用印者，共有19人，刻印37枚。其中，潘西凤刻《扬州兴化人》，沈凤刻《所南翁后》，晚村刻《游好在六经》，身汝敬刻《雪婆婆同日生》，丁丽中刻《海阔天空》，司徒文膏刻《雪浪斋》《直心道场》，朱青雷刻《郑为东道主》《康熙秀才雍正举人乾隆进士》《二十年前旧板桥》《私心有所不尽鄙陋》，高凤岗刻《充柔》，河南僧人静山刻《丙辰进士》，高西园刻《七品官耳》《鹧鸪》（朱文），姜恭寿刻《俗吏》，吴於河刻《郑兰》《橄榄轩》《诗绝字绝画绝》《青藤门下牛马走》《十年县令》《六分半书》《潍夷长》《郑风子》《畏人嫌我真》《无数青山拜草庐》《恃鹭耳》《恨不得填漫了普天饥债》《动而得谤名亦随之》《王凤》，米先生刻《郑燮》，王涛刻《鸡犬图书共一船》，高攀龙刻《谷口人家》，毕一庵刻《鹧鸪》（白文），徐柯亭刻《克柔》，郭伟勋刻《板桥居士》，徐寅刻《游思六经结想五岳》。

是年夏五月，李鱓在都门寓斋为考堂书联。是年五月二十五日，高凤翰在扬州作《睡莲图》时，因风痹症恶化，致使其右手残废，从此改用左手书画。由此改号"丁巳残人"。高凤翰于是年六月去官，寄居扬州长寿庵。

郑燮眼看自己在京逗留求官不得，便于是年秋，悻悻南归扬州。郑燮于南归途中路过德州时，又与时年82岁、子孙林立、五世同堂的孙勷见了面。孙勷取出雍正三年归乡时郑燮为其所画《盆兰图》并索题，郑燮于其上补题了28个字，以"兰芽苗"来形容孙勷子孙后代多有成就。郑燮在《画盆兰送大中丞孙丈予告归乡》中补书题记写道：

……此雍正三年事也。后十三年过德州，公年八十二，十一子，孙曾林立，并见元孙。复出是图索题，又书二十八字："载得盆兰返故乡，天家雨露郁苍苍。今朝满把兰芽苗，又喜山中气候长。"

上面说过，程羽宸曾出五百金作为郑燮聘资授饶氏，而当郑燮返回扬州之后，程羽宸又赠郑燮五百金作为纳妇之费，将饶氏纳为妾。乾隆十二年丁卯（1747）秋，郑燮于济南锁院所作《行书扬州杂记卷》中对此记曰：

江西蓼洲人程羽宸……且知饶氏事，即以五百金为板桥聘资授饶氏。明年，板桥归，复以五百金为板桥纳妇之费。常从板桥游，索书画。板桥略不可意，不敢硬索也。羽宸六十余，颇貌板桥，兄事之。

据嘉庆《昭阳郑氏族谱》记载，郑燮"娶徐氏、郭氏，侧饶氏"。由于郑燮此时仍有继配郭氏在，因此饶氏只能为郑燮之妾。众所周知，中国封建社会实行的是一夫多妻制，直到新中国建立后，方才实行一夫一妻制，因此读者对于郑燮纳饶氏为妾这件事，没有必要大惊小怪或进行指摘。

郑燮纳饶氏之后，住枝上村卖花翁汪希文所筑李氏小园。《扬州画舫录》卷四："枝上村，天宁寺西园下院也，在寺偏西，今归御花园。旧有晋树二株，门与寺齐。入门竹径透迤，花瓦墙周围数十丈。中为大殿，旁建六方亭于两树间，名曰'晋树亭'，为徐葆光所书。南构弹指阁三楹，三间五架，制极规矩，阁中贮图书玩好，皆希世珍。"

郑燮在其所作的《李氏小园》诗中，真切描绘了卖花翁汪希文一家老少的辛勤劳作然却并不富裕的现实生活状况。郑燮写道：

小园十亩宽，落落数间屋。春花无秽滋，寒花有余馥。闭户养老母，拮据市粱肉。大儿执鸾刀，缕缕切红玉。次儿拾柴薪，细火煨陆续。烟飘豆架青，香透疏篱竹。贫家滋味薄，得此当鼎馔。弟兄何所餐，宵来母剩粥。

晨起缝破衣，针线不成行。母年七十四，眼昏手又僵。装绵苦欲厚，用线苦欲长。线长衣缝紧，绵厚耐雪霜。装成令儿暖，母衣单薄凉。不衣逆母怀，衣之情内伤。

儿病母煮药，老泪滴炉灰。几死复得活，为母而再来。终养理之顺，哭儿情至哀。老天有矜怜，复使归母怀。

兄起扫黄叶，弟起烹秋茶。明星犹在树，烂烂天东霞。杯用宣德瓷，壶用宜兴砂。器物非金玉，品洁自生华。虫游满院凉，露浓败蒂瓜。秋花发冷艳，点缀枯篱笆。闭户成羲皇，古意何其赊！

郑燮自京返回扬州等候补缺，一等又是五年之久。于此期间，当然还得靠出卖自己的书画作品来维持生计。不过，由于此时郑燮诗书画作已经名声远播，与此前初来乍到扬州卖画时那种无人问起、无人谈论甚至遭人戏弄的情形，无疑有天壤之别。此时郑燮所画兰竹，被赞誉为"世间罕有"，以至于达到"持金帛乞书画者，户外屦恒满"的地步。郑燮后来在《范县衙斋答李萝村》中写道：

板桥当年习画兰竹，只是乱涂乱撇，无所谓家数，无所谓师承，花费了纸张笔墨，自己拿来涂贴墙壁，自己玩玩而已。此中不知是何冤孽，二十年前画的是兰竹，无人问起，无人谈论。二十年后画的仍是兰竹，不曾改样，却有人说好，有人出钱要买，甚至有人专喜板桥画的兰竹，肯出大钱收买。二十年前他所摇头不要，送他他亦不受者，二十年后却承他如此看重，赞赏到世间罕有，板桥可谓有福气也！然我自家看看，板桥仍是板桥，兰竹仍是兰竹，到底好在哪里？自家问自家，也问不出一个道理，想是众人说了好，眼里看来也觉好了。

由于此时郑燮卖画收入颇丰，也就使得郑燮与饶氏这对老夫少妾日子过得十分惬意滋润，舒适安逸。这一点，通过郑燮于此期间以及日后撰写的与饶氏相关诗中，足见一斑。郑燮在《细君》中写道：

为折桃花屋角枝，红裙飘惹绿杨丝。无端又坐青莎上，远远张机捕雀儿。

郑燮在这首诗中以轻灵的笔触，刻画了饶氏优雅姣好、活泼好动的性格，描绘了她处于优裕生活之中，无忧无虑、楚楚动人的容姿。

郑燮在《赠梁魏金国手》中写道：

坐我大树下，秋风飘白髭。朗朗神仙人，闭息敛光仪。小妇窃窥廊，红裙飐疏篱。黄精煨正熟，长跪奉进之。食罢仍闭目，鼻息细如丝。夕影上树杪，落叶满身吹。机心付冰释，静脉无横驰。养生有大道，不独观弈棋。

郑燮在《雨中》写道：

终日苦应酬，连阴得闭门。清凉满心肺，草木向我言。新竹倚屋檐，绿沁窗纸昏。梁燕坐不出，蜗牛满苔痕。犬迹踏沙软，蹀屣恐泥翻。回廊足散步，把书行且温。家酿亦已熟，呼僮倾盎盆。小妇便为客，红袖对金尊。

郑燮以上两首诗中所说的"小妇"，皆指饶氏而言。从中可见饶氏对郑燮物质生活的照顾和精神生活的关注。前一首，说饶氏耐心为郑燮煎煨用以滋补养生的上品药材黄精，并以长跪奉进的方式来精心侍候郑燮；后一首，则说饶氏见郑燮终日应酬累了时，陪同郑燮饮酒聊天，为其宽慰解闷的情景。

是年，郑燮乳母费氏病殁，享年76岁。郑燮自3岁生母汪氏病殁后，即如郑燮在《七歌》中所说"我生三岁我母无"，便由乳母费氏抚养。虽然后来父亲又娶继母郝氏，且郝氏因为没有生育，对郑燮百般照顾，视如己出，但由于郑燮自幼跟随费氏，对费氏的感情更深一层。在费氏因生活所迫不得不暂时离开郑家时，郑燮竟然痛苦得不思饮食。当费氏三年后返回郑家时，对郑燮更是疼爱有加。因此郑燮对费氏的感情，从某种意义上说并不亚于对生母汪氏。当郑燮闻知乳母费氏病逝的噩耗，回顾自己从小受到费氏的照顾养育之恩，至为哀甚，含悲忍泪作《乳母诗》。其中写道：

> 乳母费氏，先祖母蔡太孺人之侍婢也。燮四岁失母，育于费氏。时值岁饥，费自食于外，服劳于内。每晨起，负燮入市中，以一钱市一饼置燮手，然后治他事。间有鱼飧瓜果，必先食燮，然后夫妻子母可得食也。数年，费益不支，其夫谋去，乳母不敢言，然长带泪痕。日取太孺人旧衣溅洗补缀，汲水盈缸满瓮，又买薪数十束积灶下，不数日竟去矣。燮晨入其室，空空然，见破床败几纵横，视其灶犹温，有饭一盏，菜一盂，藏釜内，即常所饲燮者也。燮痛哭，竟亦不能食矣。后三年，来归侍太孺人，抚燮倍挚。又三十四年而卒，寿七十有六。方来归之明年，其子俊得操江提塘官，屡迎养之，卒不去，以太孺人及燮故。燮成进士，乃喜曰："吾抚幼主成名，儿子作八品官，复何恨！"遂以无疾终。
>
> 平生所负恩，不独一乳母。长恨富贵迟，遂令惭恧久。
>
> 黄泉路迂阔，白发人老丑。食禄千万钟，不如饼在手。

此处所谓"黄泉"，指人死后埋葬的地穴。亦指阴间。

"钟"，乃计量单位。春秋时齐国的"公量"，以四升为豆，四豆为区（瓯），四区为釜，十釜为钟。陈氏（即田氏）的"家量"，以四升为豆，五豆为区，五区为釜，十釜为钟。田氏代齐后，这种"家量"也就成为齐国的标准量器。《孟子·告子上》："万钟于我何加焉！"

郑燮考中进士之后，名声大噪。郑燮于是年秋自京返回扬州之后，便有若干人慕名前来拜访，与之结交。

郑燮自京返回扬州不久，高邮知州傅椿驾舟来访，郑燮赋诗相赠。傅椿，号毅斋，满洲镶黄旗人，监生。自雍正九年（1731）任高邮知州，至乾隆五年（1740）调任去职，历时十年。任州事廉明勤干。郑燮在赠傅椿诗中认为，做官应当明世，以先贤为榜样；生死同民同命，才能赢得民心。他对傅椿廉洁奉公、关心民瘼，在暴雨成灾时，亲自带领群众战胜洪水救灾之事，予以高度赞扬。郑燮在《赠高邮傅明府，并示王君廷棨》中写道：

> 出牧当明世，铭心慕古贤：安人龚渤海，执法况青天。琐细知幽奥，高明得静便。

星躔罗腹底，冰雪耀眉端。昔守淮堤撼，曾忧暑雨溅。麻鞋操畚锸，百口寄舟船。生死同民命，崎岖犯世嫌。上官催决塞，小吏只壅田。时值西风急，凭翻竹楗编。孤城将不保，一命敢求全。痛哭苍天应，焚香巨浪恬。支祈收震怒，河伯效渊潜。运道终无恙，居民亦有年。稻粱千里熟，歌舞数州连。鱼蟹多无算，鸡豚不计钱。青帘桥畔酒，细雨树中烟。父老村村祝，铨衡缓缓迁。文游春水湛，甓社夜珠悬。愿献长溪藻，还供缩项鳊。邻邦咸取法，下邑赐矜怜。访我荒城北，停舟荻岸边。一谈胸吐露，数盏意周旋。颇有王生者，曾经绛帷延。美材承斫削，高义破迍邅。约束神应阻，炉锤器益坚。秋风动南国，六翮会翩跹。

郑燮此处所谓"明府"，系"明府君"之略称。汉人用为对太守的尊称。《汉书·龚遂传》："明府且止，愿有所白。"《后汉书·张湛传》："明府位尊德重，不宜自轻。"唐李贤注云："郡守所居曰府，府者尊重之称。"唐代别称县令为明府，称县尉为少府。清代官场中出于礼貌，一般不直接称正式官衔，而用代称，如知县称"大令"，知府称"明府"，巡抚称"中丞"等。

王廷瑮，高邮人，乾隆十六年岁贡生。见乾隆四十八年修《高邮州志》。

龚渤海，即龚遂，字少卿，西汉山阳南平阳（今山东邹县）人。宣帝时，渤海郡岁饥荒乱，宣帝命龚遂为渤海太守。龚遂到任后，选用良吏，奖励农桑，开仓赈济，使社会生产秩序很快恢复，百姓得以安居乐业。

"况青天"，即况钟（1383—1443），字伯律，明江西靖安人。宣德五年（1430）任苏州知府，严惩恶吏，抑制豪强，执法不阿权贵，时人将其誉为"青天"。

"支祁"，即古代神话传说中的淮涡水神无支祁。《古狱渎经》："禹治水三至桐柏，乃获淮涡水神，名无支祁。"

"河伯"，古代神话中的黄河水神。

"铨衡"，旧吏部主选举升迁之事的属官职名。

"文游"，台名，在高邮城东二里东岳庙后，下临越塘。始建于北宋。据传，北宋苏轼过高邮，与邑人王巩、孙觉、秦观载酒论文于此台，故名。

"甓社"，湖名，在高邮城西三十里。

"夜珠"，据《高邮州志》，宋仁宗嘉祐中，甓社湖中出现"神珠"，并谓"其珠隐现不常，见则必有休咎之应"。又云："乾隆元年正月五日湖珠现，秋水成灾。"

是年，郑燮始与于肃翁同学老长兄接交。郑燮对朴茂忠实，绰有古意的于肃翁肃然起敬，赞叹不已。后来郑燮在乾隆二十三年岁在戊寅三月二日画赠于肃翁《双松图》题记中，以双松比拟两人相倚相好。详见后文。郑燮在画赠于肃翁同学老长兄《双松图》题记前半段中写道：

> 乾隆二年丁巳，始得接交于肃翁同学老长兄。见其朴茂忠实，绰有古意，如松柏之在岩阿，众芳不可及也。

关于郑燮是年与同学于肃翁接交一事，周积寅《郑板桥年谱》中未见记载。卞孝萱《郑板桥全集》（增补本）中，也将郑燮同学"于肃翁"中"于"姓，误作"於"，极易令人产生误解。

是年，郑燮还与诗人织文世兄相遇结识，交流甚欢，乃至此后念念不忘。详见后文。

是年冬某日风雪之天，郑燮在扬州与老同学顾万峰相遇。两人于食足酒阑之后，想起当年追随学词的恩师陆种园先生曾有《吊史阁部墓》词，便结伴同至广储门外明末抗清名将史可法墓凭吊。顾万峰后来在《澥陆诗钞·七言古诗·赠板桥郑大进士》中对此记曰："郑生积学晚有名，感念平生意凄恻。深心地底迥星芒，苦节坚冰炼木德。文成亦爱今人赏，宦达仍惭古贤责。遇我扬州风雪天，酒阑相向意茫然。邱陵同寻史阁部，祠庙还过董广川。亦有争奇不可解，狂言欲发愁人骇。下笔无令愧《六经》，立功要使能千载。世上颠连多鲜民，谁其收之唯邑宰。读尔文章天性真，他年可以亲吾民。"

"史阁部墓"，指位于扬州市广储门外梅花岭右的史可法衣冠冢。"木德"，秦汉方士以金、木、水、火、土五行相生相盛，附会王朝命运，并将以木胜者称为木德。除此之外，木德亦特指春天之德，谓其能化育万物。

由顾于观写赠郑燮及他人的另外一些未署年款诗中，可以看出顾于观对郑燮钦佩之至。常言道，日有所思，夜有所梦。顾于观甚至在梦中与郑燮相会交流。顾于观曾在《寄潘桐冈》诗中写道："桐冈寻山中老竹根，刻书画印章特奇妙，余屡羡之。复堂命余诗寄桐冈以请，数月矣。昨夜忽梦板桥呼我云：'桐冈亟索汝诗。'遽为惊醒，枕上遂成二篇……昨夜打窗风雪重，板桥大叫入残梦。'桐冈要汝新诗篇'，梦里起来捉寒冻……"

潘桐冈，即清代康乾时期著名竹刻家、篆刻家潘西凤（1736—1795），字桐冈，号老桐，别署天姥山樵，浙江新昌人，侨居扬州如皋。工书法，精于刻竹，名重于时。与郑燮、顾于观交厚，过从甚密。

顾于观也曾在七言古诗《板桥移居口占以赠》中写道："见说移家室，萧然屋几间；有才终落拓，下笔绝斑斓。境与吾遭迮，天成大器艰；此生无乐事，所得是高闲。"周积寅《郑板桥年谱》将此处"落拓"作"拓落"，疑为不当。由于"落拓"本有二义：一是潦倒失意；一是豪放，不拘小节。窃以为，联系文意来看，此处似应理解为二义兼而有之，遂将其改作"落拓"。

顾于观与郑燮同客扬州时，曾在五言律诗《闻茞山先生凶信率成五首》其五中写道："江上酸心同郑谷，无言相向立斜曛。（时与板桥同客扬州。）""茞山先生"指的是德州人孙勷老前辈。

顾于观还曾在《板桥》七言绝句中写道："百年若个是知音？日观峰高渤海深；到处逢人推贱子，一生惭愧板桥心。"

是年，郑燮作绫本《行书王维答裴迪书轴》；沈凤授江宁南通通判；高翔五十寿辰，华嵒、马曰琯分别为其作诗祝寿。

乾隆三年戊午（1738），郑燮46岁。与金农先后游扬州。金农《冬心先生画竹题记》中对此写道："十年前，予与先后游广陵，相亲相洽，若鸥鹭之在汀渚也。"金农《冬心先生画竹题记》共有58篇，始于乾隆十三年戊辰（1748），刻于乾隆十五年庚午（1750），由此推算，金农所谓"十年前，予与先后游广陵"，当为乾隆三年戊午（1738）。

是年，郑燮因自己考中进士已近三年，出仕仍然毫无音信而上书时任安徽布政使的座师晏斯盛。晏斯盛（1689—1752），字虞际，号一斋，江西新渝浒江（今属上高蒙山乡）人。康熙辛丑进士。雍正、乾隆间，历官翰林院检讨、贵州学政、鸿胪寺少卿、安徽布政使及山东、湖北巡抚等职。为官清正廉洁，史称其"究心民事，屡陈救济、民食诸疏"。著有《梦蒙山房集》《易经解》《禹贡解》等。

按明清科举制度，士人考中即拜考官作老师，称"座师"，而自称"门生"。郑燮系乾隆丙辰科进士，是科考试时，晏斯盛为同考官，因此与郑燮有座师之分。郑燮在按晏斯盛为官经历赠诗歌颂晏斯盛的同时，亦言其志，婉转透露出请求晏斯盛为之引荐之意，然并未遂愿。郑燮在《上江南大方伯晏老夫子讳斯盛》中写道：

虎瞰峰高迥出云，凤池春早曲流纹。才充上苑千林秀，气压西江九派分。舟下牂牁开涨海，山临铜鼓拂南薰。武侯千载征蛮后，直待先生展大文。公新渝人，由翰苑视学贵州。

归朝晋秩列卿班，检点彤仪肃佩环。虎旅千人排象阙，鹓行九品拜龙颜。再持文柄心逾下，屡沐殊恩意转闲。惭愧无才经拂拭，也随桃李谒高山。公以大鸿胪分校礼闱。

星轺渺渺下南邦，剑匣书囊动晓装。六代烟花迎节钺，一江波浪涌文章。云边保障开钟阜，天下军储仰建康。赤旱于今忧不细，披图何以绘流亡！

淮南大郡古扬州，小县人居薄海陬。架上缥缃皆旧帙，枕中方略问新猷。鄱湖浪阔输洋子，匡阜云来润石头。手把干将浑未试，几回磨淬大江流。

郑燮诗中所谓"大方伯",指的是清时对布政使的称呼。晏斯盛时任安徽布政使,寄驻江宁(南京),故称"江南大方伯"。

"凤池",即凤凰池,乃古时对中书省的称呼。此处借指翰林院。

"上苑",指皇家花园。此处指翰林院。

"西江",即江西。"九派",指长江在江西一带的许多支流。

"牂牁",古代水名,也是地名。此处指贵州古地名,汉置郡,隋置县。"涨海",指南海。

"铜鼓",贵州贵阳县东有铜鼓崖,俗传诸葛亮藏铜鼓于此。"南薰",指南风。

"武侯",指诸葛亮。建兴元年(223)诸葛亮被封为武乡侯,简称"武侯"。四川成都有武侯祠。"征蛮",系指诸葛亮为了稳固蜀汉政权的后方,于225年率汉军南征,杀高定之后,又进军南中(今云南曲靖)擒孟获。

郑燮小注中的"新渝",系三国吴宝鼎二年(267)所置县名。唐朝天宝元年(742),新渝县名因传写之误,将"新渝"改为"新喻",此后历代沿用。不过,郑燮此处仍采用新渝旧名。1957年,国务院将"新喻"改名"新余",延续至今。

"惭愧"二句:按明清科举制度,郑燮为晏斯盛的学生。郑燮于此以是句表达自己对晏斯盛的礼敬之意。"拂拭",指教育栽培。"桃李",比喻弟子。"高山",指晏斯盛。

"钟阜",指钟山,又名紫金山,在南京市东。"建康",南京古名。

"披图"句,指北宋神宗时,郑侠绘《流民图》献给皇帝,把灾民疾苦归罪于新法。此句意说灾民甚多,绘不胜绘。

"鄱湖",指的是位于江西省北部的鄱阳湖,北经湖口流入长江。"洋子",指的是扬子江,即长江。

"匡阜",即庐山,又称匡庐。"石头",指的是石头城,即南京。

"干将",乃宝剑名。此处借指才干。

是年八月廿四日,郑燮为又老学兄作六分半书七言联:

墨兰数枝宣德纸,苦茗一杯成化窑。
乾隆三年八月廿有四日,又老年学兄。板桥居士郑燮漫题。

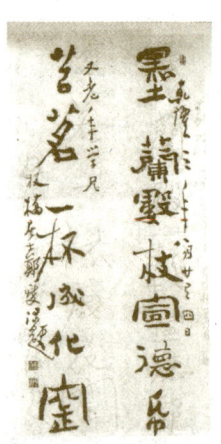

· 郑燮为又老作六分半书七言联

所谓"六分半书",系郑燮称自己创写的独有风格的书体。郑燮后来于乾隆十四年己巳(1749)57岁时在《板桥自叙》中说自己:

善书法,自号"六分半书"。

诚如郑燮在《四子书真迹序》中所说，他之所以创写这种真隶相参的"六分半书"，主要基于以下原因：

> 板桥既无涪翁之劲拔，又鄙松雪之滑熟，徒矜奇异，创为真隶相参之法，而杂以行草。

卞孝萱《郑板桥全集》（增补本），将郑燮《四子书真迹序》作《四书手读序》。

郑燮此处所谓"涪翁"，指的是宋代著名书法家黄庭坚（1045—1105），字鲁直，号山谷道人、涪翁，分宁（今江西修水）人。治平进士，以校书郎为《神宗实录》检讨官，迁著作郎。后以修《实录》不实的罪名，遭贬谪。黄庭坚出入苏轼门下，而与苏轼齐名并称为"苏黄"。擅行、草书，初以周越为师，后取法颜真卿及怀素，并受杨凝式影响，尤得力于《瘗鹤铭》。以侧险取势，纵横奇崛，自成风格。

"松雪"，指的是宋末元初著名学者、书画家赵孟頫（1254—1322），字子昂，号松雪道人，又号水精宫道人，吴兴（今浙江省湖州市）人。南宋末年，曾任真州司户参军。宋亡后，隐居不仕。至元二十三年（1286），赵孟頫经行台侍御史程钜夫举荐，赴元大都，受元世祖赏识，授兵部郎中。此后累官至翰林学士承旨、荣禄大夫。延祐六年（1319）借病乞归。至治二年（1322）去世，享年69岁。谥号"文敏"，故亦称"赵文敏"。著有《松雪斋文集》等。赵孟頫博学多才，能诗善文，通经济之学，工书法，精绘艺，擅金石，通律吕，解鉴赏。绘画取材广泛，技法全面，山水、人物、花鸟，无不擅长，开创元代新画风。其书取法钟繇、"二王"，篆、隶、楷、行、草诸体皆能，尤以楷、行著称；其书风遒媚秀逸，结体严整，笔法圆熟。此外，赵孟頫还倡导师法古人，强调"书画同源"。其绘画、书法和画学思想对后代影响深远。

郑燮在乾隆二十五年庚辰（1760）时年68岁秋日所书《刘柳村册子》中，说明了自己创作这种"六分半书"的特点是多体合一。其中写道：

> 板桥书法以汉八分杂入楷、行、草。

郑燮此处所谓"汉八分"，即"八分书"，或称"分书"，是书法界对东汉时期字体似隶而多波磔成熟隶书的一种称谓。由于郑燮在书写过程中，在八分隶书中揉进了楷书、行书、草书，并以自己的书法面目呈现于世，从而形成了独有的书法特色。

对于郑燮创作的"六分半书"板桥书体，当时及后人论议颇多。清代蒋宝龄《墨林今话》卷一："板桥道人……书隶、楷参半，自称六分半书，极瘦硬之致。"清代李斗《扬州画舫录》

卷二:"郑燮……工隶书,后以隶、楷相参,自成一派。"清代郑方坤《本朝名家诗钞小传》:"郑燮……雅善书法,真、行俱带篆籀意。"清代查礼《铜鼓书堂遗稿》卷三十二:"板桥工书,行、楷中笔多隶法,意之所至,随笔挥洒,遒劲古拙,另具高致。"清代窦镇《国朝书画家笔录》卷二:"郑燮……书法以隶、楷、行三体相参,有别致,古秀独绝。"清代郑銮《跋郑燮破格书兰亭序》:"板桥世大父……中年始以篆、隶之法阑入行、楷,蹊径一新,卓然成家。"

周积寅在《郑板桥·郑板桥书法》中归纳郑燮"六分半书"的特点时写道:"'六分半书',乃是参用古篆、隶结构来写楷、行书,多带扁形,有着楷书的谨严工稳、行书的秀俊飘逸、篆书的圆转厚重、草书的潇洒奔放。这种书体,以真、隶为主,非隶非楷,隶多于楷,隶楷结合。说它是汉八分,又不像汉八分;说它是行楷,隶味又颇浓,却又有着行草的体势。在书写时,有时喜欢夹杂一些怪字,即古体、异体字,而取之篆字,但不用篆书的线条去写,即用楷书的点画笔法去书写,田原先生称它为'篆字楷写'。'这种写法,古人当也用过,但在板桥书法中特别突出,而形成一种特有的"怪"体。'"

郑燮这幅对联中所谓"宣德",乃明宣宗朱瞻基年号(1426—1435)。"成化",系明宪宗朱见深年号(1465—1487)。

山东潍坊市工艺美术研究所编印《板桥书画拓片集》中的七言联,文字与此稍异,其中,将"墨兰数枝"作"墨竹一枝";将"苦茗一杯"作"香茗半瓯";款署"板桥郑燮"。由此可见,郑燮曾书写此联多次。

是年十月,郑燮有感于自己自乾隆元年考中进士至今苦熬三年尚未补缺登仕,颇为烦恼不平,心想倒不如像常延龄甘贫茹苦、荷锄种菜那样过得逍遥自在,遂将自己于雍正十年壬子40岁时为常延龄所作《种菜歌》,以行书重书一遍,以抒发胸中愤懑不平之块垒。其中写道:

有明万历天启间,时事坏烂生凶顽……招魂剪纸宗臣墓,春风万里哭杜鹃。
《种菜歌》为苍谷常老先生题照,乾隆三年十月,后学郑燮拜手。

郑燮将自己当初创作的诗作、书作、题画的文字内容重新书写时,会适当进行些许调整变更。通过邓永清收藏郑燮乾隆三年行书《种菜歌》的墨迹来看,即与郑燮雍正十年壬子所作(详见前述)有多处异文。如将原先所写的"烈皇帝起"作"怀宗皇帝";将"凶孺"作"凶竖";将"苍谷先生开平嗣"作"苍谷先生开平裔";将"提将白刃守宫门,散尽黄金酬死事"作"特旨敕守朝阳门,奉差又复辞丹陛";将"都城"作"燕京";将"长号唾"作"头堪堕";将"买田"作"赁田";将"随荒草"作"何曾饱";将"孝陵前"

作"孝陵间";将"家有"作"内助";将"茹苦破柴门"作"食贱旧豪门";将"提春瓮"作"成春冻";将"乞邻里"作"痛邻里";将"天涯有客独挥金,棺衾画翣皆周视"作"天涯便有故人来,挥金一夕棺衾具";将"何处孤臣墓"作"剪纸宗臣墓"。

是年中秋后二日,郑燮作《行书苏轼文轴》,并在"东坡居士题虢国夫人夜游图。板桥书"的款题书毕之后,心中不由得生发"欲手弄白日顶摩青穹,而天路高远良无由缘"的感叹,并对自己仕途前程至今尚不明朗,表示忧虑,遂于题款后又补记:

一寸二寸之鱼,三竿两竿之竹。落花与芝盖齐飞,杨柳共春旗一色。

吾欲手弄白日顶摩青穹,而天路高远良无由缘,未尝不扪松伤心抚鹤叹息。燮又笔。乾隆三年中秋后二日。

是年,慎郡王允禧擢为议政大臣;李鱓任山东临淄县知县。

乾隆四年己未(1739),郑燮47岁。是年清和月(四月)十七日,郑燮作《行书金缕曲轴》,于其上题记,首句为:"烟月扬州路。"

是年夏日,郑燮作《设色桃树直帧》。《扬州八家史料》载,《瓯钵罗室书画过目考》卷三云:心泉上人藏有绢本,设色桃树直帧,笔雅色妍,题识工整,学山谷。款署:"乾隆四年夏日,写祝师母大人五十千秋。"此处所谓"学山谷",指的是学宋代书法家黄庭坚。前面说过郑燮曾于乾隆二十三年画赠于肃翁同学老长兄《双松图》,再由此幅《设色桃花直帧》可知,郑燮并非仅仅善作兰竹石,亦作松树、桃树之类。详见后文。

是年六月二十二日,郑燮依据明代杨慎释文,作《隶书节录岣嵝碑文轴》。其中写道:

承帝日咨,翼辅佐卿。洲渚与登,鸟兽之门;参身洪流,而明发尔兴。久旅忘家,宿岳麓庭。智营形折,心周弗辰。往求平定,华岳泰恒。宗疏事衺,劳馀伸禋。

乾隆四年六月廿有二日,板桥居士郑燮书。

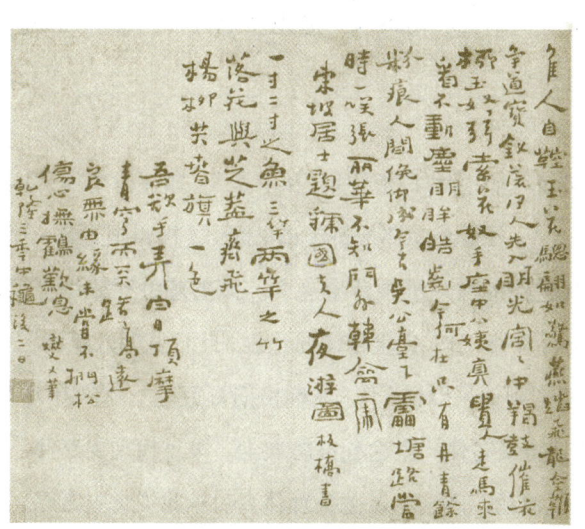

·郑燮《行书苏轼文轴》

"岣嵝碑",位于湖南衡山祝融峰,亦谓"岣嵝峰"。又谓在衡山县密云峰。相传,为夏禹时所建。然宋代金石家,均未对此碑做过论述。至明代,杨慎始对其盛加赞美,由此著名于世。于是各地起而重刻,凡七十余字。此碑书法非篆非蝌蚪文,颇为独特,实难信其为古代之文字。清代王昶《金石萃编》将其"斥为伪物",但"今亦究无确证"。

是年,卢见曾复为淮南盐运使。十月二十日,郑燮作《送都转运卢公讳见曾》七律四首。郑燮除了在诗中极力赞扬卢见曾取得的文学艺术成就外,也借此机会对自己考中进士已过三年至今仍然没有得到一官半职表示不满,发泄一下自己的牢骚。郑燮写道:

> 扬州自古风流地,惟有当官不自怡。盐笑米囊销岁月,崖花涧鸟避旌旗。一从吏议三年谪,得赋淮南百首诗。昨把青鞋踏隋苑,壶浆献出野田儿。
>
> 清词颇似王摩诘,复以精华学杜陵。吟撼夜窗秋纸破,思凝寒涧晓星澄。楼头古瓦疏桐雨,墙外清歌画舫灯。历尽悲欢并喧寂,心丝袅入碧云层。
>
> 尘埃吹去又生尘,汩尽英雄为要津。世外烟霞负渔钓,胸中宠利愧君臣。去毛折项葫芦熟,豁齿蓬头婢仆真。两世君家有清德,即今风雅继先民。
>
> 何限鹓鸾供奉班,惭予引对又空还。旧诗烧尽重誊稿,破屋修成好住山。自写簪花教幼妇,闲拈玉笛引双鬟。吹嘘更不劳前辈,从此江南一梗顽。
>
> 乾隆四年十月廿日,恭赋七律四首,奉呈雅雨山人卢老先生老宪台,兼求教诲。板桥后学郑燮。

·郑燮《隶书节录岣嵝碑文轴》

郑燮这四首七律诗,不同文献中存有异文。上古版《郑板桥集》和卞孝萱《郑板桥全集》(增补本),皆将此诗题作《送都转运卢公讳见曾》。周积寅《郑板桥年谱》援引《神州国光集·郑板桥赠卢雅雨诗墨迹》第二十一集,将其题作《赠卢雅雨诗墨迹》。该墨迹将郑燮诗中第一首五、六句"一从吏议三年谪,得赋淮南百首诗"作"先生德泽原沦髓,此日宽闲好赋诗";将"昨把"作"试把";将第二首第一句"清词颇似王摩诘"作"龙标格韵青莲笔";将"历尽"作"历遍"。墨迹第三首则几乎面目全非,将其写作"宦途翻覆总埃尘,策足何须要路津。世外清标能寿国,古来高爵不荣人。去毛折项葫芦熟,赤足蓬头婢仆真。从此飞腾附霄汉,相期努力继先民";将第四首中的"惭予"作"惟予";将"簪花"作"鹅群";将"吹嘘"

作"吹虚"。并将郑燮此诗落款时间"乾隆四年十月廿日",误作"乾隆四月十月廿日"。

郑燮诗中所谓"隋苑",指的是隋炀帝在江都西北九里大仪乡所建的上林苑,又名西苑。

"青莲",乃唐代诗人李白(701—762)之号。

"杜陵",唐代诗人杜甫(712—770)尝自称"杜陵布衣"。

"去毛折项葫芦熟",系据《卢氏杂说》:"郑余庆清俭有重德。一日召亲朋会食,呼左右曰:'处分厨家,烂蒸去毛,莫拗折项。'诸人相顾,以为必蒸鸡鸭之类。良久始就食,每人前只粟米饭一碗,蒸葫芦一枚。"

"鵁鸾",即古代官员朝班的品位。《唐书·百官志》:"武后置仗内六闲,四曰鵁鸾。"

是年十一月五日,郑燮作《行书李葂绝句方幅》。李葂(1691—1755),字啸村,又字让泉、磐寿,号铁笛生,安徽怀宁人。工诗,著有《啸村近体诗选》。善山水,兼精翎毛花卉,尤以画荷著称。李葂因曾为卢见曾作《虹桥揽胜图》,著名于时。清代李斗《扬州画舫录》卷二:"李葂,字啸村,上江人。工花卉翎毛。来扬州居贺园。"李斗于此所谓"上江",指的是安徽。由于长江从安徽流入江苏,故旧称安徽为上江,江苏为下江。

郑燮作《行书李葂绝句方幅》中,包括李葂所作《饮村舍》《草堂》《夜泛红桥》《雨窗》《红桥泛舟值雨》《立秋日》《淮城》《白芙蓉》,以及《辕门桥·扬州花市》《题雅雨夫子〈借书图〉》《沈芦山〈瘦吟图〉》等若干篇绝句中诗句。郑燮于末尾款署:"李啸村绝句,板桥居士郑燮书,时乾隆四年十一月五日。"

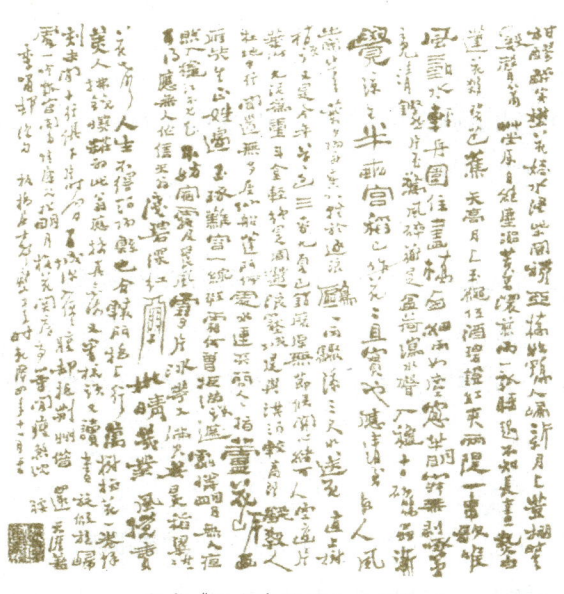

·郑燮《行书李葂绝句方幅》

是年，袁枚登进士；李鱓调署山东滕县；高凤翰诬讼事息；李方膺父卒，丁艰回通州。汪士慎于是年春日游浙江，秋日归扬州后，左目失明。

乾隆五年庚申（1740），郑燮48岁。时，文学家沈心客扬州，与郑燮订交于金农寓楼。沈心，字房仲，浙江仁和（今杭州）人。诸生。工诗。著有《孤石山房诗集》六卷。

是年四月至六月，郑燮于扬州枝上村题黄慎《山水册》（十二开）。郑燮于黄慎《山水册》第一开对页，以小行楷书录苏轼《与米元章》书简两篇：

儿子于何处得《宝月观赋》，琅然诵之，老夫卧听之未半，蹶然而起。恨二十年相从，知元章不尽。若此《赋》当过故人，不论今世也。

岭海八年，亲友旷绝，亦未尝关念。独念吾元章迈往凌云之气，清雄绝世之文，超妙入神之字。何时见之，以洗我积岁瘴毒耶。今真见之矣。余无足云者。

通过郑燮于黄慎《山水册》第一开对页即书录苏轼文，并联系前面所述以及后面将述可知，郑燮对苏轼学问人品，一向怀有仰慕之心，而且对米芾也是崇敬有加。

黄慎《山水册》第二开，画有峰峦一簇，疏树三株，墨色淡雅。郑燮于其对页以行书题写：

芦叶满汀洲，寒沙带浅流，二十年重渡南楼。下系舟，犹未稳，能几日，又中秋。黄鹤断矶头，故人曾到不？旧江山总是新愁。欲买桂花同载酒，终不似，少年游。

唐多令。板桥。

黄慎《山水册》第三开，画面峰峦直立，山半孤松一株，一人扶杖步山下，淡墨写意。右上题（略）。郑燮于其对页题写：

黄山始信峰上有扰龙松，古峭屈曲，今所画景，得毋是。

板桥。

江头醉倒山翁，月明中，记得昨宵归路笑儿童。溪欲转，山已断，两三松，一段可怜风月欠诗翁。

郑燮此处题记，尤其是"扰龙松，古峭屈曲"和"溪欲转，山已断，两三松"句，无疑对黄慎此幅画作增色若干，大有画龙点睛之效。

黄山，位于安徽歙县、太平、休宁、黟县诸地，方圆250公里，是世界著名的风景游览胜地。

秦称黟山。唐天宝六载（747），因传说黄帝曾于此修身炼丹，故将其改名为黄山。"始信峰"，在黄山东部，海拔1668米。相传，曾有一盲人，由于对他人所说的黄山为仙境持怀疑态度而亲游黄山，当其至此双眼复明，始信黄山的确美丽可爱，故名。

黄慎《山水册》第四开，画有重岩高下，松荫参差；洞口飞泉，石上湍急。略渲青绛，笔墨无痕。郑燮于其对页题写：

遵海南耶？我行山路，朝儳非邪？遥望秦台，东观日出，即此山耶？崖光一线，云邪？青未了，松邪？柏邪？独鸟来时，连峰断处，即此人邪？

齐鲁青未了。

板桥。

郑燮于此题记中一连串地发问，越发勾起观赏者的兴趣，乃至发人深思。

郑燮于黄慎《山水册》第五开对页，作《隶书戒铭》二：

皇皇惟敬……辅人无苟……

板桥。

郑燮于黄慎《山水册》第六开对页，以隶书横书"岣嵝碑"三大字，下横书：

承帝日咨……窜舞永奔。

郑燮。

郑燮于黄慎《山水册》第七开对页，以楷书节录苏轼《石钟山记》：

大石侧立千尺，如猛兽奇鬼，森然欲搏人；而山上栖鹘，闻人声亦惊起，磔磔云霄间；又有若老人咳且笑于山谷中者，或曰此鹳鹤也。

板桥居士书。

郑燮于黄慎《山水册》第八开对页，以行书节录苏轼《记承天寺夜游》：

元丰六年十月十二日夜，解衣欲睡，月色入户，欣然起行……但少闲人如吾两人者耳。

　　板桥。

郑燮于黄慎《山水册》第九开对页，以大行楷书写：

　　红藕花多映碧阑，秋风初起易凋残。池塘一段荣枯事，都被沙鸥冷眼看。
　　白石翁题画诗，板桥郑燮书。乾隆五年六月十一日。

此处所谓"白石翁"，系明代画家沈周（1427—1509）晚年所用之号。

郑燮于黄慎《山水册》第十开对页，草书苏轼《书廷珪墨》题跋后，又楷书苏轼《书临皋亭》文。其中写道：

　　昨有人出墨数寸，仆望见，知其为廷珪也。凡物莫不然，不知者乌之雌雄，其知之者如乌、鹊也。
　　东坡居士酒醉饭饱，倚于几上。白云在缭，清江右洄，重门洞开，林峦坌入。当是时，若有思而无所思，以受万物之备。
　　郑燮。

黄慎《山水册》第十一开，画面冈阜隆起，梅树两株，二人对立其上。淡设色。左上题（略）。郑燮看到这幅画面时，不由得想起吴野人和李艾山两个人凭吊史可法所作之诗，便于其对页楷书二诗：

　　才闻战马渡滹沱，南北纷纷尽倒戈；诸将无心留社稷，一抔遗恨对山河。秋风暮岭松篁暗，夕照荒城鼓角多；寂寞夜台谁吊问，蓬蒿满地牧童歌。（吴野人诗）
　　汴水无情只向东，荒原万木起悲风；传闻铁骑坟前过，下马抠衣拜相公。（李艾山诗）
　　二诗皆吊史阁部墓者。墓在梅花岭旁。观黄君画，因忆此二诗，遂书以系于画后。乾隆五年清和月，板桥郑燮坐枝上村作此。

郑燮于黄慎《山水册》第十二开对页，楷书《右丞与裴秀才书》：

　　辄便往山中……清流也。

三、求取功名与交游

乾隆五年五月五日前一日,板桥居士郑燮书。

郑燮此题记落款日期,颇有新意。为了使其年、月、日凑足三个"五"字,郑燮以"五日前一日",替代此题记作于五月初四日。

是年六月十八日,郑燮为秉钧年长翁作《行书节录怀素自叙轴》:

其述形似,则有张礼部云:奔蛇走虺势入座,骤雨旋风声满堂。王永州邕云:初疑轻烟澹古松,又似山开万仞峰。朱处士瑶云:笔下唯看激电流,字成只畏盘龙走。李御史舟云:寒猿饮水撼枯藤,壮士拔山伸劲铁。吴兴钱起云:远锡无前侣,孤云寄太虚。狂来轻世界,醉里得真如。

乾隆五年六月十八日书为秉钧年长翁属。板桥居士郑燮拜手。

被誉为"草圣"的唐代书法家怀素(737—799),俗姓钱,字藏真,永州零陵(今湖南零陵)人。自幼出家为僧,僧名怀素。经禅之暇,锐意草书。笔法瘦劲,飞动自然,如骤雨旋风,随手万变。虽率意颠逸,却法度俱备。后人评价其草书"奔逸中有清秀之神,狂放中有淳穆之气"。怀素传世书作有《自叙帖》《小草千字文》《苦笋帖》《圣母帖》《论书帖》等。

"张礼部",指的是张旭(685—759),字伯高,一字季明,苏州吴县(今江苏苏州)人。擅长草书,喜欢饮酒。张旭曾随其舅父陆彦远学习书法。学成之后,为吴道子、颜真卿等所钦慕。后因张旭曾任左率府长史、金吾长史,而被称为"张长史"。张旭草书,与怀素齐名,被并称为"颠张醉素",由此形成唐代草书史上双峰并峙的局面。

王邕,太原人。唐玄宗天宝十年登进士第。后因唐代宗大历初任永州刺史,被称为"王永州"。善诗赋,曾作诗赠怀素。

钱起(722—780),字仲文,吴兴(今浙江湖州)人,系怀素叔父。与王邕同年进士。代宗大历中为翰林学士。因曾任考功郎中而被称为"钱考功"。

是年六月二十三日,郑燮为图清格所画《兰石轴》作题记。其中写道:

· 郑燮为秉钧年长翁作《行书节录怀素自叙轴》

牧山雅人，文公韵士，如兰如石，相得益章。往余在京师，遇牧山，极道文公不置；及来扬，遇文公，又道牧山不去口。余以非材谢陋，得二公雅爱，且喜且惭，亦如苔斑墨汁，乱点于幽兰怪石间也。

板桥弟郑燮。乾隆五年六月廿有三日。

此处所谓"牧山"，乃画家图清格之号；而"文公"，指的则是画家文命时。《扬州画舫录》卷二："江都文命时，工画兰。以羊毫笔蘸墨写之，佐以竹石。自言与可后无传人，至己而尽得其法。性孤傲，隐于湖中。故传之不远。《画征录》以文命时之兰，比吴秋声之竹，黄筠庵之石。云三家之法会而通之，足成一家。未深知文兰者也。"《国朝画征续录》卷上，也说文命时"工画兰，以瘦笔干墨，运以中锋，秀劲拔俗，花蕊疏朗，别具神韵，展玩时令人有世之思，洵士人之高致也"。

是年九月初九重阳节，画家、诗人、收藏家程鸣作《闲爱居重九图册》。程鸣（1676—?），字友声，号松门，安徽歙县人。乾隆诸生。程鸣诗画，均师出名门。学诗，师从王士祯；亦乃石涛入室弟子，追随其学画。清代李玉棻《瓯钵罗室书画过目考》卷二："程鸣，字友声，号松门，安徽歙县人，工山水，善题咏。潘连舫光禄藏有《春风便报图》，大干焦墨，有千里一瞬之势。心泉上人藏有《湖光万顷图卷》，用秃笔，不加渲染，烟水空濛，遥写红叶一段，逼竟秋天景色。瑛兰坡中丞藏有《金蕉秋泊图》，笔意空灵，于无画处愈见画工也。"清代李斗《扬州画舫录》卷十五："程鸣，字友声，号松门。占籍仪征。邑庠生。工画，干笔枯墨，运以中锋，纯以书法成之。此学石涛又参以穆倩者也。诗出王文简之门。文简尝曰：松门诗名为其丹青所掩。"

此处所谓"穆倩"，指的是明末清初篆刻家、书画家程邃（1607—1692），字穆倩、朽民，号垢区、清溪。所谓"王文简"，指的是前面已经说过的诗人、文学家、诗词理论家王士禛（1634—1711），后因避雍正名讳改名王士祯，因卒后谥文简，故称。

程鸣《闲爱居重九图册》作就，郑燮、陈章、卢见曾、吴遵、沈泰、厉鹗、吴承惠、高玉桂、吴廷采诸好友纷纷为之题跋。郑燮于程鸣所作《闲爱居重九图册》上题记：

萧萧冷雨重阳节，艳艳新霜菊逗花；不论阴晴各天气，诗情宜称破篱笆。

耐愚年学长兄并政，板桥郑燮草。

是年九秋，饮牛四长兄过郑燮寓斋，郑燮念及饮牛四长兄曾屡次向自己索画未果，便翻检出此前所画《兰竹石图轴》赠饮牛四长兄，并于其上题记：

饮牛四长兄,其劲如竹,其清如兰,其坚如石,行辈中无此人也。屡索予画,未有应之。乾隆五年九秋,过予寓斋,因检家中旧幅奉赠。竹无干,兰叶偏,石势仄,恐不足当君子之意,他日当作好幅赎过耳。

板桥弟郑燮。

时,郑燮也与江都诗人董伟业交厚。董伟业,字耻夫,号爱江,辽宁沈阳人。流寓扬州。乾隆五年(1740),董伟业在撰作记述扬州名胜、文艺、物产、风情的《扬州竹枝词》九十九首后,自号"董竹枝"。著有《扬州杂咏》《耻夫小稿》等。董伟业对郑燮钦佩之至,将郑燮视为自己的老师。董伟业在《扬州杂咏》中对郑燮赞叹道:

湘兰淇竹高人格,写照传神不在奇。法似石涛能用活,板桥居士是吾师。

董伟业还于是年所作《扬州竹枝词》中写道:

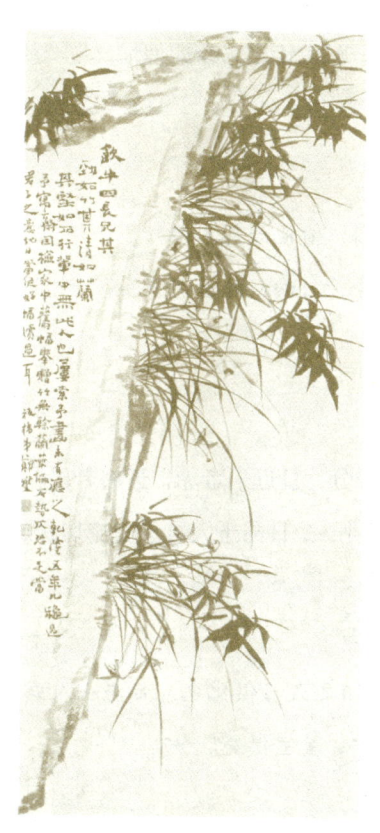

· 郑燮赠饮牛《兰竹石图轴》

梦酬扬州一酒瓢,月明何处玉人箫。《竹枝词》好凭谁赏?绝世风流郑板桥。

郑燮亦将董伟业视为知己。一次,郑燮与董伟业约定次日结伴渡江观剧,岂料是夜染恙,无法奉陪,因此专门致函董伟业表示歉意。郑燮在《与董伟业书》中写道:

昨承订渡江观剧,中宵忽抱小恙,不获奉陪同往矣,殊深歉仄也。特此复爱江良友,弟燮白。

是年九月初一日,郑燮为董伟业《扬州竹枝词》作序。对董伟业于《扬州竹枝词》中将失路名流、抛家荡子、黄冠缁素、皂隶屠沽这些下层之辈载于诗篇并标其名目之举,大加赞扬,并援引诸多历史典故说明之。郑燮写道:

秋云再削,瘦漏如文;春冻重雕,玲珑似笔。挟荆轲之匕首,血濡缕而皆亡;燃温峤之灵犀,怪无微而不照。

招尤惹谤，割舌奚辞；识曲怜才，焚香恨晚。盖广陵风俗之变，愈出愈奇；而董子调侃之文，如铭如偈也。更有失路名流，抛家荡子，黄冠缁素，皂隶屠沽，例得载于诗篇，并且标其名目。譬夫酿家纪叟，青莲动问于黄泉；乐部龟年，杜甫伤心于江上。琵琶商妇，白老歌行；石鼎轩辕，昌黎序次。修翎已失，犹怜好鸟之音；碧叶虽凋，忍弃名花之本。酒情跳荡，市上呼驺；诗兴颠狂，坟头拉鬼。于嬉笑怒骂之中，具萧洒风流之致。身轻似叶，原不借乎缙绅；眼大如箕，又何知夫钱房。乾隆五年九月朔日，楚阳板桥居士郑燮题。

南京市博物馆藏有董伟业《扬州竹枝词卷》墨迹，卷首有郑燮《序》，其中"修翎已失"作"修翎已秃"；"具萧洒风流之致"作"极萧洒风流之致"；"又何知夫钱房"作"又何知夫财房"；落款"板桥题辞"。

后来，人们对董伟业《扬州竹枝词》和郑燮为之所作序一事，均有评论和记载。清代阮元《广陵诗事》卷四中写道："董耻夫伟业，一字爱江，江都人。狂简自喜，嫉时俗之薄，作《竹枝词》九十九首，郑板桥为之《序》。时江都令某，耳其名，欲一见不可得，强致之，爱江则衣短衫，不言而便溺，令深衔之。适新商资宦交结官吏者诉之，竟遭笞。笞时，令谓之曰：'耻夫遭耻辱。'董仰视笑曰：'竹板打竹枝。'时人传之，令亦愧悔。"

郑燮《画董爱江词意轴》，并题董氏《竹枝词》二首，其中写道：

黄花盈瓮酒盈铛，扫径呼朋待月生；剥蒜捣姜同一嚼，看他螃蟹不横行。
午饭梳头倦不胜，棉衣须补补何曾；秋波未觉秋风冷，自向门外看老菱。
董爱江《竹枝词》二首，板桥居士郑燮写其意。

是年十一月十二日，郑燮作《芝兰轴》。当其念及人以群分，且近朱者赤，近墨者黑，便以芝兰喻人，说明人若欲成就君子之德，必当远离奸佞谄媚小人，日与士人君子交流切磋。郑燮于其上题记：

古人云，入芝兰之室，久而不闻其香，不不闻也，闻之久与俱化也，日与士人君子相磨切，岂复有不善之事乎？画芝兰如见君子逊逊室中，屋室俱美。
板桥郑燮。乾隆五年十一月十有二日写于扬州寓斋。

是年，高凤翰在苏州，寓抚署，遍游苏州名胜；自编诗集《鸿雪集》成书。春日，高凤翰同卢见曾至邓尉赏梅，赋赏梅七绝十二首。三月二十九日，高凤翰至扬州过生日，作《游观音山三十韵》。同月，李晴江（方膺）宴客于平山堂，高凤翰因病未能前往，赋诗以代。夏五月，高凤翰在天宁寺饯别卢雅雨遣戍察汗泊。行前，由高凤翰布局作《卢见曾出塞图》。图成后，附卢见曾、高凤翰、郑燮、吴敬梓、马曰琯、孔传樌、李葂等十余人的诗跋。秋日，高凤翰拟北还故乡山东胶州，赋诗赠金农、郑燮、马曰琯、马曰璐、汪令闻、罗需才诸友人。高凤翰并行赋《三君咏》。此处所谓"三君"，指的是金农、郑燮和马曰璐。高凤翰在《忆郑板桥》中写道："澹如我辈成胶漆，狂到狂奴有怪情；便去故乡寻旧迹，断碑犹爱板桥名。"高凤翰于此诗下自注："胶州，为唐之板桥镇，犹有遗刻。"由此可见，高凤翰此处所谓"便去故乡寻旧迹"，指的是他即将北还；而"板桥名"，则为双指。也就是说，既指高凤翰的故乡胶州板桥镇，亦指郑板桥。

是年，慎郡王允禧授正白旗满洲都统；李方膺所撰《山东水利管窥略》付梓；李鱓于滕县罢官。

乾隆六年辛酉（1741），郑燮49岁。是年三月十六日，李鱓因结识新友戴遂堂并介绍戴遂堂去高邮与老友鹰青见面而作书一封。其中写道："近况不堪为知己道矣。平生以朋友为性命，顾万峰、郑板桥暨鹰青先生外，又得戴遂堂先生一人，读其诗、古文、词、书法，把玩不能释手，则先生乌可以不识遂堂，而遂堂又乌可以不识先生与万峰、板桥乎？"

是年春，高凤翰在苏州倦游思乡，赋诗多首。是年夏，高凤翰由苏州重回扬州后，遂北返山东胶州老家，扬州诸友为其送别。高凤翰自雍正六年戊申（1728）至乾隆六年辛酉（1741），先后于江南逗留十四年。是年六月十七日高凤翰返里，作《北归夜入西亭诗》。此后，自号"归云和尚"，作《归云和尚偈》。

是年七月，李鱓在历下寓斋作《喜上眉梢图轴》，并于其上自题："时滕阳解组已四百余日。"所谓解组，即解下印绶，辞去官职。

是年九月，郑燮想到自己于乾隆元年考中进士至今已过五年，仍然没有得到一官半职，尽管也曾经通过写赠座师晏斯盛的诗委婉表达过请求他为之引荐之意，却并没有下文，不了了之。如果继续在扬州坐等机会如此干耗，山高皇帝远，还不知何年哪月才能如愿出仕，结局恐怕诚如自己在《行书苏轼文轴》中所说"吾欲手弄白日顶摩青穹，而天路高远良无由缘"那样，无济于事，便拟再次赴京寻找门路，以求候补官缺。

郑燮入京之前，还借朋友入都之便寄书给勘宗上人。勘宗上人，不见资料记载，情况未详。但通过郑燮所写《与勘宗上人书》内容来看，两人关系非同一般。郑燮在《与勘宗上人书》中写道：

燮旧在金台，日与上人作西山之游，夜则挑灯煮茗，联吟竹屋，几忘身处尘世，不似人海中也。迄今思之，如此佳会，殊不易遘。兹待凉秋，定拟束装北上。适有客入都之便，先此寄声。小诗一章，聊以道意：昔到京师必到山，山之西麓有禅关。为言九月吾来住，检点白云房半间。勖尊者，弟燮顿首。

后来郑燮在《逢客入都寄勖宗上人口号》中所写的，即抄录《与勖宗上人书》中之诗。只不过，将"昔到京师必到山"改作"汝到京师必到山"。

郑燮此次赴京，显然是带着一股愤懑不平之气上路的。不过，当其静下心来想到自己平生有好漫骂无礼的毛病，为了此行能顺利求官，避免是非，便在赴京途中于淮安舟中作家书叮嘱堂弟郑墨，当时时提醒自己如今已年老身孤，当慎口过；劝诫自己不要骂人，免生是非。郑燮在《淮安舟中寄弟墨》中写道：

以人为可爱，而我亦可爱矣；以人为可恶，而我亦可恶矣。东坡一生觉得世上没有不好的人，最是他好处。愚兄平生漫骂无礼，然人有一才一技之长，一行一言之美，未尝不啧啧称道。橐中数千金，随手散尽，爱人故也。至于缺陷欹危之处，亦往往得人之力。好骂人，尤好骂秀才。细细想来，秀才受病，只是推廓不开，他若推廓得开，又不是秀才了。且专骂秀才，亦是冤屈。而今世上那个是推廓得开的？年老身孤，当慎口过。爱人是好处，骂人是不好处。东坡以此受病，况板桥乎！老弟亦当时时劝我。

郑燮此处所谓"推廓"，犹扩展之义。

郑燮此次入京候补官缺期间，受到慎郡王允禧的礼诚款待。不仅手书自作骈体文五百字以通意，派人登门邀请郑燮前往慎郡王府邸赴宴，还在郑燮应邀赴宴时，以唐代李白应唐玄宗邀请出席皇家宴会时御手调羹的故事为例，亲自为郑燮割肉相奉。所谓"御手调羹"的故事，出自《新唐书·李白传》："李白，字太白，兴圣皇帝九世孙……天宝初，南入会稽，与吴筠善，筠被召，故李白亦至长安。往见贺知章，知章见其文，叹曰：'子，谪仙人也！'言于玄宗，召见金銮殿，论当世事，奏颂一篇。帝赐食，亲为调羹，有诏供奉翰林。"对此，郑燮在乾隆二十五年庚辰（1760）所作的《板桥自序》中写道：

紫琼崖主人极爱惜板桥，尝折简相招，自作骈体五百字以通意，使易十六祖式、傅雯凯亭持以来。至则袒而割肉以相奉，且曰："昔太白御手调羹，今板桥亲王割肉，后先之际，何多让焉！"

关于郑燮此处所谓"使易十六祖式、傅雯凯亭持以来"一事，铁保在其所辑《白山诗介》卷十《七言绝句》有傅雯《寻郑板桥》诗为证。其诗曰："设醴贤王为见招，我来不惜马蹄遥。城南城北城东路，到处逢僧问板桥。"由此可见，郑燮此次赴京候补官缺期间，还是借居在寺庙里。

傅雯，字凯亭，号香嶙，别号凯头陀，奉天广宁（今辽宁北镇）人，隶汉军镶红旗。官骁骑校。因法高其佩指头画而著名。允禧、敦敏、敦诚、永忠、永瑢、李锴等人，皆有诗赞之。《墨林今话》卷一载："傅雯，字紫来，一字凯亭，号香嶙，奉天广宁人，家闾山之阳。官骁骑校。善指画，师高其佩，乾隆时供奉内廷。"

郑燮上述文字，在上古版《郑板桥全集》中，是题作《板桥自序》中的一段；而卞孝萱《郑板桥全集》（增补本）中，却将其写为题作《板桥后序》中的一段，并于其文后加编者注："据徐平羽藏墨迹。"

另外，周积寅《郑板桥年谱》将其首句作"紫琼主人"，漏脱一"崖"字；并且还在图41的图示说明中，将其写作"《板桥自叙》之六"，更是不当。《板桥自叙》，乃郑燮58岁时所作。郑燮曾于文后写道："板桥又记，时年已五十八矣。"而《板桥自序》，则乃郑燮作于68岁时。两文相差10年之久，况且查遍《板桥自叙》，并无此文内容。

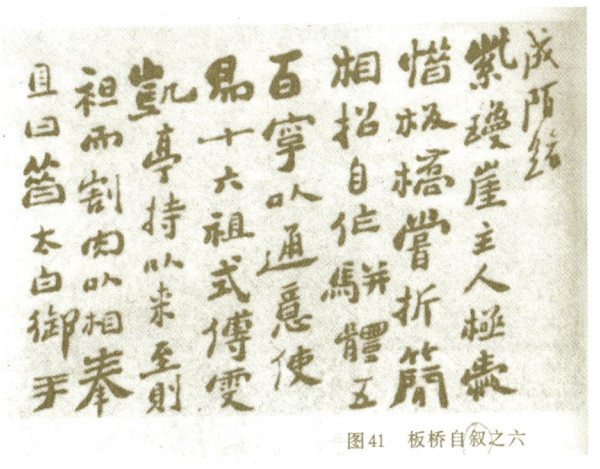

图41 板桥自叙之六

·周积寅《郑板桥年谱》中图示说明

郑燮对于慎郡王允禧给予自己如此礼诚款待，十分感激。他在日后回忆此事时，曾作词寄呈慎郡王允禧，详见后文。

郑燮在京候任期间，创作了大量的诗歌书画作品。郑燮在约于是年所作的《山中卧雪呈青崖老人》中写道：

一夜西风雪满山，老僧留客不开关。银沙万里无来迹，犬吠一声村落闲。

除此之外，郑燮还在《赠勖宗上人三首》中写道：

卷画溪边髻尚鬟，便拈荷叶作袈裟。一条水牯斜阳外，种得山头十亩霞。
髯公美似晋司空，谓青崖老人。识取云间紫气浓。手把干将日磨淬，匣中抽出秋芙蓉。
诗清云淡两无心，人自青春韵自深。好待菊花重九后，万山红叶冷相寻。

窃以为，通过郑燮在《赠勖宗上人三首》第二首中首句所写的"髯公美似晋司空"后面小字自注"谓青崖老人"，或可推知，勖宗上人与青崖老人是同一个人。

是年，郑燮还作《行书七律诗轴》和《行书唐太宗记轴》，其墨迹分别由故宫博物院和上海文物商店收藏。是年，华嵒自扬州返武林（杭州别称）。

四、山左知县七品官

乾隆七年壬戌（1742），郑燮50岁。是年，慎郡王允禧充任玉牒馆总裁。是年春，郑燮终于等来一个缺额，被朝廷委任为山东曹州府范县知县兼署朝城县，满足了自己盼望已久的入仕心愿。窃以为，郑燮此次补缺进入仕途，或与慎郡王极力帮助推荐，从中斡旋，密切相关。

范县，地处河南东北部之豫鲁两省交界处，西汉初置县，因范水穿城而过得名，迄今已有2200余年历史。是范姓、顾姓、秦姓、姚姓的起源地。古代晋楚"城濮之战"、齐魏"孙庞斗智"，以及"二十四孝"中的"孝感动天""子路负米""芦衣顺母""恣蚊饱血"等故事，均发生于此地。现有丹朱遗址、闵子骞墓、范武子墓等文化古迹。范县原属山东省，1964年划归河南省。

朝城县，原是山东省的一个县，历史悠久。唐开元间，因春秋时齐桓公曾率诸侯朝周会于此而为县名。唐开元七年（719）改武圣县置，治所即今山东省莘县西南朝城。天祐三年（906）改为武阳县。五代后唐，复为朝城县。其后曾短暂废止或并县改名。1953年，观城县与朝城县合并为观朝县，县治在朝城，隶属于山东省聊城专区。1956年3月，观朝县撤销，朝城县建置废为朝城镇，隶属于山东省聊城市莘县。

郑燮离京赴任之前，与慎郡王允禧相互赋诗唱和。郑燮于诗中表达了自己从乾隆元年考中进士至此终于迈入仕途的兴奋愉悦心情，慎郡王允禧也于诗中表达对郑燮离京赴任依依不舍，衷心期望"驿递诗简莫遣疏"，两人经常保持通信联系的心愿。郑燮在《将之范县拜辞紫琼崖主人》中写道：

> 红杏花开应教频，东风吹动马头尘。阑干苜蓿尝来少，琬琰诗篇捧去新。莫以梁园留赋客，须教《七月》课豳民。我朝开国于今烈，文武成康四圣人。

此诗首句"红杏花开应教频"，系郑燮借用孔子杏坛设教典故，来说明自己接受慎郡王允禧教诲。孔子杏坛设教的典故，源自《庄子·渔父》："孔子游乎缁帷之林，休坐乎杏坛之上。"

"琬琰诗篇捧去新"中的"琬琰",泛指美玉。通常用来比喻人的品德或文辞之美。

"梁园",乃汉景帝皇子刘武封梁王时,为款待宾客,在都城大梁所筑之园。辞赋家枚乘、司马相如等,都曾于此为客。郑燮用来借指慎郡王允禧待客之处。

《七月》,乃《诗经·豳风》中的一篇。"豳民",指范县百姓。

"文武成康",指西周初期的周文王、周武王、周成王、周康王四位君主。郑燮于此代指清代顺治、康熙、雍正、乾隆四位皇帝。

慎郡王允禧在《紫琼崖主人送板桥郑燮为范县令》诗中写道:"万丈才华绣不如,铜章新拜五云书。朝廷今得鸣琴牧,江汉应闲问字居。四廊桃花春雨后,一缸竹叶夜凉初。屋梁落月吟琼树,驿递诗简莫遣疏。"慎郡王允禧此诗作毕之后,似乎仍觉得意犹未尽,又作《十咏诗·新范邑宰板桥郑燮》,其中写道:"一匹缠头一曲新,风流不省自家贫。无端腰系银鱼佩,闲杀雷塘花柳春。"

范县,当时是一个人口仅有十万的穷困小县。人们通过郑燮所写的关于范县的相关诗歌,可见一斑。郑燮在《范县》诗中写道:

四五十家负郭民,落花厅事净无尘。苦蒿菜把邻僧送,秃袖鹑衣小吏贫。尚有隐幽难尽烛,何曾顽梗竟能驯!县门一尺情犹隔,况是君门隔紫宸。

郑燮诗中所谓"秃袖鹑衣",系以鹌鹑尾巴光秃来比喻和形容县吏衙役们身着破烂不堪的旧衣裳。

对于一个人口不多、经济不发达的小县城来说,知县日常需要处理的事务并不很多,县衙处理公务的官员编制也仅有8个人。周尚质等在《曹州府志·职官·文职》中记载:"范县知县一员。典史一员。儒学教谕一员。训导一员。阴阳学训术一员。医学训科一员。僧会司僧会一员。道会司道会一员。国朝知县郑燮兴化县人。进士。"

清朝知县,官秩正七品。郑燮到任后,请好友胶州高凤翰为自己篆刻了一枚"七品官耳"印章。郑燮在《板桥先生印册·七品官耳》中对此印记载道:

高西园,名凤翰,号南阜,又自号老阜,胶州人。泰州坝上亭长。疾发,用左手刻。

· 郑燮"七品官耳"常用印（清代高凤翰刻）

当时范县衙署平日并不忙乱，有时甚至有些冷清。郑燮在描写自己理政办公的县衙官署状况的《破屋》中写道：

廨破墙仍缺，邻鸡喔喔来。庭花开扁豆，门子卧秋苔。画鼓斜阳冷，虚廊落叶回。扫阶缘宴客，翻惹燕鸦猜。

郑燮诗中所谓"廨"，指的是县衙官署。"门子"，指的是旧时官衙负责看门传达的衙役。"画鼓"，框上画有图案的鼓，衙中用作号令。

郑燮在登上范县城东楼，四处眺望后所作的《登范县城东楼》中写道：

独上秋城望，高楼出晓烟。西风漳邺水，旭日鲁邹天。过客荒无馆，供官薄有田。时平兼地僻，何况又丰年。

郑燮诗中所谓"漳邺水"，是说漳河水流经古邺城出范县西北。"鲁邹天"，是说范县地近春秋鲁国、邹国之域，故云。

按照当时官场的礼仪规定，知县出行讲究排场，得有衙役高举仪仗，为之鸣锣开道。郑燮既然当上了知县，当然也不能例外。为此郑燮在《喝道》中写道：

喝道排衙懒不禁，芒鞋问俗入林深。一杯白水荒涂进，惭愧村愚百姓心。

郑燮抵达范县衙署时，见衙役中有个人与曾经为自己充当仆役、已经故去三年的王凤，长相十分相似，不免一惊。此后郑燮每每见此衙役，心中不禁黯然神伤。郑燮在《县中小皂隶有似故仆王凤者，每见之黯然》中写道：

喝道前行忽掉头，风情疑是旧从游；问渠了得三生恨，细雨空斋好说愁。
口辅依然性亦温，差他吮笔墨花痕；可怜三载浑无梦，今日舆前远近魂。
小印青田寸许长，抄书留得旧文章；纵然面上三分似，岂有胸中百卷藏。
乍见心惊意便亲，高飞远鹤未依人；楚王幽梦年年断，错把衣冠认旧臣。

郑燮此诗末尾"楚王幽梦年年断，错把衣冠认旧臣"句的典故，出自《史记·滑稽列传》："优孟，故楚之乐人也。长八尺，多辩，常以谈笑讽谏……楚相孙叔敖知其贤人也，善待之。

病且死,属其子曰:'我死,汝必贫困。若往见优孟,言我孙叔敖之子也。'居数年,其子穷困负薪,逢优孟,与言曰:'我,孙叔敖子也。父且死时,属我贫困往见优孟。'优孟曰:'若无远有所之。'即为孙叔敖衣冠,抵掌谈语。岁余,像孙叔敖,楚王及左右不能别也。庄王置酒,优孟前为寿。庄王大惊,以为孙叔敖复生也,欲以为相。"

郑燮到范县上任之后,时常不忘深入田间地头、渔港码头、巷闾街尾,了解、体察民情。诚如咸丰元年重修《兴化县志》卷八记载的那样:"郑燮……知范县,爱民如子。绝苞苴,无留牍。公余辄与文士觞咏,有忘其为长吏者。"后来郑燮将自己于范县所见所闻当地种植庄稼果蔬、饲养家禽家畜、百姓日常劳作,乃至豆区权衡、婚嫁习俗、集市贸易、赋税收租以及所处的地理位置等风土人情,撰成《范县诗》十首,详细描述了一番。其中写道:

十亩种枣,五亩种梨;胡桃频婆,沙果柿楟。春花淡寂,秋实离离;十月霜红,劲果垂枝。争荣谢拙,韫采于斯;消烦解渴,拯疾疗饥。

桑下有梯,桑上有女;不见其人,叶纷如雨。小妹提笼,小弟趋风;掇彼桑葚,青涩未红。既养我蚕,无市我茧;杼轴在堂,丝絮在撚。暖老怜童,秋风裁剪。

维蒿维蕨,蔬百其名;维筐维榼,百献其情。蒲桃在井,萱草在坪;枣花侵县,麦浪平城。小虫未翅,窈窕厥声;哀呼老赵,望食延颈。范以黄口为小虫,以衔食哺雏者为老赵。

臭麦一区,饥鸡弗顾;甜瓜五色,美于甘瓠。结草为庵,扶翳远树;苜蓿绵芊,荞花锦互。三豆为上,小豆斯附;绿质黑皮,匀圆如注。范有臭麦,成熟后则不臭。黄、黑、绿为三豆,为大豆,余俱小豆。黑豆而骨青者最贵。

鹅为鸭长,率游于池;悠悠远岸,漠漠杨丝。人牛昼卧,高树荫之;赤日不到,清风来吹。

斗斯巨矣,三登其一;尺斯广矣,十加其七。豆区权衡,不官而质。田无埂陇,亩无侵轶。尔种尔黍,我稷我稷。丈之以弓,岔之以尺。

黍稷翼翼,以葱以郁;黍稷栗栗,以实以积。九月霜花,雇役还家;腰镰背谷,脚露肩霞。遥指我屋,思见我妇;一缕晨烟,隔于深树。牵衣献果,幼儿识父。

钱十其贯,布两其端;四十聘妇,我家实寒。亦有胜村,童儿女孙;十五而聘,十七而婚。菀枯异势,造化无根。我欲望天,我实戴盆。六十者佣,不识妻门;笼灯异彩,终身为走奔。

驴骡马牛羊,汇卖斯为集;或用二五八,或以一四七。期日。长吏出收租,借问民苦疾;老人不识官,扶杖拜且泣。官差分所应,吏扰竟何极;最畏硃标签,请君慎点笔。贪者三其租,廉者五其息。即此悟官箴,恬退亦多得。

>朝歌在北，濮水在南；维兹范邑，匪淫匪婪。陶尧孙子，刘累庶枝；鼻祖于会，衍世于兹。娓娓斤斤，《唐风》所吹；垦垦力力，物土之宜。

上古版《郑板桥集》将第九首中的"汇卖斯为集"作"汇费斯为集"。窃以为，当以"汇卖斯为集"为是。

郑燮诗中所谓"朝歌"，乃商代国都。商王盘庚时期，迁都于殷。其后，武丁、武乙、帝乙、帝辛四个帝王皆以殷为都。商纣王执政时期，将殷都扩大至于沬邑，大修离宫别馆，称为朝歌。其时，朝歌繁华达至鼎盛，有"朝歌夜弦五十里，八百诸侯朝灵山"之说。1998年夏商周断代工程的考古调查完全否定了淇县城（卫国都城）与商朝纣都朝歌的关系。现在一般认为，纣都朝歌具体位置在鹿台遗址一带，也就是河南省鹤壁市区南部，京港澳高速公路越过淇水前的位置。郑燮在诗中谓朝歌在范县之北，或系郑燮误以安阳为朝歌旧址之故。因商纣王曾建别都于此。

"陶尧孙子，刘累庶枝；鼻祖于会，衍世于兹"句，指的是范县老百姓。王符撰《潜夫论·志氏姓》："帝尧之后为陶唐氏。后有刘累能畜龙，孔甲赐姓为御龙。以更豕韦之后。至周为唐杜氏……由此，帝尧之后有陶唐氏、刘氏、御龙氏、唐杜氏、隰氏、士氏、季氏、司空氏、赵氏、范氏……"鲁文公六年士会为晋中军元帅，成公十八年初封随，后改封范，称范会。因始封于范者是士会，所以说"鼻祖于会"。

"唐风"，指唐尧的遗风旧俗。

郑燮除了上述描述范县农家百姓生活的十首诗之外，还作有描写范县渔民困苦生涯的《渔家》。其中写道：

>卖得鲜鱼百二钱，籴粮炊饭放归船。拔来湿苇烧难着，晒在垂杨古岸边。

郑燮既然兼署朝城知县，当然也得时常去朝城县衙处理公务。不过，当时社会上通常遵从"民不告，官不究"行事，在朝城讼简刑轻的现实状况下，郑燮在朝城过的日子倒也逍遥自在，乐在其中。一日，郑燮于朝城县画石三幅，分别寄赠山东胶州高凤翰、燕京图清格、江南李复堂三友人，以此表达自己对好友的思念之情，使其心与石俱往。郑燮见画石三幅之后尚有余墨，便趁此兴致于县衙壁上画卧石一块，示其卧而理政、轻松不苦之现状。郑燮在《板桥题画·石》中对此记曰：

>今日画石三幅，一幅寄胶州高凤翰西园氏，一幅寄燕京图清格牧山氏，一幅寄江

南李鱓复堂氏。三人者，予石友也。昔人谓石可转而心不可转，试问画中之石尚可转乎？千里寄画，吾之心与石俱往矣。是日在朝城县，画毕尚有余墨，遂涂于县壁，作卧石一块。朝城讼简刑轻，有卧而理之之妙，故写此以示意。三君子闻之，亦知吾为吏之乐不苦也。

乾隆七年春，郑燮留宿篆刻家程铎寓所时，见兰花盛开，便乘酒后之兴为程铎作《兰竹图卷》。程铎，字振凡，江苏江阴人。诸生。精天文、勾股、篆籀之学，尤工篆刻。郑燮在为程铎所作的这幅《兰竹图卷》上题记：

> 知君本是素心人，画得幽兰为写真；他日江南投老去，竹篱茅舍是芳邻。
> 乾隆七年春，为振凡先生画并题，统求教正，板桥弟郑燮拜手。

·郑燮为程铎作《兰竹图卷》（局部）

程铎也于郑燮为自己所作的这幅《兰竹图卷》上题记，记述了此画的由来。其中写道："壬戌载阳月吉，板桥老先生留宿光明寓斋，适值草兰盛开，小酌兴发，图此长卷，并题见赠，即席依韵称谢，兼祈教正。仆本江干落拓人，金兰投契信天真；何当九畹传湘管，丽句清辞许结邻。偶生程铎草。"

此处所谓"载阳月吉"，源自《诗经·豳风·七月》："春日载阳，有鸣仓庚。"其中"载"，乃开始之意；"阳"，则指天气暖和。意思是说，春天天气开始暖和之时。

程铎于此后若干年间，曾将郑燮此幅《兰竹图卷》向多位文士好友展示，并寻求题跋。慎郡王允禧、顾元揆、陆恢、朱文震等人积极响应，也都在郑燮所作此幅《兰竹图卷》上作了题跋。

乾隆二十二年丁丑（1757）三月朔，慎郡王允禧于画上题记："与板桥别十余年矣，江乡千里，晤言无因；适程君振凡以其所画《兰竹》示余，慨然如见故人，岁寒之盟，同心之臭，有不随形迹疏者，因题数语志之，至其笔墨超俊，也所共赏，故不复云。丁丑三月朔，紫琼道人识。"

乾隆二十四年己卯（1759）秋日，顾元揆于郑燮此幅《兰竹图卷》上题记。顾元揆，字端卿，元和（今江苏苏州）人。乾隆九年（1744）举人。官古州知州。书学颜真卿，画亦入妙。顾元揆于题记中写道："书法作兰竹，意在笔墨先。下手快风雨，蕴真合自然。画师虚想象，那得穷清妍。板桥好奇者，书法无取焉。独写兰竹照，往往全其天。位置间瘦石，幽峭纷目前。得非嵇山曲，无乃楚江边。卷末看题字，结习并洗湔。仙灵辟魔障，美人谢朱铅。真趣有相感，高怀得所宣。莫令俗客市，车马声喧嗔。竹以虚心著，兰因空谷传。己卯秋日，振凡老先生以板桥道人画命题，因请教正。梅坡后学顾元撰。"窃以为，若据顾元揆此诗之韵，周积寅《郑板桥年谱》抄录此诗中的"车马声喧嗔"或系"车马声喧阗"之误。

乾隆四十六年辛丑（1781）十月，陆恢于郑燮此幅《兰竹图卷》上题记。陆恢，字廉夫，号狷叟，江苏吴县（今苏州）人。书工篆隶，画则山水、人物、花鸟、果品皆能。陆恢于题记中写道："熙伯先生得板桥道人《兰竹长卷》，甚精，示恢。恢读而善之，因作长歌赞叹焉。其辞曰：郑板桥郑板桥，原是人中豪。一麾出守制百里，归来依旧安蓬茆。觉世文章尽情说，说敝澜翻广长舌。乐府盲词播管弦，铜琶铁板冰壶裂。论书知古不知今，汉刻秦碑僻处寻。饕餮穷奇画变相，依然不失先民心。以其余力事图画，墨沈淋漓恣荒怪。犹是龙蛇太古书，不徒专守青藤派。此图修竹与幽兰，数笔萧萧着意寒。扫地焚香一展对，恍如坐我潇湘滩。板桥板桥荥阳郑，姿态丰神出生硬。只有冬心一片心，江南江北相辉映。人皆以怪病，我独以怪敬。无盐丑女列贞贤，怀中别有光明镜。辛丑十月，廉夫恢未是稿。"

曾师事高凤翰和郑燮学习过写意花鸟的书画篆刻艺术家朱文震，亦于其上题记："幽兰况幽人，写赠情何已。浥浥墨香浮，似共光风起。会然兴远怀，江南渺烟水。振翁老先生以我板桥夫子《兰卷》属题，敬赋应命。平陵外史朱文震。"

朱文震，字青雷，号去羡，又号平陵外史，山东历城（今济南）人。曾官詹事府主簿。早岁究心篆隶，不屑作科举文字，独游曲阜观碑，入太学摹《石鼓文》。曾先后追随高凤翰和郑燮学写意花鸟画。后又学王原祁、王翚，专精山水画。喜搜集古印，工篆刻，《续印人传》有载。郑燮常用印章中，有四枚即出自朱文震之手。后来朱文震于游京师时，为慎郡王允禧所赏识，故曾自号"紫琼弟子"。著有《雪堂诗稿》。

郑燮在《板桥先生印册·郑为东道主》中写道：

朱青雷刻。

"舍郑以为东道主"，板桥割去"舍"字、"以"字，便是自作主张。凡作文者，当作主子文章，不可作奴才文章也。

郑燮在《板桥先生印册·私心有所不尽鄙陋》中写道：

朱青雷，名文震。能诗、词、书画，尤工篆刻。先为高西园门生，后为郑板桥门生。客潍县署中刻此。

郑燮在《板桥先生印册·二十年前旧板桥》中写道：

朱青雷镌。

郑燮在《板桥先生印册·康熙秀才雍正举人乾隆进士》中写道：

济南朱青雷刻。

·郑燮常用印之一"康熙秀才雍正举人乾隆进士"（清代朱文震刻）

朱文震曾写信向自己的恩师郑燮索求画作，郑燮为其画《石》寄赠之。并于题记中，以善于赏玩和画石的宋代米芾和苏轼为例，对自己所画的所谓"丑石"予以充分肯定。郑燮写道：

米元章论石，曰瘦，曰绉、曰漏、曰透，可谓尽石之妙矣。东坡又曰："石文而丑。"一"丑"字，则石之千态万状，皆从此出。彼元章但知好之为好，而不知陋劣之中有至好也。东坡胸次，其造化之炉冶乎！燮画此石，丑石也。丑而雄，丑而秀。弟子朱青雷索余画不得，即以是寄之。青雷袖中倘有元章之石，当弃弗顾矣。

卞孝萱《郑板桥全集》（增补本），将"弟子朱青雷索余画不得"误作"弟子朱青雷索予画不得"。

乾隆七年五月，郑燮书录元代吕鲲所作《夏日道中》诗，为赞老年学兄作《行书七绝诗轴》。借此机会，抒发了自己在范县为官感受田园风光的情怀。只不过，郑燮将吕鲲原作诗中的第三句"一片云阴遮十顷"改书为"一片黄云飞十顷"而已。其中写道：

> 枣花初落路尘香，燕掠麻池乍颉颃。一片黄云飞十顷，卖瓜棚下午风凉。
> 乾隆七年蕤宾月书为赞老年学兄。板桥郑燮。

郑燮书录此诗落款中的所谓"蕤宾月"，指的是五月。古代律历，相配古乐中的十二律与十二个月相适应，并将其谓之律应。蕤宾位于午，在五月，故以此代指农历五月。

或许郑燮为了感谢慎郡王允禧推荐自己入仕之恩，或是郑燮离京赴任前与允禧有过约定，郑燮抵达范县不久，即为慎郡王允禧书刻允禧所作《随猎诗草》和《花间堂诗草》两部诗集。并在完成之后，于是年六月二十五日为之撰写长篇题跋。窃以为，这些题跋看似在赞扬允禧创作诗书画的艺术成就，其实也是郑燮的内心写照与君子自道。郑燮在《〈随猎诗草〉〈花间堂诗草〉跋》中写道：

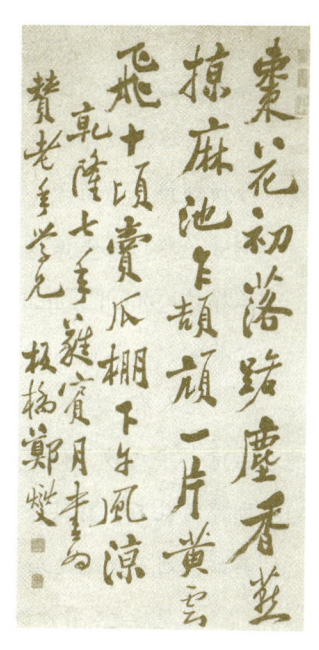

· 郑燮为赞老年学兄作《行书七绝诗轴》

> 紫琼崖主人者，圣祖仁皇帝之子、世宗宪皇帝之弟、今上之叔父也。其胸中无一点富贵气，故笔下无一点尘埃气。专与山林隐逸、破屋寒儒争一篇一句一字之短长，是其虚心善下处，即是其辣手不肯让人处。
>
> "学问"二字，须要拆开看。学是学，问是问。今人有学而无问，虽读书万卷，只是一条钝汉尔。琼崖主人读书好问，一问不得，不妨再三问；问一人不得，不妨问数十人，要使疑窦释然，精理迸露。故其落笔晶明洞彻，如观火观水也。
>
> 善读书者曰攻、曰扫。攻则直透重围，扫则了无一物。紫琼道人深得读书三昧，便有一种不可羁勒之处。试读其诗，如岳鹏举用兵，随方布阵，缘地结营，不必武侯八阵图矣。曰清、曰轻、曰新、曰馨。偶然得句，未及写出，旋又失之，虽百思之不能续也。又有成局已构，及援笔兴来，绝非□□，若有神助者。主人深于此道，两种境地，集中皆有。
>
> 一兽奔来万众呼，是大景；毡帏戏插路傍花，是小景。偶然得之，便尔成趣。

《五经》《廿一史》《藏》十二部，句句都读，便是呆子。汉魏六朝、三唐、两宋诗人，家家都学，便是蠢才。紫琼道人读书精而不骛博，诗则自写性情，不拘一格，有何古人？何况今人！

主人深居独坐，寂若无人，辄于此中领会微妙。无论声色子女不得近前，即谈诗论文之士亦不得入室。盖谭诗论文，有粗鄙熟烂者，有旁门外道者，有泥古至死不悟者，最足损人神智，反不如独居寂坐之谓领会也。

紫琼道人□□□□□渊默自涵，一旦心花怒发，便如太华峰头十丈莲矣。

他人作诗何其易，主人作诗何其难。千古通人，总是此个难字。他人检阅旧诗，辄便得意；主人检阅旧稿，辄不自安。即此不自安处，所谓前途万里长也。

问琼崖之诗已造其极乎？曰：未也。主人之年才三十有二，此正其勇猛精进之时。今所刻诗，乃前矛，非中权，非后劲也。执此为陶谢复生，李杜再作，是谄谀之至，则吾岂敢！英伟俊拔之气，似杜牧之。春融澹泊之致，似韦□□。□□清远之态，似王摩诘。沉□□□□，似杜少陵、韩退之。种种境地，已具有古人骨干。不数年间，登其堂、入其室、探其钥、发其藏矣。

主人有三绝：曰画、曰诗、曰字。世人皆谓诗高于画，燮独谓画高于诗，诗高于字。盖诗、字之妙，如不云之月，带露之花。百岁老人，三尺童子，无不爱玩。至其画，则荒河乱石，盲风怪雨，惊雷掣电，吾不知之，主人亦不自知也。世人读其诗，更读其画，则不知足之蹈之，手之舞之也。

此题后也，若作叙，则非燮之所敢当矣。故段段落落，随手写来，以见不敢为序之意。乾隆七年六月二十五日，板桥郑燮谨顿首顿首。

卞孝萱《郑板桥全集》（增补本）将此《〈随猎诗草〉〈花间堂诗草〉跋》，题作《题〈随猎诗草〉〈花间堂诗草〉》；并将"读书精而不骛博"，误作"读书精而不鹜博"。

郑燮将为慎郡王允禧所书刻并题跋之《随猎诗草》《花间堂诗草》两部诗集奉寄慎郡王允禧之后不久，又作《与紫琼崖主人书》。其中写道：

紫琼崖主人殿下：

拜别后，无日不想望风裁。蒙诗中见忆，固知吾王之意眷眷也。诗刻想已献纳，不尽区区。范县令郑燮谨顿首。

卞孝萱《郑板桥全集》（增补本）将此《与紫琼崖主人书》，题作《与允禧书》。

是年，收藏南宋诗人、画家郑思肖所画《墨竹》一卷多年的王古岩先生，见郑燮画竹极具郑思肖家法，遂请郑燮为其作《墨竹长卷》。郑燮在为王古岩先生作《墨竹长卷》后，于其上题记：

> 宋·郑所南先生《墨竹》一卷，题咏甚富，古岩王先生录而藏之有年矣。乾隆七年，见板桥画竹谬奖有所南家法，不愧其子孙，命作长卷。板桥羞汗，不敢当，又不敢辞，画成并录旧题于后奉教命也。（旧题略）

王古岩生平事迹不详。然通过郑燮于题记中所谓"又不敢辞"来看，或系官场上的头面人物，也未可知。

此处所谓"郑所南"，即宋末诗人、画家郑思肖（1241—1318），字忆翁，连江（今属福建）人。曾以太学生应博学弘词试。宋亡，隐居苏州，坐卧必向南，自号所南，以示不忘宋室。擅作墨兰，花叶萧疏而不画土根；兼工墨竹，常写苍烟半抹、斜月数竿之景。著有《一百二十图诗集》《郑所南先生文集》等。存世画迹有《国香图卷》《竹卷》等。

乾隆七年，郑燮于范县开始遴选订定自己所作《诗钞》和《词钞》，并手书交付司徒文膏梓版刷印。对此，郑燮在是年所作的《刘柳村册子》中写道：

> 板桥自京师落拓而归，作《四时行乐歌》，又作《道情十首》。四十举于乡，四十四岁成进士，五十岁为范县令，乃刻拙集。是时乾隆七年也。
> 《道情十首》，作于雍正七年，改削十四年，而后梓而问世。传至京师，幼女招哥首唱之，老僧起林又唱之，诸贵亦颇传颂，与《词》刻并行。
> 拙集《诗》《词》二种，都人士皆曰："诗不如词。"扬州人亦曰："词好于诗。"即我也不敢辩也。

郑燮此处所谓"幼女招哥首唱之"中的"招哥"，乃年仅15岁的京师歌女。郑燮对招哥十分疼爱关照，还于寄赠招哥购买化妆脂粉银钱时，赋诗相赠。郑燮在《寄招哥》中写道：

> 十五娉婷娇可怜，怜渠尚小四三年。宦囊萧瑟音书薄，略寄招哥买粉钱。

"老僧起林又唱之"中的起林，生平不详。乾隆元年郑燮曾作《同起林上人重访仁公》和《山中夜坐再陪起上人作》诗。详见前述。

郑燮对于刻印自己创作的诗作，十分慎重，严谨筛选，斟酌再三，非中意者，皆不入选。郑燮在《前刻诗序》中写道：

> 余诗格卑卑，七律尤多放翁习气。二三知己屡诟病之，好事者又促余付梓。自度后来亦未必能进，姑从谀而背直，惭愧汗下，如何可言！板桥自题。

郑燮对于自己创作的词作，也持同样态度，并且念念不忘自己曾追随学词恩师陆震的教诲。详见后文。

郑燮在范县这个弹丸小邑担任知县，平日公务并不繁忙，以至于"讼庭花落，扫积成堆"，可以"日高犹卧，夜户长开"，拥有足够的时间安下心来，在饶氏的陪伴下，读读书，从事自己喜欢的吟咏赋诗、书画创作。由此也使得他感觉日子过得情怡虑淡、安逸满足。通过郑燮是年所作的《止足》诗，可见一斑。其中写道：

> 年过五十，得免孩埋；情怡虑淡，岁月方来。弹丸小邑，称是非才。日高犹卧，夜户长开。年丰日永，波淡云回。乌鸢声乐，牛马群谐。讼庭花落，扫积成堆。时时作画，乱石秋苔；时时作字，古与媚皆；时时作诗，写乐鸣哀。闺中少妇，好乐无猜；花下青童，慧黠适怀。图书在屋，芳草盈阶。昼食一肉，夜饮数杯。有后无后，听已焉哉！

尽管郑燮此诗末句写道"有后无后，听已焉哉"，但诚如人们常说的那样"强调的，正是缺乏的"。自从郑燮与原配徐氏所生独子犉儿于雍正二年夭折后，他内心一直期盼自己能再生一子，以延续香火，传宗接代。由此，郑燮在徐氏病殁之后，又续娶了郭氏作为继配。不过，令郑燮倍感遗憾的是，郭氏进门后，一直没有开怀。而且郑燮任官范县时，郭氏也没有追随他前往范县，而是留在老家兴化，这便使得郑燮将生子的希望，寄托在饶氏身上。

周积寅《郑板桥年谱》中，将郑燮这首诗列在乾隆八年癸亥（1743）郑燮51岁时作，或误。窃以为，通过郑燮诗中第一句所写的"年过五十"来看，当以乾隆七年壬戌（1742）郑燮50岁时所作为是。

是年，郑燮作《行书七律诗轴》。是年夏，华喦客维扬，访员双屋。然此时员双屋正渡江赴杭州访华不遇。华喦阅月归杭，作诗答员双屋。是年夏至，汪士慎于寒木山房作《花卉册》。是年九月，李鱓于山东滕县见月草堂作《蕉阴睡鹅图轴》。

乾隆八年癸亥（1743），郑燮51岁。是年二月，杭世骏在朝廷考选御史对策中，因主张"天下巡抚汉满参半"之事而被革职。杭世骏（1695—1773），字大宗，号堇浦、智光居士、秦亭老民、春水老人，浙江仁和（今杭州）人。雍正二年（1724）举人，乾隆元年（1736）举博学鸿词，授翰林院编修，官御史。乾隆八年（1743）因上疏言事被革职后以奉养老母和攻读著述为事。乾隆十六年（1751），杭世骏得以平反，官复原职。晚年，主讲广东粤秀和江苏扬州两书院。

当郑燮闻知杭世骏因上疏言事被革职后，对杭世骏不因循苟且、随声附和以投时好的行为表示赞叹，郑燮在《与杭世骏书》中写道：

> 君由鸿博，地处清华，当如欧阳永叔在翰苑时，一洗文章浮靡积习，慎勿因循苟且，随声附和，以投时好也。数载相知，于朋友有责善之道，勿以冒渎为罪，是所冀于同调者。堇浦词兄，燮顿首。

此处所谓"欧阳永叔"，指的是北宋文学家、史学家欧阳修。

是年暮春，郑燮告假自山东范县返回扬州一趟。期间，郑燮与金农、杭世骏、厉鹗等人，集于扬州马氏小玲珑山馆，畅抒友情。

李斗《扬州画舫录》卷四："厉鹗，字太鸿，号樊榭，杭州人。来扬州主马氏。工诗词及元人散曲。举博学鸿词。与同里布衣丁敬身同学，时有'丁厉'之目。著有《辽史拾遗》《宋诗纪事》《南宋杂事诗》《东城杂记》《南宋院画录》《湖船录》《樊榭山房诗词集》。年六十无子。主政为之割宅蓄婢。后死于乡。讣至，为位于行庵祭之。"

扬州马氏，指的是马曰琯、马曰璐兄弟。马曰琯，字秋玉，号嶰谷，安徽新安祁门人。时居扬州新城东关街。城北西园（天宁寺西）尚有其行庵。《扬州画舫录》卷四："行庵，马主政家庵也。在枝上村西……马主政曰琯，字秋玉，号嶰谷。祁门诸生。居扬州新城东关街。好学博古，考校文艺，评骘史传，旁逮金石文字。南巡时，两赐御书克食。尝入祝圣母万寿于慈宁宫，荷丰貂宫纨之赐。归里以诗自娱，所与游皆当世名家。四方之士过之，适馆授餐，终身无倦色。著有《沙河逸老诗集》……弟曰璐，字佩兮，号半查。工诗，与兄齐名。称扬州二马。举博学鸿词不就。有《南斋集》。"

马氏兄弟既是大盐商，又是文人，其所居对门筑别墅，曰街南书屋，又曰小玲珑山馆。成为当时扬州文人活动会聚的中心。清代沈德潜《清诗别裁集》三十卷："马曰琯，字秋玉，江南江都人。著有《嶰谷集》。维扬肥腴地也。嶰谷嗜好殊俗，富藏书。有稀见者，不惜千金购之。玲珑山馆中四部略备，与天一阁传，是楼诸家若相等也。喜宾客，四方有文行者，每加礼焉。结诗文社,韩江雅集,诸刻可续。"因此,郑燮也是扬州马氏玲珑山馆中的常客。梁章钜《楹联续话·格言》:"扬州马氏小玲珑山馆中有郑板桥所撰楹帖云:'咬定几句有用书,可忘饮食;养成数竿新生竹,直似儿孙。'以八分书之,极奇伟。"

以"扬州八怪"为主的扬州画家,更是马家的常客。马曰琯的著述中,多有关于这些画家的记述。汪士慎、金农、郑燮等人的诗文集中,也屡有提及马曰琯、马曰璐兄弟招饮、索画以及共同观画、吟诗、赏花、游园之事。

郑燮所作《道情十首》,几经更定,至是年方才正式付梓,亦交由著名刻工司徒文膏为之刻版刷印。司徒文膏,上元(今南京)人。郑燮所作《诗钞》《词钞》《道情十首》《家书》等著作,均交由司徒文膏付梓刷印。除此之外,司徒文膏还为郑燮治印二方。郑燮在《板桥先生印册·雪浪斋》中写道:

> 雪浪石在栾城县,东坡移置斋中,名"雪浪斋"。元章为刻印,铜质螭纽。板桥乞司徒王文膏以枣木摹之。

值得注意的是,郑燮此处所谓"乞司徒王文膏"中的"王",系一衍字。除此之外,郑燮所用的《直心道场》印,亦为司徒文膏所刻。

郑燮正式付梓刷印的《道情十首》,与前面说过郑燮乾隆二年所书现由广东省博物馆收藏郑燮《行书道情十首长卷》墨迹文字内容,存在差异。除了《开场白》和《跋尾》明显不同外,正文中也有几处改动。郑燮在正式付梓刷印的《道情十首·开场白》中写道:

> 枫叶芦花并客舟,烟波江上使人愁;劝君更尽一杯酒,昨日少年今白头。自家板桥道人是也。我先世元和公公,流落人间,教歌度曲。我如今也谱得《道情十首》,无非唤醒痴聋,销除烦恼。每到山青水绿之处,聊以自遣自歌。若遇争名夺利之场,正好觉人觉世。这也是风流世业,措大生涯。不免将来请教诸公,以当一笑。

郑燮在正式付梓刷印的《道情十首·跋尾》中写道:

> 是曲作于雍正七年,屡抹屡更。至乾隆八年,乃付诸梓。

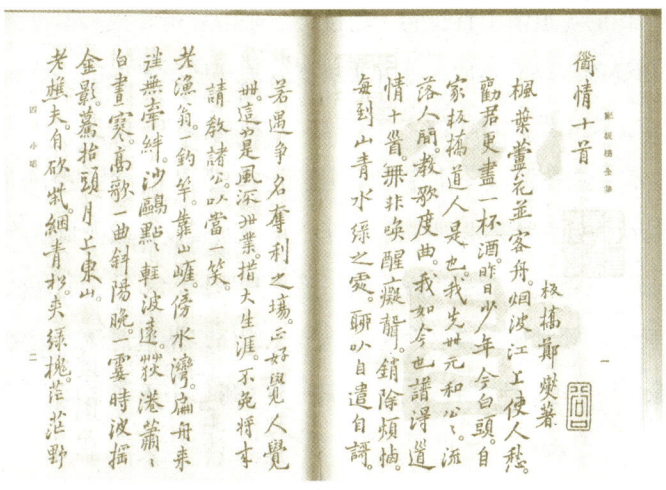

·郑燮《道情十首》刻印本书影

若按郑燮于乾隆七年作《刘柳村册子》中所写《道情十首》,作于雍正七年,改削十四年,而后梓而问世"的说法,雍正七年至乾隆七年恰为14年,那么,郑燮在《道情十首·跋尾》中所谓:"是曲作于雍正七年,屡抹屡更。至乾隆八年,乃付诸梓"的说法,似乎前后矛盾。窃以为,这或许是郑燮于乾隆七年将正式订定的文稿交付刻工司徒文膏,而于乾隆八年方才正式完工所致。

尤其值得注意的是正文内容,前面所说的郑燮在乾隆二年书写《道情十首长卷》墨迹第一首中的"一阕",在刻本中作"一曲";第三首中的"蕨粉",刻本作"燕麦";第四首中的"悬崖",刻本作"悬岩";第九首中的"孔明柱做这英雄汉",刻本作"孔明柱作那英雄汉";第十首中的"惯射",刻本作"惯打"。

郑燮《道情十首》刻印本在社会上流通之后,引起极大反响,好评如潮。

清代金武祥《粟香随笔》卷八云:"本朝郑板桥有《道情》歌,中一阕云'老书生……',皆富贵场中一服清凉散也。"

清代陈鸿寿《印跋·教几个小小蒙童》云:"郑板桥先生所作《道情》,虽似浅俚,然点醒痴顽,正复不少,果能随遇而安,亦省却多少怨尤,况蒙以养正,圣功之始,未可以其幼小而忽之也。嘉庆己未岁,戏作此印,我辈措大,勿视训蒙为随身竿木,则于世道人心,未必无小补也。曼生并记。"

是年六月八日雨中,郑燮为载臣书作《道情十首长卷》,并于其上题记:

载臣先生见予所作《道情》索自书一通奉赠,小胥所抄,不取也。迟之一岁,乃克如命。时乾隆八年夏六月八日雨中,乃盖极热微凉后也。扬州小弟郑燮。

郑燮为载臣书作的《道情十首长卷》墨迹，后来由夏衍收藏。不过，其中《开场白》和正文内容也与郑燮刻本略有不同。这幅手书墨迹《开场白》中的"消除烦恼"，刻本中作"销除烦恼"。正文中第一首中的"清波远"，刻本作"轻波远"；其中的"一阕"，刻本作"一曲"。第七首中的"一片残霞暗酒楼"，刻本作"一片残阳下酒楼"。

郑燮一向坚持认为诗书画艺术创作，应该自出己意；若仅仅依样画葫芦，必将归于恶道。并针对世人皆以临摹王羲之《兰亭集序》帖，追求其形似学习书法的做法提出批评，认为那仅是学其皮毛而已。同时还对自己敢于反潮流，破格以蔡邕之体，运钟繇之笔，作王羲之之书，颇感自豪。是年七月十八日，郑燮在其所作《破格书王羲之〈兰亭集序〉》中写道：

永和九年，岁在癸丑……亦将有感于斯文。

黄山谷云：世人只学《兰亭》面，欲换凡骨无金丹。可知骨不可凡，面不足学也。况《兰亭》之面，失之已久乎！板桥道人以中郎之体，运太傅之笔，为右军之书，而实出以己意，并无所谓蔡、钟、王者，岂复有《兰亭》面貌乎！古人书法入神超妙，而石刻、木刻千翻万变，遗意荡然。若复依样葫芦，才子俱归恶道。故作此破格书以警来学，即以请教当代名公，亦无不可。乾隆八年七月十八日，兴化郑燮并记。

·郑燮《破格书王羲之〈兰亭集序〉》并跋（局部）

郑燮此处所谓"中郎",指的是汉代文学家、书法家蔡邕(133—192),字伯喈,陈留圉(今河南杞县南)人。灵帝时为议郎。董卓专政,被迫为侍御史,官左中郎将。工篆、隶,尤以隶书著称,结构严整,点划俯仰,体法多变,有"骨气洞达,爽爽有神"之评。熹平四年(175),与堂谿典等写定《六经》文字,部分由蔡邕书丹于石,立太学门外,世称《熹平石经》。又曾于鸿都门见工匠用帚写字,得到启发,作"飞白"书。也能画。后人将其著述编辑成《蔡中郎集》,流通于世。

"太傅",指的是三国魏大臣、书法家钟繇(151—230),字元常,颍川长社(今河南长葛东)人。东汉末为黄门侍郎。曹丕代汉后,任为廷尉。明帝即位,迁太傅。人称"钟太傅"。工书,师法曹喜、蔡邕、刘德昇,博取众长,兼善各体,尤精于隶、楷。点划之间,多有异趣,结体朴茂,出乎自然,形成了由隶入楷的新貌。真迹不传。宋以来法帖中所刻钟繇《宣示表》《贺捷表》《荐季直表》等帖,皆系后人临摹。

"右军",即东晋书法家王羲之(321—379,一作303—361),官至右军将军,人称"王右军"。

嘉庆十二年丁卯(1807)冬,郑燮从孙郑銮从叔父郑田处得到郑燮于乾隆八年七月十八日所书这幅《破格书王羲之〈兰亭集序〉》后,请友人袁存烈钩摹剞劂刻版刷印。嘉庆庚辰(1820)冬至后二日,郑銮在《板桥世大父临〈兰亭序〉跋》中写道:"板桥世大父生于康熙癸酉十月廿又五日,殁于乾隆乙酉十二月十有二日。此书在乾隆八年七月合诸家而成一体,正公学力精到时也。公少习怀素,笔势奇妙,惜不可多见。中年始以篆隶之法阑入行楷,蹊径一新,卓然名家,而不知者或以野狐禅目之,妄矣。嘉庆十二年冬,叔父田举是书以付余。余藏行箧中,物色梨枣者十数年。兹闻于常熟宗赞府怀懋,称其友人袁君存烈之能,乃以钩摹剞劂之事咸托之。余喜其事之成,而天下之爱公书者可以知所自来,更愿天下学公书者,勿仅求诸面貌也。嘉庆庚辰冬至后二日,从孙銮谨识于羊城行馆。"

所谓"野狐禅",是佛教禅宗对一些并非真正坐禅办道而妄称开悟者的贬称。据《传灯录》说:"有老人参百丈禅师云:昔住此山,因错对一语,五百生堕野狐身。"意思是说,从前有人因为解错了禅语的一句话,死后投胎为野狐五百生,直到遇到百丈禅师予以纠正后,方才得以解脱。此后佛教便用"野狐禅"来代指外道和异端思想者。

据《续纂扬州府志》卷九载:"郑銮,字子砚。兴化人。燮从孙。嘉庆十二年举人,二十二年大挑知县。初任广东,后改河南,所至有声。令鲁山,尤多惠政。葺段店岭,行人便之,称"郑公路"。增置琴台书院膏火,复筹乡试考费,士民感颂。归里后,莳花种竹,不与外事,而周恤故旧,奖掖后进,不遗余力。诗古文词独辟蹊径,尤工书翰,寸笺尺楮,人争奉之。著《岭海》《梁园》《鲁山》等集若干卷。咸丰三年,……卒,年七十二。鲁人闻之，驰书赙问，于琴台元公祠右，立郑公祠。咸丰九年，入祀鲁山名宦祠。"

是年九月九日，马曰琯、马曰璐、方士庶、厉鹗等十四人，集扬州天宁寺马氏行庵，吟诗作赋，欢度重阳。

是年，金农在杭州与杭世骏、丁敬等结诗社；高凤翰自署生圹，作墓志铭手书石刻；李鱓离滕县南归。

乾隆九年甲子（1744），郑燮52岁。是年，饶氏终于满足了郑燮延续香火、传宗接代的期望，为其生育了一个儿子。由此使得年迈的郑燮大喜过望，将这个儿子视为掌上明珠，爱不释手。郑燮后来在《潍县署中与舍弟墨第二书》中写道：

余五十二岁始得一子，岂有不爱之理。

郑燮在走马上任范县知县之后认为，自己之所以能够登科入仕，完全仰仗列祖列宗在天之灵的加持，以及祖坟风水之力的庇护，因此应该与宗族亲姻、故交同学以及邻里乡党，分享自己既得利益福泽，让大家共沾喜悦荣光。便令堂弟郑墨持俸钱南归，挨家比户，逐一散给，相赒相恤。郑燮在《范县署中寄舍弟墨》中写道：

刹院寺祖坟，是东门一枝大家公共的，我因葬父母无地，遂葬其傍。得风水力，成进士，作宦数年无恙。是众人之富贵福泽，我一人夺之也，于心安乎不安乎！可怜我东门人，取鱼捞虾，撑船结网；破屋中吃秕糠，啜麦粥，寒取荇叶蕰头蒋角煮之，旁贴荞麦锅饼，便是美食，幼儿女争吵。每一念及，真含泪欲落也。汝持俸钱南归，可挨家比户，逐一散给。南门六家，竹横港十八家，下佃一家，派虽远，亦是一脉，皆当有所分惠。骐骥小叔祖亦安在？无父无母孤儿，村中人最能欺负，宜访求而慰问之。自曾祖父至我兄弟四代亲戚，有久而不相识面者，各赠二金，以相连续，此后便好来往。徐宗于、陆白义辈，是旧时同学，日夕相征逐者也。犹忆谈文古庙中，破廊败叶飕飕，至二三鼓不去，或又骑石狮子脊背上，论兵起舞，纵言天下事。今皆落落未遇，亦当分俸，以敦夙好。凡人于文章学问，辄自谓己长，科名唾手而得，不知俱是侥幸。设我至今不第，又何处叫屈来，岂得以此骄倨朋友！敦宗族，睦亲姻，念故交，大数既得；其余邻里乡党，相赒相恤，汝自为之，务在金尽而止。愚兄更不必琐琐矣。

周积寅《郑板桥年谱》，将郑燮文中"科名唾手可得"误作"科名垂手可得"。

郑燮文中所谓"东门一枝"，指的是兴化"板桥郑"这一枝。郑燮曾在《板桥自叙》中写道：

"兴化有三郑,其一为'铁郑',其一为'糖郑',其一为'板桥郑'。"

"竹横港",一作"竹泓港",在兴化县南州里。

郑燮文中提及的同学徐宗于,生平不详。陆白义,即陆骖。《重修兴化县志》卷八:"陆骖,字白义,一字左轩。庠生。善书,楷法率更,行摹山谷,尤精狂草,有龙蛇夭矫之势。兼工文,世罕知者。尝镌私印云:'逸少文章字撑将。'为人谦退和平,书与郑燮、顾于观埒,而性情迥异。郑、顾殁后,赝本纷纷,惟陆书不能伪也。子坤,亦能作怀素体。"

"征逐",谓朋友之间互相邀请过从宴饮。

"二三鼓",谓深夜二三更时。古代夜间以击鼓报更,故将鼓作为更的代称。

"赒",即以钱财救济他人。

乾隆九年,天公作美,风调雨顺,五谷丰登。这是郑燮在范县任上遇到的一个丰收年,由此使得他心情舒畅,作诗纪怀。郑燮在《有年》中写道:

> 槐影鸦声昼漏稀,了除案牍吏人归。拈来旧稿花前改,种得新蔬雨后肥。小院乌童调骏马,画楼纤手叠朝衣。冈陵未足酬恩造,大有书年报紫微。

中国人历来讲究,即使年轻时宦游在外,年老时也要落叶归根。因此,郑燮在范县任上就为自己将来从官场上致仕返乡后能有个理想的养老处所而未雨绸缪,写信叮嘱堂弟郑墨帮他留心一块心仪已久的建房之地,以便适时购进,作为自己未来返乡娱老之资。他将自己考虑于此建筑的具体规划,详细告诉郑墨。郑燮在《范县署中寄舍弟墨第二书》中写道:

> 吾弟所买宅,严紧密栗,处家最宜,只是天井太小,见天不大。愚兄心思旷远,不乐居耳。是宅北至鹦鹉桥不过百步,鹦鹉桥至杏花楼不过三十步,其左右颇多隙地。幼时饮酒其旁,见一片荒城,半堤衰柳,断桥流水,破屋丛花,心窃乐之。若得制钱五十千,便可买地一大段,他日结茅有在矣。吾意欲筑一土墙院子,门内多栽竹树草花,用碎砖铺曲径一条,以达二门。其内茅屋二间,一间坐客,一间作房,贮图书史籍笔墨砚瓦酒董茶具其中,为良朋好友后生小子论文赋诗之所。其后住家,主屋三间,厨屋二间,奴子屋一间,共八间。俱用草苫,如此足矣。清晨日尚未出,望东海一片红霞,薄暮斜阳满树。立院中高处,便见烟水平桥。家中宴客,墙外人亦望见灯火。南至汝家百三十步,东至小园仅一水,实为恒便。或曰:此等宅居甚适,只是怕盗贼。不知盗贼亦穷民耳,开门延入,商量分惠,有甚么便拿甚么去;若一无所有,便王献之青毡,亦可携取质百钱救急也。吾弟当留心此地,为狂兄娱老之资,不知可能遂愿否?

卞孝萱《郑板桥全集》(增补本)，将郑燮文中"幼时饮酒其旁"误作"幼时饮酒其傍"。周积寅《郑板桥年谱》，将郑燮文中"茅屋二间"误作"茅屋两间"；将"厨屋二间"误作"厨屋两间"；将"俱用草苫"误作"具用草苫"；将"吾弟当留心此地"误作"吾地当留心此地"。

郑燮文中所谓"密栗"，源自《礼记·聘仪》"缜密以栗"，指的是缜密坚实。

鹦鹉桥和杏花楼，俱为当时兴化城内地名。其中，鹦鹉桥又作宁武桥、英武桥，位于兴化城内西北区。

"制钱"，乃明清两代按其本朝定制由官炉所铸制的铜钱。有别于前朝旧钱和本朝的私炉钱。

"五十千"，即制钱五十贯。古时用绳索穿钱，一千钱为一串，称一贯。

"结茅"，系指用茅草覆顶建造的简陋房舍。

"王献之青毡"，源自《晋书·王献之传》"夜卧斋中，而有偷儿入其室，盗物都尽。献之徐曰：'偷儿，青毡我家旧物，可特置之。'群偷惊走"的典故。郑燮此处系指自家家传旧物。"质"，系指典当。

此时，郑燮除了让堂弟郑墨帮忙散发俸钱给宗族亲姻、故交同学、邻里乡党，分享自己既得利益福泽，以及留意自己心仪已久的建房之地外，还时时不忘指导郑墨读书学习方法，告诫郑墨不要死读书。使其明白，书中有书，书外有书。应该明理范世，不能为古书中既定论议言说所束缚拘牵。还提醒郑墨读书要有特识，如果仅仅照猫画虎，依样葫芦，无有是处。学者读书，应该自出眼孔、自竖脊骨才行。是年六月十五日，郑燮在《范县署中寄舍弟墨第三书》中写道：

禹会诸侯于涂山，执玉帛者万国。至夏、殷之际，仅有三千，彼七千者竟何往矣？周武王大封同异姓，合前代诸侯，得千八百国，彼一千余国又何往矣？其时强侵弱，众暴寡，刀痕箭疮，薰眼破肋，奔窜死亡无地者，何可胜道。特无孔子作《春秋》，左丘明为传记，故不传于世耳。世儒不知，谓春秋为极乱之世，复何道？而春秋已前，皆若浑浑噩噩，荡荡平平，殊甚可笑也。以太王之贤圣，为狄所侵，必至弃国与之而后已。天子不能征，方伯不能讨，则夏、殷之季世，其抢攘溃乱为何如，尚得谓之荡平安辑哉！至于《春秋》一书，不过因赴告之文，书之以定褒贬。左氏乃得依经作传。其时不赴告而背理坏道乱亡破灭者，十倍于《左传》而无所考。即如"汉阳诸姬，楚实尽之"，诸姬是若干国？楚是何年月日如何殄灭他？亦寻不出证据来。学者读《春秋》经传，以为极乱，而不知其所书，尚是十之一，千之百也。嗟乎！吾辈既不得志于时，因守于山椒海麓之间，翻阅遗编，发为长吟浩叹，或喜而歌，或悲而泣。诚知书中有书,书外有书,则心空明而理圆湛,岂复为古人所束缚,而略无张主乎!岂复为后世小儒所颠倒迷惑,反失古人真意乎!虽无帝王师相之权,而进退百王,屏当千古,是亦足以豪而乐矣。又如《春秋》,鲁国之史也,使竖儒为之,必自伯禽起首,乃为全书,如何没头没脑,半路上从隐公说起?殊不知圣人只要明理范世,不必拘牵。其简册可考者考之,不可考者置之。如隐公并不可考,便从桓、庄起亦得。或曰:《春秋》起自隐公,重让也;删书断自唐、虞,亦重让也。此与儿童之见无异。试问唐、虞以前天子,那个是争来的?大率删书断自唐、虞,唐、虞以前,荒远不可信也。《春秋》起自隐公,隐公以前,残缺不可考也,所谓史阙文耳。总是读书要有特识,依样葫芦,无有是处。而特识又不外乎至情至理,歪扭乱窜,无有是处。

人谓《史记》以吴太伯为《世家》第一,伯夷为《列传》第一,俱重让国。但《五帝本纪》以黄帝为第一,是戮蚩尤用兵之始,然则又重争乎?后先矛盾,不应至是。总之,竖儒之言,必不可听,学者自出眼孔、自竖脊骨读书可尔。乾隆九年六月十五日,哥哥字。

周积寅《郑板桥年谱》中,"必自伯禽起首",作"必伯禽起首",脱"自"字;"唐、虞以前天子",作"唐、虞以前的天子",衍"的"字。

郑燮文中第一句,源自《左传·哀公七年》:"禹会诸侯于涂山,执玉帛者万国。"杜预注:"涂山在寿春东北。"即今安徽蚌埠市西、淮河东岸之当涂山。

"得千八百国",出自《汉书·地理志》;"周爵五等:公侯百里,伯七十里,子、男五十里,不满为附庸。盖千八百国。"

《春秋》,儒家经典之一。系编年体春秋史。相传系孔子依据鲁国史官所编《春秋》加以整理修订而成。起于鲁隐公元年(前722),终于鲁哀公十四年(前481)。

左丘明,春秋时史学家,鲁国人。一说复姓左丘,名明,一说单姓左,名丘明。双目失明,曾任鲁太史。与孔子同时,或谓其在前。相传曾著《左传》。

《左传》,亦称《春秋左氏传》或《左氏春秋》。儒家经典之一。起于鲁隐公元年(前722),终于鲁悼公四年(前464),比《春秋》多出17年。其叙事更至于悼公十四年(前454)为止。书中保存了大量古代史料,文字优美,记事详明。由此成为中国古代史学和文学名著。

"太王",指的是周武王曾祖父古公亶父。

"方伯",指一方诸侯之首。

"赴告",古代诸侯以崩薨祸福相告,曰赴告。

"汉阳诸姬,楚实尽之"语,见《左传·僖公二十八年》。

"竖儒"，系对无有识见儒生的蔑称。

伯禽，系周公长子。《史记·鲁周公世家》："周公旦者，周武王弟也……及武王即位……封周公旦于少昊之虚曲阜，是为鲁公。周公不就封，留佐武王……其后武王既崩，成王少，在强葆之中……于是卒相成王，而使其子伯禽代就封于鲁。"

"桓、庄"，指的是鲁桓公和庄公，年次隐公之后。

"《春秋》起自隐公，重让也"句，意思是说，《春秋》之所以从鲁隐公开始写起，是为了推重隐公禅让的缘故。隐公和桓公，皆为鲁惠公之子，乃同父异母兄弟。隐公，乃惠公继室声子所生，年岁大于桓公。但他遵照父亲遗志，立桓公为君，而自己甘居辅位。有人劝隐公将桓公杀掉，自己为君，但隐公不听。详见《左传·隐公传》及《史记·鲁周公世家》。

"删书断自唐、虞，亦重让也"句，意思是说，孔子删订《尚书》，以《尧典》《舜典》作为开头，也是推重禅让的缘故。

"吴太伯为《世家》第一，伯夷为《列传》第一，俱重让国"的典故，均源自《史记》所记。《史记·吴太伯世家第一》："吴太伯，太伯弟仲雍，皆周太王之子，而王季历之兄也。季历贤，而有圣子昌，太王欲立季历以及昌，于是太伯、仲雍二人乃奔荆蛮，文身断发，示不可用，以避季历。"《史记·伯夷列传第一》："伯夷、叔齐，孤竹君之二子也。父欲立叔齐，及父卒，叔齐让伯夷。伯夷曰：'父命也。'遂逃去。叔齐亦不肯立而逃之。国人立其中子。于是，伯夷、叔齐闻西伯昌善养老，盍往归焉。"

"是戮蚩尤用兵之始，然则又重争乎？"句，据《史记·五帝本纪》载："蚩尤作乱，不用帝命。于是黄帝乃征师诸侯，与蚩尤战于涿鹿之野，遂禽杀蚩尤。"

乾隆九年十月二十六日，郑燮得家书，知新置田获秋稼五百斛，甚喜。由此想到自己从今而后，愿为农夫以没世，靠田园长子孙气象。古代，通常以士、农、工、商为四民，而士居四民之首。郑燮却认为，"天下无农夫，举世皆饿死矣""天地间第一等人，只有农夫"。郑燮还将古代读书人与当代读书人进行对比，认为当代读书人"一捧书本，便想中举、中进士、作官，如何攫取金钱、造大房屋、置多田产。起手便错走了路头"，从而将社会上普遍认同的"士农工商"四民排序颠倒过来，以他所认为的"农工商士"重新进行排序。他写信叮嘱堂弟郑墨，要善待怜悯宽让新招佃地农户以及家中奴仆。由此足见郑燮对农夫的重视。郑燮在《范县署中寄舍弟墨第四书》中写道：

十月二十六日得家书，知新置田获秋稼五百斛，甚喜。而今而后，堪为农夫以没世矣。要须制碓、制磨、制筛罗簸箕、制大小扫帚、制升斗斛。家中妇女，率诸婢妾，皆令习舂揄踩簸之事，便是一种靠田园长子孙气象。天寒冰冻时，穷亲戚朋友到门，先泡一大碗炒米送手中，佐以酱姜一小碟，最是暖老温贫之具。暇日咽碎米饼，煮糊涂粥，双手捧碗，缩颈而啜之，霜晨雪早，得此周身俱暖。嗟乎！嗟乎！吾其长为农夫以没世乎！我想天地间第一等人，只有农夫，而士为四民之末。农夫上者种地百亩，其次七八十亩，其次五六十亩，皆苦其身，勤其力，耕种收获，以养天下之人。使天下无农夫，举世皆饿死矣。吾辈读书人，入则孝，出则弟，守先待后，得志泽加于民，不得志修身见于世，所以又高于农夫一等。今则不然，一捧书本，便想中举、中进士、作官，如何攫取金钱、造大房屋、置多田产。起手便错走了路头，后来越做越坏，总没有个好结果。其不能发达者，乡里作恶，小头锐面，更不可当。夫束修自好者，岂无其人。经济自期，抗怀千古者，亦所在多有。而好人为坏人所累，遂令我辈开不得口；一开口，人便笑曰："汝辈书生，总是会说，他日居官，便不如此说了。"所以忍气吞声，只得捱人笑骂。工人制器利用，贾人搬有运无，皆有便民之处。而士独于民大不便，无怪乎居四民之末也！且求居四民之末而亦不可得也！愚兄平生最重农夫，新招佃地人，必须待之以礼。彼称我为主人，我称彼为客户，主客原是对待之义，我何贵而彼何贱乎？要体貌他，要怜悯他。有所借贷，要周全他。不能偿还，要宽让他。尝笑唐人七夕诗，咏牛郎织女，皆作会别可怜之语，殊失命名本旨。织女，衣之源也；牵牛，食之本也，在天星为最贵。天顾重之，而人反不重乎！其务本勤民，呈象昭昭可鉴矣。吾邑妇人，不能织绸织布，然而主中馈，习针线，犹不失为勤谨。近日颇有听鼓儿词，以斗叶为戏者，风俗荡轶，亟宜戒之。吾家业地虽有三百亩，总是典产，不可久恃。将来须买田二百亩，予兄弟二人，各得百亩足矣，亦古者一夫受田百亩之义也。若再求多，便是占人产业，莫大罪过。天下无田无业者多矣，我独何人，贪求无厌，穷民将何所措足乎！或曰："世上连阡越陌，数百顷有余者，子将奈何？"应之曰："他自做他家事，我自做我家事，世道盛则一德遵王，风俗偷则不同为恶，亦板桥之家法也。"哥哥字。

"七夕"，指的是以农历七月初七日的七夕节。中国古代神话中，有牛郎和织女七夕晚上于天河相会的传说。据此神话传说撰写的诗歌，一般被称为"七夕诗"。例如，杜甫《牵牛织女》："牵牛出河西，织女处其东；万古永相望，七夕谁见同？"。

"斗叶"，指的是斗玩纸牌。

郑燮担任范县知县期间，诸多好友文士通过书信赠诗等方式，与之互通讯息，联络联系。例如，郑燮的好友侯嘉璠，就曾介绍因事取道范县入都的云南人陈坤与郑燮相会。郑燮在陈坤离开范县前，赋诗相赠。不仅在诗中追忆了自己与侯嘉璠在京师西华门饮酒以及后来相逢广陵道的往事，还特地向陈坤推荐了时驻锡京师传经院祖籍云南昆明的僧人湛福，以及张照、梁诗正这两位书法巨匠。由此可见，郑燮对朋友肝胆相照的诚挚热情之心。郑燮在《送陈坤秀才入都》中写道：

> 天台才子侯嘉璠，与予京师饮酒西华门；开怀吸尽玉泉水，只手拔断西山根。是时长安新晴九陌净，月光烂烂升银盆，长风吹天片云邈，银台万树含烟翻，疏星远火动芳甸，迥沙细浪酷似江南村。是后相逢广陵道，予正肩舁入烟岛。左竿一壶酒，右竿一尾鱼；烹鱼煮酒恣谈谑，道傍便借村人居。饮罢茫茫又分去，君从何处得此侯生书？侯生不妄许与人，滇池洱海宁为亲；怜君书法有古意，历落不顾时贤哄。赠诗赠字指君路，要窥北阙排勾陈。范州知县亦何幸，回车枉驾来沙尘。荒城古柳夕阳瘦，长堤嗥犬秋坟新。此去京师一千里，十日可到浑河津。薄酒寒茶饭粗粝，对人慎勿羞吾贫。京师有僧介庵子，是尔滇南旧间里；书法晶莹秀且清，秋兰挺拔春桃紫。君往从之必有倚，况兼古碑旧帖藏最多，纵横观之疑问彼。问君此去胡为乎？功名富贵良难图，惟有文章世公器，石渠天禄开通渠。观君运腕颇有力，柔软妥贴须工夫；莫辞长跪首泥地，只纸片字明月珠。书法巨公二老在，法华庵主梁西湖。法华主张公照，梁西湖讳诗正。

郑燮诗中所谓"西华门"，指的是清紫禁城西门。周积寅《郑板桥年谱》将"西华门"误注为"清紫金城之西门"。而"紫金城"，在武当山，因为其主峰修建金殿而得名，系明成祖朱棣于永乐十七年（1419）按照自己居住的"紫禁城"模式，在武当山为真武大帝在人间修筑的"玉京"。

"玉泉"，亦名"御河"，出北京西郊玉泉山，流入皇城，环绕紫禁城，经玉河桥、正阳门，东流注大通河。

"西山"，乃北京西郊灵山、香山、玉泉山等山的总称。

"长安"，此处系指京师。"九陌"，系指京城中大街。源自《三辅黄图·长安八街九陌》："有香食街、夕阴街、尚冠前街。《三辅旧事》曰：'长安城中有八街九陌。'"

"银台"，系神话传说中的神仙所居之地。《后汉书·张衡列传》："聘王母于银台兮，羞玉芝以疗饥。"此处借指京城。

"广陵"，古县名，秦置，治所在今扬州市。

"滇池"，一称昆明湖，在云南昆明市西南。"洱海"，古称叶榆泽，以湖形如耳得名，在云南大理。

"历落"，指与众不同，有出人头地的意思。

"窥北阙",指向朝廷上书。"北阙",汉未央宫的北门楼,为臣下等候朝见或上书之处。"排勾陈",即等候朝廷召见。其中,"排"即排班,"勾陈"即北极星。此处代指皇帝或朝廷。

"回车枉驾",指陈坤屈驾来访。"沙尘",指范县。

"浑河",卢沟河的别称,即今永定河。

"介庵子",乃时住北京传经院祖籍云南昆明僧人湛福之法号。工篆、隶,兼善篆刻。

"石渠""天禄",乃汉宫中两处藏书阁之名。此处系指朝廷藏书处。

"法华庵主",即清代书画家张照(1691—1745),字得天,号泾南、天瓶居士,华亭(今上海松江)人。康熙四十八年(1709)进士,官至刑部尚书。书法初从董其昌入手,继乃出入颜真卿、米芾,天骨开张,气魄浑厚。兼能画兰、梅、佛像。深通释典,诗多禅语。著有《天瓶斋书画题跋》《得天居士集》,刻有《天瓶斋帖》。

"梁西湖",即清代书法家梁诗正(1697—1763),字养仲,号芗林,钱塘(今杭州)人。雍正八年(1730)探花,官东阁大学士,赠太傅。书初学柳公权,继参赵孟頫、文征明,晚师颜真卿、李邕。著有《矢音集》。

郑燮还赋诗书赠范县宋纬和刘连登两位秀才,可谓近水楼台先得月。《范县志》卷二载:"宋纬,字星周,乾隆丁卯(1747)举人。事亲孝,家贫并日而食,诵读不辍。性廉介,县令郑板桥深契之,赠以金,不受……刘连登,字献璧,诸生。精易理。善画山水、人物。作兰竹尤为郑板桥所赏。著有《四书图考》《易经图》等书。"郑燮在《二生诗宋纬、刘连登,范县秀才》中写道:

腐《史》湘《骚》问几更,衙斋风雨见高情。也知贫病浑无措,不敢分钱恼二生。

郑燮诗中所谓"腐《史》",系指司马迁受过腐刑,后世将其所作的《史记》,称为"腐《史》"。"湘《骚》",系指屈原作《离骚》,后因忧愤国事,投湘江支流汨罗江而死,故称。

是年,郑燮好友音布去世。当郑燮闻知音布去世噩耗之后,仿效韩愈《石鼓歌》体韵,以长诗的形式为音布书写行状,并借此抨击世俗对艺术人才的摧残,为好友鸣不平。郑燮在《音布》诗中写道:

昔予老友音五哥,书法峭崛含阿那。笔锋下插九地裂,精气上与云霄摩。陶颜铸柳近欧薛,排黄铄蔡凌颠坡。墨汁长倾四五斗,残毫可载数骆驼。时时作草恣怪变,江翻龙怒鱼腾梭。与予饮酒意静重,讨论人物无偏陂。众人皆言酒失大,予执不信嚪伪讹。大致萧萧足风范，细端琐碎宁为苛！乡里小儿暴得志，好论家世谈甲科。音生不顾辄噬唾，至亲戚属相矛戈。逾老逾穷逾怫郁，屡颠屡仆成蹉跎。革去秀才充骑卒，老兵健校相遮罗。群呼先生拜于地，坌酒大肉排青莎。音生瞠目大欢笑，狂鲸一吸空千波。醉来索笔索纸墨，一挥百幅成江河。群争众夺若拱璧，无知反得珍爱多。昨遇老兵剧穷饿，颇以卖字温釜锅。谈及音生旧时事，顿足叹恨双涕沱。天与才人好花样，如此行状应不磨。嗟予作诗非写怨，前贤逝矣将如何！世上才华亦不尽，慎勿咤叱为幺魔。此等自非公辅器，山林点缀云霞窝。泰岱嵩华自五岳，岂无别岭高嵯峨。大书卷帙告诸世，书罢茫茫发浩歌。

郑燮诗中所谓"陶颜铸柳近欧薛"中的"颜、柳、欧、薛"，分别指的是唐代书法家颜真卿、柳公权、欧阳询和薛稷。

"排黄铄蔡凌颠坡"中的"黄、蔡、坡"，分别指的是北宋书法家黄庭坚、蔡襄和苏东坡；而"颠"，指的则是唐代书法家张旭。相传，张旭在饮酒大醉后，时常呼喊狂走，然后落笔，故称"张颠"。

"甲科"，明清时期，称进士为甲科，举人为乙科。此处指的是仕途功名。

"幺魔"，又作么么。微小之意。此处比喻微不足道之人。

"泰岱"，指的是东岳泰山；"嵩"，指的是中岳嵩山；"华"，指的是西岳华山。再加上北岳恒山和南岳衡山，合称"五岳"。

伊福纳读过郑燮所作《音布》之后，深慨夫故旧之沦亡，亦作《诗》对音布高度赞扬，并对其逝世表示深切哀悼。伊福纳在《诗·序》中写道："故友音布，字闻远，又自号双峰居士。工书嗜酒，往往不与人书。其所善，虽弗请，亦与也。以故多所不合，竟以诸生老。板桥郑燮为长歌以哀之，词旨悲怆。余深慨夫故旧之沦亡也，为作是歌。"伊福纳《诗·序》中所说的"板桥郑燮为长歌以哀之"，指的就是郑燮所作的这首《音布》诗。

伊福纳在这首《诗》中，详尽描述了音布的书法创作过程，以及对京城贵公子之流不屑一顾的蔑视；同时又对郑燮诗书画作以及郑燮与自己的友情予以赞叹。其中写道："吾乡书法双峰豪，藏帖千本如屋高。摩挲寝食四十载，熔铸昔喆神器器。平生爱友兼爱酒，酒酣始肯挥霜毫。笔圆墨润腕肘活，往来如运庖丁刀。楷法端庄杂流丽，九华春殿金环摇。草书怪变莫方物，规矩巧随风雨交。云垂海立露蛟蜃，巨石大木趋波涛。观者屏息不得语，甬道九绝神兵麾。欻然却立更呼酒，纸上余力犹腾跳。长安城中贵介子，高车大马行相邀。等闲只字未易得，笑谓卿辈非吾曹。琳宫梵宇偶独往，要寻残碣窥前朝。沙弥衲子喜一至，争煎佳茗沽春醪。解衣磅礴数十纸，戏拍僧顶听空瓢。晚游西园号老友，葛衣竹杖从逍遥。

西园宾客多隽雅，一一心折同下僚。相赏独有板桥郑，酒场棋墅恒连镳。歌呼尔汝任所适，非云名士矜高标。板桥作字自奇古，画被画破多吴绡。章草篆籀随手掇，懒同时辈为推敲。喜共双峰遇都下，韩陵片石尊琼瑶。戏鸿零海互倾倒，家鸡野鹜由诋嘲。即今双峰墓木拱，荒原冷落迷蓬蒿。犹复长歌致深慨，凄音激越兼风骚。寄我一篇寒月夕，烛花如豆荧虚寮。命儿细读再三听，涔涔老泪垂青袍。独鹤无声斗杓转，百灵下集云旗飘。怀人感旧渺何极，有酒难向霜空浇。嗟乎！双峰已矣板桥远，使我白发空萧萧。"

周积寅《郑板桥年谱》将"伊福纳"误作"伊福讷"。

是年十一月十六日，范县骤然降温，滴水成冰，奇冷无比。郑燮兴来呵冻书两首古代歌谣作《隶书歌谣轴》一幅。其中写道：

> 武功太白，去天三百。孤云两角，去天一握。山水险阻，黄金子午。蛇盘鸟栊，势与天通。
>
> 茕茕白兔，东走西顾。衣不如新，人不如故。
>
> 乾隆九年建子月十有六日，板桥郑燮呵冻书。

第一首歌谣中所谓"武功太白，去天三百"，为秦地谚语。意思是说，太白山险峻高耸，离天很近。太白山，为秦岭的主峰，海拔3767米。因山顶终年积雪，银光四射，故称太白。这在关中人眼中，算是离天很近的高山了。

"孤云两角，去天一握"，是说环绕太白山的云，似乎离天只有一拳那么近。

"山水险阻，黄金子午"，说的是太白山地形险要，以及位于山中的子午谷战略地位十分重要。

"蛇盘鸟栊，势与天通"，是说山势盘曲险峻，高耸接天。

第二首民谣，源自汉代佚名作者所作《古艳歌》。其中前两句，描写的是一位被迫出走的弃妇，犹如一只无依无靠、茕茕孤独的白兔。身往东去，却又依恋故人，不断地回头西顾。后两句，则是规劝人们应该时常念及故旧之好。

落款中的"建子月"，系指阴历十一月。

此时，郑燮在范县为官已届三年。郑燮时常念及散落在各地的故交旧友。除了以书信诗作联系往来外，也曾将画作作为与朋

·郑燮《隶书歌谣轴》

友沟通交流的桥梁。诗友汪顾在收到郑燮寄赠的画作《竹》之后,作《题郑明府燮所寄画竹》诗曰:"故人远为范县宰,卒岁遗我青琅玕。胸中在昔有成竹,壁上于今增暮寒。南国投书随雁下,西山高节拂云看。调饥向晚苦岑寂,风雨对此还加餐。"

郑燮的一些故交旧友思念郑燮心切,甚至不顾旅途鞍马劳顿,颠簸跋涉千里到范县看望郑燮。例如,被称为"董竹枝"的江都诗人董伟业,在辗转赴京之后,就有自京师至范县看望郑燮之行。石需为此作《董竹枝自京师至范县口占奉送》诗赠郑燮。其中写道:"寄语昭阳郑克柔,栽花范县阅三秋。怜予久滞燕山下,只恐云泥两白头。"石需,字待也,号退庵,如皋人。太学生。

除了董伟业之外,千里迢迢到范县看望和拜访郑燮的,还有郑燮从祖、在扬州出家为僧的福国上人和家住杭州的余省三。详见后文。

是年,郑燮好友、画家傅雯,奉敕为京师慈仁寺画《胜果妙因图》大横幅;卢见曾自塞外赦还;陈撰于真州穆陀轩序《巢林集》。是年十月,李鱓于崇川作《红儿映雪图轴》。是年十二月八日,汪士慎、丁敬会于扬州。

乾隆十年乙丑(1745),郑燮53岁。是年二月,郑燮共李鱓为循九王三清秋小影题跋。郑燮题跋,位于画卷中间;李鱓题跋,位于画卷上下两端,以与郑题为邻。郑燮题道:

岁行尽弃,风雨凄然。纸窗竹屋,灯火清荧。时于此间,得少生趣。无由持赠,独享为愧。想当一笑也。板桥。

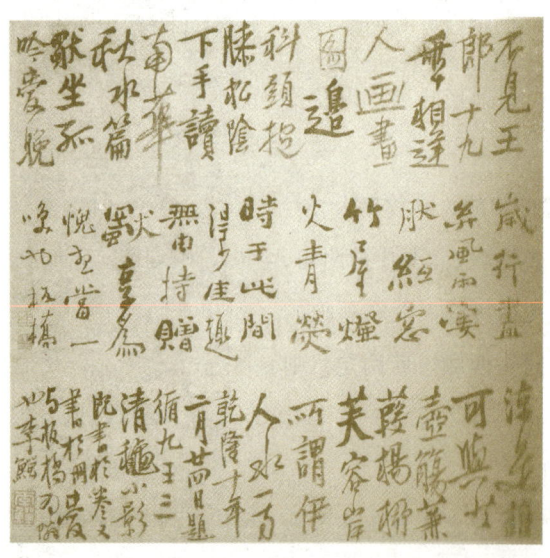

· 郑燮共李鱓为循九王三清秋小影题跋

李鱓题道:"不见王郎十九年,相逢人画画图边。科头抱膝松阴下,手读《南华》《秋水》篇。独坐孤吟爱晚凉,是谁可与共壶觞。蒹葭杨柳芙蓉岸,所谓伊人水一方。乾隆十年二月廿四日题循九王三清秋小影既书于卷又书于册。爱与板桥为邻也。李鱓。"

是年春,郑燮赋诗呈给自己的顶头上司、时任曹州知府的姚兴滇,诉说自己此时的萧澹落寞、老去无聊的心境。姚兴滇,字介石,安徽桐城人,乾隆五年至十二年任曹州知府,辖范县。郑燮在《范县呈姚太守讳兴滇》诗中写道：

> 落落漠漠何所营，萧萧澹澹自为情。十年不肯由科甲，老去无聊挂姓名。布袜青鞋为长吏，白榆文杏种春城。几回大府来相问，陇上闲眠看耦耕。

郑燮诗中所谓"十年不肯由科甲"，指的是自己曾于雍正元年（1723）至雍正十年（1732）在扬州卖画十年的生活经历。郑燮在《和学使者于殿元枉赠之作》中，曾有"十载扬州作画师"句。

"大府"，即上级官府。明清时亦称总督、巡抚为"大府"。

郑燮在见到姚兴滇家藏恽南田所作《梅》《菊》二轴后，作《题姚太守家藏恽南田梅菊二轴》。其中写道：

> 今日方知恽寿平，石田笔墨十洲情。廿年赝本相疑信，徒使前贤笑后生。

清初画家恽寿平（1633—1690），初名格，字寿平，号南田，江苏武进人。家贫，以卖画为生。初工山水，笔墨洒脱秀逸，得元人之致。所作花卉，赋色洁净明丽，别具一格。有"恽派"之称。时与王时敏、王鉴、王翚、王原祁、吴历，合称"清六家"。

"石田"，即明代画家沈周（1427—1509），字启南，号石田，江苏吴县人。擅画山水，兼工花鸟。色浅墨淡，老笔纷披，画名远播。书法诗文亦佳。著有《石田集》。时与文征明、唐寅、仇英合称"明四家"。

"十洲"，即明代画家仇英（约1498—约1552），字实父，号十洲，江苏太仓人，移居苏州，明正德、嘉靖间人。出身工匠，后从周臣学画，曾在项元汴家临摹不少唐宋名迹，由此画法大进。人物、山水、花鸟，无不精工。长于设色，所作勾画精细，色彩妍丽，也善于水墨和白描。

"赝本"，即书画托名伪作者。宋高宗《翰墨志》："然右军（指王羲之）在时，已苦小儿辈乱真，况流传历代之久，赝本杂出，固不一幅，鉴定者不具眼目，所以去真益远。"

是时，郑燮对于自己即将步入花甲之年，还在尘沙飞扬、贫瘠穷困的范县当知县这个七品芝麻官百无聊赖的生活，开始感觉厌倦，对往日在江南鱼米之乡扬州李氏小园的生活越发向往怀念。然此时他只能通过写诗来抒发自己心中的郁闷和烦恼。郑燮在是年所作的《怀扬州旧居即李氏小园，卖花翁汪髯所筑》中写道：

楼上佳人架上书，烛光微冷月来初。偷开绣帐看云鬟，擘断牙签拂蠹鱼。谢傅青山为院落，隋家芳草入园蔬。思乡怀古兼伤暮，江雨江花尔自如。

"谢傅青山为院落"句中的"谢傅"，指的是东晋孝武帝时宰相加太傅的谢安（320—385），字安石，陈郡阳夏（今河南太康）人。《扬州法云寺志》载："晋宁康三年，谢安领扬州刺史，建宅于此。"法云寺旧址在枝上村，而郑燮乾隆二年秋自京师返回扬州之后所居之李氏小园，亦在此地，并与谢安旧址为一处，故云。

"隋家芳草入园蔬"句，是说昔日隋炀帝所筑宫苑（隋苑），亦在此处。

郑燮此时不仅思念自己在扬州李氏小园中的生活，还思念自己在扬州的好友江昱和如皋的文士姜文载。郑燮在《江七姜七名昱、名文载》中写道：

扬州江七无书名，予独爱其神骨清；欧阳体质褚性情，藐姑冰雪光莹莹。如皋姜七无画名，予独爱其坚秀明；梧桐月夜仙婞娥，如闻叹息微微声。画中景。二子才思原纵横，二子学术原峥嵘。天南万里诸髦英，俯首听命无衡争。板桥道人孤异行，昌羊别嗜颠倒倾。独推书画众目瞠，寻诸至理还平平。庙堂若荐牺刚驿，二子应列丹刻楹。《大章》《箫韶》《咸池》鸣，景王无射休噌吰。即今别调吹筝笙，世间破裂琵琶筝。我来山左尘沙并，春风夜雨思乔莺。穷达遇合何足营，望君刻苦孤迈征。江书姜画悬枭枨，欧干下壁湘秋蘅。或予谬鉴双目盲，请呼老秃嗤残伧。

古代文人，通常以其家中的排行来称呼好友。郑燮此处所谓"江七"，名江昱，字宾谷，一字松泉，祖居歙县，后迁扬州仪征。久困科场，嗜学安贫。工诗文，精于金石，著有《尚书私学》《韵歧》《潇湘听雨录》等。江昱在扬州居住时，与郑燮结为文友。所谓"姜七"，名姜文载，字命车，号西堤。淹通经史。工诗书画。年三十而殁。

"欧阳体质褚性情"中的"欧阳"，指的是唐代书法名家欧阳询；"褚"，则指唐代书法名家褚遂良。

"藐姑冰雪"，源自《庄子·逍遥游》："藐姑射之山有神人居焉，肌肤若冰雪，绰约若处子。"

"昌羊别嗜"，是说嗜好与众不同。其中"昌羊"，指的是昌蒲。

"牺刚驿"，指的是古代祭祀神祇所供牺牲中的赤色公牛。其中"刚"，同"犅"，牡牛；"驿"，赤色马。"丹刻楹"，即涂红雕刻的柱子。这两句，指的是郑燮衷心祝福江昱和姜文载能早日登第入仕。

《大章》，乃尧时乐名。《箫韶》，简称《韶》，乃舜时乐名。《咸池》，又名《大咸》，相传为黄帝所制乐章。

"景王无射"，指的是周景王时所造大钟。"噌吰"，乃象声词，此处指无射发出的钟声。

"山左"，是山东省旧时的别称。其中"山"，指的是太行山。古代讲究坐北朝南，左东右西。由于山东省位于太行山左侧，故称。郑燮此处具体指范县。

"臬枑"，即准则、法度。

"欧干"，指的是春秋时名匠欧冶子所铸之宝剑。"卞璧"，指的是春秋时楚人卞和所发现之宝玉——和氏璧。"湘秋蘅"，指的是楚地所产之香草。

"伧"，即伧父，泛指粗俗粗野之人，犹言村夫。

中国古代封建社会中，婆母虐待儿媳之事，可谓屡见不鲜。由此若干文人曾以水鸟"苦恶鸟"的又名"姑恶"撰写诗词，对婆母虐待儿媳的这种丑恶社会现象，进行针砭讽刺、鞭挞批判。苏轼曾在《五禽言五首并叙·姑恶》中自注："姑恶，水鸟也。俗云妇以姑虐死，故其声云。"陆游也在《夏夜舟中闻水鸟声》诗中写道："君听姑恶声，无乃遣妇魂。"

郑燮在范县担任知县期间，对乡里婆母虐待儿媳的恶习丑闻，可谓司空见惯。由此他在自己创作的诗中，将婆母虐待儿媳的行为如此描写，令人惨不忍睹。郑燮在《姑恶》中写道：

古诗云："姑恶，姑恶，姑不恶，妾命薄。"可谓忠厚之至，得《三百篇》遗意矣！然为姑者，岂有悛悔哉？因复作一篇，极形其状，以为激劝焉。

小妇年十二，辞家事翁姑。未知伉俪情，以哥呼阿夫。两小各羞态，欲言先嗫嚅。翁令处闺阁，织作新流苏。姑令杂作苦，持刀入中厨。切肉不成块，礧磈登盘簋；作羹不成味，酸辣无别殊；析薪纤手破，执热十指枯。翁曰："是幼小，教导当徐徐。"姑曰："幼不教，长大谁管拘？恃其桀傲性，将欺颓老躯；恃其骄纵资，吾儿将伏蒲。"今日肆詈辱，明日鞭挞俱。五日无完衣，十日无完肤。吞声向暗壁，啾唧微叹吁。姑云是诅咒，执杖持刀铻："汝肉尚可切，颇肥未为癯；汝头尚有发，薙尽为秋壶。与汝不同生，汝活吾命殂。"鸠盘老形貌，努目真凶屠。阿夫略顾视，便嗔羞耻无。阿翁略劝慰，便嗔昏老奴。邻舍略探问，便嗔何与渠？嗟嗟贫家女，何不投江湖？江湖饱鱼鳖，免受此毒荼。嗟哉天听卑，岂不闻怨呼？人间为小妇，沉痛结冤诬。饱食偿一刀，愿作牛羊猪。岂无父母来？洗泪饰欢娱。岂无兄弟问？忍痛称姑劬。疤痕掩破襟，秃发云病疏，一言及姑恶，生命无须臾！

郑燮诗中所说的"古诗云"四句，出自苏轼《五禽言五首并叙·姑恶》中的前半部分。

"鸠盘"，乃凶神恶煞之名。郑燮以此形容比喻老丑而凶悍无情的妇人。

郑燮除了以诗作揭露批判社会各种丑恶现象之外，还亲力亲为，以自己担当的职位职权，为弱者争取合法权益。清代李斗在《扬州画舫录·虹桥上》中记载了郑燮在范县当知县时智斗嫌贫爱富者的一个故事。其中写道："郑燮……官知县。宰范时，有富家欲逐一贫壻（婿），以千金为宰寿。燮收其女为义女，复潜蓄其壻（婿）在署中。及女入拜见，燮出金合卺，令其挽车同归，时称盛德。"

关于郑燮这件事，在不同的文献资料中也有所记载。例如，原题"小横香室主人"撰《清朝野史大观·清代述异·郑板桥判案》："郑板桥令潍县时，有贫士控富室赖婚。板桥留贫士于署，更檄富室至，从容语曰：'若女诚不能为贫家妇，然独不为令东床地乎？若肯以千金易婚约，则有我在，事蔑不济矣。'富室如数纳金讫。板桥复从容语曰：'若女无丫角以终理，余为汝更觅一快婿何如？此千金即作奁资可也。'富室方感谢未遑，板桥已命人速贫士出，就堂上为青庐，携女及金而去。此事颇快人意。"由此可见，该书将此事记为郑燮在潍县任上所为。相对而言，《扬州画舫录》较《清朝野史大观》记事更为靠谱，窃以为此事系郑燮在范县任上所为。

郑燮在地处穷乡僻壤、编氓十万的范县为官三年之后，感觉自己满腹经纶无有用场，初来乍到时的那种安逸自在的心境，早已飘逝得无有踪影，灰飞烟灭。由此，他萌发了买田置屋告老还乡靠种地卖画度过晚年的思想。这种思想在他此时撰写怀念李鱓的诗中，显而易见。郑燮在《怀李三鱓》中写道：

耕田便尔牵牛去，作画依然弄笔来。一领破蓑云外挂，半张陈纸酒中裁。青春在眼童心热，白发盈肩壮志灰。惟有莼鲈堪漫吃，下官亦为啖鱼回。

待买田庄然后归，此生无分到荆扉。借君十亩堪栽秫，赁我三间好下帷。柳线软拖波细细，秧针青蘸燕飞飞。梦中长与先生会，草阁南津旧钓矶。

郑燮诗中所谓"李三鱓"，即李鱓，因于其家中排行三，故名。

"莼鲈"典故，出自《世说新语·识鉴》。前面已经说过，说的是张翰借口因思念家乡佳肴美味辞官归乡之事。这也是郑燮在其所撰的诗文中第三次提及此事。不过，前两次说的都是他人，而此次说的却是他自己。

"南津"，指的是郑燮家乡兴化的南津桥。据咸丰壬子刊本《兴化县志》载："南津桥，南门外，今名南闸桥。"

而且此时，郑燮还担心自己由于从小失教，已经养成了"躁率易轻、水衰火炽"的脾气秉性，在上了年纪遇到逆境烦心事时，更容易导致心理失衡。若不抓紧时间早点脱离官场，只怕会祸患丛生。倒不如及早装砚携稿，卖画扬州，安享晚年，与李鱓等辈研学诗书画至终老。为此，郑燮将自己昔年的学习过程和卖画扬州的经历，以及如今拟辞官返乡的想法，以诗作的形式告诉堂弟郑墨。郑燮在《署中示舍弟墨》中写道：

> 学诗不成，去而学写。学写不成，去而学画。日卖百钱，以代耕稼；实救困贫，托名风雅。免谒当途，乞求官舍；座有清风，门无车马。四十科名，五十旄旌；小城荒邑，十万编氓。何养何教，通性达情；何兴何废，务实辞名。一行不当，百虑难更。少予失教，躁率易轻，水衰火炽，老更不平。日有悔吝，终夜屏营。妻孥绮穀，童仆鼎羹；何功何德，以安以荣？若不速去，祸患丛生。李三复堂，笔精墨渺。予为兰竹，家数小小；亦有苦心，卅年探讨。速装我砚，速携我稿；卖画扬州，与李同老。诗学三人，老瞒与焉；少陵为后，姬旦为先。字学汉魏，崔蔡钟繇；古碑断碣，刻意搜求。维兹三事，屋舍田畴。宜贫何畏，宜富可憎；即此言归，有赢不匮。人不疵尤，鬼无瞰祟。吾既不贪，尔亦无忮。需则失时，决乃云智。

郑燮此处所谓"四十科名，五十旄旌"，说的是自己 40 岁中举人，44 岁中进士，50 岁当知县的既往经历。其中"旄旌"，指的是仪仗的旗帜。此处指代做官。

"编氓"，指老百姓。其中"编"，指的是编入户籍。

"悔吝"，即悔恨之意。

"屏营"，惶恐不安之貌。

"家数"，指的是文学艺术方面的流派。

"老瞒与焉"中的"老瞒"，指的是三国时政治家、军事家、诗人曹操，小名阿瞒。卞孝萱《郑板桥全集》（增补本）将"老瞒与焉"，误作"老瞒夕焉"。

"少陵"，指的是唐代大诗人杜甫（712—770），字子美，自号"少陵野老"。

"姬旦"，乃西周初年政治家周公。旧谓《诗经·郇风》多其所作。

"崔蔡钟繇"，分别指的是崔瑗、蔡邕和钟繇三位书法大家。东汉书法家崔瑗（77—142），字子玉，涿郡安平（今属河北）人。官至济北相。书作师法杜度，尤善章草，与杜度并称"崔杜"。唐代张怀瓘《书断》评崔瑗书为"点画之间，莫不调畅"。崔瑗著有《草书势》，对当时书法界影响甚大。惜其字迹失传。蔡邕和钟繇，前已介绍。

"碑碣"，古人将长方形的刻石称为碑，而将圜首形或形在方圆之间、上小下大的刻石称为碣。后世碑碣名称往往混用。

是年某日傍晚,郑燮从祖、在扬州出家为僧的福国上人,至范县叩门见访。郑燮见其身着破衲,遂赋诗相赠。郑燮在《破衲为从祖福国上人作》中写道:

衲衣何日破,四十有余年。白首仍缝绽,青春已结穿。透凉经夏好,等絮入秋便。故友无如此,相看互有怜。

"衲衣",系僧衣的代称。佛教僧侣所着僧服常用多块碎布补缀而成,故名。在福国上人离开范县前,郑燮又作《扬州福国和尚至范赋二诗赠行》。其中写道:

不向空山卧寂寥,红尘堆里刹竿招。宰官风雨朝停泊,艇子惊呼夜听潮。眼底浮云真幻化,杖头芒屩自逍遥。悬知法雨无边际,洗尽铅华廿四桥。

范城小县无人到,忽漫袈裟暮叩门。一盏寒灯供佛火,数椽茅茨即山村。支持祖德留清白,冷落乡园愧弟昆。本分钳锤公透脱,更可了悟教诸孙。

周积寅《郑板桥年谱》将此诗首句中的"空山"误作"空间"。

此处所谓"刹竿",系物名,指的是长竿之上以金铜造宝珠成火焰形,立于寺前,以表梵刹。而"刹",乃土田之义。

"钳锤"中的"钳"指的是铁铗,"锤"则指铁锤。两者均为锻造金属器物必用工具。佛教禅宗以此比喻师家教导弟子之严格。

郑燮任范县知县期间,创作的书画作品并不算多,而是将主要精力用在诗词创作方面。因此,也积累了诸如作诗非难,命题为难;题高则诗高,题矮则诗矮,不可不慎,以及诗词创作当随时代等若干心得体会。他以唐代杜甫、宋代陆游的诗作为例,告诫堂弟郑墨在诗词创作时,应该慎题目,以端人品,以厉风教,不可以一字苟吟。实际上,通过郑燮《悍吏》《贫士》《私刑恶》《抚孤行》《孤儿行》《逃荒行》《还家行》《思归行》等诗作题目可知,郑燮非但如此教育堂弟,他自己也是严格这样做的。郑燮在《范县署中寄舍弟墨第五书》中写道:

作诗非难,命题为难。题高则诗高,题矮则诗矮,不可不慎也。少陵诗高绝千古,自不必言,即其命题,已早据百尺楼上矣。通体不能悉举,且就一二言之:《哀江头》《哀王孙》,伤亡国也;《新婚别》《无家别》《垂老别》《前后出塞》诸篇,悲戍役也;

《兵车行》《丽人行》，乱之始也；《达行在所》三首，庆中兴也；《北征》《洗兵马》，喜复国望太平也。只一开卷，阅其题次，一种忧国忧民忽悲忽喜之情，以及宗庙丘墟，关山劳戍之苦，宛然在目。其题如此，其诗有不痛心入骨者乎！至于往来赠答，杯酒淋漓，皆一时豪杰，有本有用之人，故其诗信当时、传后世，而必不可废。放翁诗则又不然，诗最多，题最少，不过《山居》《村居》《春日》《秋日》《即事》《遣兴》而已。岂放翁为诗与少陵有二道哉？盖安史之变，天下土崩，郭子仪、李光弼、陈玄礼、王思礼之流，精忠勇略，冠绝一时，卒复唐之社稷。在《八哀》诗中，既略叙其人；而《洗兵马》一篇，又复总其全数而赞叹之，少陵非苟作也。南宋时，君父幽囚，栖身杭越，其辱与危亦至矣。讲理学者，推极于毫厘分寸，而卒无救时济变之才；在朝诸大臣，皆流连诗酒，沉溺湖山，不顾国之大计。是尚得为有人乎！是尚可辱吾诗歌而劳吾赠答乎！直以《山居》《村居》《夏日》《秋日》，了却诗债而已。且国将亡，必多忌，躬行桀纣，必曰驾尧舜而轶汤武。宋自绍兴以来，主和议、增岁币、送尊号、处卑朝、括（刮）民膏、戮大将，无恶不作，无陋不为。百姓莫敢言喘，放翁恶得形诸篇翰以自取戾乎！故杜诗之有人，诚有人也；陆诗之无人，诚无人也。杜之历陈时事，寓谏诤也；陆之绝口不言，免罗织也。虽以放翁诗题与少陵并列，奚不可也！近世诗家题目，非赏花即宴集，非喜晤即赠行，满纸人名，某轩某园，某亭某斋，某楼某岩，某村某墅，皆市井流俗不堪之子，今日才立别号，明日便上诗笺。其题如此，其诗可知，其诗如此，其人品又可知。吾弟欲从事于此，可以终岁不作，不可以一字苟吟。慎题目，所以端人品，厉风教也。若一时无好题目，则论往古，告来今，乐府旧题，尽有做不尽处，盍为之。哥哥字。

郑燮诗中所谓"放翁"，指的是南宋诗人陆游（1125—1210），字务观，号放翁，山阴（今浙江绍兴）人。著有《剑南诗稿》《渭南文集》《南唐书》《老学庵笔记》等。

"安史之变"，指唐代由安禄山、史思明发动，前后历时七年多的叛乱。唐朝从此由盛而衰，形成藩镇割据局面。

郭子仪（697—781），唐大将。安史之乱时任朔方节度使、关内河东副元帅。以击败史思明收复长安、洛阳之功，升中书令，封汾阳郡王。

李光弼（708—764），唐大将。安禄山叛乱时任河东节度使，与郭子仪进攻河北，收复十余郡。封临淮王。

陈元礼，即唐将领陈玄礼。玄宗在位期间，宿卫宫禁。安禄山叛乱，他随玄宗入蜀，在太子李亨的支持下，于马嵬驿（今陕西兴平西）与士兵杀杨国忠，逼玄宗缢死杨贵妃。

后随唐玄宗回长安，封蔡国公。

王思礼（？—761），营州（今辽宁朝阳）人，系高句丽人。安史之乱，初从唐代名将、安西龟兹（今新疆库车）人哥舒翰（？—757），后从郭子仪抗拒安禄山，以功至河东节度使、兵部尚书。封霍国公。

此处所谓"南宋时，君父幽囚……讲理学者，推极于毫厘分寸，而卒无救时济变之才"，说的是宋钦宗靖康元年（1127）冬，金人攻陷汴京，次年将宋钦宗赵桓与太上皇宋徽宗赵佶俘获并囚禁起来，北宋亡。同年，宋徽宗之子康王赵构在南京（今河南商丘）即位，后迁临安（今浙江杭州），是为南宋。南宋初，有以朱熹为首的客观唯心主义和以陆九渊为首的主观唯心主义两大理学学派。尽管这些人所论及对宇宙万事万物的抽象认识涉及范围较广，研究得也很细，但纯属思想理论，严重脱离社会现实，无法对当时急迫需要解决的抗战收复问题，提供具体的解决方案。

"绍兴"，指的是南宋高宗赵构年号（1131—1162）。绍兴十一年（1141），南宋在一连打了几次胜仗之后，主动与金求和。双方议定：宋金间，东以淮河，西以大散关（今陕西宝鸡西南）为界；宋向金称臣，每年贡献银二十五万两，绢二十五万匹。宋为了向金表示诚意，于是年冬杀害了抗金大将岳飞。翌年春，金册立赵构为宋帝。

"乐府旧题"，指的是唐以前乐府诗的题目，常为后代诗人所袭用，以表现现实生活的内容。

前面说过，尽管郑燮此时身处山左范县，但对分散在各地的故交好友，却时时牵挂。当郑燮闻知诗友石东村将自己所作的上万首诗歌以火焚之后，颇有感触，作《寄题东村焚诗二十八字》，其中写道：

闻说东村万首诗，一时烧去更无遗。板桥居士重饶舌，诗到烦君并火之。

当郑燮后来闻知石东村又有新诗作面世时，又作《题石东村铸陶集》。其中写道：

诗人老去兴偏豪，烧尽千篇又铸陶。从此铸韩还铸杜，更于三代铸《风》《骚》。

周积寅《郑板桥年谱》将郑燮《题石东村铸陶集》诗题，误作《题东村铸陶集》。

郑燮诗中所谓"铸陶"中的"陶"，指的是陶渊明；"铸韩"中的"韩"，指的是韩愈；"铸杜"中的"杜"，指的是杜甫。

当郑燮闻知鄂容安被革去东宫詹事后，心中郁郁不平。他在所作的《鄂公子左迁讳容安》

中写道：

> 仲子空残呕血，鄂君原不求名。革去东宫詹事，来充国子先生。

关于鄂容安，详见前面在郑燮《访青崖和尚，和壁间晴岚学士、虚亭侍读原韵》中所做介绍。

所谓"左迁"，即贬谪降职。

"仲子"，指的是战国齐人陈仲子。以兄食禄万钟为不义，适楚，居于於陵，号於陵仲子。楚王欲以为相，不就，与妻逃去，为人种地灌园。相传，陈仲子有一次在吃母亲所做的鹅肉时，得知此鹅是其兄送来的，便将口中的鹅肉呕吐掉。

"东宫詹事"，即詹事府詹事，因掌管皇太子（东宫）家事，故称。

"国子先生"，系指国子监的主管官国子监祭酒。

是年，时任卫辉知府的郑燮好友王篴舆，因公务途经朝城，与郑燮相见。两人彻夜畅谈。王篴舆，字敬倚，号孟亭，江苏宝应人。康熙五十一年进士。官卫辉知府，多有惠政。工诗，著有《孟亭诗文集》。王篴舆《孟亭诗集》卷二《山左吟（乙丑）·朝城却寄范县明府郑板桥》中写道："六年不见徒劳梦，一日见君犹梦中。语短烛长随夜尽，酒酣剑拔为谁雄。置驿今传旧郑君曾摄篆朝城，老来方识故交真。多怀行尽烟霞窟，有眼留看傺党人。"

此后，王篴舆又赋诗赠郑燮，既表达了他对郑燮的牵挂思念，也对郑燮这把年纪依然在范县当七品芝麻官，寄予深切同情。王篴舆在《济南杂诗》中写道："板桥为道夷门事，三四年间聚会难。哀痛山阳横笛后，依然屈宋唤衙官。"

郑燮对故交旧友的关心挂牵深怀敬意并感激不尽。郑燮在《感怀》中写道：

> 歌舞楼头暮影催，雪霜门户艳阳回。苏秦六国都丞相，罗隐西湖老秀才。游说寂寥齐市哭，文章光怪越山开。分明一匹鸳鸯锦，玉剪金刀请自裁。

卞孝萱《郑板桥全集》（增补本）将郑燮这首诗中的"鸳鸯"作"宛央"。

苏秦（？—前284），系战国时期的著名纵横家、谋略家，字季子，东周雒阳（今河南洛阳）人。为燕昭王亲信，奉命入齐，从事反间活动，以防止齐国谋燕。齐湣王末年被任为相国。秦昭王约齐湣王并称东西帝，苏秦劝说齐王取消帝号，合纵攻秦，得为六国丞相。苏秦后因反间活动暴露，被车裂而死。罗隐，前已介绍。

是年秋，郑燮还以"避得暖风禁得凉"的秋菊来比喻自己。他在《十日菊》中写道：

十日菊花看更黄，破篱笆外斗秋霜。不妨更看十余日，避得暖风禁得凉。

以上两首诗，真实反映了郑燮此时所思所想及其心境。以"罗隐西湖老秀才""文章光怪越山开"，又以菊花"破篱笆外斗秋霜"来君子自道。

是年冬月，郑燮考虑到山东范县的环境不适宜饶氏和儿子生活，同时又考虑为自己下步返乡早做准备，便告假，将饶氏和儿子送回故乡兴化。

是年十二月，郑燮在游扬州东郊时，发现市上有一幅破烂不堪的元代初年画家李萌所作《岁朝图》，便买下来请人重新装裱，将其张挂于几席之间。郑燮于其上题记：

一瓶一瓶又一瓶，《岁朝图》画笔如生；莫将片纸嫌残缺，三百年来爱古情。

乙丑冬十有二月，游扬州东郭，见市上有此画，几于破烂不堪，属装画者托之，常挂几席间，聊以存元初笔仗云。板桥郑燮灯下志。

郑燮回乡期间，见到自己家乡绿水青山环境，心情为之一振，又激发起他作画的欲望，作《梅、兰石、竹石、菊石四屏条》，并依次题记：

一钓寒月孤山夜，照见平生铁石心。（梅屏）
除却东风开谢后，人间原不异仙乡。（兰石屏）
凌霜自得良朋友，过雨时添好子孙。（竹石屏）
千载白衣酒，一生清女霜。（菊石屏）

某日清晨郑燮于江边散步观看一团青翠丛竹归来后，心情格外清和愉悦，便展纸挥笔画《竹》，以此消解自己在范县压抑已久的郁闷烦躁。郑燮于其上题记：

晨起江边看竹枝，一团青翠影离离。牡丹芍药夸颜色，我亦清和得意时。
乾隆乙丑，板桥郑燮。

郑燮此处题记中所谓"清和"，乃心境清净平和之意。

郑燮还为好友李鱓此前为退庵禅师四十寿辰所作的《枯木竹石图》题记。其中写道：

此复堂先生六十内画也。力足手横，大是青藤得意之笔，不知者以为赝作，直是儿童手眼未除耳。板桥郑燮。

周积寅《郑板桥年谱》抄录郑燮此题记时，脱漏落款"板桥郑燮"四字。

郑燮题记中所谓"青藤"，指的是明代文学家、书画家徐渭（1521—1593），初字文清，改字文长，号天池山人、青藤道士，或署田水月，山阴（今浙江绍兴）人。年二十为生员，屡应乡试不中。徐渭工书法，行草纵逸飞动。擅绘画，特长花鸟，用笔放纵，水墨淋漓，有所创造，对后来大写意花鸟画具有一定影响。郑燮对徐渭超逸高妙的书画艺术成就推崇备至，极其赞赏，声称自己甘愿充当徐青藤门下"牛马走"。郑燮《板桥先生印册》中，录有吴於河为其所刻的"青藤门下牛马走"印，便是印证之一。

·郑燮常用印"青藤门下牛马走"（清代吴於河刻）

除此之外，吴於河还为郑燮篆刻过多枚印章。郑燮在《板桥先生印册》中对此记云：

郑兰

吴於河刻。

……

橄榄轩　诗绝字绝画绝　青藤门下牛马走　十年县令　六分半书　潍夷长　郑风子　畏人嫌我真　无数青山拜草庐　恃鸳耳　恨不得填漫了普天饥债　动而得谤名亦随之　王凤

吴於河刻。

郑燮在仰慕徐渭创作"无古无今独逞"的诗书画艺术成就的同时，也对徐渭穷困潦倒一生的悲惨遭遇，给予十二分同情。郑燮曾在《贺新郎·徐青藤草书一卷》中写道：

墨渖余香剩,扫长笺狂花扑水,破云堆岭。云尽花空无一物,荡荡银河泻影,又略点箕张鬼井。未敢披图容易玩,拔烟霞直上嵩华顶,与帝座,呼相近。　半生未挂朝衫领,狠秋风青衿剥去,秃头光颈。只有文章书画笔,无古无今独逞,并无复自家门径。拔取金刀眉目割,破头颅血迸苔花冷,亦不是,人间病。

周积寅《郑板桥年谱》将文中"无古无今独逞"误作"无古无今独呈"。

郑燮词中所谓"箕张鬼井",指的是二十八星宿中箕宿、张宿、鬼宿和井宿。

"拔取金刀眉目割,破头颅血迸苔花冷",说的是徐渭因精神长期抑郁导致患被害妄想症自杀之事。徐渭在中年时期,曾当过浙、闽总督胡宗宪的幕僚,于抗倭军事,多所筹划。令徐渭没有想到的是,后来随着严世蕃伏诛的案件,又牵连到了时在京赋闲的胡宗宪。据《明史·胡宗宪传》载:"会御史汪汝正籍罗龙文家,上宗宪手书,被劾时自拟旨授龙文以达世蕃者,遂逮下狱。宗宪自叙平贼功,言以献瑞得罪言官,且讦汝正受赃事。帝终怜之,并下汝正狱。宗宪竟瘐死,汝正得释。"

徐渭在胡宗宪被害致死后,精神上受到极大刺激,再加上他长期失业的痛苦和家庭夫妻关系的不和,以致患被害妄想症,悲观厌世,多次实施自杀,且请木匠为自己制作了棺木。徐渭在企图自杀前曾写过一篇《自为墓志铭》:"至是忽自觅死。人谓渭文士,且操洁,可无死。不知故文士以入幕操洁而死者众矣。乃渭则自死,孰与人死之?渭为人度于义无所关时,辄疏纵不为儒缚,一涉义所否,干耻诟,介秽廉,虽断头不可夺。故其死也,亲莫制、友莫解焉。尤不善治生,死之日至无以葬。独余书数千卷,浮磬二,研剑图画数,其所著诗文若干篇而已。剑画先托市于乡人某,遗命促之以资葬。著稿先为友人某持去……"由此可见,徐渭当时悲观厌世的思想已经发展到绝望的程度。

徐渭在这篇《自为墓志铭》撰写后不久,于其狂病发作时,拔壁上铁钉贯左耳窍,险些致死。徐渭后来在《海上生华氏序》中写道:"予有激于时事,病瘵甚。若有鬼神凭之者。走拔壁桩钉可三寸许,贯左耳窍中,颠于地,撞钉没耳窍,而不知痛。逾数旬,疮血迸射,日数合,无三日不至者,越再月以斗计。人作虱蚁形,气断不属。"直至后来经过华氏用海上方疗治,才逐渐痊愈。

斯时,郑燮画作的题记中,显示了他对绘画的许多真知灼见。他还针对当时画界不奋苦而求速效,并以所谓"写意"来蒙人欺世的浮夸现象,提出批评。郑燮认为,画写意花鸟,必须先在工笔上狠下功夫,只有具备工笔画基础,功夫达至极致后,方可以进行写意画创作。郑燮在自己所画《竹》上,以徐渭所画雪竹为例写道:

> 徐文长先生画雪竹,纯以瘦笔、破笔、燥笔、断笔为之,绝不类竹,然后以淡墨水钩染而出,枝间叶上,罔非雪积,竹之全体,在隐跃间矣。今人画浓枝大叶,略无破阙处,再加渲染,则雪与竹两不相入,成何画法?此亦小小匠心,尚不肯刻苦,安望其穷微索渺乎!问其故,则曰吾辈写意,原不拘拘于此。殊不知写意二字,误多少事。欺人瞒自己,再不求进,皆坐此病。必极工而后能写意,非不工而遂能写意也。

郑燮认为,学习书法绘画,与个人所具有的气质秉性,以及是否能真正狠下一番苦功,密切相关。他以善画兰竹的郑所南、陈古白,以及不甚画兰竹的徐渭、高其佩为例,对自己"师其意不在迹象间也"的观点加以说明。郑燮在《靳秋田索画》第四段中写道:

> 郑所南、陈古白两先生善画兰竹,燮未尝学之;徐文长、高且园两先生不甚画兰竹,而燮时时学之弗辍,盖师其意不在迹象间也。文长、且园才横而笔豪,而燮亦有倔强不驯之气,所以不谋而合。彼陈、郑二公,仙肌仙骨,藐姑冰雪,燮何足以学之哉!昔人学草书入神,或观蛇斗,或观夏云,得个入处;或观公主与担夫争道,或观公孙大娘舞西河剑器,夫岂取草书成格而规规效法者!精神专一,奋苦数十年,神将相之,鬼将告之,人将启之,物将发之。不奋苦而求速效,只落得少日浮夸,老来窘隘而已。

郑所南,即前面曾经说过的画家郑思肖。郑思肖擅长画墨兰,兰叶萧疏而不画根土,寓意宋土已被掠夺,失去国土根基。著有《心史》《郑所南先生文集》《所南翁一百二十图诗集》等。陈古白,明代画家,擅长画兰花。兼融设色没骨和水墨写意两法。陈古白通常将兰花以淡墨写出,使其与兰叶相互穿插,似乱而有序,浑然一体。笔墨更具书法韵味。徐文长,即徐渭。高且园,指的是清代画家高其佩。

"观蛇斗",源自苏轼《论书》:"雷太简乃云闻江声而笔法进,文与可亦言见蛇斗而草书长,此殆谬矣。"其中谈及,相传宋代文同(字与可),看见蛇之缠斗,从中受到启发,于是草书大有长进。这一典故,后来被称为"观蛇斗"。

"观夏云",源自唐代陆羽《释怀素与颜真卿论草书》:"怀素与邬彤为兄弟,常从彤受笔法。彤曰:'张长史私谓彤曰:"孤蓬自振,惊沙坐飞,余自是得奇怪。"草圣尽于此矣。'颜真卿曰:'师亦有自得乎?'素曰:'吾观夏云多奇峰,辄常师之,其痛快处如飞鸟出林、惊蛇入草。又遇坼壁之路,一一自然。'真卿曰:'何如屋漏痕?'素起,握公手曰:'得之矣。'"意思是说,唐代书法家颜真卿向怀素请教笔法,怀素说他看到夏天空中的云被风一吹,像起伏的山峦一样,变化无穷,从中悟出了草书要气势磅礴、变化莫测的道理。后人将这一学书体验概括为"观夏云"或"观云悟笔"。

"观公主与担夫争道",源自宋代欧阳修、宋祁《新唐书·张旭传》:"旭自言,始见公主担夫争道,又闻鼓吹,而得笔法意,观倡公孙舞《剑器》,得其神。"意思是说,唐代书法家张旭自言曾经见到公主与担夫相遇而先争后让的情形,从中受到启发,悟出书法要注意向背揖让、进退弛张等笔情墨趣的道理。后人将张旭这一体会概括为"公主担夫争道"或"公主担夫争路"。

"观公孙大娘舞西河剑器",源自唐代陆羽《僧怀素传》:"至晚岁,颜太师真卿以怀素为同学,邬兵曹弟子问之曰:'夫草书于师授之外,须自得之。张长史睹孤蓬、惊沙之外,见公孙大娘剑器舞,始得低昂回翔之状。未知邬兵曹有之乎?'"其中说,唐代书法家张旭,观看公孙大娘表演的《剑器》舞蹈后,领悟到草书创作抑扬顿挫的神韵。后人以"公孙大娘剑器舞""公孙舞剑""公孙剑器""公孙大娘舞剑""公孙大娘舞剑器""观公孙大娘舞剑""观舞剑"等,比喻笔墨淋漓酣畅、浑然天成,不露痕迹。

物以类聚,人以群分。活在世界上的每个人,都有自己的朋友圈,只不过,存在交往人数多寡、交往程度密疏、交往时间长短的差别而已。郑燮于范县知县任上,回顾与自己交往特别密切、名位不高却各怀绝艺的诸位好友,以其在自己心目中形成的印象形象,首先述其生平,然后采用二十八字标其梗概,一一撰写绝句。郑燮在这组绝句《跋》中,说明了创作的动因。其中写道:

> 凡大人先生,载之国书,传之左右史。而星散落拓之辈,名位不高,各怀绝艺,深恐失传,故以二十八字标其梗概。峨山先生不应在是列,笔之所至,遂不能自己。

卞孝萱《郑板桥全集》(增补本)于此跋文后加编者注"'故以二十八字标其梗概'之后,被铲去三十字左右",并在正文《绝句二十三首·李鱓》之后加编者注:"'李鱓'之后,'莲峰'之前,铲去两首。《绝句二十三首》存二十一首。"

郑燮撰写的这组绝句完成后,以《绝句二十三首》为题付梓。然而不知出于何种原因,郑燮又将其中两首从雕版中铲除,使得雕版中仅存二十一首。目前看到的文献资料中,广陵古籍版《郑板桥全集》和卞孝萱《郑板桥全集》(增补本),仍然沿袭原名,将其题作《绝句二十三首》;而中州古籍版《郑板桥全集》和上古版《郑板桥集》,则将其题作《绝句二十一首》。

遗憾的是,由于文献资料的缺失,郑燮铲除的两首究竟谈及何人,目前尚不得而知。窃以为,既然郑燮于雕版后将其铲除,说明郑燮此时或觉得其中有两个人已经不符合入选标准。既然这组绝句所包括的实际内容已经发生改变,其题目理应随之改变,因此将绝句题名改作《绝句二十一首》,并无不妥。

郑燮在《绝句二十一首·高凤翰》中写道:

号西园,胶州秀才,荐举为海陵督灞长。工诗画,尤善印篆,病废后,用左臂,书画更奇。

西园左笔寿门书,海内朋交索向余。短札长笺都去尽,老夫赝作亦无余。

郑燮此处所谓"赝作",指的是当郑燮的朋友托他为之代求高凤翰和金农的书作画作时,由于高凤翰和金农耽搁的时间较长未果,郑燮为之代笔模仿所作。例如,郑燮为稽留山民诗扇,即抄录自己所作的这首绝句。仅将其中"短札"改作"短幅",将"去尽"改作"散尽"而已。裴景福《壮陶阁书画录·清郑板桥诗扇》除说明上述两处异文外,还记载郑燮于其上所作跋云:

俚句博稽留山民一笑。前代友人求画竹小幅,久未寄下。无已,仍劣捉刀,恐损湖州、彭城盛名也。郑燮。

郑燮此处所谓"稽留山民",乃金农别号;"湖州",指的是北宋著名画家、诗人文同(1018—1079),字与可,号笑笑居士、笑笑先生,人称石室先生。北宋梓州梓潼郡永泰(今属四川省绵阳市)人。宋仁宗皇祐元年(1049)进士,迁太常博士、集贤校理,历官邛州、大邑、陵州、洋州等知州或知县。元丰初年,文同赴湖州(今浙江吴兴)就任,世人称"文湖州"。元丰二年(1079)正月二十日,文同在陈州(今河南省淮阳县)病逝,未到任而卒,享年61岁。文同与苏轼是从表兄,以学名世,擅诗文书画,尤善画竹。清末民初书法家张伯英《庚午消夏录·僧昙潜书》:"宋人墨竹学与可者曰'湖州派',学东坡者曰'彭城派'。"

郑燮在《绝句二十一首·图清格》中写道:

号牧山,满洲人,部郎。善画,学石涛和尚。

懒向人间作画师,朋游山下牧羊儿。崖前古庙新泥壁,墨竹临风写一枝。

关于石涛和尚,前面已说,此处从略。

郑燮在《绝句二十一首·李鱓》中写道:

号复堂，兴化人，孝廉。供奉内廷，后为滕县令。画笔工绝。蒋相公、高司寇弟子。

两革科名一贬官，萧萧华发镜中寒。回头痛哭仁皇帝，长把灵和柳色看。

郑燮此处所谓"蒋相公"，指的是清代画家、文献学家、藏书家蒋廷锡（1669—1732），字酉君、扬孙，号南沙、西谷，又号青桐居士，江苏常熟人。康熙四十二年（1703）进士，授翰林编修。雍正帝即位后历任礼部侍郎、户部尚书等职。雍正六年（1728）拜文华殿大学士，仍兼理户部事，并任《明史》总裁。次年（1729）加太子太傅。累封一等阿达哈哈番。雍正十年（1732）卒于任内，谥号"文肃"。蒋廷锡为官秉公抚政，剔除积弊，声誉甚著。为人博学精敏，尤善诗画。擅长花鸟，以逸笔写生，奇正率工，敷色晕墨，兼有一幅，能自然洽和，风神生动，得恽寿平韵味。点缀坡石，偶作兰竹，亦具雅致。曾画塞外花卉七十种，被视为珍宝收藏于宫廷。有《牡丹扇面》《岁岁久安图》《桃花鹦鹉图》《竹石图》《花卉图》等传世。值得注意的是，周积寅《郑板桥年谱》中，均将"蒋廷锡"误作"蒋廷锡"。

"高司寇"，指的是工诗善画、指画的开山祖师高其佩（1660—1734，一作1672—1734），字韦之，号且园，或书且道人，又号南村，铁岭（今属辽宁）人。康熙时以荫由宿州知州迁四川按察使，雍正间擢都统，后罢去。高其佩幼即善画，所画花木、鸟兽、山水、人物、鱼龙之类，构图简洁生动，运笔爽辣，意趣盎然。中年尝试以手指作画，所作苍浑沉厚，奇趣横生，大异于毛笔效果，被誉有"叱石成羊"之妙。晚年遂不再用笔作画。著有《且园诗钞》。

"两革科名一贬官"，指的是李鱓于康熙五十年辛卯（1711）中举，不久便入清宫，为玄烨侍从，旋被取消；康熙五十三年甲午（1714）以绘事供奉内廷，不久又被排挤出来；乾隆三年戊午（1738）为滕县令，乾隆五年庚申（1740）又因忤大吏而被罢官。

"仁皇帝"，指的是清圣祖康熙皇帝爱新觉罗·玄烨。

"灵和柳色"，指的是灵和殿前的柳树。《南史·张绪传》："益州献蜀柳数株，枝条甚长，状若丝缕。时芳林苑始成，武帝以植于灵和殿前，常赏玩咨嗟曰：杨柳风流可爱，似张绪当年。郑燮借此典故说明李鱓当年曾得到康熙皇帝的赏识。

郑燮在《绝句二十一首·莲峰》中写道：

杭州诗僧，雍正间赐紫。

铁索三条解上都，君王早为自冤诬。他年写入《高僧传》，一段风波好画图。

莲峰，名超源，浙江钱塘人，工诗。清代沈德潜《清诗别裁集》记云："超源，字莲峰，浙江钱塘人。莲峰见知于世宗皇上，召入内廷，敕主吴中怡贤禅寺，一时尊宿也。而其诗，揣摩王、孟，举释典玄妙融化出之，殊有空山冰雪气象。"

莲峰曾在《题画》中写道："溪口有亭，岩边有屋。不见人归，空留云宿。"

郑燮在《绝句二十一首·傅雯》中写道：

字凯亭，闾阳布衣。工指头画，法且园先生。

长作诸王座上宾，依然委巷一穷民。年年卖画春风冷，冻手胭脂染不匀。

此处所谓"委巷"，指的是贫困清苦人家居住的曲折僻陋小巷。

郑燮在《绝句二十一首·潘西凤》中写道：

字桐冈，人呼为老桐，新昌人。精刻竹，濮阳仲谦以后一人。

年年为恨诗书累，处处逢人劝读书。试看潘郎精刻竹，胸无万卷待何如。

此处所谓"濮阳仲谦"，指的是明清时期著名雕刻家濮仲谦（1582—？），字仲谦。张岱《陶庵梦忆·濮仲谦雕刻》："南京濮仲谦，古貌古心，粥粥若无能者，然其技艺之巧，夺天工焉。其竹器，一帚、一刷，竹寸耳，勾勒数刀，价以两计。然其所以自喜者，又必用竹之盘根错节，以不事刀斧为奇，则是经其手略刮磨之，而遂得重价，真不可解也。"宋荔裳《竹罂草堂歌》中有为仲谦赋："白门濮生亦其亚，大璞不斫开新硎。"所谓"大璞不斫"，是说能略施刀凿以见自然之趣。这与一般竹刻当然有所不同，须具有很高的艺术修养者，方能为之。故时能继承濮仲谦此法的人，并不多见。潘西凤，便是继承濮仲谦刻竹技法中成就最高者。他用畸形卷竹所制臂搁，虫蚀斑痕，宛然在目，似未经人手而别饶天然之趣。铭文款识，著字无多，隽永有味，足见潘西凤刻竹，亦有濮仲谦"大璞不斫"天工之妙。

郑燮在《绝句二十一首·孙峨山前辈》中写道：

讳勷，德州人，进士，通政司右通。文章满天下，子孙科甲无算，先生泊如也。

屡劝诸儿莫做官，立官难更立身难。一门自有千秋业，万石高风国史看。

所谓"万石"，通常指的是古代一家中有五人官至二千石或一家多人为高官者。汉代也曾将三公（西汉指的是大司马、大司徒、大司空；东汉则指太尉、司徒、司空）别称"万石"。

后亦代指官职高的人。汉代"二千石",通常是指汉代官秩(俸禄)而言的,一般为郡守(太守)的通称。

郑燮此处所谓"万石",具体指的是汉代人石奋。《汉书·石奋传》:"奋长子建,次甲,次乙,次庆,皆以驯行孝谨,官至二千石。于是景帝曰:'石君及四子皆二千石,人臣尊宠乃举集其门。'凡号奋为万石君。"

郑燮在《绝句二十一首·黄慎》中写道:

字恭懋,号瘿瓢。七闽老画师。
爱看古庙破苔痕,惯写荒崖乱树根。画到情神飘没处,更无真相有真魂。

郑燮此处所谓"七闽",古指今福建和浙江南部一带少数民族地区,后亦泛指福建省。"魂",系古人想象人的精神能离开形体而存在,并将这种精神称为"魂"。"更无真相有真魂",系指画家所描绘的对象不斤斤于形似而臻神似的境界。

郑燮除了赠黄慎上首绝句之外,还曾赠给黄慎另外一首没有标记年款的绝句,其中写道:

闽中妙手黄恭懋,大妇温柔小妇贤。妆阁晓开梳洗罢,看郎调粉画神仙。

其中所谓"大妇温柔小妇贤",指的是黄慎娶大妇小妇两个老婆之事。谢堃在《春草堂集》卷二十八记载黄慎初到扬州卖画后书画风格一变再变,颇受欢迎而致富,由此买房屋娶大小妇一事时写道:"慎……初至扬郡,仿萧晨、韩范辈工笔人物,书法钟繇,以至模山范水,其道不行。于是闭户三年,变楷为行,变工为写,于是稍稍有倩托者。又三年,变书为大草,变人物为泼墨大写,于是道之大行矣。盖扬俗轻佻,喜新尚奇,造门者不绝矣。瘿瓢由是买宅,娶大小妇。与李绰、高翔辈,结二十三友,酬倡无虚日。"清代朱克敬在《儒林琐记·雨窗消意录》中也对黄慎娶"小妇"之事记道:一日,黄慎"赴友人饮,见其邻腐肆之女而悦之。囊无资,不能致也。乃画一仙女,张之装裱之肆。盐商以重价购之不可,问其所欲,则实告。商因买腐肆女易之"。

郑燮在《绝句二十一首·边维祺》中写道:

字颐公,一字寿民,山阳秀才。工画雁。
画雁分明见雁鸣,缣绸飒飒荻芦声。笔头何限秋风冷,尽是关山离别情。

边维祺，即清代著名画家边寿民（1684—1752），初名维祺，字颐公，又字渐僧、墨仙，号苇间居士，晚号苇间老民、绰翁、绰绰老人，江苏山阳（今江苏淮安）人。曾考中秀才。工诗词、精书法。善画花鸟、蔬果和山水，尤以画芦雁驰名江淮，有"边芦雁"之称。其泼墨芦雁，苍浑古朴，奇逸生动，极尽芦雁飞鸣、食宿、游泳之态。泼墨中微带淡赭，大笔挥洒，浑厚之中饶有风骨。其以淡墨干皴所画小品，更为佳妙。又因其善画芦雁，将其居所命名为"苇间书屋"。

郑燮在《绝句二十一首·李锴》中写道：

字梅山，又号豸青山人，索相子婿也。极博工诗，辽东世胄。
落魄王孙号豸青，文章无命命无灵。西风吹冷平津阁，何处重寻孔雀屏？

李锴（1686—1755），字梅山，一字铁君，号豸青山人，汉军正黄旗（亦作奉天铁岭）人。淡于荣利，好游山水。其诗作古奥峭削。乾隆元年（1736）举博学鸿词未中，筑室京郊盘山之豸青峰下，闭户耽读。著有《睫巢诗集》《睫巢文集》等。

郑燮在《绝句二十一首·郭沅》中写道：

字南江，扬州人，孝廉。工制艺。
点染诗书万卷开，丹黄如绣墨如苔。客来相对无言说，文弱书生小秀才。

郑燮此处所谓"丹黄"，指的是古代文人点校书籍时用朱笔，遇有错字时用雌黄涂抹修改，由此将其合称丹黄。

郑燮在《绝句二十一首·音布》中写道：

字闻远，长白山人。善书。
柳板棺材盖破袪，纸钱萧淡挂辒车。森罗未是无情地，或恐知人就索书。

"辒车"，指的是古代载运棺柩的车。汉代刘熙《释名·释丧制》中将"辒"写作"䡅"，并写道："舆棺之车曰䡅。䡅，耳也。悬于左右前后铜鱼摇绞之属耳耳然也。"

郑燮在《绝句二十一首·沈凤》中写道：

字凡民，江阴人，盱眙县令，王箬林太史门生。工篆刻。

政绩优游便出奇,不须峭削合时宜。良苗也怕惊雷电,扇得和风好好吹。

盱眙,县名,在江苏省西部。郑燮撰写《绝句二十一首·沈凤》时,正值沈凤盱眙县令任上。沈凤,字凡民,一字补萝。工篆刻。自言生平篆刻第一,画次之,字又次之。晚年不肯刻石作画而肯书。沈凤曾为郑燮篆刻"所南翁后"常用印。郑燮在《板桥先生印册·所南翁后》中写道:

沈凤,字凡民,盱眙、旌德、宣城三县知县,工篆刻,刻此。

板桥藏印,称"四凤楼",盖谓胶州高凤翰、扬州高凤冈、天台潘西凤、江阴沈凤也。

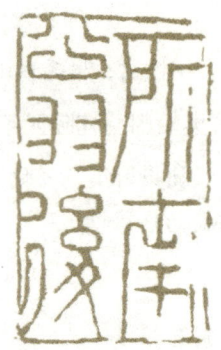

·郑燮常用印"所南翁后"(清代沈凤刻)

沈凤有《谦斋印谱》。沈凤《自叙》云:"三十年来,凤所为人篆刻者,布满一世。"其他为《谦斋印谱》作序者,也无不对沈凤大加赞叹颂扬。康熙五十三年甲午(1714)汪士铉为其作序云:"江阴好友沈兄凡民,有志于书,先学篆刻之法。故于史籀秦相之书,《说文》字源及汉唐碑刻印章,无不通贯。顾其作之也,以刀而不以笔。而其得心应手之妙,亦如以笔成之。至其用中锋而不用侧笔,其往复起止,皆如其次第而不乱。其笔随宜变换,不复不冗,皆真得书家三昧,而复正其缺烂讹舛。"

雍正六年戊申(1728)王澍《序》云:"吾友沈太学凡民,性耆(嗜)古,酷喜篆刻。少时,辄坐卧延陵季子之碑。既长,游宦四方。东至齐鲁,搜秦汉之遗碣;北之燕,摩挲宣王石鼓;西适秦,抵酒泉,访求晋唐来金石刻,空昼登登,手拓以归。京师为万国之会,凡三代后钟、彝、尊、罍、卣、鼎、甗、鬲及一切奇古怪物,萃来自四方者,往往而有。凡民一见,辄抚弄不去手。遇有款识,虽一两字,亡不精心摹拓。客有以秦汉印三千来者,凡民开箧大喜跃,穷日夜悉谱之,篆法于是益上。公卿大夫,知凡民者如麻列,索刻者相属于道……凡民无所用意,应手虚落,自然入古。盖凡民信可谓取精多而用物宏者。"

乾隆十八年癸酉（1753）高斌《序》云："镌法遒劲，已臻神化，有古钗脚、屋漏痕之妙。"

沈凤去世后，袁枚为其作《墓志铭》，葬金陵南门外汤家洼。袁枚在《小仓山房文集》卷五《补萝先生墓志铭》中云："雍正十三年以国学生效力南河。乾隆二年，署江宁南捕通判，再署徽州同知。凡七摄县篆，宣城、灵璧、舒城、建德、盱眙、泾县，皆所历也。"加上郑燮《板桥先生印册》中所记，当知袁枚在《补萝先生墓志铭》中，漏记沈凤曾任职"旌德"一县。

郑燮在《绝句二十一首·周景柱》中写道：

字西擎，遂安人，孝廉。由内阁中书为潮州府丞。工书法。
曾约严滩去钓鱼，春风江上草为庐。如何万里无消耗，君屈衔官我簿书。

郑燮此处所谓"严滩"，指的是东汉严光隐居钓鱼之处。严光，字子陵，与光武帝刘秀同学，刘秀当皇帝后，曾招严光去朝廷做官。严光不从，归隐垂钓于浙江富春江。后人遂将严光钓鱼之处，称为"严滩"，并以"严滩钓鱼"，指代文士归隐。

郑燮在《绝句二十一首·董伟业》中写道：

字耻夫，号爱江，沈阳人。流寓甘泉，作《扬州竹枝词》九十九首。
百首新诗号《竹枝》，前明原有艳妖词。合来方许称完璧，小楷抄誊枕秘随。

董伟业的生平行迹，此前在乾隆五年九月郑燮为董伟业《扬州竹枝词》作《序》中已经说过，此处略。

郑燮在《绝句二十一首·保禄》中写道：

字雨村，满洲笔帖式。遇于江西无大师家，赠诗云："西江马大士，南国郑都官。"
曾把都官目板桥，心知诳哄又虚骄。无方去后西山远，酒店春旗何处招？

郑燮此处所谓"无大师"，指的是无方上人。佛教信众通常将佛和菩萨称为"大士"。此处所谓"马大士"，指的是出家后师事南岳怀让禅师并继承法脉的佛教禅宗高僧、唐代汉州什邡人马祖道一。马祖道一禅师主张"自心是佛""凡所见色，即是见心"等说，并在福建、江西等多地传授佛法，深受信众尊崇。郑燮于此用马祖道一来比拟无方上人。

"郑都官"，指的是唐代诗人、江西宜春人郑谷，字守愚。郑谷系唐僖宗时进士。因任"都官郎中"一职,而被称为"郑都官"。又以其《鹧鸪诗》而得名"郑鹧鸪"。郑燮此处以郑谷来指自己。

"西山",指位于京师的瓮山,即万寿山。

郑燮在《绝句二十一首·伊福纳》中写道:

> 字兼五,姓那拉,满洲人。进士,户部郎中。工诗。
> 红树年年只报秋,西山岁岁想同游。枯僧去尽沙弥换,谁识当时两黑头!

郑燮于此诗中回顾了自己在乾隆元年中进士后,与时任户部郎中的伊福纳结伴同游西山的经历。

郑燮在《绝句二十一首·申甫》中写道:

> 号笏山,关中人,孝廉。工诗。
> 男儿须斗百千期,眼底微名岂足奇。料得水枯青石烂,天涯满诵笏山诗。

申甫(1706—1778),字及甫,号笏山,别号补亭,衢州西安人。乾隆丙辰举博学鸿词。辛酉顺天举人。官至都察院左副都御史。著有《笏山诗钞》。郑燮此处将申甫的籍贯误作"关中"。实际上申甫籍贯所谓"西安",并非如今陕西省的西安,而是指古代一度被称为"西安"的浙江衢州。

郑燮在《绝句二十一首·杭世骏》中写道:

> 字大宗,号堇浦,杭州人。工诗。举鸿博,授翰林苑编修。
> 门外青山海上孤,阶前春草梦中癯。宦情不及闲情热,一夜心飞入鉴湖。

杭世骏(1695—1773),字大宗,号堇浦,别号智光居士、秦亭老民、春水老人、阿骏,室名道古堂,仁和(今浙江杭州)人。雍正二年(1724)举人。乾隆元年(1736)举博学鸿词,授编修,官御史。乾隆八年(1743),因上疏言事遭帝诘问,革职后以奉养老母和攻读著述为事。乾隆十六年(1751)得以平反,官复原职。晚年主讲广东粤秀和江苏扬州两书院。工书,善写梅竹、山水小品,疏澹有逸致。生平勤力学术,著述颇丰,著有《道古堂集》《榕桂堂集》等。

鉴湖,在浙江绍兴,附近有陆游吟诗处——快阁,为名胜。

郑燮在《绝句二十一首·方超然》中写道：

> 字苏台，淳安人。工书。为盐场大使。
> 蝇头小楷太匀停，长恐工书损性灵。急限采笺三百幅，宫中新制锦围屏。

此处所谓"盐场大使"，系清代盐政管理系统中的一个基层职官名称，主要掌管产盐区中食盐的生产与场灶缉私，虽系微员，但责任重大。

郑燮在《绝句二十一首·金司农》中写道：

> 字寿门，钱唐人。博物工诗。举鸿博不就。
> 九尺珊瑚照乘珠，紫髯碧眼聚商胡。银河若问支机石，还让中原老匹夫。

此处所谓"照乘珠"，指的是其光亮能照明车辆的宝珠。唐代独孤良器《赋得沉珠于泉》："皎洁沉泉水，荧煌照乘珠。"唐代高适《涟上别王秀才》："何意照乘珠，忽然欲暗投。"明代张四维《双烈记·房道》："莫因贪看中秋月，失却盘中照乘珠。"

"紫髯"，指金农蓄留的髯须。金农在雍正十二年（1734）客游扬州时，开始蓄留髯须，人称"髯金"。

"支机石"，亦省作"支机""支石"。相传为天上织女用以支撑镇压织布机的石头。《太平御览》卷八引南朝宋刘义庆《集林》："昔有一人寻河源，见妇人浣纱，以问之，曰：'此天河也。'乃与一石而归。问严君平，云：'此支机石也。'"唐宋之问《明河篇》："更将织女支机石，还访成都卖卜人。"明何景明《七夕》诗："乘槎莫问支机石，河汉年年此夜阴。"清赵翼《夜坐》诗："浪说支机石，谁乘犯斗槎？"

郑燮在这首绝句中，对金农擅长博物以及对古董独具慧眼，予以叹服。不过，后来郑燮又因担心金农因雅擅博物而玩物丧志，写信给金农施以劝诫。郑燮在《与金农书》中写道：

> 骨董一道，真必有伪，譬之文章，定多赝作，非操真鉴者，不能辨也。夏鼎商彝，世不多有，而见者殊希。老哥雅擅博物，燮曾有"九尺珊瑚照乘珠，紫髯碧眼号商胡"诗以持赠矣。然窃有说焉：世间可宝贵者，莫若《易象》《诗》《书》《春秋》《礼》《乐》，斯岂非世上大古器乎！不此之贵，而玩物丧志，奚取焉！然此只堪为知者道耳。狂愚之论，敢以质之高明。寿门征士，燮奉简。

上古版《郑板桥集》将此文中"莫若"作"莫欲"。窃以为,据文意,此处当以"莫若"为是。

郑燮书中所谓"骨董",乃指古玩、古董。明代张萱在《疑耀》卷五"骨董"条中说:"骨董二字乃方言,初无定字……今人作古董字,其意不可晓。"民国赵汝珍《古玩指南·古玩总述》:"古玩,旧称骨董,零杂之义也……又谓骨者,所存过去之精华,如肉腐而骨存也;董者,明晓也。骨董云者,即明晓古人所遗之精华也。"周积寅《郑板桥》中,将"骨董"写作"古董"。

郑燮于这封《与金农书》中,既肯定金农"雅擅博物"之嗜好,又认为这或系"玩物丧志"。郑燮对交厚好友金农的这种直言不讳,既反映了郑燮的心理性格特质,也体现了郑燮与金农之间友情真挚。不过,郑燮在这封信中将此前在《绝句二十一首·金司农》中所写的"紫髯碧眼聚商胡"改成了"紫髯碧眼号商胡"。

诚如郑燮在《范县署中寄舍弟墨第五书》中所写的"作诗非难,命题为难。……只一开卷,阅其题次,一种忧国忧民忽悲忽喜之情,以及宗庙丘墟,关山劳戍之苦,宛然在目",郑燮于范县任职期间,心中也充满了对国运民事的担忧,时常思考历朝历代帝王沉缅于歌舞女色,致使国破家亡的惨痛历史教训,由此撰写多首诗作规劝执政当权者。其心中持有的那股忧国忧民情怀,跃然纸上。郑燮在《南朝》中写道:

昔人谓陈后主、隋炀帝作翰林,自是当家本色。燮亦谓杜牧之、温飞卿为天子,亦足破国亡身。乃有幸而为才人,不幸而有天位者,其遇不遇,不在寻常眼孔中也。

舞榭歌楼荡子家,骚人落拓借撏遮。如何冕藻山龙客,苦恋温柔旖旎花!红豆有情传梦寐,青春无赖斗烟霞。风流不是君王派,请入鸡林谢翠华。

中国历史将从公元420年东晋灭亡到589年隋统一期间所形成的南北对峙局面,称为"南北朝"。其中,"南朝"指的是从420年刘裕代晋到589年陈亡,历经宋、齐、梁、陈四代。

陈后主,即南朝陈国主陈叔宝(553—604;582—589在位)。陈叔宝即位后,大建宫室,生活奢侈,日与妃嫔、文臣游宴,制作艳词。祯明三年(589)隋兵入建康(今江苏南京)时被俘,后病死。明人辑有《陈后主集》。

隋炀帝,即隋朝末代皇帝杨广(569—618;604—618在位)。大业元年(605)至大业六年(610)间,隋炀帝兴修大运河。又大兴土木,营建东都洛阳,修建宫殿和西苑,并修筑长城,开辟驰道。每项工程都迫使数十万乃至数百万人从事无偿劳役,严重破坏生产,同时兵役也极其繁重,由此迫使各地农民不断造反起义。大业十四年(618)隋炀帝在扬州被禁军将领宇文化及等缢杀，致使隋亡。

杜牧之，即唐代文学家、诗人杜牧（803—852），唐京兆万年人，字牧之。进士。历任淮南节度使掌书记、监察御史、宣州团练判官、殿中侍御史、内供奉、左补阙、史馆编撰、司勋员外郎，以及黄、池、睦、湖州刺史。晚年长居樊川别业，世称"杜樊川"。性刚直，不拘小节，不屑逢迎。诗、文均负盛名。著有《樊川文集》《樊川诗集》。

温飞卿，即唐代诗人、词人温庭筠（约812—866），原名岐，字飞卿，太原（今属山西）人。仕途不得意，官止国子助教。后人将其著作辑为《温庭筠诗集》和《金奁集》。

"鸡林"，古国名，即新罗。据《唐书》载，鸡林国相喜白居易诗，以重金易之。其行贾多有进之者，率篇一金，伪者相能辨之。郑燮此处用以代指文人圈或行列。

"翠华"，乃皇帝仪仗中一种用翠鸟羽毛制作用以装饰的旌旗。此处用以代指帝位。

郑燮除了以历朝历代帝王沉缅于歌舞女色祸国殃民的惨痛教训警示执政当权者之外，也对其臣属文士提出忠告。他慨叹有些读书人，一旦戴上乌纱帽充任官吏，初心即变，骄侈奢靡、贪图名利享受。尤其是当他们握有生杀大权之后，往往又会使得一部分英才俊杰蒙受冤屈。这些人为了掩盖自己的无耻行为，避免在历史上留下千古骂名，甚至不顾廉耻，令属下文人在撰写史料时，任意删削篡改事实真相。当然，也有一些不畏权贵、坚持实事求是记录历史真相的诸如司马迁那样令人钦敬的人。郑燮在《历览三首》中写道：

历览名臣与佞臣，读书同慕古贤人。乌纱略戴心情变，黄阁旋登面目新。翻笑腐儒何寂寂，可怜世味太津津。劝君莫作《闲居赋》，潘岳终须负老亲。

历览冰山过眼倾，眼前崒嵂有谁争？三千罗绮传宫粉，十万貔貅拥禁兵。白发更饶门户计，黄金先买史书名。焚香痛哭龙门叟，一字何曾诳后生！

历览前朝史笔殊，英才多少受冤诬！一人著述千人改，百日辛勤一日涂。忌讳本来无笔削，乞求何得有褒诛？唯馀适口文堪读，惆怅新添者也乎。

《闲居赋》，由西晋文学家潘岳（？—300）所作。潘岳曾任河阳令、给事黄门侍郎等职。他在50岁时，因母病去官家居，作《闲居赋》，表示绝意仕宦，奉养老母，终身从事园蔬渔牧之事。但后来却又架不住权利诱惑，在重新涉足仕途时得罪权贵，被赵王司马伦和孙秀所杀。后人辑有《潘黄门集》。

"龙门叟"，指的是西汉史学家、著有中国第一部纪传体通史名著《史记》的太史令司马迁（约前145或前185—？）。因其生于龙门（今陕西韩城东北），故称。司马迁在撰写《史记》时，不畏权贵，顶住重压，坚持实事求是地记录历史，为史学家做了楷模。

当然，郑燮也深刻认识到"人非圣贤，孰能无过"，然最重要的，莫过于闻过知过，及时改错。郑燮在《立朝》中写道：

> 立朝何必无纤过，要在闻而遽改之。千古怙终缘宠恋，问君恋得几多时？

郑燮还通过诗作告诫在朝为官执政者，应该竭尽全力为民着想，兢兢业业地替老百姓办事。只有这样，方才符合天意。否则，就会遭到上苍谴责。郑燮在《君臣》中写道：

> 君是天公办事人，吾曹臣下二三臣。兢兢奉若穹苍意，莫待雷霆始认真。

郑燮还试图以其诗作表述自己所认为的"天位有真"思想，并对统治阶层相互倾轧、争权夺势的杀戮现象进行揭露批判。他在《咏史》中写道：

> 蠡起狐鸣几辈曹，是真天子压群豪。何须傀儡诸龙种，拜冕垂旒赠一刀。天位由来自有真，不须划削旧松筠。汉家子弟幽囚在，王莽犹非极恶人。

郑燮此处所谓"蠡起狐鸣"，指的是试图推翻朝廷统治的农民起义。
王莽（前45—23），汉元帝皇后侄。西汉末，以外戚掌握政权，封新都侯。初始元年（8）称帝，改国号新。后为农民起义军所杀。
郑燮除了以上述诸诗警醒告诫执政当权的朝廷君臣应该勤政为民，多行不义必自毙之外，还以颂扬荷花甘以淡泊自居，不与百花争艳的品格为喻，行君子自道之实。郑燮在《秋荷》中写道：

> 秋荷独后时，摇落见风姿。无力争先发，非因后出奇。

毋庸置疑，郑燮于此期间创作的众多诗作中，更多的还是关注民间百姓艰辛的现实生活，诉说他们的悲惨遭遇和诸多不幸。

郑燮在范县任上，曾去位于黄河南岸、距范县约45公里的山东平阴县参观访问。当他于行进途中看到当地百姓辛勤渔耕，妇女拎着篮子为在地里劳作的家人送饭，犹如世外桃源般的村落不时传来犬吠鸡鸣的情景时，不由得欣然赋诗。郑燮在《平阴道上》写道：

关河夜雨,车马晨征。萧萧日出,荡荡波平。山城树碧,古戍花明。云随马足,风送车声。渔者以渔,耕者以耕。高原妇镒,墟落鸡鸣。帝王之业,野人之情。

郑燮还于七夕节那天,借民间故事中所说的七月初七晚上牛郎织女鹊桥相会,赋诗抒写人间夫妻为生活所迫不得不分居两地的怨别之情。郑燮在《七夕》中写道:

天上人间尽苦辛,飞桥斜度水粼粼。一年一会多离隔,好把牛郎觑得真。
漏尽星飞顷别离,细将长夜说相思。明年又有新愁恨,不得重提旧怨词。

郑燮在其创作的《孤儿行》中,描述一个孤儿在父母双亡后,由其叔父收养所过的那种无依无靠悲惨现实生活。其中通过与其叔父亲生娇儿对比,道尽孤儿遭遇的不幸。从而揭露鞭挞了社会上贪得无厌、利欲熏心、罔顾亲情的一部分人,甚至连自家的亲侄子也不放过的社会现实。令人读之辛酸不已,潸然泪下。其中写道:

孤儿踽踽行,低头屏息,不敢扬声。阿叔坐堂上,叔母脸厉秋铮铮。阿叔不念兄,叔母不念嫂。不记瘦嫂病危笃,枕上叩头,孤儿幼小;立唤孤儿跪,床前拜倒。拭泪诺诺,孤儿是保。娇儿坐堂上,孤儿走堂下;娇儿食粱肉,孤儿兢兢捧盘盂,恐倾跌,受笞骂。朝出汲水,暮莝刍养马。莝刍伤指,血流泻泻。孤儿不敢言痛,阿叔不顾视,但詈死去兄嫂,生此无能者。娇儿著紫裘,孤儿著破衣;娇儿骑马出,孤儿倚门扉。举头望望,掩泪来归。昼食厨下,夜卧薪草房。豪奴丽仆,食余弃骨,孤儿拾啮,并遗剩羹汤。食罢濯盘浴釜,诸奴树下卧凉。老仆不分涕泣,骂诸奴骨轻肉重,乃敢凌幼主,高贱躯。阿叔阿姆闻知,闭房悄坐,气不得苏,终然不念茕茕孤。老仆携纸钱,出哭孤儿父母,头触坟树,泪滴坟土。当初一块肉,罗绮包裹,今日受煎苦。墓树萧萧,夕阳黄瘦,西风夜雨。

郑燮还念及"世间处处可怜情,冷雨凄风作怨声",在其所作的《后孤儿行》诗中,描写了一个孤儿女婿,因被唯利是图、鼠心狼肺的岳丈贪图钱财而惨遭冤杀的故事。其中写道:

十岁丧父,十六丧母。孤儿有妇翁,珠玉金钱付其手。蒲苇系盘石,可以卒长久。纵不爱他人儿,宁不为阿女守?丈丈翁,得钱归,鼠心狼肺,侧目吞肥,千谋万算伏危机。

姥曰:"不可。"翁曰:"不然。"令孤儿汲水大江边,失足落江水,邻救得活全。丈丈闻知复活,不谢邻舍,中心怅然。朝不与食,暮不与栖止,孤儿荡荡无倚。乞求餐饭,旬日不返;外父外母不问,曷论生死!夜宿野庙,荒苇茫茫。闻人笑语,渐见灯光;绿林君子,勒令把火随行。孤儿不敢不听从强梁。事发贼得,累及孤儿;贼白冤故,官亦廉知。丈丈辣心毒手,悉力买告,令诬涅与贼同归。西日惨惨,群盗就戮。顾此孤儿,肌如莹玉。不恨已死,痛孤冤毒。行刑人泪相续。

除此之外,郑燮还关注身体残疾的弱势群体。郑燮在《题陈孟周词后》中,描述了盲人陈孟周向其请教词调,不数日即按《忆秦娥》调为其友人填出描写一对青年男女自幼相爱,然却最终未能结合成亲的情恨。当郑燮闻知陈孟周填写的这二首词时,颇为惊诧,给予了极高的评价,逢人便诵。郑燮甚至为此产生自愧不如的感觉,将自己所填近百首词弃掉。其中写道:

陈孟周,瞽人也。闻予填词,问其调。予为诵太白《菩萨蛮》《忆秦娥》二首。不数日,即为其友人填二词,亦用《忆秦娥》调。其词曰:"光阴泻,春风记得花开夜。花开夜,明珠双赠,相逢未嫁。　旧时明月如钩挂,只今提起心还怕。心还怕,漏声初定,玉楼人下。""何时了,有缘不若无缘好。无缘好,怎生禁得,多情自小。　重逢那觅回生草,相思未创招魂稿。招魂稿,月虽无恨,天何不老!"予闻而惊叹,逢人便诵。咸曰:青莲自不可及,李后主、辛稼轩何多让矣。拙词近数百首,因愧陈作,遂不复存。
圆峤仙人海上飞,吸风饮露不曾归。偶然唾墨成涓滴,化作灵云入少微。世间处处可怜情,冷雨凄风作怨声。此调再传黄壤去,痴魂何日出愁城?

郑燮诗中所谓"李后主",指的是南唐末代君主李煜(937—978),原名李从嘉,字重光,号钟山隐士、钟峰隐者、白莲居士、莲峰居士,徐州彭城(今江苏徐州)人。建隆二年(961),李煜继位,尊宋为正统,岁贡以保平安。开宝四年(971)十月,宋太祖赵匡胤灭南汉,李煜去除唐号,改称"江南国主"。开宝八年(975),李煜兵败降宋,被俘至东京,授右千牛卫上将军,封违命侯。太平兴国三年(978)七月,李煜死于东京,追赠太师,追封吴王。世称"南唐后主""李后主"。李煜精书法、工绘画、通音律,诗文均有造诣,尤以词作成就为最。其亡国后词作更是用情真挚、含意深沉,在晚唐五代词中别树一帜,对后世词坛影响深远。

辛稼轩,即辛弃疾(1140—1207),原字坦夫,后改字幼安,中年后别号稼轩,山东东路济南府历城（今济南历城区）人。系南宋官员、将领。他一生以恢复被金占领的中原国土为志，然命运多舛，壮志难酬，只能将自己的满腔激情和对国家兴亡的关切、忧虑，寄于词作之中。辛稼轩词作风格以豪放为主，著有《稼轩长短句》，与苏轼合称"苏辛"，与女词人李清照并称"济南二安"。

此处所谓"圆峤仙人"，借指陈孟周。"圆峤"，即古代神话传说东海中五仙山之一的员峤。《列子·汤问》："其中有五山焉：一曰岱舆，二曰员峤，三曰方壶，四曰瀛洲，五曰蓬莱。"

由于山东范县距离当时的直隶邯郸不算太远，郑燮抽空便去这座历史文化名城参访游览。然令其没有想到的是，他亲眼看见的却是荒寒无人、画壁含苔、断桥折苇的一派破落景象。郑燮便借此行所撰《邯郸道上二首》，抒发自己"青山易老人长在，白发无权志不灰"的情怀。其中写道：

> 铜台西北又丛台，泱漭尘沙泜水回。笑武灵王无末路，爱厮养卒有英才。青山易老人长在，白发无权志不灰。最是耳馀堪借鉴，千秋刎颈有疑猜。
>
> 仙馆荒寒不见人，吕翁遗像满埃尘。古碑剔藓前文陌，画壁含苔幻说薪。几处断桥支破板，一沟折苇卧秋蘋。分明告我浮生事，伏枕何须梦假真。

诗中所谓"铜台"，即铜雀台，亦作铜爵台。旧址在古邺城（在今河北省临漳西南）西北角。为曹操于建安十五年冬所筑。

丛台，故址在今河北省邯郸东北。颜师古注《汉书·高后纪》曰："连聚非一，故曰丛台。盖本六国时赵王故台也，在邯郸城中。"

泜水，即今泜河，在河北省南部，源出内丘西北，东流入滏阳河。《史记·张耳陈馀列传》："汉三年，韩信已定魏地，遣张耳与韩信击破赵井陉，斩陈馀泜水上，追杀赵王歇襄国。汉立张耳为赵王。"其中所说的泜水，即此。

"最是耳馀堪借鉴"中的"耳馀"，指的是张耳和陈馀。

武灵王，乃战国赵君，曾立志图强，改革战术，实行胡服骑射。后传国，立王子何为王，是为赵惠文王。武灵王自号为主父，亲率军士开拓西北。惠文王之弟公子章，心不服其兄立。《史记·赵世家》："主父及王游沙丘，异宫，公子章即以其徒与田不礼作乱，诈以主父令召王。肥义先入，杀之。高信即与王战。公子成与李兑自国至，乃起四邑之兵入距难，杀公子章及田不礼，灭其党贼而定王室。公子成为相，号安平君，李兑为司寇。公子章之败，往走主父，主父开之，成、兑因围主父宫。公子章死，公子成、李兑谋曰：'以章故围主父，即解兵，吾属夷矣。'乃遂围主父。令宫中人'后出者夷'，宫中人悉出。主父欲出不得，又不得食，探爵鷇而食之，三月余而饿死沙丘宫。"

"厮养卒"，据《史记·张耳陈馀列传》载，赵王被燕军所俘，燕要赵以一半土地来换。赵数派使者，皆被燕所杀，赵将相张耳、陈馀等无计可施。赵有一厮养卒（军中从事贱役的兵卒）自告愿往，向燕将陈述利害形势，燕遂遣赵王归。

"仙馆"，即吕仙翁祠馆。据唐代沈既济《枕中记》故事载，唐开元中，道士吕翁经邯郸道上，于宿客邸时，闻邑中卢生叹己困顿不遇。吕翁遂授以枕曰："子枕此，当令子荣适如意。"时，客店主人正于灶上蒸黄粱。卢生枕而入睡，梦中遍历宦海升沉，享尽荣华富贵，寿逾八旬，以疾终。及卢生醒，店主黄粱尚未蒸熟。后人就其地修吕仙翁祠，以为纪念。

郑燮此次出游邯郸途经此地，吊古幽怀，油然而生，撰写《邺城》《铜雀台》《泜水》《易水》等诗作，予以宣泄抒发。郑燮在《邺城》中写道：

划破寒云漳水流，残星画角动谯楼。孤城旭日牛羊出，万里新霜草木秋。铜雀荒凉遗瓦在，西陵风雨石人愁。分香一夕雄心尽，碑版仍题汉彻侯。

诗中"漳水"，指的是漳河，古称衡漳、衡水。衡者，横也，意指漳河迁徙无常，不可制约。漳河水利历史悠久，早在战国时期西门豹治邺时，即在如今河北省临漳县段建设了引漳十二渠。西汉末年以前，漳河属于黄河水系，后因黄河南徙，纳入海河水系。

"铜雀"，指的是曹操所建铜雀台。

彻侯，系古代的一种爵位名。是秦汉时期二十等军功爵中的最高级，由商鞅变法时设立，岁俸一千石。汉武帝时，因避武帝名彻之讳，改名通侯，亦称列侯。新莽时废。

郑燮还在《铜雀台》中，对曹操指令用活人殉葬的做法，进行鞭挞讽刺。其中写道：

铜雀台，十丈起，挂秋星，压寒水。漳河之流去不已，曹氏风流亦可喜。西陵松柏是新栽，松下美人皆旧妓。当年供奉本无情，死后安能强哭声。缞帏八尺催歌舞，懒慢盘鸦鬟不成。若教卖履分香后，尽放民间作佳偶。他日都梁自捡烧，回首君恩泪沾袖。

"缞帏"，指的是灵柩前的灵幔灵帐。

"盘鸦"，指的是妇女盘卷黑发而成的发髻。

郑燮在《泜水》诗作中，再次以上面曾经引用《史记·张耳陈馀列传》中说过韩信与

张耳击破赵井陉,追杀赵王,斩陈馀的故事,说明韩信没有赦免陈馀使之归顺汉主而感到的遗憾。其中写道:

泜水清且浅,沙砾明可数。漾漾浮轻波,悠悠汇远浦。千山倒空青,乱石兀崖堵。我来恣游泳,浩歌怀往古。逼侧井陉道,卒列不成伍。背水造奇谋,赤帜立赵土。韩信购左车,张耳陋肺腑。何不赦陈馀,与之归汉主?

郑燮在《易水》诗作中,透露出他认为人算不如天算的想法,指明试图以谋略或派刺客以行刺的方式改朝换代,很难得逞。其中写道:

子房既有椎,渐离亦有筑。荆卿利匕首,三人徒碌碌。世浊无凤麟,运否纵蛇蝮。雷霆避其威,人谋焉得速!萧萧易水寒,悄悄燕丹哭。事急履虎尾,偾辕终败辐,酒酣市上情,一往不可复。

"子房",指的是秦末汉初杰出谋略家、西汉开国功臣张良(?—前186),字子房,颍川城父(今河南郏县)人,一说沛郡(今安徽亳州)人。汉高祖刘邦曾在评价张良时说:"夫运筹帷幄之中,决胜于千里之外,吾不如子房。"

"渐离",指的是战国燕人高渐离,以善击筑而闻名。"筑",是形似琴的一种弦乐器,有13根琴弦,用竹尺击弦发声。

"荆卿",指的是战国时期著名刺客荆轲(?—前227),姜姓,庆氏,字次非,战国末期卫国人。亦称庆卿、荆卿、庆轲。荆轲喜好读书击剑,为人慷慨侠义。在其游历至燕国时,由田光推荐给太子丹。秦灭赵后,兵锋直指燕国南界,太子丹震惧,决定派荆轲入秦行刺秦王。公元前227年,荆轲带燕督亢(今河北涿县、易县、固安一带)地图和樊於期首级,前往秦国刺杀秦王。荆轲临行前,燕太子丹、高渐离等许多人在易水边为荆轲送行。荆轲在向众人告别时,吟唱"风萧萧兮易水寒,壮士一去兮不复还"的诗句,场面十分悲壮。荆轲与秦舞阳入秦后,秦王在咸阳宫隆重召见了他。就在荆轲向秦王交验樊於期头颅、献督亢地图时,荆轲事先秘藏于地图中的匕首显现,此即人们常说的"图穷匕首见",荆轲刺秦王不中,被秦王拔剑击成重伤后为秦侍卫所杀。

"偾辕终败辐"中的"偾辕",指的是扑倒在地由牲畜驾辕的车前部位。"辐",即车厢下面钩住车轴的木头,亦称"伏兔"。

家居杭州的郑燮好友余省三,从家乡赶到扬州拟与郑燮会晤时,才知道郑燮已到山东范县任知县，便不顾路途遥远，鞍马劳顿，千里迢迢赶到范县看望老友郑燮。余省三此次范县之行，的确令郑燮感动不已，声称是余省三为自己打开了抑郁烦闷的双眉之锁。为使余省三能借此机会遍访山东名胜古迹，郑燮还千方百计地为余省三筹措盘缠银两，并在其离别范县时，赋诗相赠。郑燮在《小游赠杭州余省三》中写道：

> 撇杭越，入姑苏；吞震泽，蕴西湖。钱塘之潮十里阔，荡以太湖波浪浑如无。惠山买酒醉酩酊，金山脚踢成齑粉。别有寥寥古淡心，披衣散发焦崖顶；半夜狂扪《瘗鹤铭》，五更冷对文王鼎。大索扬州不见我，飘飘千里来山左。袖中力士百斤椎，椎开俗吏双眉锁。俗吏之俗亦可怜，为君贷取百千钱。谒曲阜墓、观峄山刻、登泰山颠。尚有嘶风扫电之骥足，送君云外飞归鞭。君之小游略如此，壮游他日吾从尔。

此处所谓"杭越"，指的是杭州，古属越地，故称。

"姑苏"，苏州因其西南有姑苏山，故亦名姑苏。

"震泽"，乃太湖古名。

"惠山"，又名慧山、惠泉山，在江苏无锡市西郊，为江南名山之一。

"金山"，古时在镇江西北江中。清末，由于江沙淤积，始与南岸相连。

《瘗鹤铭》，乃著名摩崖石刻。传为华阳真逸撰，上皇山樵正书。字势雄强秀逸，书家历来对其评价甚高。惜碑文残缺。不过，前人对其撰写时代和书写者，辩说纷纭。有以为晋王羲之者，有以为梁陶弘景者，有以为隋人者，也有人以为是唐王瓒、顾况，但均无确据。原刻在江苏镇江焦山西麓石壁上，宋以后被雷轰击崩落长江中。清康熙五十三年（1713）由陈鹏年募工将其移至山上，后砌入定慧寺壁间。今残石尚存。

"文王鼎"，宋代王黼《宣和博古图》载鼎铭曰："鲁公作文王尊彝。故薛尚功《钟鼎款识》书为'鲁公鼎铭'，盖即所谓'文王鼎'也。"

"袖中力士百斤椎"，指的是余省三使用的毛笔。古人常用"毛锥子"或"毛椎子"来指称毛笔。陆游《醉中作行草数纸》："驿书驰报儿单于，直用毛锥惊杀汝。"

"俗吏"，系郑燮自指。

"曲阜墓"，曲阜有纪念孔子的孔庙、孔府、孔林等名胜古迹。"曲阜墓"，指的是位于孔林中的孔子墓。

"峄山刻"，指的是峄山刻石。相传，秦始皇登峄山（在今山东邹县境内）时，李斯为颂扬秦始皇废分封、立郡县的功绩，亲笔撰文并于峄山上刻石纪念。原石已佚，宋后有人据摹本重刻。

郑燮在范县任上时，县衙执掌缉捕和监狱事、位次在县丞、主簿之下的杨典史，因病辞职返回故乡杭州，郑燮为其画盆兰并作《画盆兰送杨典史谢病归杭州》诗相赠。其中写道：

兰花不合到山东，谁识幽芳动远空？画个盆儿载回去，栽他南北两高峰。

郑燮诗中的"南北二高峰"，指的是杭州二峰名，均在杭州城以西，一偏南，一偏北。周积寅《郑板桥年谱》将郑燮题记中的"栽他南北二高峰"，误作"载他南北二高峰"。

面对杨典史的辞职返乡，此时对当范县知县早已没有任何兴趣的郑燮颇有感触，他也希望自己能早点脱却这项七品乌纱，恢复自由之身。由此，郑燮在当时所作的《深山兰竹图轴》上题记：

深山绝壁见幽兰，竹影萧萧几片寒。一顶乌纱早须脱，好来高枕卧其间。

是年，高凤翰《归云集》成书，始号"归云老人"；金农在苏州予楼书《鲁峻碑》跋；山东潍县流行瘟疫，七月十九日海水溢。

乾隆十一年丙寅（1746），时年54岁的郑燮自山东范县调署山东潍县，并连署七年。《潍县志》卷三记载："（乾隆）十一年。郑燮，江南兴化人，进士。国朝知县。秩正七品。俸四十五两。养廉一千四百两。朝帽起花金顶。带用素银圆版。鸂鶒补服。敕授文林郎宣德郎。"其中所谓"鸂鶒"，系一种水鸟名。这种鸟形大于鸳鸯而色多紫，故亦称"紫鸳鸯"。温庭筠《黄昙子歌》："红漵荡融融，莺翁鸂鶒暖。"

潍县，隋开皇十六年(596)置潍州，治所在下密县(今山东潍坊市西)。大业三年(607)废。唐武德二年(619)复置，治所在北海县(今潍坊市)，八年(625)废。北宋乾德三年(965)复置。明洪武九年(1376)降为县，治所即今山东潍坊市。据周积寅《郑板桥年谱》记载："潍县县衙于民国年间二门重修，民国风格（大门是木质的，早毁）。里面是木牌坊，即三门。过三门即大堂。再后二堂和居住区。牢狱在大门左侧。县衙于建国后即为县公安局。大门、石狮、二门、大堂在'文革'期间毁；二堂及居住区、大牢于一九八二年左右全部拆除，现只存半截二堂东山墙。"

郑燮自范县抵达潍县上任之后，为潍县衙署题书"静轩"匾额：

静轩

板桥郑燮书于潍署。

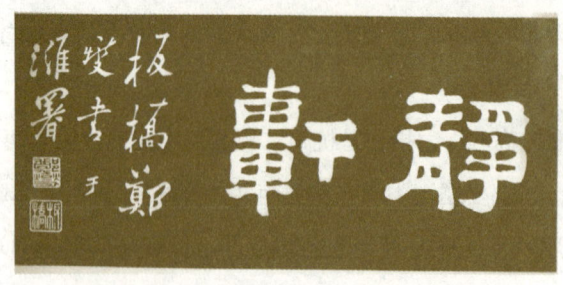

· 郑燮为潍县衙署书"静轩"匾额（拓片）

潍坊市博物馆还藏有郑燮此时所书"静俭斋"匾额墨迹。

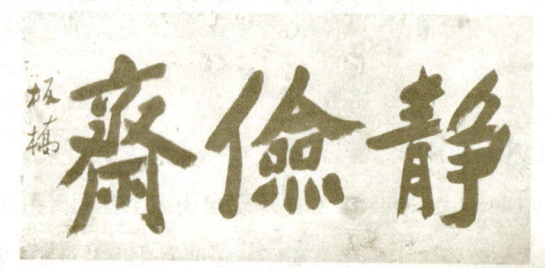

· 郑燮书"静俭斋"匾额

窃以为，郑燮之所以在其所书的这两个匾额中都带有一个"静"字，无非是希望自己在担任潍县知县期间，能有个相对安静简朴的理政环境。

除此之外，还有文献资料记载郑燮曾于潍县官廨题书"吃亏是福"匾额：

吃亏是福

满者，损之机；亏者，盈之渐。损于己则益于彼，外得人情之平，内得我心之安，既平且安，福即在是矣。

板桥郑燮书于潍县官廨。

不过，周积寅《郑板桥年谱》援引潍坊市博物馆《十笏园石刻资料》云："就书法和思想来看，都不像板桥的作品，可能是后人仿照'难得糊涂'横幅伪造出来的。"并说明此匾额系据潍坊市十笏园所藏石刻。卞孝萱《郑板桥全集》（增补本）则将"板桥郑燮书于潍县官廨"作"板桥郑燮题于潍县官廨",并于此匾额后加编者注:"据镇江金山寺工艺厂石刻。"诚如潍坊市博物馆《十笏园石刻资料》所说"就书法和思想来看,都不像板桥的作品",窃以为,此匾额系后人伪作的可能性极大。

一般而言,人或多或少都会有某种恋旧情结,尤其是对自己曾经学习、工作过的地方,会怀有一种难以割舍的思想情感,对同学和同事等故交旧友,也会不时想起。郑燮自范县抵达潍县不久,范县衙署旧胥即来潍县向郑燮求索书作。郑燮念旧心切,一口气为作十幅,在于末幅上题诗时潸然泪下,甚至为此产生将来脱离官场之后,到范县去生活的念想。郑燮在《赠范县旧胥》中写道:

范县民情有古风,一团和蔼又包容。老夫去后相思切,但望人安与岁丰。
旧胥来索书,为作十纸,此其末幅也。感而赋诗,不觉出涕。罢官后,当移家于范,约为兄弟婚姻。板桥郑燮。

由此可见,郑燮不愧是不忘故旧情真意切的性情中人。

郑燮赴任潍县知县这年,山东遭遇史上前所未有的大饥荒,以至于"人相食"。郑燮想方设法,以大兴建筑工程招远近饥民前来赴工就食,并令邑内大户轮流开厂煮粥周济灾民,进行赈灾,展现出他对灾民的关心及其治事才能。《清史列传·郑燮传》对此记载:"官潍县时,岁歉,人相食。燮大兴修筑,招远近饥民赴工就食;籍邑中大户,令开厂煮粥轮饲之。有积粟责其平粜,活者无算。时有循吏之目。"

重修《兴化县志》卷八中,也对郑燮遇岁荒在没有来得及获得朝廷批准的情况下,敢于承担责任开仓赈灾的事记载道:"调潍县,岁荒,人相食。燮开仓赈贷,或阻之,燮曰:'此何时?俟辗转申报,民无孑遗矣。有谴我任之。'发谷若干石,令民具领券借给,活万余人。上宪嘉其能。秋又歉,捐廉代输,去之日,悉取券焚之。"

尽管郑燮为赈济灾民付出了全部智慧和百倍努力,但由于灾民众多,仅仅依靠赴工就食和开厂煮粥轮饲的方法,还是杯水车薪。大量灾民不得不闯关东觅食活命。郑燮对潍县灾民闯关东的悲惨状况极为同情,并模仿唐代杜甫、白居易现实主义诗歌风格,将其撰写成细节生动真实、情感丰富真挚的叙事诗,催人泪下。郑燮在《逃荒行》中写道:

十日卖一儿,五日卖一妇,来日剩一身,茫茫即长路。长路迂以远,关山杂豺虎,天荒虎不饥,肝人伺岩阻。豺狼白昼出,诸村乱击鼓。嗟予皮发焦,骨断折腰膂。见人目先瞪,得食咽反吐。不堪充虎饿,虎亦弃不取。道旁见遗婴,怜拾置担釜,卖尽自家儿，反为他人抚。路妇有同伴，怜而与之乳。咽咽怀中声，咿咿口中语，似欲呼爷娘，言笑令人楚。千里山海关，万里辽阳戍。严城唶夜星，村灯照秋浒，长桥浮水面，风号浪偏怒。欲渡不敢撄，桥滑足无屦，前牵复后曳，一跌不复举。过桥歇古庙，聒耳闻乡语。妇人叙亲姻，男儿说门户，欢言夜不眠，似欲忘愁苦。未明复起行，霞光影踽踽。边墙渐以南，黄沙浩无宇。或云薛白衣，征辽从此去，或云隋炀皇，高丽拜雄武。初到若凤经，艰辛更谈古。幸遇新主人，区脱与眠处。长犁开古碛，春田耕细雨，字牧马牛羊，斜阳谷量数。身安心转悲，天南渺何许。万事不可言，临风泪如注。

山海关，一称榆关，又称渝关。在河北省秦皇岛市，系万里长城起点。明初置关戍守。北依角山，南临渤海，形势险要，自古为交通要冲，有"天下第一关"之称。

辽阳，位于辽宁省东部、太子河中游。汉为襄平、辽阳县地，清为辽阳州。"戍"，即驻兵戍守之处。

"薛白衣"，即唐大将薛仁贵（614—683）。据民间传说，薛仁贵随唐太宗征辽时，著白盔甲，有"白袍小将"之称。

"或云隋炀皇，高丽拜雄武"句，说的是隋炀帝曾于隋大业八年（612）至大业十年（614），三次征伐高丽（今朝鲜），高丽王于大业十年遣使请降一事。

"区脱"，同"瓯脱"。匈奴语称边境屯戍或守望之处为"区脱"。

"谷量"，是说马牛羊等牲畜多至不可胜计，驱赶至山谷以量之。

约于此际，郑燮于潍县衙署中画竹赠呈山东布政使、署理巡抚的钱塘人包括。郑燮在《题画·潍县署中画竹呈年伯包大中丞括》中，留下了大多数人耳熟能详的那首著名诗篇。其中写道：

衙斋卧听萧萧竹，疑是民间疾苦声。些小吾曹州县吏，一枝一叶总关情。

诗题中所谓"年伯"，古代称同科考取的人为"同年"，并将同年的长辈或父亲的同年，称"年伯"。

"包大中丞括"，指的是时任山东布政使、署理巡抚的钱塘人包括。清代称巡抚为"中丞"。"大"，表示尊敬。

"一枝一叶总关情"句，系郑燮用竹子枝叶来比喻老百姓的日常生活琐事。

郑燮这首诗，书写过若干遍。徐悲鸿纪念馆藏郑燮《风竹图轴》于题记此诗后，落款为："□翁年学先生教吾，橄榄轩主人郑燮。"此处所谓"橄榄轩"，乃郑燮斋号之一。郑燮《板

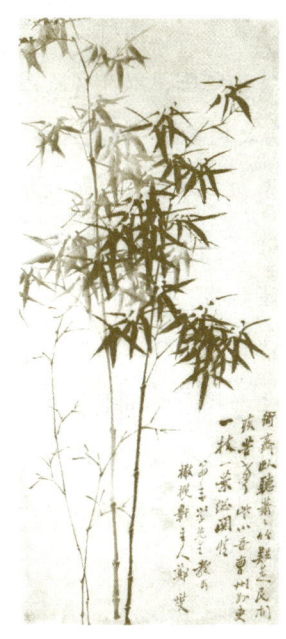

· 徐悲鸿纪念馆藏郑燮《风竹图轴》

桥先生印册》中，记有吴於河为其所刻"橄榄轩"印。南京鼓楼公园藏郑燮《竹石图漆屏·竹》落款处记曰："此潍县时画竹诗也，今已岁年事矣，拈笔时辄复记此。板桥郑燮。"

通过郑燮多次题写这首诗，足见郑燮对民间百姓疾苦的关怀之情，也可见当时郑燮心中的确怀有封建社会士人"读书志在圣贤，为官心存君国"的虔诚理念，以及想成为一个为老百姓谋福祉亲民之官的美好愿望。尽管这些理念和愿望，在当时社会很难实现。

某日，当郑燮巡行视察所属部域过潍县城南茔地时，下肩舆寻视碑刻。见于适书艺，对其大加赞赏。《潍县志稿》卷三十《于氏家乘》在记载此事时写道："于适，字肇诜。城里人。监生。以书法名于康熙间。尝书'发育万物'四大字，颜东岳庙，奇古全仿《瘗鹤铭》。其城南先茔诸碑，半多适书。郑令燮莅潍时，行部过之，下肩舆，步入其茔，寻视碑刻。及适书，击节曰'大佳大佳'，又剔剥他人书曰'固多常作'，乃上肩舆去。"此处所说的"行部"，系对长官巡行视察所属部域考核政绩之谓。"肩舆"，即由人工肩抬的代步交通工具轿子，通常不设帷幔。

由于郑燮对于适书法十分赞赏，郑燮在潍县担任知县期间，屡次拒绝当地众多士人劝请，始终没为潍县东岳庙书额。《潍县志稿》卷四十二《采访册》对此记载道："于适，书法钟、王，笔力雄健，尝书'发育万物'四字于东岳庙，邑令郑燮因事过庙，众劝其书额，郑曰'余字多逊于君'，终不书。故郑宰潍七年，而东岳庙无郑字。今于字邑中流传殊鲜，或曰'郑爱其书，尽搜集之，而本县因罕见'云。"

乾隆十一年丙寅（1746）人日（元月七日），郑燮有感于绘事之妙和为诗之道，大发论议。已故著名学者、文史专家王献唐，于上世纪30年代初搜集辑录地方文献资料的《顾黄书寮杂录》中，收有郑燮为颜懋侨所作的《蕉园集序》。其中写道：

绘事之妙，未睹其人，如遇音声笑貌。未履其地，如游城郭市朝。未经其事，如见纷纠杂沓，分合静争。未亲其物，如见古色斑斓，时花鲜洁，飞跃蹄啮，群游散处。此绘之妙也。诗之为道，何独不然。肖其人，纪其地，列其事，规其物。一有不当，虽累千言万字，作者蕚然，观者意索，如金陵廊下画笔，一钱不值耳。若果追神取髓，回钩历曲，吐艳含葩，虽一言两字，纸上明明如见，跃跃欲出。凡画所不能到者，吾能到之，岂非神品逸品，高出云林石田之右哉。予草野田家，又兼少贱，罔所见闻。而颜君幼客，以名家子游京师，日见当代名公卿，与四方羁旅特达之士，以及宫殿园囿之千门万户，金碧土茅。其事则国家之兴废，百司之升降，四海之闻奏，人材之选举，圆邱方泽，宗庙社稷，日月风雷之祭告。其物则京师之土产，十四省之贡献，九边外徼四十八部落之方物。一一皆画之于笔，绘之于诗。揎貌以精，灌骨以髓，刮宿取鲜，剖微容发，使余读其诗，如见其人，如履其地，如历其事，如睹其物。胸中恢恢然，浩浩然，忽变而为博洽通人，而草野田家之诮，为之一洗也。他日游京师，见其人其地其事其物，而颜君之诗又如在目前也。然时事变迁，或三五年一换，或比年一换，或一岁中三四更换，将来又不尽若是，则颜君之诗，岂不为一时实录乎哉。予欲令小胥钞写一册，藏之匣中，以为诗；又散写数十页，张之壁间，以为画。吾自取乐，并不为颜君标榜设也。乾隆丙寅人日板桥弟郑燮漫题。

周积寅《郑板桥年谱》将文中"石田"误作"田石"。

郑燮文中所谓"神品"，系指精妙绝伦的书画艺术作品。元代陶宗仪《南村辍耕录·叙画》："论曰，气韵生动，出于天成，人莫窥其巧者，谓之神品。"

"逸品"，一般指超脱绝俗的书画艺术作品。陶宗仪《南村辍耕录·写山水诀》："黄子久散人公望……画山水，宗董、巨，自成一家，可入逸品。"

"云林"，系指元末明初画家、诗人倪瓒（1301—1374），初名倪珽，字泰宇，别字元镇，号云林子、荆蛮民、幻霞子、江苏无锡人。倪瓒家中富有，博学好古，四方名士常至其门。元顺帝至正初年，散尽家财，浪迹太湖。倪瓒擅画山水和墨竹，师法董源，并深受赵孟頫影响。墨竹偃仰有姿，寥寥数笔，逸气横生。早年山水画风清润，晚年变法，平淡天真。疏林坡岸，幽秀旷逸，笔简意远，惜墨如金。常以侧锋干笔作皴，名为"折带皴"。与黄公望、王蒙、吴镇合称"元四家"。书法从隶书入，有晋人风度，亦擅诗文。洪武七年（1374年）卒，享年74岁。存世作品有《渔庄秋霁图》《六君子图》《容膝斋图》《清閟阁集》等。

"石田"，系指明代书画家、文学家、医学家沈周（1427—1509），字启南，号石田，晚号白石翁，长洲（今江苏苏州）人。沈周出身富裕的书香绘画世家，一生家居读书，吟诗作画，优游林泉，追求精神上的自由，从未应科举征聘，始终过着田园隐居生活。沈周是吴门画派的创始人，他师法元四家，并上溯董源、巨然，旁涉南宋院体画和浙派等，形成了独特的个人风格，在元明以来文人画领域有承前启后的作用。与文徵明、唐寅、仇英并称"明四家"。传世作品有《庐山高士图》《魏园雅集图》《仿黄公望富春山居图》《沧州趣图》等。著有《石田集》《石田稿》《石田文钞》《石田咏史补忘录》《客座新闻》《续千金方》等，但大多散佚。

是日，郑燮精神颇佳，情绪高涨。在为颜懋侨书作长篇《蕉园集序》后，又作《隶书武王十四铭》。《高西园郑板桥隶书合册》对此记云："绫本。今尺高六寸八分，宽四寸八分。凡十三幅，幅四行。《隶书武王十四铭》尾书：'乾隆十一年人日，郑燮谨录。'引首'橄榄轩'阳文方印一，押尾'郑燮之印'阴文方（印）一。"此处所谓"高西园"，指的是高凤翰，字西园；"武王"，指的是西周王朝的创建者周武王。

是年九月，郑燮自山东潍县返回扬州一趟。期间，郑燮与友人华嵒、时颜、许大，集于程兆熊之桐华庵并合作《桐华庵胜集图轴》。华嵒于其上题记："乾隆丙寅秋九，同人集□于梦飞桐华庵斋中。清话之余，野鸟相逢，秋色争妍，得此佳趣□对景画之，时颜叟补石，许大写菊，梦飞曰：'此幅似未毕乃事也，得板桥墨竹则可矣。'俄顷，童子报曰：'郑先生来也。'相见揖让，更写竹数个。"此处所谓"梦飞"，系程兆熊字。李斗《扬州画舫录》卷十二："程兆熊，字孟飞，一字梦飞，号香南，又号枫泉、澹泉、寿泉、小迂，江苏仪真人。工诗词，画与华嵒齐名，书法为退翁所赏。扬州名园甲第、牓署屏障、金石碑版之文，皆赖之。早年受知于高制军晋、巡盐史恒，为之写《固哉亭集》。晚居随月读书楼。"而华嵒题记中所谓"郑先生"，指的即是郑燮。

是年十月二十七日，郑燮为□亭老寅长兄作《兰竹石堂幅》，并于其上题记：

□□□□含瑞色，竹枝落落见清风。□□笔法偏嫌拙，总为峰峦愧蜀中。
乾隆丙寅小阳春月廿有七日，画奉□亭老寅长兄先生。板桥郑燮。

此处所谓"小阳春月"，指的是立冬至小雪的孟冬时节，即农历十月。通常于此期间，会出现一段阳春三月般的和煦温暖天气。因此，民间有"十月小阳春"之说。

郑燮由山东范县调署潍县任后，曾寄书信给慎郡王允禧。慎郡王允禧收到后，欣然赋诗，并于其中回忆自己与郑燮在京师初次见面以及交游时的情景。慎郡王允禧在《紫琼岩诗钞·喜得板桥书自潍县寄到》中写道：

二十年前晤郑公，谈谐亲见古人风。东郊系马春芜绿，西墅弹棋夜炬红。浮世相看真落落，长途别去太匆匆。忽看堂上登双鲤，烟水桃花锦浪通。

卞孝萱《郑板桥全集》（增补本）附录一，于慎郡王允禧此诗下加编者注："南京徐石桥藏紫琼道人《喜得板桥书自潍县寄到》墨迹，末两句作'忽传双鲤垂佳贶，烟水桃花万里通'。"

值得注意的是,郑燮首次出游京师是雍正三年(1725),至乾隆十一年(1746)相隔了21年。由此可见,允禧在这首诗中所说的"二十年前晤郑公",系取其整数而言。

郑燮出任潍县知县后,时常于夜间外出,巡视了解民情。据清乾隆时期山东福山人王㭪《秋灯丛话》记载,郑燮每逢夜出,"惟令两役执灯前导,亦不署衔,自书'板桥'二字,体兼篆隶"。

某日夜间,当郑燮外出巡视路过一间茅屋时,忽然闻听茅屋中传来朗朗读书声。后经询查乃知,读书人系勤奋好学的贫家子韩梦周。这不由得使郑燮想起自己当初在兴化县令汪芳藻赠金资助下考取举人之事,于是,郑燮也特地给予韩梦周膏薪,以助其完成学业。重修《兴化县志》卷八对此事记曰:"燮生有奇才,性旷达,不拘小节;于民事则纤细必周。尝夜出,闻书声出茅屋,询知韩生梦周,贫家子也,给薪水助之。韩成进士,有知己之感焉。"

潍坊市博物馆《十笏园石刻资料》云:"韩梦周(1729—1799),字见复,号理堂,东关人,著名理学家。少孤力学。乾隆十一年(1746),郑板桥来潍任知县,夜闻理堂读书声,异常嘉许,知其贫苦好学,特给膏薪。乾隆十七年(1753)中举人,乾隆廿三年(1758)廿九岁成进士。乾隆三十二年(1767)授安徽来安县知县。有政声。乾隆三十六年罢归,以教授生徒为业。著有《理堂集》。"

郑燮非但以膏薪资助韩梦周,帮其解决物质生活困难,使其能安心读书,还在精神境界和学问上,对韩梦周更加关注,并施以教诲。郑燮曾为韩梦周作《行书苏轼论砚墨三则》。其中写道:

砚之发墨者必费笔,不费笔则又退墨,二德难兼,非独砚也。大字难结密,小字常局促;真书苦不放,草书苦无法;茶苦患不美,酒美患不辣。万事无不然,可一大噱也。

余蓄墨数百挺,暇日辄出品试之,然终无佳者,其间不过一二可人意。以此知世间好物,自是难得。茶欲其白,墨欲其黑,方求黑时嫌漆白,方求白时嫌雪黑,自是人不会事也。

昨有人出墨数寸,仆望见之,知其为廷珪也。凡物莫不然。不知者,如鸟之雌雄;其知者,如乌鹄也。

板桥老人书付韩生梦周,因索墨得墨,故录此三则。

卞孝萱《郑板桥全集》(增补本)将郑燮此作题为《书古人论墨笔记赠韩梦周》。

郑燮所书以上三则，见《苏轼文集》卷七十《题跋》。郑燮所书字句稍有改动。其一为《书砚》，郑燮将苏轼原文"不费笔则退墨"作"不费笔则又退墨"；将"真书患不放"作"真书苦不放"；将"大笑"作"大噱"。其二为《书墨》，郑燮将苏轼原文"终无黑者"作"然终无佳者"；将"以此知世间佳物"作"以此知世间好物"。其三为《书廷珪墨》，郑燮将苏轼原文"昨日"作"昨"；将"仆望见"作"仆望见之"；将"乌之雌雄"作"鸟之雌雄"；将"其知之者如乌、鹄也"作"其知者，如乌鹄也"。

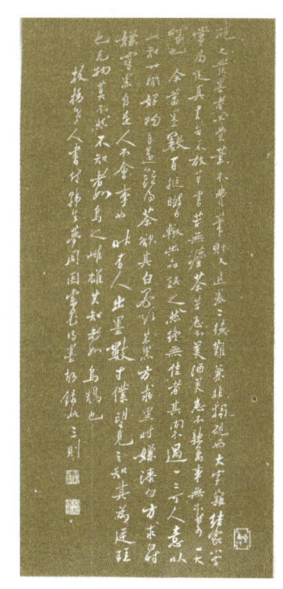

· 郑燮为韩梦周作《行书苏轼论砚墨三则》石刻拓片（潍坊市十笏园藏石刻）

是年，金农始学画竹，并在金陵寓舍仿管仲姬作《双钩竹》；在安徽新安晤临川李穆堂；是年三月三日，还修禊于西湖；三月二十二日作《六十自寿诗》。是年春月，李鱓于平山草堂作指画《蕉鹅图轴》。是年春末，李方膺离通入京谒选，丁有煜为此作《送李晴江谒选都门》诗二首；四月过扬州时，于杏园作《风翻雷吼图轴》。

乾隆十二年丁卯（1747），郑燮55岁。是年正月二十三日，郑燮作《兰竹图》，于其上题记：

春风莫漫催花急，留取才开未放枝。滴沥空庭，竹响共雨声相乱。
乾隆丁卯正月二十三日。

是年春，潍县遭遇春旱，百姓大饥，郑燮继续采取各种救灾措施，以利民众。然自五月十八日后，却又连雨两月，乃成潦灾。郑燮四处勘察灾情，想方设法减少损失。郑燮多次表奏恳求允许放赈救济，试图为老百姓留一条活路，但此举非但没有得到朝廷批准，反倒被斥责为救灾不力，给予郑燮记大过一次的处分。致使潍县衙署人心离散，老百姓生活苦上加苦。郑燮后来在乾隆十六年辛未十一月所书《潍县竹枝词》中曾对此写道：

乾隆十二年告灾不许，反记大过一次，百姓含愁，知县解体。

郑燮此处所谓"知县解体"中的"解体"，本乃崩溃、瓦解之义，此处比喻人心离散。例如《左传·成公八年》："信不可知，义无所立；四方诸侯，其谁不解体。"

乾隆十二年七月，德保由侍讲学士赴山东主持是年乡试。郑燮也于此时奉调赶赴济南，参与秋闱乡试工作。德保，姓索绰络氏，字仲容，一字润亭，号定圃，又号庞村，满洲正白旗人。乾隆进士，官至礼部尚书。著有《乐贤堂诗钞》等。乡试期间为了严格保密、防止作弊，需要锁院。因此，郑燮在这段时间有充足工夫赋诗作画、撰文填词。前面讲过，所谓"锁院"，是说试官入院后，即封锁内外门户，以严关防。周积寅《郑板桥年谱》是年注⑤中，将"锁院"误作"销院"。

通过王瑾所藏郑燮《竹图》拓本可知，郑燮于是年中秋节前一日，即八月十四日曾作《竹图》，并于其上题记：

> 磊磊一块石，疏疏两枚竹。佳趣少人知，幽情在空谷。
> 板桥郑燮写。
> 疏老更强，雨淋风动似潇湘，更兼一向拔得孙枝生笋长。疏疏密密，欹欹侧侧，悟者自得。
> 板桥郑燮画于焦山石肯堂。
> 轩前只要两竿竹，绝妙风声夹雨声。或怕搅人眠不得，不知枕上已诗成。
> 板桥。
> 余家有茅屋二间，南面种竹。夏日新篁初放，绿阴照人，置一小榻其中，甚凉适也。
> 乾隆丁卯中秋前一日，兴化板桥郑燮画。

遗憾的是，作者并未亲见王瑾所藏郑燮画《竹》拓本。不过窃以为，其中第一幅第二句所写"疏疏两枚竹"，或系"疏疏两枝竹"之误。

从第二幅题记落款"板桥郑燮画于焦山石肯堂"来看，这应该是郑燮为此前于焦山所作之画补记的。因为乾隆丁卯中秋前一日，郑燮正在济南秋闱乡试锁院之中，不可能允许外出。这一点，通过第二天即中秋节郑燮在锁院赋诗与德保唱和，也足以得到证明。况且根据当时大多数人依靠骡马驴牛等畜力或者依靠人力抬轿代步的交通状况来看，郑燮此时也根本不具备去焦山的交通条件。由此可见，周积寅《郑板桥》是年"八月十四日，作《竹图》于焦山石肯堂，题诗文多则。其一首句'磊磊一块石'"的说法，或系谬误。

秋闱乡试期间，云集锁院内的文士也有足够的时间相互交流、宴饮唱和。中秋节那天，德保于试院招参与秋闱同事诸公小酌。德保即席作《赠郑大尹板桥》诗，其中写道：

> 中秋日山左闱中招同事诸公小酌，即席赠郑大尹板桥。诗云：

平分秋色玉轮清，照耀奎垣影倍明。好客弥惭孔北海，论诗偏爱郑康成。不因佳节生乡感，惟以冰心见物情。料得三条椽烛尽，几人翘首望蓬瀛。

德保诗中所谓"奎垣"，指的是乡试试院。其中"奎"，乃星名，系二十八宿之一，旧被尊为主文运之神。

"孔北海"，指的是孔子二十世孙、东汉名士、建安七子之一的孔融（153—208），字文举，鲁国（今山东曲阜）人。因其曾为北海相，故称。唐代高适《奉酬睢阳李太守》诗曰："朝瞻孔北海，时用杜荆州。"

"郑康成"，指的是东汉人郑玄，字康成，曾经当过农官，名籍失传。其人性格恬静，不愿做官，曾教授于长学山，山中岩石题有长学书院，屋址尚存。详见后文。

"蓬瀛"，指的是古代神话传说中的仙山蓬莱与瀛洲，后亦泛指仙境。晋代葛洪（283—363）在《抱朴子内篇·对俗》中说："得道之士……或委华驷而辔蛟龙，或弃神州而宅蓬瀛。"唐代许敬宗《游清都观寻沉道士得清字》："幽人蹈箕颖，方士访蓬瀛。"宋代秦观《满庭芳·晓色云开》："渐酒空金榼，花困蓬瀛。"

郑燮得闻德保《赠郑大尹板桥》后，当即赋诗回赠，与之唱和。郑燮在《济南试院奉和宫詹德大主师枉赠之作讳保》中写道：

锁院西风画角清，淡云疏雁济南城。桂花不用月中折，奎阁俨如天上行。模范已看金在铸，洗磨终愧玉无成。饶他崞华青青色，还让先生泰岱横。

济南，即位于山东省中部偏西、黄河下游南岸的如今山东省省会济南市。战国为齐历下邑，晋为济南郡治，宋及明、清为济南府治。

"宫詹"，即詹事府詹事或少詹。德保官侍讲学士，与少詹品级相当（均四品），兼领此衔，故称宫詹。"大主师"，指乡试主考官。

"画角"，系一种木质唇簧气鸣乐器，因角身绘有图案而得名。清代徐珂《清稗类钞·音乐类》："画角，木质空心，腹广端锐，设木哨，入角口吹之。"

"崞华"，乃山名。其中"崞"，在山东省。清代顾祖禹《读史方舆纪要·山东七·宁海州》："又五丈河，在州西北十里。源出州西南六十里之崞山，合洞谷诸水亦东北流入海。"所谓"华"，指的是西岳华山。

"奎阁"，旧时人们将祭祀主文运之神"奎"所建之阁，称为"奎阁"。此处指代德保。

前面已经说过，郑燮于济南协助德保参与秋闱期间，还于济南锁院回忆客居扬州往事，作《行书扬州杂记卷》。其中,除了回顾自己与饶氏相识、赠词约定终身,并在程羽宸资助下成就百年之好之外,还谈及为江秩文、常书民书联,以及当时在扬州卖画岁获千金诸事。郑燮写道:

> 扬州二月,花时也……不过一年,彼必归,请待之。
>
> 江西蓼洲人程羽宸……颇貌板桥,兄事之。
>
> 江秩文,小字五狗,人称五狗江郎。甚美丽,家有梨园子弟十二人,奏十种番乐者。十二人皆少俊,主人一出,俱废矣。其园亭索板桥一联句,题曰:"草因地暖春先翠,燕为花忙暮不归。"江郎喜曰:"非惟切园亭,并切我。"遂彻玉杯为寿。
>
> 常二书民有园,索板桥题句。题曰:"怜莺舌嫩由他骂,爱柳腰柔任尔狂。"常大喜,以所爱僮赠板桥,至今未去也。
>
> 王箬林澍,金寿门农,李复堂鱓,黄松石树谷,后名山,郑板桥燮,高西唐翔,高凤翰西园,皆以笔粗墨税,岁获千金,少亦数百金,以此知吾扬之重士也。
>
> 乾隆十二年,岁在丁卯,济南锁院板桥居士偶记。

· 郑燮《行书扬州杂记卷》

此处"王箬林澍",指的是书法家王澍(1668—1743),字若霖(林),又字箬林,号虚舟,别号竹云,江苏金坛人。康熙五十一年(1712)进士,官吏部员外郎。书入欧阳询之室,篆书法李斯。晚岁眇左目,鉴定古帖碑刻尤精。其所著《淳化阁帖考正》《二十种兰亭》《十二种千字文》《积书岩帖》等书学论著,集书家之大成。又有《竹云题跋》《虚舟题跋》等。

黄树谷(1701—1751),字培之,号松石,又号楷瘿,仁和(今杭州)人。能诗工书,尤精小篆、八分。画山水、写兰竹,用笔皆从篆隶中得之。著有《楷瘿斋稿》。

四、山左知县七品官

"高西唐翔",指的是高翔(1688—1753),字凤岗,号西唐、樨堂,江苏甘泉(今扬州)人。擅作山水,画梅风格疏秀,兼能画像。并精刻印,学程邃,亦善诗,著有《西唐诗钞》。

郑燮对于此前为江秩文园亭所作"草因地暖春先翠,燕为花忙暮不归"这幅对联,记忆尤甚,念念不忘。后来他又为翔老年学长书此对联。

此时,郑燮又回忆起自己于乾隆六年辛酉49岁在京候任时,受到慎郡王允禧的礼诚款待,遂作词寄呈慎郡王允禧。郑燮于这首词的上片,颂扬慎郡王允禧勤苦好学、礼贤下士的风度,及其在诗书画艺术方面取得的成就;下片则抒写了自己为官的无聊心境和思念故旧的情意。郑燮在《玉女摇仙佩·寄呈慎郡王》中写道:

> 紫琼居士,天上神仙,来佐人间圣世。河献征书,楚元设醴,一种风流高致。论诗情字体,是王孟先驱,钟张后起。岂屑屑丹青绘事,已压倒董巨荆关数子。羡一骑翩翩,肯访山中盘根仙李。谓梅山李锴。 我亦青玉烧灯,红牙顾曲,醉卧瑶台锦绮。一别朱门,六年山左,老作风尘俗吏。总折腰为米,竟何曾小补民生国计。凭致书青鹰林边,李氏庄园。紫琼天上,诗文不是忙中事,举头遥望燕山翠。

郑燮此处所谓"河献征书",指的是汉景帝之子河间献王刘德(前?—前130),从民间广泛征集善本典籍旧书,得书甚丰并加以整理。刘德卒,谥献。《汉书·河间献王传》:"河间献王德以孝景前二年立,修学好古,实事求是。从民得善书,必为好写与之,留其真,加金帛赐以招之。繇是四方道术之人不远千里,或有先祖旧书,多奉以献王者,故得书多,与汉朝等。"《汉书·艺文志》有《河间献王》三篇,已佚,有《玉函山房辑本》。

所谓"楚元设醴"中的"楚元",指的是汉高祖刘邦同父异母弟刘交(前?—前179),封楚元王。刘交少时与鲁国穆生、白生、申公俱受诗于浮丘伯,及为王,礼敬申公等。穆生不嗜酒,元王每置酒,常为穆生设醴(甜酒)。《汉书·楚元王刘交传》:"元王每置酒,常为穆生设醴。"颜师古注:"醴,甘酒也。"后人以"设醴"代指礼遇贤士。唐代黄滔《祭陈侍御峤》:"君侯设醴以前席,里巷拜尘而如堵。"

"王孟先驱"中的"王孟",指的是王维和孟浩然。王维(701—761),字摩诘,盛唐时期的著名诗人,官至尚书右丞,世称"王右丞"。原籍祁(今山西省祁县),迁至蒲州(今山西省永济),

·郑燮为翔老年学长书联

晚年居于蓝田辋川别墅。王维诗歌与绘画艺术均成就斐然。尤以山水诗成就为最。苏轼曾赞："味摩诘之诗，诗中有画；观摩诘之画，画中有诗。"王维著有《王右丞集》，存诗400首。

孟浩然（689—740），字浩然，襄州襄阳（今湖北省襄樊市）人。是一位不甘隐居，却以隐居终老的诗人。孟浩然壮年时曾往吴越漫游，后又赴长安谋求官职，由于"当路无人"，只好还归故园隐居，从此闭门读书赋诗，过着清幽闲淡的生活。孟浩然是唐代山水田园诗派的开创者之一，深受诗仙李白的仰慕赞叹。李白曾在《赠孟浩然》中写道："吾爱孟夫子，风流天下闻。红颜弃轩冕，白首卧松云。醉月频中圣，迷花不事君。高山安可仰，徒此揖清芬。"开元二十八年（740）诗人王昌龄游襄阳时，与孟浩然相聚甚欢。此时孟浩然背上正生毒疮，据说，孟浩然就是因为"食鲜疾动"而病故。享年52岁。

"钟张后起"，指的是三国魏书法家钟繇（151—230）和东汉书法家张芝（？—约192）。二人以善书而被并称为"钟张"。唐代张彦远《法书要录》卷一引《晋王右军自论书》："吾书比之钟张当抗行，或谓过之。张草犹当雁行。张精熟过人，临池学书，池水尽墨。若吾耽之若此，未必谢之。后达解者，知其评之不虚。吾尽心精作亦久，寻诸旧书，惟钟张故为绝伦，其余为是小佳，不足在意。去此二贤，仆书次之。须得书意转深，点画之间皆有意。自有言所不尽，得其妙者。事事皆然。"陆游《试笔》诗中写道："聊复取一快，讵必师钟张。"

"董巨荆关"，分别指的是五代南唐画家董源、五代宋初画家巨然、五代后梁画家荆浩和关仝四位山水画名家。其中，董源（约943—约962），字叔达，洪州钟陵（今江西省进贤县钟陵乡）人。由于南唐时曾任北苑副使而被称"董北苑"。南唐灭亡进入北宋后，董源与李成、范宽并称为"北宋三大家"。董源擅作山水画，兼工人物、禽兽。其山水初师荆浩，笔力沉雄，后以江南真山实景入画，不为奇峭之笔。疏林远树，平远幽深，皴法状如麻皮，后人称其为"披麻皴"。山头苔点细密，水色江天，云雾显晦，峰峦出没，汀渚溪桥，率多真意。存世作品有《夏景山口待渡图》《潇湘图》《夏山图》《溪岸图》《寒林重汀图》《龙宿郊民图》《平林霁色图卷》等。

巨然，画僧，生卒年不详，江宁（江苏南京）人。早年在南京开元寺出家，南唐降宋后到汴京（今河南开封），居于开宝寺。擅画山水，师法董源，专画江南山水。所画峰峦，山顶多作矾头，林麓间多卵石，并掩映以疏筠蔓草，置之细径危桥茅屋，得野逸清静之趣，深受文人喜爱。喜以长披麻皴画山石，笔墨秀润，为董源画风之嫡传，与董源并称"董巨"。名下画作有《秋山问道图》《山居图》《萧翼赚兰亭图》《万壑松风图》《层岩丛树图》《秋山图》等。

荆浩（约850—911），字浩然，号洪谷子，河内沁水（一说河南济源，一说山西沁水）人。淹通经史，博雅好古。为躲避战乱，常年隐居太行山中。其山水画，师从张璪，勾皴之笔坚凝挺峭，表现出一种高深回环、大山堂堂的气势，被誉为北方山水画派之祖。在其所著山水画理论经典之作的《笔法记》中，提出山水画欲达"图真"之目的，须明气、韵、思、景、笔、墨等"六要"。有《匡庐图》《雪景山水图》等画作传世。

关仝（约907—960年），别名关同、关穜，京兆长安（今陕西省西安）人。师从荆浩，学画勤苦用功，以至于"刻意力学，寝食都废"，终将其师荆浩所开创的全景式山水画及山水画技法推向了成熟。由此，画史将其与师并称"荆关"。但关仝并非仅仅局限于荆浩，他还博采众家之长。晚年笔力尤其老辣，无论立意还是造境都远超荆浩，显露出笔简气壮，景少意长的独特画风样式，被世人称为"关家山水"。关仝所画秋山、寒林、村居、野渡等景色，使人观后有身临其境之感。

"盘根仙李"中的"仙李"，本指老子，姓李名耳，字聃。源自庾信《老子庙》诗中"盘根古树底"句。杜甫《冬日洛城北谒玄元皇帝庙》中，也有"仙李盘根大"句。郑燮于词中自注："谓梅山李锴。"意思是说，此处系指康熙朝重臣相国索额图子婿李锴，字梅山，又号豸青山人。与郑燮是交厚好友。前面说过，郑燮在《绝句二十一首·李锴》中，曾称其"极博工诗，辽东世胄"。

"青鹰林边"，郑燮于词中自注"李氏庄园"。李本勋贵之后，不仕，偕配偶于京郊盘山筑园隐居。"青鹰"，乃盘山峰名。

此次秋闱锁院期间，山东学政于敏中也曾赠诗郑燮，郑燮遂赋诗回赠，与之唱和。于敏中（1714—1779），字叔子，号耐圃，江苏金坛人。乾隆进士。乾隆二十五年（1760），于敏中以户部侍郎兼军机大臣，累官至文华殿大学士兼户部尚书。他在军机处近二十年，交通内侍，广收地方官员贿赂。事后败露，曾受诘责。死后数年，又被撤出贤良祠，剥夺子孙世职。于敏中曾两次出任山东学政。第一次是乾隆九年（《济南府志》作"十年"）十二月八日由左中允差山东学政，至乾隆十二年十月调浙江学政。第二次是乾隆十八年九月。此次显然是于敏中第一次出任山东学政期间。

郑燮在回赠于敏中的诗中，除了回顾扬州卖画十年的职业生涯，还借机对自己一直未被重用，至今仍然是一个七品芝麻官发发牢骚，并抒发自己此时经常与同事谈及故乡生活，甚至于梦中思念的心情。郑燮在《和学使者于殿元枉赠之作讳敏中》中写道：

十载扬州作画师，长将赭墨代胭脂。写来竹柏无颜色，卖与东风不合时。
潦倒山东七品官，几年不听夜江湍。昨来话到瓜洲渡，梦绕金山晓日寒。
三百人中最后生，玉堂时听夜书声。知君疗得嫦娥渴，不为风流为老成。
山东锁院自清凉，湖水湖云入槛长。剪取吾家书带草，为君结束锦诗囊。

郑燮此处所谓"学使者",全称"督学使者",亦称"提督学政",是朝廷派往各省的学官。通常从进士出身的官员中选派,在任期间与督抚平行。所谓"殿元",乃状元的别名,因殿试第一,故称。

瓜洲渡,位于长江北岸,系由扬州驶向镇江的渡口。

金山,本名氏父山,又名金鳌岭、浮玉山。唐代起通称金山。原在今江苏镇江市西北长江中。清道光时,因江道变迁,金山始与南岸连接。

"三百人",指的是乾隆元年丙辰会试中,赐进士及第第一甲 3 名;赐进士出身第二甲 90 名;赐同进士出身第三甲 251 名,合计中式者 344 人。郑燮是科以赐进士出身第二甲第 88 名中进士。此处所说"三百人"是大约数。而"最后生",则指在这三百多人当中发达最晚者。

"玉堂",汉侍中设有玉堂署。宋以后,翰林院亦称"玉堂"。

"嫦娥渴",指的是举子急于考取的心情。

"书带草",即沿阶草。其叶坚韧程度,胜过其他草类。相传,汉代郑玄门下曾以这种草来结束书简,故名。《后汉书·郡国志》于《东莱郡》下作注:"《三齐记》曰:'郑玄教授不期(其)山,山下生草大如薤,叶长一尺余,坚刃(韧)异常,士人名曰康成书带。'"由于郑燮与郑玄同姓,故称"吾家"。周积寅《郑板桥年谱》于此条所作注⑦中,将"吾家"误作"吾冢"。

期间,郑燮还赋诗赠御史沈廷芳,对其新修南池、建少陵书院、作杂剧侑神,以及在书法艺术方面取得成就,倍加赞颂。沈廷芳(1702—1772),字畹叔,号椒园,浙江仁和(今杭州)人。乾隆元年(1736),沈廷芳以监生召试博学鸿词,授翰林院庶吉士。散馆,授编修,累迁河南按察使,以母老乞退。再补山东按察使,遂以老致仕。著有《隐拙斋诗集》等多种。

郑燮在《御史沈椒园先生,新修南池,建少陵书院,并作杂剧侑神,令岁时歌舞以祀沈讳廷芳》中写道:

御史骢马行山东,马蹄到处膏露浓。洗排泰岱砺邹峄,吹青汉柏秦皇松。少陵南池久寂沉,夕阳惨淡荒波红。庙之祐之绘而塑,牢之饗之鼎以钟。雕镂鳞羽动筍簴,梁桷翚翻相飘冲。挥毫蘸墨作碑版,百金一字尤坚工。板桥居士读不厌,卧看三日铺秋茸。颇闻岁时虔祷祀,荡猪割雏陈虾鳙。苴梨青桃海麢鹿,杨梅橘柚南柑封。以其余闲作杂剧,燕姬越女黄娘踪。相随太白著宫锦,潞州别驾调羹饔。金元院本久退舍,秦箫湘瑟清鱼龙。神灵飘飘侑而喜,苇花之外云之中。愿从先生乞是剧,选伶遍谱琳琅宫。

此处所谓"御史",即掌纠察之官监察御史之略称。清都察院设十五道监察御史,山东道满汉各二人,掌稽核全省之刑名案件。

"南池",清代钱泳《履园丛话·古迹·南池》:"山东济宁州城下有南池,因《杜少陵集》中有《与任城许主簿游南池》诗而得名也。故今东偏小室中,塑一工部像,而以许主簿配之。"

"牢之飨之鼎以钟",是说以钟鼎礼器盛祭品供养神祇。周积寅《郑板桥年谱》和卞孝萱《郑板桥全集》(增补本),均将"牢之飨之鼎以钟"误作"牢之饕之鼎以钟"。此处所谓"飨",乃设盛宴以待宾客之意;而"饕",则为贪食之意。

"杂剧",乃戏曲名词。中国戏曲史上有多种以杂剧为名的表演形式,却各有不同。晚唐已有杂剧之名,其后历代均见此名。有宋杂剧、元杂剧、温州杂剧、南杂剧等。通常指元杂剧。

"骢马",指青白色的马。汉代桓典为御史时,常乘骢马,无所畏避,人称"骢马御史"。后用"骢马"为御史或执法严峻之典。

"卧看三日",据《隋唐佳话》,欧阳询行见索靖所书古碑,驻马观之,良久而去。数百步复还,下马伫立,疲则布毯坐观。因宿其旁,三日而后去。

"燕姬越女",指古代燕、越女子,多善歌舞。李白《幽歌行上新平长史兄粲》中有"越女长歌入彩云,燕姬醉舞娇红烛"句。而"黄娘"中的"黄",则系春秋时国名,在今河南潢川。

"相随太白著宫锦",据《新唐书·李白传》,李白尝乘舟与崔宗之自采石至金陵,著宫锦袍坐舟中,旁若无人。

"潞州别驾调羹飨"中的"别驾",乃州佐之官。此处"潞州别驾",系指唐玄宗李隆基。《旧唐书·玄宗本纪》:"神龙元年,迁卫尉少卿;景龙二年四月,兼潞州别驾。""调羹飨",据《新唐书·李白传》,唐玄宗李隆基曾亲自为李白调羹。

"金元院本",指的是金、元时行院艺人演剧所用的脚本。"院本",是宋杂剧向元杂剧过渡的形式。

"秦箫湘瑟",意指秦穆公弄玉所吹的箫和湘水女神(湘灵)所鼓的瑟。唐代李商隐《银河吹笙》诗中有"不须浪作缑山意,湘瑟秦箫自有情"句。

"伶",乃旧时戏剧演员之称。"琳琅宫",系神话传说中神仙居住的都邑之名。

郑燮在济南参与秋闱乡试结束之后,返回家乡探望妻儿老小。是年秋日,郑燮在扬州与汪士慎、李鱓、李方膺合作《花卉图轴》。郑燮于其上题记:

梅花抱冬心,月季有正色。俯视石菖蒲,清浅茁寒碧。佛手喻画禅,弹指现妙迹。

共玩此窗中，聊为一笑适。

乾隆丁卯秋日，士慎画梅，复堂补佛手、石菖蒲，晴江添月季，余作诗于上。

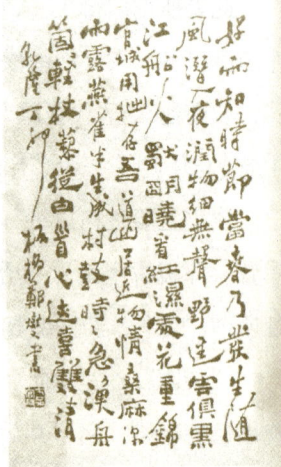

·郑燮《六分半书杜诗二首轴》

郑燮还趁此兴致书杜甫《春夜喜雨》和《屏迹三首》之一，作《六分半书杜诗二首轴》。试图以此抒发自己"用拙存吾道"以及"杖藜从白首，心迹喜双清"的心境。其中写道：

好雨知时节，当春乃发生。随风潜入夜，润物细无声。野迳云俱黑，江船火独明。晓看红湿处，花重锦官城。用拙存吾道，幽居近物情。桑麻深雨露，燕雀半生成。村鼓时时急，渔舟个个轻。杖藜从白首，心迹喜双清。

乾隆丁卯，板桥郑燮书。

郑燮墨迹中所书"迳"字，乃"径"之异体字。

周积寅《郑板桥年谱》将杜甫《屏迹三首》之一中的"心迹"误作"心达"。

此外，郑燮于是年还作《行书七言诗轴》和《兰竹图册》（十二开）。

是年春日，汪士慎应吴蔚洲邀请，同金农、厉樊榭至扬州城东角里草堂看梅。是年三月，金农自刻《竹师》印。是年，蒋士铨、纪昀中举人；李方膺赴安徽潜山署任知县。是年，殿版《十三经注疏》及《二十一史》刻成；六月，上命校刊《通典》《通志》及《文献通考》，并命编《续文献通考》。

乾隆十三年戊辰（1748），郑燮56岁。是年二月，乾隆皇帝弘历出巡山东至曲阜时，郑燮有幸被召封为"书画史"，治顿所，卧泰山绝顶四十余日，这也是郑燮终生引以为豪的一件大事。郑燮后来在《板桥自叙》中对此写道：

乾隆十三年，大驾东巡，燮为书画史，治顿所，卧泰山绝顶四十余日，亦足豪矣。

"顿所"，指的是馆舍或者营房。

位于山东省中部的泰山，古称"东岳"，亦称岱山、岱宗。从东平湖东岸向东北延伸至淄博南与鲁山相接。泰山主峰玉皇顶，海拔1524米。突兀峻拔，雄伟壮丽。有南天门、日观峰、经石峪、黑龙潭等名胜古迹。

郑燮对于自己有幸被召为乾隆东封书画史这件事，至感荣幸。为宣扬并纪念此事，郑燮曾篆刻"乾隆东封书画史"白文印，以便将其钤盖在自己创作的书画作品上。

· 郑燮篆刻"乾隆东封书画史"印

由于山东连年饥荒，清廷下诏委派文渊阁大学士高斌与左都御史刘统勋，共赴山东办理赈灾事宜，郑燮于是年三月完成乾隆东封书画史的任务后，被派随高斌放赈，协办此事。

高斌（？—1756），字右文，号东轩，满洲镶黄旗人，历任布政使、总督等职。乾隆十二年授文渊阁大学士，十三年奉旨偕左都御史刘统勋如山东治赈。

刘统勋（1698—1773），字延清，号尔钝，山东诸城（今山东高密）人。雍正二年（1724）中进士，历任刑部尚书、工部尚书、吏部尚书、内阁大学士、翰林院掌院学士及军机大臣等要职。刘统勋官至宰相，为政四十余载清廉正直，敢于直谏，在吏治、军事、治河等方面均有显著政绩。乾隆三十八年（1773）猝逝于上朝途中，乾隆皇帝闻讯慨叹失去股肱之臣，追授太傅，谥号文正。

是年夏，郑燮协助高斌放赈，五月初五这天，从西南方向飘来浓密乌云，使久旱的山东大地普降喜雨，为农民适时播种提供了方便。巧的是，端午节这天恰逢高斌生日，高斌于普降甘霖欣喜之余，作诗庆贺自寿。郑燮也为此赋诗与高斌唱和。郑燮在《和高相公给赈山东，道中喜雨，并五日自寿之作讳斌，号东轩》诗中写道：

相公捧诏视东方，百万陈囷下太仓。天语播时人尽饫，好风吹处日俱长。村村布谷催新绿，树树斜阳送晚凉。多谢西南云一片，顿教霖雨遍耕桑。

五日生辰道上过，山根云脚水罗罗。冲泥角黍蓑翁献，介寿蒲尊瓦盏多。马上旌旗迷渤海，柳边舆盖拂潍河。愚民攀拽无他嘱，为报君王有瑞禾。

"相公"，即宰相。不过，清时不专设宰相一职，大学士地位相当于宰相。"五日自寿"，指旧历五月五日端午节，高斌生日。

"角黍",指的是端午节时人们为了纪念屈原,用箬叶或者竹叶包裹黍米、糯米而制作成的粽子。由于绝大多数粽子为牛角状,因此称为"角黍"。

"攀拽",古时长官到地方巡视时,百姓若有所请求和申诉,辄可攀拽长官车辕,递交诉状。

"瑞禾",也称嘉禾,指的是同颖多粒的稻谷、麦穗。

古代城墙,是抵御强盗匪徒劫掠、维护社会治安的有效屏障。潍县旧土城,始创于汉,以固定木板间填入黏土并夯实的所谓"干打垒"方式筑成。明正德七年(1512),莱州府推官刘信重修。崇祯十二年(1639),邑令邢国玺以石甃之,绅民各认丈尺,不用衙役督催,听从民便,不数月而告竣。厥后屡次小修。雍正八年(1730)六月二十四日,发源于山东省昌乐打擂山,流经昌乐、潍城、寒亭县区入莱州湾的白浪河(原名白狼河)水涨,齐潍城城腰,一时城墙倒坏千余尺。有鉴于此,郑燮于乾隆十三年戊辰(1748)秋,倡导潍县士绅里民捐资重修潍县城墙,并以身作则,带头出钱三百六十千,首修城工六十尺。郑燮在其所作的《乾隆修城记》中写道:

天地有春必有秋,国家有治必有乱。狃于承平,而不知积渐之衰、仓猝之变,非智也。今天子圣仁,海内安静,而不思患预防,绸缪未雨,岂非人而不如鸟乎!潍县地界海滨,号称殷富,一旦有事,凡张牙利吻之徒,欲狼吞而虎噬者,潍其首也。前明末造,赖诸绅士蠲输之力,修造之功,知土城不足恃,易而石之。是以贼人屡窥,辛挫其锋,叹为无可如何而退。今之所修,不过百分中之二三分耳。量诸绅士,出之不难,举行甚乐。而本县先为之倡,首修城工六拾尺,计钱三百六十千,即付诸荐绅,不徒以纸上空名,取其好看。其余各任各段,各修各工,本县一钱一物概不经手,但聿观厥成而已。乾隆戊辰九秋,郑燮题。

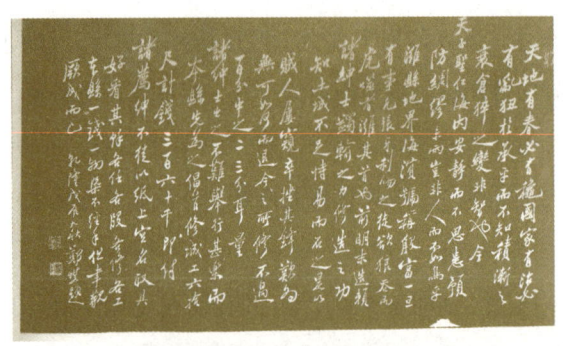

· 郑燮作并书《乾隆修城记》拓片

周积寅《郑板桥年谱》和卞孝萱《郑板桥全集》（增补本），皆将郑燮文中"但聿观厥成而已"误作"聿赌厥成而已"。

·潍县城墙遗迹

据《潍县志稿》卷八记载，郑燮于乾隆十三年捐资倡众大修潍县城墙工程，共修城墙1800余尺，使其垛齿城楼，表里完整。合邑绅士州同郭峒等245人共计捐银8786两。又各烟店公捐制钱120千文。细册存案。为了鼓励调动士绅捐款修城的热情和积极性，表彰扶危济困、乐善好施的善举，郑燮还为捐款者书写修城业绩，以使后人铭记不忘。例如，郑燮曾为郭峒书：

乾隆戊辰，郭峒修城工六十二尺。

潍坊市博物馆藏有郑燮为此次修城所作《修城题名碑》残碑，其中写道：

……陈重发、陈佶、刘建极、陈乔、韩铎……诸当商共□□……十尺。乾隆戊□（辰）年……

郑燮在潍县衙署处理公务之余，不忘教导堂弟郑墨。他多次致书郑墨，督促其读书学习应该抓住重点，才能学有成效。郑燮认为，读书若以过目成诵为能，最不济事。读书应该有所选择，不能眉毛胡子一把抓。他以孔子读《易》韦编三绝；苏轼读《阿房宫赋》至四鼓为例，教导郑墨对精彩佳文、优秀篇章或者段落，应该"反覆诵观"；即使对《史记》这样的名著，也不必篇篇都读，字字都记。否则，就是一个没分晓的钝汉。更别说那些如同臭油坏酱悉贮其中的小说家言、传奇恶曲、打油诗词了。郑燮在《潍县署中寄舍弟墨第一书》中写道：

读书以过目成诵为能，最是不济事。眼中了了，心下匆匆，方寸无多，往来应接不暇，如看场中美色，一眼即过，与我何与也。千古过目成诵，孰有如孔子者乎？读《易》至韦编三绝，不知翻阅过几千百遍来，微言精义，愈探愈出，愈研愈入，愈往而不知所穷。虽生知安行之圣，不废困勉下学之功也。东坡读书不用两遍，然其在翰林读《阿房宫赋》至四鼓，老吏苦之，坡洒然不倦。岂以一过即记，遂了其事乎！惟虞世南、张睢阳、张方平，平生书不再读，迄无佳文。且过辄成诵，又有无所不诵之陋。即如《史记》百三十篇中,以《项羽本纪》为最,而《项羽本纪》中,又以巨鹿之战、鸿门之宴、垓下之会为最。反覆诵观,可欣可泣,在此数段耳。若一部《史记》,篇篇都读,字字都记,岂非没分晓的钝汉!更有小说家言,各种传奇恶曲,及打油诗词,亦复寓目不忘,如破烂厨柜,臭油坏酱悉贮其中,其龌龊亦耐不得。

此处所谓"韦编三绝",源自《史记·孔子世家》:"孔子晚而喜《易》……读《易》,韦编三绝。"所谓"韦",即熟牛皮。古人通常用竹简写字,为避免竹简散乱,用熟牛皮条将竹简编联起来,称为"韦编"。而"三绝",则是说由于反复展收阅读,以至于将编联竹简的熟牛皮条磨断多次。

"困勉",即困知勉行。源自《中庸》"或困而知之……或勉强而行之。"朱熹对此注曰:"困知勉行者,勇也。"意思是说,人的知识,必须通过克服困难才能获得;人的德业,必须勉励自己去实践才能有成。"下学",即不耻下问,虚心向臣下或学问不如自己的人请教。

《阿房宫赋》,系唐代文学家杜牧所作。其中记叙了秦代修建阿房宫之事。

"东坡",指的是北宋文学家、书画家苏轼。苏轼在宋哲宗时曾任翰林学士。

虞世南(558—638),字博施,浙江余姚人。系由隋入唐的初唐四大书家之一。博学卓识,坦诚忠直,深得宠幸。唐太宗曾言远学王羲之,近学虞世南,足见其影响之大。

张睢阳,指的是张巡(708—757),字巡,蒲州河东(今山西永济)人。博览群书,过目成诵。由于张巡曾任睢阳太守而被人称作"张睢阳"。安史之乱时,张巡与许远守睢阳,在内无粮草、外无援兵情况下,与敌交战四百余次,终因粮草耗尽、将士伤亡惨重而被俘遇害。卒后获赠扬州大都督、邓国公。唐宣宗大中二年(848),绘张巡像于凌烟阁。清代时,张巡得以从祀历代帝王庙。

张方平(1007—1091),字安道,自号乐全居士,南京(即宋州,今河南商丘南)人。北宋文学家。少颖悟绝伦,一阅不忘。著有《乐全先生集》。

《项羽本纪》,《史记》十二本纪之一,记述了项羽反秦及与刘邦争夺天下之事。太史令司马迁以饱满的热情、优美的文字,描述了情节曲折的故事,刻画了项羽的性格特质,令人过目不忘。

"巨鹿之战",是秦末农民起义军摧毁秦军主力的一场著名战役。秦二世三年(前207),秦将章邯率军攻赵,以重兵围巨鹿(今河北平乡西南)。楚怀王派宋义为上将军、项羽为次将,率起义军救赵。宋义在途逗留不进,项羽杀死宋义,取得领导权。渡漳水后,起义军仅带三天干粮,破釜沉舟,表示血战到底的决心,后经在巨鹿激战多次,大破秦军,杀死秦将苏角,生擒王离,涉间自杀。章邯率余众二十余万,在殷虚(今河南安阳西北)投降。

郑燮对巨鹿之战深有感触，曾于其所作的《巨鹿之战》诗中写道：

> 怀王入关自聋瞽，楚人太拙秦人虎。杀人八万取汉中，江边鬼哭酸风雨。项羽提戈来救赵，暴雷惊电连天扫。臣报君仇子报父，杀尽秦兵如杀草。战酣气盛声喧呼，诸侯壁上惊魂遁。项王何必为天子，只此快战千古无。千奸万黠藏凶戾，曹操朱温尽称帝。何似英雄骏马与美人，乌江过者皆流涕！

"鸿门之宴"，是说公元前206年，刘邦攻占秦都咸阳后，派兵驻守函谷关不久，项羽即率领四十万大军攻入，进驻鸿门（今陕西临潼东），准备消灭刘邦。经项羽叔父项伯调解，刘邦亲至鸿门会见项羽。宴会之上，范增命项庄舞剑，欲乘机刺杀刘邦。项伯见状，也拔剑起舞，并以身掩护刘邦。后经樊哙带剑执盾闯入，刘邦始得乘隙脱险。

"垓下之会"，指的是楚汉战争的最终决战。公元前202年，刘邦与韩信、彭越等合兵，将项羽围困在垓下。项羽粮尽援绝，又闻听四面皆唱楚歌，以为汉军已得楚地，便突围南走，至乌江（今安徽和县东北）自刎而死。

郑燮不仅关心郑墨的读书学习，对自己与饶氏所生之子的成长教育也极为关切。乾隆十年乙丑（1745）冬，郑燮在范县任上时将饶氏和儿子送回故乡兴化，拜托堂弟郑墨照顾管束，因此是年郑燮在潍县衙署写信嘱咐郑墨，疼爱孩子，应该明了教子之道。在戏耍玩乐中培养其忠厚仁爱之情，驱其残忍之性，不得以为是其侄子，就对他放任迁就，姑息纵容。郑燮还强调，待人应该一视同仁，不能欺凌虐待家中仆人孩子。同时，他嘱咐郑墨要将这封信读给郭氏和饶氏听，令她们也知晓爱子之道，让她们明白，读书中举中进士为官都是小事，人生最重要的是要明白事理做个好人。这是郑燮在其所撰的文章中第一次提及郭氏。郑燮在《潍县署中与舍弟墨第二书》中写道：

> 余五十二岁始得一子，岂有不爱之理！然爱之必以其道，虽嬉戏顽耍，务令忠厚悱恻，毋为刻急也。平生最不喜笼中养鸟，我图娱悦，彼在囚牢，何情何理，而必屈物之性以适吾性乎！至于发系蜻蜓，线缚螃蟹，为小儿顽具，不过一时片刻便摺拉而死。夫天地生物，化育劬劳，一蚁一虫，皆本阴阳五行絪缊之气而出。上帝亦心心爱念。而万物之性人为贵，吾辈竟不能体天之心以为心，万物将何所托命乎？蛇蚖蜈蚣豺狼虎豹，虫之最毒者也，然天既生之，我何得而杀之？若必欲尽杀，天地又何必生？亦惟驱之使远，避之使不相害而已。蜘蛛结网，于人何罪？或谓其夜间咒月，令人墙倾壁倒，遂击杀无遗。此等说话，出于何经何典，而遂以此残物之命，可乎哉？可乎哉？

我不在家，儿子便是你管束。要须长其忠厚之情，驱其残忍之性，不得以为犹子而姑纵惜也。家人儿女，总是天地间一般人，当一般爱惜，不可使吾儿凌虐他。凡鱼飧果饼，宜均分散给，大家欢嬉跳跃。若吾儿坐食好物，令家人子远立而望，不得一沾唇齿，其父母见而怜之，无可如何，呼之使去，岂非割心剜肉乎！夫读书中举中进士作官，此是小事，第一要明理作个好人。可将此书读与郭嫂、饶嫂听，使二妇人知爱子之道在此，不在彼也。

所谓"阴阳"，古人以阴阳解释万物化生，还认为天地、日月、昼夜、男女乃至腑脏、气血等，皆分属阴阳。《易·系辞上》："阴阳不测之谓神。"疏："天下万物，皆由阴阳，或生或成，本其所由之理，不可测量之谓神也。"《书经·周官》："兹惟三公，论道经邦，燮理阴阳。"

"五行"，古人认为水、火、木、金、土，是构成自然界各种物质的五种基本元素。《书经·洪范》："初一曰五行。"又"一、五行：一曰水，二曰火，三曰木，四曰金，五曰土。"

"犹子"，指侄辈子女。《礼记·檀弓上》："兄弟之子，犹子也。"

郑燮此处所说的"吾儿"，即郑燮与饶氏所生之子。"家人"，指家中雇佣的仆人。

"郭嫂"，即郑燮继室郭氏。雍正九年郑燮原配徐氏病殁后，郑燮续娶了继室郭氏。"饶嫂"，即乾隆二年丁巳（1737）郑燮45岁时自京师南归扬州之后所纳之妾，即侧室饶氏。嘉庆修《昭阳郑氏族谱》中记载郑燮"娶徐氏、郭氏，侧饶氏。"

郑燮给郑墨的这封信书毕之后，似乎仍觉得意犹未尽，便在《书后又一纸》中写道：

所云不得笼中养鸟，而予又未尝不爱鸟，但养之有道耳。欲养鸟莫如多种树，使绕屋数百株，扶疏茂密，为鸟国鸟家。将旦时，睡梦初醒，尚展转在被，听一片啁啾，如《云门》《咸池》之奏；及披衣而起，颒面漱口啜茗，见其扬翚振彩，倏往倏来，目不暇给，固非一笼一羽之乐而已。大率平生乐处，欲以天地为囿，江汉为池，各适其天，斯为大快。比之盆鱼笼鸟，其巨细仁忍何如也！

《云门》，相传为黄帝时乐舞。《咸池》又名《大咸》，相传为黄帝时所制乐章。

郑燮待这《书后又一纸》书毕之后，还是觉得自己心中的意思尚未说透，紧接着再书一纸，以尧舜、天地以及历史上世家诸般英雄豪杰为例，嘱咐郑墨但凡做事，应该留有余地；并让郑墨将这封信好好收藏，待其儿子少长，就读给他听，以便从中受益。郑燮写道：

尝论尧舜不是一样，尧为最，舜次之。人咸惊讶。其实有至理焉。孔子曰："大哉尧之为君，惟天为大，惟尧则之。"孔子从未尝以天许人，亦未尝以大许人，惟称尧不遗余力，意中口中，却是有一无二之象。夫雨旸寒燠时若者，天也。亦有时狂风淫雨，兼旬累月，伤禾败稼而不可救；或赤旱数千里，蝗螟螣特肆生，致草黄而木死，而亦不害其为天之大。天既生有麒麟、凤凰、灵芝、仙草、五谷、花实矣，而蛇、虎、蜂虿、蒺藜、稂莠、萧艾之属，即与之俱生而并茂，而亦不害其为天之仁。尧为天子，既以钦明文思，光四表而格上下矣，而共工、驩兜尚列于朝，又有九载绩用弗成之鲧，而亦不害其为尧之大。浑浑乎一天也！若舜则不然，流共工、放驩兜、杀三苗、殛鲧，罪人斯当矣。命伯禹作司空、契为司徒、稷教稼、皋陶掌刑、伯益掌火、伯夷典礼、后夔典乐，倕工鸠工，以及殳戕、朱虎、熊罴之属，无不各得其职，用人又得矣。为君之道，至毫发无遗憾。故曰："君者舜也！"又曰："舜其大知也！"夫彰善瘅恶者，人道也；善恶无所不容纳者，天道也。尧乎，尧乎！此其所以为天也乎！厥后舜之子孙，宾诸陈，无一达人。后代有齐国，亦无一达人。惟田横之卒，五百人从之，斯不愧祖宗风烈。非天之薄于大舜而不予以后也，其道已尽，其数已穷，更无从蕴而再发耳。若尧之后，至迁且远也。豢龙御龙，而有中山刘累，至汉高而光有天下。既二百年矣，而又光武中兴。又二百年矣，而又先帝入蜀，以诸葛为之相，以关、张为之将；忠义满千古，道德继贤圣。岂非尧之留余不尽，而后有此发泄也哉！夫舜与尧同心同德同圣，而吾为是言者，以为作圣且有太尽之累，则何事而可尽也？留得一分做不到处，便是一分蓄积，天道其信然矣。且天亦有过尽之弊。天生圣人亦屡矣，未尝生孔子也。及生孔子，天地亦气为之竭而力为之衰，更不复能生圣人。天受其弊，而况人乎！昨在范县与进士田种玉、孝廉宋纬言之，及来潍县，与诸生郭伟勋谈论，咸鼓舞震动，以为得未曾有。并书以寄老弟，且藏之匣中，待吾儿少长，然后讲与他听，与书中之意互相发明也。

郑燮此处所谓"共工"和"驩兜"，相传是尧时二臣。后因罪舜，皆被流放。

"三苗"，古族名。亦称有苗、苗民。《史记·五帝本纪》载其地在江、淮、荆州（今河南南部至湖南洞庭、江西鄱阳一带）。传说舜时被迁到三危（今甘肃敦煌一带）。

"鲧"，同鲧，系我国传说中原始时代的部落首领。鲧曾奉尧之命率众治水，然他采用筑堤防水的方法，持续了九年，也未曾将水患治平，最终被舜杀死在羽山。

《书经·虞书·舜典》曾对郑燮此处所谓舜之上述行为记曰："流共工于幽州，放驩兜于崇山，窜三苗于三危，殛鲧于羽山。四罪而天下咸服。"

"命伯禹作司空，契为司徒……无不各得其职，用人又得矣"一段，亦源自《书经·虞书·舜典》。而其中所说的伯禹（禹）、契、稷、皋陶、伯益、伯夷、后夔（夔）、倕工（倕）、殳戕、朱虎、熊罴诸人，相传皆为由舜所统辖各司其职之臣。

"宾诸陈，无一达人。后代有齐国，亦无一达人"中的"宾诸陈"，源自《史记·陈杞世家》："周武王克殷纣，乃复求舜后，得妫满，封之于陈。"而"后代有齐国"，则是据《史记·田敬仲完世家》所说，陈厉公之子陈完，于陈宣公十二年奔齐，齐桓公使为工正。遂改陈为田氏。后田乞、田常渐专国之政，至田和立为齐侯，遂代有齐国。

田横（？—前202），本齐国贵族。秦末，从兄田儋起兵，重建齐国。楚汉战争中自立为齐王，不久为汉军所破，投奔彭越。汉朝建立，率徒党五百余人逃亡至即墨（今由山东省青岛市辖）海岛。汉高祖刘邦命田横到洛阳。田横因不愿称臣于汉，在被迫前往洛阳途中自杀。追随田横留居即墨海岛的五百余人闻知田横自杀死讯之后，也全部于岛上自杀。

"豢龙御龙，而有中山刘累"，详见前面据《潜夫论·志氏姓》所说。

"至汉高而光有天下。既二百年矣，而又光武中兴"，是说自汉高祖刘邦公元前202年称帝起，至公元25年汉光武刘秀中兴，历时227年。

"先帝"，指西蜀昭烈帝刘备（161—223）。"诸葛"，即诸葛亮（181—234），刘备称帝后，是为丞相。"关张"，系指西蜀大将关羽（？—219）和张飞（？—221）。

"昨在范县与进士田种玉、孝廉宋纬言之"中的"昨"，泛指过去。田种玉，字蓝田，雍正甲辰（1724）进士，历任新城、青县知县，以母老乞归，设教白衣堂。工制艺。宋纬，字星周，乾隆丁卯（1747）举人。民国廿四年刊本《范县志》载："事亲孝，家贫并日而食，诵读不辍。性廉介，县令郑板桥深契之，赠以金，不受。"

郭伟勋，字熙虞，号芸亭。乾隆庚戌（1790）赐翰林院检讨。工篆隶，嗜印章，家有名园，郑燮任潍县知县时与之友善，常至其园游憩。郭伟勋曾为郑燮篆刻"板桥居士"常用印。郑燮《板桥先生印册·板桥居士》："潍县诸生郭伟勋芸亭刻。"然据民国《潍县志稿·教育志·征举科贡表》："（乾隆）五十四年己酉恩科、举人郭伟勋（由增生）"，以及"（乾隆）五十五年庚戌恩科、检讨郭伟勋"等记载，郑燮《板桥先生印册》中称郭伟勋为诸生，表明郑燮撰《板桥先生印册》时，郭伟勋尚未中举。郑燮卸任离开潍县之后，也与郭伟勋时常交流往来。郑燮在《韬光庵为松岳上人作画》中有"元日画兰竹，远寄郭芸亭"句。周积寅《郑板桥年谱》在录民国《潍县志稿·教育志·征举科贡表》是段文下注㉔中，将"乾隆庚戌"误作"乾隆庚戍"。

乾隆戊辰九月，郑燮在潍县给自己在扬州的文士好友写信，论述学者为学应持的态度，以及诗词文章主旨及其风格。郑燮认为，学者当自树其帜，不能以他人评论之是非优劣而感觉欣喜悲戚,以损士品士气。凡诗词文章,不但关乎开心明理,使之内有养而外有济;而且关乎圣贤天地之心、万物生民之命。学者得志则加之于民,不得志则独善其身,亦可以化乡党而教训子弟。切不可赶时髦、趋风气、追时尚。凡所谓锦绣才子者,皆天下之废物也。郑燮还借用佛教流派分类法,将中国文学史中文章、诗作卓有成就者,指名道姓地将其分为大乘法和小乘法。同时郑燮认为,词与诗有所不同,应该以婉丽为正格,以豪宕为变格。并以戏剧中的生旦净末丑各种角色来比附词人词作,且加以评论。郑燮在《与江宾谷、江禹九书》中写道:

> 学者当自树其帜。凡米盐船算之事,听气候于商人,未闻文章学问,亦听气候于商人者也。吾扬之士,奔走蹙蹀于其门,以其一言之是非为欣戚,其损士品而丧士气,真不可复述矣。贤昆玉悄然闭户,寂若无人,而岳岳荡荡,如海如山,令人莫可穷测。嗟呼,其可贵也!文章有大乘法,有小乘法。大乘法易而有功,小乘法劳而无谓。《五经》《左》《史》《庄》《骚》,贾、董、匡、刘、诸葛武乡侯、韩、柳、欧、曾之文,曹操、陶潜、李、杜之诗,所谓大乘法也。理明词畅,以达天地万物之情,国家得失兴废之故。读书深,养气足,恢恢游刃有余地矣。六朝靡丽,徐、庾、江、鲍、任、沈,小乘法也。取青配紫,用七谐三,一字不合,一句不酬,拈断黄须,翻空二酉。究何与于圣贤天地之心、万物生民之命?凡所谓锦绣才子者,皆天下之废物也,而况未必锦绣者乎!此真所谓劳而无谓者矣。且夫读书作文者,岂仅文之云尔哉!将以开心明理,内有养而外有济也。得志则加之于民,不得志则独善其身,亦可以化乡党而教训子弟。切不可趋风气,如扬州人学京师穿衣戴帽,才赶得上,他又变了。何如圣贤精义,先辈文章,万世不祧也。贤昆玉果能自树其帜,久而不衰,燮虽不肖,亦将戴军劳帽,穿勇字背心,执水火棍棒,奔走效力子大蠹之下。岂不盛哉!曹氏父子,萧家骨肉,一门之内,大小殊轨。曹之丕、植,萧之统、绎,皆有公子秀才气,小乘也。老瞒《短歌行》,萧衍《河中之水》歌,勃勃有英气,大乘也。彼虽毒蛇恶兽,要不同于蟋蟀之鸣、蛱蝶之舞,而况麒麟鸾凤之翔,化雨和风之洽乎!司马相如,大乘也,而入于小乘,以其逞词华而媚合也。李义山,小乘也,而归于大乘,如《重有感》《随师东》《登安定城楼》《哭刘蕡》《痛甘露》之类,皆有人心世道之忧,而《韩碑》一篇,尤足以出奇而制胜。青莲多放逸,而不切事情。飞卿叹老嗟卑,又好为艳冶荡逸之调。虽李、杜齐名,温、李合噪,未可并也。词与诗不同,以婉丽为正格,以豪宕为变格。燮窃以剧场论之:东坡为大净,稼轩外脚,永叔、邦卿正旦,秦淮海、柳七则小旦也。周美成为正生,南唐后主为小生,世人爱小生定过于爱正生矣。蒋竹山、刘改之是绝

妙副末，草窗贴旦，白石贴生。不知公谓然否？板桥弟郑燮顿首宾谷七哥、禹九九哥二长兄文几。乾隆戊辰九月，潍县顿首。

卞孝萱《郑板桥全集》（增补本）中，将郑燮此书题作《与江昱、江恂书》。

江宾谷，即江昱（1706—1775），号松泉，广陵（今江苏仪征）人。《扬州画舫录·桥东录》："江昱，字宾谷。工诗文，精于金石，著有《诗集韵歧》《潇湘听雨录》。"

江禹九，乃江昱弟弟江恂（1709—1786）。《扬州画舫录·桥东录》："江恂，字禹九，号蔗畦。官芜湖道。工诗画。收藏金石书画，甲于江南。子德量，字秋史。乾隆庚子榜眼。官御史。好金石。阅尽两汉以上石刻。故其隶书卓然成家。所书《武安王庙碑》，笔力遒劲。善画人物，得古法。死之前一年，忽以端石数寸许作汉碑式，嘱其弟墨君镌其姓氏爵里，笔画精妙，时以为谶。德地，字墨君。布衣。"

"昆玉"，系古人对别人兄弟的美称，或称他人弟兄的敬词。

"大乘"，梵语摩诃衍，乃佛教名相。相对小乘而言。"摩诃"，义为大；"衍"，义为乘，乘车运载的意思。佛教将开一切智、尽未来际众生化益之教，称为大乘。喻其修行法门为乘大车，故名。

"小乘"，系大乘佛教广泛流行之后，将原部派佛教贬称为小乘。小乘佛教保持早期佛教的教理，信奉《阿含经》等教典，重在自我解脱，以求证阿罗汉果为其止境。即通过个人修行，入涅槃境地，以免轮回之苦。佛教创始人释迦牟尼在世时，曾针对不同根机的信众，宣说过大、小乘法门。佛教初期，传播小乘，马鸣撰著《大乘起信论》后，大乘教义开始发展流行。郑燮于此借用佛教派别，来评论诗词文章风格。

《五经》，指的是《诗经》《书经》《易经》《礼经》《春秋》五部儒家经典。

《左》《史》《庄》《骚》，分别指的是《左传》《史记》《庄子》《离骚》。

"贾"，指的是西汉政论家、文学家贾谊（前200—前163）。

"董"，指的是西汉哲学家、今文经学大师董仲舒（前179—前104）。

"匡"，指的是西汉经学家匡衡。生卒年不详，东海郡承县（今山东枣庄市峄城区）人，虽世代务农、家境贫寒，他勤奋努力、十分好学，曾官至丞相。

"刘"，指的是西汉宗室大臣、经学家、文学家刘向（约前77—前6），原名刘更生，字子政，沛郡丰邑人（今江苏省徐州市）人。

"诸葛武乡侯"，指的是三国蜀汉杰出的政治家、军事家、发明家诸葛亮（181—234），字孔明，号卧龙，琅琊阳都（今山东省临沂市沂南）人。

"韩"，指的是被誉为"唐宋八大家"之首的唐代文学家、哲学家韩愈（768—

824），字退之，河南河阳（今河南省孟州市）人。因自称"郡望昌黎"，而被称为"韩昌黎""昌黎先生"。

"柳"，指的是"唐宋八大家"之一的唐代文学家、哲学家柳宗元（773—819），字子厚，河东（今山西省运城、永济一带）人，世称"柳河东""河东先生"。又因曾官至柳州刺史而被称为"柳柳州"。

"欧"，指的是"唐宋八大家"之一的北宋政治家、文学家欧阳修（1007—1702），字永叔，号醉翁，晚号六一居士。江西吉州庐陵永丰（今江西省吉安市永丰县）人。历仕仁宗、英宗、神宗三朝，官至翰林学士、枢密副使、参知政事。谥号"文忠"，故世称"欧阳文忠"。

"曾"，指的是"唐宋八大家"之一的北宋散文家曾巩（1019—1083），字子固，江西抚州南丰人。世称"南丰先生"。记忆力超群，年十二即能为文。元丰四年（1081）以史学才能被委任史官修撰。谥号"文定"。

曹操（155—220），一说本姓夏侯，字孟德，小字阿瞒，沛国谯县（今安徽省亳州市）人。我国古代杰出的政治家、军事家、文学家、诗人，三国曹魏的奠基者。其子曹丕代汉称帝后，追尊曹操为太祖武皇帝。

陶潜，即东晋文学巨匠陶渊明（约365—427），名潜，字元亮，别号五柳先生。浔阳柴桑（今江西九江市）人。曾任彭泽县令，然其在位不满三月即弃职归隐田园。卒后私谥"靖节"，世称"靖节先生"。有《陶渊明集》。

"李"，指的是唐代伟大的浪漫主义诗人、被誉为"诗仙"的李白（701—762），字太白，号青莲居士，又号谪仙人。陇西成纪人。成纪，系西汉所置成纪县治，位于今甘肃省静宁县，唐时迁如今甘肃省天水市秦安县。有《李太白集》。

"杜"，指的是生于河南巩县、原籍湖北襄阳的唐代现实主义诗人杜甫（712—770），字子美，自号少陵野老。杜甫创作诗歌约1500首，大多被保留于《杜工部集》中，对中国和日本文学影响深远，被后世尊称为"诗圣"。

"鲍"，指的是南朝宋文学家鲍照（约416—466）与其妹鲍令晖。鲍照，字明远，一说祖籍东海（今山东省临沂市郯城县），生于京口（今江苏省镇江市）。鲍照曾出任刘子顼前军参军，故被称为"鲍参军"。鲍令晖，系南朝宋、齐两代唯一留下著作的女文学家。钟嵘《诗品》评其诗"往往崭绝清巧，拟古尤胜"。曾有《香茗赋集》流传，今已散佚。徐陵《玉台新咏》中录其诗七首。

"徐"，指的是南朝梁徐摛及其儿子徐陵。徐摛（474—551），字士秀，一字士缋，东海郯（今山东省郯城）人。是"宫体诗"代表人物之一，属文"好为新变，不拘旧体"。赋诗崇尚雕琢，贵浮艳巧似，诚所谓"情必极貌以写物，辞必穷力而追新"。徐摛长子徐陵（507—583），字孝穆，以诗文闻名，擅长"宫体诗"，博涉史籍，颇有口才。著有《徐孝穆集》。

"沈、江、任"，分别指六朝文学家沈约、江淹和任昉。沈约（441—513），字休文，吴兴郡武康县（今浙江省德清县）人，学识渊博，精通音律，与周颙等创"四声八病"之说，将平、上、去、入四声相互调节的方法用于诗文创作，以避免八病。为当时韵文创作开辟了新境界。著有《晋书》《宋书》《齐纪》《梁武帝本纪》等史书。

江淹（444—505），字文通，宋州济阳考城（今河南省商丘市民权县）人。南朝著名文学家、辞赋家。历仕宋、齐、梁三朝。江淹6岁能诗，后为辞赋名家。现存二十八篇辞赋，皆为抒情咏物之作。江淹的辞赋善于摹写悲情，呈现出一股悲慨劲健之气，一扫当时赋坛上流行的靡靡之音。江淹还曾以十五首诗劝谏荆州郡守刘景素放弃谋反。江淹在平西将军崔慧景发兵围困京城，京城官吏纷纷前往投靠时，却装病在家。崔慧景兵败被杀后，世人信服江淹有先见之明。江淹去世时，梁武帝萧衍着素服向其致哀，并赠钱布。谥号"宪伯"。

任昉（460—508），字彦升，小字阿堆，乐安郡博昌（今山东省寿光市）人。南朝著名文学家、方志学家、藏书家。任昉的作品中充满了大量的骈文，并将其用来撰写公牍文章。任昉阅读了大量古代典籍，被称为"五经笥"，由此他在诗词创作中擅长用典，从而形成以学问入诗的鲜明特色。

"曹氏父子"，指的是指曹操及其次子魏文帝曹丕和三子曹植。曹丕（187—226），字子桓，三国时期政治家、文学家，曹魏开国皇帝（220—226年在位）。文武双全，通晓诸子百家。擅长五言诗，并在诗赋文学方面皆有成就。40岁时病逝于洛阳，谥号"文皇帝"。著有《魏文帝集》。曹植（192—232），字子建。由于生前曾为陈王、去世后谥号"思"，而被称为"陈思王"。曹植才华出众，被南朝文学家谢灵运誉为"天下才有一石，曹子建独占八斗"。曹植是建安文学的代表人物与集大成者。钟嵘曾评价曹植文章"骨气奇高，词彩华茂，情兼雅怨，体被文质，粲溢今古，卓尔不群"。

"萧家骨肉"，指的是南朝梁武帝萧衍及其长子萧统、三子萧纲、七子梁元帝萧绎。萧衍（464—549），字叔达，小字练儿，南兰陵郡东城里（今江苏省丹阳市埤城镇东城村）人。永元二年（500），起兵攻讨东昏侯萧宝卷，拥戴南康王称帝，次年攻陷建康。中兴二年（502）接受萧宝融"禅位"，建立南朝梁，成为开国皇帝（502—549年在位）。萧衍才思敏捷，博通文史，为"竟陵八友"之一。所撰诗赋，不乏名作。曾令编写《通史》，并亲自为之撰写赞序。萧衍还擅长音律，精于书法。晚年沉湎佛事，怠于政事。太清二年（548）爆发侯景之乱，次年萧衍被囚死于建康台城，享年86岁。谥号"武皇帝"，庙号高祖，葬于修陵。

萧统（501—531），字德施，小字维摩。萧统于天监元年（502）被册立为太子，在东宫以仁德闻名。萧统爱好文学和佛法，广纳人才，使得东宫"名才并集"。由萧统主持编撰的《文选》（史称《昭明文选》），是中国现存最早的诗文总集。萧统因病早逝，享年31岁。谥号"昭明"。

萧纲（503—551），字世赞（一说世缵），小字六通，与昭明太子萧统为同母兄弟，生于建康宫显阳殿中。昭明太子去世后，被册立为太子。侯景之乱致使梁武帝萧衍被囚死后，萧纲于太清三年（549）五月即位称帝，并于次年改元大宝。大宝二年（551）八月，萧纲被侯景废黜为晋安王。一个月后，萧纲被侯景杀害，时年49岁。庙号太宗，谥号"简文皇帝"。萧纲自幼爱好文学，在被册立为皇太子后，与其幕僚形成的文学影响登峰造极，公开宣布并倡导文学史上著名的宫体文学，由此形成一种流行风尚。

萧绎（508—555），字世诚，小名七符，号金楼子。大宝三年（552），侯景之乱平息，武陵王萧纪称帝于蜀，萧绎也在江陵即位。次年，武陵王率众至西陵，为其所败。承圣三年（554）冬，雍州刺史萧詧引西魏来攻，江陵被围，萧绎烧所藏图书十余万卷，城陷被杀。后被追尊为元帝，庙号世祖。萧绎虽性好矫饰，且多猜忌，却工书，善画，能文。著有《孝德传》《怀旧志》《金楼子》等。后人辑有《梁元帝集》。

"老瞒"，即曹操。小名阿瞒。

司马相如（前179—前118），字长卿，一说蜀郡成都（今四川成都）人，一说巴郡安汉（今四川省南充市蓬安县）人。西汉著名辞赋家。少名犬子，后因慕蔺相如之为人，更名相如。好读书、善辞赋、学击剑，以赀为郎，事汉景帝为武骑长侍。因景帝不好辞赋，便称病免官，投梁孝王门下，与邹阳、枚乘等交游，作《子虚赋》。公元前144年梁孝王死，司马相如归蜀，以贫无自业，往依临邛令王吉。以琴心挑临邛富商卓王孙新寡之女卓文君。卓文君慕司马相如之才，与之私奔成都。司马相如终因"家徒四壁"，又与卓文君返回临邛，尽卖其车骑，买一酒舍，当街卖酒。《史记·司马相如列传》："令文君当垆，相如身自著犊鼻裈，与保庸杂作，涤器于市中。"卓王孙深以为耻，只好分与卓文君部分僮仆金钱，使之与司马相如重归成都，置买田宅生活。汉武帝刘彻读司马相如所作《子虚赋》后，大为赞赏，遂召之。司马相如为作天子游猎之《上林赋》后，得任为郎。其所著赋尚有《大人赋》《美人赋》等。原《集》已佚。明人张溥辑有《司马文园集》一卷。

李义山，指的是晚唐著名诗人李商隐（约813—858），字义山，号玉谿生，怀州河内（今河南省沁阳市）人。李商隐诗作构思新奇，风格秾丽，尤其是一些爱情诗和无题诗，更是写得缠绵悱恻，优美动人。也有一些诗作（以《锦瑟》为代表）过于隐晦迷离，难于索解。金代元好问在《论诗三十首·十二》中评价李商隐时写道："望帝春心托杜鹃，佳人锦瑟怨华年。诗家总爱西昆好，独恨无人作郑笺。"有《李义山诗集》，已散佚，后人辑有《樊南文集》《樊南文集补编》。

"飞卿",指的是唐代诗人、词人温庭筠(约812—866),原名岐,字飞卿,太原祁县人。富有艺术天赋,文思敏捷,每入试,押官韵,八叉手而成八韵,故有"温八叉"或"温八吟"之称。然他恃才不羁,又好讽刺权贵,纵酒放浪,由此得罪权贵,屡试不第,一生坎坷,终身潦倒。温庭筠精通音律,兼工诗词。其诗辞藻华丽,秾艳精致,内容多写闺情。其词更是刻意注重文采声情,被尊为"花间派"鼻祖。原著《金荃集》已散佚,后人辑有《温庭筠诗集》。

"东坡",指的是"唐宋八大家"之一的北宋著名文学家、书画家苏轼(1037—1101),字子瞻,一字和仲,号铁冠道人、东坡居士,眉州眉山(今四川省眉山市)人。苏轼是北宋中期文坛领袖,在诗词、散文、书法、绘画、美食诸方面成就非凡。其文纵横恣肆;其诗题材广阔,清新豪健,善用夸张比喻,风格独具;其词开豪放一派,与辛弃疾并称"苏辛"。书法被誉为"宋四家"(苏轼、黄庭坚、米芾、蔡襄)之首。苏轼尤擅墨竹、怪石、枯木等文人画,是一位全才式的艺术巨匠。

"大净",系传统戏曲脚色行当,俗称"花脸"或"花面"。一般认为是从宋杂剧中的副净发展而来。大都扮演张飞、李逵、曹操、严嵩等性格、品质或相貌上有特异之处的男性人物。

"稼轩",指的是南宋词人辛弃疾(1140—1207),原字坦夫,后改字幼安,中年后别号稼轩,山东东路济南府历城县(今山东省济南市历城区)人,南宋文学家,豪放派词人,有"词中之龙"之称,与苏轼并称"苏辛"。著有《稼轩长短句》。今人辑有《辛稼轩诗文钞存》。

"外脚",即传统戏曲脚色行当"外"。元代戏曲中有外末、外旦、外净等,大致是指末、旦、净等行当的次要角色。明、清以来,"外"逐渐成为专演老年男子的角色。表演上基本与生、末相同。一般戴白满须,所以又称"老外"。例如,京剧《四进士》中的宋士杰,《跑城》中的徐策等。

"永叔",指的是"唐宋八大家"之一的北宋文学家、史学家欧阳修(1007—1072),字永叔,号醉翁,晚号六一居士,江西西路吉州庐陵永丰(今江西吉安市永丰县)人。欧阳修是宋代文坛领袖,继承并发展了韩愈的古文理论,领导了北宋诗文革新,开创了一代文风。欧阳修在变革文风的同时,也对诗风、词风进行了一定程度的革新。在史学方面也成绩斐然,曾主修《新唐书》,并独撰《新五代史》。著有《欧阳文忠公集》

"邦卿",指的是南宋婉约派重要词人史达祖(1163—约1220),字邦卿,号梅溪,汴(河南开封)人。词风工巧绮丽,以咏物为长。著有《梅溪词》。

"正旦",简称"旦",系传统戏曲中扮演女主角的角色名。元杂剧、明清传奇以及皮黄剧中皆有是角,系由宋杂剧、金院本之"装旦"演变而来,相当于京剧中的"青衣"。

"秦淮海",指的是北宋婉约派词人秦观(1049—1100),字太虚,后改字少游,别号邗沟居士、淮海居士,扬州高邮(今江苏省高邮市)人。少从苏轼游,以诗见赏于王安石。所撰诗词文思颇深,高古沉重,寄托身世,尤以婉约词风驰名于世。著有《淮海集》。

"柳七",指的是北宋词人柳永(约984—约1053),原名三变,字景庄,后改名柳永,崇安(今福建省武夷山)人,生于沂州费县(今山东省费县)。因排行第七,世称"柳七"。中年参加科举,屡试不中,遂一心填词。暮年及第,以屯田员外郎致仕,故世称"柳屯田"。柳永是两宋词坛创用词调最多的词人,尤善慢词,并将敷陈其事的赋法移植于词的创作之中。在淋漓尽致的铺陈过程中,善用俚词俗语,显现出白描式平淡无华的独特艺术个性。

"小旦",旧时戏曲扮演少女的角色名。元杂剧的小旦即传统戏剧中的副旦。元代夏庭芝《青楼集》中有小旦孙秀秀。

"周美成",指的是北宋词人周邦彦(1056—1121),字美成,晚号清真居士,堂名顾曲,杭州钱塘(今浙江杭州)人,婉约派代表词人之一。周邦彦精通音律,创作了不少新词调。词作多写闺情、羁旅,也有咏物之作。词语精雅,格律谨严,长调尤善铺叙。其词作在婉约派中长期被尊为"正宗"。著有《清真集》《清真先生文集》《清真杂著》《操缦集》等,后三种今并佚。

"正生",传统戏曲扮演男主角之角色名。明清传奇中,以扮演青年男主角的"生"为正生,如《牡丹亭》中的柳梦梅。京剧中以扮演老年男主角的"老生"为正生,如《空城计》中的诸葛亮。

"南唐后主",指的是唐元宗李璟第六子、南唐国主、词人李煜(937—978),原名从嘉,字重光,号钟山隐士、钟峰隐者、白莲居士、莲峰居士。建隆二年(961)李煜继位,尊宋为正统,岁贡以保平安。开宝四年(971)十月,宋太祖赵匡胤灭南汉,李煜去除唐号,改称"江南国主"。次年,李煜贬损仪制,撤去金陵台殿鸱吻以示尊奉宋廷。开宝八年(975),李煜兵败降宋,被俘至东京,授右千牛卫上将军,封违命侯。太平兴国三年(978)死于东京,追赠太师,追封吴王。世称南唐后主、李后主。李煜精书法,工绘画,通音律,诗文均有造诣,尤以词作成就最高。李煜继承晚唐以来温庭筠、韦庄等花间派词人传统,又受李璟、冯延巳等人的影响,词作语言明快、形象生动、用情真挚。亡国后词作,更是题材广泛,含义深沉,在晚唐五代词中别树一帜。

"小生",戏曲中扮演青年男子的角色名。宋、元杂戏演员角色有末、旦、净等名目,而末,又有正末、冲末、外末、小末之分。小末,即后来的小生。

"蒋竹山"，指的是南宋词人蒋捷（约1245—1305后），字胜欲，号竹山，宋末元初阳羡（今江苏省无锡市宜兴）人。南宋咸淳十年（1274）进士。南宋覆灭，深怀亡国之痛，隐居不仕。时人重其气节，称其为"竹山先生"。蒋捷长于词，词作风格多样，重在以萧寥悲凉、清俊疏爽之情，抒发故国之思、山河之恸，在宋季词坛上独标一格。著有《竹山词》。

"刘改之"，指的是南宋词人、诗人刘过（1154—1206），字改之，号龙洲道人，吉州太和（今江西省泰和县）人。少怀志节，读书论兵，好言古今治乱盛衰之变。曾多次上书朝廷，"屡陈恢复大计，谓中原可一战而取"，然却四次应举不第，流落江湖，布衣终身。其词风与辛弃疾相近，为陆游、辛弃疾所赏。著有《龙洲集》《龙洲词》。

"副末"，系宋杂剧、金院本中的角色。一般认为系从参军戏的苍鹘演变而来。其主要任务是烘托并发挥另一角色"副净"所制造的笑料，以取得更好的演出效果；也是元杂剧里居次要地位的末。在宋、元南戏和明、清传奇演出开场时，负责向观众介绍剧情概要，因此被称为"副末开场"。

"草窗"，指的是南宋词人周密（1232—1298），字公瑾，号草窗，又号萧斋、霄斋、蘋洲，晚号弁阳老人、四水潜夫、华不注山人。周密擅长诗词书画。诗作词作，格律严谨，典雅秾丽。著述繁富，编有《绝妙好词笺》，收录词家百余人。笔记体史学著作有《武林旧事》《齐东野语》《癸辛杂识》《蜡屐集》《澄怀集》《草窗录》等。

"贴旦"，简称"贴"，也是"旦"行的一支。指同一剧中次要的女角，如《琵琶记》中的赵五娘由正旦扮演，牛氏则由贴旦扮演。昆剧、汉剧等剧种中的贴旦，则与花旦同义。

"白石"，指的是南宋词人、音乐家、书法理论家姜夔（1163—1203），字尧章，号白石道人，南宋饶州鄱阳（今江西省鄱阳）人。姜夔少年孤贫，屡试不第，终生未仕，靠转徙江湖卖字和朋友周济为生。姜夔多才多艺，堪称艺术全才，凡诗词、散文、书法、音乐，无不精善。其词作题材广泛，通过感时咏物、写景记游、节序恋情等抒发自己虽然流落江湖，但却不忘君国的感时伤世思想和不得用世、情场失意的苦闷心情，以及犹如孤云野鹤般飘然不群、超凡脱俗的鲜明个性。著有《白石道人诗集》《白石道人歌曲》《续书谱》《诗说》等。

"贴生"，戏曲脚色行当，系"生"行的一支，指同一剧中次要的男角。

乾隆十三年，与郑燮友善的画家陈馥，恳请郑燮代求高凤翰为之刻印。陈馥，字松亭，杭州人。陈馥从陈撰学写生，深得其法。郑燮曾于陈馥画赠天印山农人《墨竹》上题记：

> 一阵旋风卷地来，竹枝敲打靠成堆。无端又是萧萧雨，凤羽鸡毛理不开。
>
> 松亭画，板桥题，天印山农人挂看。

南京博物院藏有郑燮与陈馥合作《苔石图》墨迹，郑燮于其上题记：

郑家画石，陈家点苔。出二妙手，成此峦岩。傍人不解，何处飞来。
陈馥、郑燮画并题。

是年，高凤翰作《香流幽谷图轴》。郑燮后来于乾隆二十五年为高凤翰此作题记。是年春三月，山东胶州遭遇天灾，高凤翰作《荒年一首》；为郑燮作《冰雪心肝寄故人卷》，并题诗寄之。是年秋八月，李鱓于兴化城南浮沤馆作《椿萱百龄图轴》。是年冬日，李方膺于皖城作《梅花图轴》。是年，金农移居扬州城南书屋种竹画竹；高翔在留云馆为焦五斗画《梅》。

乾隆十四年己巳（1749），郑燮57岁。是年春，潍县在遭春寒的同时，又遇春旱之灾，老百姓的日子雪上加霜。郑燮赴任潍县知县之后，救灾赈民成了他日常事务中的头等大事。

是年三月，郑燮于乾隆十三年戊辰（1748）倡导并带头捐修的潍县城墙修复工程竣工，由此使得城墙、谯楼、炮台、垛齿、睥睨，焕然新整。郑燮在其所作的《修城记》中写道：

潍县旧土城，崇祯十三年易土而石。不费国帑，诸绅士里民自为之。雍正八年六月二十四日，白浪河水涨，齐城腰，一时倒坏千四百余尺。是后渐次倾圮千八百尺有余。板桥郑燮来莅兹土，顾而伤之，谋重修。诸绅士慨然乐从。遂于乾隆戊辰十月开工，明年三月讫工。燮以邑宰捐修八十尺，其代修者郭伟业、郭耀章也。

不过，潍县还有一部分未经以石甃之的土城犹多缺坏，仍然存在诸多未经填塞的孔隙水眼。郑燮担心这些孔隙水眼在夏季遭遇暴雨侵袭被浇灌时，必然会进水涨溢，并由此导致土城土崩瓦解。正当郑燮为此倍感焦虑烦恼、一筹莫展时，潍县烟行闻知后，再次义捐钱财修筑土城，从而解除了郑燮的后顾之忧。有感于此，郑燮考虑到潍县烟行本微利薄，本无经纪，然自他莅任潍县知县以来，却有多人拜托他谋求充当烟牙执秤者，均被他一一斥绝。郑燮为表彰和回报烟行此次捐钱修城为万民保障有功之举，免使有人再敢妄充私牙或谋求烟行经纪，作《潍县永禁烟行经纪碑文》，其中写道：

乾隆十四年三月，潍县城工修讫，谯楼、炮台、垛齿、睥睨，焕然新整。而土城犹多缺坏，水眼犹多渗漏未填塞者。五六月间，大雨时行，水眼涨溢，土必崩，城必坏，非完策也。予方忧之，诸烟铺闻斯意，以义捐钱二百四十千，以筑土城。城遂完善，无复遗憾。此其为功岂小小哉！查潍县烟叶行本无经纪，而本县莅任以来，求充烟牙执秤者不一而足，一概斥而挥之，以本微利薄之故，况今有功于一县，为万民保障，为城阙收功，可不永革其弊，以报其功，彰其德哉！如有再敢妄充私牙与禀求作经纪者，执碑文鸣官，重责重罚不贷。

此时，郑燮考虑到自己与饶氏所生之子已经6岁，也到上学读书的年龄了，便写信给堂弟郑墨，为儿子慎重选择师傅，并详细叮嘱郑墨要教育儿子懂得敬师之道和善待同学，以及郑墨应该如何对待延请之师。同时还抄录五言绝句四首，让郑墨教给儿子，令其且读且唱，唱与家人听。足见郑燮教育儿子之用心良苦。郑燮在《潍县寄舍弟墨第三书》中写道：

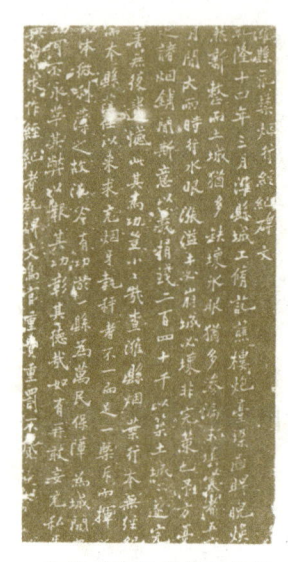

· 郑燮《潍县永禁烟行经纪碑文》

富贵人家延师傅教子弟，至勤至切，而立学有成者，多出于附从贫贱之家，而己之子弟不与焉。不数年间，变富贵为贫贱，有寄人门下者，有饿莩乞丐者。或仅守厥家，不失温饱，而目不识丁。或百中之一亦有发达者，其为文章，必不能沉著痛快，刻骨镂心，为世所传诵。岂非富贵足以愚人，而贫贱足以立志而浚慧乎！我虽微官，吾儿便是富贵子弟，其成其败，吾已置之不论。但得附从佳子弟有成，亦吾所大愿也。至于延师傅，待同学，不可不慎。吾儿六岁，年最小，其同学长者当称为某先生，次亦称为某兄，不得直呼其名。纸笔墨砚，吾家所有，宜不时散给诸众同学。每见贫家之子寡妇之儿，求十数钱买川连纸钉仿字簿而十日不得者，当察其故而无意中与之。至阴雨不能即归，辄留饭；薄暮，以旧鞋与穿而去。彼父母之爱子，虽无佳好衣服，必制新鞋袜来上学堂，一遭泥泞，复制为难矣。夫择师为难，敬师为要。择师不得不审，既择定矣，便当尊之敬之，何得复寻其短？吾人一涉宦途，即不能自课其子弟。其所延师，不过一方之秀，未必海内名流。或暗笑其非，或明指其误，为师者既不能自安，而教法不能尽心；子弟复持藐忽心而不力于学，此最是受病处。不如就师之所长，且训吾子弟之不逮。如必不可从，少待来年，更请他师；而年内之礼节尊崇，必不可废。

又有五言绝句四首，小儿顺口好读，令吾儿且读且唱，月下坐门槛上，唱与二太太、两母亲、叔叔、婶娘听，便好骗果子吃也。

> 二月卖新丝，五月粜新谷。医得眼前疮，剜却心头肉。
> 耘苗日正午，汗滴禾下土。谁知盘中餐，粒粒皆辛苦。
> 昨日入城市，归来泪满巾。遍身罗绮者，不是养蚕人。
> 九九八十一，穷汉受罪毕。才得放脚眠，蚊虫獦蚤出。

郑燮书中所谓"二太太"，指的是郑墨的母亲，即郑燮的婶娘江氏。"两母亲"，指的是郑燮妻郭氏和妾饶氏。"叔叔、婶娘"，指的是郑墨与其妻陆氏。嘉庆修《昭阳郑氏族谱》中记载："省庵公第　子，克己公讳墨，号五桥。生于康熙丁酉年八月十一日时，娶陆氏。殁于嘉庆戊午年　月　日时，寿八十二岁。葬于刹院寺。生子。"

郑燮文中末尾所书五言绝句中的第一首，出自唐代诗人聂夷中《咏田家》的上半首。第二首是唐代诗人李绅《悯农》中的第二首，不过原文第一句是"锄禾日当午"。第三首为北宋诗人张俞《蚕妇》。第四首出自民间流行的歌谣《九九歌》，即从冬至后一日起算，每九天为一九，九九共八十一天，冬天就算过去，迎来了春天。

令人倍感遗憾的是，老天爷并没有让郑燮实现自己心中的美好愿望。就在郑燮满怀良苦用心的这封信发出不久，饶氏为其所生的这个刚满6岁的儿子于兴化病殁。时年57岁的郑燮，再一次遭遇西河之痛。民间所说"少年丧母，中年丧偶，老年丧子"的"人生三大不幸"，都让郑燮摊上了。郑燮只能以"命中无儿，不可强求"的说法来安抚自己，面对这个惨痛的现实。

封建社会尤其讲究传宗接代，强调"不孝有三，无后为大"。此时，郑燮考虑到自己不能再以买妾的方式来生养孩子，便将再生一个儿子的希望，寄托在郭氏身上。为此，郑燮又专门给郑墨写信，让郑墨动员郭氏和饶氏从家乡兴化前往潍县。郭氏对前往山东不感兴趣，执拗不从。郑燮只好在信中让郑墨将自己的想法好好对郭氏说一说，极力说服郭氏与饶氏一道前来。郑燮在《与四弟书》中写道：

> 郭奶奶不肯来，亦怪不得。但愚兄迩日年老近道，盖其心本平易协和。昨因有儿子，故凡事听听大概。今儿子又死，非郭奶奶不能为我生儿也。我已买得滚盘珠十二颗，虽颗头略小，亦可值二十金。有买得古镜一百面，亦可值百金。都要付与郭奶奶收掌。将来卖出本钱，制市房一所，亦是二位奶奶养老之资也。若决意不来，我亦不怪，但成我平生之过，终古之罪人耳。此时先着人来，带裱背匠，俟我出场后，再着人来请二位奶奶。我因郭奶奶不肯来，故书中细细说明当来之故。饶奶奶无不来之说，故不必喋喋重言也。我历观书史，有儿无儿，自有大命。郭奶奶来，或可望，若再买丫头，

作死作业，亦殊可笑尔。四弟将书中意，细讲与郭奶奶听。哥哥字。

卞孝萱《郑板桥全集》（增补本）将郑燮此书中末尾"郭奶奶来"误作"郭奶来"。

郑燮书中所谓"郭奶奶""饶奶奶""二位奶奶"，皆指郑燮正室郭氏和侧室饶氏。

"裱背"，即"装裱"，亦作"裱褙""表背""装背"。明代周嘉冑《装潢志·裱背十三科》："《辍耕录》云，画有十三科，表背亦有十三科。"

是年，郑燮误闻好友金农死讯，在家中为金农立牌位、上香供，并身着麻衣痛哭，表示哀悼。金农后来在乾隆二十四年时年73岁时所作《冬心先生自写真题记》中对此写道："十年前卧疾江乡，吾友郑进士板桥宰潍县，闻予捐世，服缌麻设位而哭。沈上舍、房仲道赴东莱，乃云冬心先生虽撄二竖，至今无恙也。板桥始破涕改容，千里致书慰问。予感其生死不渝，赋诗报谢之。"

金农此处所谓"服缌麻"，系古时人们为纪念亲友去世穿着用麻布所缝制"孝服"。周积寅《郑板桥年谱》将"服缌麻"误作"服缌床"。金农文中所谓"二竖"，指的是病魔。语本《左传·成公十年》："公疾病，求医于秦，秦伯使医缓为之，未至，公梦疾为二竖子，曰：'彼良医也，惧伤我，焉逃之？'"

郑燮"哭金"是有原因的。金农的确已染重病，缠绵病榻三年，命弱如丝。很多友人都误以为金农已经去世。没料想，金农竟然重病忽愈，大难不死。金农在乾隆上章敦牂九月九日《冬心先生画竹题记·自序》中曾写道："去春先生病起，目蒙耳聩之状，辄自爱惜，名山老疾，时时动念。"此处所谓"上章敦牂"，乃古代以天干地支纪年之称，其中"上章"指代"庚"，"敦牂"指代"午"。"乾隆上章敦牂"，即乾隆十五年庚午（1750），金农时年60岁。金农《冬心先生自写真题记》写于乾隆二十四年，时年73岁，则金农所说"十年前卧疾江乡，吾友郑进士板桥宰潍县"恰为乾隆十四年，即郑燮任潍县知县的第四年。

金农文中所谓"沈上舍、房仲道赴东莱，乃云冬心先生虽撄二竖，至今无恙也"，指的是乾隆十四年五月沈廷芳与沈心道赴东莱，途经潍县时与郑燮相见之事。其中所谓"上舍"，据《宋史·选举志》，宋代太学分外舍、内舍和上舍，学生可按一定的年限和条件依次而升。明清因以"上舍"为监生的别称，后来演变为对读书人的尊称。沈廷芳（1702—1772），字畹叔，一字荻林，号椒园，仁和（今杭州）人。乾隆元年举博学鸿词科，出任山东道监察御史（正三品）。著有《十三经注疏正字》《续经义考》《古文指授》《鉴古录》《理学渊源》《隐拙斋诗文集》等。沈心，字房仲，本姓徐，仁和人。工诗，并以善画山水著名。著有《孤石山房诗集》。

沈廷芳与沈心抵达潍县后，郑燮诚挚邀请并陪同沈氏二人到万历进士、郭尚书尚友所建的潍县郭氏园游览纳凉。沈廷芳于此次游园后赋诗赠郑燮，除了谈及此次游园过程以及对郑燮诗书画三绝的赞赏，还提及郑燮丧子不久犹抱西河之痛。沈廷芳在《过潍县，郑令板桥进士招同朱天门孝廉、家房仲兄纳凉郭氏园》中写道："乾隆己巳月夏五，郑君邀我过花圃。是时炎暑气郁蒸，连日川途走澍雨。汗脚不袜衣不船，喜得凉泾觐贤主。入门一围青雪林，森然连比多嘉树。苍苔小径蜗庐盘，绀石幽洞董媛堵。高高亭子泠泠风，漱玉麓台近堪睹。缅维尚书昔构此，郭尚书尚友，万历进士，善居乡。告归娱老门尝杜。即今云初能世家，百年东第存堂庑。我来消夏兴独豪，朗吟恍梦游天姥。请君图书发秘藏，少连康乐争摩挱。老砚名印钿匣罗，岐鼓秦碑墨香吐。最后触鼻还流脬，禹书神迹传峋嵝。况君三绝过台州，草圣芝仙得飘黥。诗题剡纸点筼兰，先辈青藤安足数。郑君郑君尔才特奇风义古，为政岂在守文簿。一官樗散鬓如丝，万事苍茫心独苦。人生作达在当前，惟有清游豁灵府。酒酣勿起商瞿悲，生子还应胜贾虎。板桥方抱西河之痛。"

周积寅《郑板桥年谱》将沈廷芳此诗中"老砚名印钿匣罗"误作"老砚名印细匣罗"。

沈廷芳诗中所谓"草圣芝仙得飘黥"中的"飘黥"，指的是草书的笔势。"贾虎"，指的是东汉颍川定陵人贾彪兄弟三人，并有高名，而贾彪（字伟节）最优，故天下称曰："贾氏三虎，伟节最怒。"

沈心亦于事后赋诗赠谢郑燮。沈心在《潍县郑板桥明府招同朱天门孝廉、椒园弟饮郭氏园，分韵得之字》中写道："频年砥璞心相思，卢仝诗：ّ白玉璞里砥出相思心。'相见各讶添霜髭。小于河畔挽墨绶，风流为政官潍夷。户静千村绝木皂，琴张百衲调冰丝。冲暑我来苦汗雨，尘途何处招凉飔。辟疆旧筑古堞下，映衣深碧苔痕滋。修篁斜影仿画手，老桧清气涵诗脾。琼浆乍酌青玉案，绮席旋傍红鹅池。火云晚阁光渐淡，酒酣话旧形骸遗。远迹秋蓬感海岱，宦情客绪皆天涯。江南乡树宛在眼，西湖梦杳明玻璃。异国山川洵多美，浮生合并如凤期。一尊此日足可惜，秘藏共赏神尤怡。时出秦汉碑拓及佳砚名印见示。庖按宪章除北馈，段文昌有《食宪章》。座依邱壑超南皮。荒蔓茸茸宅狐兔，洛阳园记增嗟咨。剧喜尚书绵世泽，花木仍向云初贻。今朝雅集极幽畅，爪泥应动人追惟。丹枫寒雁愁旅馆，班荆转忆邗沟时。吟成掷笔发高兴，亟寄髯金索和之。庚申岁，客扬州，与板桥订交于金寿门寓楼。"

沈心诗中的"小于河"，位于潍县城西，上游为长沟河，发源于明宗山东麓。属于季节河，平时干涸，雨季水流。沈心此处以小于河指代潍县。"挽墨绶"中的"绶"，指的是古代官员系挂官印的丝带，又称为"组"。例如"解组"，就是去官的意思。古代官员佩系官印之绶，与印章的质地、钮制功能一样，是表征官员爵秩尊卑的重要标识，以绶之颜色、质地、粗细、长短来区别官秩的高低大小。"挽墨绶"，是说郑燮当时系用墨绶来系官印的。

"亟寄髯金索和之"，是说由于沈心是在乾隆庚申（1740）于金农寓楼与郑燮相识并订交的，因此拟将此诗寄给金农为之唱和。

御史沈廷芳和沈心逗留潍县期间，郑燮还为沈廷芳和沈心作画相赠，并将高凤翰亲手雕斫形如半月出波的一方砚，赠给了沈廷芳。后来，沈廷芳于此砚上作砚铭纪念此事。沈廷芳在《映碧研铭并序》中写道："高征士凤翰所制，形如半月出波，郑潍县燮以贻余，铭曰：南阜斫，板桥赠。勘我书，同月印。"

沈心离开潍县时，作《留别郑板桥》诗赠郑燮，其中写道："小于河畔柳依依，沙际春归客亦归。八载清风飘墨绶，几回幽梦绕柴扉。惟君白首豪吟健，赠我青山逸兴飞。时见贻手画山水。明日相思今共饮，将离花落怅征衣。"

沈心诗中所谓"八载清风飘墨绶"，说的是郑燮自乾隆七年为吏山东，至此已八年。

通过沈心"赠我青山逸兴飞"句下自注"时见贻手画山水"，亦足可证明，郑燮除了善画兰竹石外，也曾画过山水。

是年六月二十日，郑燮作《行书王渔洋冶春词册》。《古芬阁书画记》卷八对此记载道："《郑板桥字册》云：纸本。今尺高八寸五分，宽四寸六分。凡十七幅，幅二行，行书王渔洋《冶春词》四首，尾书'乾隆己巳六月二十日早饭后书，板桥郑燮'。引首'七品官耳'阳文长印一，押尾'臣燮之印'阴文方印一。"

"王渔洋"，即清代诗人王士禛（1634—1711），字子真，因钦慕唐代司空图隐居于禛贻溪事迹，又字贻上，号阮亭、渔洋山人，山东新城（今桓台）人。顺治进士，官至刑部尚书。在其身后，因避雍正帝胤禛之讳，曾被改作士正。乾隆时，又赐名士祯。又因其工诗，论诗创神韵说，补谥"文简"。著有《带经堂集》《渔洋山人精华录》《居易录》《池北偶谈》等。

是年秋，郑燮在暑热中忙于公务，加上丧子之痛的打击，染恙病倒。御史沈廷芳在闻知郑燮染病后，以赠诗的方式对郑燮表示慰问。沈廷芳在《怀郑板桥二首》中写道："寄讯潍夷长，秋来病若何？熊黑应早却，药石莫投讹。莱土寒暄杂，萧晨风雨多。几时诗骨健，同眺白狼河。邑雄北海郡，人说小苏州。估舶如云集，名园逭暑游。居民歌五袴，仙吏署三休。好倉中丞意，维摩善散愁。"

约于此际，郑燮开始陆续撰作《潍县竹枝词》。所谓竹枝词，本巴渝（今四川东部）一带民歌。唐代诗人刘禹锡曾根据这种民歌改作新词，在歌咏三峡风光和男女恋情的同时，委婉曲折地流露出自己遭受贬谪后的心情，于是盛行于世。此后各代诗人撰作竹枝词者，不乏其人，也以歌咏当地民俗和男女爱情为主。竹枝词的文字形式都是七言绝句，其特点在于语言通俗，音调轻快。郑燮所作《潍县竹枝词》内容，详见后文。

郑燮始终认为，读书是文人立足之本。无论将来发达与否，取得科名与否，当官与否，读书都不是折本的买卖。信此言，则富贵；不信，则贫贱。他接连给堂弟郑墨写信，论述自己对读书、作文等问题的看法。郑燮在《潍县寄舍弟墨第四书》中写道：

> 凡人读书，原拿不定发达。然即不发达，要不可以不读书，主意便拿定也。科名不来，学问在我，原不是折本的买卖。愚兄而今已发达矣，人亦共称愚兄为善读书矣，究竟自问胸中担得出几卷书来？不过挪移借贷，改窜添补，便尔钓名欺世。人有负于书耳，书亦何负于人哉！昔有人问沈近思侍郎，如何是救贫的良法？沈曰：读书。其人以为迂阔，其实不迂阔也。东投西窜，费时失业，徒丧其品，而卒归于无济，何如优游书史中，不求获而得力在眉睫间乎！信此言，则富贵；不信，则贫贱，亦在人之有识与有决并有忍耳。

卞孝萱《郑板桥全集》（增补本）将郑燮文中"挪移借贷"误作"那移借贷"。

郑燮此处所谓"沈近思侍郎"，字位山，号闇斋，仁和（今浙江杭州）人。康熙进士。出知临颍县。建社仓，设义冢义学，有政声。雍正间累官左都御史。他自县令起家，洞悉闾阎疾苦，凡事关创革，必熟筹其利弊，于民生有裨益而后已。著有《凤兴录》《读〈论语〉偶见录》《天鉴堂文集》。

郑燮始终强调，文章应以沉着痛快为最，并对方百川为文，抽心苗，发奥旨，绘物态，状人情，有真气；侯朝宗为文，标新领异，指画目前，绝不受古人羁绁，表示赞赏。同时，郑燮也对王维、赵孟頫于其诗文中不关注民间百姓生活勤苦痛痒，提出批评。他认为，这两个人从某种意义上说，充其量不过是唐、宋间两画师而已。郑燮的这种说法，无疑为某些文士敲响了警钟，发人深省。郑燮还以自己数十年读徐渭《四声猿》和方百川制艺二种相与终焉为例，督促告诫郑墨应该潜心读书，发愤自雄。郑燮在《潍县署中与舍弟第五书》中写道：

> 无论时文、古文、诗歌、词赋，皆谓之文章。今人鄙薄时文，几欲摈诸笔墨之外，何太甚也？将毋丑其貌而不鉴其深乎！愚谓本朝文章，当以方百川制艺为第一，侯朝宗古文次之；其他歌诗辞赋，扯东补西，拖张拽李，皆拾古人之唾余，不能贯串，以无真气故也。百川时文精粹湛深，抽心苗，发奥旨，绘物态，状人情，千回百折而卒造乎浅近。朝宗古文标新领异，指画目前，绝不受古人羁绁，然语不道，气不深，终让百川一席。忆予幼时，行匣中惟徐天池《四声猿》、方百川制艺二种，读之数十年，未能得力，亦不撒手，相与终焉而已。世人读《牡丹亭》而不读《四声猿》，何故？

文章以沉着痛快为最，《左》《史》《庄》《骚》、杜诗、韩文是也。间有一二不尽之言，言外之意，以少少许胜多多许者，是他一枝一节好处，非六君子本色。而世间娓娓纤小之夫，专以此为能，谓文章不可说破，不宜道尽，遂訾人为刺刺不休。夫所谓刺刺不休者，无益之言，道三不着两耳。至若敷陈帝王之事业，歌咏百姓之勤苦，剖晰圣贤之精义，描摹英杰之风猷，岂一言两语所能了事？岂言外有言、味外取味者，所能秉笔而快书乎？吾知其必目昏心乱，颠倒拖沓，无所措其手足也。王、孟诗原有实落不可磨灭处，只因务为修洁，到不得李、杜沉雄。司空表圣自以为得味外味，又下于王、孟一二等。至今之小夫，不及王、孟、司空万万，专以意外言外，自文其陋，可笑也。若绝句诗、小令词，则必以意外言外取胜矣。

"宵寐匪祯，札闼洪庥。"以此訾人，是欧公正当处，然亦有浅易之病。"逸马杀犬于道"，是欧公简炼处，然《五代史》亦有太简之病。高密单进士烺曰："不是好议古人，无非求其至是。"

写字作画是雅事，亦是俗事。大丈夫不能立功天地，字养生民，而以区区笔墨供人玩好，非俗事而何？东坡居士刻刻以天地万物为心，以其余闲作为枯木竹石，不害也。若王摩诘、赵子昂辈，不过唐、宋间两画师耳！试看其平生诗文，可曾一句道着民间痛痒？设以房、杜、姚、宋在前，韩、范、富、欧阳在后，而以二子厕乎其间，吾不知其居何等而立何地矣！门馆才情，游客伎俩，只合剪树枝、造亭榭、辨古玩、斗茗茶，为扫除小吏作头目而已，何足数哉！何足数哉！愚兄少而无业，长而无成，老而穷窘，不得已亦借此笔墨为糊口觅食之资，其实可羞可贱。愿吾弟发愤自雄，勿蹈乃兄故辙也。古人云："诸葛君真名士。"名士二字，是诸葛才当受得起。近日写字作画，满街都是名士，岂不令诸葛怀羞，高人齿冷？

周积寅《郑板桥年谱》和卞孝萱《郑板桥全集》（增补本），皆将郑燮文中"几欲摒诸笔墨之外"误作"几欲进诸笔墨之外"，"刺刺不休"误作"剌剌不休"。

方百川（1665—1701），名舟，安徽桐城人，诸生。以时文名闻天下。

侯朝宗，即明末清初文学家侯方域（1618—1655），字朝宗，河南商丘人。明末曾将归德侯朝宗、桐城方以智、宜兴陈贞慧、如皋冒襄四位公卿出身的文学家，并称"四公子"。入清后，侯朝宗曾应河南乡试，中副榜。著有《壮悔堂文集》《四忆堂诗集》。周积寅《郑板桥年谱》在郑燮此书下所作注②中，将"冒襄"误作"昌襄"。

徐天池，即明代文学家、书画家徐渭（1521—1593），号天池山人。《四声猿》，乃徐渭所作杂剧集，其中包括《狂鼓史》《雌木兰》《女状元》《玉禅师》（一名《翠乡梦》）

四部作品。大都表现了徐渭愤世嫉俗思想。

《牡丹亭》，系明代戏曲家、文学家汤显祖（1550—1616）所作的一部传奇剧本，一名《还魂记》。通过描写南安太守杜宝之女杜丽娘与书生柳梦梅的爱情故事，揭露了封建礼教的罪恶。人物心理刻划细腻，曲词优美，系我国古代戏曲名作。

司空表圣，即唐代诗人、诗论家司空图（837—908），字表圣，河中（今山西永济）人。咸通进士，官至知制诰、中书舍人。后隐居中条山王官谷。在《与李生论诗书》中提出作诗要得"韵外之致""味外之旨"的主张。其所著《二十四诗品》，即从这种基本观点出发，对诗的各种风格加以论述。

相传，北宋文学家、史学家宋祁（998—1061）与欧阳修（1007—1072）同修《唐书》。由于宋祁严于用字，时常将文改得险怪不可读。欧阳修对此戏书"宵寐匪祯，札闼洪庥"以讥之。

据《宋稗类钞》载，某人记写奔马践死一犬时，其文云："有犬卧于通衢，逸马蹄而杀之。"一向提倡文章应该简练的欧阳修对此曰："使子修史，万卷未已也。"遂将此句改为"逸马杀犬于道。"

王摩诘，即唐代诗人、画家王维（701—761），字摩诘。

赵子昂，即元代书画家赵孟頫（1254—1322），字子昂，号松雪道人，湖州（今浙江吴兴）人。宋宗室。入元，官至翰林学士承旨。工书法，尤精正、行书和小楷，学李邕而以"二王"为宗，所写碑版甚多，圆转遒丽，人称"赵体"。擅画，山水取法董源或李成；人物、鞍马师李公麟和唐人法，亦工墨竹和花鸟，皆以笔墨圆润苍秀见长，以飞白法画石，以书法笔调写竹。主张变革风行已久的南宋画院的体制格调。提出"作画贵有古意"的论点，以继承五代、北宋的体格法度，并在继承前规的基础上有所发展，开创了元代画风。能诗文，风格和婉。著有《松雪斋集》。

"房、杜、姚、宋"，指的是唐代房玄龄、杜如晦、姚崇、宋璟四位宰相。房玄龄（579—648）和杜如晦（585—630），史称"房杜"，二人共掌朝政，制定各种典章制度，对促成唐代"贞观之治"起了重要作用。姚崇（650—721）和宋璟（663—737），史称"姚宋"，二人先后为相，革除弊政，选用良材，对促成唐代"开元之治"起了重要作用。

"韩、范、富、欧阳"，指的是北宋韩琦、范仲淹、富弼、欧阳修四位大臣。韩琦（1008—1075）和范仲淹（989—1052），时称"韩范"。二人于宋仁宗宝元、康定中同任陕西经略安抚使，防御西夏；庆历三年又同时入朝执政，对官制、法度、武备、农桑、徭役等，均提出重要改革建议。富弼（1004—1083），庆历三年与范仲淹建议改革朝政，条上所拟河北守御十二策，王安石变法时，他屡次上疏反对，与韩琦、司马光等同为保守派领袖。欧阳修（1007—1072），早年支持范仲淹，要求在政治上有所改良，王安石推行新法时，曾对青苗法表示不满。是北宋古文运动的领袖，主张文章应该明道致用。

"诸葛君真名士"，出自东晋裴启小说集《语林》："诸葛武侯与宣王（司马懿）在渭滨，将战，（宣王）戎衣莅事，使人视武侯：乘素舆，葛巾毛扇，指挥三军，各随其进止。宣王闻而叹曰：可谓名士矣。"

乾隆十四年己巳（1749）天公作美，风调雨顺，齐鲁大地庄稼长势良好获得大丰收，当年因遭灾逃荒要饭流落关外侥幸活下来的难民，于是年秋季陆续还乡归家。身为潍县知县的郑燮撰诗纪其事，作为实录。其中描写当初为了活命不得已卖妻逃荒归来者以钱赎妻一段，令人读之心酸，凄然泪下。由此可见，郑燮作为一个文人官吏，始终怀揣一种强烈、丰富、真挚的"民胞物与"的思想感情，对身处水深火热中的广大劳苦大众给予深切同情。郑燮在《还家行》中写道：

> 死者葬沙漠，生者还旧乡；遥闻齐鲁郊，谷黍等人长。目营青岱云，足辞辽海霜；拜坟一痛哭，永别无相望。春秋社燕雁，封泪远寄将。归来何所有，兀然空四墙；井蛙跳我灶，狐狸据我床。驱狐窒鼯鼠，扫径开堂皇；湿泥涂旧壁，嫩草覆新黄。桃花知我至，屋角舒红芳；旧燕喜我归，呢喃话空梁；蒲塘春水暖，飞出双鸳鸯。念我故妻子，羁卖东南庄；圣恩许归赎，携钱负橐囊。其妻闻夫至，且喜且彷徨；大义归故夫，新夫非不良。摘去乳下儿，抽刀割我肠。其儿知永绝，抱颈索阿娘；堕地几翻覆，泪面涂泥浆。上堂辞舅姑，舅姑泪浪浪。赠我菱花镜，遗我泥金箱；赐我旧簪珥，包并罗衣裳。"好好作家去，永永无相忘。"后夫年正少，惭惨难禁当，潜身匿邻舍，背树倚斜阳。其妻径以去，绕陇过林塘。后夫携儿归，独夜卧空房；儿啼父不寐，灯短夜何长！

"齐鲁"，指的是古代齐国和鲁国所在的山东。

"青岱"，泰岱古属青州之地，故云。此指山东。

"辽海"，今辽宁南部，地处辽河流域与渤海之滨，故称。

是年，郑燮又重订《与舍弟书十六通》《诗钞》《词钞》，并手书将其付梓。郑燮对于一些文人在将其所作诗词文章付梓时，往往拜求高官名流为之作序以借其光的做法，嗤之以鼻。郑燮在《与舍弟书十六通》付梓时所作的《与舍弟书十六通小引》中写道：

> 板桥诗文，最不喜求人作叙。求之王公大人，既以借光为可耻；求之湖海名流，必至含讥带讪，遭其茶毒而无可如何，总不如不叙为得也。几篇家信，原算不得文章，

有些好处，大家看看；如无好处，糊窗糊壁，覆瓿覆盎而已，何以叙为！郑燮自题，乾隆己巳。

上古版《郑板桥集》和周积寅《郑板桥年谱》，皆将郑燮《与舍弟书十六通小引》题作《十六通家书小引》；皆将该《小引》末尾落款"郑燮自题，乾隆己巳"顺序颠倒，误作"乾隆己巳，郑燮自题"。这一点，通过广陵古籍版和中州古籍版《郑板桥全集》中的郑燮手书墨迹，足可了然。

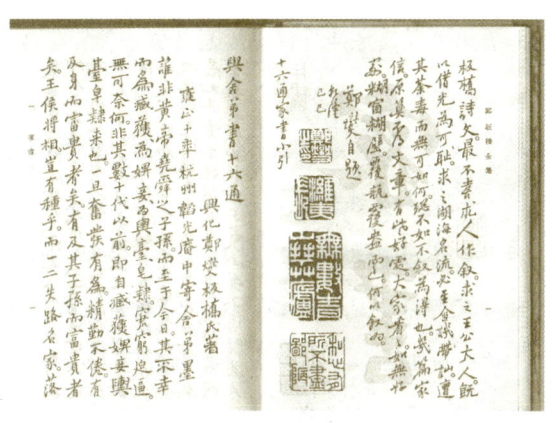

· 中州古籍版《影印真迹郑板桥全集》中《十六通家书小引》

郑燮《与舍弟书十六通》面世之后，一时洛阳纸贵，好评如潮。清代陈康祺《郎潜纪闻》卷十三云："郑板桥大令，通率诡诞，书画多奇气，世咸以才人目之。读其集中家书数篇，语语真挚，肝肺槎牙，跃然纸上，非骚人墨客比也。"

郑燮此时又将此前付梓的《诗钞》予以更定，又复刻数十首于后。同时申明，自己诗刻止于此，此后更不作矣。为防止有人在他死后托名翻板，将平日无聊应酬之作，改窜烂入，他甚至为此撂下了自己"必为厉鬼以击其脑"的狠话。郑燮在《后刻诗序》中写道：

> 古人以文章经世，吾辈所为，风月花酒而已。逐光景，慕颜色，嗟困穷，伤老大，虽剜形去皮，搜精抉髓，不过一骚坛词客尔，何与于社稷生民之计，《三百篇》之旨哉！屡欲烧去，平生吟弄，不忍弃之。况一行作吏，此事又束之高阁。姑更定前稿，复刻数十首于后，此后更不作矣。板桥又题。

> 板桥诗刻，止于此矣，死后如有托名翻板，将平日无聊应酬之作，改窜烂入，吾必为厉鬼以击其脑！

郑燮还在《词钞自序》中，回顾了乡试房师楼简亭对自己词作的褒奖和学习作词的经历；为感恩陆震种园先生对自己学词的栽培教诲，还于其中特刊陆震词作二阕，以见渊源；以及自己为使词作能具有屈曲达心、沉着痛快之妙，而对词作进行反复修改所遍尝的那些酸甜苦辣。其中写道：

燮词不足存录。简亭楼夫子谓燮词好于诗，且付梓人，后来进益，不妨再更定。嗟呼！燮何进也？燮年三十至四十，气盛而学勤，阅前作，辄欲焚去。至四十五六，便觉得前作好。至五十外，读一过，便大得意。可知其心力日浅，学殖日退，忘己丑而信前是，其无成断断矣。楼夫子是燮乡试房师，得毋爱忘其丑乎？

陆种园先生讳震，邑中前辈。燮幼从之学词，故刊刻二首，以见一斑。

为文须千斟万酌，以求一是。再三更改，无伤也。然改而善者十之七，改而谬者亦十之三。乖隔晦拙，反走入荆棘丛中去。要不可以废改，是学人一片苦心也。燮作词四十年，屡改屡蹶者，不可胜数。今兹刻本，颇多仍旧，而此中之酸甜苦辣备尝而有获者亦多矣。世间为父师者，见其子弟之文疏松爽豁便喜，见其拗渺晦拙便忧。吾愿少宽岁月以待之，必有屈曲达心、沉着痛快之妙。天下岂有速成而能好者乎？

少年游冶学秦柳，中年感慨学辛苏，老年淡忘学刘蒋，皆与时推移而不自知者。人亦何能逃气数也！

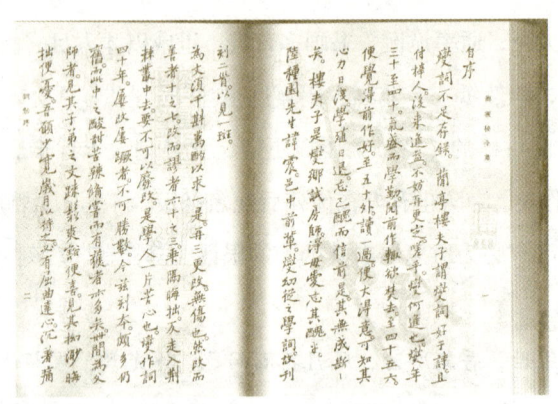

·中州古籍版《影印真迹郑板桥全集》中郑燮《词钞·自序》（局部）

上古版《郑板桥全集》和周积寅《郑板桥年谱》，皆将郑燮《词钞自序》中"简亭楼夫子"误作"兰亭楼夫子"。

楼简亭，生卒年月不详。雍正十年（1732）充任南京乡试考官。郑燮此年乡试试卷经楼简亭推荐，考中举人。

"房师"，系古代科举制度中考中举人和贡士者，对荐举本人试卷同考官的尊称。

"燮作词四十年"，郑燮自16岁师从陆震种园先生学词，至是年57岁重刻《词钞》，已经四十一年了，于此取整。

"秦柳"，指的是北宋词人秦观与柳永。秦观（1049—1100），字少游、太虚，号淮海居士，高邮（今属江苏）人。曾任秘书省正字，兼国史院编修官等职。因政治上倾向于旧党，被目为元祐党人，绍圣后累遭贬谪。文辞为苏轼所赏识，是"苏门四学士"之一。工诗词，词属婉约一派。内容多写男女情爱，也颇有感伤身世之作。著有《淮海集》。

柳永，原名三变，字耆卿，排行第七，崇安（今属福建）人。景祐进士，官屯田员外郎。世称柳七、柳屯田。为人放荡不羁，终身潦倒。其词多描绘城市风光和歌妓生活，尤长于抒写羁旅行役之情。创作慢词独多。铺叙刻划，情景交融，语言通俗，音律谐婉，在当时流传很广，对宋词的发展有一定的影响。所作《雨霖铃》《八声甘州》等均有名。但作品中时有颓废思想和庸俗情趣。著有《乐章集》。

"辛苏"，指的是南宋词人辛弃疾和北宋文学家、书画家苏轼。辛弃疾（1140—1207），原字坦夫，改字幼安，号稼轩，历城（今山东济南）人。任安抚使等职。一生坚决主张抗金，提出不少抗金建议，均未被采纳，并遭到主和派的打击。其词抒写力图恢复国家统一的爱国热情，倾诉壮志难酬的悲愤，对南宋上层统治集团的屈辱投降进行揭露和批判；也有不少吟咏祖国河山的作品。艺术风格多样，而以豪放为主。热情洋溢，慷慨悲壮，笔力雄厚，与苏轼并称为"苏辛"。著有《稼轩长短句》。周积寅《郑板桥年谱》将其误作《家稼长短句》。

苏轼（1037—1101），字子瞻，号东坡居士，眉山（今属四川）人。苏洵子。嘉祐进士。因反对王安石新法，被诬陷以作诗"谤讪朝廷"而获罪贬谪黄州。哲宗时任翰林学士，曾出知杭州、颍州，官至礼部尚书。后又贬谪惠州、儋州。在政治上属于旧党，但也有改革弊政的要求。其文明白畅达，为"唐宋八大家"之一。其诗清新豪健，善用夸张比喻，在艺术表现方面独具风格。词开豪放一派，对后代很有影响。擅长行楷，取法李邕、徐浩与颜真卿、杨凝式，并在上溯晋、宋诸名家的过程中能自创新意。用笔丰腴跌宕，有天真烂漫之趣。与黄庭坚、米芾、蔡襄并称"宋四家"。能画竹，学文同，也喜作枯木怪石。论画主张神似。其诗文汇集于《东坡七集》中。

"刘蒋"，指的是南宋词人、诗人刘过与词人蒋捷。刘过（1154—1206），字改之，号龙洲道人，太和（今属江西）人，一说庐陵（今江西吉安）人。流落江湖间，曾从辛弃疾游。其抒发抗金抱负的诗词，语意峻拔，风格豪放。著有《龙洲集》《龙洲词》等。蒋捷（约 1245—1305 后），字胜欲，号竹山，阳羡（今江苏宜兴）人。咸淳进士。宋亡后隐居不仕，其词颇有追昔伤今之作。著有《竹山词》。

郑燮新修订的《词钞》面世流通后，词坛骚客见仁见智，对其论议纷纷，褒贬不一。清代查礼《铜鼓书堂遗稿·词话》卷三十二云："郑燮……能诗、古文，长短句别有意趣。未遇时曾谱《沁园春·书怀》一阕云：'花亦无知，……细写凄清。'其风神豪迈，气势空灵，直逼古人。"

当然，也有人对郑燮词作提出了批评。例如，清代丁绍仪《听秋声馆词话》卷二十云："江左郑板桥……所著诗词，皆自选自刻，世人亦多称之。然如《满江红》云：'我忆（梦）扬州，便想到扬州忆（梦）我……将无（毋）左。'语虽俊迈，终非词苑正宗。"

尽管清代谢章铤对郑燮诗作评价不高，但对其词作却予以赞扬。他还选取郑燮若干词作中的精彩佳句，一一进行评价。谢章铤在《赌棋山庄集·词话九》中写道："扬州郑板桥……诗文琐亵不入格，词独胜。《自叙》云：'燮年三十至四十……便大得意。''忘己丑而信前是''可知其心力日浅。'又云：'为文再三更改，是学人一片苦心也。'又云：'少年游冶学秦、柳……人亦何能逃气数也！'此皆身历艰苦之言，不止长短句一道为然也。《唐多令·寄怀刘道士并示酒家徐郎》云：'一抹晚天霞……故人赊。'《金缕曲·赠王一姐》云：'竹马相过日……最难得。'《满江红·思家》云：'我梦扬州……将毋左。'其余《菩萨蛮·晚景》云：'流水远天波似乳，断烟飞上斜阳去。'《金缕曲·赠陈周京》云：'莫向人前谈往事……妆聋哑。'《有赠》云：'嚼花心红蕊相思汁，共染得，肝肠赤。'《菩萨蛮·留春》云：'云消春又到……东风正怨侬。'《留秋》云：'江上山无数……夕阳新酒楼。'《沁园春·恨》云：'难道天公，还箝恨口，不许长吁一两声？'《落梅》云：'昨夜三更，灯昏月淡，铁马檐前说是非。'《踏莎行》云：'分明一见怕销魂，却愁不到销魂处。'《虞美人》云：'撩他花下去围棋，故意推他劲敌让他欺。'莫不谢华启秀，新意宜人。板桥学词于陆种园震，集中特刊二阕，以见渊源，虽非通例，亦可知其在三谊重矣……"

对郑燮词作论议最多者，莫过于晚清著名词论家陈廷焯。陈廷焯（1853—1892），原名世焜，字亦峰，又字伯与，丹徒（今江苏省镇江市丹徒区）人。窃以为，陈廷焯对郑燮诗作词作评论，公允求是，颇有见地。因此不厌其烦，摘录如下，以供参考。

陈廷焯在《白雨斋词话》卷一中写道："刘改之、蒋竹山，皆学稼轩者，然又得稼轩糟粕，既不沉郁，又多枝蔓，词之衰，刘、蒋为之也。板桥论词云：'少年学秦、柳，中年学苏、辛，老年学刘、蒋。'真是盲人道黑白，令我捧腹不禁。竹山词，多不接处……古人脱接处，不接而接也。竹山不接处，乃真不接也。大抵刘、蒋之词，未尝无笔力，而理法气度，全不讲究，是板桥、心余辈所祖，乃词中左道。有志复古者，当别有会心也。"陈廷焯此处所谓"心余"，指的是清代乾隆年间著名诗人蒋士铨（1725—1785），字心余、苕生、蕖生，号藏园，又号清容居士，晚号定甫，江西铅山人。袁枚在《随园诗话补遗》中说："蒋心余太史自称诗仙，而称余为诗佛，想亦广大教主之义。"

陈廷焯在《白雨斋词话》卷四中写道："板桥词，颇多握拳透爪之处，然却有魄力，惜乎其未纯也。若再加以浩瀚之气，便可亚于迦陵。板桥《贺新郎·徐青藤草书》云：'半生未挂朝衫领……人间病。'痛快之极，不免张眉努目。板桥《金陵十二首》，瑕瑜互见，惟《胭脂井》一篇，用笔最胜。余独爱其《满江红》二句：'碧叶伤心亡国柳，红墙堕泪南朝庙。'凄凉哀怨，为《金陵怀古》佳句。板桥、心余，未落笔时，先有意为刘、蒋，金刚努目，正是力量歉处。板桥诗境颇高，向有与杜陵暗合处，词则已落下乘矣。然毕竟尚有气魄，尚可支持。心余则力弱气粗，竟有支撑不住之势。后人为词，学板桥不已，复学心余，愈趋愈下，弊将何极耶！"陈廷焯此处所谓"迦陵"，指的是明末清初著名词人、阳羡词派领袖陈维崧（1625—1682），字其年，号迦陵，南直隶常州府宜兴县（今江苏省宜兴市）人。系"明末四公子"之一陈贞慧之子。

陈廷焯在《白雨斋词话》卷五中写道："激昂慷慨，原非正声，然果能精神团聚，辟易万夫，亦非强有力者，未易臻此。国朝为此调者，迦陵尚矣。后来之俊，必不得已，仍推板桥。若蒋心余、黄仲则辈，丑态百出矣。"

陈廷焯在《白雨斋词话》卷六中写道："板桥论诗，以'沉著痛快'为第一。论词，取刘、蒋，亦是此意。然彼所谓'沉著痛快'者，以'奇警'为'沉著'，以豁露为'痛快'耳！吾所谓沉著痛快者，必先能沉郁顿挫，而后可以沉著痛快。若以奇警豁露为'沉著痛快'，则病在浅显，何有于'沉'？病在轻浮，何有于'著'？病在卤莽灭裂，何有于'痛'与'快'也？板桥词，如'把夭桃斫断……乞食风情。'似此恶劣不堪语，想彼亦自以为沉著痛快也。"

是年，郑燮除了重订《与舍弟书十六通》《诗钞》《词钞》，并手书将其付梓外，还认真回顾自己的出身相貌、生平性格、志趣喜好，以及至此所取得的文学艺术成就，将其作为个人简介实录下来。郑燮在《板桥自叙》中写道：

> 板桥居士，姓郑氏，名燮，扬州兴化人。兴化有三郑氏，其一为"铁郑"，其一为"糖郑"，其一为"板桥郑"。居士自喜其名，故天下咸称为郑板桥云。板桥外王父汪氏，名翊文，奇才博学，隐居不仕，生女一人，端严聪慧特绝，即板桥之母也。板桥文学性分，得外家气居多。父立庵先生，以文章品行为士先。教授生徒数百辈，皆成就。板桥幼随其父学，无他师也。幼时殊无异人处，少长，虽长大，貌寝陋，人咸易之。又好大言，

自负太过，漫骂无择。诸先辈皆侧目，戒勿与往来。然读书能自刻苦，自愤激，自竖立，不苟同俗，深自屈曲委蛇，由浅入深，由卑及高，由迩达远，以赴古人之奥区，以自畅其性情才力之所不尽。人咸谓板桥读书善记，不知非善记，乃善诵耳。板桥每读一书，必千百遍。舟中、马上、被底，或当食忘匕箸，或对客不听其语，并自忘其所语，皆记书默诵也。书有弗记者乎？

平生不治经学，爱读史书以及诗文词集，传奇说簿之类，靡不览究。有时说经，亦爱其斑驳陆离，五色炫烂。以文章之法论经，非《六经》本根也。

酷嗜山水。又好色，尤多余桃口齿，及椒风弄儿之戏。然自知老且丑，此辈利吾金币来耳。有一言干与外政，即叱去之，未尝为所迷惑。好山水，未能远迹，其所经历，亦不尽游趣。乾隆十三年，大驾东巡，燮为书画史，治顿所，卧泰山绝顶四十余日，亦足豪矣。

所刻《诗钞》《词钞》《道情十首》《与舍弟书十六通》行于世。善书法，自号"六分半书"。又以余闲作为兰竹，凡王公大人、卿士大夫、骚人词伯、山中老僧、黄冠炼客，得其一片纸，只字书，皆珍惜藏度。然板桥从不借诸人以为名。惟同邑李鱓复堂相友善。复堂起家孝廉，以画事为内廷供奉。康熙朝，名噪京师及江淮湖海，无不望慕叹美。是时板桥方应童子试，无所知名，后二十年，以诗词文字与之比并齐声。索画者，必曰复堂。索诗字文者，必曰板桥。且愧且幸，得与前贤埒也。李以滕县令罢去。板桥康熙秀才，雍正壬子举人，乾隆丙辰进士。初为范县令，继调潍县。乾隆己巳，时年五十有七。

周积寅《郑板桥年谱》在抄录郑燮《板桥自叙》时，错舛甚多，"由迩达远"误作"由尔达远"，"对客不听其语"误作"对答不听其语"，"大驾东巡"误作"大驾东征"，"所刻……行于世"误作"所刻……行与世"。

郑燮此处所谓"余桃口齿"及"椒风弄儿之戏"，指的是同性恋和狎昵娈童的行为。其中"余桃口齿"，典出韩非去世后，后人集辑而成的著作总集《韩非子》。韩非（约前280—前233），又称韩非子，战国末期韩国新郑（今河南省新郑）人。系战国时期著名思想家、法家代表人物。《韩非子·说难》："昔者弥子瑕有宠于卫君。卫国之法，窃驾君车者罪刖。弥子瑕母病，人闻夜告弥子。弥子矫驾君车以出。君闻而贤之曰："孝哉！为母之故。"忘其刖罪。异日，与君游于果园。食桃而甘，不尽，以其半啗君。君曰："爱我哉！忘其口味，以啗寡人。"及弥子瑕色衰爱弛，得罪于君。君曰："是固尝矫驾吾车，又尝啗我以余桃，故弥子之行未变于初也。"意思是说，卫国国君卫灵公特别宠爱美男子弥子瑕。

某夜，当弥子瑕闻知母亲生病时，便窃驾卫灵公的御车，去看望母亲。按照卫国的刑罚律条，窃驾国君的御车系犯刖罪，要被砍掉双腿的。但卫灵公在得知弥子瑕窃驾其御车是为了去探望患病的母亲时，非但没有处罚弥子瑕，反倒称赞他是个孝子。还有一次，弥子瑕陪同卫灵公在果园中游玩时，当他摘下一个桃子咬了一口，觉得这个桃子味道极为香甜，便把自己咬了一口的那个桃子递给卫灵公吃。卫灵公竟然不顾君臣礼统，甘愿将那个桃子吃了下去。由此人们将"余桃口齿"指代为同性恋。所谓"椒风弄儿"，是指娈童行为。

《孟子·告子上》："食色，性也。"意思是说，饮食男女，是人的本性。人若离开饮食，将无法维持生命；离开男女，将无法延续香火，繁衍后代。人若好色，本无可厚非。但一些超越社会伦理道德的好色行为，却往往令人难以接受，并被嗤之以鼻。不过，郑燮说自己"尤多余桃口齿，及椒风弄儿之戏"的行为，在其所生活的时代也是司空见惯，与沉湎青楼走马章台买妓嫖娼一样，都是当时社会上达官贵人、文人墨客追求的所谓风雅之举，按照当今社会的道德伦理标准则将其视为丢人现眼的糗事。

郑燮作为一个封建社会的基层官吏和主要靠出卖自己书画作品为生的文人墨客，自然也免不了受时代风尚的熏染，附庸风雅，沾染上这种"余桃口齿""椒风弄儿之戏"的嗜好。郑燮当时也并不觉得此事丢人现眼，因此直言不讳，实话实说，将其记录了下来。

也许会有读者认为，郑燮的这些糗事会破坏郑燮在他们心中的良好形象。窃以为，评价任何一个历史人物，都必须尊重历史事实，不能也不应该按照如今的社会道德标准来衡量，更不能按照古人所谓"为尊者讳，为贤者讳，为亲者讳"的说法，对此而避讳不谈。况且"金无足赤，人无完人"，人们心目中的那些圣人般的所谓"完美形象"，往往是人们期许"圣人化"的神话罢了。当然，以当下社会的道德标准和观点来看，无论如何这也是郑燮生命过程中的一处污点。

"六分半书"，前面已经在乾隆八年七月十八日郑燮作《破格书王羲之〈兰亭集序〉并跋》中做过解释。对于郑燮这种所谓"破格"的"六分半书"，各种文献资料也多有评述，褒贬不一。对其持赞扬态度者，如《清史列传·郑燮传》："书画有真趣，少工楷书……晚杂篆隶，间以画法。"清代朱克敬《雨窗消意录》甲部卷一："书增减真隶，别为一格……时称板桥体。"清代李斗《扬州画舫录》卷十："以八分书与楷书相杂，自成一派。今山东潍县人多效其体。"清代蒋宝龄《墨林今话》卷一："书隶楷参半，自称六分半书，极瘦硬之致。"清代马宗霍《书林藻鉴》卷第十二中引向燊语谓："板桥始学鹤铭、山谷，后以分书入行楷，纵横驰骤，别成一格，与金冬心异曲同工。在帖学盛行时代，能独辟蹊径，可谓豪杰之士矣。"

对郑燮"六分半书"持批评意见者，也大有人在。例如，清代钱泳《书学·小篆》："将篆隶行草铸成一炉,不可以为训。"清代康有为《广艺舟双楫》:"参用隶笔,然失则怪,此欲变而不知变者。"清代杨守敬《学书迩言》:"然以之师范后进,则魔道也。"周积寅《郑板桥年谱》将杨守敬《学书迩言》误作《学书尔言》。

窃以为,所谓"书"者,不过是人们借助自己掌握的书法技能技巧或自己喜爱乐见的书体,通过书写来抒发自己的思想情绪或胸中块垒而已。从这种意义上说,郑燮创作的这种所谓"破格"的"六分半书",在宣泄胸中块垒和抒发思想情绪的同时,形成了自己的书法风格,无疑是成功的范例之一,值得人们欣赏赞叹。

是年,郑燮赋诗赠精于医术医道的好友董载臣。董载臣,即董采,字力民,又字载臣,浙江桐乡人。好游览,工书画,善古文辞,精于医学,晚年行医于金陵。著有《方论质疑》《西锦集》《远游草》等。郑燮从乾隆七年任范县知县,至是年在山东为官已届八年,仍然一阶未进,由此成为在任年岁最长的山东知县。郑燮在《自咏》中写道:

潍县三年范五年,山东老吏我居先。一阶未进真藏拙,只字无求幸免嫌。春雨长堤行麦陇,秋风古庙问瓜田。村农留醉归来晚,灯火千家望不眠。

载臣先生政,板桥弟郑燮。

是年,郑燮闻知同学高恺亭任职山东泰安县宰,作画相赠。泰安,位于山东省中部、大汶河上游。秦为博阳县,汉为博、奉高等县地,唐为乾封县,宋改奉符县,明入泰安州,清改泰安县。境内泰山为著名游览胜地,县城内有岱庙等名胜古迹。郑燮在画赠高恺亭的《兰石图轴》上题记:

泰山高绝苦无兰,特写幽姿送宰官。石缝峰腰都布遍,一团秀色尽堪餐。

恺亭高六弟之任泰安,板桥同学愚兄郑燮作此奉赠,乾隆己巳。

卞孝萱《郑板桥全集》(增补本)将郑燮题记首句"泰山高绝苦无兰"误作"泰山高绝若无兰"。

所谓"宰官",又称"官宰"。本泛指官员,后称县令为"宰官"。

是年,郑燮好友、时年67岁的高凤翰,病殁于胶州(今山东省青岛市胶州市)城西南三里河家园。葬州西八里之新置岭。是年,清廷诏举经学之士;散文家方苞(1668—1749)卒。是年暮春,汪士慎于扬州青杉旧馆作《风雨清音图册页》。是年夏日,罗聘于金陵为云壑太史作《水仙图扇面》。是年八月,华嵒作《村学图轴》。是年九月,李鱓客湖村,作《秋花鸳鸯图轴》；金农在扬州与邻曲诸老结菊社。

乾隆十五年庚午（1750），郑燮58岁。郑燮在潍县知县任上，不仅主动带头捐款倡导士绅里民重修被毁城墙，身为文人的他，还特别关注当地的文化建设，发动士绅百姓，修复他莅任之前已损坏多年的潍县文昌祠。州同陈尚志等人，积极响应郑燮的倡导，踊跃捐款，以助修缮。《潍县志稿》卷二十九援引宋书升《陈公素贞家传》对此记载云："陈尚志，字索贞。捐职州同。北门里人……前后修补西北隅石城、修学宫、修文昌祠，多赖其倡捐多金。邑令赖光表、郑燮，甚器重之……"

是年杏苑花繁之际，郑燮于二月十日作《文昌祠记》以记其事，并借此对士人读书者提出严于修文洁行、不与龌龊辈相比数之训。其中写道：

文云乎哉！行云乎哉！神云乎哉！修其文，懿其行，祀其神，斯得之矣。潍城东南角，旧有文昌帝君祠，竦峙孤特，翘然为青龙昂首，阖邑之文风赖焉。乾隆年来，日就颓坏。今若不葺修，将来必致一砖、一瓦、一木、一石而无之矣。诸绅士慨然捐助，以复旧观，并觅一妥贴精干之人，以为朝夕香火、尘埃草蔓扫除之用，诚盛举，亦要务也。既已妥侑帝君在天之灵，便当修吾文，懿吾行，以付帝君司掌文衡之意。昔人云："拜此人须学此人，休得要混账磕了头去也。"心何为闷塞而肥？文何为通套而陋？行何为修饰而欺？又何为没利而肆？帝君其许我乎！潍邑诸绅士，皆修文洁行而后致力以祀神者，自不与龌龊辈相比数。本县甚嘉此举，故爱之望之，而亦谆切以警之，是为民父母之心也。乾隆十五年，岁在庚午二月初十日，杏苑花繁之际，板桥郑燮书。

卞孝萱《郑板桥全集》（增补本）将文中"行何为修饰而欺"误作"行为何为修饰而欺"。

所谓"文昌帝君"中的"文昌"，乃星名，亦称"文曲星""文星"，系中国古代对斗魁（即魁星）之上六星的总称。古代星相家认为，文曲星是吉星，主大贵。后被道教尊为主宰功名禄位之神。元仁宗延祐三年（1316）封梓潼神为"辅元开化文昌司禄宏仁帝君"，文昌与梓潼遂合二为一，称"文昌帝君"。旧时士人多崇祀之，以为可以此保功名。

"是为民父母之心也"中的"父母"，即人们常说的"父母官"，这是古人对任州县级长官知州、知县的一种代称。当时人们认为，父母通常既是自己子女的主宰，同时又最疼爱自己的子女，所以父母官一般也就兼具了主宰与爱护这两种特征。一个好的地方官，应该像爱护子女一样爱护百姓，这便是所谓"爱民如子"。州衙和县衙，是直接管理民众生计的，诸如放赈税收、鸣冤告状等事项，都需要落实到州县来完成。当百姓的合法权益受到侵害时，知州、知县理应对其加以维护，这便是所谓"为民做主"。除此之外，古人通过孝廉贤良方正等名目的举荐，在通过科举考试成为朝廷命官后，出于回避等原因，常常在异地为官。即使那些朝中的高官，除了本身祖籍就在京城的，大多数人的父母都在地方，所以这些人也会将自己家乡的州官、县官，称为"父母官"。

郑燮《文昌祠记》撰作书就后，当时并未刻石，而是悬挂在文昌祠壁上。著名金石家、收藏家、潍县人陈介祺（1813—1884），字寿卿，号簠斋。进士，入翰林院授编修。光绪八年（1882）他将其监刻于石上，并于文后补《跋》曰："乾隆十五年修祠时，邑令板桥先生为之记，书而未刻石。闻诸故老云：装悬祠壁上。杨润轩学录锓之木。越一百三十三年，光绪壬午（1882）再修，始访求墨迹，抚诸拓。次年六月，郭恩煌、高鸿裁、王宗彝、刘嘉禾、嘉颖同立石祠壁。先生不可复作，修文洁行之训犹存，后之读书者，其共勉之。史氏陈介祺记。季士林，士恒刻字。"

周积寅《郑板桥年谱》在引录陈介祺此《跋》时，将"抚诸拓"误作"抚诸石"。

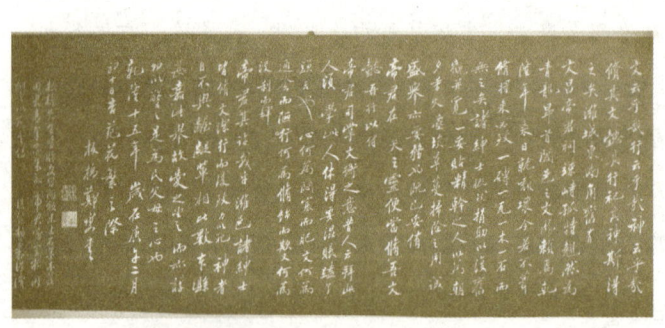
·郑燮《文昌祠记》（拓片）

·郑燮《文昌祠记》（拓片局部）

文昌祠修复工程竣工之后，郑燮又倡议在潍县文昌祠下，修建了一座状元桥。《潍县志稿》卷十对此记载："状元桥，城东南角文昌阁下，清乾隆十五年，知县郑燮倡建。"

是年，潍县士绅田廷琳和侄子田颖捐款补筑潍县城墙八十尺，郑燮书其事以志之。《潍县志稿》卷二九对此记曰："田廷琳，字林玉。南屯庄人。家室素封，勇于为义。乾隆十五年，邑城久失修，知县郑燮倡诸绅捐资，重为补筑。廷琳暨侄颖捐修八十尺。郑令素善隶法，为其事以志之。"

郑燮为了表彰潍县士绅郎一鸣在维修潍县城墙、修建桥梁及邑中一切大工役时慨然出倍资的功绩，撰作五言联书赠之。《潍县志稿》卷二十九对此记云："郎一鸣，字次生。赋性敦朴，乐施与。郑燮令潍时，修城垣，建桥梁，及邑中一切大工役，慨然出倍资为众倡，是以令重其为人，赠联曰：为善无不报，读书当及时。"

郑燮于潍县处理繁忙公务间隙，也不忘抽空创作自己喜爱的书画。是年春，郑燮作六分半书七言联。其中写道：

秋从夏雨声中入，春在寒梅蕊上寻。
乾隆庚午春，板桥郑燮。

是年夏日，郑燮思乡心切，作《行书诗三首条幅》，表达自己对江南扬州生活的思念。其中写道：

晴丝寸尺挽韶光，百舌无声燕子忙。红日屋头槐影暗，微风扇里麦花香。
收尽狂飙卷尽云，一竿晴日晓光新。柳魂花魄都无恙，依旧商量作好春。
淮南二十四桥月，马上时时梦见之。想得扬州醉年少，正围红袖写乌丝。
乾隆庚午夏日，板桥老人郑燮书。

定期主动拜访或应召向上司禀报自己担任职务的理政情况，及时向上司请示报告遇到的问题，是封建官员日常工作的重要内容。是年夏，郑燮前往济南府公干。期间，郑燮于七月十八日画《盆兰图》，并于其上题记：

画得幽兰在瓦盆，西施未出苧萝邨。天然秀骨非容易，笔底分明有露痕。

乾隆十五年，岁在庚午夷则□□十有八日板桥居士郑燮写于华不注山。

郑燮此画题记中所谓"夷则"，系古人采用我国乐器音律方式所记十二个月中的七月。所谓"华不注山"，又名华山，金舆山，乃历史名山。地处济南市东北角，位于黄河以南、小清河以北。古时称"华不（fū 夫）注"，取自《诗经·小雅·常棣》："常棣之华，鄂不韡韡。凡今之人，莫如兄弟。"其中所谓"华"，即"花"；"鄂不"，即"萼跗"，指的是花萼房，并以此比喻兄弟。《山东通志》释"华不注"曰："喻此山孤秀，如华之跗注于水者然。"

是年新秋，郑燮作《行书七律诗轴》，极力宣扬赞美西汉著名

· 郑燮《行书诗三首条幅》

辞赋大家枚皋所取得的艺术成就。其中写道：

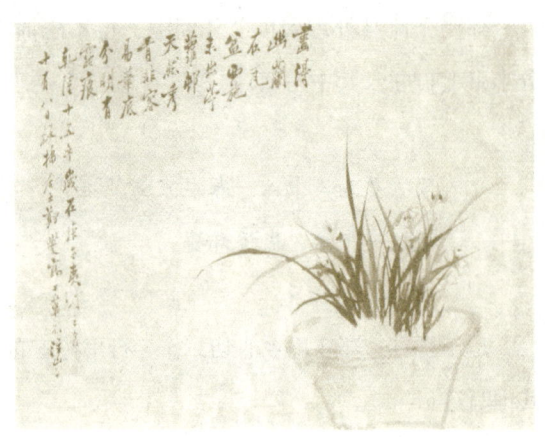

·郑燮《盆兰图》

  曲江才子汉枚皋，御试凭轩锦帕高。姓字璧人夸计吏，文章金粉压词曹。堂餐夜割黄羊炙，阁帖春挥紫兔毫。裘马翩翩正年少，忆君风度胜醇醪。

  乾隆庚午新秋，板桥郑燮。

枚皋，字少孺，系西汉时期著名辞赋家、淮阴人枚乘（约前210—前138）的庶子，约在汉景帝四年（前153）生于梁国，卒年不详。枚皋的母亲，是枚乘在梁国时所娶小妾。当枚乘从梁国重归故里时，枚皋的母亲不肯相随，于是枚乘让枚皋留下陪伴母亲生活。由于枚皋自小深受其父枚乘的文学艺术熏陶，耳濡目染，自幼也爱好文学，且善于辞赋。枚皋十七岁那年，上书梁共王。梁共王非常赏识枚皋的才学，便召他为郎。三年后，枚皋因遭受谗言获罪，家室被没收，他只身逃到京都长安，幸逢大赦，他就上书北阙。实际上，枚乘病逝之后，汉武帝曾下诏寻找枚乘的后代，然而没有寻到枚皋。当枚皋上书自陈是枚乘之子时，汉武帝喜出望外，立即召见，并命他当殿作赋。枚皋才思敏捷，下笔立就，从此深得汉武帝的宠爱，不久便拜枚皋为郎，后来还派枚皋出使匈奴。此时的枚皋可谓平步青云，但是他却并不迷恋权势，苟合时尚。甚至有资料记载枚皋"不通经术"，这在当时提倡"罢黜百家，独尊儒术"的情势之下，更加显得难能可贵。枚皋不同于当时一般文人之处，还在于他谈吐诙谐幽默，不拘礼节。他甚至经常在汉武帝面前取乐调笑，而且只要有机会，他便直言切谏。例如，当汉武帝滥用人力物力，修建奢华的上林苑时，枚皋就与东方朔一起上书反对。《汉书·艺文志》说枚皋有赋120篇，可见枚皋的确是一个多产的汉赋大家。尽管如此，枚皋的汉赋与其父枚乘创作的汉赋《七发》比起来，还是小巫见大巫。

  是年，郑燮想到，文人创作诗词文章，应该理必归于圣贤，文必归于日用。他认为自己所创作者，皆是自出己意的清诗清文，虽然都是绝不谈天说地的日用家常，然颇有言近指远之处。文人不能关起门来死读书，读死书，而是应对所读之书有所选择，以求精求当。若当，则粗者皆精；若不当，则精者皆粗。为此，他又于去年所作《板桥自叙》之后，缀加附记。其中写道：

  板桥诗文，自出己意，理必归于圣贤，文必归于日用。或有自云高古而几唐宋者，板桥辄呵恶之,曰:"吾文若传,便是清诗清文;若不传,将并不能为清诗清文也。何必侈言前古哉!"明清两朝,以制艺取士,虽有奇才异能,必从此出,乃为正途。其理愈求而愈精,其法愈求而愈密。鞭心入微,才力与学力俱无可恃,庶几弹丸脱手时乎?若漫不经心,置身甲乙榜之外,辄曰:"我是古学",天下人未必许之,只合自许而已。老不得志,仰借于人,有何得意?

贾、董、匡、刘之作,引绳墨,切事情。至若韩信登坛之对,孔明隆中之语,则又切之切者也。理学之执持纲纪,只合闲时用着,忙时用不着。板桥《十六通家书》,绝不谈天说地,而日用家常,颇有言近指远之处。

板桥非闭户读书者,长游于古松、荒寺、平沙、远水、峭壁、墟墓之间,然无之非读书也。求精求当,当则粗者皆精,不当则精者皆粗。思之,思之,鬼神通之。

板桥又记,时年已五十八矣。

郑燮此处所谓"甲乙榜",指的是科举制度时张挂公布名次的公告。其中"甲榜",指的是举人参加会试考中进士公布名次之榜;"乙榜",指的是参加乡试考中举人名次之榜,亦称"一榜"。

所谓"贾、董、匡、刘",指的是西汉贾谊、董仲舒、匡衡、刘向。

韩信(?—前196),汉初诸侯王。淮阴(今属江苏)人。初属项羽,后在萧何推荐下,被刘邦召为大将,并设坛场拜之。礼毕,刘邦问其计,听后大喜。楚汉战争时,刘邦采用韩信之计,攻占关中。刘邦在荥阳、成皋间与项羽相持时,韩信率军抄袭项羽后路,破赵取齐,占据黄河下游之地后,刘邦封韩信为齐王。不久,韩信率军与刘邦会合,击灭项羽于垓下。汉朝建立,韩信改封楚王。

"孔明",指的是东汉末诸葛亮,字孔明,隐居隆中(今湖北襄阳西)。刘备闻其名,曾于建安十二年(207)三次前往隆中拜访诸葛亮,此即所谓"三顾茅庐"。诸葛亮与刘备相见后,提出占据荆、益两州,安抚西南各族,联合孙权,整顿内政,侯机从荆、益两路北伐曹操的策略,以图统一中国,恢复汉刘帝业,史称"隆中对"。后来刘备大体根据诸葛亮这个计划,建立了蜀汉政权。刘备死后,诸葛亮还曾加强与孙吴的联合,改善对西南各族的关系,也曾"六出祁山"进行北伐。

是年,郑燮作隶书匾额"龙跳虎卧"。

是年六月,金农于扬州石塔寺壁上画竹。

是年秋月,郑燮与李鱓合作《蕉竹图》。郑燮

·郑燮《"龙跳虎卧"匾额》

于此图所题记文字内容，与题李鱓雍正甲寅冬十月作《蕉竹月季堂幅》相同。

是年，李方膺被劾罢官，往金陵寓借园，与沈凤、袁枚订交。

金农始自乾隆十三年戊辰所作之《冬心先生画竹题记》五十八篇撰就，刻于是年。金农在《冬心先生画竹题记》中云："兴化郑进士板桥，风流雅谑，极有书名。狂草古籀，一字一笔兼众妙之长。十年前予与先后游广陵，相亲相洽，若鸥鹭之在汀渚也。又善画竹，雨梢风籜，不学而能……今试吏于齐东潍县矣。便娟之径，可添伎席否？翠娥红屧之围，讵少涤砚按纸之人邪。吾素性爱竹，近颇画此，亦不学而能，恨板桥不见我也。"金农文中所谓"便娟"，指的是修竹。语出汉代东方朔《七谏》："便娟之修竹兮，寄生乎江潭。"

周积寅《郑板桥年谱》将金农此文中"予与先后游广陵"误作"予与先生游广陵"。

乾隆十六年辛未（1751），郑燮59岁。是年二月十五日，海水倒灌，潍县一片汪洋。郑燮为了进一步了解灾情，至潍县北边禹王台勘灾。"禹王台"，初为望海而设，邻海南岸，度地而筑，名"望海台"。后经沧海桑田，海水后退数十里，村庄渐多，百姓望海水而不得。遂感念上古大禹治水的恩德，于其上筑禹王庙，将其改称为"禹王台"，略称"禹台"。清乾隆《潍县志》记载："禹王台在望海门（旧潍县）北六十里，相传大禹治水时所筑，有禹（王）庙在。"民国三十年《潍县志稿·疆域志》称："禹王台，盖即《水经注》所称秦始皇所筑之台也。"

·禹王台

郑燮至禹王台勘灾时，为禹王台书"文明四海"匾，悬于大殿，并作《禹王台北勘灾》诗，记其灾情。其中写道：

沧海茫茫水接天，草中时见一畦田。波涛过处皆盐卤，自古何曾说有年！

是年，郑燮在其文学艺术创作方面，侧重书法和绘画。并通过书作和画作上的题记以及撰作对联、匾额，寄托情愫和宣泄胸中之块垒。

是年春三月，郑燮作《兰花横幅》。

·郑燮《兰花横幅》

是年秋，郑燮作《竹图轴》，于其上题记：

一两三枝竹竿，四五六片竹叶。自然淡淡疏疏，何必重重叠叠？
乾隆辛未秋，板桥居士郑燮。

是年秋，郑燮作《梅兰竹菊四屏条》，并分别于其上题记。郑燮在《梅》上题记：

玉骨冰肌品最高，冷淡清癯任挥毫。等闲着上胭脂水，却是红梅不是桃。
板桥燮。

郑燮在《兰》上题记：

留得根科大，何愁叶短稀。春雷潜夜发，香气入云飞。
板桥居士。

郑燮在《竹》上题记：

老干扶竦新叶放，龙孙原种后来枝。
乾隆辛未秋，郑板桥写。

郑燮在《菊》上题记：

进又无能退又难,宦途踽踽不堪看。吾家颇有东篱菊,归去秋风耐岁寒。

板桥郑燮。

郑燮诗中所谓"踽踽",系形容谨慎小心乃至恐惧的模样。"踽"指腰背弯曲不直立,"踽"则指双足紧挨小步走。此诗亦见《郑板桥集·题画·画菊与某官留别》。郑燮屡写此诗,旨在强调为官如履薄冰,以及自己仕途坎坷,更需要时时处处谨慎小心。

是年秋,郑燮作行书四言联:

山奔海立,沙起雷行。
乾隆辛未秋,板桥郑燮。

郑燮此联所写的这两句话,源自明代袁宏道《徐文长传》:"文长既已不得志于有司,遂乃放浪曲糵,恣情山水,走齐鲁燕赵之地,穷览朔漠。其所见山奔海立,沙起雷行,雨鸣树偃,幽谷大都,人物鱼鸟,一切可惊可愕之状,一一皆达之于诗。"

是年秋,郑燮作《行书节录苏轼书海苔纸》。其中写道:

·郑燮行书《山奔海立,沙起雷行》四言联

昔人以海黛为纸,而今无有;今人以茧为纸,亦古所无有也。
乾隆辛未秋月,板桥郑燮。

郑燮节录苏轼的这段文字,见《苏轼文集》卷七十《题跋·书海苔纸》。不过,郑燮在节录苏轼这段原文时,对其多有改动,将苏轼原文中的"海苔"书作"海黛",将"今无复有"书作"而今无有",将"今人以竹为纸"书作"今人以茧为纸"。

是年九月十九日,郑燮作六分半书匾额《难得糊涂》。其中写道:

难得糊涂

·郑燮《行书节录苏轼书海苔纸》

聪明难，糊涂难，由聪明而转入糊涂更难。放一着，退一步，当下心安，非图后来福报也。乾隆辛未秋九月十有九日，板桥。

·郑燮作六分半书匾额《难得糊涂》（拓片）

郑燮所作并书的《难得糊涂》匾额一经展示，立刻在社会上引发诸多论议。清代钱泳《履园丛话·杂记下·难得糊涂》云："郑板桥尝书四字于座右曰'难得糊涂'，此极聪明人语也。余谓糊涂人难得聪明，聪明人又难得糊涂，须要于聪明中带一点糊涂，方为处世守身之道。若一味聪明，便生荆棘，必招怨尤，反不如糊涂之为妙用也。"

前面说过，郑燮自乾隆十四年己巳（1749）57岁时起，陆续将潍县所见所闻诸如金玉盈市、斗鸡走狗、青楼卖笑、风物景致、花卉植物、负郭园林、美味佳肴、饮酒作乐、衣着打扮、行商集市、渔舟骑射、婚丧习俗、牢狱囚犯、利益纷争等世间百态生活场景，以竹枝词这种老百姓喜闻乐见的文学表现方式，一一予以呈现。乾隆辛未年十一月，郑燮将自己所撰旧作遴选整理，书《潍县竹枝词》二十四首。这也是迄今所见郑燮最早署有年款的《潍县竹枝词》之作。

三更灯火不曾收，玉脍金斋满市楼。云外清歌花外笛，潍州原是小苏州。
斗鸡走狗自年年，只爱风流不爱钱。博进已赊三十万，青楼犹伴美人眠。
负郭园林竹树深，良田美产贵于金。谁家子弟能销费，为买温柔一片心。
城上春云覆画楼，城边春水泊天流。夜来雨过千山碧，乱落桃花出涧沟。
水流曲曲树丛丛，树里春山一两峰。茅屋深藏岩壑静，数声鸡犬夕阳中。
几家活计卖青山，石块堆来锦绣斑。薄暮回车人半醉，乱鸦声里唱歌还。
满城豪富好栽花，洋菊洋桃信口夸。昨日胶州新送到，一盆红艳宝珠茶。
大鱼买去送财东，巨口银鳞晓市空。更有诸城来美味，西施舌进玉盘中。
罗绮成箱绣作堆，春衫窄袖好新裁。闺人不肯持刀尺，断要姑苏定织来。
小阁桐阴送晚凉，茉莉花间夜来香。微风摇动轻罗帐，银蒜金钩玳瑁床。
翩翩少俊好腰身，半揸鞭梢对客人。忽漫翻身骑马去，绿杨阴里一行尘。

美人家处绿杨桥,树里春风酒斾招。一自香销怨南国,杏花零落马蹄遥。
姑苏子弟好清歌,多少青春欲着魔。今日暂来明日去,他心已是隔山河。
两行杨树一条堤,东自登莱达济西。若论五都兼百货,自然潍县甲青齐。
腌猪滴血满城红,南贩苏州北蓟中。纵使千金夸利益,何如本富作田翁。
天道由来最好生,家家刀梃太无情。老夫欲种菩提树,十里春风入化城。
北洼深处好拿鱼,淡荡春风漾绿渠。日暖人家晒网罟,水光山色浸茅庐。
小桥曲岸水湾环,荻苇花中钓艇闲。忽漫鹭鸶惊起去,一痕晴雪上西山。
绕郭良田万顷赊,大都归并富豪家。可怜北海穷荒地,半篓盐挑又被拿。
二十条枪十口刀,杀人白昼共称豪。汝曹躯命原拼得,父母妻儿惨泣号。
放囚出狱泪千行,拜谢君恩转自伤。从此更无牢粥饭,又为盗窃触桁杨。
马思南北是山田,石块沙窝不殖钱。坐得三分秋稼熟,大家欢喜说丰年。
征发钱粮只恨迟,茅檐蔀屋又堪悲。扫来草种三升半,欲纳官租卖与谁?
潍城原是富豪都,尚有穷黎痛剥肤。惭愧他州兼异县,救灾循吏几封书。
乾隆十二年告灾不许,反记大过一次,百姓含愁,知县解体。板桥居士郑燮旧作,辛未建子月书。

周积寅《郑板桥年谱》将词中"博进已赊三十万"作"博进已偿三十万",将"百姓含愁"作"百姓念愁"。

郑燮此处所谓"玉脍金齑",指的是菜肴名。吴中以鱼作脍,菰菜为羹,鱼白若玉,菜黄如金,因称金齑玉脍。

潍州,隋开皇十六年(596)置,治所在下密县(今山东潍坊市西),大业三年(607)废。唐武德二年(619)复置,治所在北海县(今潍坊市),武德八年(625)废。北宋乾德三年(965)复置。明洪武九年(1376)降为县,称潍县。

苏州,位于江苏省南部、太湖东北。春秋为吴国都,秦置吴县。唐为苏州治,明清为苏州府治。市内外以园林著称,有沧浪亭、狮子林、拙政园、留园等名园以及虎丘、寒山寺等名胜。

"斗鸡走狗",指的是游手好闲、不务正业者以"斗鸡"和"斗狗"进行赌博以获利的游乐项目。

"博进",指赌博所输的财物。

"青楼",指妓院。

"负郭",谓靠近城郭。其中"负"系背倚,"郭"指外城。

胶州，位于山东省青岛市西北部、大沽河下游，东临胶州湾。即今山东省青岛市下辖之胶州市。

诸城，位于山东省东南部、潍河上游。汉置东武县，隋改诸城县。

"西施舌"，系贝类海洋生物。肉白似乳，形酷似舌，阔约大指，长及二寸，味极鲜美。

"姑苏"，系苏州市的别称，因西南有姑苏山而得名。

"南国"，古时称南方诸侯之国。此泛指南方。

"登莱"，指位于山东半岛东端的登州和莱州。

"济西"，指山东济南西部。

"五都"，指的是齐在战国时除了国都临淄外，还建有四个别都，合称五都。《史记·燕世家》中有齐宣王"因令章子将五都之兵，以因北地之众以伐燕"之说。但除了国都临淄之外，其余四个别都，史书中并无明确记载。

"青齐"中的"青"，指的是青州，府名。明初改益都路置，治所在山东益都（今属潍坊）；"齐"，指的是齐州，北魏皇兴三年（469）改冀州置，治所在历城县（今山东济南市）。北宋政和六年（1116）升为济南府。

"蓟"，指的是蓟州。唐开元十八年（730）置，治所在渔阳县（今河北蓟县）。天宝初，改为渔阳郡。乾元初，复为蓟州。五代晋天福初，地入于契丹，仍名蓟州。1913年改为蓟县。

"北海"，指潍县。

"茅檐蔀屋又堪悲"中的"蔀"，乃遮蔽之义。

"建子"，乃农历十一月的代称。我国古代以十二斗建称十二个月，建子为十一月。

郑燮创作的《潍县竹枝词》，相对集中展现了郑燮所处年代心目中潍县老百姓的现实生活场景。其中所描摹的潍县风土人情及民生疾苦，曲尽委婉，脍炙人口。然郑燮此作也与《道情十首》的创作态度一样，总是改削多年，几经更定，由此流传下来的钞本颇多。少则二十四首，多则三十七首，乃至四十首。上古版《郑板桥集》中载有据民国二十年石印本郑燮所作《潍县竹枝词四十首》，或可覆盖郑燮所作《潍县竹枝词》多种版本内容。抄录如下，供读者观其全貌。

三更灯火不曾收，玉脍金齑满市楼。云外清歌花外笛，潍州原是小苏州。
斗鸡走狗自年年，只爱风流不爱钱。博进已赊三十万，青楼犹伴美人眠。
美人家处绿杨桥，树里春风酒斾招。一自香销怨南国，杏花零落马蹄遥。
四面山光树木深，良田美产贵千金。呼卢一夜烧红蜡，割尽膏腴不挂心。
豪家风气好栽花，洋菊洋桃信口夸。昨夜胶州新送到，一盆红艳宝珠茶。

大鱼买去送财东，巨口银鳞晓市空。更有诸城来美味，西施舌进玉盘中。
小阁桐阴日影斜，晚风吹放茉莉花。衣裳尽道南中好，细葛香罗万字纱。
翠袖湘裙小婢扶，时兴打扮学姑苏。村中妇女来相耀，乱戴银冠钉假珠。
几家活计卖青山，石块堆来锦绣斑。薄暮回车人半醉，乱鸦声里唱歌还。
水流曲曲树重重，树里春山一两峰。茅屋深藏人不见，数声鸡犬夕阳中。
集散人归掩市门，市楼灯火定黄昏。白狼河水无情甚，不肯停留尽夜奔。
两行官树一条堤，东自登莱达济西。若论五都兼百货，自然潍县甲青齐。
连云甲第尚书府，带宅园林太守家。是处池塘秋水阔，红荷花间白荷花。
苍松十里郭西头，系马松根上酒楼。天外暮霞红不尽，秋山浮翠是青州。
北洼深处好挐鱼，淡荡春风二月初。河水尽开冰尽化，家家网罟曝村墟。
秋风荻苇路湾环，钓叟潜藏乱草间。忽漫鹭鸶惊起去，一痕青雪上西山。
浅草平沙秋气高，青光不动海光摇。忽腾一骑鸾铃响，绣箭前坡落皂雕。
射罢黄羊猎罢山，雕弓挂在老松间。帐中袅袅闻吹笛，新买吴姬号小蛮。
城上春云拂画楼，城边春水泊天流。昨宵雨过千山碧，乱落桃花出涧沟。
迎婚娶妇好张罗，彩轿红灯锦绣拖。鼓乐两行相叠奏，漫腾腾响小云锣。
席棚高揭远招魂，亲戚朋交拜墓门。牢醴漫夸今日备，逮存曾否荐鸡豚？
醃猪滴血满城红，南贩姑苏北蓟中。纵使千金夸利益，刀头富贵挺头雄。
天道由来自好生，家家杀戮太无情。老夫欲种菩提树，十里春风作化城。
绕郭良田万顷赊，大都归并富豪家。可怜北海穷荒地，半篓盐挑又被拏。
行盐原是靠商人，其奈商人又赤贫？私卖怕官官卖绝，海边饿灶化冤磷。
二十条枪十口刀，杀人白昼共称豪。汝曹躯命原拚得，父母妻儿惨泣号。
街头攫得百钱文，烂肉烧肠浊酒醺。到得来朝无理料，又寻瞎账闹纷纷。
面上春风眼上波，秧歌高唱扮渔婆。不施脂粉天然俏，一幅缠头月白罗。
东家贫儿西家仆，西家歌舞东家哭。骨肉分离只一墙，听他笞骂由他辱。
莫怨诗书发迹迟，近来风俗笑文辞。高门大舍聪明子，化作朱颜市井儿。
百岁辛勤貌可哀，养儿娇纵不成材。骰盆博局开门去，待得三更径不回。
放囚宣诏泪潺潺，拜谢君恩转戚颜。从此更无牢狱食，又为盗窃触机关。
马思南北是山田，石块沙窝不殖钱。待到三分秋稼熟，大家欢喜说丰年。
征发钱粮只恨迟，茅檐蔀屋又堪悲。扫来草种三升半，欲纳官租卖与谁？
潍城原是富豪都，尚有穷黎痛剥肤。惭愧他州兼异县，救灾循吏几封书。
木饥水毁太凋残，天运今朝往复还。间行北郭南郊外，麦陇青青正好看。

四、山左知县七品官

关东逃户几人归，携得妻儿认旧扉。茅屋再新墙再葺，园中春韭雨中肥。
泪眼今生永不干，清明节候麦风寒。老亲死在辽阳地，白骨何曾负得还。
卖儿卖妇路仓皇，千里音书失故乡。帝主深恩许重聚，丰年稼熟好商量。
奢靡只爱学南邦，学得南邦未算强。留取三分淳朴意，与君携手入陶唐。

目前流传郑燮创作的《潍县竹枝词》，或因其多次修改，或因传抄过程中倒错舛误，部分次序颠倒，字词存异。卞孝萱《郑板桥全集》（增补本）中曾作编者注予以说明。由于本文篇幅所限，此略。

郑燮自乾隆七年壬戌（1742）时年50岁到山东范县任知县兼署朝城，乾隆十一年调任潍县，至乾隆十六年辛未（1751）在山东任知县已届十年。年近六旬、双鬓斑白、官职踟蹰不前的郑燮，对官场的昏庸黑暗、贪污腐败，愈加厌恶不满，由此生发的辞官返乡归田念想，日渐浓厚强烈。郑燮在其创作的诗作、词作、书作、画作，以及对联、书信中，都透露出这种思想情绪，以此宣泄自己的愤懑，抒发自己的志向与心愿。通过此时郑燮撰作的《恼潍县》《思归行》诗和《唐多令·思归》《满江红·思家》词，足可一目了然。

郑燮在《恼潍县》中，谈及自己年复一年于官场周旋，不得逍遥自由，枉负了诗情才华，辜负了一腔性情。其中写道：

行尽青山是潍县，过完潍县又青山。宰官枉负诗情性，不得林峦指顾间。

郑燮在《思归行》中，除了诉说山东遭灾荒年百姓的穷困生活，指摘朝廷处置不当之外，还道及自己为官已十年，应该见好就收，到此为止，与秋雁为伴，及时还乡。其中写道：

山东遇荒岁，牛马先受殃，人食十之三，畜食何可量。杀畜食其肉，畜尽人亦亡。帝心轸念之，布德回穹苍。东转辽海粟，西截湘汉粮，云帆下天津，朦艟竭太仓。金钱数百万，便宜为赈方。何以未赈前，不能为周防？何以既赈后，不能使乐康？何以方赈时，冒滥兼遗忘？臣也实不材，吾君非不良。臣幼读书史，散漫无主张。如收败贯钱，如撑断港航，所以遇烦剧，束手徒周章。臣家江淮间，虾螺鱼藕乡。破书犹在架，破毡犹在床。待罪已十年，素餐何久长。秋云雁为伴，春雨鹤谋梁。去去好藏拙，满湖莼菜香。

郑燮诗中所谓"穹苍"，即"苍穹"，指天空而言。

"湘汉",指的是湖南湘水与湖北汉水流域。泛指今两湖一带。

天津,即今位于海河平原东北部,东临渤海的天津市。

"艨艟",系古代战船名。此处泛指大船。

"太仓",系汉代朝廷储备粮食的仓廪之名。此处泛指京师粮库。

"周章",惊惧貌。

"待罪",系古代官吏于供职时所用谦辞,意谓随时准备因失职或渎职而获罪。

郑燮在《唐多令·思归》词中,感叹自己文坛驰骋三十多年,已是双鬓斑白的垂暮老者,在官场之中无人可怜,倒不如及早辞官归田,于故乡数间茅屋中读读书、写写字、作作画,在秋水边、夕阳下了却残年。其中写道:

绝塞雁行天,东吴鸭嘴船,走词场三十余年。少不如人今老矣,双白鬓,有谁怜?

官舍冷无烟,江南薄有田,买青山不用青钱。茅屋数间犹好在,秋水外,夕阳边。

"东吴",三国吴因地处江东,亦称东吴。

"词场",系喻文坛。

"江南薄有田",系指郑燮在家乡兴化置有少量田产。详见郑燮《范县署中寄舍弟墨第四书》。

"青钱",指的是古代使用的青铜钱币。

"茅屋数间",指的是郑燮在兴化家乡自有房屋。《板桥题画·竹》:"余家有茅屋二间,南面种竹。"日本东京国立博物馆藏郑燮《雨后新篁图屏风》上,有郑燮题记:"余家有茅屋数间。"

上海博物馆藏郑燮为体老长兄作《行草书唐多令·思归》扇面墨迹,其文字内容与此完全相同。通过郑燮当时反复书写《唐多令·思归》这首词,不难看出郑燮此时思归心切。

郑燮还在《满江红·思家》中,谈及自己思乡心切,梦见了扬州。其中第一句"我梦扬州,便想到扬州梦我",显然系模仿宋代著名词人辛弃疾《贺新郎·甚矣吾衰矣》中"我见青山多妩媚,料青山见我应如是"的手法,将自己对故乡扬州的思念倾注词中。其中写道:

我梦扬州,便想到扬州梦我。第一是隋堤绿柳,不堪烟锁。潮打三更瓜步月,雨荒十里虹桥火。更红鲜冷淡不成圆,樱桃颗。　何日向,江村躲;何日上,江楼卧。有诗人某某,酒人个个。花径不无新点缀,沙鸥颇有闲功课。将白头供作折腰人,将毋左。

郑燮此处所谓"瓜步",乃山丘名,位于扬州西南、长江北岸。此处有从江北至江南的渡口。

约于此时，郑燮还以唐代著名隐士田游岩为例，对自己思乡归田的念想作出诠释。田游岩，京兆三原（今陕西省咸阳三原）人。唐高宗李治在位时，补太学生。罢归，入太白山，栖于林壑间，自称"烟霞痼疾者"。郑燮在《行书田游岩佚事一则》中写道：

· 郑燮《行书田游岩佚事一则》（拓片）

· 郑燮作并书七言联

田游岩，尝补太学生，罢归，入太白山，栖迟林壑间。自蜀历荆楚，爱夷陵青溪，上庐其侧。召赴京师，及汝不进。入箕山，居许由祠傍，自号曰由东邻。高宗幸嵩山，遣使就问其母，又亲至其门，游岩野服出拜。帝曰："先生比佳否？"对曰："臣所谓泉石膏肓，烟霞痼疾者也。"板桥郑燮。

郑燮这段文字，系据《新唐书·列传·隐逸·田游岩》改写而成。周积寅《郑板桥年谱》将郑燮这段文字中"泉石膏肓"误作"泉石膏盲"。

约于此时，郑燮作并书"作画题诗双搅扰，弃官耕地两便宜"七言联，清楚表明自己弃官归田的思想和志向。

除了以诗词文章对联抒发自己念乡思归的情结，他还在画作题记中表达了自己厌恶官场，不如返乡读书的心愿。郑燮在此时所作的《墨竹图》题记中写道：

· 郑燮《墨竹图》

衙斋案牍真堪厌，赖有窗前竹数竿。记得读书茅屋夜，一灯风雨听秋寒。

板桥居士郑燮。

此时，郑燮还在画赠诞老年学兄的《柱石图》中，画一枝挺然矗立、直上云霄的柱石，表达自己愿以陶渊明为榜样，不为五斗米折腰的夙愿。郑燮在题记中写道：

谁与荒斋伴寂寥，一枝柱石上云霄。挺然直是陶元亮，五斗何能折我腰。

诞老年学兄正。板桥郑燮。

是年五月，山东胶州人法坤宏，下第归乡。法坤宏（1699—1785），字直方，一字镜野，号迂斋。乾隆六年（1741）举人，以年老授大理寺评事。著有《学古编》《纲目要略》《春秋取义测》等。所谓"下第"，指的是古代参加科举乡试或者会试没有考中者。法坤宏下第归乡途经潍县饮于友人家时，听潍县商人议论郑燮在潍县任职治况，撰文记载其事，对郑燮关心民瘼，惟不与有钱人面作计，大加赞扬。

法坤宏在《书事》（见《国朝耆献类征》初编）中写道："潍县知县郑板桥燮，扬州人。乾隆丙辰进士，与吾胶南阜老人高凤翰善。余曾于南阜处见郑往来笔札，心慕其人。辛未五月，下第归，过潍，招饮友人家。潍俗重贾，二三贾客与语焉。语次及板桥，余亟问曰：'何如？'群贾答曰：'郑令文采风流，施于有政，有所不足。'余曰：'岂以诗酒废事乎？'曰：'喜事。丙寅丁卯间，岁连歉，人相食，斗粟值钱千百。令大兴工役，修城凿池，招徕远近饥民，就食赴工；籍邑中大户，开厂煮粥，轮饲之；尽封积粟之家，责其平粜。讼事则右窭子而左富商。监生以事上谒，辄庭见，据案大骂：驮钱驴有何陈乞，此岂不足君所乎！命皂卒脱其帽，足蹋之，或捽头黥面驱之出。'余曰：'令素怜才爱士，此何道？'曰：'惟不与有钱人面作计。'余笑而言曰：'贤令，此过乃不恶！'群贾相视愕起坐去。语曰：商贾之言，医匠之心。录其事以俟采风者。"

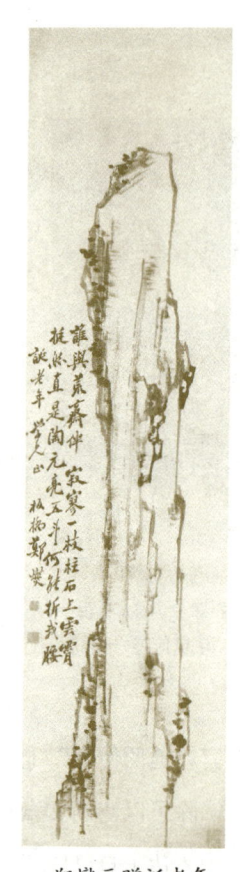

· 郑燮画赠诞老年学兄《柱石图》

法坤宏此处所谓"招徕"，即招揽之义。周积寅《郑板桥年谱》将"招徕"误作"招来"。所谓"窭子"，系指贫穷之人。"监生"，明清两代，将取得入国子监读书资格者，称为国子监生员，简称监生。其中，依靠父、祖官位入国子监者，称为荫监；由皇帝特许入国子监者，称为恩监；因捐纳财物入监者，称为捐监。监生可参加乡试。

是年，郑燮画兰竹赠给与其同在乾隆元年参加殿试取得一甲第一名状元的金德瑛。金德瑛（1701—1762），字汝白，号桧门，浙江杭州府仁和县（今杭州）人。乾隆元年考中状元后，官至左都御史。工书。性雅好古，精善鉴别金石摹本及古人手迹。著有《金桧门诗存》。金德瑛收到郑燮赠画后，欣然作《题郑板桥赠兰竹画》诗，其中写道："画兰不多三五茎，画竹不多三五干。纸宽墨润腕力余，更添古石三五片。微香馥馥清影摇，满堂观者增欣羡。齐东有竹却少兰，玉版尊师唯悟半。板桥家法所南翁，心花无根舒烂漫。平生妙墨懒收拾，偶欲追寻从友案。胸中事即对人言，与弟家书刊共看。唫颠字怪剧游嬉，叵耐折腰趋下县。西范东潍十载宽，自怜天鉴超忧患。同心知我称石交，为拂古瓦擩柔翰。别久争讶鬓霜盈，逢稀似类优昙现。径题长句画中间，如使两人长对面。"金德瑛诗中所谓"唫颠字怪"中的"唫"，同"吟"，系指吟诗而言；"字怪"，说的则是郑燮的六分半书。"西范东潍十载宽"，是说郑燮自乾隆七年知范县至乾隆十六年潍县任，计有十年之久。

是年初冬，金德瑛因事途经山东潍县，留住一宿。郑燮再次作画赠金德瑛。金德瑛为此作《十月初八日宿潍县板桥答诗过誉复惠画二幅因次来韵》致谢。其中写道："白狼著霜流愈清，阴云酿雪如有情。未须见画画意得，开缄妙态修而横。诗书挂腹终何以，游戏博奕贤于己。尔我一笑共杼机，兔起鹘落乌能止。偶然侧厘吟几行，敢言斗石与古量。只容一宿毋多恋，且向官斋看硬黄。板桥署中出示碑版数十种。"

郑燮还赠给金德瑛古镜五奁，并作《小古镜为同年金殿元作讳德瑛》诗。其中写道：

土花剥蚀蛟龙缺，秋水澄泓海月残。料得君心如此镜，玉堂高挂古清寒。

金德瑛遂作诗回赠郑燮表示感谢。其中，也透露了郑燮此时所产生的去官归田之志。金德瑛在《板桥分赠古镜五奁叠韵谢之》中写道："寒潭秋月涵空青，搜露毛骨酷无情。良工何名铸何代，篆文兽象徒纵横。等闲长物无所以，照胆照妖殊可已。藉将鉴戒白头心，漏尽钟鸣庶行止。一朝分赠拆联行，如人聚散难忖量。君言有故官当罢，不须更照眉间黄。板桥顷以事干部议，有去志矣。"

是年正月，乾隆皇帝弘历南巡。是年春，李方膺往合肥，于五柳轩作《潇湘风竹图辐》；夏于金陵梅花楼作《高枝新蕾图册页》，游盱眙、淮安、淮阴并作《花卉册》。是年夏，华嵒渡扬子江，仍客扬州员果堂家。是年除夕，金农独酌于扬州。是年，画家方士庶卒。方士庶（1692—1751），字循远，号环山，又号小师道人，安徽新安（今歙县）籍，家扬州。受学于黄鼎，山水用笔灵敏，气韵骀宕。兼善花卉。亦工行楷书。著有《环山诗钞》。故宫博物院所藏佚名作《郑板桥先生小像轴》，曾由方士庶补景，款署："小师道人方士庶补图。"钤朱文印"环山"一方。

乾隆十七年壬申（1752），郑燮60岁。是年，边寿民卒，享年69岁。边氏生前与郑燮友善，郑燮除作《绝句二十一首·边维祺》外，还曾作《淮阴边寿民苇间书屋》诗。其中写道：

边生结屋类蜗壳，忽开一窗洞寥廓。数枝芦荻撑烟霜，一水明霞静楼阁。

夜寒星斗垂微茫，西风入幔摇烛光。隔岸微闻寒犬吠，几拈吟髭更漏长。

是年二月，金农撰《冬心先生续集序》。是年二月十日，郑燮作《竹图条幅》。款署："乾隆十七年壬申二月十日，板桥居士郑燮。"

是年三月，郑燮选唐代常建《三日寻李九庄》和韦应物《寒食寄京师诸弟》以及《滁州西涧》诗作三首，饶有兴致地作《行楷书唐诗三首轴》。其中写道：

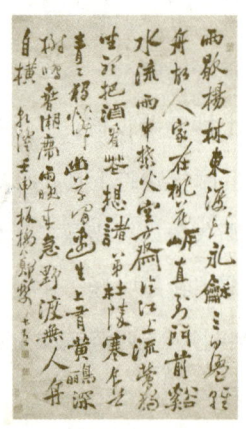

· 郑燮《行楷书唐诗三首轴》

雨歇杨林东渡头，永和三月荡轻舟。故人家在桃花岸，直到门前溪水流。
雨中禁火室斋冷，江上流莺独坐听。把酒看花想诸弟，杜陵寒食草青青。
独怜幽草涧边生，上有黄鹂深树鸣。春潮带雨晚来急，野渡无人舟自横。

是年寒食，郑燮于潍县衙署书题《宋拓圣教序》。《圣教序》碑，唐高宗咸亨三年（672）刻，现存西安碑林。全称《怀仁集晋右军将军王羲之书圣教序（附〈心经〉）》，唐太宗李世民撰《序》，唐高宗李治撰《记》，玄奘译《心经》，僧怀仁集王羲之书。于志宁、来济、许敬宗、薛元超、李义府等润色，诸葛神力勒石，朱静藏镌刻。

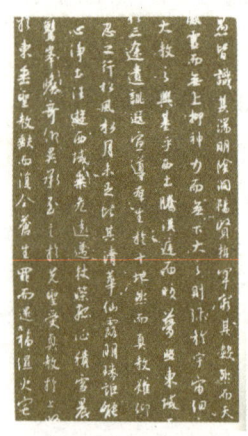

· 《怀仁集晋右军将军王羲之书圣教序（附〈心经〉）》（局部）

唐三藏法师玄奘，自唐贞观三年（629）去天竺（印度）参学，至贞观十九年（645）携带搜集的657部佛经返回长安之后，奉唐太宗李世民敕命，于长安弘福寺翻译佛经。玄奘上表请求唐太宗为其翻译的这些佛经撰《序》，唐太宗欣然应诺，并于贞观二十二年（648）将《序》撰毕，又命皇太子李治为之作《记》。唐太宗所撰《序》和李治所撰《记》，与《太宗答敕》《皇太子笺答》以及玄奘所译《心经》五者，由怀仁从唐内府所藏王羲之遗墨中集字书刻同一石碑，并于唐高宗咸亨三年（672）完成。由于碑首刻有七佛像，因此亦称《七佛圣教序》。此碑在宋以后中断，且因捶拓日久字画逐渐浅细，故将此碑未断之前所拓本，称为宋拓。

郑燮在《题宋拓圣教序》中写道：

金钱帖一钱易一字，是杂凑来的，岂无大小参差，真草互异之病，却如一气呵成，定出高人部署。李北海《岳麓碑》及《云麾将军神道碑》皆出于此，而姿媚愈多，骨力愈少。回视此帖，所谓"撼泰山易，撼岳家军难"矣。乾隆十七年寒食，潍县署中记。郑燮。

周积寅在《郑板桥年谱》和其所著《郑板桥》中，均将郑燮于潍县衙署书题《宋拓圣教序》事，记作是年"四月四日"。

"李北海"，即唐书法家李邕（678—747），字泰和，扬州江都（今属江苏）人。初为谏官，曾官至北海太守故被称为"李北海"。工文，善书，尤擅以行楷写碑，取法二王（羲之、献之）而有所创造，笔力沉雄，自成面目。对后世影响较大。李邕反对学书一味摹仿，曾云："似我者俗，学我者死。"存世碑刻有《麓山寺碑》《云麾将军李思训碑》等。文集已佚，明人辑有《李北海集》。

《岳麓碑》，即《岳麓寺碑》，亦称《麓山寺碑》。行楷书。碑额篆书。黄仙鹤刻。开元十八年（730）立。笔势沉稳凝重，遒劲雄健，为李邕所书碑中之杰出者。石在湖南长沙岳麓山。

《云麾将军神道碑》，即《云麾将军李思训碑》，亦作《李思训碑》。行书。碑额篆书"唐故右武卫大将军李府君碑"，开元八年（720）立。碑文载李思训事迹，早已残缺。书法瘦劲。石在陕西蒲城桥陵。

"撼泰山易，撼岳家军难"，系郑燮据《宋史·岳飞传》"故敌为之语曰：'撼山易，撼岳家军难'"句改写。

郑燮将上述文字书毕之后，似乎觉得还有话要说，又为此补记写道：

用墨之妙，当观墨迹，其浓淡燥湿，如火如花。用笔之妙，当观石刻，其弱者强之，肥者瘦之，镌手亦大有力。新碑不如旧碑，取其退火气。然三四百年后，过于剥落，亦无取焉。郑燮又记。

或问此帖与《定武兰亭》孰优劣，愚曰：未易言也。《兰亭》乃一时高兴所至，天机鼓舞，岂复自知！如李广、郭汾阳用兵，随水草便益处，军人皆各得自由，而未尝有失。至《圣教序》字字精悍，笔笔严紧，程不识刁斗森严，李临淮旌旗整肃，又是一家气象。板桥郑燮。

郑燮此处所谓《定武兰亭》，指的是北宋时发现于定武（今河北省定州市）的《兰亭集序》，故名。相传,系唐欧阳询据王羲之真迹临摹上石所刻。王羲之《兰亭集序》,刻本甚多。然大多书家认为《定武兰亭》刻本浑朴敦厚,为诸刻之冠。

西汉时期名将李广(?—前119),陇西成纪(今甘肃省秦安县)人。元光六年(前129),李广任骁骑将军,领万余骑出雁门击匈奴,因寡不敌众被俘。李广在匈奴将其置卧于两马之间返回营地途中,以佯死麻痹匈奴,并趁匈奴不注意,一跃而起,夺马返回。由此使得匈奴畏服,称李广为"飞将军",数年不敢来犯。

"郭汾阳",指的是唐代名将郭子仪(697—781),字子仪,华州郑县(今陕西渭南华州)人。因宝应元年(762)平定河中兵变有功封汾阳郡王,被称为"郭汾阳"。

"程不识",是汉武帝时与李广齐名的名将。曾任雁门太守、长乐卫尉,镇守边疆,抗击匈奴。因其治军有方,军纪严明,生平未尝败绩,别称"不败将军"。

"李临淮",指的是唐朝名将李光弼(708—764),营州柳城(今辽宁省朝阳市)人,契丹族。因宝应元年(762)镇压浙东袁晁起义有功封临淮郡王,被称为"李临淮"。安史之乱平定之后,李光弼因"战功推为中兴第一",获赐铁券。名藏太庙,绘像凌烟阁。

潍县城隍庙,在乾隆十四年(1749)遭受暴雨损坏,尤其是东西两廊损坏严重。郑燮每每见此,为之伤感。他于乾隆十六年农闲时节,倡导士绅捐款对城隍庙进行修缮,并遵循春秋时政治家、思想家子产"愚民不媚不信"的忠告,于城隍庙大门外新建了一座戏楼,以娱神祇。开工之后,郑燮便开始为修复之后拟立的城隍庙碑,精心准备草稿。郑燮这篇草稿撰就之后,赵六吉将其剪贴装裱成了册页。乾隆十七年正月初一,郑燮为该册页作《城隍庙碑草稿自跋》,并借此机会强调,千古作文第一要诀,无非重在欲写人情。郑燮写道:

板桥居士作《城隍庙碑草稿》初就,赵君六吉即剪贴成册,可谓刻划无盐唐突西子矣。是碑不足观,而作文之意无非欲写人情,所欲言而未能说,此实在眼前,实出意外,是千古作文第一诀。若抄经摘史、窃柳偷苏,成何笔手?

乾隆十七年元日,板桥道人郑燮又记。

郑燮此处所谓"刻划无盐唐突西子矣"句,出自《世说新语·轻诋》:"何乃刻画无盐以唐突西子也。"其中"无盐",即相传为中国古代四大丑女之一的钟离春。因系齐国无盐(一作毋盐,今山东省东平县)人,而得名钟离无盐。尽管钟离无盐长得相貌丑陋,但却关心国家大事。曾自谒齐宣王,陈述齐国危难并面责其奢淫腐败。由此使得齐宣王颇为感动,将其立为王后。后用以称颂和比拟貌丑而有德行的女性。"唐突",乃冒犯之义。

"西子",即春秋末越国美女西施。"元日",即正月初一。

读者通过1989年荣宝斋编辑出版发行《郑板桥画选·楷书册页》中的图片,可以大致领略郑燮《重修城隍庙碑记》草稿的模样。

· 郑燮撰《重修城隍庙碑记》(册页)(局部)

郑燮在正式书写时,将《重修城隍庙碑记》草稿名称改为《新修城隍庙碑记》,并添加了具体书写年月以及作者官职和姓名。

乾隆十七年五月,郑燮撰并书《新修城隍庙碑记》。其中写道:

乾隆十七年岁在横艾涒滩、月在蕤宾,知潍县事板桥郑燮撰并书。

一角四足而毛者为麟,两翼两足而文采者为凤,无足而以龃龉行者为蛇,上下震电,风霆云雷,有足而无所可用者为龙,各一其名,各一其物,不相袭也。故仰而视之,苍然者天也;俯而临之,块然者地也。其中之耳目口鼻手足而能言、衣冠揖让而能礼者,人也。岂有苍然之天而又耳目口鼻而人者哉?自周公以来,称为上帝,而俗世又呼为玉皇。于是耳目口鼻手足冕旒执玉而人之;而又写之以金,范之以土,刻之以木,琢之以玉;而又从之以妙龄之官、陪之以武毅之将。天下后世,遂衷衷然从而人之,俨在其上,俨在其左右矣。至如府州县邑皆有城,如环无端,齿齿啮啮者是也;城之外有隍,抱城而流,汤汤汩汩者是也。又何必乌纱袍笏而人之乎?而四海之大,九州之众,莫不以人祀之;而又予之以祸福之权,授之以死生之柄;而又两廊森肃,陪以十殿之王;而又有刀花、剑树、铜蛇、铁狗、黑风、蒸鬲以惧之。而人亦衷衷然从而惧之矣。非惟人惧之,吾亦惧之。每至殿庭之后,寝宫之前,其窗阴阴,其风吸吸,吾亦毛发竖栗,状如有鬼者,乃知古帝王神道设教不虚也。子产曰:"凡此所以为媚也,愚民不媚不信。"然乎!然乎!潍邑城隍庙在县治西,颇整翼。十四年大雨,两廊坏,东廊更甚,见而伤之。谋葺新于诸绅士，咸曰："俞。"爰是重新两廊，高于旧者三尺。其殿厦、寝室、神像、鼓钟筍簴，以坚以焕，而于大门之外，新立演剧楼居一所。费及千金，不且多事乎哉！岂有神而好戏者乎？是又不然，《曹娥碑》云："盱能抚节安歌，婆娑乐神。"则歌舞迎神，古人已累有之矣。《诗》云："琴瑟击鼓，以迓田祖。"夫田果有祖，田祖果爱琴瑟，谁则闻知？不过因人心之报称，以致其重叠爱媚于尔大神尔。今城隍既以人道祀之，何必不以歌舞之事娱之哉！况金元院本，演古劝今，情神刻肖，令人激昂慷慨，欢喜悲号，其有功于世不少。至于鄙俚之私，情欲之昵，直可置弗复论耳。则演剧之楼，亦不为多事也。总之，虙羲、神农、黄帝、尧、舜、禹、汤、文、武、周公、孔子，人而神者也，当以人道祀之；天地、日月、风雷、山川、河岳、社稷、城隍、中霤、井灶，神而不人者也，不当以人道祀之。然自古圣人亦皆以人道祀之矣。夫茧栗握尺之牛，太羹元酒之味，大路越席之素，瑚琏簠簋之华，天地神祇岂尝食之饮之驱之御之哉？盖在天之声色臭味不可仿佛，姑就人心之慕愿，以致其崇极云尔。若是则城隍庙碑记之作，非为一乡一邑而言，直可探千古礼意矣。董其事者，州同知陈尚志、田廷琳、谭信、郭耀章，诸生陈翠，监生王尔杰、谭宏。其余蠲资助费者甚彩，俟他日摹勒碑阴，寿诸永久，愚亦未敢惜笔墨焉。上元司徒文膏镌。

郑燮对自己撰并书的《新修城隍庙碑记》十分满意，他曾在《刘柳村册子》中写道：

> 潍县城隍庙碑最佳，惜其拓本少尔。

郑燮之所以如此自信，也与他曾打过草稿、反复斟酌密切相关。

从表面看来，《新修城隍庙碑记》是为修筑潍县城隍庙而写，但细品其文，足见郑燮并非真的信仰鬼神，是借修城隍庙之举来顺应习俗，安抚民心，并且在很大程度上，也借此抒发自己对封建统治和神权的愤懑之情。

上古版《郑板桥集》将郑燮撰并书《新修城隍庙碑记》题作《城隍庙碑记》，脱漏"新修"二字；并脱漏文末刻工姓氏"上元司徒文膏镌"。周积寅《郑板桥年谱》在抄录郑燮此碑文中，将"子产曰：'凡此所以为媚也，愚民不媚不信。'然乎！然乎！"误作"子产曰：'凡此所以为媚也，愚民不媚不信。'然乎！然乎！

·郑燮撰并书《新修城隍庙碑记》（拓片）

然乎！"

郑燮此处所谓"横艾涒滩"，指的是古代岁阳纪年法中的壬申年。其中，"横艾"，是十天干中"壬"的别称；"涒滩"，是十二地支中"申"的别称。

"蕤宾"，乃阴历五月的别称。

"上帝"，系指天帝而言。

"玉皇"，乃道教中地位最高、职权最大的神。即所谓昊天金阙至尊玉皇上帝，简称玉帝或玉皇大帝。

"冕旒"，系指古代帝王、诸侯及卿大夫的礼冠。

"衮衮然"，众多的样子。

"齿齿唶唶"，形容城墙垛口排列如齿的模样。

"汤汤汩汩"，形容大水急流的样子。

"十殿之王"，指的是十殿阎王。"阎王"，源自梵文 Yamarāja 的汉译，系印度古神之一。原意为"地狱的统治者"或"幽冥界之王"，谓能判人生前之罪，加以赏罚。中国汉传佛教自唐末始有"十王"的传说。十殿阎王之名分别是：秦广王、初江王、宋帝王、伍官王、阎罗王、变成王、泰山府君（一作泰山王）、平等王、都市王、五道转轮王。因分居地府十殿，故名。后道教也沿用此说。

"刀花、剑树、铜蛇、铁狗、黑风、蒸鬲"，是地狱所用诸种刑具。

子产（？—前522），系春秋时政治家、思想家。姬姓，公孙氏，名侨，字子产，又字子美。谥"成"。古代典籍中通常称其为"子产"，亦称"公孙侨"或"公孙成子"。

"俞"，犹言"然"。表示应允、同意的意思。

"笱簴"，指的是悬挂钟磬的木架。

《曹娥碑》，原系东汉时度尚为"孝女"曹娥所立之碑，上刻诔辞，内容宣扬封建孝道，碑石早已不存。

"盱"，系曹娥父亲之名。

"琴瑟击鼓，以迓田祖"，源自《诗经·小雅·甫田》，原文作"琴瑟击鼓，以御田祖"。而"田祖"，则系古代贵族祭祀的农神。周积寅《郑板桥年谱》在为此所作注⑰，将"祭祀"误作"癸祀"。

"虙羲"，即伏羲氏，一作宓羲、包牺、庖牺、伏戏，亦称牺皇、皇羲。系中国古代神话传说中人类的始祖。"神农"，即传说中农业和医药的发明者。"黄帝"，系传说中中原各族的共同祖先。"尧"，传说中父系氏族社会后期部落联盟领袖。"舜"，尧的继承者。"禹"，舜的继承者。"汤"，商朝的建立者。"文、武"，系指周文王、周武王。

孔子（前551—前479），春秋末期思想家、政治家、教育家，儒家的创始者。

"社稷"，系指古代帝王、诸侯所祭的土神和谷神。"城隍"，道教所传护祐城池之神。"中霤"，土神。"井灶"，古人所祭的井神和灶王。

"茧栗"，形容幼牛角小，也用为幼牛的代称。古代祭祀用牛，以小为贵。《礼记·王制》："祭天地之牛，角茧栗；宗庙之牛，角握。"

"太羹"，指古代祭祀时所用不和五味的肉汁。"元酒"，即玄酒，古代称行祭礼时当酒用的水。

"大路"，同"大辂"，系指古代天子帝王所乘的车驾。班固《东都赋》："大路鸣鸾，容与徘徊。"所谓"越席"，指的是蒲席。

"瑚琏"，系古代宗庙中盛黍稷的祭器。"簠簋"，指的是古代祭祀时用以盛谷物的祭器，方形曰"簠"，圆形曰"簋"。

"神祇"，指的是天地之神。

"州同知"，系清代知州佐官的官名。

"蠲"，通"捐"。

"上元"，指的是今南京。

载有郑燮撰并书《新修城隍庙碑记》的石碑，原立于潍县城隍庙内，后被埋入地下。1962年出土。现陈列在山东潍坊市博物馆"郑板桥纪念堂"前。

潍县城隍庙修复工程竣工时，郑燮还为城隍庙新建戏楼题书两幅匾额和七言对联、十言对联各一。其中一幅匾额写道：

神之听之

板桥郑燮。

另一幅匾额则写道：

惟德是辅

板桥郑燮。

七言对联写的是：

切齿漫嫌前半本，平情只在局终头。

十言对联写的是：

仪凤箫韶，遥想当年节奏；文衣康乐，休夸后代淫哇。

潍县城隍庙经此次修建，拥有戏楼、大门、过厅、大殿、寝宫、厢房及东西两长廊。然经过战火洗礼、岁月流逝，其大门、戏楼及西廊，今已不存。

是年六月，卢见曾序汪士慎《感旧集》。

是年九秋，郑燮作《兰竹石图》，再次于其题记中强调"唯有青山是我家"。其中写道：

· 郑燮《兰竹石图》（拓片）

世间盆盎空栽植，唯有青山是我家。画入悬崖孤绝处，兰花竹叶两相遮。

乾隆壬申九秋，板桥居士郑燮写于北海。

周积寅《郑板桥年谱》将郑燮题记诗中"兰花竹叶两相遮"误作"兰花竹叶两相迟"。

郑燮题记中所谓"北海"，指汉代所设北海郡。当时北海郡治所，在清代潍县（今潍坊市）附近。

是年秋，郑燮作《兰竹菊图》，并在于其上所题诗中，以人们通常称为"四君子"或"四名家"的梅、兰、竹、菊的品性拟人化来自比，以寄托自己当时的情思和胸怀。尽管画面中仅有兰、竹、菊三种，却以"但少春风第一花"句来指代梅花将其补足，构思奇妙，不同凡响。郑燮写道：

· 郑燮《兰竹菊图》

兰梅竹菊四名家，但少春风第一花。寄与东君诸子弟，好将文事夺天葩。

乾隆壬申，板桥郑燮。

是年十月二十五日，是郑燮60岁生日，郑燮撰书自寿长联，以此庆贺。清代梁章钜在《楹联丛话·杂缀》中载录了郑燮所撰的这副六十自寿长联，其句云：

常如作客，何问康宁，但使囊有余钱，瓮有余酿，釜有余粮，取数叶赏心旧纸，放浪吟哦，兴要阔，皮要顽，五官灵动胜千官，过到六旬犹少；

　　定欲成仙，空生烦恼，只令耳无俗声，眼无俗物，胸无俗事，将几枝随意新花，纵横穿插，睡得迟，起得早，一日清闲似两日，算来百岁已多。

郑燮在联句中将自己期许的未来日常生活状态描写得平淡无奇，看似要求不高，然一个人若想真正做到"耳无俗声，眼无俗物，胸无俗事"，绝非易事。

是年十二月，李鱓寓崇川（今南通）西寺。

以上所述，基本上系根据文献资料中记载的具体年月时间而论的。不过，有些事情由于文献资料中具体时间记载缺失，只好将与郑燮相关的那些具体年月不明的事例，插记此处。

中国古代的知县，既是负责管理县境之内包括税收、社会治安、基础建设等一切事务的行政官，也是负责审理民事和刑事诉讼审判的司法官。也就是说，凡是涉及钱粮刑名以及诉讼、审案之事，皆由知县负责。

当时一般县衙的办公经费十分有限，经常入不敷出、捉襟见肘。地处北方的潍县，冬天衙署冷似冰窟，却无钱购买柴薪煤炭生火取暖，只能靠晴日南窗透入的阳光稍微暖和一下。有时，日常办公用纸也买不起，郑燮只能将自己所作诗文书写在诉状末尾的空白之处。郑燮对此曾在《署中无纸书状尾数十与佛上人》中写道：

　　闲书状尾与山僧，乱纸荒麻叠几层。最爱一窗晴日照，老夫衙署冷于冰。

郑燮在潍县知县任上断案时，每每根据审阅诉状和审理情况，于诉状前页或诉状末尾空白之处随手写上自己对此案的批示意见。窃以为，书者，抒也。书法，其实是一个人内心世界的外在真实反映，此即人们常说的所谓"书为心画"。郑燮看完状纸之后的思想情绪波动，都会真实地反映在他写的这些批示上。有些文字果断遒劲，有些则从容娟秀。读者透过郑燮书写的这些批示的笔情墨意，约略可以窥见郑燮在处理案件中的理念及其思想。倘若将其作为书法艺术来欣赏，应该也别具风味。尽管这些批示文字不长，或仅有只言片语，亦足可珍贵。

由于郑燮的继任者或于县衙管理文书档案的衙役酷爱郑燮书法墨迹，便在郑燮离任后，将郑燮信手书写在诉状上的那些字迹大小不等、字数多少长短不一、于行楷中参以草书隶书笔意的批示，偷偷剪裁下来装潢成册，私自收藏。后来随着岁月流逝、人事更迭，这些由个人收藏的郑燮批示墨迹册子，散落坊间，辗转由博物馆和私人收藏。据现有的文献资料看,流传至今的共有五册,分别由故宫博物院和中国历史博物馆(现中国国家博物馆)以及李一氓、林熊光、高象九等人收藏。

李一氓在其所编的《郑板桥判牍》中,依次载录了由李一氓、中国历史博物馆(现中国国家博物馆)、故宫博物院、日人辻本氏等收藏的郑燮判牍四种墨迹图片及其释文。

山东省文物局和潍坊地区出版办公室合编的《郑板桥书画》,将高象九收藏的郑板桥墨迹一种一册以"呈批"为名刊录,并附有墨迹图片和释文。

周积寅《郑板桥年谱》中,依次载录了由故宫博物院、中国历史博物馆(现中国国家博物馆)、李一氓、高象九、日人辻本氏等收藏的郑燮判牍五种。并沿袭了李一氓将其称为"判牍"的说法。

卞孝萱《郑板桥全集》(增补本),则将郑燮的这些批示称为"判词",并依次载录了由中国历史博物馆(现中国国家博物馆)和李一氓、高象九、日人辻本氏等人收藏的郑燮判词四种。

这里需要说明的是,我在李一氓编《郑板桥判牍》中称系由日人辻本氏收藏的郑燮判牍图片中发现,是册文末还附有收藏者一则跋记。其中写道:"是册乃集板桥先生令潍县时手批讼状墨迹,中有一条云:'衙门不比菜园(以墨点去"奈何"二字)未便出入由尔。不准。'足见先生之风趣也。戊子七月朗庵得于日京并誌。"该跋记后盖有"林熊光印"小字阴文印和"曾藏宝宋室"阳文印各一枚。

这则跋记的文字,我看并不像日本人所写。后经查询得知,所谓"朗庵",乃台湾著名收藏家林熊光之字,"宝宋室"乃林熊光斋馆号。林熊光(1897—1971),字朗庵,台湾板桥林家后裔。1923年毕业于东京帝大经济系,创办大成火灾海上保险株式会社。20世纪30年代居住日本经商,直至1945年台湾光复后才返回台湾。林熊光精鉴赏,富收藏。其"宝宋室"之号,即源自其所藏宋代徐熙《蝉蝶图》、米友仁《江上图》、李公麟《春宴图》以及燕文贵《夏山行旅图》等画作。著有《宝宋室笔记》。林熊光这则跋记中所谓"戊子",系指1948年。由此可见,李一氓在1985年编《郑板桥判牍》时,他所谓由日人辻本氏收藏的这册郑燮判牍,其实早在1948年7月就已经转归台湾林熊光收藏了。若按常理,李一氓在看到林熊光于是册末尾所作收藏跋记之后,于其所编的《郑板桥判牍》中,应该将是册改作由台湾林熊光

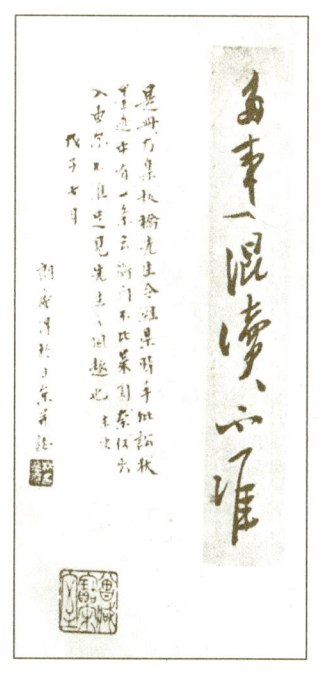

• 李一氓《郑板桥判牍》文末所附林熊光《收藏跋记》

收藏才是。然令人遗憾的是，不知李一氓究竟出于何种原因却没有这样做。而且周积寅《郑板桥年谱》和卞孝萱《郑板桥全集》（增补本），也沿袭了李一氓将是册判牍归由日人辻本氏收藏的这种说法。

基于上述，本书采用是册由林熊光收藏予以表述。

除此之外，将郑燮这些书写在状纸上的文字称作"判牍"或者"判词"，我觉得颇为不妥。郑燮在状纸上书写的这些文字，皆系上级采用书面文字对下级下达的指示意见，况且郑燮多次书写"改嫁听尔自便，何得混请批示？不准""昨已明白批示，不得多渎""前已批示，何必再渎""已于刘玉梅词内批示矣""昨已明白批示，不得倚妇人混渎"这样的话，窃以为将其称为"批示"比较合宜，因此本书统一采用"批示"的说法。

审理民事、刑事诉讼案件，是当时知县日常工作中的重要事项。眼下无法看到诉状原件，但通过郑燮的批示，足以窥测当时引发诉讼的主要问题，诸如田产买卖、婚嫁彩礼、过继承嗣、偷盗诈赃、盗嫁改嫁、同室操戈、恃强逞凶、架捏刁卖、勒索财物、借端生事、口角是非、欠钱还债、擅伐祖茔坟树等。郑燮在处理这些诉讼时的具体做法及其判案思想亦可见一斑。

这些兼具书法美学和宝贵史料双重价值的批示，多数人难得一见，因此这里将郑燮所书五种批示墨迹文字内容抄录于下，供读者参考。对于周积寅《郑板桥年谱》、卞孝萱《郑板桥全集》（增补本）以及李一氓《郑板桥判牍》在载录郑燮这些批示时，所存在诸如条序颠倒、字词倒错以及句读不当之处，据意径改，并在相关图册文末予以注明；对于文中一些如今比较少见且难以理解的语句词汇，也在文末予以注释。

一、故宫博物院藏郑燮批示墨迹图册。

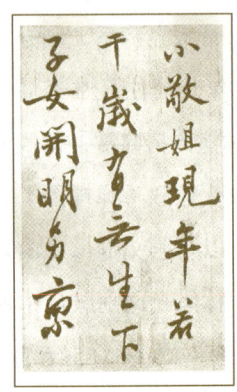 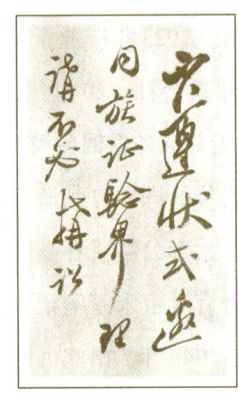 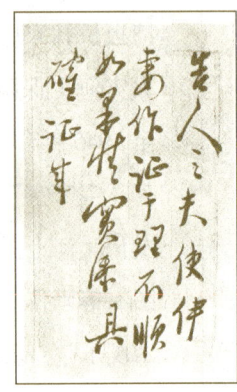 

· 故宫博物院藏郑燮批示墨迹图册中的部分图片

故宫博物院藏郑燮批示墨迹图册中的文字内容如下：

又无代书图记，不准。

着原差齐人。

过冬至禀审，前已批示，何必再渎。

准暂关复，仍着尔将刘氏访确，禀县关发准结。

仍着尔等将刘氏访查，禀县关发。

小敬姐现年若干岁？有无生下子女？开明另禀。

业经停借，毋庸再渎。

仍着原议事人调处。如再不服禀究。

不遵状式，邀同族证验界理讲，不必构讼。

准诉，契发还，临审带来。着原差即日带人审。

查册无名无凭，发给。

着孙文智等三日内具复，如迟拘究。是否实情，原议事人秉公复夺。

准给粥。

俟缉获张二建到案齐审，票准暂销。

着即多拨乡夫尽力扑捕，仍候亲打。

告人之夫，使伊妻作证，于理不顺。如果情实，添具确证来。

准俟商道人质对。

邀同原议人理讲可也。

官民草洼自有界限，何得混耳争夺。着约地查复。

准领销案。

既经张大河等说过各半分钱，只合同众理讨，不合牵伊牲畜。不必存案。

如果盗典情实，添具干证来。

既据地土俱已清楚，从宽准恩，着具。

两造遵依备查，执批催处于晓等，毋得诿延，致于未便。

孙有初等秉公理处复。

得凤诈赃属实，自应究追。

尔父欲卖地救饥，何得架词阻当。

量斗于集何损，况协同殷实人量，更无弊窦，杨姓何得借词。滋准照原词拘讯。

准麦后拘讯。

□□□博，只合呈告本人，不得意株连，着据实呈夺。

尔一人不足为据，着同约邻等来复。

本县不忍尔等同室操戈，批令族长支众理处。乃抗违不理，可恶已极，准拘究。

既据牛已赔讫，着具遵依领状，销案可也。

据毕英平时无不孝之处，着毕奉主具，免究。呈词销。

该族长协同词证邻佑确查理处复，不得遍徇，迟延验讯。何该地无有呈报？

种地理应完粮，既系同族，着词证确查理处复。

原批约邻同丁怀仁等确查□（后），当堂讯息可也。

生即回家安业可也。

亦无多收钱文，虽禀亦与尔无损。

林氏既送昌邑母家，即在彼居住可也。

遵依附卷，家法处治从宽，准息。

准拨医调治，□未便准息，候讯夺。

□□量计所得用钱仍给元亮，曷若仍着元亮量计，照旧收用，省得雇人滋事。

尔欲卖地救饥，他人焉能阻当，应听尔售卖，不必控。

词证秉公确查理处复，携归输则出首，均非善类，准一并拘究。

既投税规已缴，即缮记。

着原中催楚，如违禀追。

王镇业经赔礼，又原差即齐人审。

赌博，着原差即日审。

准限五日缴完，着中幕审。

候讯详，不必多渎，邑赴彼控理可也。

册结必须彼处开造未便，银先行缴库，即准保。

□宽准息，如再有欺压弊，唯息人是问。

是否盗嫁情实，抑系分财礼不均？仰该约地协同干证确查复。

尔与郭氏是否亲叔嫂？另呈夺。

已经赈济，其外出来归不可考究，不准。

仍着尔邀人理处。

改嫁听尔自便，何得混请批示？不准。

着词证查明理处，并催尚敦、小黑呈缴批文。

口角吵邀证理讲，不必架词捏渎。

不曾开讼，仍然不准。

尔管业七年，彼不来赎，何必急急。

着将串票呈验夺。

候族证查处，不必捏词耸渎。

着尔查明，速催遵谕帮贴可也。

既有议单，可据自邀原议事人理说，不必控。

着将继单仍送，用印可也。

过墨甚于过朱，合同发还。

既系同族邻居，业经和好，从宽。准息。

尔系生员，族人尊敬，只以情理催众人调处可也。

据云不肯偏袒，其实偏袒之至，武秀才之不堪，如是而已。

着词证再为理处，罗尚行等。毋得抗违干咎。

已于刘会复词内批之重处矣。

着原差立速带案，取保辜调治。

准保辜存案。

着将尔卖给某人地若干，应过粮若干，□□若干，逐一查明，另禀夺。

田产细事停讼，不准。

自邀族众理丈立界可也。

着原差齐人审。

既有子女，又有祖茔，何得埋于乱岗？但是否情实，该约地确查复。

既系公伙坟树，准变卖度活。

当堂查卷禀明，且遵依销案。

仰族长协同词证确查理处复。

钱债细务停讼，不准。

昨已明白批示，不必多渎。

着同两造词证来复。

该房查禀，核夺。

词证确查实复。

既有原媒，何得混赖？即着李明方、许本生来复。

事隔久远，又无中人，混渎不准。

钱债细务，不得架词耸渎，可恶！不准。

李一氓《郑板桥判牍》和周积寅《郑板桥年谱》，皆将其中"自邀族众理丈立界可也"

条中的"丈"误作"文"。

二、中国历史博物馆（现中国国家博物馆）藏郑燮批示墨迹图册。

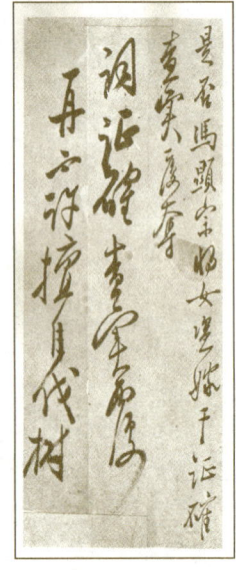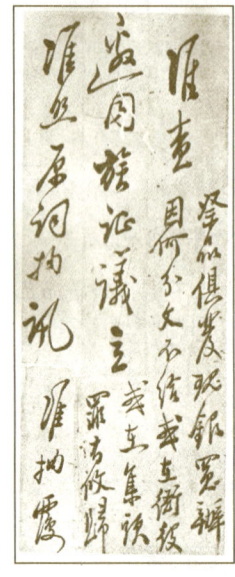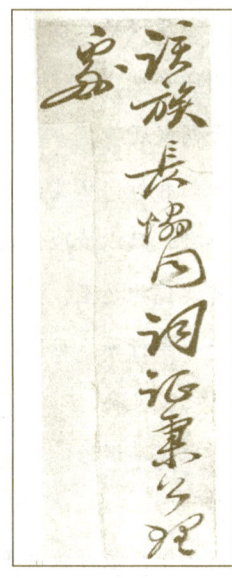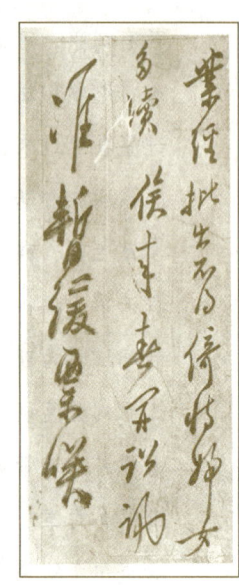

· 中国历史博物馆藏郑燮批示墨迹图册中的部分图片

中国历史博物馆藏郑燮批示墨迹图册中的文字内容如下：

着亲族遵批即日议复。如再抗延，先拘重责。

该族长、词证秉公调处，速复。

着原差免押，听尔自由。临审到案可也。

王延美有无恃强逼凶，该地保复夺。

着原差齐犯审。

附卷。仍俟尔父病愈，即行寻找。毋迟。

道远果否买货外出，着地邻查明，结复。

既于四月二十四日传柬，何早不具控？尔子不在家又不将婚书呈验，凭何察核？不准。

仰词证官中确查理处，复。

莫听谗言，静候谕处。

是否冯显宗将女盗嫁，干证确查实，复夺。

词证确查实，复。

再不许擅自伐树。

准息销案，如再反复，按名拘责。

已批王林氏词内矣。

张宗周准免到案。

准查。祭品俱发现银买办，因何分文不给？或在衙役，或在集头，罪有攸归。

邀同族证议立。

准照原词拘讯。

准拘复。

业经批出，不得倚恃妇女多渎。

俟来春开讼讯。

准暂缓票唤。

王廷美等有无恃强逞凶，词未声明，混复不准。

既据众人调处，以地换地，各立界石，准息销案，遵依附卷。合同发。

十六日开仓。

查典买田宅不税契者，笞五十；仍追契内价钱一半入官。不过割者，其田入官。今该生隐匿多年，被人首告，理应详革究拟，姑从宽，着持契当堂验税，薄罚可也。

该族长协同词证秉公理处。

卞孝萱《郑板桥全集》（增补本）将其中"仰词证官中确查理处，复"和"莫听谗言，静候谕处"两条，误并为一条。

周积寅《郑板桥年谱》将其中"准查。祭品俱发现银买办，因何分文不给？或在衙役，或在集头，罪有攸归"条，误作"祭品俱发现银买办，准查。因何分文不给？或在衙役，或在集头，罪有攸归。准拘复"。实际上，"准拘复"应该是其后单列一条者。卞孝萱《郑板桥全集》（增补本）将此条作"准查祭品，俱发现银买办，因何分文不给？或在衙役，或在集头，罪有攸归"。窃以为，从李一氓《郑板桥判牍》影印墨迹图片痕迹来看，此条似应以"准查。祭品俱发现银买办，因何分文不给？或在衙役，或在集头，罪有攸归"为是。

卞孝萱《郑板桥全集》（增补本）将其中"邀同族证议立"和"准照原词拘讯"这两条误并为一条。

周积寅《郑板桥年谱》，漏脱其中"准拘复"条。

三、李一氓藏郑燮批示墨迹图册。

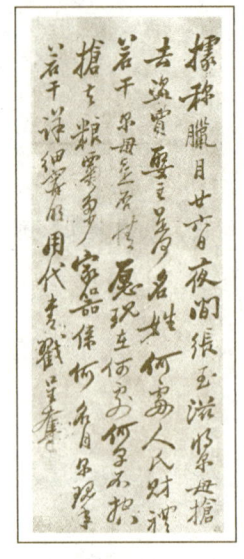 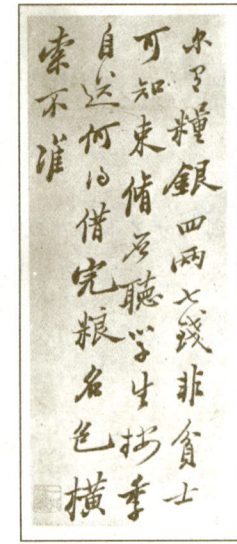 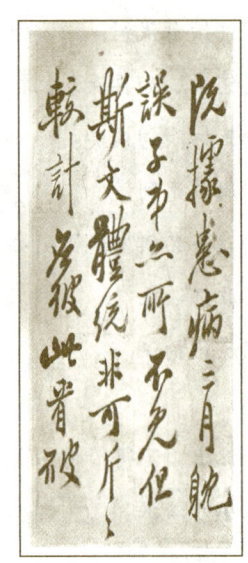

·李一氓藏郑燮批示墨迹图册中的部分图片

李一氓藏郑燮批示墨迹图册中的文字内容如下：

郑生瑞等果将粮食、器具私载潜逃，该庄何止尔一人呈控？明有别情，不将实情说出，不准。

据称王小胖出外五年不归，究在何处？作何生理？有无音信？夫妇大伦未便因贫而废。着王振先同原媒据实复夺。

既据地已退还，情愿息结，准具遵依销案。

既于五月十三日逃走，何至今始来递字？明有别情，姑准存案，仍一面找寻，务获具禀。

同堂兄弟视为仇雠，无怪乎于茂勉之不理于尔也。仍自央人理说。

妇必恋夫，尔子相待果好，焉肯私赵氏自归家？应着尔子以礼去唤，不必控。

既系坟地，又经告争用贵价赎回，未便绝卖。但系荒年救急，应着崔凤彩认还一切使费并契钱价，放赎可耳。

既有一段大义，何男人悉皆昏昧，惟借一年老妇人出控？着该族支众据实呈夺。

据词已悉，秋后起埋祖茔可也。原词注销。

陈氏虽经改嫁，小丑律应归宗，何时藉词悔赖！不准。

张复举在伊地内使土，且离尔坟尚远，不便告阻，至复举盖屋，如果侵占尔地尺余，自邀约地，原中理讲，丈退可也。

屡批词证理处，乃抗延不理，是否唐贞违拗，抑系词证搁置不理？准拘词证复夺。

阴雨连绵，水淹到处都有。所称潘儿庄挑筑新堤与尔庄妨碍，何不早禀，至今日水淹始控乎？况尔庄八十余家独尔一人出头，明系挟嫌借端生事。不准。

牟兆珏于牟昌吉过继兆仁之时，何不出而理阻？至今三十余年，突欲告争，无此情理，不必过虑。

据称腊月廿六日夜间，张玉滋将尔母抢去盗卖，娶主是何名姓？何处人氏？财礼若干？尔母是否情愿？现在何处？何早不控？抢去粮粟多少？家器系何名目？尔现年若干？详细开明，用代书戳呈夺。

谭氏究因何故自经？恐吓词内情节是否确实？抑该族长、约地、甲邻秉公确查，复夺。

树已清楚，从宽准息，仍具两造遵依备案。

王朴庵被王六戮伤身死，尔将其全家兄弟人等悉行告上，已拖死王奋荐一人。王六叠夹几次未得真情。现去严审，刑房理当伺候，有何偏袒？从来杀人者死，一人一抵，有何徇纵之处？因该犯病未痊愈，不能招解，何得听信讼师倚恃尸亲，屡行刁渎？凛之慎之。

因富姐已嫁，批令媒调处查复，今反逃匿不出，可恶已极！准拘讯。

郎氏因无嗣而嫁，又有母家主婚，便非苟合，明系不得分财礼，借词渎控。既无干证，又无代书状图记，不准。

庙系合庄有分，何止尔一人具控？应自邀集庄众并议，不必多事。

过嗣有一定之例，先尽同父周亲，次及大功、小功、缌麻。尔系何等服制？是否应继？自邀该族长、支众、亲邻秉公议继，不必控。

即着尔等协同族众，查应继人，议继可耳。

既系服弟，坟树已经伐空，应邀族长、尊亲，以家法处之可也。

婚姻大事全凭聘礼，虽寸丝尺布，皆可为据。若止换盅、注束，未便即指为红定之盟也。不准。

李氏既已改适，覆水难收，所有遗产应着继子承受。不遵，另禀。

既据李之兰等承认赔树筑坟,今因何翻悔不修?着将原由据实开明,禀夺。

马显出卖林树,与韩四何涉?遽行拦阻,其中必非无因。着尔等再行确查,据实声明,另行复夺。

张氏于何月日改适?既于四月不家,何早不传问?管姓何名?究系何人使钱?着详晰开明呈夺。

既系四房公树,业经出伐,时值封印,着自邀各房长、支众,以理谕处。

尔于前七月廿三日,将董景姐托侯氏寻主雇工,若不说明,雇主焉肯交人领去?据称二十五日即去要人,已云送归,如果无人,何当不呈控?既云私贩卖出,又云推诿支吾,呈词含混又无干证,不准。

所称聘礼八千、银簪、绸衫曾否收下?着再复夺。

孀居寡媳应善为抚恤,何得纵子逼嫁?姑从宽准息,再犯倍处。

李氏如果守贞,岂肯改适?今成亲一月,告亦何益?无非为财礼起见,着词证确查理处。

尔既相帮在前,再帮其将母柩出殡可耳。

尔宅卖与李小好,系何人作中?果否李斌等分肥?着词证据实禀,复夺。

尔被孙万年等毒打,受伤何处?未据声明,自是节外生枝。不准。

尔有粮银四两七钱,非贫士可知。束修应听学生按季自送,何得借完粮名色横索?不准。

准拨医保外调治,仍查传的属保领。

尔既不知地被人种去,又何知是赌账准折?刁词可恶!但是否坟地出典,词证确查复夺。

所粘并非合同,且字迹新鲜,未足为据。应自邀人理说。

既据小起出外仅十八月,两有信音,并未身死。业经伊父赴黄村去叫,应俟回日完姻,徐思恭不得借词滋事。原词注销。

尔果情愿守贞,李明山何敢强嫁?准存案。

所称祖茔,系尔何人?李成臻等是否有分?白杨系何年月盗卖?开明另禀。

既据调处,从宽准息,仍取两造遵依备案。

既据张则荣之子昭穆不对,着族长、词证等将小二用议立可也。

如果年限未满,地种麦禾,自不肯放赎。但是否勒霸,干证确查实复。

既据刘显得次子刘小卜系应继,刘长生不得阻挠。即着尔等公同议立可也。

张凤池究系何人？想亦奉先自写自递，乱闹官牙，可恶之至！不准。

既据患病三月，耽误子弟亦所不免，但斯文体统非可斤斤较计，应彼此看破。师道固所当尊，友谊亦不可不笃。准息销案。

词证协同公亲查处复。遵依存案。

准开印日拘讯。

照准旧充头。

准换文申送。

着礼房出票。

卅日，听之。

从宽准息。

遵依附卷。

准据词关复。

准结附卷。

遵依附卷。

准存案官中理交，不得借词人实禀。附卷候讯。

果不交价，自应理讨。十千而外，尔无望也。词证查复。

着宋交关查。至地亩粮食，自行取讨。准诉，候讯夺。

俟全退日禀夺。

准拘割完粮禀复夺。

尊依附卷。既奉批查，焉敢徇私。应俟覆到夺。准候复夺。不必捏渎于孟大对词内批示矣。昨已明白批示，不得多渎。

私宰奉禁，那得牛行贴？并本县捐廉买牛致祭可耳。

各集贴，并非可为例，嗣后每逢祭期公平买卖可也。仍不准。约地干证查处复。

尔既遭丧，便不合与人争讼，仍着徐日诚调处可耳。

虽据同中契买，着将后买五分坟地以原价放赎可也。

矢志守节，甚属可嘉，准据禀批照收执可也。

尔女十五，婿年二十岁，年甲未为不当，亦难审断分拆，业经做亲，应成连理。彼此当堂具。销案。（花押）

查阅合同，有不许栋与族人（耀先）伤折一枝，则尔未便砍卖。（木匠斧锛等器尚在吴耀先手）尔果贫穷，应自央该族人量为周给。

既有合同，应邀原议事人理说，何必控？仍着尔等协同各房支众秉公理处复。

张惠背议归宗,是何情故?着族证查明确复。继单暂存。

张惠反变,必非无因。着声明实复,不得含糊混渎。

着该地邻确查,秉公据复。是否属实,再行禀夺。着仍管行头,如有抗违者,重责。

是否词证?确查处复。

卞孝萱《郑板桥全集》(增补本)将"妇必恋夫,尔子相待果好,焉肯私赵氏自归家?应着尔子以礼去唤,不必控"条中"焉肯"误作"尔肯"。周积寅《郑板桥年谱》和卞孝萱《郑板桥全集》(增补本)此条中皆脱漏"赵氏"二字。

周积寅《郑板桥年谱》和卞孝萱《郑板桥全集》(增补本),皆将"既系坟地,又经告争用贵价赎回,未便绝卖。但系荒年救急,应着崔凤彩认还一切使费并契钱价,放赎可耳"条中的"并契钱价",作"并□契钱□价"。

"张复举在伊地内使土……自邀约地……"条中所谓"约地",本指乡村而言,这里指乡邻长者耆宿。清代黄六鸿《福惠全书·教养·耕读上谕》:"今之约地乡耆,市井庸鄙以充也。"

周积寅《郑板桥年谱》和卞孝萱《郑板桥全集》(增补本),皆将其中"阴雨连绵……不准"和"牟兆珏于牟昌吉过继兆仁之时……不必过虑"这两条次序互为颠倒。

周积寅《郑板桥年谱》将其中"据称腊月廿六日夜间……用代书戳呈夺"条中的"戳"误作"戮"。

"树已清楚,从宽准息,仍具两造遵依备案"条中所谓"两造",指诉讼双方当事人,即原告和被告。

周积寅《郑板桥年谱》和卞孝萱《郑板桥全集》(增补本),皆将"王朴庵被王六戮伤身死……已拖死王奋荐一人……现去严审……凛之慎之"条中"王奋荐"误作"王奋笃";皆将"现去严审"误作"现在严审"。

卞孝萱《郑板桥全集》(增补本)将"因富姐已嫁,批令媒调处查复……准拘讯"条中"批令"误作"抵令"。

"婚姻大事全凭聘礼,虽寸丝尺布,皆可为据。若止换盅、注柬……不准"条中"换盅、注柬",皆指定亲仪式中的行为。

卞孝萱《郑板桥全集》(增补本),将"张氏于何月日改适……何早不俟问?"条中"何早不俟问"误作"何早不唤回"。

"既系四房公树,业经出伐,时值封印……以理谕处"条中所谓"封印",指的是旧时官府衙门在农历腊月末将代表权力和地位的印绶封存起来,暂停办公的仪式。

"准开印日拘讯"条中所谓"开印",指的是旧时官府衙门在农历年底封印,于次年正月启封印绶,正常办公理政的典礼仪式。清代富察敦崇《燕京岁时记·开印》载:"约于正月十九、二十、二十一三天之内择吉日吉时,先行知照。朝服行礼。开印之后,则照常办事矣。"

卞孝萱《郑板桥全集》(增补本)将"尔于前七月廿三日,将董景姐托侯氏寻主雇工……不准"条中"雇工"误作"雇□工"。

卞孝萱《郑板桥全集》(增补本)将"卅日,听之"条误作"初三",并漏脱"听之"二字。

"尊依附卷。既奉批查,焉敢徇私。应俟覆到夺。准候复夺。不必捏渎于孟大对词内批示矣。昨已明白批示,不得多渎"条后,有陈介祺于光绪四年戊寅(1878)九月十二日所作跋语:"板桥先生,以文章之秀,发于政事,吾邑贤令尹也。片纸只字,人皆珍之。四方亦于潍求之,遂日少矣。此批牍十一幅,亦将入历。以余所知,附题数语。田间归来,视卅年前或少亲切耳。陈介祺,光绪戊寅九月十二日。"除此之外,陈介祺还于此图册多条中添加跋语批记。详见后文。

陈介祺于"私宰奉禁,那得牛行贴?并本县捐廉买牛致祭可耳"条后作批记跋语:"好心如此。祭时,神或歆之。"

周积寅《郑板桥年谱》将此条中"私宰奉禁"误作"私宰致禁"。

陈介祺于"各集贴,并非可为例,嗣后每逢祭期公平买卖可也。仍不准。约地干证查处复"条后作批记跋语:"稽而不征,方不扰民而各得其所。"

陈介祺于"尔既遭丧,便不合与人争讼,仍着徐日诚调处可耳"条后作批记跋语:"衰绖入公门,大干教化,调处轻矣。"

陈介祺于"虽据同中契买,着将后买五分坟地以原价放赎可也"条后批记跋语:"原直准赎先陇,仁人孝子止推恩矣。"

从李一氓《郑板桥判牍》图片来看,陈介祺于"矢志守节,甚属可嘉,准据禀批照收执可也"有两条批记。此条前:"使君自有妇,罗敷自有夫。余常谓有《三百》古义,化行俗美,方能不妒不淫。"此条后:"此等处一不循理,则孽由我作矣。"

周积寅《郑板桥年谱》和卞孝萱《郑板桥全集》(增补本),皆将陈介祺批记列在此条之后。

陈介祺于"尔女十五,婿年二十岁,年甲未为不当,亦难审断分拆,业经做亲,应成连理。彼此当堂具。销案。(花押)"条后批记:"户昏田土不能公允,则酿大案而入刑名。教化风俗阴骘,俱存乎此。刑则法不可枉,不可纵而已。""刑期无刑,辟以止辟,圣人所以杀人而当谓之仁也。"

陈介祺于"查阅合同,有不许栋与族人(耀先)伤折一枝,则尔未便砍卖……尔果贫穷……应自央该族人量为周给"条后批记:"思人犹爱其树,况先陇之松楸乎!"

李一氓《郑板桥判牍》将此条释文中"应自央"误作"应央"。卞孝萱《郑板桥全集》(增补本)将此条中"不许栋"误作"不许楝"。

陈介祺于"张惠背议归宗,是何情故?着族证查明确复。继单暂存"条后批记:"归宗自是大义,兼祧或可两全。"

李一氓于自己收藏郑燮批示墨迹图册后题记云:"有陈介祺跋语之三叶,乃系后得,因重装添入册末。前者得之济南,后者得之京市,要均板桥知潍时所作之判牍也。一氓记。"

四、台湾林熊光藏郑燮批示墨迹图册。

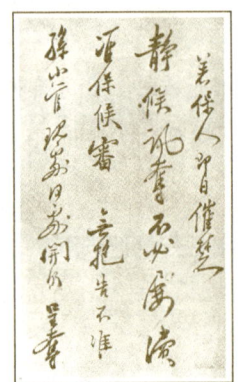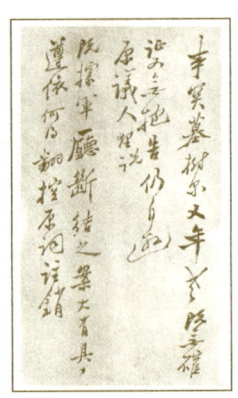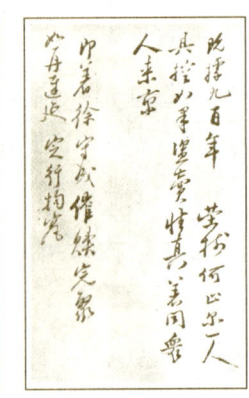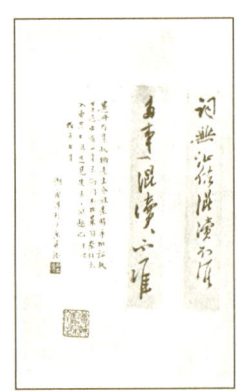

· 台湾林熊光藏郑燮批示墨迹图册中的部分图片

台湾林熊光藏郑燮批示墨迹图册文字内容如下:

尔系安邱审定贩稍解回安插,何得架词混渎。不准。

祖茔树木,既系范有先偷卖,尔应向有先查究,何得罪及买主?混渎。不准。

准拘尔子董小四到案责究。

赌账毫无据证,借首子以告人,刁健。不准。

已考取,现在足用,不准具认。

当卖地价是否偿还赌债,事隔多年已无确据,明系架捏刁卖。不准。

着保人即日催楚。

静候讯夺,不必屡渎。

准保候审。

无抱告,不准。

孙小管现处何处？开明呈夺。

事关墓树，尔又年老，既无确证，又无抱告，仍自邀原议人理说。

既据军厅断结之案，大有具□遵依，何得翻控。原词注销。

案已据陈悉白等调处，廷珂贫窘无聊，止有地一亩与尔抵麦价，批允照议归结，曾否给过，未据开日具明。着详晰开明呈夺。

王锡之子既不合继，即邀族众公议另继可也。

既据九百年茔树，何止尔一人具控？如果盗卖情真，着同众人来禀。

即着徐守成催赎完聚。如再迟延，定行拘究。

放火有何确据，呈未声明，代书又无戳记。不准。

完粮例有定限，何得混请暂缓。不准。

事隔年远，混渎。不准。

王句既未卜葬，着王永昌、王永富公同料理出殡，不必卖地。

如果理说，何致被殴。明有别情含糊。不准。

果系尔子带去之产，尔子身死，理应给还，着原议人公同讨回可也。

王氏果欲守节，二十日嫁娶，即应喊鸣地邻禀究，何迟今始控，明有别情。不准。

孙玉梅率子逞凶，如果属实，因何延至半月始行告理。明系架捏混渎。不准。

仓内并无可借之谷，不准。册发还。

已经关查，俟复到日夺。

立继以安贞妇，未便延缓。

地土细事，停讼。不准。

当堂具有呈状，焉有不给之理。明系捏词。不准。

该族长协同词证秉公议应嗣人，理处复。

既据有地二顷五十亩，尚谓之穷人乎？不准。

有无应继之人，当堂一讯即明，何必又息，以滋反复。

尔既系族长，即查照批词，着为处置。

骂亦所应得，听之而已。只不与较可也。

有无字帖确据，并不声明。不准。

时值停忙，邀同族证，自向理讲可也。

俟范守成与杜下武和好，还票可耳。

既据调处已妥，着张牟氏具领销案。

已于刘玉梅词内批示矣。

准讯究，仍着将尔父伤痕加谨医痊报查，起获凶刀贮库。

仁居二次许给钱文，不过悯尔之孤苦耳。不得援以为据。仍不准。

虽据当日说明，但尚严钱未交清，似难退业。仍协同高凤催尚严还钱出屋可也。

杨滋乏嗣，过继永休，所遗田产，应归承受，非尔所得觊觎也。妄控。不准。

查勘该社并未被灾。不准。

事关婚姻，应该到案。

俟寿光县主回署关催。

种地理应完粮，准拘纳。

再等三月可也，自今日为始。

该房查卷送阅。

既据原有古路可由，又系一家，着词证以情理调处。

果系尔子所卖之产，周参何敢凭空霸伐？明有别情。不准。

已经关查，俟复到日夺。

俟两造干证复到夺。

果有盗卖霸产情事，自有小领具控。仍不准。

吕小来现年若干岁？既于二月间拐物潜逃，何早不呈控？尔果以情理取讨，吕永杰岂有将尔殴打之理。明有别情不说，不准。

尔妻被马旺拐卖，如果属实，因何延至数载始行控究？其中明有别情，混渎。不准。

尔系当堂承认还钱之人，仍应尔还，不得混延。

籴谷已停，如何添得。不准。

衙门不比菜园，未便出入由尔。不准。

尔既代为说合借钱是实，速为催楚，毋致兴讼。

准该生代父听审。

明系推诿。不准。

既无见证，混渎。不准。

尔夫在寿光身死，业经验明通报，何须卖宅告状。史宏才是尔夫兄，是否分居，并卖宅与何人，是何月日，一并声明具禀。

岳超文原系半子过嗣，即另继，超文尚有一半家资，何至无人养活。谎词。不准。

既据原议人皆故，凭何查断。应自邀族众亲邻理说，不必控。

养子原不可逐，但视其人贤否耳。既修旧好，准息。

告状不许过四名，何得混牵多人。候讯夺。

所拾字迹究系何人写掷，现在毫无证据，而欲令日辉受害乎？不准。

欠钱嗔赌博，无据混渎。不准。

伐树救饥，无大不是。但系祖茔，应同众说明。

尔果欲守贞，谁敢强尔改嫁。仰族长乡地邻佑查察报究。

该社无灾，又想增户，不足之心可恶。不准。

□侄出外，并未死亡，何得议□混渎。不准。

既无干证，又无抱告。不准。

赌账欠钱，何不当时举首。迄今无赌具赌证而欲捏告乎？抢豆之故，明有别情。不准。

尔子卖产花消，妄首子侄，与蒋尔尔洪等何罪？突行牵告，甚属可恶。不准。

盗卖茔地，罪在尔子，何得以通同等语混行牵告？刁渎。不准。

如果诈钱情实，例应犯事地方控告，不得越渎。仍不准。

或有欠租情事，非霸产也。方得时雨，人各自新，何苦退地。不准。

是否患病情实，该邻□确查复。

既无干证，又不遵式。不准。

词无证佐，混渎。不准。

多事，混渎。不准。

卞孝萱《郑板桥全集》（增补本）于"当卖地价是否偿还赌债，事隔多年已无确据，明系架捏刁卖。不准"条下插记四条，显系将后来者混入。详见后文。

"无抱告，不准"条中所谓"抱告"，系指原告委托亲属或家人代理出庭。清制，现任官员或宗室觉罗女性遇事控诉，得委任亲属或仆人代表出庭。

卞孝萱《郑板桥全集》（增补本）于"案已据陈悉白等调处……着详晰开明呈夺"条开头"案"字前添加一个□。

周积寅《郑板桥年谱》将"王锡之子既不合继……另继可也"条中"王锡"误作"王钖"。

卞孝萱《郑板桥全集》（增补本）于"果系尔子带去之产……着原议人公同讨回可也"条下加编者注："此条以上，据影印本校改排印本之错、漏字。此条以下，无影印本，只据排印本。"

周积寅《郑板桥年谱》将"尔既系族长，即查照批词，着为处置"条中"着为处置"误作"差为处置"。

卞孝萱《郑板桥全集》（增补本）将"时值停忙，邀同族证，自向理讲可也"条中"自向理讲可也"作"自向□理讲可也"。

李一氓《郑板桥判牍》将"仁居二次许给钱文……仍不准"条中"仁居"作"□居"。

卞孝萱《郑板桥全集》(增补本)将"事关婚姻,应该到案"条中"应该到案"误作"应须到案"。

周积寅《郑板桥年谱》将"再等三月可也,自今日为始"和"该房查卷送阅"两条,并为一条。

李一氓《郑板桥判牍》将"果有盗卖霸产情事,自有小领具控。仍不准"条中"小领"作"小□"。

卞孝萱《郑板桥全集》(增补本)将"籴谷已停,如何添得。不准"条中"籴谷"误作"粜谷"。

周积寅《郑板桥年谱》将"尔夫在寿光身死……是何月日,一并声明具禀"条中"是何月日"误作"是何日月"。

卞孝萱《郑板桥全集》(增补本)将"岳超文原系半子过嗣,即另继,超文尚有一半家资,何至无人养活。谎词。不准"条误作"岳超元原系半子过嗣,即另继超文,尚有一半家资,何至无人养活?谎词。不准"。

李一氓《郑板桥判牍》将"既据原议人皆故……不必控"条中"既据原议人皆故"作"□据原议人皆故"。

周积寅《郑板桥年谱》和卞孝萱《郑板桥全集》(增补本),皆将"告状不许过四名……候讯夺"条中"候讯夺"误作"俟讯夺"。

周积寅《郑板桥年谱》将"所拾字迹究系何人写掷,现在毫无证据……不准"条中"毫无证据"误作"毫证据"。

卞孝萱《郑板桥全集》(增补本)将"欠钱嗔赌博,无据混渎。不准"条作"欠钱真,赌博无据。混渎。不准"。

卞孝萱《郑板桥全集》(增补本)将"该社无灾,又想增户,不足之心可恶。不准"条中"又想增户"误作"又想增尸"。

卞孝萱《郑板桥全集》(增补本)将"□侄出外,并未死亡,何得议□混渎。不准"条作"尔侄出外,并未死亡,何得议嫁。混渎不准"。

卞孝萱《郑板桥全集》(增补本)将"或有欠租情事……方得时雨,人各自新……不准"条中"方得时雨,人各自新"误作"方得时两人各自新"。

五、高象九收藏郑燮批示墨迹图册。

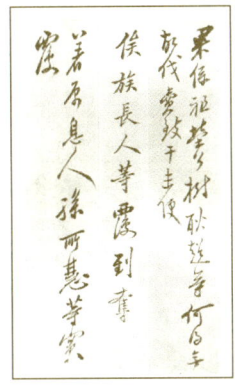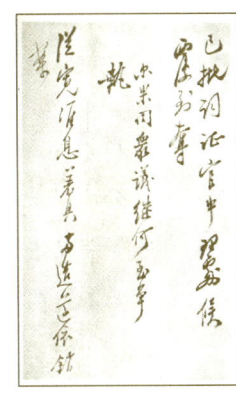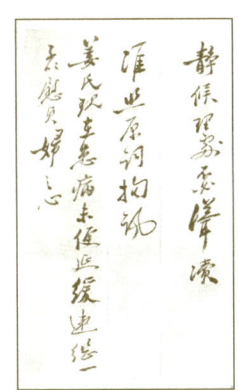

·高象九藏郑燮批示墨迹图册中的部分图片

高象九收藏郑燮批示墨迹图册文字内容如下：

查无原状，擅敢假捏批词，朦混率覆，大胆已极，准拘讯。

准尔领回，临审到案可耳。

尔果不愿将次孙出继，着该族长开明宗图，呈阅，另议可也。

小黑虽继林氏为孙，即系张氏作子也。不与母面，反架词叠控，何一愚至此！候讯夺。

自向理讲领回团聚可也。

尔即交张嘉运可也。

原息人王作肃等据实覆夺。

口角细故，词证理处。

静候理处，不必耸渎。

准照原词拘讯。

姜氏现在患病，未便延缓，速继一子，以慰贞妇之心。

姜氏虽死，理应择继承嗣。

既据孙继将茔地退出，徐文将原价给还，着各具状，当堂面领息。

准传牟瑞云讯夺。

已批词证，官中理处，候复到夺。

尔果同众议继，何至争执？

从宽准息，着具两造，遵依销案。

准开印后拘讯。

借场打坯，应自向王善景等情讲可也。

着潘可启自同族众理说。

尔欲守贞，谁能逼尔改嫁？

业经注销，何得琐渎？

既同众立有继单，岳均等何得妄生觊觎？单发还。

既系祖茔树株，应同四支公议，不得混请批示。

是非自有公论。着族众人等将始末根由，据实速覆，毋得偏袒干咎。

尔叔乏嗣，应否何人承继？着邀同亲族议立，不必混请存案。

据禀已悉，候族邻议覆夺。

奉批查处，焉敢抗违？俟覆到夺。

是否平坟？抑系诬控？着据实覆夺。

于运之母不肯，难以改适，静候回家完姻。

准麦后拘覆。

准保辜存案。

据词已悉，婚束铃坠，暂行寄库。

买卖地亩，理应随时税割，今被他人告发，未便从轻，候当堂讯夺。

尔无拦阻，准免到案。

既据姜氏始欲改适，今仍悔过终志，查应继嗣人，议继可也。

准拘息事人等，一并审夺。

准据禀关覆。

如果情实，应着尔弟亓全来禀。

俟庞之德等覆到夺。

许尔魁果否冒充牙行、私抽税课？着约地确查速覆。

九百年树谁敢盗窃？必有卖树之人，开明另禀。

昨已明白批示，不得倚妇人混渎。

邀同该庄乡众，理逐可也。

杜小三是否背恩殴打杜氏？词证确查实覆。

静候族长查处，不必混行多渎。

准唤丁泽协同寻找。

既系王国和等调过，仍着词证理处。

候当堂查讯夺。

准据结关覆。

尔既不愿息，准当堂面讯。

仰族长词证查应继人，并开尔图承夺。

杜下武、范守城处覆。

宋真详等有无谋嫁情事？着约证查明覆夺。

当官不过一问，如年甲不对，亦应当堂查看，不必多渎。

准诉王齐氏等，不必到案。

尔不令尔妇出官，又告人妇女何也？候讯夺。

刘进、张汝良、王永富、王贤臣、王灿等，并无原状，何得混复。准拘讯究。

有何深冤？已谕词证调处，刁渎可恶。

果系祖茔公树，耿超等何得无故伐卖？致干未便。

侯族长人等覆到夺。

着原息人孙所慧等实复。

周积寅《郑板桥年谱》将"小黑虽继林氏为孙……候讯夺"条中"小黑"误作"小墨"。

周积寅《郑板桥年谱》将"于运之母不肯，难以改适，静候回家完姻"条中"改适"误作"适改"。

周积寅《郑板桥年谱》将"既据姜氏始欲改适……议继可也"条中"改适"误作"适改"。

卞孝萱《郑板桥全集》（增补本）将"邀同该庄乡众，理逐可也"条中"邀同该庄乡众"误作"邀同族庄乡众"。

周积寅《郑板桥年谱》将"杜小三是否背恩殴打杜氏？词证确查实覆"条中"殴打"误作"欧打"。

卞孝萱《郑板桥全集》（增补本）将"既系王国和等调过，仍着词证理处"条中"仍着词证理处"误作"仍着词证理苏"。

卞孝萱《郑板桥全集》（增补本）将"仰族长词证查应继人，并开尔图承夺"和"杜下武、范守城处覆"两条，顺序颠倒。

通过这些批示不难看出，郑燮在审理案件过程中，始终坚持调解为先的理念，多次提及让告状上诉者邀请族人乡邻理处，不必架讼，以息事宁人；然对于那些刁钻讼棍、泼皮无赖，却坚决予以回击严惩，以维护弱势群体的合法权益，由此赢得百姓的赞誉和信赖。于是有人围绕郑燮判案事例，编撰起故事来。清代曾衍东在其所著的文言短篇传奇小说集《小豆棚·杂记》中，就记载了郑燮在担任潍县知县期间，曾判某僧与某尼还俗和亲之事，甚至还有郑燮为此所作《判潍县僧尼还俗完婚》诗。其中写道:"一半葫芦一半瓢,合来一处好成桃。从今入定风规寂,此后敲门月影遥。鸟性悦时空即色,莲花落处静偏娇。是谁勾却风流案,记取当堂郑板桥。"窃以为,《小豆棚·杂记》所记此事和郑燮为此所作之诗,或系曾衍东借用郑燮名义来博取眼球、挑逗读者罢了。

郑燮于潍县任上时,历任山东登州、沂州、武定、兖州知府的福建建宁(一作建安)人郑方坤,曾赠郑燮上好建溪春茶,郑燮为此赠诗答谢。郑燮在《家兖州太守赠茶讳方坤》中写道:

头纲八饼建溪茶,万里山东道路赊。此是蔡丁天上贡,何期分赐野人家。

郑燮此处所谓"家兖州太守"中的"家",是说郑燮与郑方坤都姓郑,若干年前曾是一家;"兖州太守",指的则是郑方坤。据《山东通志》记载,乾隆十三年至十九年,郑方坤任兖州知府。

"头纲",指的是运往京都进贡的首批春茶上品。"八饼",乃唐宋时制茶法,即将所采新鲜茶叶蒸熟,用模具将其捣制成饼,然后再用绳索穿起烘干,称饼茶。宋代叶梦得《石林燕语》:"建州岁贡大龙凤团茶各二斤,以八饼为斤。"建溪,源出福建浦城县北仙霞岭,曰南浦溪,流经数县。人们将南浦溪流经建阳一段,称为建溪。

所谓"蔡丁",指的是蔡襄和丁谓。蔡襄(1012—1067),北宋书法家,字君谟,兴化仙游(今属福建)人。曾官至端明殿学士。丁谓(962—1033),字谓之,长洲(今江苏吴县)人。北宋真宗时宰相。向皇帝贡茶之事,始于丁谓,成于蔡襄。苏轼《荔枝叹》:"君不见武夷溪边粟粒芽,前丁后蔡相笼加。争新买宠各出意,今年斗品充官茶。"

"野人家",系郑燮自谦。

郑燮与郑方坤过从甚密,常有诗词书信往来。郑方坤在《蔗尾诗集·寄家板桥大尹二首》中写道:"廿载钦芳誉,披襟愿已盈。赋应征郑志,谊与笃周盟。肝胆轮囷露,诗歌跋扈鸣。匆匆一为别,又早岁峥嵘。瘦与俗均病,蠲除每未能。识君胸有竹,夸客肉如陵。潍产也,因戏及之。吏散琴鸣阁,官闲砚斫冰。囊沙吊遗烈,意气一飞腾。"

郑燮去官后,郑方坤为之作《本朝名家诗钞小传·板桥诗钞小传》。其中写道:"郑燮,字克柔,号板桥,兴化人。乾隆丙辰举于乡,连登进士第。授范县知县,改调潍县,以疾乞归。板桥少颖悟,读书饶别解,绰有文名。家固贫,落拓不羁。壮岁客燕市,喜与禅宗尊宿及期门、羽林诸子弟游。日放言高谈,臧否人物,无所忌讳,坐是得狂名。既得官,慈惠简易,与民休息,人亦习而安之。而欹崎历落,于州县一席,实不相宜。世方以武健严酷为能,而板桥以一书生，欲清净无为，坐臻上理，闻者实应且憎，不则怒骂谴诃及矣。雅善书法，真行俱带篆籀意，如雪柏风松，挺然秀出于风尘之表。所画兰草竹石，亦峭蒨别致。《诗》内所云'时时作画，乱石秋苔；时时作字，古与媚偕'者是已。诗取道性情，务如其意之所欲出。其《自序》有云'余诗格卑下，七律尤多放翁习气，屡为知己诟病，好事者又促余付梓。自度后来亦未必能进，姑从谀而背直，惭愧汗下'云云，其言可谓不自满矣。然其诗流露灵府，荡涤埃壒，视世间无结轖不可解之事，即无梗咽不可道之词。空山雨雪，高人独立；秋林烟散，石骨自青，差足肖之。非彼借口白战以自诩，为羌无故实者也。板桥徒以狂故不理于口，然其为人内行醇谨，胸中具有泾渭。所刻《寄弟书》数纸，皆老成忠厚之言，大有光禄《庭诰》《颜氏家训》遗意。异乎放荡以为高者，信贤者之不可测也。昔晋文王称阮嗣宗为至慎，吾于板桥亦云。"

周积寅《郑板桥年谱》在载录郑方坤此文时，将"不则怒骂"作"否则怒骂"，将"挺然秀出"作"挺然而秀出"，将"遗意"误作"遣意"。卞孝萱《郑板桥全集》（增补本）将"亦峭蒨别致"作"亦峭蒨有别致"。

郑燮于潍县知县任上时，尝以撰书对联的方式，表达自己的思想主张。他得知潍县童生韩镐学习刻苦，常在县学考试中位居第一，深为赏识。《潍县志稿》卷三十《人物志·文学·清》援引郎泳《韩先生传》对韩镐记载道："韩镐，字西京。为文豪宕有奇气。郑板桥燮令潍时，县试识拔冠其偶。寻游庠食饩，而乡举则屡蹶。乾隆甲午，母亓病殁。又连遭期功丧，坎坷潦倒二十年。胸次牢骚不平之气，一寄之于诗酒。酒酣，与诸友生谈史论文及古今奇士亮节伟行，非常功业，唏嘘感叹，勃勃有壮志。癸卯始登乡荐，而年已老矣。诗散失，多不存稿。年五十九卒。"

郑燮向来认为，但凡作文，就应该主题鲜明，重点突出，将废话统统删除，使其如同深秋落叶之树，树叶尽落仅留主干般的简明扼要；还要在文中显现出如同春天般繁花似锦与众不同的思想见解，使文章具有自己鲜明的文字特色，不能拾人牙慧，人云亦云。郑燮为了悉心培养韩镐，为其指明作文要领，曾书赠七言对联给韩镐。其中写道：

删繁就简三秋树，领异标新二月花。

与韩生镐论文　　郑板桥

陈介祺于清同治己巳（1869）将郑燮撰并书赠韩镐的此联刻石，于上题记："板桥先生蕴书卷之秀发于政治笔墨，此其一事也。同治己巳陈介祺刻并记。"

郑燮官潍县时，为庆贺乡绅君谋老先生暨令郎翊清年兄大喜，曾作并书七言祝联赠之。

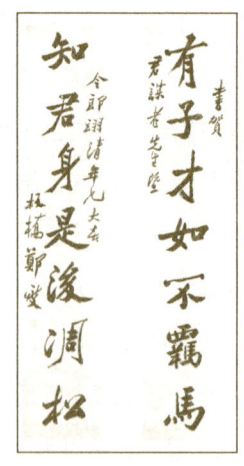

·郑燮撰并书赠韩镐七言联　·郑燮书赠君谋暨年兄翊清父子七言联

其中写道:

有子才如不羁马,知君身是后凋松。书贺君谋老先生暨令郎翊清年兄大喜。板桥郑燮。

卞孝萱《郑板桥全集》(增补本),将郑燮此联落款中的"大喜"误作"大教"。

郑燮联中所谓"不羁",即不受约束,不可拘限。《史记·邹阳传》狱中上书:"使不羁之士,与牛骥同皁。"《索隐》:"言骏足不可羁绊,以比喻逸才之人。"司马迁《报任安书》:"仆少负不羁之材,长无乡曲之誉。"

"凋",指草木枯败,衰败。古籍中多通作"彫"或"雕"。例如,《论语·子罕》:"岁寒,然后知松柏之后彫也。"

由此可见,郑燮上联系称赞君谋老先生之子翊清就像不受羁绊的骏马一样,才华出众、性格豪放;下联则称赞君谋老先生像寒冬不凋的古松一样,老当益壮。

郑燮还选取唐代王维《田园乐七首·其六》诗中的后两句,并改动其中一个字,为潍县草庙子花园书六言联。其中写道:

花落家僮未扫,鸟啼山客犹眠。

王维《田园乐七首·其六》原文:"桃红复含宿雨,柳绿更带春烟。花落家僮未扫,莺啼山客犹眠。"

郑燮也曾于蔡庄山大令署中作《九秋图》巨幅,并于其上题记:

九秋宝艳胜春三,时雨何如露水甘。不遣芙蓉入图画,恐惊颜色梦江南。

常言道:"人怕出名猪怕壮。"一般而言,那些在诗书画印艺术方面卓有成就者名声大噪之后,登门求字画者就会络绎不绝,由此使得这些书画篆刻艺术家所欠"文债"日渐增多,疲于应付。这些人在不得已的情况下,往往会让自己的学生代笔予以应酬。郑燮当然也不例外。潍县名流文士向郑燮求墨宝时,郑燮一般不会拒绝。然当其情绪不佳或政务冗忙实在脱不开身时，辄令其弟子谭云龙代笔。《潍县志稿·人物志·艺术·清》："谭云龙，一名化龙。东关木工。幼失学而姿性灵敏，戏摹郑邑令燮书画，几于乱真。又酷嗜金石，所著《印谱》若干卷，黄县贾文正公极称之。曲阜桂未谷馥教授莱州时，惊其画神似板桥，因以'子犹'字之。与掖县翟若升交最厚，每至掖，必主其家。其见推重于名流如此。捐职四译正馆教序班。"

恒庆在谭云龙乾隆五十八年癸丑（1793）春正月所作《竹石轴》（青岛市博物馆藏墨迹）题记中写道："当乾嘉年间，郑板桥公宰潍，潍人求书画者无弗应。一日，选匠作器皿，有谭木匠与焉。每遇板桥作画，则侍立傍观，心会其妙，缘身虽为匠，曾习儒有年也。板桥喜其聪慧，乐为教之。不数年，谭氏所作，酷似板桥，真伪几不能辨。板桥政务冗忙时，辄令其代笔，此亦一段嘉话也。谭遂在家日日仿为，借用板桥图章。至板桥仙去，一字一画，世人珍之。而谭氏所作，外来字画商人亦不能辨其真伪，每以重价购去，谭氏子孙因以小康。"由此可见，目前存世标有板桥郑燮落款的书画作品中，仿作赝作应该为数若干。诚如桂馥在《丁亥烬遗录·书画灾烬目录》卷三中所说："数十年来，所见先生书画，不下百余件，真迹不过十之二三。"

尽管郑燮诗书画已誉满天下，他却并不骄傲自满、目空一切。郑燮某次在路过安邱（今山东省安丘市）时，对掖县刘重庆匾额书法艺术极为赞赏。《潍县志稿》卷四十二援引《采访册》对此记道："本邑刘鸿翱故门有'大中丞'匾额，系临自安邱东门大街马文炜坊字，原掖县刘重庆书。刘素有神笔之称，县令板桥郑燮过安邱时，极称赞之。有'大''丞'容或能书，'中'字今生不能之语。"

郑燮官潍县期间，与王俨、许湘、朱士魁等当地文士、书画名家以及道行高深的僧人交往友善。

《潍县志稿·人物志·义行·清》："王俨，字畏之。流饭桥人。性刚直，人有过失，必面折之。顾好施予，遇义举，辄慷慨解囊，无吝色。乾隆初，知县郑燮与友善。每至乡，必造其庐，访问民间疾苦，俨直言不讳，以是郑深器之。及致仕归，书留别诗以赠。"

清画家许湘，号衡州老人，安徽歙（今歙县）人。画山水笔墨古雅，神韵妩媚，设色淹润，出石溪而自成一格。酝酿墨色，亦能入妙，堪与郑燮、黄慎、李鱓等并传。郑燮官潍县时，许湘曾在潍县幕中，两人时常于公余切磋书画技艺。后来许湘穷困潦倒，甚至连孩子的学费都交不起，只好让孩子辍学在家。塾馆师傅对此深表惋惜，为不耽误孩子学习，时常登门为孩子授课。郑燮见许湘生活困窘，十分难过却无能为力，只好通过赋诗来排解忧伤。郑燮在《窘况为许衡州赋》中写道：

半缺柴门叩不开，石稜砖缝好苍苔。地偏竹径清于水，雨冷诗情瘦似梅。山茗未赊将菊代，学钱无措唤儿回。塾师亦复多情思，破点经书手送来。

万里西风雁阵哀，五更霜月起排徊。薄田累我年年种，秋稼登场事事来。私券官租纷凤欠，女裙儿褐待新裁。老亲八十豪情在，斗米焉能废腊醅！

郑燮还曾为许湘画作题记。他在许湘所作的《芭蕉夜雨图轴》上写道：

主人画笔最清幽，何苦芭蕉写作愁。夜雨半窗风半榻，怎教宋玉不悲秋。

许衡州画，郑板桥题。

郑燮也与朱士魁友善。《潍县志稿·人物志·艺术·清》："朱士魁，字斗占。流河庄人。工文翰，尤精画理。乾隆间，板桥郑公与友善，尝自谓画不如魁云。"

郑燮还与潍县城东北濠外路北关帝庙住持恒彻上人相友善。恒彻上人在关帝庙中栽种了若干架葡萄，每当成熟时节，恒彻上人便邀请郑燮前往关帝庙吃葡萄。《潍县志稿·杂稽·清》："恒彻上人，县城东北濠外路北关帝庙住持，有戒行，与邑令郑燮善。其庙中盛栽葡萄，秋风起，葡萄既熟，郑恒往啖之，岁以为常。郑燮有《留别恒彻上人》诗咏其事。郭麐《潍县竹枝词》中亦记之。"此处所谓郑燮有《留别恒彻上人》诗事，详见后文。

乾隆十七年壬申（1752）末，在官场上挣扎十一年的郑燮，在看透了官场忍无可忍的情况下，以生病为由递交辞呈。对于郑燮辞官的具体原因，目前所见各种文献资料记载不一，既有郑燮因贪婪被罢去官职的说法，也有郑燮以赈济灾民之事忤逆大吏而被罢去官职的说法，还有郑燮以病请辞的说法。

《小豆棚》卷十六："后因邑中有罚某人金事，控发，遂以贪婪褫职。嘻！板桥非百里才也，其贾祸以才故，而乃诬之以贝，冤矣！"

《清代学者像传》第一集第二册："郑燮……以岁饥为民请赈，忤大吏，遂乞病归。"

郑方坤《本朝名家诗钞小传·板桥诗钞小传》："郑燮，字克柔，号板桥，兴化人。乾隆丙辰举于乡，连登进士第。授范县知县，改调潍县，以疾乞归。"《榆园杂录》卷一一也记载："郑公名燮……十一年任潍，十七年以病去任，时年六十。吏治文名，为时所重。"另外，张庚《国朝画征续录》卷下亦云："郑燮……曾知山东潍县事，以病归，遂不复出。"

通过前述可知，郑燮早就因官场腐败产生了厌恶情绪，希望尽早摆脱官场束缚，返自由之身；加上为官数年始终得不到提拔，作为60岁时依旧原地踏步的七品知县，心存不满，早有去官归田的动机；他不善于阿谀奉承、溜须拍马的性格，更不招上司待见。窃以为，当郑燮提出辞职申请时，上司顺水推舟，立马批准他去官归田。

郑燮卸去官职之后，为感谢诸多好友对自己的关怀照顾，赋诗书字作画相赠。是年腊月，郑燮作行书《赠钟启明并留别》。其中写道：

一堂五世古今稀，父祖曾高子孙依。漫道在官无好处，须知积德有光辉。乾隆壬申嘉平月，板桥老人题赠钟启明并留别。

"嘉平月"指农历十二月，即腊月。

五、三绝风流美名传

乾隆十八年癸酉（1753），郑燮61岁。郑燮自从乾隆七年到范县上任至乾隆十八年潍县离任，已经过去十二个年头了。郑燮摆脱了官场的束缚，终于复归自由之身，再也不用觍着脸去见那些自己不想见的人，再也用不着唯唯诺诺地去说那些言不由衷的话，再也不必为那些凭自己力量无法解决的百姓生活难题而犯愁了，他觉得一身轻松，便以诗作来抒发此时的心情。是年正月，郑燮在《罢官作二首》中写道：

老困乌纱十二年，游鱼此日纵深渊。春风荡荡春城阔，闲逐儿童放纸鸢。
买山无力买船居，多载芳醪少载书。夜半酒酣江月上，美人纤手炙鲈鱼。
乾隆癸酉太簇之月，板桥郑燮罢官作二首。

周积寅《郑板桥年谱》将其题作《隶书扇面》。
此处所谓"太簇"，系正月的别称。
即将告别为官七年的潍县，郑燮虽然返乡心切，但对交厚的好友却恋恋不舍，只能用赠送诗书画作的方式表达心情，作为留念。
是年二月，郑燮为郭家南园作行书十一言联。其中写道：

课子小书斋，聊可借观鱼鸟；连家新竹圃，何须多搆湖山。
乾隆癸酉仲春，板桥郑燮。

周积寅《郑板桥年谱》对此联作［按］：潍坊市博物馆《十笏园石刻资料》云：此联"大概是郑板桥离潍前写给郭芸亭的"，"这可能是为郭家园（南园）写的"。据《潍县志稿·营缮志·园亭》记载："南园，在县署东南天仙宫东，明嘉靖时刘应节园也。天启时，归郭尚友，增构旧华轩、知鱼亭、松篁阁、来风轩诸胜。其孙饶州府知府一璐复加修葺。一璐侄伟业字质亭、伟勋字芸亭，均能诗工书，与知县郑燮为文字交，时觞咏其中。今园已无迹可寻，而郑之诗画犹存人间。"

据郭榆寿《榆园杂录》记载，郑燮还作《南园丛竹图》赠别郭质亭先生和其四弟郭芸亭先生。郑燮在《题南园丛竹图留别质亭先生四弟芸亭先生二首》中写道：

名园修竹古烟霞，云是饶州太守家。饶州太守，芸亭胞伯也。饮得江西一杯水，如今清趣满林遮。

七载春风住潍县，爱看修竹郭家园。今日写来还赠郭，令人常忆旧华轩。

板桥郑燮

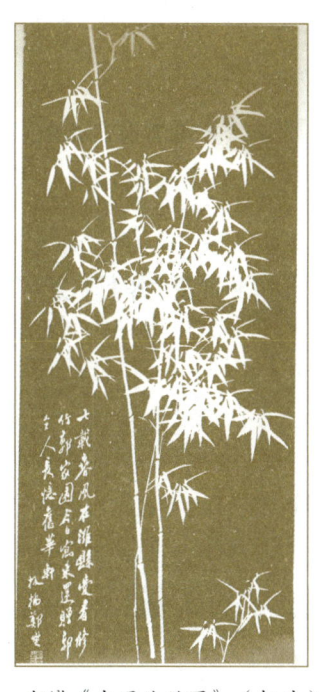

· 郑燮《南园丛竹图》（拓片）

值得注意的是，潍坊市十笏园藏郑燮《南园丛竹图》石刻中，仅于其上镌刻了郑燮所题的第二首诗，且与周积寅《郑板桥年谱》中载录这首诗的文字有所不同，"住潍县"作"在潍县"，"常忆"作"长忆"。

潍坊市博物馆《十笏园石刻资料》对此记云："这幅画是郑板桥离别潍县时画给郭芸亭兄弟的。"不过，郭麐在《竹枝词》中认为，这幅画系郑燮在扬州时所作。窃以为，通过题诗的内容来看，这幅画系郑燮离开潍县时赠郭氏兄弟的说法，似乎更符合事实。

郑燮还在《画菊与某官留别》中题曰：

进又无能退又难，宦途踽踽不堪看。吾家颇有东篱菊，归去秋风耐岁寒。

郑燮此首题画诗，与乾隆十六年秋所作《梅兰竹菊四屏条》之《菊》题画诗同。

郑燮在即将告别潍县绅士乡民时画《竹图》，并于其上题《予告归里，画竹别潍县绅士民》诗：

乌纱掷去不为官，囊橐萧萧两袖寒。写取一枝清瘦竹，秋风江上作渔竿。

郑燮这首诗，此后在不少画中题写过。日本图书刊载由日本圆山淳一氏所藏郑燮款署

"怀琛年兄,郑燮写"的《兰竹石轴》,亦题有此诗。不过郑燮将其中"囊橐"写作"华发",将"写取一枝清瘦竹"写作"写去数枝清挺竹"。

郑燮临行前,还赠诗给潍县城东北濠外路北关帝庙住持恒彻上人。郑燮在《留别恒彻上人》中写道:

> 隔城何处郁苍苍,落照松林短画墙。清磬一声天似水,长河半夜月如霜。僧闲地僻行难到,官罢云回别可伤。满架葡萄珠万斛,秋风犹忆老夫尝。

乾隆十八年癸酉(1753)春,郑燮离别了执政七年之久的潍县。他在乾隆二十八年夏四月所作的《怀潍县二首赠郭伦昇》诗后,附跋记云:

> 《怀潍县二首》,即送伦昇年兄归里。乾隆二十八年,岁在癸未夏四月,板桥郑燮去官十载,寿七十又一。

由此可知,郑燮去官之时,当在乾隆十八年。周积寅《郑板桥年谱》将此处"寿七十又一"误作"寿七十有一"。

郑燮临行前,为门生王允升作《墨竹图轴》,并于其上题记:

> 乾隆癸酉,板桥居士郑燮画竹,留赠门生王允升,字泰阶。

郑燮离别潍县之日,万人空巷。潍县士绅乡民,对郑燮辞官离开潍县依依不舍。《清代学者像传》记载:"(郑燮)去官日,百姓痛哭遮留,家家画像以祀。"

当郑燮骑着一头毛驴离开潍县时,其全部家当也仅用一头毛驴驮载而去。诚如他在《予告归里,画竹别潍县绅士民》诗中所说"囊橐萧萧两袖寒"。《小豆棚》卷十六对郑燮离别潍县一事记曰:"当其去潍之日,止用驴子三头,其一板桥自乘,垫以铺陈;其一驮两书夹板,上横担阮弦一具;其一则小皂隶而娈童者骑以前导。板桥则风帽毡衣,出大堂揖新令尹,据鞍而告之曰:'我郑燮以婪败,今日归装若是其轻而且简,诸君子力踞清流,雅操相尚,行见上游器重,指顾莺迁,倘异日去潍之际,其无忘郑大之泊也。'言罢,跨蹇郎当以行。"

《小豆棚》中所谓"阮弦",指的是一种形似月琴而颈较长的乐器古琵琶,相传因"竹林七贤"中的阮咸擅长弹拨这种乐器而被命名为"阮咸"。由此可见,郑燮除了擅长诗词文章书画外，或许平日也喜欢弹奏阮咸。"新令尹"，指的则是郑燮的继任者、浙江海盐人韩光德。

郑燮离任后，潍县士绅百姓有感于郑燮在任期间理政功德，为其在周公祠内塑像。重修《兴化县志》卷八记载："潍人戴德，为立祠。"潍县周公祠，在县署东，系明代崇祯十六年（1643）为表彰和纪念知县周亮工的理政功德所建。周亮工（1612—1672），字元亮，又有陶庵、减斋、缄斋、适园、栎园等别号，学者称其为栎园先生、栎下先生，河南祥符（今河南开封祥符区）人。周亮工博学多才，于诗词文赋、金石书画、鉴赏收藏诸方面，均造诣颇深，著有《赖古堂集》《读画录》等。

入清之后，潍县士绅乡民又先后在周公祠内为清乾隆三年至九年担任潍县知县的赖光表，以及后来的知县郑燮附造塑像。赖光表，广东镇平县（今蕉岭县）白马陂角人。清雍正年间拔贡生。乾隆三年至九年，任潍县知县。之后，又任黔西知州等职。《榆园杂录》卷一云："周公祠，在县署东，崇祯十六年建。入我朝，因附塑赖、郑二公像，改名三贤祠。"

清道光三十年庚戌（1850）冬，代理潍县知县何元熙作《重修三贤祠记》云："县旧有三贤祠，祀有明周公，国朝赖公、郑公。周、赖二公行事不可得，板桥郑公翛然具出世概，区区一邑之蒸尝，曾何足道。邑之民必尊而祀之，此其故可思矣。且夫士君子读圣贤书，平时所志何事，一旦出而为宰，人品之邪正，才力之短长，学问之优绌，于是乎见。先儒所谓验吾学者正在是，乃必观感于左而后勉焉为良吏。彼三贤者，不知当日何所观而何所感也……三贤之善政不待言，多或七、八年，少亦五、六年，岂非时会使然哉！"

郑燮返回扬州之日，至交旧友闻听消息，纷纷登门拜访，郑燮设宴款待诸友。《楹联丛话》卷十二对此记载："板桥解组归田日，有李啸村者，赠之以联。板桥方宴客，曰：'啸村韵士，必有佳语。'先观其出联云'三绝诗书画'，板桥曰：'此难对。昔契丹使者以"三才天地人"属语，东坡对以"四诗风雅颂"，称为绝对。吾辈且共思之，限对就而后食。'久之不属，启视之，则'一官归去来'也，感叹其工妙。"

文人雅士对于李啸村此联以"三绝诗书画"来评价郑燮，皆觉一语中的、颇为得当。清代张维屏《松轩随笔》亦云："板桥大令有三绝，曰画，曰诗，曰书，三绝之中有三真，曰真气，曰真意，曰真趣。"《国朝书画家笔录》卷二云："郑燮，号板桥，兴化人。为人疏宕洒脱。乾隆元年进士。官知县，有惠政，以岁饥，为民请赈，忤大吏，罢归。书法以隶楷行三体相参，有别致，古秀独绝。诗近香山、放翁，有'郑虔三绝'之目。词胜于诗，吊古摅怀，激昂慷慨。与集中家书数篇，皆不可磨灭。工画兰竹，以草书之中竖长撇法运之，多不乱，少不疏，脱尽时习，秀劲绝伦。"

脱离官场返回扬州之后的郑燮，重新拾掇笔墨纸砚，干起了卖字画养家糊口的营生。

重修《兴化县志》卷八记载:"郑燮……乞休归,囊橐萧然,卖书画以自给。"

郑燮在《初返扬州画竹第一幅》中写道:

二十年前载酒瓶,春风倚醉竹西亭。而今再种扬州竹,依旧淮南一片青。

郑燮诗中所谓"竹西亭",位于扬州蜀冈上方禅智寺左。李斗《扬州画舫录》卷一:"寺左建竹西亭。亭名本取小杜诗'谁知竹西路,歌吹是扬州'句。因建亭于北岸皂角树下,后改名歌吹,屡毁屡复。又改祀王竹西。今移建寺左,旧址遂墟。"此处"小杜",指的是唐代诗人杜牧。

郑燮利用这首诗作,释放了压抑在自己心头多年的块垒,抒发了美好愿望。郑燮于此后很长一段时间里,曾多次书写这首诗来宣泄自己的情绪。郑燮在画赠念培九兄的《竹石轴》题记中写道:

江南鲜笋趁鲥鱼,烂煮春风三月初。分付厨人休斫尽,清光留此照摊书。

此余墨竹诗也。既而薄宦南归,又有题画竹诗云:"二十年前载酒瓶,春风倚醉竹西亭。而今再种扬州竹,依旧江南一片青。"狂夫之言,要求无愧于夙志耳。念培九兄教之。板桥郑燮。

·郑燮画赠念培九兄《竹石轴》

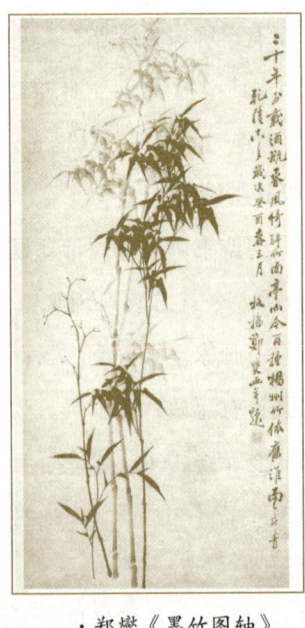
·郑燮《墨竹图轴》

郑燮书录其题画竹诗时,改动了一个字,将"依旧淮南一片青"改成了"依旧江南一片青"。

是年三月,郑燮在《墨竹图轴》上再次题写这首诗,不过在落款中标明了具体时间。

二十年前载酒瓶,春风倚醉竹西亭。而今再种扬州竹,依旧淮南一片青。

乾隆十八年岁次癸酉春三月,板桥郑燮画并题。

郑燮还在同期所作《竹石图》题记中,表达了自己在两鬓斑白的暮年,终于摆脱官场苦海,复归自由之身的喜悦。其中写道:

宦海归来两鬓星,故人怜我未凋零。春风写与平安竹,依旧江南一片青。
板桥居士

为官时他先在满目黄沙的范县,后来又在潍县依靠吃馍馍生活了多年。郑燮返回扬州之后,对于久违的扬州美味,自然可以大快朵颐、尽情享用了。他对自己所作的那首"江南鲜笋趁鲥鱼,烂煮春风三月初。分付厨人休斫尽,清光留此照摊书",始终念念不忘,多次在赠朋友的画作中题写。例如,他在画赠焕老年学兄的《竹石图》上,题写的就是这首诗,不过将首句的"江南"改成了"扬州"而已。

乾隆十八年(1753)九秋某晚,郑燮友人常书民路过郑燮扬州枝上村寓斋时,强索其画。

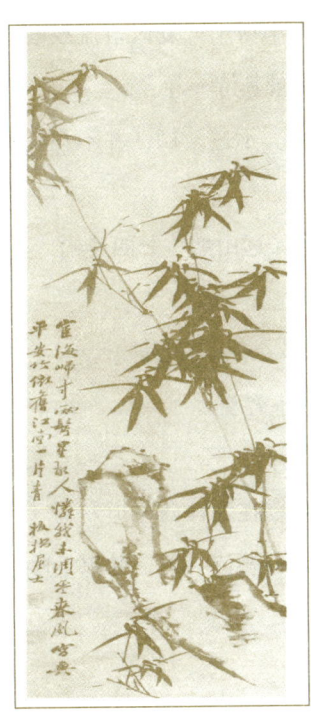
· 郑燮《竹石图》

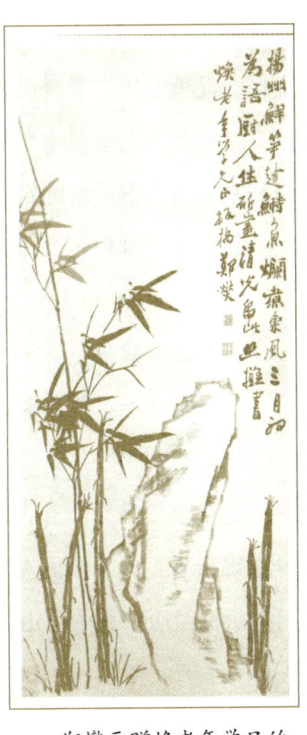
· 郑燮画赠焕老年学兄的《竹石图》

常书民之所以敢强索,说明两人素有旧谊。郑燮在乾隆十二年于济南所作《扬州杂记卷》中,回忆起乾隆七年客居扬州事时曾写道:"常二书民有园,索板桥题句。题曰:'怜莺舌嫩由他骂,爱柳腰柔任尔狂。'常大喜,以所爱僮赠板桥,至今未去也。"正因为如此,郑燮便为常书民画《翠竹芝兰》,并以唐代绿林豪客劫持李涉索诗典故,诮让之。题记道:

昔李涉过皖桐江上,有贼劫之。问是涉,不索物而索诗。涉曰:"细雨微风江上春,绿林豪客也知文。相逢不用相回避,世上于今半是君。"书民二哥,晚过寓斋,强索予画,且横甚。因也题诗诮让之曰:"细雨微风枝上树,绿林豪客暮敲门。相逢不用相回避,翠竹芝兰画几盆。"狂夫之言，怪迂妄发，公其棒我乎！癸酉九秋，板桥郑燮。

郑燮诗中所说"李涉过皖桐江上，有贼劫之"，或系郑燮所记有误。据《中国文学家大辞典》李涉条云："尝于九江遇盗，询知为涉，向之索诗，款以牛酒而去。"

唐文学家李涉，自号清溪子，洛阳人。初与其弟李渤同隐庐山，后应陈许辟，于唐宪宗李纯元和年间（806—820）为太子通事舍人。寻谪陕州司仓参军。唐文宗李昂大（太）和年间（827—835），召为太学博士。复以事流放南方，浪游桂林。其诗词意卓荦，语言通俗，尤善七绝。《全唐诗》录其诗一卷。

"皖"，乃安徽省的简称。不过，桐江并不在安徽，而在浙江省的中部，系钱塘江自建德县梅城至桐庐段的别称。

是年十一月仲冬，郑燮作《远山烟竹》四连幅，并于其上题记：

远山烟竹。

乾隆十八年仲冬，板桥郑燮。

是年十二月二十五日，郑燮在为粹西张道友写《兰》并于其上题跋落款之后，似乎觉得意犹未尽，又于画面左下处补题诗一首，并以兰喻己，说明自己曾于官场不顺，屡遭坎坷挫折的经历。其中写道：

· 郑燮为粹西张道友写《兰》

乾隆癸酉十二月二十有五日，为粹西张道友写兰。板桥居士郑燮。

素心兰与赤心兰，总把芳心与客看。岂是春风能酿得，曾经霜雪十分寒。

板桥又题。

周积寅《郑板桥年谱》将"为粹西张道友写兰"误作"为粹西道友写兰"，将"曾经霜雪十分寒"误作"曾经霜雪十分看"。

是年，清文学家法式善生。法式善，蒙古正黄旗人，原姓伍尧氏，名运昌，字开文，别号时帆、梧门、陶庐、小西涯居士。乾隆四十五年进士，授检讨，官至侍读。乾隆皇帝盛赞其才，赐名"法式善"，满语"奋勉有为"之意。曾参与编纂《四库全书》。著有《存素堂集》《梧门诗话》《陶庐杂录》《清秘述闻》等。

值得注意的是，周积寅《郑板桥年谱》曾在乾隆十七年壬申（1752）中据《中国历史人物生卒年表》写"清文学家法式善生"，并作注和按。其中注①曰："法式善（1752—1813）：姓乌尔济氏，字开文，号时帆，蒙古正黄旗人。乾隆进士，官至侍讲学士，熟谙当代制度掌故。论诗信奉王士祯的'神韵说'。作诗学王维、孟浩然。有《存素堂诗集》《清秘述闻》《槐厅载笔》。又编集时人诗，成《湖海诗》六十余卷。亦工书画。"并同时作［按］："法式善《送颜运生之任兴化》诗云：'维扬好烟水，君去玉琴携。饱看郑生（燮）画，苦吟任子（大椿）诗……'"然周积寅又在《郑板桥年谱》乾隆十八年癸酉（1753）中，再次据《中国历史人物生卒年表》写道："法式善（—1813）生"，并将乾隆十七年壬申条下所作［按］复制于此，显然自相矛盾。

是年，"扬州八怪"之一的高翔卒，享年66岁。高翔（1688—1753），号犀堂、樨堂、西堂、西唐、西塘，又号山林外臣，扬州府甘泉县人。郑燮曾于高翔所画《山水》上题记：

幽岩雨过静秾葇，傍水沿篱结草庐。何日买山如画里，卧风消受一床书。

高翔曾为郑燮刻过一枚字印，却将郑燮字"克柔"误刻为"充柔"。郑燮在《板桥先生印册·充柔》中对此记曰：

高凤冈，名翔，字西塘，刻此。
贱字克柔，犀堂刻作"充柔"，真成错谬。余亦宝而藏之，人亦爱而玩之。若俗笔，虽字字六书，丝毫无舛，我正不取。

是年，程南陂重建扬州竹西亭，春暮会宴联吟；罗聘与方婉仪结婚；李鱓客山西蒲州（今永济县西南蒲州镇），作《花卉屏》十二幅；卢见曾重返扬州，再任两淮都转盐运使，连署九年。是年春日，金农返杭州，请丁敬为其诗集作序；秋日，寓金陵陈博士家。是年八月，李方膺与袁枚游金陵探桂隐仙庵。

乾隆十九年甲戌（1754），郑燮62岁。是年春日，李方膺于金陵作《风竹图轴》，于其上钤印三方，其一为"胸无成竹"。实际上，李方膺这枚"胸无成竹"印文，源自郑燮《题画·竹》中所云：

文与可画竹，胸有成竹。郑板桥画竹，胸无成竹。浓淡疏密，短长肥瘦，随手写去，自尔成局，其神理具足也。藐兹后学，何敢妄拟前贤。然有成竹无成竹，其实只是一个道理。

通过李方膺这枚"胸无成竹"印章看出，李方膺与郑燮在绘画艺术方面的见解，是颇为一致的。郑燮后来于乾隆二十七年壬午（1762）70岁时，在其所作《竹石大幅》题记上，再一次强调自己"胸无成竹"观点。

郑燮为了驱散官场十几年积累的烦恼郁闷之气，洗胸中尘垢，于是年春至五月，再次到杭州游览，受到杭州知府吴作哲的盛情款待，并应乌程知县孙扩图邀请，至湖州游玩匝月。郑燮还借此机会，过钱塘，至会稽，探禹穴，游兰亭，往来山阴道上，自云为平生快举。

据龚嘉隽等《杭州府志·职官·国朝·杭州府知府》记载："吴作哲，萧县人，（乾隆）十七年任。"郑燮此次到杭州游览，使得时任杭州知府的吴作哲大喜过望，除摆酒设宴款待、陪同游览西湖外，还赠送郑燮绸缎、银钱等财物。

孙扩图，字充之，号适斋，山东济宁州人。乾隆元年举人，十年明通榜，十八年知乌程县。郭式昌等《乌程县志·职官·名宦·大清》记载："以儒雅饰吏治，风流文采，照映溪山。试童子，遴拔真才，训课不倦。"徐宗幹等《济宁直隶州志·人物志·国朝·孙扩图》亦曰："少承家学，天姿颖异。读书过目不忘。乾隆元年入邑庠。是秋举乡榜，年甫弱冠。丁巳、乙丑两中明通进士……就掖县教谕。当路重其学行，略属礼。巡抚杨应琚，特疏保荐，授浙江乌程知县。发奸摘伏，人莫能欺。性素方梗……归田后，手一编，哦斗室中，遇文士至，纵谈不倦。好接引后进，尝主莱州北海书院、温州东山书院讲席，所成就多一时名士。为古文词，下笔泉涌，而法律一归谨严。诗于汉、魏、唐、宋诸家，皆得神解。博学而不近名，黄叔琳所刊丛书，多扩图手校。"

郑燮于此期间，写信并寄银三十两给堂弟郑墨，说明此次游览情况。郑燮在《与墨弟书》中写道：

来银三十两，大女儿与之三两，余留家用。华灿所当，已与银令其自赎矣。

初到杭州，吴太守甚喜，请酒一次，请游湖一次，送下程一次，送绸缎礼物一次，送银四十两。郑分司与认族谊，因令兄八哥十哥在扬州原有一拜，甚亲厚，请七八次，游湖两次，送银十六两。但盘费不少，故无多带回也。

掖县教谕孙升任乌程知县，与我旧不相合。杭州太守为之和解，前憾尽释。而湖州太守李公讳堂者，壬戌进士，久知我名，硬夺杭守字画。孙乌程是其下属，欲逢迎之，强拉入湖州作一月游。其供给甚盛,姑且游诸名山以自适。第一是过钱塘江,探禹穴,游兰亭,往来山阴道上,是平生快举;而吼山尤妙,待归来一一言之。华灿且留住数日,我于端午后必回。

兄燮与墨弟。

周积寅《郑板桥年谱》和卞孝萱《郑板桥全集》(增补本),皆将郑燮书中"初到杭州"作"初到杭";将"八哥十哥在扬州原有一拜"作"八哥十哥旧在扬州原有一拜"。卞孝萱《郑板桥全集》(增补本),还将"送绸缎"作"送紬缎";将"请七八次"作"请七捌次";将"孙升"作"孙昇"。

郑燮书中所谓"大女儿",系郑燮与徐氏所生,时已适赵。郑燮一生共有二子三女。其中二子,一为徐氏所生,一为饶氏所生,皆夭亡。据嘉庆修《昭阳郑氏族谱》中记载,郑燮有"女三:一适赵,二适袁,三适李"。通过郑燮于康熙六十一年壬寅(1722)时年30岁时所作《七歌》第六首中所说"我生二女复一儿"句可知,大女儿、二女儿系徐氏所生,三女应系饶氏后来所生。

"吴太守",指的是杭州知府吴作哲。"太守",乃秦汉时期对郡最高行政长官郡守的称谓。后来由于南北朝时期新增州渐多,郡之辖境也随之缩小,至隋乃存州废郡,以州刺史代郡守之任后,太守不再作为正式官名,仅用作刺史或知府的别称。明清时期,则专称知府。郑燮于此系借用知府别称。

掖县,位于山东省东部,西北临渤海莱州湾。今属山东省烟台市下辖莱州市。教谕,学官名。宋代在京师设立的小学和武学中,始置教谕一职。元、明、清县学,皆置教谕,负责掌管文庙祭祀、教育所属生员。

乌程,旧县名,秦置,治所在今浙江吴兴南。三国后历为吴兴郡、湖州、湖州路、湖州府治所。

湖州,系州、路、府名。隋仁寿二年(602)置州,因地滨太湖而得名。治所在乌程(今吴兴)。唐辖境相当今浙江吴兴、德清、安吉、长兴等地。宋宝庆初改为安吉州。元改为湖州路。明改为府。明、清时期为制笔业中心。

"李公讳堂者",指的是时任湖州太守的李堂,字肯庵,沔阳(今属湖北)人。乾隆七年进士,官至湖州知府,居官多善政。能画,曾写《笠屐图》留于归云庵。诗书尤工。著有《蔗余偶笔》。宗源瀚等《重修湖州府志·职官表·郡守·国朝》记载:"李堂,字也升,号肯庵,湖北沔阳州人。乾隆七年进士。"

"禹穴",指夏禹治洪水足迹所至之禹杭及其陵墓禹陵。其中"禹杭",乃浙江省旧余杭县的别称。相传夏禹治水,会诸侯于会稽,至此舍杭(航)登陆,故名。"禹陵",在浙江绍兴县城稽山门外。传为夏禹的陵墓。《史记·夏本纪》:"或言禹会诸侯江南,计功而崩,因葬焉,命曰会稽。"陵旁有禹王庙,庙宇雄伟,内有禹碑(系后人附会所刻)及窆石亭。

"兰亭",在浙江省绍兴西南,地名兰渚,渚有亭。《水经·浙江水注》:"湖口有亭,号曰兰亭,亦曰兰上里。太守王羲之、谢安兄弟数往造焉。吴郡太守谢勖封兰亭侯,盖取此亭以为封号也。"古亭几经迁移,今亭为康熙十二年(1673)重建于兰渚山麓。

"山阴道"中的"山阴",即今浙江绍兴。"山阴道",指绍兴县城西南郊外一带,以风景优美著称。《世说新语·言语》:"王子敬(王献之)云:'从山阴道上行,山川自相映发,使人应接不暇。'"

郑燮后来于乾隆二十五年在其所作《刘柳村册子》中,又追述了乾隆十九年春至五月的这段游历过程,与当年所作《与墨弟书》中的内容基本一致,可互为印证。其中写道:

> 游西湖,谒杭州太守吴公作哲,出纸二幅,索书画。一画竹、一写字。湖州太守李公堂见之讶之曰:"公何得有此?"遂攫之而去。吴曰:"是不难得,是人现在此,公至南屏静寺访之,吾先之作介绍可也。"次日,泛舟相访,置酒湖上为饮欢,醉后,即唱予《道情》以相娱乐。云:"十年前得之临清王知州处,即爱慕至今,不知今日得会于此!"遂邀至湖,游苕溪、霅溪、卞山、白雀,而道场山尤胜也。府署亭池馆榭甚佳,皆吾扬吴听翁先生所修葺。

卞孝萱《郑板桥全集》(增补本),将郑燮此处"吾先之作介绍"作"吾先令人作介绍"。

郑燮于此期间,再次写信给堂弟郑墨。其中,谈及命理甚精的杨典史儿子和命学尤精的湖州太守李堂曾为其算命,称其65岁方行大运,为内京官,掌生杀;并说他65岁后还会生子,扬名发财。令人想不到的是,郑燮对这些话竟然信以为真,甚至叮嘱郑墨将此次算命之事说给家人听。窃以为,为郑燮算命者所说的这些话,无非是讨好郑燮的阿谀奉承之语,郑燮本不该当真。事实证明,郑燮65岁后,既没有再入官场出任官职,也没有再生儿子。郑燮在《致墨弟书》中写道:

> 一到杭州即访杨四衙,其子一贫彻骨。嗟乎!兴化人笑我不会寻钱,岂知我之所以养身养财者,固自有道乎?杨四衙儿子命理甚精,比俗流欲高数等,谓我这五年是晦气,乃知孟周之言亦不灵也。我六十五岁方大行运,与前不同,当为内京官,掌生

杀。湖州太守命学尤精，谓我六十五后生子，扬名发财。其命章带与你看。若果如此，吾弟可无忧窘隘矣。个个算命人皆如此说，而杨、李二公谈得最为亲切有理，咬牙顿口不差。可与太太、两嫂子并大女、二女说也。兄燮又与墨弟。

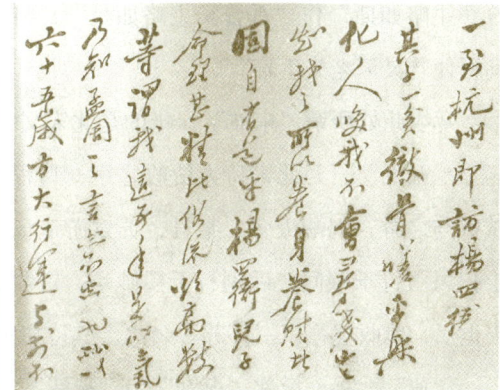
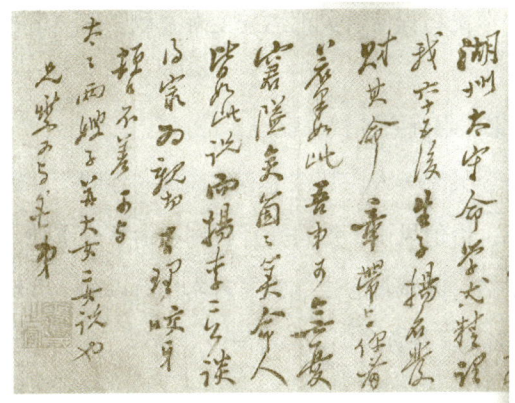

· 郑燮《致墨弟书》墨迹

"杨四衙"，指的是郑燮任范县知县时，于县衙掌管缉捕、监狱之事的杨典史。

"孟周"，指工词謦人陈孟周。郑燮任范县知县时，曾作《题陈孟周词后》诗。

"太太"，指的是郑燮的婶母，即郑墨的母亲；"两嫂子"，指的是郭氏和饶氏；"大女、二女"，指的是郑燮与原配徐氏所生的两个女儿。

前面讲过，当杨典史因病辞职返回家乡杭州时，郑燮曾画盆兰赠杨典史，并作《画盆兰送杨典史谢病归杭州》诗为之送行。然当郑燮此次一到杭州即前去拜访杨典史时，杨典史早已因病去世，不在人间了。杨典史的子孙提及当年郑燮画赠杨典史《盆兰》被人强行攫去，央求郑燮补画一幅，郑燮乃为杨典史子孙补画《盆兰》一幅并题记：

画盆兰送范县杨典史谢病归杭州，题曰："兰花不合到山东，谁识幽芳动远空？画个盆儿载回去，栽他南北两高峰。"后被好事者攫去，杨甚愠之。又十馀年，余过杭，而杨公已下世久矣。其子孙述故，乞更画一幅补之。既题前作，又系一诗曰："相思无计托花魂，飘入西湖叩墓门。为道老夫重展笔，依然兰子又兰孙。"

是年五月，郑燮在湖州游览时，恰逢乌程知县孙扩图寿辰，郑燮作《赠济宁乌程知县孙扩图（灵汇）二首》为之祝寿。其中写道：

吴兴山水几家诗，最好官闲弄笔时。寄取东坡与耘老，吾曹宾主略如斯。

六千三万太湖波，七十二峰高峨峨。祝君寿嘏晋君酒，苕霅重添百叵罗。

乾隆甲戌蕤宾之月，奉祝乌程使君灵汇老先生寿并政。板桥弟郑燮。

卞孝萱《郑板桥全集》（增补本）将其题作《祝孙灵汇寿》。上古版《郑板桥集》将"吾曹宾主略如斯"作"吾曹宾主略如是"，将"奉祝乌程使君灵汇老先生寿并政"作"奉祝乌程使君灵汇老先生寿"。

郑燮此处所谓"东坡"，指的是北宋文学家、书画家苏轼。

"耘老"，乃北宋诗人贾收之字，乌程（今吴兴）人。其住宅有水阁曰"浮晖"。苏轼曾与之游，倡酬极多。某日，苏轼游道场回，恰值风雨，泊舟登浮晖阁，命官奴秉烛，绘扫风雨竹于壁间，后刻石于墨妙亭。贾收素贫，苏轼每念之，尝写古木怪石以赠。苏轼去世后，贾收建亭以"怀苏"名之。其诗集定名为《怀苏集》。

"嘏"，福。后称"祝寿"为"祝嘏"。

"苕霅"，指的是流经浙江吴兴的苕溪、霅溪。此处代指吴兴。

"叵罗"，指的是敞口浅杯的酒卮。

郑燮返回扬州后，心情舒畅，精神大振，进入诗书画艺术创作的又一个高峰期。

是年六月十八日，郑燮于雨中以石为君，以数片叶点缀作《竹石图》，并题记：

竹少石多，竹小石大，直是以石为君，聊复以数片叶点缀之耳。

画竹何须千万枝，两三片叶峭撑持。千秋不改嵩衡岱，不靠青山却靠谁？

乾隆十九年六月十八日雨中，板桥道人郑燮画并题。

周积寅《郑板桥年谱》，将郑燮诗中"千秋不改嵩衡岱"误作"千秋不改嵩衡岳"。

"嵩"，指"中岳"嵩山；"衡"，指"南岳"衡山；"岱"，指"东岳"泰山。

是年八月，李鱓于兴化浮沤馆作《墨竹图页》。

是年重阳节，郑燮应渐老年兄属求，为其作《竹石图轴》，并于题记中宣扬作画"不泥古法，不执己见，惟在活而已矣"的主张。其中写道：

昔东坡居士作枯木竹石，使有枯木石而无竹，则黯然无色矣。余作竹作石，固无取于枯木也。意在画竹，则竹为主，以石辅之。今石反大于竹，多于竹，又出于格外也。不泥古法，不执己见，惟在活而已矣。

渐老年兄属。乾隆甲戌重九日，板桥郑燮画。

是年九月二十一日，郑燮为绍翁年学长兄作《竹枝大幅》，于其上题记：

新霜昨夜满沙洲，竹叶青青色更遒。贯彻四（气）时浑一气，不知天地有清秋。绍翁年学老长兄先生教画。板桥居士弟郑燮，乾隆甲戌九月二十有一日漫笔。

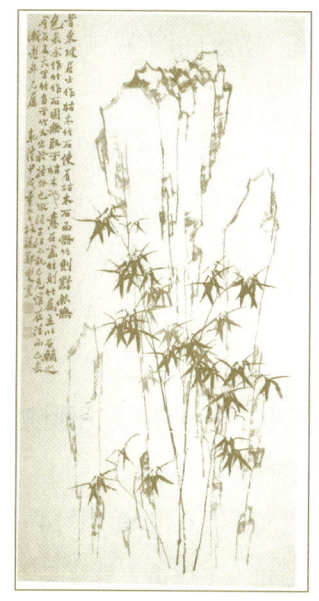

· 郑燮为渐老年兄作《竹石图轴》

通过郑燮此幅墨迹可知，其诗中"贯彻四（气）时浑一气"句，衍一"气"字，因此将其以括号括之。周积寅《郑板桥年谱》，将郑燮落款中的"绍翁年学老长兄"误作"绍翁年学长兄"。

是年九月二十九日，郑燮与汪堂、药根上人等十余人同集百尺楼，分韵赋诗。汪堂在《水香村野诗》中对此记云："甲戌杪秋小尽日，招同郑板桥、缪客船、黄北坨、萧邓林、张煦斋、陶韵亭、金麟洲、廖禹门、沈玉崖、方竹楼、方介亭、徐荔村、药根上人集百尺楼，以赵嘏'残星几点雁横塞，长笛一声人倚楼'句分韵，得'人'字。"

是年十月，郑燮作《墨兰图轴》，并于题记中记述学习画兰的经历与感悟。其中写道：

予作兰有年，大率以陈古白先生为法。及来扬州，见石涛和尚墨花，横绝一时，心善之而弗学，谓其过纵，与之自不同路。又见颜君尊五，笔极活，墨极秀，不求异奇，自有一种新气。又有友人陈松亭，秀劲拔俗，矫然自名其家，遂欲仿之。兹所飘擎，其在颜、陈之间乎，然要不知似不似也。

乾隆甲戌十月，板桥郑燮画并记。

陈古白，乃明画家、吴（今苏州）人陈元素。生卒年不详，约在万历至崇祯间。善画墨兰。

颜尊五，生平不详。

陈松亭，乃清画家陈馥。郑燮曾与陈馥合作《苔石图轴》，郑燮画石，并于其上题记：

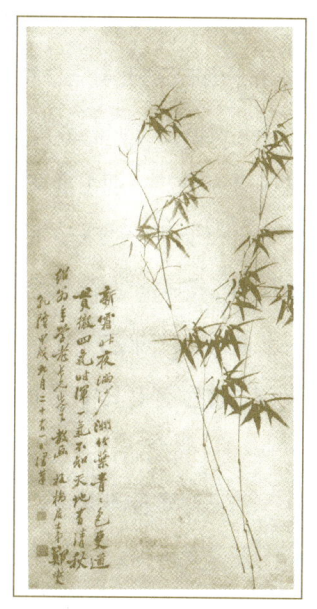

· 郑燮为绍翁年学老长兄作《竹枝大幅》

> 郑家画石，陈家点苔。出二妙手，成此峦岩。傍人不解，何处飞来。
>
> 陈馥、郑燮画并题。

通过天津市艺术博物馆藏郑燮为续名桥书《道情词卷》墨迹可知，乾隆十九年郑燮曾去过潍县一次，并于潍县官斋为续名桥以真行相杂书《道情词卷》。郑燮于其上跋曰：

> 名桥续大哥，二十年前相好于京师，见予《道情十首》，嘱书小楷二纸，其一纸尤楷者，盖奉老伯雁峰先生也。老伯爱余书画诗词特甚，故敬书之。今几年事，名桥宦游，封公舍其禄邮书复索重写。老不能漫楷，真行相杂，勿罪也。
>
> 乾隆十九年，板桥郑燮书于潍县官斋。

乾隆十九年甲戌（1754）十二月十八日卯时，郑墨与陆氏之子降生，取名郑田，字砚耕。后来，郑墨考虑到堂兄郑燮年事已高，生子无望，遂将其子郑田过继给郑燮以嗣。

是年，伊秉绶生；吴敬梓（1701—1754）卒，享年54岁。是年，纪昀（1724—1805）、王昶（1724—1806）、钱大昕（1728—1801）中进士。王昶，字德甫，号兰泉，江苏青浦（今属上海市）人。早有诗名，系"吴中七子"之一。乾隆皇帝南巡，召试一等。历官内阁中书、郎中、刑部右侍郎。曾参与纂修《大清一统志》《续三通》。著有《春融堂诗文集》。辑著《金石粹编》《明词综》《国朝词综》等多种。是年，李培源拔贡，官训导。重修《兴化县志》卷八载："李培源，字道园，一字蕙亩。乾隆十九年贡，任霍山训导。工书，力追颜平原。尝言：'作字须读书数日，方可落笔。'郑燮推为邑中三百年楷书第一。镌印章亦精妙。雍正辛亥，纂修《江南通志》，应当事聘，参订成编。生平多识前言往行，游四方，交贤士大夫，见闻益广。为人端严，颦笑不苟，乡人望而生敬。学赡才优，能任艰巨事。终老广文。至今文辞书翰，人争宝藏。"

乾隆二十年乙亥（1755），郑燮63岁。是年清秋，郑燮为老年学兄作《行书节录苏轼尺牍二首轴》。其中写道：

> 江边弄水挑菜，便过一日。若圣恩许假南归，得款段一仆，与子众丈、杨宗文之流，往来瑞草桥，夜还何村，与君对坐庄门，吃瓜子炒豆，此乐竟何极也。
>
> 岭海八年，亲友旷绝，亦未尝关念，独念吾元章迈往凌云之气，清雄绝世之文，超妙入神之字，何时一见之，以洗我胸中尘垢邪！今真见之，余复何言。

老年学兄。乾隆乙亥清秋,板桥郑燮书。

第一段录自苏轼因乌台诗案被贬黄州时写给妻弟王元直的书信。文字有所删改。《苏东坡全集·续集卷五·与王元直》原文写道:"黄州真在井底,杳不闻乡国信息……江上弄水挑菜,便过一日……或圣恩许归田里,得款段一仆,与子众丈、杨宗文之流,往来瑞草桥,夜还何村,与君对坐庄门,吃瓜子、炒豆,不知当复有此日否……"

苏轼《东坡题跋》卷六《书赠王元直》:"王箴,字元直,小名三老,小字惇叔。元祐四年十月十八日夜,与王元直饮酒,掇荠菜食之,甚美,颇忆蜀中巢菜,怅然久之。"苏轼文中提及的"子众",即王元直之叔父王庆源字,亦即苏轼之叔丈人。杨宗文,一作杨文宗,乃苏轼之长辈。

第二段录自《苏东坡全集·续集卷七·与米元章九首》中的第一首,文字也稍有改动。原文写道:"岭海八年,亲友旷绝,亦未尝关念。独念吾元章迈往凌云之气,清雄绝世之文,超妙入神之字,何时见之,以洗我积岁瘴毒耶!今真见之矣,余无足言者。"

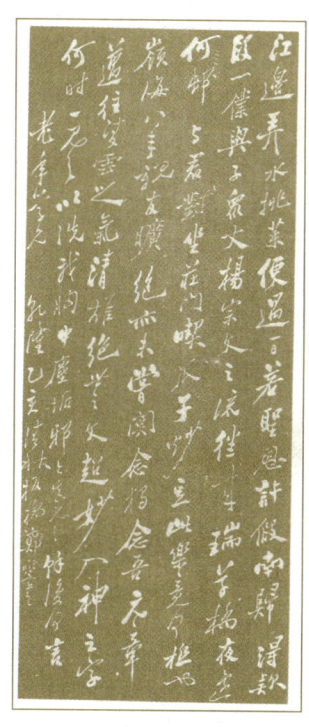

· 郑燮《行书节录苏轼尺牍二首轴》

郑燮对苏轼一向情有独钟、崇敬有加,经常在为好友书写的文辞中摘录苏轼的文句。例如,郑燮在为东山老先生所书《坡公小品》中,也照录为老年学兄作《行书节录苏轼尺牍二首轴》中的第一段,不过将"若圣恩许假南归"改为"何时圣恩许归乡里"。详见墨迹。

郑燮对古人关于书法美学的品鉴论议,一向十分看重,也多次书写。是年,郑燮又从萧衍《古今书人优劣评》中选择数人,对其原文略加改动,作《行书论书》。其中写道:

· 郑燮为东山老先生书《坡公小品》墨迹(局部)

钟繇书如云鹤游天，群鸿戏海，行间茂密，实亦难过邪。张伯英书如武帝好道，凭（憑）虚欲仙。萧思话书如舞女低腰，仙人啸树。王右军书字势雄强，如龙跳天门，虎卧凤阁，故历代宝之，永以为则。钟司徒书有十二种。

板桥郑燮。乾隆乙亥。

是年冬，郑燮又作《行书书评轴》。其中写道：

张伯英书如龙威虎震，剑拔弩张；卫夫人书如插花舞女，援镜笑春；王右军书如龙跳天门，虎卧凤阙，故历代宝之，永以为则。

乾隆乙亥冬，板桥郑燮。

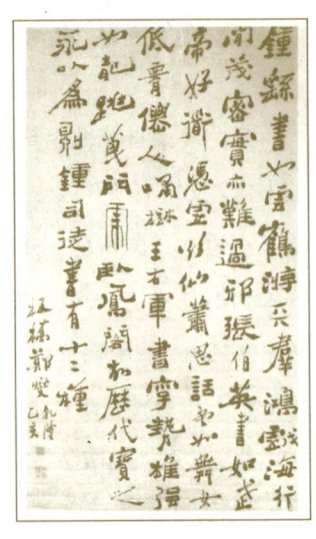

· 郑燮《行书论书》

郑燮所书这段文字，出自袁昂《古今书评》和萧衍《古今书人优劣评》而略有变更。

郑燮对古代得道诗僧的诗作词作也十分仰慕，并书写不辍。是年，郑燮选择多位诗僧名篇佳作精心书写的书作，诚可谓件件精品，从中足见其摆脱官场束缚后，日子过得舒坦悠哉、有滋有味、神完气足。

郑燮在其选录宋代僧人释法常《答盐官齐安国师见招二首》之二并略加改动后所作的《行书七绝诗》中写道：

一池荷叶衣无尽，满地松华食有余。刚被世人知住处，却移茅屋向深居。

乾隆乙亥，板桥郑燮书。

是年，郑燮又选录明代僧人圆悟《金山》诗，作《行书七绝诗》。其中写道：

波中滟出始昂头，劈破长江两道流。隔岸红尘飞不到，三三两两渡人舟。

· 郑燮《行书七绝诗》

· 郑燮《行书七绝诗》

乾隆乙亥，板桥郑燮书。

是年冬，郑燮又选录宋代黄庚《池荷》和苏轼《戏答佛印》诗，对其文字略加改动，作《行书七绝二首》。其中写道：

红藕花多映碧栏，秋风初起易凋残。池塘一段荣枯事，都被沙鸥冷眼看。

远公沽酒醉陶潜，佛印烧猪待子瞻。采得百花成蜜后，不知辛苦为谁甜。

乾隆乙亥冬，板桥居士郑燮。

是年，郑燮作《墨竹图轴》，并于其上题记：

直干千秋无妄曲，儿孙个个总成龙。

乾隆乙亥，写似，板桥郑燮。

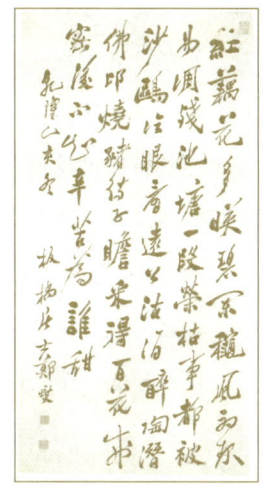

·郑燮《行书七绝二首》

"扬州八怪"中的书画家们，时常借聚在一起聊天交流的机会，合作书画。是年，郑燮即与李鱓、李方膺合作《三友图》。郑燮于其上题记：

复堂奇笔画老松，晴江干墨插梅兄。板桥学写风来竹，图成三友祝何翁。

乾隆乙亥，郑燮并题。

是年立夏后六日，李方膺作《墨梅图卷》，其上有金农、袁枚以及乾隆二十五年郑燮所作题跋。周积寅在其所著《郑板桥》中，将李方膺作此幅《墨梅图卷》的时间，误作"三月立夏后六日"。是年八月二日，李方膺于金陵借园作《梅花卷》。是年九月三日，李方膺卒于南通，享年61岁，他与郑燮、李鱓合作的《三友图》，成为绝唱。

袁枚在《小仓山房文集·李晴江墓志铭》中写道："乾隆甲戌秋，李君晴江以疾还通州。徙月，其奴鲁元手君书来曰：'方膺归里两日，病笃矣。今将出身本末及事状呈子才阁下。方膺生而无闻，藉子之文，光于幽宫，可乎？九月二日拜白。'读未竟，鲁元遽前跪泣曰：'此吾主死之前一日，命元扶起，力疾书也。'呜呼！晴江授我矣，其何敢辞！"由此可见，袁枚于此将李方膺卒年乾隆二十年乙亥误记为乾隆十九年甲戌九月三日，将其提前了整整一年。

前面说过，李方膺生前与郑燮友善交厚，其艺术观点也颇为相似。例如，郑燮主张作画应该"胸无成竹"，李方膺为此曾刻"胸无成竹"常用印；郑燮曾书"深心托毫素，努力爱春华"五言联，李方膺为此便刻"深心托毫素"常用印。郑燮在其所作《盆兰图轴》上题记："买块兰花要整根，神完力足长儿孙。莫嫌今岁花犹少，请看明年花满盆。"李方膺在其所作的《盆兰图轴》题记中，也基本与此相似，仅将"今岁花犹少"改作"此日银芽少"，将"请看明年花满盆"改作"只待来年发满（盆）"。

李方膺还曾在自己画作《欲栽买盆图册页》上，抄录郑燮《画盆兰送杨典史谢病归杭州》诗句，题记："买个盆儿带回去，栽它南北两高峰。板桥送友人归越句，余录以赠之。"

作为好友，郑燮也经常为李方膺画作题跋。郑燮曾在李方膺所作《墨竹》上题记：

此二竿可以为箫，可以为笛，必须凿出孔窍。然世间之物，与其有孔窍，不若没孔窍之为妙也。晴江道人画数片叶以遮之，亦曰免其穿凿。

郑燮还曾在与李方膺合作的《墨竹册页》上题记：

一枝瘦影横窗前，昨夜东风雨太颠。不是傍人扶不起，须知酣醉欲成眠。

李晴江画，郑板桥题。

是年，郑燮的许多好友病殁。除了李方膺，马曰琯和沈凤也于是年辞世。沈凤辞世时，享年71岁。马曰琯辞世时，享年68岁。

马曰琯生前与郑燮过从甚密，时常互赠书画。郑燮曾在《为马秋玉画扇》中写道：

缩写修篁小扇中，一般落落有清风。墙东便是行庵竹，长向君家学化工。时余客枝上村，隔壁即马氏行庵也。

小院茅堂近郭门，科头竟日拥山尊。夜来叶上萧萧雨，窗外新栽竹数根。燮常以此题画，而非我诗也。吾师陆种园先生好写此诗，而亦非先生之作也。想前贤有此，未考厥姓名耳。特注明于此，以为吾曹攘善之戒。

余画大幅竹好画水，水与竹，性相近也。少陵云："懒性从来水竹居。"又曰："映竹水穿沙。"此非明证乎！渭川千亩，淇泉绿竹。西北且然，况潇湘云梦之间，洞庭青草之外，何在非水，何在非竹也！余少时读书真州之毛家桥，日在竹中闲步。潮去则湿泥软沙,潮来则溶溶漾漾,水浅沙明,绿荫澄鲜可爱。时有鯈鱼数十头,自池中溢出,游戏于竹根短草之间,与余乐也。未赋一诗,心常痒痒。今乃补之曰:风晴日午千林竹,野水穿林入林腹。绝无波浪自生纹,时有轻鯈戏相逐。日影天光暂一开,青枝碧叶还遮覆。老夫爱此饮一掬,心肺寒僵变成绿。展纸挥毫为巨幅,十丈长笺三斗墨。日短夜长继以烛,夜半如闻风声、竹声、水声秋肃肃。

周积寅《郑板桥年谱》和卞孝萱《郑板桥全集》(增补本),皆将郑燮文中"痒痒"作"养养"。

马曰琯也曾在《秋日题郑板桥墨竹画幅》中写道:"如君落落似晨星,相见时当清露零。赠我修篁何限意,两竿秋节一窗青。"

是年,李鱓定居扬州,并以古时饮酒器具"鱓"字,取代自己名字中的"鳝"字。

乾隆二十一年丙子(1756),郑燮64岁。是年二月三日,郑燮于竹西亭置办一桌酒席,邀请程绵庄、黄瘿瓢、李御、王文治、于文濬、金兆燕、张宾鹤等七人前来聚会,八人各携百钱以为永日之欢。午后,恰巧济南朱文震又赶至,遂为九人之会。由此,郑燮便乘兴作《九畹兰花》以纪其盛。郑燮于其上题记:

乾隆二十一年二月三日,予作一桌会,八人同席,各携百钱以为永日欢。座中三老人、五少年:白门程绵庄、七闽黄瘿瓢与燮为三老人;丹徒李御萝村、王文治梦楼、燕京于文濬石乡、全椒金兆燕棕亭、杭州张宾鹤仲谋为五少年。午后,济南朱文震青雷又至,遂为九人会。因画《九畹兰花》以纪其盛。诗曰:"天上文星与酒星,一时欢聚竹西亭。何劳芍药夸金带,自是千秋九畹青。"座上以绵庄为最长,故奉上程先生携去。

郑燮此处所谓"九畹兰花",源自《离骚》:"余既滋兰之九畹兮,又树蕙之百亩。"《说文》释曰:"畹,三十亩也。"

程绵庄(1691—1767),乃程廷祚之号,字启生,又号青溪居士,江苏江宁(一作上元,县治均在南京)人。平生专治经学。著有《青溪文集》十二卷,《续编》八卷。

黄瘿瓢,即黄慎(1687—1768后),号瘿瓢子。

李御(1712—1796),字琴夫,号萝村,晚号小花樵长,江苏丹徒人。邑诸生。能诗善书,轻科举,晚年贫苦,常寄迹僧寺道院中。著有《小花诗集》。

王文治(1730—1802),字禹卿,号梦楼,江苏丹徒人。乾隆二十五年进士,官云南临安知府。能诗善画,尤擅书法。著有《梦楼诗集》《赏雨轩题跋》等。王文治《梦楼诗集·丁香馆中集》卷五中有《为吴香亭题郑板桥画竹》诗云:"板桥道人老更狂,弃官落拓游淮阳。兴来散卓挥筼筜,风枝露叶相低昂。吴君何从得此本,尺幅之势千寻强。瘦干欲上转欹侧,如敲水槛送昼凉。却忆板桥始识我,竹西古寺园池荒。便命深缸共斟酌,月移邻篠来破墙。平生结交几老苍,江湖阻深道里长……"王文治诗中"却忆板桥始识我,竹西古寺园池荒。便命深缸共斟酌,月移邻篠来破墙"句,说的就是郑燮此次于竹西亭招饮之事。

于文潴,生平不详。

金兆燕(1719—1791),字钟樾(一作钟越),号棕亭,安徽全椒人。初以举人为扬州书院教授。乾隆三十一年进士,官国子监祭酒。晚年归扬州。工诗词,尤精元人散曲。郑燮曾作《赠孝廉金兆燕》诗,其中写道:

买得吴儿也姓徐,陈髯风调满诗余。老夫深愧巢民叟,不得金钱送后车。

张宾鹤,字尧峰,号云汀,浙江余杭人。为人不拘小节,时人谓之"张疯"。工诗善书。初客扬州,后落拓于京师。郑燮曾作《题张宾鹤西湖送别图》诗,其中写道:

西湖烟水不成秋,半是僧楼半酒楼。云外一帆挥手去,要看江海泊天流。

朱文震,前文已作介绍。

郑燮文中所谓"文星酒星",指的是参与郑燮聚会的上述九人。"文星"即文昌星,也称文曲星,旧时传说为主文运的星宿,又用以比拟著名的文人作家。"酒星"亦称酒旗星,一般借指善饮酒者。

"金带",指的是芍药珍品金带围,其花红瓣黄腰,多产自扬州。

此后,郑燮又找机会邀约李御、于文潴、张宾鹤、王文治等人会饮,并作《李御、于文潴、张宾鹤、王文治会饮》纪其事。其中写道:

黄金避我竟如仇,湖海英雄不自由。今日一杯明日别,订盟何得及沙鸥。

卞孝萱《郑板桥全集》(增补本),将郑燮此诗首句中的"仇"作"雠"。

斯时,郑燮书作也进入了创作旺盛期。相信读者通过下面展示的郑燮这个时期以不同书体创作的书作,足以领略郑燮的书作特色。

是年二月中旬,郑燮又有苏州之行。二月二十七日,郑燮在虎阜慈山楼书录古人所作

铭辞六则,为桥门年学兄作《隶书轴》。其中写道:

> 石墨相著而黑,邪心谗言,无得污白。皇皇唯敬,口口生垢。口戕口。与其溺于人也,宁溺于渊。溺于渊,犹可游也。溺于人,不可救也。火灭修容,慎戒必恭。恭则寿。恶乎危于忿疐。恶乎失道于嗜欲。恶乎相忘于富贵。毫毛茂茂,陷水可活,限文不可脱。
>
> 乾隆丙子仲春之月廿有七日,坐于虎阜之慈山楼,雨晴窗暖,为桥门年学兄作此幅,似八分非八分,不足观也。板桥郑燮。

· 郑燮为桥门年学兄作《隶书轴》

第一则铭辞,出自清代沈德潜《评选古诗源·古逸·书砚》。第二则,出自《大戴礼记·武王践阼·机之铭》。第三则,出自《评选古诗源·古逸·盥盘铭》。第四则,出自《评选古诗源·古逸·带铭》。第五则,出自《评选古诗源·古逸·杖铭》。其中第一句原文作"恶乎危于忿憓"。第六则,出自《评选古诗源·古逸·笔铭》。其中末句原文为"陷水可脱,限文不可活"。

是年暮春之夜,郑燮作《行书苏轼尺牍答贾耘老四首之四条幅》赠硕堂义子,于第三幅中写道:

> 今日舟中无他事,十指如悬槌,适有人致嘉酒,遂独饮一杯,醺然径醉。念贾处士贫甚,无以慰其意,因为作怪石古木一纸,每遇饥时,辄以开看,还能饱人否?吴兴有好事者,能为君月致酒三斗米三石终君之世者,便以与之。不尔,可令双荷叶收掌,须添丁长以付之也。
>
> 乾隆丙子春,为硕堂义子灯下作书,殊不称意,此其第三幅也,聊复尔尔,姑存之。板桥老人郑燮。

郑燮此幅所书文字,与《苏轼文集》卷五十七《尺牍·答贾耘老四首之四》中原文,稍有所异。郑燮将苏轼原文中"乃为"作"因为";将"辄一开看"作"辄以开看";将"若吴兴有好

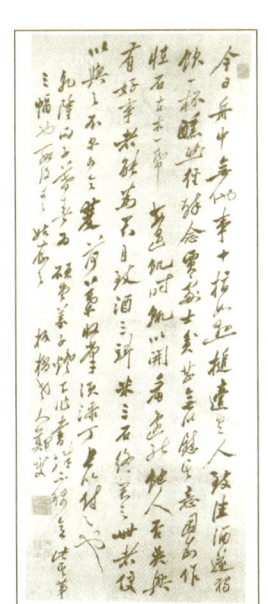

· 郑燮《行书苏轼尺牍答贾耘老四首之四条幅》之三

事者"作"吴兴有好事者";将"月致米三石酒三斗"作"月致酒三斗米三石";将"便以赠之"作"便以与之";将"不尔者"作"不尔"。

通过墨迹图片可知,郑燮此幅系为硕堂义子所书。周积寅《郑板桥年谱》将其误作"为顾堂义子灯下作书";并其中作[按]:"此文见《苏轼文集·尺牍·答贾耘老四首》卷五十七。新编《郑板桥全集》题名为《书宋人笔记赠顾堂义子》",其中"顾"字亦系"硕"字之误。

是年,郑燮又以行书录唐代李白《夜泊牛渚怀古》诗,作《行书唐诗轴》。其中写道:

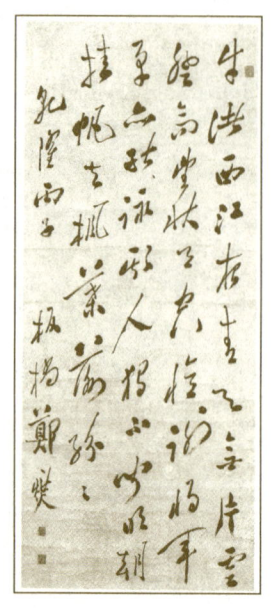

·郑燮《行书唐诗轴》

牛渚西江夜,青天无片云。登高望秋月,空忆谢将军。原亦能咏,斯人独不闻。明朝挂帆去,枫叶落纷纷。

乾隆丙子,板桥郑燮。

郑燮在书写古人诗文时常有改动,写李白这首诗也不例外。"登高望秋月"原文为"登舟望秋月","原亦能咏"原文作"余亦能高咏","斯人独不闻"原文作"斯人不可闻","明朝挂帆去"原文作"明朝挂帆席"。

郑燮虽善画兰,并于家中栽植兰花数十盆,以便亲近观赏临摹,然更喜欢那些生长在古涧巨壑之间适其天、全其性的野生兰花,并声称自己情愿高卧其间,与之相伴。是年四月十四日,郑燮于移情书屋为文翁老学长老长兄作《兰竹石轴》,于其上题记:

古人云:吾入芝兰之室,久而忘其香。夫芝兰入室,室则美矣,芝兰弗乐也。我愿处深山古涧之间,有芝不采,有兰不撷,各适其天,各全其性。乃为诗曰:高峰峻壁见芝兰,竹影遮斜几片寒。便以乾坤为巨室,老夫高枕卧其间。

乾隆丙子孟夏之月十有四日坐移情书屋,午饭清茶后写为文翁老学老长兄正画,板桥居士郑燮。

孟夏之月,指的是农历四月。

窃以为,郑燮落款中的"为文翁老学老长兄正画",在"文翁老学"后,或脱漏一个"长"字。从目前存世的郑燮墨迹来看,郑燮多次书写过上述题记,不过其中文字略有改动。由此可见，郑燮对自己这种观念之执着。例如，他在画赠绣章老长兄亲翁的《兰竹石图》上题记：

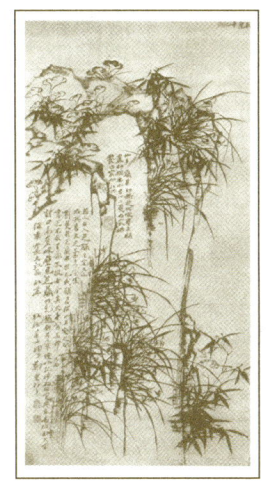

昔人云：入芝兰之室，久而忘其香。夫芝兰在室，室则美矣，芝兰弗乐也。我愿处深山巨壑之间，有芝不采，有兰不掇，各全其天，各安其命。乃为诗曰：高崖峻壁见芝兰，竹影遮斜几片寒。便以乾坤为巨室，与君高枕卧其间。

绣章老长兄亲翁政画。板桥居士姻弟郑燮拜手。

山多兰草却无芝，何处寻来问画师。总要向君心上觅，自家培养自家知。

板桥又题。

·郑燮画赠绣章老长兄亲翁的《兰竹石图》

郑燮后来在乾隆甲申（1764）时年72岁画赠诞敷年学兄的《兰竹石图》上，也书写了画赠绣章老长兄亲翁《兰竹石图》上题记的前一段。其中个别字又有改动。郑燮写道：

昔人云：入芝兰之室，久而忘其香。夫芝兰在室，室则美矣，芝兰弗乐也。我愿居深山大壑间，有芝弗采，有兰弗掇，各适其天，各正其命。乃为诗曰：高崖峻壁见芝兰，竹影遮斜几片寒。便以乾坤为巨室，老夫高枕卧其间。

诞敷年学兄黏壁，板桥郑燮奉寄。乾隆甲申。

是年夏五月，郑燮书《东坡居士题王定国所藏王晋卿画〈烟江叠嶂图〉诗》。由墨迹来看，其中写道：

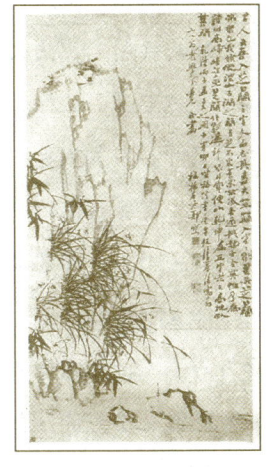

江上愁心千叠山，浮空积翠如云烟。山邪云邪远莫知，天空云散山依然。但见两崖苍苍暗绝谷，中有百道飞来泉。萦林络石隐复见，下赴谷口为奔川。川平山开林麓断，小桥野店依山前。行人稍渡乔木末，渔舟一叶江吞天。使君何从得此本，点缀毫分清妍。不知人间何处有此境，便欲往置二顷田。君不见武昌樊口幽绝处，东坡先生留五年。春风摇江漠漠，暮云卷雨山娟娟。丹枫翻鸦伴水宿，长松落雪惊醉眠。桃花流水在人世，武陵岂必皆神仙。江山清空我尘土，虽有去路寻无缘。还君此画三叹息，山中故人应有招我归来篇。

东坡居士题王定国所藏王晋卿画《烟江叠嶂图》诗。

·郑燮为文翁老学长老长兄作《兰竹石轴》

乾隆丙子夏五月板桥兄燮书此附四弟墨,世人何苦索攫使吾家无□□遗也。

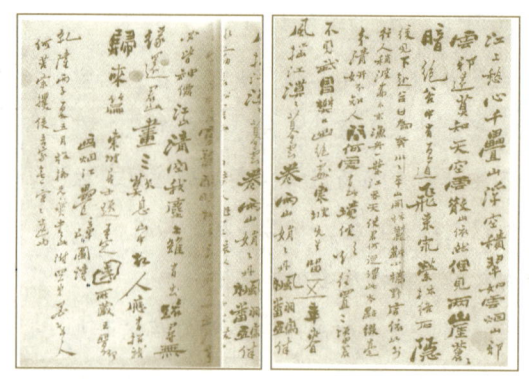

· 郑燮《东坡居士题王定国所藏王晋卿画〈烟江叠嶂图〉诗》

郑燮所书出自苏轼《书王定国所藏〈烟江叠嶂图〉诗》,在书写过程中对原文有改动。"山邪云邪远莫知,天空云散山依然",原文作"山耶云耶远莫知,烟空云散山依然";"行人稍渡乔木末",原文作"行人稍度乔木外";"点缀毫分清妍",原文作"点缀毫末分清妍";"便欲往置二顷田",原文作"径欲往买二顷田";"春风摇江漠漠",原文作"春风摇天漠漠"。

是年仲夏,郑燮借应请为兴化乡贤所著诗词文章作序撰跋的机会,向这些文艺才华出众的乡贤,表示自己的敬意。

郑燮在《李约社诗集·序》中,追忆自己当年于海棠盛放之时,从徐白斋、陆种园两位先生到李约社家拜访,命酒论诗为欢的情景,并对李约社后人心枯力竭搜集李约社遗著谋付欹劂之事,表示由衷赞叹。郑燮写道:

> 康熙间,吾邑有三诗人:徐公白斋、陆公种园、李公约社。徐诗颖秀,陆诗疏荡,李诗沉著。三君子相友善,又互为磋磨琢切,以底于成。徐则诗之外兼攻制艺,陆又以诗余擅场,惟约社先生专治诗,呕心吐肺,抉胆搜髓,不尽不休。燮以后辈,从徐、陆二公,谒约社于家。其时海棠盛放,命酒为欢。三公论诗,虽毫黍尺寸,不相假也。是后,燮薄游四方。三君子相次下世。及归,无一存者。乾隆丙子春,有女奴捧约社先生集,属序于燮,且传其主母冯夫人之命。夫人为约社子媳,守节三十年,食贫茹苦,抱遗书、旧砚、残毫、破卷,不敢废。今又以心枯力竭之余,谋付欹劂,不其伟哉!约社诗,一刻于南梁练氏公之女,再刻于冯夫人公之子媳。为李公者身后有人,亦不为不遇矣。种园词,扬州吴雨山刻之。白斋诗,未付梓人。安得好事者裒集三贤之诗,合刻一处,以大行于四方,然后取酒于海棠花下,酹前辈而告之成,岂不大快!然余老矣,未知此愿得遂否也。乾隆丙子仲夏,后学郑燮为叙。

郑燮在《王李四贤手卷跋》中，盛赞王李四贤为兴化诗字文章弁冕，当数十世宝贵之。郑燮写道：

> 物不旧，则火气逼人。古人之佳诗佳书，装潢于数十年之后，其纸皆有古色，书法诗意，更复杳然藐然也。王李四贤，为吾邑诗字文章弁冕，当数十世宝贵之。乾隆丙子，后学郑燮题。

"弁冕"皆是古代男子冠名，着通常礼服时用"弁"，着吉礼之服时用"冕"。

是年秋，郑燮书录唐代传奇小说作家李公佐和宋代苏轼诗，作《六分半书五言诗轴》，其中写道：

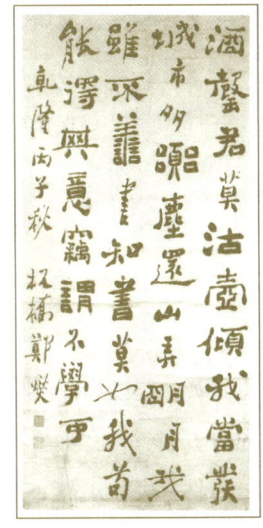

·郑燮《六分半书五言诗轴》

> 酒罄君莫沽，壶倾我当发。城市多嚣尘，还山弄明月。我虽不善书，知书莫如我。苟能得其意，窃谓不学可！
>
> 乾隆丙子秋，板桥郑燮。

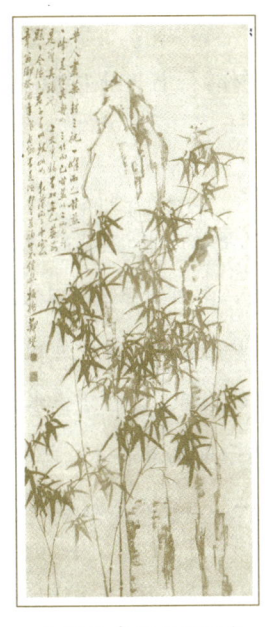

·郑燮为章翁乡祭酒年老长翁作《竹石图轴》

第一首系唐代李公佐诗《木客》，郑燮将原作中第一句"酒尽君莫沽"，改作"酒罄君莫沽"。第二首系宋代苏轼《次韵子由论书》中前两句，郑燮也改动了其中三个字。原文是："吾虽不善书，晓书莫如我。苟能得其意，常谓不学可！"

周积寅《郑板桥年谱》，将郑燮书此诗末句"窃谓不学可"误作"窃谓不学乎"。

是年冬，郑燮为章翁乡祭酒年老长翁作《竹石图轴》，并在题记中强调"有是德，即有是福"。郑燮写道：

> 昔人画华封三祝，一峰而已，兹益一峰，是增其寿也。三竹而已，兹益以二而为五，是增其福也。上天申锡，有加无已，盖为显显令德之君子有以致此也。
>
> 乾隆丙子冬，写似章翁乡祭酒年老长翁。有是德，即有是福，

岂不信然。板桥郑燮。

周积寅《郑板桥年谱》将"兹益以二而为五"误作"兹益以二为五";将"上天申锡"误作"上天申钖"。

"华封三祝",源自《庄子·天地》:"尧观乎华。华封人曰:'嘻,圣人,请祝圣人。使圣人寿。'尧曰:'辞。''使圣人富。'尧曰:'辞。''使圣人多男子。'尧曰:'辞。'"。此处所谓"华",乃地名,即今华州。"封人"者,谓华地守封疆之人。意思是说,传说唐尧游于华时,华封人曾祝其多寿、多富、多男子,均被尧一一辞绝。因此,旧时人们曾将"华封三祝",作为祝颂之辞。

"申锡"中的"申",乃表明之义;"锡",与,赐给之义。

是年,郑燮又为燕老年学兄作《行书绝句条幅》。其中写道:

宦海归来两鬓星,春风高卧竹西亭。虽然未遂凌云志,依旧江南一片青。

字似燕老年学兄教。板桥郑燮,乾隆丙子。

郑燮所书,与乾隆十八年春离别潍县返回扬州时所作"宦海归来两鬓星,故人怜我未凋零。春风写与平安竹,依旧江南一片青"相似,无非借此强调,尽管自己沉浮宦海数年也没有实现兼善天下的抱负,但在脱离官场藩篱后,吟诗作画书字,也照样轻松自在,舒适安逸。

郑燮对唐代诗人王维十分崇仰敬慕,时常书写王维诗文。是年,郑燮作《行书节录王维〈山中与裴秀才迪书〉轴》,向往王维描写的那种世外桃源。其中写道:

近腊月下,景气和畅,故山殊可过。足下方温经,猥不敢相烦,辄便往山中。憩感配寺,与山僧饭讫而去。北涉玄灞,清月映郭,夜登华子冈。辋水沦涟,与月上下。寒山远火,明灭林外。深巷寒犬,吠声如豹。村墟夜舂,复与疏钟相间。此时独坐,僮仆静默。多思曩昔,携手赋诗,步仄径,临清流也。当待春中,草木蔓发,春山可望。轻鯈出水,白鸥矫翼。露湿青皋,麦陇朝雊,斯之不远,倘能从我游乎?非子天机清妙者,岂能以此不急之务相邀,然是中有深趣矣!无忽。因驮黄檗人往,不一。山中人王维白。

乾隆丙子,板桥老人作。

据《中国古代书画图目》著录,郑燮此时还有《行书七言联》《行书苏轼文轴》以及《行书论书轴》等书作。

郑燮尤善画竹,并有独特的见解与体会。郑燮认为,在画竹时,胸中之竹并不是眼中之竹,而手中之竹又不是意中之竹。绘画过程,步步变相,莫可端倪,实乃天机流露,有莫知其然而然者。是年,郑燮于其所作的《露竹新晴图轴》题记中,重申了这种观点。郑燮写道:

客舍新晴,晨起看竹。露浮叶上,日在梢头,胸中勃勃,遂有画意。其实胸中之竹,并不是眼中之竹也。因而磨墨展纸运笔,又是一格。其实手中之竹,又不是意中之竹也。步步变相,莫可端倪,其天机流露,有莫知其然而然者,独画云乎哉!

乾隆丙子,板桥郑燮画并题。

其实,郑燮对于画竹的这种独特见解,并非临时起意,而是一以贯之。此前郑燮就认为,绘画所谓意在笔先者,定则也;趣在法外者,化机也。郑燮曾在自己所画《竹》上题记:

江馆清秋,晨起看竹,烟光日影露气,皆浮动于疏枝密叶之间。胸中勃勃,遂有画意。其实胸中之竹,并不是眼中之竹也。因而磨墨展纸,落笔倏作变相,手中之竹,又不是胸中之竹也。总之,意在笔先者,定则也;趣在法外者,化机也。独画云乎哉!

此后,郑燮进一步强化了这种观点。例如,郑燮《墨竹图》题记中写道:

未画以前,胸中无一竹。既画以后,胸中不留一竹。方其画时,如阴阳二气,挺然怒生,抽而为笋为篁,散而为枝,展而为叶,实莫知其然而然。韩幹画御马,云:天厩中十万匹,皆吾师也。予客居天宁寺西杏园,亦曰:后园竹十万个,皆吾师也,复何师乎?板桥郑燮。

卞孝萱《郑板桥全集》(增补本),将郑燮此幅《墨竹图》落款"板桥郑燮"误作"板桥"。

是年,郑燮屡应诸位学兄恳请,为之作画。他在为澄轩年学兄所作的《竹石图轴》上题记:

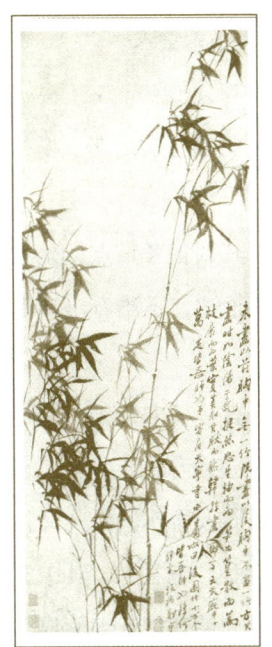

· 郑燮《墨竹图》

昨在西湖，过六桥，入小有天园，上南屏山，丛篁密筱，嵌岩充谷，牵衣挽裾，满身皆湿翠也。归而绘其意，并题诗曰：昨自西湖烂醉归，满山细竹乱牵衣。回舟已下金沙港，翘首清风在翠微。

乾隆丙子。澄轩年学兄雅鉴。板桥郑燮。

是年，郑燮还为刘母卞太君八十荣庆暨青藜年学兄作《兰竹石图》并题记：

南山献寿高千尺，劲节清风觉更高。积行人家天所祐，兰孙蕙种自能饶。

乾隆丙子，写祝刘母卞太君八十荣庆暨青藜年学兄教可。板桥郑燮。

· 郑燮为刘母卞太君八十荣庆暨青藜年学兄作《兰竹石图》

是年六月一日，金农在扬州昔耶之庐画梅。是年七月，李鱓居扬州天宁寺。

是年，罗聘葬父母于金牛山下，因号"金牛山人"。是年，华喦卒，享年75岁。郑燮与华喦也是交厚好友，曾在《题华喦画浣纱溪扇面》上题记：

杨柳桃花几度春，隔溪歌舞认前身。吴宫滋味如纱薄，洗尽江山是美人。

乾隆二十二年丁丑（1757），郑燮65岁。是年正月，乾隆皇帝弘历第二次南巡。扬州盐商富豪为了迎奉乾隆皇帝，特地建筑了莲花桥。

古代科举考试题目，皆出自四书五经。郑燮或许是应他人请求为其划备考重点，是年正月二十三日夜晚，于灯下作《行书书目横披》。通过这份书目及其论述，不难看出郑燮对儒家经典所持的基本观点和态度。

《诗经》，是我国最早的诗歌总集，收集和保存了古代诗歌305首。《书经》，又称为《尚书》，相传由孔子编选成书，系上古历史典籍和古人追述古代事迹著作的汇编。《易经》，系通过八卦形式推算预测自然和社会变化的古代典籍，相传系周人所作，因此又称为《周易》。《礼经》，系指儒家经典《周礼》《仪礼》《礼记》，合称"三礼"。其中，《周礼》相传系周公搜集周王室及战国时代官制、社会制度并附会儒家政治理想汇编而成。一说系战国时代作品。《仪礼》，相传系孔子采集周代流传下来的关于士冠、乡饮、聘礼、丧服、祭祀等基本礼仪编纂而成，是封建社会制定礼制的重要依据。《礼记》，系解释《仪礼》的资料汇编，内容多采自先秦旧籍。《礼记》分为两部，由西汉戴圣所编者世称《小戴礼记》，由西汉戴圣的叔叔戴德所辑之本被称为《大戴礼记》。后代所指"六经"中的《礼》，一般多指《礼记》而言。《春秋》，相传系由孔子根据鲁国史籍整理删定而成的一部编年体史书，此后解说注释《春秋》的《春秋左氏传》《春秋公羊传》《春秋穀梁传》合称为"春秋三传"。

郑燮在《行书书目横披》中写道：

二典、三谟、《禹贡》《洪范》《旅獒》《周官》《武成》。

"七月流火"、《楚茨》《南山》《甫田》《大田》《良耜》《丰年》、莫春、"笃公刘""绵绵瓜瓞""皇矣上帝""厥初生民"，大率《鹿鸣》二十二章，《文王》十八章，并《由庚》《华黍》。小注，是常需之典赡也。诗几章，章几句，其下小字一段，名为小序，最是好典。

《月令》《礼运》《玉藻》《文王世子》《乐记》《檀弓》上下，直须全读，文至理醇，经学、史学之宗祖也。

《乾》《坤》二卦全，上下《系传》全。

《春秋》只读"三传"，而"三传"又以"左氏"为最。先取□大戟读之，次观辞令之妙，次观古博处，如郑子纪官，晏子论和同，及爽鸠、季蔚萴之旧，祝鮀长卫于蔡，又藉谈举典，季文子论□凯，子产论参商，又有火□，又有珠玉、宝玩，罔不备也。子产一人文便有三四十篇，绝妙。

《国语》中，吴、越最丽辣。

乾隆丁丑正月二十三日灯下，板桥道人。

郑燮此处所谓"二典"，指的是《书经·虞书》中的《尧典》和《舜典》。"三谟"，指的是《书经·虞书》中的《大禹谟》《皋陶谟》和《益稷》。《禹贡》，系《书经·夏书》中的篇名。《洪范》《旅獒》《武成》，系《书经·周书》中的三篇名。《周官》，系《书经·周书》中的篇名。周积寅《郑板桥年谱》在是年注①中写道："周官，即《周礼》，亦称《周官经》。儒家经典之一。"误。《书经》卷六在《周官》下注曰："成王训迪百官，史录其言，以《周官》名之。亦训体也。今文无。古文有。按此篇与今《周礼》不同。如三公、三孤，《周礼》皆不载。或谓公、孤兼官无正职，故不载。然三公论道经邦，三孤贰公弘化，非职乎？职任之大，无踰此矣。"

"七月流火",乃《诗经·豳风·七月》之首句。《楚茨》《甫田》《大田》,系《诗经·小雅·北山之什》三篇名。《良耜》,系《诗经·大雅·周颂闵予小子之什》篇名。《丰年》,系《诗经·大雅·周颂臣工之什》篇名。"莫春",源自《诗经·周颂臣工之什·臣工》中"维莫之春"句。"笃公刘",乃《诗经·大雅·生民之计·公刘》之首句。"绵绵瓜瓞",系《诗经·大雅·文王之什·绵》之首句。"皇矣上帝",系《诗经·大雅·文王之什·皇矣》之首句。"厥初生民",系《诗经·大雅·生民之什·生民》之首句。《鹿鸣》,系《诗经·小雅·鹿鸣之什》中的篇名。《由庚》《华黍》,系《诗经·小雅·白华之什》中的两篇名。周积寅《郑板桥年谱》在是年注②中将《华黍》误作《华忝》。《文王》,系《诗经·大雅·文王之什》中的篇名。

《月令》《礼运》《玉藻》《文王世子》《乐记》和《檀弓》上下,皆《礼记》篇名。

《乾》《坤》,皆系《周易》篇名。《系传》,即《系辞》,又名《系辞传》,亦系《周易》篇名。

"三传",系指解说注释《春秋》的《春秋左氏传》《春秋公羊传》《春秋穀梁传》,合称为"春秋三传"。

"郯子",系郯国之君,昭公时朝鲁,尝与叔孙昭子论少皞氏以鸟名官之故。仲尼师之。

"晏子",即晏婴(？—前500)。春秋时齐国大夫。历仕灵公、庄公、景公三世。曾奉景公命使晋联姻,与晋大夫叔向议论齐政,预言齐国政权终将为田氏所取代。

"爽鸠",亦作"鹪鸠"。鹰类。《左传·昭公十七年》:"爽鸠氏,司寇也。"按少皞氏帝挚,用鸟作官名,"爽鸠氏"为掌刑狱之官。

"季荝",《左传·昭公二十年》:"昔爽鸠氏始居此地。季前因之。"注:"季荝,虞夏诸侯,代爽鸠氏者。"

"祝鮀",即祝佗,字子鱼,春秋卫人。官大祝,孔子称其佞。

季文子(？—前568),春秋时鲁国执政。季孙氏,字行父。历相宣公、成公、襄公。

子产(？—前522),即公孙侨、公孙成子。春秋时政治家。

"参商",指的是星宿中位于"斗宿"西东两侧的"参宿"和"商宿"。古代神话传说,高辛氏二子不睦,因迁于两地,分主参、商二星。后人以此比喻兄弟不睦。

是年三月初三日,时任两淮转运使的卢见曾,在扬州主持盛大的红桥修禊。红桥,即虹桥,在保障湖中。所谓"保障湖",即如今人们所说的位于扬州市城西北郊的"瘦西湖"。《府志》云:"在北门外。一名虹桥。朱阑跨岸,绿杨盈堤,酒帘掩映,为郡城胜游地。"

《扬州画舫录》卷十对卢见曾此次在扬州主持盛大的红桥修禊一事记载道:"卢见曾,字抱孙,号雅雨山人,山东德州人……康熙辛丑进士,官知县,入祀乡贤。著有《公余漫草》

《清福堂遗稿》。公工诗文。性度高廓，不拘小节，形貌矮瘦，时人谓之'矮卢'。辛卯举人，历官至两淮转运使。筑苏亭于使署，日与诗人相酬咏，一时文谦盛于江南……丁丑修禊虹桥，作七言律诗四首云……其时和修禊韵者七千余人。编次得三百余卷。"

卢见曾主持此次盛大红桥修禊时，郑燮亦参与其会，并作《和雅雨山人红桥修禊卢讳见曾》诗四首。其中写道：

一线莎堤一叶舟，柳浓莺脆恣淹留。雨晴芍药弥江县，水长秦淮似蒋州。薄幸春光容易老，迁延诗债几时酬？使君高唱凌颜谢，独立吴山顶上头。

年来修禊让今年，太液昆池在眼前。迥起楼台回水曲，直铺金翠到山巅。花因露重留蝴蝶，笛怕春归恋画船。多谢西南新月挂，一钩清影暗中圆。

十里亭池一水通，俨开银钥日华东。逶迤碧草长杨道，静悄朱帘上苑风。天净有云皆锦绣，树深无雨亦溟蒙。《甘泉》《羽猎》应须赋，雅什先排禊帖中。

草头初日露华明，已有游船歌板声。词客关河千里至，使君风度百年清。青山骏马旌旗队，翠袖香车绣画城。十二红楼都倚醉，夜归疑听景阳更。

"秦淮"，即今江苏南部秦淮河，于南京市注入长江。杜牧有《泊秦淮》诗。

蒋州，隋开皇九年（589）以丹阳郡改置，治所在石头城（今江苏南京市西清凉山）。大业三年（607）复为丹阳郡。唐武德三年（620）改名扬州，七年（624）又改为蒋州，次年又复名扬州。

"使君"，本为汉时对太守或刺史的称谓。卢见曾时任两淮盐运使，故称其为使君。

"颜谢"，指的是南朝刘宋时著名诗人颜延之与谢灵运。

吴山，指的是江苏一带诸山。

"太液昆池"，指的是汉武帝时开凿的太液池和昆明池。旧址一在今西安市西北，一在西南。郑燮此处用来比喻保障湖（今瘦西湖）。

"银钥"，即银色的钥匙。此处用来形容保障湖的模样。"日华"，系汉宫殿名。

"长杨"，本秦旧宫，汉时修葺，并取宫中垂杨以命名。

"上苑"，即汉代皇家园囿上林苑。隋炀帝在江都西北九里大仪乡筑西苑，亦名上林。

《甘泉》《羽猎》，系西汉扬雄（前53—18）所作的二篇赋名。

"雅什"，《诗经》之《大雅》和《小雅》均以十篇为卷，称雅什。此处指红桥修禊唱和的诗歌。"禊帖"，修禊时记录诗词歌赋的帖子。

"十二红楼"，指扬州有名的歌楼妓馆。

"景阳更",指的是南朝齐武帝萧颐于宫中所建景阳钟楼,令宫人闻钟梳妆。

以上四首作毕之后,郑燮又作《再和卢雅雨》诗四首:

广陵三日放轻舟,渐老春光尚小留。才子新诗高白傅,故园名酒载青州。公山东人。花因近席枝偏亚,人有凭阑句未酬。隔岸湔裙诸女伴,一时欣望尽回头。

莫以青年笑老年,老怀豪宕倍从前。张筵赌酒还通夕,策马登山直到巅。落日澄霞江外树,鲜鱼晚饭越中船。风光可乐须行乐,梅豆青青渐已圆。

别港朱桥面面通,画船西去又还东。曲而又曲邗沟水,温且微温上巳风。放鸭洲边烟漠漠,卖花声里雨濛濛。关心民瘼尤堪慰,麦陇青葱入望中。

新月微微一线明,衔山低树傍歌声。烟横碧落春星淡,露满宫楼夜气清。皂隶解吟笺上句,舆台沾醉柳边城。归途莫漫频呕喝,花漏东丁已二更。

郑燮此处所谓"渐老春光",意思是说,修禊在三月,时已暮春。

"白傅",指的是唐代大诗人白居易(772—846),生前曾为太子少傅,死后赠太傅。

"上巳",指的是俗称"三月三"的上巳节。旧俗人们于此日结伴去水边沐浴,以祛除邪气,称为"祓禊"。后来又增加了祭祀、宴饮、郊外游春等内容。汉代以前将上巳节定为阴历三月上旬的巳日。魏晋之后,又将上巳节固定在农历三月初三这一天。

"皂隶",指的是古代官署中地位低贱的衙役。

"舆台",系古代奴隶中两个等级的名称。后泛指地位低贱的人。

是年四月,郑燮又有高邮之旅,与分别二十余年的朋友织文世兄相会。就在郑燮抵达高邮正想乘舟去织文世兄府上造访时,织文世兄却叩郑燮寓门而入,由此足见他俩心有灵犀,息息相通。郑燮此次于高邮流连数十日,并为织文世兄书录自己诗作十数纸作为屏风帖。郑燮在《书屏风赠织文世兄》中写道:

织文世兄,别去二十余年。余在山左,常念之;君在江南,亦常想至吾山左。虽不果厥志,而两心相照,无一刻忘也。乾隆丁丑来高邮,方图买舟过访,而织文已荡桨而至,叩余寓斋。邀归村落,流连数十日,以偿廿年饥渴。织文极能诗,而谬爱拙作,

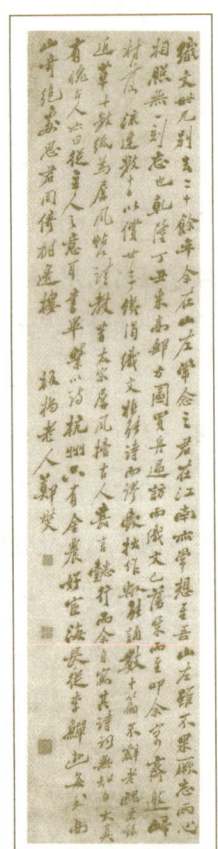

· 郑燮《书屏风赠织文世兄》

辄能诵数十篇。不辞老丑,更录近草十数纸为屏风帖以请教。昔太宗屏风摘古人嘉言懿行,而余自写其诗词,无知自大,真有愧古人,亦曰从主人之意耳。书毕系以诗:

杭州只有金农好,宦海长从李鲜游。每到高山奇绝处,思君同倚树边楼。板桥老人郑燮。

上古版《郑板桥集》,将郑燮此文题作《书赠织文世兄》,不过,从文中内容来看,当以卞孝萱《郑板桥全集》(增补本)中的《书屏风赠织文世兄》为是。上古版《郑板桥集》和卞孝萱《郑板桥全集》(增补本),皆将郑燮文中"常念之"误作"常念念",将"两心相照"误作"两心相思"。

郑燮此次逗留高邮期间,除了为织文世兄书诗之外,还为其作《墨竹图》。郑燮于其上题记:

置身已在烟霞外,莫问人间道路难。写与数竿(枝)清瘦竹,秋风湖上作渔竿。
乾隆丁丑孟夏之月,为织文世兄画并题。板桥老人郑燮。

通过郑燮此幅《墨竹图》墨迹可知,郑燮或在题记写完之后,觉得第三句"写与数竿清瘦竹"中的"数竿",与第四句中的"渔竿"重复,便在第三句"竿"字下又添写了一个"枝"字,以示区别。

是年初夏,郑燮为继瞻年学世兄作《墨竹图轴》,并在题记中描写了自己此时清闲的生活环境和状态。郑燮写道:

小苑茅堂静掩门,科头竟日拥山尊。夜来叶上萧萧雨,窗外新栽竹数根。
写似继瞻年学世兄,乾隆丁丑初夏,板桥郑燮。

郑燮题记中所谓"科头",系指不戴冠帽,裸露发髻;而"山尊",则是指古代青铜祭器山罍。

是年五月,郑燮又应履坦老长兄恳请,在修竹斋为其作《行书节录怀素自叙轴》,其中写道:

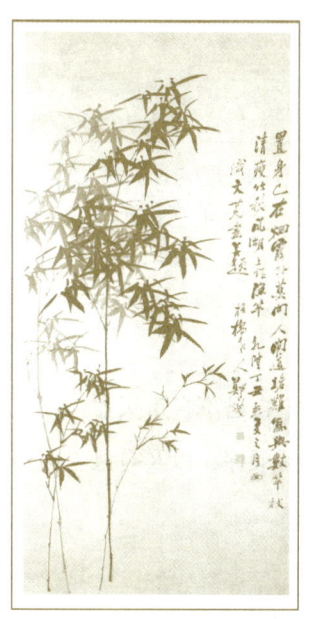

· 郑燮为织文世兄作《墨竹图》

其述形似……皆辞指(旨)亲(激)切,理识玄奥,非虚荡(缺

"之")所敢当。

乾隆强圉赤奋若蕤宾之月，修竹斋为履坦老长兄书，板桥道人郑燮。

此处所谓"强圉"，乃干支纪年法中的"丁"之别称；"赤奋若"，系干支纪年法"丑"之别称。"强圉赤奋若"，即丁丑。"蕤宾之月"，指的是五月。

是时，郑燮还分别于听松石室、橄榄轩、河子学堂作《行书四屏条》。其一写道：

皇皇惟敬……火灭修容……桑蚕苦……
丁丑五月，板桥老人郑燮书于听松石室。

其二写道：

雨歇杨林东渡头……直到门前溪水流。
丁丑夏五，板桥老人郑燮书于橄榄轩。

其三写道：

枣花初落路尘香……卖瓜棚下午风凉。
丁丑夏五，板桥老人郑燮书于河子学堂。

其四写道：

小院茅堂近郭门……画外新栽竹数根。
丁丑夏五，板桥老人郑燮书于橄榄轩。

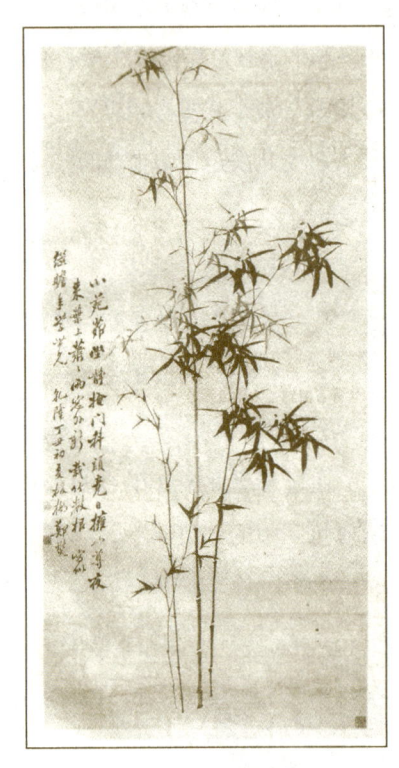

· 郑燮为继瞻年学世兄作
《墨竹图轴》

是年秋七月，郑燮作《兰竹石图轴》。他在题记中，除了重申自己不喜市买盆兰偏爱野生兰花之外，还在落款书毕之后，又补充说明自己作此画的先后顺序，以及自己为何不在所画之石上点苔的理由。郑燮写道：

世人只晓爱兰花，市买盆栽气味差。明月清风白云窟，青山是我外婆家。
乾隆丁丑秋七月，板桥道人郑燮画并题。

先构石，次写兰，次衬以竹，此画之层次也。石不点苔，惧其浊吾画气。

燮又题。

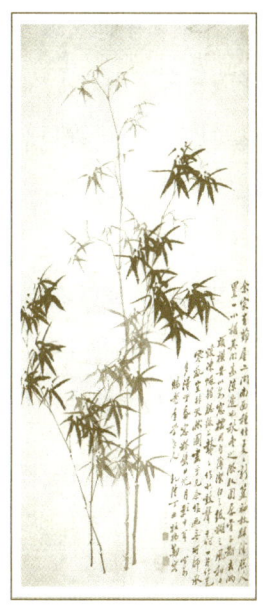

· 郑燮为赐老年学世兄作《墨竹图》

周积寅《郑板桥年谱》将"次衬以竹"作"次衬竹"。卞孝萱《郑板桥全集》（增补本）将"此画之层次也"误作"此画之展次也"。

尽管郑燮曾经多次在书作和画作题记中，强调自己喜爱深山峡谷中生长的野生兰花而不喜欢市买的盆栽兰花，但由于他生活在城市之中，并没有日与野生兰花厮磨的条件，为了能时时亲近自己喜爱的兰花，只好退而求其次，在自己居住的庭院中模拟山间环境，栽种兰花。

是年秋八月，郑燮作《兰石图轴》，并在题记中借自己栽种兰花之事，阐发"物亦各有本性"的道理。郑燮写道：

余种兰数十盆，三春告暮，皆有憔悴思归之色。因移植于太湖石、黄石之间，山之阴，石之缝，既以避日，又就燥，对吾堂亦不恶也。来年忽发箭数十，挺然直上，香味坚厚而远。又一年更茂。乃知物亦各有本性。赠以诗曰：兰花本是山中草，还向山中种此花。尘世纷纷植盆盎，不如留与伴烟霞。又云：山中兰草乱如蓬，叶暖花酣气候浓。出谷送香非不远，那能送到俗尘中？此假山耳，尚如此，况真山乎！余画此幅，花皆出叶上，极肥而劲。盖山中之兰，而非盆中之兰也。

丁丑秋八月，板桥郑燮。

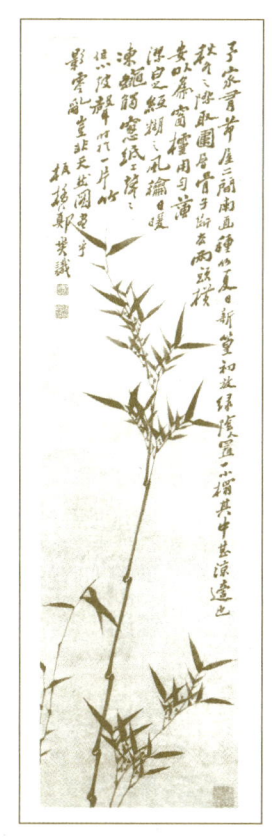

· 郑燮《墨竹图》（苏州博物馆藏）

卞孝萱《郑板桥全集》（增补本），将郑燮题记中"三春告暮"作"三春告莫"。周积寅《郑板桥年谱》，则将郑燮题记中所写"因移植于太湖石、黄石之间"作"因植于太湖石、黄石之间"；将"又就燥"作"就燥"；将"挺然直上，香味坚厚而远。又一年更茂"作"挺然，其香味直上，透而远"；将"赠以诗曰"作"且系以诗云"；将"又云：山中兰草乱如蓬"作"山上兰花乱如蓬"；将"花皆出叶上，极肥而劲"作"叶极肥而劲，花皆出叶上"。

郑燮向来对自己喜欢的题记文字多次重复书写，因此，周积寅《郑板桥年谱》中此文或系采录郑燮所作的另外一幅画作中的题记文字，否则不应该出现如此众多的异文。

郑燮多次强调，自己作画无所师承，多从日常生活的纸窗、粉壁、日光、月影等自然环境中，学习领悟。是年，郑燮在为赐老年学世兄所作《墨竹图》题记中，对此说明：

> 余家有茅屋二间，南面种竹。夏日新篁初放，绿阴照人，置一小榻其间，甚凉适也。秋冬之际，取围屏骨子，断去两头，横安以为窗棂，用匀薄洁白之纸糊之。风和日暖，冻蝇触窗纸上，冬冬作小鼓声。于时一片竹光零乱，岂非天然图画乎！凡余作画，无所师承，多得于纸窗粉壁日光月影中耳。
>
> 写为赐老年学世兄。乾隆丁丑板桥郑燮。

郑燮此文，曾于题记中多次书写，不过字词均略有变化。例如，苏州博物馆收藏的郑燮《墨竹图》，即将为赐老年学世兄作《墨竹图》题记中的"余家"作"予家"；"绿阴照人"脱漏"照"字；"置一小榻其间"作"置一小榻其中"；"于时一片竹光零乱"作"时于一片竹影零乱"，并于"岂非天然图画乎"，便告截止。此处一并将其墨迹录入，以供读者在欣赏时比对参考。

重返扬州后的郑燮，大多数时间都在各地游山玩水，拜访会见故旧好友，赋诗书画，乐在其中。一年当中，他居家生活的日子不过两三个月。诚如他于次年即乾隆二十三年戊寅（1758）正月二十九日所作《与柳斋书》中所说：

> 燮一岁之中，居家者不过二三月，其余则东西南北而已。非尽为贫而出，盖山川风月，诗酒朋侪，性之所嗜，不可暂离耳。

是年秋九月，郑燮又有重返镇江焦山之旅，回味自己于雍正十三年得友人程雨宸资助，为次年赴京参加丙辰科会试备考去焦山读书的经历。郑燮在此次于焦山别峰精舍所作的《墨松轴》上题记：

> 乾隆丁丑秋九月，写于别峰精舍之东窗。
> 板桥郑燮。

郑燮始终认为，社会人群中，君子小人，鱼龙混杂，泥沙俱下，在凭借自己绵薄之力根本无法改变现实环境的情况下，只能加强自身修行，学会容忍，洁身自好，以适应这种现实社会环境才是。是年十一月，郑燮借为侣公大和尚作《荆棘兰石轴》题记的机会，再次强调了"不容荆棘不成兰"的思想观点。郑燮写道：

> 不容荆棘不成兰，外道天魔冷眼看。看到鱼龙都混杂，方知佛法浩漫漫。
>
> 侣公大和上政。板桥郑燮。乾隆二十二年建子月。

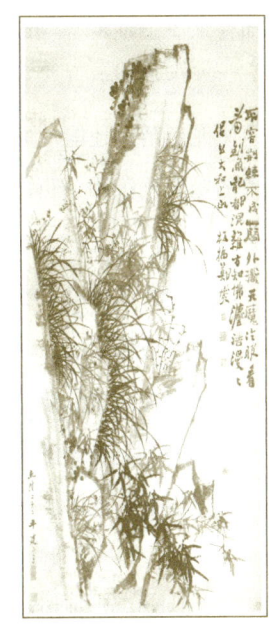

·郑燮为侣公大和上作《荆棘兰石轴》

卞孝萱《郑板桥全集》（增补本），将郑燮这幅画误题作《为侣松上人画荆棘兰花》，并将其中"看到鱼龙都混杂"句作"门径有芳还有秽"；将"方知佛法浩漫漫"作"始知佛法浩漫漫"。

郑燮此处所谓"外道"，是佛教对于其他宗教或学说的通称。佛教认为，除了佛教之外的其他任何宗教学说都不能"契合真理"，并由此将其统统视为外道。例如佛教所说的"六师外道""九十六种外道"等。后来也引申为对异端邪说的称谓。

"天魔"，乃佛教所谓"天子魔"的省称，全称"他化自在天子魔"，即住于欲界第六天之魔王及其眷属，能妨碍人之胜善，憎嫉贤圣之法，并能作种种扰乱，不成就出世之善根。佛教认为，此魔乃因前世之业感此果报，故又将其称为"天子业魔"。

"鱼龙混杂"，比喻好人坏人混杂相处在一起。

"佛法"，指的是佛教的教义。

"和上"，指的是德高望重的出家僧人，亦即"和尚"的另一种写法。

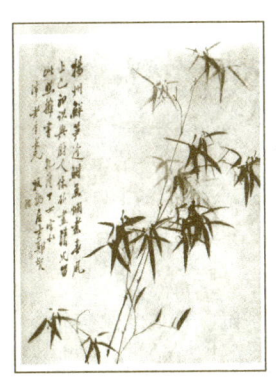

·郑燮为沛老年长兄作《墨竹图轴》

是年，郑燮应沛老年长兄恳请，为其作《墨竹图轴》，在题记中又书此前多次写过的诗作：

> 扬州鲜笋趁鲥鱼，烂煮春风上巳初。说与厨人休研尽，清光留此照摊书。
>
> 乾隆丁丑，写似沛老年长兄。板桥居士郑燮。

通过墨迹可知，周积寅《郑板桥年谱》中，脱漏了"板桥居士郑燮"落款。题记中明明写了"乾隆丁丑"，《郑板桥书画集》

却在该图下注释"轴纸 年代不详"。

郑燮向来认为,画作和题画诗作,应该相互映衬,相得益彰。如若题画诗意清绝,非但画龙点睛,还能"不独以画传而画益传"。是年,郑燮在为唯石兰同学老世长兄所作《墨竹图轴》题记中,再次强调了这种观点。郑燮写道:

> 文与可题墨竹诗云:"拟将一段鹅溪绢,扫取寒梢万尺长。"梅道人有云:"我亦有亭深竹里,亦思归去听秋声。"皆诗意清绝,不独以画传也。不独以画传而画益传。余既不能诗,又不能画,然亦勉题数句曰:"只道霜筠干已枯,谁知碧叶又扶疏;风雷昨夜清江上,拔出龙竹一万株。"鄙夫之言,有愧前哲也。
>
> 唯石兰同学老世长兄政之。乾隆丁丑,板桥郑燮画并题。

文与可,乃北宋画家文同(1018—1079)。自号笑笑先生,人称石室先生等,梓州永泰(今四川盐亭东)人。善诗文书画,著有《丹渊集》。曾历官邛州、洋州等知州。元丰初,出知湖州,未到任而卒,人称"文湖州"。文同擅画墨竹,画竹叶创深墨为面,淡墨为背之法,主张画竹必先"胸有成竹"。文同为官洋州时,有筼筜谷,生长多竹,时往观临摹,因而画竹益精。历史上学文同画竹者众多,有"湖州竹派"之称。苏轼画竹,也受其影响。

"梅道人",乃元画家吴镇(1280—1354)号。字仲圭,嘉兴(今属浙江)人。工草书,能诗。擅长水墨山水,师法巨然而自成一家。写松竹亦挺劲,绘有《竹谱》。又有后人辑录其诗和题跋的《梅道人遗墨》一卷。画界将其与黄公望、倪瓒、王蒙合称"元四家"。

郑燮谈及文同和梅道人所题诗,其实也是君子自道。郑燮此后多次在画赠他人的《墨竹图》题记中照录,其中某些字词略有改动。

是年,郑燮为弁南同学长兄作《行草长卷》。

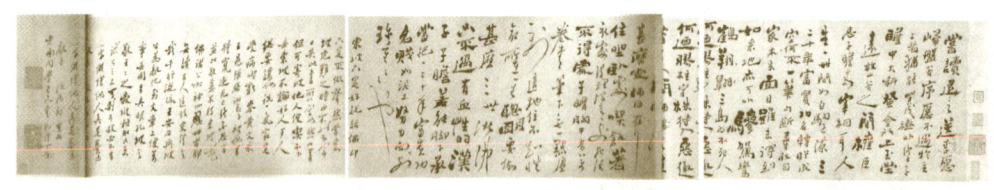

· 郑燮为弁南同学长兄作《行草长卷》

据《中国古代书画图目》著录,是年,郑燮还曾作《行书五言诗轴》和《行书自作诗轴》。

是年,金农住扬州旧城西方寺;罗聘拜金农为师;戏曲作家、文学家蒋士铨(1725—1785)登进士,入翰林院编修。蒋士铨,字心馀,号藏园,江西铅山人。著有杂剧、传奇十六种。其中《临川梦》等九种合集，称《藏园九种曲》。其诗与袁枚、赵翼并称"江右三大家"。所作戏曲、诗文等大部分作品均收入《忠雅堂全集》中。蒋士铨曾在《忠雅堂诗集·题杂家书画册子七首》中，对郑燮书法艺术论议道："未识顽仙郑板桥，非人非佛亦非妖。晚摹《瘗鹤》兼山谷，别辟临池路一条。"并在《忠雅堂诗集·题郑板桥画兰送陈望亭太守》中，对郑燮的书画艺术综合评论道："板桥作字如写兰，波磔奇古形翩翩。板桥写兰如作字，秀叶疏花见姿致。下笔别自成一家，书画不愿常人夸。颓唐偃仰各有态，常人尽笑板桥怪。花十一朵叶卅枝，写于何年我不知。丛兰荆棘忽相傍，作诗题画长言之。板桥当初弄烟墨，似感人情多反侧。举以赠君心地直，花叶中间有消息。君生兰渚旁，熟精种艺芳。叶虽欹斜具劲力，花却静好含幽香。君今一麾仍出守，长挹清芬怀旧友。板桥不作花不言，题送君行当折柳。"

是年春，李鱓作《三友图轴》。此画乃李鱓存世最晚的作品。

乾隆二十三年戊寅（1758），郑燮66岁。是年正月二十九日，郑燮作《与柳斋书》。由于资料缺失，柳斋生平不详。然通过郑燮此书可知，柳斋当为执掌一方的某地官吏，且擅长诗书画。其中写道：

> 佳政满矣，流及旁邑，况本邑乎！燮在下风，拜需余泽，欣慰之怀，非笔舌所能述也。古人一行作吏，诗文笔墨束之高阁，非大才鲜克兼之。足下惠泽满人间，而新诗妙染，纷纭几席，其论文尤清瘦而腴。陈孟公书启、苏子瞻竹石，风流其复见乎？昨在贵治曲荷周旋，沃领大教。界河船中一会，未罄雅谈，至今耿耿。燮一岁之中，居家者不过二三月，其余则东西南北而已。非尽为贫而出，盖山川风月，诗酒朋俦，性之所嗜，不可暂离耳。老弟屡过敝邑，未展一饭之留，深为歉仄。令兄先生及诸任，诸年任，首春清吉，最切怀思，殊深一念之想也。
>
> 学愚兄郑燮顿首柳斋老弟执事。乾隆著雍摄提格太簇之月窕九日行。

郑燮书中所谓"陈孟公书启"中的陈孟公，即陈遵，字孟公，西汉杜陵（今陕西西安东南）人。初任京兆史、郁夷令。王莽当政时为校尉，封嘉威侯。后为河南太守、九江及河内都尉。更始时，任大司马护军，奉命前往匈奴，在朔方为人所杀。《汉书·游侠列传》："陈遵，字孟公，杜陵人也……长八尺余，长头大鼻，容貌甚伟。略涉传记，赡于文辞。性善书，与人尺牍，主皆藏去以为荣。"所谓"书启"，古代专指下级给上级的信件，后来用作信札的通称。

苏子瞻，即北宋文学家、书画家苏轼（1037—1101），字子瞻。

"著雍",乃干支纪年法中"戊"的别称。"摄提格",乃干支纪年法中"寅"的别称。"著雍摄提格",即戊寅年。"窈九",旧时以正月二十九日为窈九,谓是日天气常窈晦。

是年二月初八,郑燮应邀为已故山东胶州好友高凤翰题写墓碑。其中写道:

高南阜先生之墓
赐进士出身、潍县知县、广陵郑燮拜题。
乾隆二十三年岁次戊寅仲春谷日。

郑燮此处所谓"谷日",源自民间女娲创世的传说。相传,女娲曾于创世初一日造鸡,初二日造狗,初三日造猪,初四日造羊,初五日造牛,初六日造马,初七日造人,初八日造谷。由此,人们便将每月前八日,依次定为鸡日、狗日、猪日、羊日、牛日、马日、人日、谷日。

是年二月十七日,郑燮突然想起自己在满目黄沙没奈何的山左为官时,平日里只能靠吃馍馍生活,只有在画江南翠竹时,才能靠回味故乡春笋解解馋。为此,郑燮在是日所作《竹图》上题记:

满目黄沙没奈何,山东只是吃馍馍。偶然画到江南竹,便想春风燕笋多。
乾隆戊寅二月十七日,板桥郑燮画。

是年春二月,某市人持苏轼所作书轴至郑燮家,拜访求见,以索善价。为此,郑燮作《行书论苏轼书轴》记载此事。其中写道:

苏翰林作字,用宣城诸葛氏齐锋散卓笔,疏疏密密,随意缓急,而字间妍媚百出。古来以文章擅天下者,例不工书,所以子瞻翰墨尤为世人宝贵。今日市人持之以索善价,数百年后想见其风流余韵,当万金购藏尔。
乾隆戊寅春二月,板桥郑燮。

"散卓笔"是以线散扎羊毫、兔毫制成之笔。唐代李阳冰《笔法诀》较早明确提及"散卓"二字,其中写道:"夫笔大小、硬软、长短或纸绢心、散卓等,即各从人所好。"

是年三月二日,郑燮又为肃翁同学老长兄作《双松图轴》,

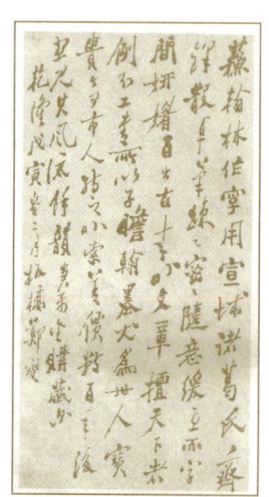

·郑燮《行书论苏轼书轴》

题记中记述了结识的时间，以及对其产生的良好印象，并以双松来比拟相好之情。郑燮写道：

·郑燮为肃翁同学老长兄作《双松图轴》

> 乾隆二年丁巳，始得接交于肃翁同学老长兄。见其朴茂忠实，绰有古意，如松柏之在岩阿，众芳不及也。后十余年，再会如故。又三年复会，亦如故。岂非松柏之质本于性生，春夏无所争荣，秋冬亦不见其摇落耶。因画《双松图》奉赠。弟至不材，亦窃附松之列，以为二老人者相好相倚藉之一证也。又画小竹衬贴其间，作竹苞松茂之意，以见公子孙承承绳绳，皆贤人哲士，盖朴茂忠实之报有必然者。乾隆二十三年岁在戊寅三月二日，板桥弟郑燮画并题。

通过山东省博物馆藏郑燮为肃翁同学老长兄所作《双松图轴》墨迹可知，周积寅《郑板桥年谱》将郑燮题记中"肃翁"误作"肃公"；并将"藉之一证也"作"借之一证也"。窃以为，尽管"藉""借"相通，但此处以郑燮墨迹所书"藉"字为宜。

另外，通过墨迹来看，张郁明《扬州八怪书法印章选》对郑燮于其上所作题记的释文，也存在数处谬误。

是年春三月上旬，郑燮书录兴化乡贤李沂《道情十首》作《行书李壶庵道情十首轴》。李壶庵，即清初文学家李沂，字子化，一字艾山，号壶庵，江南兴化县学生。著有《鸾啸堂集》。郑燮于其中写道：

> 渔鼓儿，别有腔……渔鼓儿，海内稀……渔鼓儿，慢慢敲……渔鼓儿，音节和……渔鼓儿，手内擎……渔鼓儿，有本源……渔鼓儿，响□□……渔鼓儿，曲调长……渔鼓儿，声不停……渔鼓儿，曲已终……
>
> 乾隆戊寅年春三月上澣录《李壶庵先生道情十首》于橄榄轩，板桥老人郑燮。

"上澣"，即上浣。古代，官吏每工作十日可以休息一天以便洗澡沐浴，称为"休沐"。每月三次的休沐，依次称为上浣、

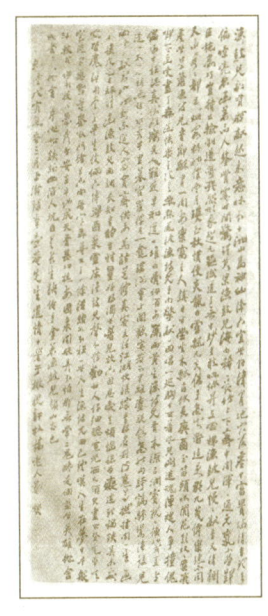

·郑燮《行书李壶庵道情十首轴》

中浣、下浣。

是年三月,郑燮作《竹石图轴》,并于题记中极力赞颂竹不惧狂风暴雨摧残,挺然相斗的品质与性格。其实一看便知,这也是郑燮君子自道。郑燮写道:

秋风昨夜渡潇湘,触石穿林惯作狂。惟有竹枝浑不怕,挺然相斗一千场。
乾隆著雍摄提格姑洗之月,板桥郑燮画并题。

落款采用的是岁阳记年法,"著雍"指的是"戊";"摄提格"指的是"寅",合在一起即"戊寅"。"姑洗之月",系采用十二月律记月法,指的是三月。

是年三月,郑燮作《兰竹石画册》(十二页),在各页题记中,阐述自己对于绘画艺术创作要领的理解,并借此隐喻为人处事的道理。第一页《竹》题记:

一笔与两笔,其中皆妙隙。何能手乱挥,不顾前人迹。这等说法,不过要画家意在笔先,自有规矩尺寸。
板桥老人。

"意在笔先",意思是说,凡写字、绘画、作诗文,应该先构思酝酿成熟,然后下笔。例如,王维《山水论》第一句便说:"凡画山水,意在笔先。"

第二页《竹》题记:

干是本家生,叶是邻家过。莫将界域分,君子不辞多。
板桥燮。

第三页《雪竹》题记:

满天皆大雪,雪压千竿叶。可知清贞操,雪不扰坚节。
燮。

第四页《竹石》题记:

悬崖百尺势嵯峨,下有平安竹一窠。不是干霄无大力,却于低处避风多。

板桥燮。

第五页《竹石》题记：

迸出新篁石缝中，疏枝清瘦夐玲珑。已经扫尽尘氛气，多谢先生又画风。
燮。

第六页《竹石》题记：

我亦狂涂竹，翻飞水墨梢。不能将石绿，细写鹦哥毛。
燮。

第七页《兰》题记：

四笔叶，两茎花。莫嫌少，要到家。
板桥郑燮。

第八页《兰》题记：

买块兰花是整根，神完力足长儿孙。莫嫌今岁花开少，还看明春发满盆。
板桥燮。

为第九页《兰》题记时，他对当时某些书画家徒自作字作画供人玩好，无毫末之补于国计民生，大发论议，并由此联想到那些终日为财色名利而奔走，不知道迷途知返的社会中人。其中写道：

吾宗所南翁，写兰蕙每居至高之地，从不些着尘土。因想，我辈作画者胸中磊落，曾无毫末之补于国计民生，徒自终日作字作画供人玩好，殊可愧也。然视世奔走于形势之途，役役而不知返者，不有间乎？我自知狂废，兹写悬崖兰二三笔，题云：
倒长凌空挂碧天，美人浑似越秋千。金莲上下随风转，露出纤腰已半边。
乾隆戊寅姑洗月。燮。

"所南翁"指的是宋末诗人、画家郑思肖（1241—1318），自号所南。

"金莲"，指的是古代女性由于自小缠布裹脚形成的畸形小脚。《南史·齐东昏侯纪》"凿金为莲华以帖地，令潘妃行其上，曰：'此步步生莲华也。'后因称女子缠过的小脚为金莲。"

第十页《瓶兰》题记：

晓风含露未曾干，谁折晶瓶两箭兰。好似杨妃新浴罢，薄罗裙系却君看。
板桥。

"杨妃"，指的是唐玄宗李隆基贵妃杨玉环（710—756），唐蒲州永乐（今山西永济）人。初为唐玄宗子寿王瑁妃，后入宫得唐玄宗宠爱，天宝四载（745）封为贵妃。

郑燮于第十一页《兰石》上题记：

买块青山好种花，山根脚下发灵芽。幽人不肯峰头立，矮处安身是当家。
板桥燮。

第十二页《兰石荆棘》题记：

讬根先择地，以防荆棘逼。仰面望悬崖，谁人手折得。
板桥燮。

是年春天，郑燮在怀昔忆旧因素的触动之下，回想起自己26岁在真州设塾馆教书的经历，便兴冲冲地说走就走，进行了一趟真州怀旧之旅。郑燮在《真州杂诗八首并及左右江县》中，除了描写真州及左右江县风物景致，重在倾诉自己"挂冠盛世才原拙，卖字他乡道岂尊"的情绪，以及"惟君诗兴清豪在，唤醒东南旅客魂"的志趣。

春风十里送啼莺，山色江光翠满城。曲岸红薇明涧水，矮窗白纸出书声。衙斋种豆官无事，刀笔题诗吏有名。昨夜村灯鱼藕市，青帘醇酒见人情。

村中布谷县中啼，桑柘低檐麦陇齐。新笋剔来泥未洗，江鱼买得酒还携。山花雨足皆含笑，絮袄春深欲换绨。何限农家辛苦事，渐看儿女满町畦。

寒衣新髽折参差，一笑裘毛落许时。脾土渐衰唯食粥，风情不减尚填词。雪中松树文山庙，雨后桃花浣女祠。最爱卷帘高阁上，楚江晴碧晚烟迟。

月白潮生野水溽，上游千里控荆蛮。洗淘赤壁无遗烬，溶漾金陵有剩山。烟里戍旗秋露湿，沙边战舰夕阳闲。真州漫笑弹丸地，从古英雄尽往还。

吴越咽喉铁瓮城，隔江相望晓烟横。高樯迥与山排列，浊浪喧同海斗争。卷去芦花浑雪意，飘来鼓角尽秋声。中原万里无烽燧，扶杖衰翁未见兵。

南国枫凋结绮楼，雷塘北去蓼花秋。染成红泪胭脂湿，蘸破新霜草木愁。两地干戈才转瞬，一般成败莫回头。《后庭》遗曲江边唱，又听隋家《清夜游》。

行过青山又一山，黄将军墓兀其间。悬崖断处孤松出，骇浪崩时血泪还。江上诸藩皆逆类，枢中一老复赪颜。抵天只手终何益，运去心枯事总艰。

何事秋风只杜门，护花长怕晓霜痕。挂冠盛世才原拙，卖字他乡道岂尊？山雨乍晴如洗沐，江烟一起又黄昏。惟君诗兴清豪在，唤醒东南旅客魂。和张仲蒿一首。

"刀笔"，乃古代文具。古人用笔在竹简木牍上写字，有误则用刀刮去重写，所以刀笔连称。此处"刀笔"乃"刀笔吏"的简称，指办理文书的小吏。

"脾土渐衰唯食粥"，意思是说，老年人牙口不济、胃纳有限且消化不良，不能多吃荤腥，只能食粥。

"文山庙"，据道光本《仪征县志》记载，城门外水关之右有大忠节祠，祀宋丞相文天祥（字文山），明成化二十三年创建。康熙三十五年之后，屡有修葺。

"浣女祠"，据《仪征志》载："旧在县西四十里。旧志云：伍员亡楚过此，见一女子浣纱，因嘱之曰：'后有追兵至，切勿言'。女遂赴水以示绝口……真人慕义，立庙祀之。后庙寖废，今移建于城西二里许外河之涯，俗名娘娘庙。"

"楚江"，即长江。由于长江中下游在战国时曾属楚地，故名。

"荆蛮"，指楚地。春秋战国时，中原称楚为荆蛮。

"铁瓮城"，江苏镇江城古有"铁瓮"之称。《镇江府志》："子城，吴大帝所筑，内外甃以甓，号铁瓮城。"位于长江南岸的镇江，自古以来即为自淮渡江必由咽喉要地。镇江府治丹徒。勒方锜《丹徒县志序》："其地势雄峻，川原阨塞，上则控引荆襄，下则屏蔽吴会，诚东南锁钥也。"

"结绮楼"，即结绮阁。六朝陈后主至德年间所起三阁之一（余为临春阁、望仙阁），为贵妃张丽华所居。此处代指金陵。

"两地干戈才转瞬，一般成败莫回头"句，意思是说，尽管陈后主与隋炀帝灭国杀身之事刚刚过去，但时人还是不肯认真总结回望这段历史，不肯接受导致失败的惨痛教训。

"《后庭》遗曲江边唱，又听隋家《清夜游》"句，意思是说，陈后主在《玉树后庭花》

曲中亡了国，隋炀帝又唱起《清夜游》来。据魏征等撰《隋书·音乐志》载："及后主嗣位，耽荒于酒，视朝之外，多在宴筵。尤重声乐，遣宫女习北方箫鼓，谓之《代北》，酒酣则奏之。又于清乐中造《黄鹂留》及《玉树后庭花》《金钗两臂垂》等曲，与幸臣等制其歌词，绮艳相高，极于轻薄。男女唱和，其音甚哀。"司马光《资治通鉴·隋大业元年五月》载："上好以月夜从宫女数千骑游西苑，作《清夜游曲》，于马上奏之。"

"青山"，《仪征县志》："青山，在县西南廿五里，南临江，山色长青。"此处"又一山"，指的是位于仪征县城西四十里的方山。

"黄将军"，指的是南明弘光朝江北四镇之一的黄得功（其余三镇，为高杰、刘良佐和刘泽清），字虎山，尝自称"黄将军"。镇滁、和二州。清兵渡江，高杰及刘良佐降清。黄得功奋力抵抗，后被奸细射伤，自刎而死。葬方山其母墓侧。

"江上诸藩"，指的是高杰和刘良佐等。他们先是内讧，后又降清。

"枢中一老"，指的是史可法。

"东南旅客"，郑燮自指。

郑燮于诗末小注中所写的"张仲蕡"，生平事迹不详。

《真州杂诗八首并及左右江县》写就之后，张仲蕡、鲍匡溪、米旧山、方竹楼诸文士好友争相属和。郑燮诗兴大发，又作《真州八首，属和纷纷，皆可喜，不辞老丑，再叠前韵》。

江头语燕杂啼莺，淡淡烟笼绣画城。沙岸柳拖骑马客，翠楼帘卷卖花声。三冬荠菜偏饶味，九熟樱桃最有名。清兴不辜诸酒伴，令人忘却异乡情。谓张仲蕡、鲍匡溪、米旧山、方竹楼诸子。

满林烟雨曙鸦啼，脉脉春流与岸齐。虾菜半肩奴子荷，花枝一剪老夫携。除烦苦茗煎新水，破暖轻衫染旧绨。最是老农闲不住，墙边屋角韭为畦。

满塍新绿燕参差，正是秧针刺水时。陌上壶浆酬力作，田中么鼓唱盲辞。霂霖圣世唯沾块，猫虎先型有赛祠。野老何知含哺乐，优游化日向来迟。

一江离思水潺潺，绿酒红亭怨小蛮。芳草不曾遮远道，浮云只是负青山。缫丝无力春蚕老，系臂何心彩缕闲。咫尺乡园千里阔，大刀头缺几时还？

莽莽山城接水城，千年霸业尚纵横。佛狸去后弛戎马，侯景来时酿战争。君相南朝同燕幕，文章六代总蛙声。衣冠礼乐吾朝盛，除却蒐苗未点兵。

伍相祠高百尺楼，屯田遗墓也千秋。溪边花落三春雨，江上潮来万古愁。无主泥神常趁庙，失群才子且低头。画船半破零星板，一棹残阳寂寞游。

踏遍芒鞋为买山，谁家小阁树中间？白云封处门长闭，红日高时梦未还。六代烟花销妄念，扬州金粉付朱颜。惟余一二渔樵侣，钓雨担云事未艰。

柏叶枫枝静掩门，卧看霜雁碧天痕。一生去国鲁司寇，万古辞家佛世尊。策马有心鞭已折，抄书无力眼全昏。而今说醒虽非醒，前此俱为蝶梦魂。

郑燮此处所谓"绣画城"，系指仪征。

《重修仪征县志》卷三十七，对鲍匡溪生平事迹记云："鲍城，字匡溪，号竹门。幼失怙恃。长读书，有隽才。倜傥不羁，与人交，然诺不爽，耽吟咏，爱游名山大川，足迹几遍天下。客蜀时，重庆太守林容斋慕其贤，以礼延诸幕中，有大事辄谘询焉，道谊相交，十余年如一日。归里后，寄志山林，与郑板桥、方竹楼辈时相唱和。《板桥集》中有'清兴不辜诸酒伴'之句，即招匡溪诸老也。黄慎尝为绘《独立图》，板桥题之。卒年八十有四。"

米旧山，名玉麟，上元（今南京）人。

《扬州画舫录》卷二对方竹楼记载道："方元鹿，号竹楼，仪征人。工诗词，书法二王。画竹学东坡。有《虹桥春泛图》。"

所谓"猫虎"，即猫神与虎神。《礼记·郊特牲》："迎猫，为其食田鼠也；迎虎，为其食田豕也。迎而祭之也。"

"赛祠"，系指旧俗用仪仗、鼓乐、杂戏，迎神出庙，周游街巷之事。

"小蛮"，乃唐大诗人白居易（772—846）侍臣，善舞。此处指歌舞妓女。周积寅《郑板桥年谱》中将"小蛮"以书名号括之误作《小蛮》。

"大刀头"，刀头有环，古人常以"环"与"还"同音，用作还乡的隐语。《玉台新咏·古绝句四首》之一："藁砧今何在，山上复有山。何当大刀头，破镜飞上天。"吴兢《乐府古题要解·藁砧今何在》："藁砧，鈇也，问夫何处也。'山上复有山'，重山为'出'字，言夫不在也。'何当大刀头'，刀头有环，问夫何时当还也。'破镜飞上天'，言半月当还也。"按"藁钻"为鈇，"鈇"与"夫"同音。此处所谓"鈇"，原意系指铡刀。

"佛狸"，系指北魏太武帝拓跋焘（408—452）。

侯景（503—552），本姓侯骨，字万景，怀朔镇（今内蒙古包头东北）人。东魏、梁将领。先属北魏尔朱荣，继归顺高欢，为镇守河南的大将。武定五年（547）高欢死后，因恐被高欢子高澄所杀，降梁，受封为河南王。次年，与梁宗室萧正德勾结，举兵叛变，攻破建康（今南京）。太清三年（549）攻下台城（宫城），梁武帝含恨而死。侯景改立简文帝萧纲，分兵破广陵、吴郡、吴兴、会稽，所到之处，烧杀抢掠，致使都城建康几成废墟，长江下游地区受到极大破坏。大宝二年（551），侯景废简文帝萧纲，改立豫章王萧栋为梁帝，旋废萧栋，自立为帝，国号汉，建元太始。次年又被梁将陈霸先、王僧辩等击败。侯景自湖涘入海，北逃至壶豆洲时，被部下羊鲲所杀。

"伍相祠"，系春秋时吴国宰相伍子胥（？—前484）的祠堂。据道光刊本《仪征县志》："清忠英烈王庙，《申志》云：在胥浦桥。《旧志》云：即伍子胥祠也。……子胥亡楚奔吴，尝解剑渡江于此，因立为庙。至宋始加王封。"

"屯田遗墓"中的"屯田"，系指北宋词人柳永，官屯田员外郎，世称"柳屯田"。屯田遗墓，一说在镇江北固山下，一说在真州仙人掌。

"买山"，系指寻找隐居或玩赏之地。出自《世说新语·排调》："支道林因人就深公买岇山。深公答曰：'未闻巢、由买山而隐。'"此处"巢、由"，指的是唐尧时的高士隐者巢父和许由。

"鲁司寇"，系指孔子，他在五十岁时曾任鲁国司寇。"一生去国鲁司寇"，系指孔子为实现自己的政治主张，曾长期离开鲁国而周游列国。

"佛世尊"，系佛教对佛教创始人释迦牟尼的尊称。佛教认为，释迦牟尼佛自觉觉他、觉行圆满，能利益世间众生，于世独尊，故名。

"蝶梦"，源自《庄子·齐物论》："昔者，庄周梦为蝴蝶，栩栩然蝴蝶也。"后因称梦为蝶梦。

郑燮此次仪征怀旧之旅，还到自己小时候读书的江村去转了转，看了看，并作《贺新郎·西村感旧》词，抒发自己的情怀。其中写道：

抚景伤飘泊，对西风怀人忆地，年年担搁。最是江村读书处，流水板桥篱落，绕一带烟波杜若。密树连云藤盖瓦，穿绿阴折入闲亭阁，一静坐，思量着。　　今朝重践山中约，画墙边朱门欹倒，名花寂寞。瓜圃豆棚虚点缀，衰草斜阳暮雀，村犬吠故人偏恶。只有青山还是旧，恐青山笑我今非昨，双鬓减，壮心弱。

"杜若"，系植物名，又称竹叶莲。

郑燮毕其一生，喜爱画竹，与竹有不解之缘。是年夏四月，郑燮作《沙水竹石图》，并引用前人关于竹性兼喜山水的诗文为之题记。其中写道：

竹之在山不待言。《诗》曰"淇泉绿竹"；《史》云"渭川千亩竹"；少陵云"映竹水穿沙"，又曰"懒性从来水竹居"。是竹不独爱山，又爱水也。今为沙水竹石之图，且系以诗曰：

知仁山水分头乐，竹性由来兼得之。若使故逢鲁司寇，杏坛应种百千枝。

乾隆戊寅夏四月，板桥郑燮。

"淇泉绿竹"，出自《诗·卫风·淇奥》："瞻彼淇奥，绿竹猗猗。"朱熹《集传》："淇，水名。奥，隈也。"

"渭川千亩竹"，出自《史记·货殖列传》："千户之君则二十万……恣所好美矣……齐、鲁千亩桑麻，渭川千亩竹……"

"映竹水穿沙"，出自杜甫《秦州杂诗二十首》之十三："传道东柯谷，深藏数十家。对门藤盖瓦，映竹水穿沙。瘦地翻宜粟，阳坡可种瓜。船人近相报，但恐失桃花。"

"懒性从来水竹居"，出自杜甫《奉酬严公寄题野亭之作》"拾遗曾奏数行书，懒性从来水竹居"句。

"知仁山水分头乐"，源自《论语·雍也》："智者乐水，仁者乐山。智者动，仁者静；智者乐，仁者寿。"此处"知"，通"智"。

"杏坛"，在今山东省曲阜孔庙大成殿前，相传为孔子讲学之处。《庄子·渔父》："孔子游乎缁帷之林，休坐乎杏坛之上。"

是年四月某日，当郑燮乘船游于江上时，见江岸修竹数千株，中有茅屋，不时传来弈棋之声，还有茶烟飘飏而出，心窃乐之。次日，过访其家。郑燮返回后作《竹图》，并将自己过访是家的感悟感受，写入题记。郑燮写道：

昨游江上，见修竹数千株，其中有茅屋，有棋声，有茶烟飘飏而出，心窃乐之。次日过访其家，见琴书几席，净好无尘，作一片豆绿色，盖竹光相射故也。静坐许久，从竹缝中向外而窥，见青山大江、风帆渔艇，又有苇洲，有耕犁，有饁妇，有二小儿戏于沙上，犬立岸傍，如相守者，直是小李将军画意，悬挂于竹枝竹叶间也。由外望内，是一种境地；由中望外，又是一种境地。学者诚能八面玲珑，千古文章之道，不出于是，岂独画乎？

乾隆戊寅清和月，板桥郑燮画竹后又记。

郑燮此处所谓"小李将军"，指的是被誉为"大李将军"的唐代画家李思训之子李昭道。官太原府仓曹、集贤院直学士、太子中舍人。擅画金碧山水，多点缀鸟兽。并创制海景，画风工巧繁缛，后人曾有"变父之势，妙又过之"之评，但亦有人以为其"笔力不及思训"。台北故宫博物院所藏《春山行旅图》墨迹，传是其作品。

"清和"，乃四月的别名。

周积寅《郑板桥年谱》据上海博物馆所藏郑燮墨迹认为，是年四月，郑燮还曾去山东范县一趟。其中写道："四月，于范县官署作《竹石图轴》，纸本，水墨。"并附有题识：

雷停雨止斜阳（出），一片新篁旋剪裁；影落碧纱窗子上，便拈毫素写将来。
乾隆戊寅清和月，板桥老人郑燮画于范县官署。

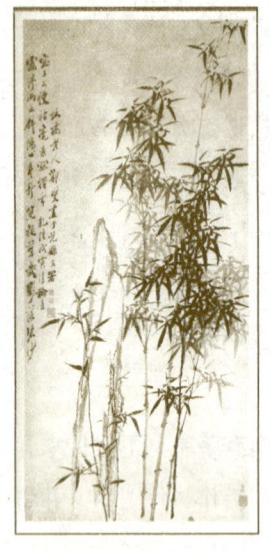

·郑燮于范县官署作《竹石图轴》

郑燮此处所谓"毫素"，指的是毛笔和书画创作所用之缣帛。出自梁代萧统《文选·陆士衡〈文赋并序〉》："唯毫素之所拟。"李善于其下注曰："毫，笔也，《篆文》曰：书缣曰素。"

不过，后来周积寅在其所著《郑板桥》中，又于范县官署作《竹石图轴》下作[按]："此轴疑系伪作。"窃以为伪作的可能性极大。按照常理以及通过郑燮一以贯之的思维方式和行为方式来看，如果是年四月果真有范县之行的话，他绝不会不借机再去曾经为官多年的潍县看一看。目前文献资料中，却没有留下任何关于这方面的信息。

是年五月，郑燮的交厚好友慎郡王允禧卒。当郑燮闻听噩耗，不由得痛哭流涕，不能自已。

是年初夏，郑燮再次作《行书七律诗轴》，盛赞汉才子枚皋的君子风度。由此可见，郑燮对枚皋的钦敬仰慕之心。由于其中所书文字内容，与郑燮乾隆十五年庚午（1750）新秋所作《行书七律诗轴》完全一致，仅在创作时间"庚午新秋"和"戊寅初夏"的落款上有所区别。因此，这里仅录其墨迹图片，枚皋生平也一并省略。

是年七月至八月，郑燮创作书写的对联颇多。七夕节那天，郑燮作《六分半书四言联》。其中写道：

山随画活，云为诗留。
乾隆戊寅七夕，板桥道人。

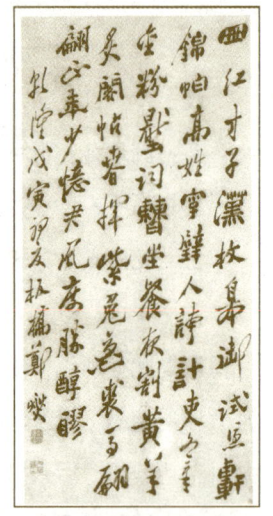

·郑燮《行书七律诗轴》

·郑燮《四言联》（潍坊十笏园藏石刻）

·郑燮《四言联》（湖北省博物馆藏）

从目前存世的郑燮墨迹可知，此联书写过多次，书写风格亦有变化。此处两种供读者对比欣赏。

是年八月，郑燮又去杭州，在杭州西湖所作《六分半书七言联》中写道：

近水短桥皆画意，远峰晴雪有诗无。
戊寅八月书于明圣湖之勾留处。板桥郑燮。

郑燮落款处所谓"明圣湖"，一名金牛湖，即如今杭州西湖。刘道真《钱塘记》："明圣湖在县南。父老相传：湖中有金牛，古尝有见其映宝云泉，照耀流精，神化莫测，遂以明圣为名。"

是年秋八月，郑燮又作《七言联》。其中写道：

藏书何止三万册，种树常教四十围。
乾隆廿三年岁次戊寅秋八月。板桥郑燮。

是年九月秋杪，郑燮作《行书自遣诗轴》，抒发对世俗虚伪行为的强烈不满，并对其进行尖锐的讽刺与抨击。其中写道：

啬彼丰兹信不移，我于困顿已无辞；束狂入世犹嫌放，学拙论文尚厌奇。看月何妨人去尽，对花只恨酒来迟；笑他缣素求书辈，又要先生烂醉时。
乾隆戊寅秋杪，板桥郑燮。

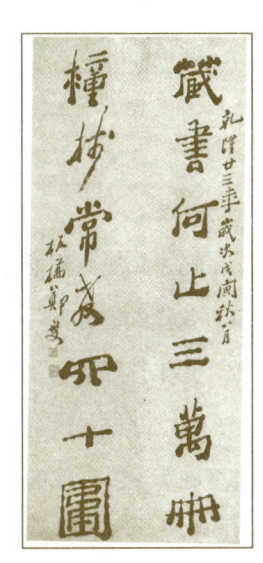

·郑燮《七言联》

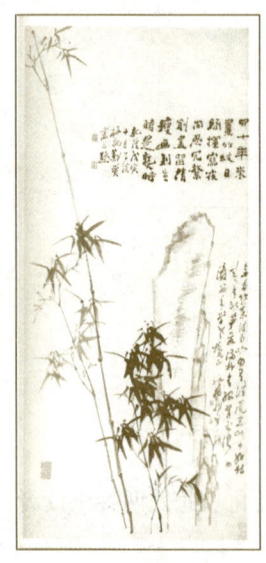

·郑燮为瀛翁年学老长兄作《竹石图轴》

上古版《郑板桥集·诗钞》中载有这首诗,不过将诗中"何妨"作"不妨"。

是年十月下旬,郑燮为瀛翁年学老长兄作《竹石图轴》,在上端题记并落款之后,似乎为了使画面更加匀称平衡,于右侧再作题记。其中写道:

四十年来画竹枝,日间挥写夜间思。冗繁削尽留清瘦,画到生时是熟时。

乾隆戊寅十月下浣,板桥郑燮画并题。

无多竹叶没多山,自有清风在此间。好待来年新笋发,满林青绿翠云湾。

为瀛翁年学老长兄正。板桥郑燮又题。

郑燮此处所谓"画到生时是熟时",即于甜熟中谋求生涩的意思。明代唐志契《绘事微言》引李仰怀语:"画山水不可太熟,熟则少文;不可太生,生则多戾,练熟反生,斯妙矣。"

是年冬日,郑燮以柱石喻立于朝堂上议政的君臣官员,以竹枝喻社会民众百姓,作《清朝柱石图轴》。于其上题记:

清朝柱石之图。

板桥郑燮画。

气骨森严色古苍,俨如公辅立朝堂。竹枝亦复多情事,靠定青山有主张。

乾隆戊寅冬日,板桥郑燮又题。

通过郑燮此幅墨迹可知,卞孝萱《郑板桥全集》(增补本)中,将"乾隆戊寅冬日"作"乾隆戊寅",脱漏"冬日"二字。

是年,郑燮与徐氏所生次女嫁袁氏。此时,聊凭出卖字画养家糊口的郑燮,没有更多的资财为次女置办嫁奁,只好为其作画。郑燮在为次女所作的《兰竹石图轴》上题记:

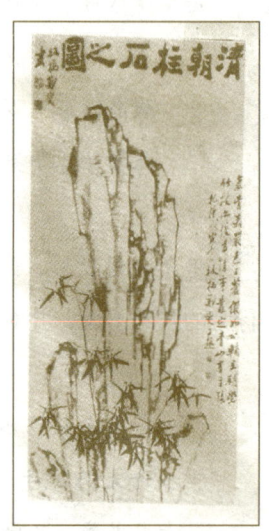

·郑燮《清朝柱石图轴》

官罢囊空两袖寒,聊凭卖画佐朝餐。最惭无隐奁钱薄,赠尔春风几笔兰。

乾隆戊寅,板桥老人为二女适袁氏者作。

卞孝萱《郑板桥全集》(增补本)将"无隐"作"吴隐"。

所谓"奁",指的是古代盛放梳妆用品的器具。旧时也用为嫁女所备衣物的总称。

是年,郑燮作《竹石立轴》,并于题记中重申自己作画无所师承,大多得之于自然景物。其书写的文字内容,与乾隆丁丑年所作《墨竹图》的题记大致相同,仅将其中的"余家"改作"吾家",将"置一小榻其间"改作"置一榻其间",将"于时一片竹光零乱"改作"于此时一片竹光影零乱"。

是年,郑燮应请为鹤洲年学长兄作《山顶妙香图轴》,于其上题记:

·郑燮为鹤洲年学长兄作《山顶妙香图轴》

身在千山顶头上,突岩深缝妙香稠。非无脚下浮云闹,来不相知去不留。

乾隆戊寅,鹤洲年学长兄正。板桥道人郑燮写。

是年,郑燮为陶道人作《满山兰竹图》,见画面流泉之东,不着一花一叶,显得空白太过,乃复题二十八字诗。

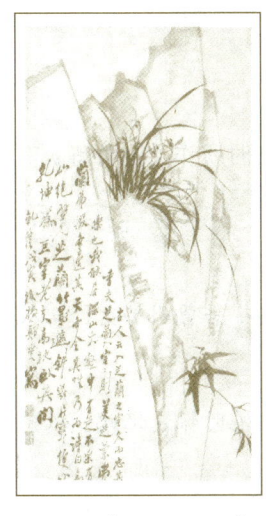

·郑燮《兰竹石图轴》

竹叶兰花清耿耿,飞来一片流泉冷。若要山头写白云,还须道士陶弘景。

乾隆戊寅,板桥郑燮。

板桥居士既为陶道人作满山兰竹矣,流泉之东,不得更着一花一叶,又惧其澹寂,乃复题二十八字以实之:峤壁飞流万丈孤,兀然仙境世间无。兰芳竹翠幽深处,置个丹炉与茗炉。

周积寅《郑板桥年谱》将"板桥居士"误作"板板居士"。

陶弘景(456—536),字通明,自号华阳隐居,丹阳秣陵(今南京)人。南朝齐梁时期道教思想家、医学家。工草隶,行书尤妙,并对历算、地理、医药诸方面有一定的研究。仕齐,拜左卫殿中将军。入梁,隐居句曲山(茅山)。梁武帝礼聘不出,但朝廷大事辄就谘询,时人称陶弘景为"山中宰相"。陶弘景的思想理念,脱胎于老庄哲学和葛洪的神仙道教,并杂糅儒家和佛家。

是年,郑燮再次作《兰竹石图轴》,题记内容与丙子年四月十四日于移情书屋为文翁老学长老长兄所作《兰竹石轴》上的题记大致相似,仅对个别字词有改动。这里仅录墨迹图片。

是年,郑燮作《竹石四屏条》并分别题记。四条屏之一《竹石图》题记:

且让青山出一头,疏枝瘦干未能遒。明年百尺龙孙发,多恐青山逊一筹。
板桥郑燮并题。

四条屏之二《竹石图》题记:

石缝山腰是我家,棋枰茶灶足烟霞。有人编缚为条帚,也与神仙扫落花。
乾隆戊寅,板桥郑燮画。

四条屏之三《竹图》题记:

东西南北四面吹,此君淡若不闻知。雨晴风定亭亭立,一种清光足羽仪。
板桥郑燮。

四条屏之四《竹图》题记复录为官潍县时所作《画竹诗》。其中写道:

衙斋卧听萧萧竹,疑是民间疾苦声。些小吾曹州县吏,一枝一叶总关情。
此潍县时画竹诗也。今已岁年事矣,拈笔时辄复记此。板桥郑燮。

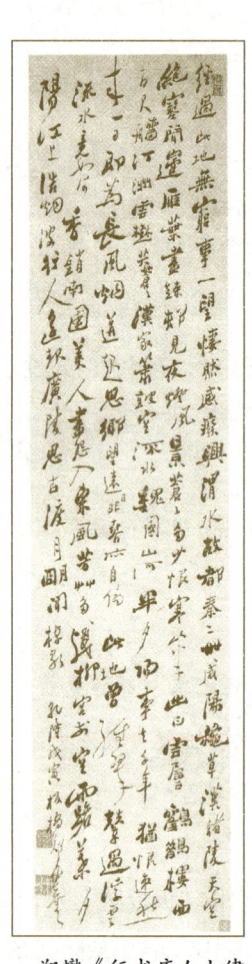

· 郑燮《行书唐人七律三首条幅》

周积寅《郑板桥年谱》将"些小"误作"此小"。

据郭味蕖《知鱼堂书画录》记载,是年,郑燮曾作《旧枝新篁图》。

是年,郑燮依次书录唐代诗人刘沧《咸阳怀古》、李益《同崔邠登鹳雀楼》、刘沧《经炀帝行宫》三首诗,作《行书唐人七律三首条幅》,以抒发自己感叹废兴的怀古幽思。其中写道:

经过此地无穷事,一望凄然感废兴。渭水故都秦二世,咸阳秋草汉诸陵。天空绝塞闻边雁,叶尽疎村见夜灯。风景苍苍多少恨,寒山半出白云层。

鹩鹒楼西百尺艡,汀州云树共苍苍。汉家箫鼓空流水,魏国山河半夕阳。事去千年犹恨速,愁来一日即为长。风烟迸起思乡望,远目非春亦自伤。

此地曾经翠辇过,浮云流水竟如何。香销南国美人尽,怨入东风芳草多。残柳宫前空露叶,夕阳江上浩烟波。行人遥起广陵思,古渡月明闻棹歌。

乾隆戊寅,板桥郑燮书。

郑燮在书录前人所作诗词文章时,或由于记忆有误,或出于本心意愿,时常会略微改动字词。第一首中的"叶尽疎村见夜灯"原文作"叶尽孤村见夜灯"。第二首中的"鹩鹒楼西百尺艡,汀州云树共苍苍",原文作"鹳雀楼西百尺樯,汀州云树共茫茫","风烟迸起思乡望"原文作"风烟并起思归望"。第三首中的"夕阳江上浩烟波",原文作"夕阳川上浩烟波"。

书毕之后,郑燮似乎觉得意犹未尽,又书录苏轼《寄题刁景纯藏春坞》和陈师道《从寇生求茶库纸》,作《行书诗轴》。其中写道:

皓首归来种万松,待看千尺舞霜风。年抛造物陶甄外,春在先生杖屦中。杨柳长齐低户暗,樱桃烂熟滴阶红。何时却与徐元直,共访襄阳庞德公。

南朝官纸女儿肤,玉版云英比不如。乞与此翁元不称,他年留待大苏书。

乾隆戊寅,板桥郑燮。

· 郑燮《行书六言联》

郑燮此处书录的第一句"皓首归来种万松",苏轼原文作"白首归来种万松"。

"玉版云英",皆为宣纸品类之名。"大苏",指的是宋代苏轼。"唐宋八大家"中,四川眉山苏洵一家占有三席,苏洵被称为"老苏",苏洵长子苏轼被称为"大苏",次子苏辙被称为"小苏"。

郑燮一向认为,无论撰作诗词文章,还是作书作画,都应该严肃认真对待,即使在打草稿时,也应该尽心尽力,丝毫马虎不得。于此同理,人在与人相识交往中,也应该保持一种谦虚谨慎、诚心诚意的心态,即使在说闲话聊天时,也不能存有傲慢之心。为此,郑燮于是年所作的《行书六言联》中写道:

打草稿用全力,说闲话无慢心。
乾隆戊寅,板桥郑燮。

是年,诗人陶元藻客居扬州。陶元藻(1716—1801),字龙溪,号篁村,又号凫亭,会稽(今浙江绍兴)人。诸生。常客两淮盐运使卢见曾所。后倦游归里,于西湖筑泊鸥庄,以撰述自娱。工诗,著有《泊鸥山房集》《全浙诗话》《凫亭诗话》。辑有《越画见闻》,专辑旧绍兴府属画人而各为之传,并有乾隆六十年(1795)为其所作《自序》。

陶元藻曾于《全浙诗话·陈章》卷中,记载他与郑燮、金农、张轶青、陈对鸥、陈章、蒋秋泾等人每月联吟数次之事的来龙去脉。其中写道:"章,字授衣,号竹町。钱塘布衣。著有《孟晋斋集》。按诗以清深淡远为上,雄健豪迈次之,妍丽雕镂为下。余向持此论,自樊榭、竹田以外,罕有知者。乾隆戊寅,客邗江,得遇授衣,欣然有鍼芥之投。维时秀水蒋秋泾亦痛辟铅华,力追古淡。授衣馆马氏玲珑山房,秋泾主张渔川家。余遂与郑板桥、金寿门、张轶青、闵莲峰、陈对鸥暨授衣、秋泾,每月联吟数次,以渔川为东道主,极觞咏流连之乐。数年后,授衣、秋泾相继云逝,诸君亦凋谢殆尽,不胜旧雨晨星之戚。授衣曾有句云:古澹无华始是诗……"

陶元藻与郑燮也时相往来,数旬不见,即惆怅不已,遂以书信问候。陶元藻在《泊鸥山房集·与郑板桥书》中曾经写道:"数旬不接秾阮,怅何可言。伻来,知足下于今晨已卸装杏园旧寓,欢喜无量。亟欲走访,苦为雨阻,不能步屧而西。前月于金寿门斋头,见足下所画残荷一朵,败荷叶一片,插在缺口磁瓶内,墨汁模糊,如有烟光月晕,淡中自带野趣。夫画,枯不可,淡则所贵;俗宜避,野则弥佳。大似吾乡青藤居士醉后之笔,寿世何疑。迩日可又得数幅否?想携笈中,俟檐溜稍停,即当造谒畅观,先问起居,不一。"陶元藻于此所说"见足下所画残荷一朵,败荷叶一片,插在缺口磁瓶内,墨汁模糊,如有烟光月晕，淡中自带野趣"这段话，也是至今关于郑燮善画荷花难得一见的重要资料。此处所谓"伻"，指的是使者。"檐溜"，指的是雨。

除此之外，陶元藻《泊鸥山房集》中，还记载了他与郑燮相互交往所作的诗词。例如，《泊鸥山房集》卷二十一《诗》中有《过郑板桥寓斋索句偶成》诗曰："萧萧竹色映疏帘，沈水香清手自添。谁道粥鱼茶饭外，有人闲户读《楞严》。"

窃以为，此处"闲户"或为"闭户"之误。另外，对于卞孝萱《郑板桥全集》（增补本）附录二《郑板桥丛考》于陶元藻此诗下所写"从此诗知板桥晚年信佛"的说法，也不能认同。宋元以降，文人士大夫便将焚香、品茶、插花、挂画，视为高雅闲适、清净安逸的"四般闲事"。为此，自2012年至2017年，我曾陆续撰写出版了《茶禅一味》《尚古说香》《插花清供》《雅墨清赏》（书法卷）和《雅墨清赏》（绘画卷）五部拙著，专门论述这四件闲雅之事，受到读者广泛关注。郑燮在读书时焚香，不足为奇。

众所周知，儒、释、道是中国传统文化的重要组成部分，缺一不可。尤其是佛教自两汉之际传入中土之后，文人雅士于家中阅读佛教经典，也是丰富学识不可或缺的。仅凭郑燮焚燃沉香和闭户读《楞严经》，就认为郑燮晚年信佛，有些牵强。依郑燮的脾气秉性，如果皈依佛门信奉佛教，一定会在其诗文书作以及题画中有所反映，但在郑燮晚年作品中，目前并未发现任何与佛教信仰相关的文句。

陶元藻该卷中还有《题赵文敏所画采菱图，即用图中王汝玉韵，同郑板桥、金寿门赋于汪秋白春雨读书堂》以及《出郭看菊和郑板桥原韵》《过甘露寺和郑板桥原韵》等诗作。

陶元藻《泊鸥山房集》卷二十四《诗》中亦有《简郑板桥》云："出山多浊流，俗吏面可唾。荥阳耻卑官，言放迎候惰。白眼醒而狂，直夺次公座。既受五斗欺，能免一毫挫。归栖屋打头，烟萝补篱破。书画自忘疲，深巷慰寒饿。我亦懒散人，无由学新懦。卖文三十年，空箧无可驮。蛮花照吟笺，竟病谁与和。江南怀故人，天阔风雨大。将订竹西游，重理击钵课。"

陶元藻还于《泊鸥山房集》卷三十六中，记载自己作词《绮罗香》的原委："张喆士斋中食蟹，时闵莲峰、郑板桥、陈授衣、蒋秋泾，各赋五言一章，余因填此阕。"

以上事例，说明郑燮与陶元藻关系密切。

乾隆二十四年己卯（1759），郑燮67岁。是年六月盛夏时节，郑燮好友朱青雷，曾有自燕京至扬州之行。然当朱青雷前往郑燮府邸拜访时，恰逢郑燮外出不遇，两人俱引以为憾事。为此，两人只能以书信排解怅怏之情。郑燮在是年六月十二日《致朱青雷》中，除了表达对朱青雷的思念之情外，还对朱青雷的书作、印作大加赞扬。其中写道：

潍署一别，于今十数年，须白尽，发之黑者，十无二三。人生不耐老，亦至是邪。

足下精神意趣，量不减从前，而须鬓亦稍稍改矣。破船羸马，年年来往扬州，足下至时，我独不遇，深为怅惋。想高情古道，亦欲径到敝邑，恐陶潜官罢，酒瓮皆空，极不愿令主人烦费乎。紫琼仙客，忽归道山，闻之令人气短。然新主人能识足下于牝牡骊黄之外，其遇合亦不减昔时也。绣章亲家，屡接华翰，皆谆谆念切鄙人，荷蒙此意于数千里外，且不一次，实为难得。颇欲作拙书拙画相寄，而穷途卖字，刻无宁晷，非此则无以餬吾口，往往匆遽懒慢，开罪故人，想复原谅。足下近日书法愈觉老成，比之傅青主则体格端凝，比之郑谷口则精力完足，比之万九沙则气味清谨，老夫当在下风矣。刻印之妙，古不乖时，健而能软，使南阜再生，凤冈复作，当敛衽而避。拟于今年二月策蹇来燕，因家有期亲之服，赆馈为之一空，又俨然在忧服之中，未便径出。此时又溽暑盛夏，老年人不耐渴烦，当待清秋露冷，然后听晨鸡而著鞭耳。有安道长名凤彩者，与予善，曾往来平邸，在扬时深知鄙人近况，若得会面，便可询问一切。又有小徒昆宁者，曾为国子监丞。查新缙绅，忽复不见，不（或落"知"字）近日所署何官，乞问而告我，用一小纸条置绣章兄书中可耳。板桥郑燮顿首，青雷贤友年兄足下。乾隆己卯六月十二日午余，扬州拜。尊堂太太、尊阃夫人万安万吉。

郑燮书中所谓傅青主，指的是明清之际思想家、书画家傅山（1607—1684），字青主，山西阳曲人。明亡后隐居不仕。博通经史诸子和佛道之学，兼工诗文、书画、金石，又精医学。书法于楷书行草之外，尤善临摹汉隶和史游的《急就篇》，时人将其推为清初第一书家。

郑谷口，指的是清代书法家郑簠（1622—1694），号谷口，上元人。以汉八分擅名，间参草法。又能刻印。

万九沙，指的是清代书法家万经（1659—1741），号九沙，浙江鄞县（今宁波）人。康熙四十二年进士，官编修。工隶书，著有《分隶偶存》。

"期亲之服"，指的是依丧服制应服齐衰期年之服的亲戚，即服丧一年的亲属。窃以为，郑燮此时"期亲之服"或系为其婶母江氏，即堂弟郑墨的母亲服丧。

"尊阃"，系对人妻室的尊称。"阃"，闺门。

是年七月十九日，郑燮为曾经多人辗转易手，终归自己收藏的《宋拓圣教序》题记。其中写道：

此《圣教序》之未断本也。非复唐拓，亦是宋元间物。惜其拓手卤莽，伤于水墨，如"宇宙千劫，凡愚疑惑"等字皆漫漶，共两页十六行，入后则无不善也。自"微言广被"以下，甚铿铄皆可观。近世绛云楼藏本为最，后入泰兴季沧苇家，值六百金。何义门、王箬林两先生皆有善本,曾见之。商邱宋氏本最明晰,今归德州卢雅雨先生,盖以二百六十金收之。此本不逮诸家,非时代之后而拓者之咎也。昔为枣强郑氏物,今归板桥郑氏。乾隆廿四年七月十九日,橄榄轩主人燮记。

是年秋,郑燮作《草书祝允明〈北郊访友〉诗轴》。其中写道:

风物幽妍上廊宽,访朋应得一迴看。家家黄土墙三尺,处处清渠竹数竿。欲雨欲晴云半密,如秋如夏汗微干。苦吟旧得山人句,却笑笼头少鹖冠。

乾隆己卯新秋,板桥郑燮。

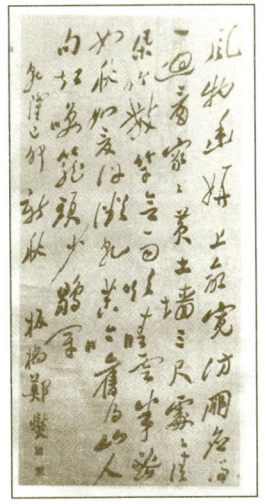

· 郑燮作《草书祝允明〈北郊访友〉诗轴》

祝允明(1460—1527),字希哲,号枝山,又因其右手长有六指,自号"枝指生",长洲(今江苏苏州)人。家学渊源,能诗文,工书法,尤其是狂草颇受世人赞誉。祝允明诗中所谓"鹖冠",指的是古代隐士采用一种类似雉鸡之鸟的羽毛作为装饰的冠。

郑燮此处所书文字内容,与祝允明《北郊访友》原作有异。郑燮书中"访朋应得一迴看",祝允明原文作"访朋因得一回看";"苦吟旧得山人句",原文作"苦吟应得山人句"。

据《中国古代书画目录》第三册著录,是年新秋,郑燮作《松芝延寿图轴》。

是年,郑燮为柿伯表弟作《兰花》横幅。并于题记中以兰花叶长则开花少,而叶短则开花多为喻,说明世间万事万物皆有不足之处。其中写道:

叶长花则少,叶短花则多。万事有余不足,英雄豪杰如何!

乾隆己卯,写为柿伯表弟。板桥郑燮。

郑燮对于自己多年以竖抹横拖所画兰竹石,充满自信。他认为自己所画兰竹,已经看似近乎自然之物,所画云中山石亦令人如望藐姑之仙。是年,郑燮作《兰竹石图横幅》,于其上题记:

近处香微远处赊,随风飘渺透烟霞。青山翠竹方为伴,洗尽凡心看此花。画兰画竹已多年,竖抹横拖近自然。更向云中画山石,令人如望藐姑仙。

乾隆己卯,板桥郑燮画并题。

是年,郑燮应请为廷翁年学老长兄作《竹石图轴》并题记:

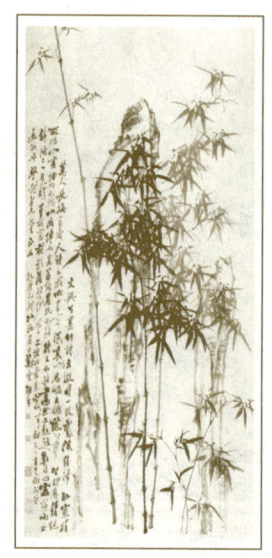

·郑燮为廷翁年学老长兄作《竹石图轴》

  文与可墨竹诗云:拟将一段鹅溪绢,扫取寒梢万尺长。梅花道人诗云:我亦有亭深竹里,也思归去听秋声。皆诗意清绝,不独以画传也。不独以画传而画益传。愚既不能诗,又不能画,然亦勉题数句曰:雷停雨止斜阳出,一片新篁旋剪裁。影落碧纱窗子上,便拈毫素写将来。鄙夫之言,有惭前哲。

  廷翁年学老长兄先生正画。乾隆己卯,板桥居士郑燮拜手。

尽管郑燮此处题记的前半段文字内容,与乾隆丁丑为唯石兰同学老世长兄所作《墨竹图轴》题记基本一致,无非再次强调自己所持"诗意清绝,不独以画传也。不独以画传而画益传"的思想,但后半段题诗却不相同。这里照录,以供比对欣赏。

是年,郑燮为期翁年学老长兄暨渭华同学老世兄作《竹石图轴》,于其上题记:

  绕膝龙孙好节柯,居中柱石老嵯峨。春风夏雨清光满,历到秋冬翠更多。
  乾隆己卯写似期翁年学老长兄暨渭华同学老世兄哂政。板桥居士郑燮。

是年,郑燮再次有杭州之旅。某日,郑燮饮酒烂醉,踉踉跄跄于山路行走,不时被竹篠牵绊。次日酒醒,郑燮作《竹石图轴》。于其上题记与乾隆二十一年为澄轩年学兄所作《竹石图轴》上题诗基本相似。其中写道:

  昨自西湖烂醉归,漫山密篠乱牵衣。摇舟已下金沙港,回首清风在翠微。
  乾隆己卯,板桥道人郑燮写。

郑燮此处所谓"金沙港",位于杭州西湖,东接杨公堤与曲院风荷相对,南接杭州花圃,西北以灵隐路为界,金沙涧自西向东蜿蜒流过。

是年,郑燮又选择自己既往在画作上的题记数则,作《行草书束云卷》。其中写道:

  束云。

郑燮。

雷停雨止斜阳出……

画兰切莫画盆罂，石缝山腰寄此生。总要完他天趣在，世间栽种枉多情。

长在山头怕太高，移来山下又尘嚣。不夷不惠居身好，只在峰峦半截腰。

南国枫凋结绮楼……

乾隆己卯，板桥居士郑燮。

康熙年间兴化知县张可立（字蔚生，福建福清县人），念及兴化水乡穷民棺骨无葬地，于城北买地为义冢，并建佛殿观音庵，以修护穷民之冢。慧圆上人及其徒子徒孙以重修是庵为己任，竭力维护支持，使观音庵数年不废。为此，郑燮作《自在庵记》。

兴化无山，其间菜畦瓜圃，雁户渔庄，颇得画家平远之意。一村一落，必有茅庵精舍，为高僧隐流焚（梵）修栖息之所。而平望庄自在庵之建，不尽为此也。庵始于邑侯张公蔚生，廉明慈惠，念水乡穷民棺骨无葬地，于城北九里平望东偏买地为义冢，凡一十二亩三分。即于是庄建佛殿，招僧为住持，固以奉佛，实以修护穷民之冢也。张公去后，佛舍荒，冢地荡，过者伤之。慧圆上人毅然以重修为己任，众亦敬其素操，翕然从之。爰造梵宇二十二间。张公置田五十二亩，慧圆置四十亩，晓达置十亩，计田一百二亩。而晓达之师、慧圆之徒祥元者，虽未有所创造，乾隆中叠遭水灾七八载，祥元竭力支持，使此庵不废，则其功亦不可不书也。山田足供僧众，而自在庵永不废矣。有庵有僧，耕渔之暇，持一畚一锸以修冢，而枯骨于兹有托矣。佛舍修、枯骨聚，而张公仁民爱物之心，传于千古矣。凡庵有兴有废，而是庵泽及枯骨，深得佛理，当久而弗替也。

上古版《郑板桥集》将"慧圆置四十亩"误作"慧远置四十亩"。

《重修兴化县志》卷一云："观音庵平望铺。康熙十六年，知县张可立买地掩骼。十八年，建庵，延僧司其事，购田为经费。邑人于庵西建张公祠。乾隆中，邑人郑燮更名自在庵，记曰……"

是年，能诗且好集唐诗的唐欣若，作《集唐诗》毕，求郑燮为之作序。郑燮为给后之学诗学文者指明道路，欣然答应，并以自己心得体会作《集唐诗序》。窃以为，郑燮于其中所谓"夫唐人之诗，旧诗也，读之千古长新……满纸皆陆离斑驳。今人之诗，新诗也，但觉满纸皆陈饭土羹"的观点，并非颂古非今，而是确为的论。郑燮写道：

集唐诗,则必读唐诗,而且多读唐诗。自李、杜、王、孟、高、岑而外,极幽极冷之诗,一旦火热,使得翻阅于明窗净几之间,此亦天地间一大快事也。读唐诗,则必钻其穴,剖其精,抉其髓,而后能集之。使我之心,即入乎唐人之心,而又使唐人之心,即为我之心。常觉千古之名流高士,俨聚一堂,此又天地间一大快事也。集唐之难,不得参差错落,谬托于古,必须五七言律,字字对仗精工,而又流利通适。往往有六句七句,独欠一句;左对右对,皆不得妥;三月两月,搔首搔耳,而其句不成。及一触忽然得之,如获异宝,如释滞疾,此又天地间一大快事也。有时集句已成,颇自得意,而亦少有未安。良朋好友猝至,指之曰:某句未妥,则心病一挑,不能藏匿。而又有一友从旁曰:以某句对之,何如?顿觉天衣无缝,如铸成的,如树上结的,如圣叹之有斫山相资相助,皆得并传于世,此又天地间一大快事也。唐君欣若,自能诗,而又好集唐诗。集之久,而已诗俱废。盖以专一而得神奇者也。夫唐人之诗,旧诗也,读之千古长新,得君之集而更新,满纸皆陆离斑驳。今人之诗,新诗也,但觉满纸皆陈饭土羹。与为彼之作,正不如君之集也。问序于愚,愚何能序唐君之甘苦阅历,约略言之,非为唐君言之,为后之学诗学文者言之也。乾隆己卯,板桥郑燮撰。

"李、杜、王、孟、高、岑"指唐代著名诗人李白、杜甫、王维、孟浩然、高适、岑参。"如圣叹之有斫山相资相助",指的是明末清初的著名文学批评家金圣叹和其朋友王斫山的故事。金圣叹一生所评著作甚多,最为著名的当属极具文学价值的《水浒传》和《西厢记》两部作品。由于金圣叹的批评引导,使得普通读者从中可以看到作者难以言及的一面。金圣叹生活贫困,时常得到好友王斫山的资助,这两个人在历史上并传于世。

是年,郑燮为了避免有人以送礼纠缠、赊欠赖账等方式无偿索取自己书画作品,听从拙公和尚的意见建议,自定书画润格,明确各种书画作品价格。同时申明,自己年老神倦,没有足够的精力和工夫陪人聊天。其中写道:

大幅六两。

中幅四两。

小幅二两。

书条、对联一两。

扇子、斗方五钱。

凡送礼物、食物,总不如白银为妙。公之所送,未必弟之所好也。送现银,则中心喜乐,书画皆佳。礼物既属纠缠,赊欠尤为赖账。年老神倦,亦不能陪诸君子作无益语言也。

画竹多于买竹钱，纸高六尺价三千。任渠话旧论交接，只当秋风过耳边。

乾隆己卯，拙公和上属书谢客。板桥郑燮。

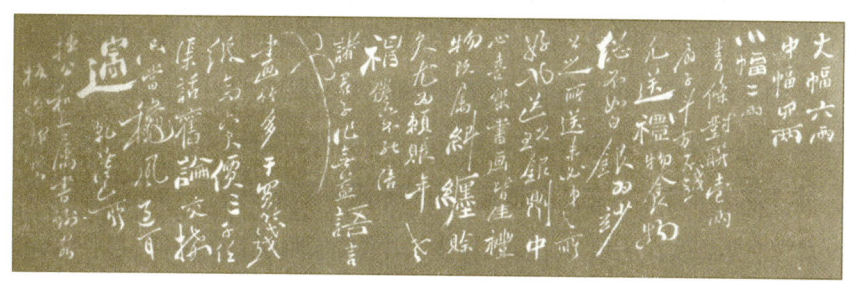

·郑燮《润格》

卞孝萱《郑板桥全集》（增补本）将郑燮《润格》，题作《板桥笔榜》。

郑燮《润格》面世之后，引发众多论议。清代叶廷琯《鸥陂渔话·郑板桥笔榜》卷六云："字画索润，古人所有，板桥笔榜小卷，盖自书书画润笔例也。见之友人处，其文云：'大幅六两……'此老风趣可掬，视彼卖技假名士，偶逢旧友，貌为口不言钱，而实故靳以要厚酬者，其雅俗真伪，何如乎！纸尾有吴山尊学士跋云：'乙亥、丙子间，与孙渊如同校唐文于邗上，皆有心遽意违、情惫手阑之困，适同游西□庵，见板桥此纸，戏属工人上石，贻同人工书画者。蕉记。'"

叶廷琯（1791—1868），字调生，自号龙威遯隐，吴县（今江苏苏州）人。工铁笔，苍劲可爱。尝论历代印学原本，殚见洽闻。著有《吹纲录》《鸥陂渔话》。

吴山尊，即吴鼒（1756—1821），字及之，一字山尊，号抑庵，全椒人。嘉庆四年进士，由翰林院编修仕至侍读学士。著有《吴学士文集》《白萼红词》等。

清代俞樾《春在堂随笔》卷二云："吴平斋观察示余石刻郑板桥字一纸，其文云：'大幅六两……'末署'乾隆己酉（卯）板桥郑燮'。平斋跋其后云：'板桥道人此书……'退楼即平斋自号，范湖居士乃周君存伯也。余谓东坡书字，在当日只换羊肉吃而已，吾辈率尔落笔，便欲白银，亦大罪过。然年来笔墨为人役，亦甚苦之。读板桥此帖，辄为诵古诗曰：'齐心同所愿，含意俱未申。'退楼诸公闻之，当干笑也。"

俞樾（1821—1907），字荫甫，自号曲园居士，浙江德清人。清道光三十年（1850）进士，任翰林院编修。罢官后，移居苏州，潜心学术，以经学为主，旁及诸子、史学、训诂，乃至戏曲、诗词、小说、书法，系清末著名学者、古文字学家、书法家。

周积寅《郑板桥年谱》将"俞樾"误作"愈樾"。

郑燮这份自定书画《润格》，对后世书画篆刻艺术家也有一定的影响。例如，李叔同曾于1912年在《太平洋报》上刊登《李叔同书例》："名刺一元。扇子一元。三、四尺联二元。五尺以上三元。件交本社许鸿园君代收。四幅以上者照加。余件另议。先润后墨。件交太平洋报馆广告部。"

齐白石在其所作的《润格》中，除了标明书画篆刻作品价格之外，说的更是直白，不讲情面："卖画不论交情。君子有耻，请照润格出钱。庚午秋七月直白。"他还在1931年所作《卖画及篆刻规例》中写道："白求及短润金，赊欠，退换，诸君从此谅之，不必见面，恐触恶急。余不求人介绍，有必欲介绍者，勿望酬谢……无论何人，润金先收。"

是年，郑燮交厚好友汪士慎卒，享年74岁。郑燮曾于画赠芸亭年兄《墨竹图轴》题记中，说明汪士慎写竹尤妙。其中写道：

扬州汪士慎，字近人，妙写竹。曾作两枝并瘦石一块，索杭州金农寿门题咏。金振笔而书二十八字，其后十四字云："清瘦两竿如削玉，首阳山下立夷齐。"自古今题竹以来，从未有用孤竹君事者，盖自寿门始。寿门愈不得志，诗愈奇，人亦何必泪富贵以自取陋！

芸亭年兄一粲，板桥郑燮。

是年，金农于扬州僧舍作《自画像》，分赠丁敬和罗聘。

乾隆二十五年庚辰（1700），郑燮68岁。是年五月，郑燮应保培基之邀，前往通州（今江苏南通）。保培基（1693—?），字梧，号西垣，江苏通州人。擅诗文书法。著有编年诗集《西垣集》。与里中文士、画家多有交往。

与年轻时外出为了节省盘缠而借宿荒郊野外的清苦寺庙僧舍有所不同，此时的郑燮，外出大都居住在当地达官文士优雅精美的馆园斋舍之中。郑燮此次通州之行，就住在位于通州城北的保培基井谷园。井谷园，系保培基于前代遗址拓建而成，内有木石居、风树轩、桂亭、鹤屋诸胜。李鱓去通州时，也曾寓此。嘉庆年间，通州人金榜在其所著《海曲拾遗》中云："郑板桥，兴化人，客通州，寓保培基井谷园。工绘兰竹，书法以隶楷行三体相参。古秀独绝。作诗不拘格，与香山、放翁相近，有各集。"

郑燮此次通州之行，曾为保培基之兄保培源的"艺园"作《无数青山拜草庐》匾额。保培源，字岷川，别号艺园，以"善辨前人书画墨迹"而为通州著名收藏家。清道光年间徐缙、杨廷编撰的地方志《崇川咫闻录》载："艺园，保培源筑，曲迳回廊，峭石壁立。郑板桥来，题其堂曰'无数青山拜草庐'。"郑燮还于扇面上书录苏轼《金山梦中作》诗，赠保培源。其中写道：

江东贾客木绵裘，欲散金山月满楼。夜半潮来风又热，卧吹箫管到扬州。

书似艺园大长兄。弟郑板桥。

不过，郑燮上书第二句"欲散金山月满楼"，苏轼原文作"会散金山月满楼"；第三句"夜半潮来风又热"，苏轼原文作"夜半潮来风又熟"。纪昀曾对苏轼诗中所谓"风又熟"解释道："今海船犹有风熟之语，盖风之初作转移不定，过一日不转，谓之风熟。"

郑燮逗留通州期间，曾为丁有煜乾隆五年至六年所作《墨竹册》题记。写道：

· 郑燮题丁有煜《墨竹册》

以书为画。

个道人《墨竹册》。弟郑燮题。

"个道人"指的是清代诗人、书画家丁有煜（1683—1764），字丽中，一字介堂，号石可，晚号个道人，江南通州人。著有《双薇园集》《双薇园诗集》《与秋集》。

是年夏五，郑燮在通州应李方膺侍人郝香山索题，为黄慎所作丁有煜像卷题跋。郑燮在《题黄慎丁有煜像卷》引首中写道：

好藏之。

孙柳门所宝个道人小照。板桥郑燮题。

郑燮于其后作跋：

郝香山，晴江李公之侍人也，宝其主之笔墨如拱璧，而索题跋于板桥老人。孙柳门，又个道人之侍人也，宝其主笔墨与香山等，而又摹道人之照而秘藏之，以为千秋供奉，其义更深远矣。用题二十八字：嗟予不是康成裔，羡此真成颖士家。放眼乾坤臣主义，青衣往往胜乌纱。

乾隆庚辰夏五，板桥郑燮识。

郑燮此处所谓"侍人"，指的是古人随身的奴仆，后多指女仆。而"郝香山"和"孙柳门"，皆为女性。

"康成",指的是东汉儒家学者、经学家郑玄(127—200),字康成,北海郡高密(今由山东省潍坊市辖)人。曾入太学攻读今文《易》和公羊学,又从张恭祖学《古文尚书》《周礼》《左传》等,最后从马融学古文经。游学归里,复客耕东莱,聚徒讲学,弟子众达千人。后因党祸事遭禁锢,杜门潜心著述,以古文经说为主,兼采今文经说,遍注群经,成为汉代经学的集大成者,时称"郑学"。晚年守节不仕,却又遭逼迫从军,最终病逝于元城,享年74岁。

"颖士",指的是唐代文学家萧颖士(717—768),字茂挺,号文元先生,颍州汝阴(今安徽省阜阳市)人,南朝梁宗室后人。高才博学,工于书法文辞。家居洛阳,富有藏书。安史之乱时,萧颖士将藏书转移至石洞坚壁,独身出走山南。著有《萧梁史话》《游梁新集》等。

"青衣",古代指婢女。因通常身着青衫而得名。

郑燮在通州拜谒丁有煜时,曾窃取丁有煜所作《墨梅》四幅,丁有煜明知此事,却笑而不责,郑燮深感有愧。由于郑燮深知丁有煜最喜爱高凤翰书画,为此,他专门派人不远千里往返山东胶州,取高凤翰所画赭墨菊花献给丁有煜作为补偿,以慰其意。郑燮在《题高凤翰〈香流幽谷图轴〉并赠丁有煜》中写道:

燮自兴化来通州谒个老人,即窃取其《墨梅》四幅,皆藏弆不轻出者,老人笑而不责也。老人最重西园高先生笔墨,无以慰其意,遂令奴子往返千里,取高公赭墨菊花以献。至燮自呈所作诗字画,各有数种,直是王恺珊瑚,不足当季伦铁如意一击也。板桥弟燮。

卞孝萱《郑板桥全集》(增补本),将郑燮《题高凤翰〈香流幽谷图轴〉并赠丁有煜》,题作《题高凤翰菊石图轴》。

郑燮此处所谓"个老人",即指个道人丁有煜。

"西园高先生",指的是清代画家、郑燮好友高凤翰。

"直是王恺珊瑚,不足当季伦铁如意一击也"句,出自《世说新语·汰侈》。说的是石崇与王恺斗富一事。石崇(249—300),字季伦,西晋渤海南皮(今河北南皮东北)人。初为修武令,累迁至侍中。永熙元年(290)出为荆州刺史,以劫掠客商致财产无数。八王之乱中,为赵王伦所杀。王恺,字君夫,西晋东海郯县(今山东郯城)人。系司马昭妻弟。官至后军将军。性豪侈。

斯时，郑燮还将刻有自己手书铭文、平日使用的一方宝砚，赠给了丁有煜。砚背题刻的铭文是：

> 南唐宝石，为我良田。缜密以栗，清润而坚。麇丸起雾，麦光浮烟。万言日试，倚马待焉。降尔遐福，受禄于天。如山之寿，于万斯年。板桥郑燮志。

丁有煜对宝砚爱不释手，又于砚侧题刻了铭文。写道："茂如松，福禄无不宜。惟质清而且腴。信一丸之堪宝。双薇园主人记。""双薇园主人"指的是丁有煜。

周积寅《郑板桥年谱》对郑燮赠丁有煜砚事作［按］："按二铭文文义及题款位置，可知此砚原应为板桥自用，后又为丁有煜所有。恐即板桥斯时来通州时持赠。清代梁绍壬《两般秋雨盦随笔》云：'铭之为体，于诗词外另具笔墨。冬心先生以古胜，板桥居士以峭胜，频罗老人以趣胜，各臻其妙。'板桥制铭，现已极少见。故上述这方凝二人友谊之石砚，更加显得珍贵。"

是年五月十三日，郑燮于通州题李方膺《墨梅卷》。郑燮于题记中提出的关于绘画"夫所谓剪裁者，绝不剪裁，乃真剪裁也。所谓刻划者，绝不刻划，乃真刻划也。岂止神行入画，天复有莫知其然而然者"的说法，可谓振聋发聩，哲理高深。郑燮在《题李方膺墨梅卷》中写道：

> 兰竹画，人人所为，不得好。梅花，举世所不为，更不得好。惟俗工俗僧为之，每见其几段大炭，撑拄吾目，其恶秽欲呕也。晴江李四哥独为于举世不为之时，以难见奇，以孤见实，故其画梅，为天下先。日则凝视，夜则构思，身忘于衣，口忘于味，然后领梅之神，达梅之性，抱梅之韵，吐梅之情，梅亦俯首就范，入其剪裁刻划之中而不能出。夫所谓剪裁者，绝不剪裁，乃真剪裁也。所谓刻划者，绝不刻划，乃真刻划也。岂止神行入画，天复有莫知其然而然者，问之晴江，亦不自知，亦不能告人也。愚来通州，得睹此卷，精神渤发，兴致淋漓。此卷新枝古干，夹杂飞舞，令人莫得寻其起落。吾欲坐卧其下，作十日工课而后去耳。
>
> 乾隆二十五年五月十三日，板桥郑燮漫题。
>
> 梅根啮啮，梅苔烨烨。几瓣冰块，千秋古雪。
>
> 板桥又题。

周积寅《郑板桥年谱》将郑燮此处所谓"岂止神行入画"，误作"岂止神行人画"。

是年，李方膺侄子、书画篆刻家李霁，为郑燮治印"二十年前旧板桥"一方，并作《喜晤郑板桥》绝句二首记录此事。其中写道："不见姿颜十五年，春风犹似鹊华前。江头旧日梅花落，莫更狂呼李谪仙。手捧虬藤杖一条，追随几日伴松寮。为君小篆书田印，'二十年前旧板桥'。"据郑燮《板桥先生印册》所记："二十年前旧板桥"印，系"朱青雷镌"。然通过李霁此诗可知，郑燮所用的"二十年前旧板桥"印，应该有两枚。其中一枚为朱青雷所刻，另一枚则出自李霁之手。

李霁，字瞻云，号岑村，南通州（今江苏南通市）贡生。工楷隶，善兰竹，铁笔与沈凤齐名，时称"沈李"。乾隆二十二年（1757），李霁迎銮献诗赋。所与往还者，如袁枚、李鱓、郑燮、戴巨川、沈凤、丁丽中辈，皆一时名流，俱称忘年交。著有《古柏楼杂俎》《城南草堂印谱》《岑村集》等。郑燮后来在《刘柳村册子》中记述李霁时写道：

> 南通州李瞻云，吾年家子也。曾于成都摩诃池上听人诵予《恨》字词，至"蓬门秋草，年年破巷；疏窗细雨，夜夜孤灯"，皆有赍咨涕洟之意。

"年家子"，指的是古代科举制度中同榜登科者，互称年家，并将其晚辈称为"年家子"。"摩诃池"，位于今成都市东南。

是年七月，郑燮离开通州，前往如皋。七月七日，郑燮在如皋汪氏之文园与汪之珩、王竹楼、郭琅亭、黄瘦石诸友人，共度七夕。"汪氏之文园"即汪之珩的家园。上古版《郑板桥集》所附《郑板桥年表》中，将如皋"汪氏之文园"误作在扬州。

汪之珩在《庚辰七夕同王竹楼、郑板桥、郭琅亭、黄瘦石》诗四首中记载道："风雨连绵直到秋，欣逢晴夕共登楼。西南一抹河清浅，流水迢迢万古愁。嫩凉初试薄罗天，看到双星意惘然。不作团圆不离别，一逢一度一年年。别有星槎不渡郎，却劳乌鹊代津梁。神仙毕竟无虚语，独倚琼箫耐晚凉。儿女无端笑口开，跪陈瓜果满凉台。明朝检取蜘蛛网，笑语姑姑得巧来。"

人上了年纪时，免不了回望旧事。擅长舞文弄墨的文人雅士，到了"夕阳无限好，只是近黄昏"的晚年，大多会撰写回忆人生行迹的文章，以作为纪念。郑燮也不例外。

是年秋日，郑燮于汪氏之文园在为柳村刘三所作的《刘柳村册子》（原作共计十二页，目前存世资料，中阙四页）中，仔细回顾了自己从成年至此时的交游行迹，自己在文章诗词书画创作方面自立门户、与众不同的艺术成就，以及自己关于人生的感悟与感受。前文已经引用某些片段，但为了使读者形成相对连贯的整体概念，将八页全文照录如下：

板桥自京师落拓而归，作《四时行乐歌》，又作《道情十首》。四十举于乡，四十四岁成进士，五十岁为范县令，乃刻拙集，是时乾隆七年也。

《道情十首》，作于雍正七年，改削十四年，而后梓而问世。传至京师，幼女招歌首唱之，老僧起林又唱之，诸贵亦颇传颂，与《词》刻并行。

拙集《诗》《词》二种，都人士皆曰："诗不如词。"扬州人亦曰："词好于诗。"即我亦不敢辩也。

游西湖，谒杭州太守吴公作哲，出纸二幅，索书画。一画竹，一写字。湖州太守李公堂见而讶之曰："公何得有此？"遂攫之而去。吴曰："是不难得，是人现在此，公至南屏静寺访之，吾先令人作介绍可也。"次日，泛舟相访，置酒湖上为欢。醉后，即唱予《道情》以相娱乐。云："十年前得之临清王知州处，即爱慕至今，不知今日得会于此！"遂邀至湖，游苕溪、霅溪、卞山、白雀，而道场山尤胜也。府署亭池馆榭甚佳，皆吾扬吴听翁先生所修葺。

虎墩吴其相者，海上盐鳖户也，貌粗鄙，亦能诵吾《四时行乐歌》，制酒为寿。同人皆以为呫呫怪事。

高丽国索拙书，其相李艮来投刺，高尺二寸，阔五寸，厚半寸，如金版玉片，可击扑人。今存枝上村文思上人家，盖天宁寺西院也。

妙真正真人娄近垣与予善，令其侍者十三郎歌予诗词，飘飘有云外之响。予爱之，遂举以赠。董耻夫亦令其歌《竹枝》焉。后三年，求去，泣不可留，仍返于娄。想其仙骨，不乐久住人世俗尘嚣热耶？

新安孝廉曹君，是墨人曹素功后裔。尝持藏墨三十二挺谒予易《词钞》一册，且云："公有《官宦家》词：ّ朝霞楼阁冷，尚牡丹贪睡，鹦哥未醒。'不但措词雅令，而一种荒淫灭亡之气，已藏其中，所以甚妙。"故乡曹公知言，故亦以词称。

紫琼崖道人，慎郡王也。赠诗："按拍遥传月殿曲，走盘乱泻蛟宫珠。"愧不敢当，然亦佳句。

南通州李瞻云，吾年家子也。曾于成都摩诃池上听人诵予《恨》字词，至"蓬门秋草，年年破巷；疏窗细雨，夜夜孤灯"，皆有贵咨涕洟之意。后询其人，盖已家弦户诵有年。想是费二执御挟归耶？

《兰亭》六种枣木刻，《武王十三铭》八分书碑，在范县。临济派满天下，祖庭不修可悲也。予作碑以新之，在大名府东关外。潍县《城隍庙碑》最佳，惜其拓本少尔。

（中阙四页）

板桥貌寝，既不见重于时，又为忌者所阻，不得入试。愈愤怒，愈迫窘，愈敛厉，愈微细，遂作《渔父》一首，倍其调为双叠，亦自立门户之意也。

板桥最穷最苦，貌又寝陋，故长不合于时；然发愤自雄，不与人争，而自以心竞。四十外乃薄有名，所谓"诸生曰万盈，四十乃知名"也。其名之所到，辄渐加而不渐淡，只是中有汁浆耳。庄生谓："鹏怒而飞，其翼若垂天之云。"古人又云："草木怒生。"然则万事万物，何可无怒耶？板桥书法以汉八分杂入楷行草，以颜鲁公《座位稿》为行款，亦是怒不同人之意。

乾隆庚辰秋日，为柳村刘三兄书此十二页。

作者无缘亲见郑燮此文墨迹，无从核实郑燮原作究竟何如。目前所见各种资料在抄录此文时，多有异文，标点符号也有舛误。例如，大多将郑燮《道情十首》作"《道情》十首"；将"拙集《诗》《词》二种"作"拙集诗词二种"。上古版《郑板桥集》将"吾先令人作介绍可也"作"吾先之作介绍可也"。上古版《郑板桥集》和周积寅《郑板桥年谱》，皆将"亦能诵吾《四时行乐歌》"作"亦能诵《四时行乐歌》"。卞孝萱《郑板桥全集》（增补本）将"令其侍者十三郎歌予诗词"作"令其侍者石三郎歌予诗词"；将"已藏其中，所以甚妙"作"已兆其中，所以为妙"；将"故乡曹公知言"作"曹君知言"。上古版《郑板桥集》和周积寅《郑板桥年谱》，皆将"所谓'诸生曰万盈，四十乃知名'"句，误标点作"所谓诸生曰'万盈四十乃知名'"。其实这句诗，出自唐代高适《别从甥万盈》："诸生曰万盈，四十乃知名。"

郑燮此处所谓"高丽国"，指的是今朝鲜。

"投刺"，指的是拜谒者投递自己的名片请求接见。《北齐书·杨愔传》："遂投刺辕门，便蒙引见。"

"费二执御"，指的是清代诗人费轩（生卒不详），字执御，四川新都人。康熙年间中举。工诗词。著有《扬州梦香词》。

郑燮此处所谓《武王十三铭》，源自宋代洪迈《容斋随笔》，是说当武王听到《丹书》上的话，惕若恐惧，退朝后即作《戒书》，并于室内日常所用器物之上作铭。

"临济派"，系指中国佛教禅宗五家之一的临济宗。中国佛教禅宗，自天竺菩提达摩来华六传至慧能禅师，下出南岳怀让、青原行思二巨匠。南岳之下，经马祖道一、百丈怀海、黄檗希运至临济义玄，大振禅道，是为临济宗。其禅风痛快峻烈，以"棒喝"著称。唐代临济义玄（？—867），俗姓邢，曹州南华（今山东菏泽市东明）人。临济宗传至北宋石霜楚圆（986—1039）后，其门人黄龙慧南、杨岐方会，又将临济宗分为黄龙、杨岐二派。公元12世纪末，日僧明菴荣西入宋，谒黄龙七世孙虚菴怀敞，传黄龙派禅法；日僧俊芿亦入宋，受法杨岐派七世孙蒙菴元聪，传杨岐禅法。由此，郑燮说"临济派满天下"。

"祖庭"，系指唐代临济义玄禅师驻锡的寺庙。

大名府，治所旧在今河北省邯郸市大名县东北。周积寅《郑板桥年谱》在为郑燮《刘柳村册子》所作注⑨中，将其误作"大明府，在山东省济南市市区北部"。

"八分"，系汉字书体名，即所谓八分书，也称分书。字体似隶而体势多波磔。相传为秦时上谷人王次仲所造。书法界对于八分，历来有众多不同的解释。或以为其二分似隶八分似篆，故称八分。或以为似汉隶的波磔，向左右分开，像八字分背，故称八分。唐代张怀瓘在《书断·八分》中写道："案八分者，秦羽人上谷王次仲所作也。王愔云：'次仲始以古书方广，少波势。建初中，以隶草作楷法，字方八分，言有模楷。'又萧子良云：'灵帝时，王次仲饰隶为八分。'二家俱言后汉，而两帝不同。且灵帝之前，工八分者非一，而云方广，殊非隶书，既言古书，岂得称隶。若验方广，则篆籀有之，变古为方，不知其谓也……案：蔡邕《劝学篇》'上谷王次仲，初变古形'是也。始皇之世，出其数书。小篆古形犹存其半，八分已减小篆之半，隶又减八分之半。然可云子似父，不可云父似子。故知隶不能生八分矣。本谓之楷书，楷者，法也，式也，模也……又楷隶初制，大范几同，故后人惑之，学者务之，盖其岁深，渐若'八'字分散，又名之为八分，时人用写篇章或写法令，亦谓之章程书……王次仲即八分之祖也。"

"颜鲁公"，即唐大臣、书法家颜真卿（709—785）。《座位稿》，即颜真卿所书《争座位稿》。此系颜真卿致定襄郡王郭英乂之尺牍稿本，又名《与郭英乂书》。就内容而言，为争座位或论坐次，故又名《争座位帖》。

郑燮将《刘柳村册子》书毕之后，又于汪氏之文园作《板桥自序》，回顾读书经历，罗列精读诗文书目，旨在强调自己通过"求精不求多"和"立志不分"的学习方法，方才在文学艺术领域取得引人注目的不俗成就，并对其充满自信。郑燮还于其中说明自己结交天下通人名士受到礼遇，以及由初极贫，后稍转富贵，富贵后亦稍稍贫的生活状态。同时提示读者，若能将此与《刘柳树册子》合观之，亦足以知其梗概。郑燮在《板桥自序》中写道：

> 板桥居士读书求精不求多，非不多也，唯精乃能运多，徒多徒烂耳。少陵七律、五律、七古、五古、排律皆绝妙，一首可值千金。板桥无不细读，而尤爱七古，盖其性之所嗜，偏重在此。《曹将军丹青引》《渼陂行》《瘦马行》《兵车行》《哀王孙》《洗兵马》《缚鸡行》《赠毕四曜》，此其最者；其余不过三四十首，并前后《打鱼歌》，尽在其中矣。是《左传》，是《史记》，似《庄子》《离骚》，而六朝香艳，亦时用之以为奴隶。

大哉杜诗，其无所不包括乎！

七律诗《秋兴》八首、《诸将》五首、《咏怀古迹》五首，皆由此而推之。五律诗《秦州杂诗》二十首、《咏物》三十余首、《达行在所》三首，皆由此而推之。五言古诗前后《出塞》《新婚别》《垂老别》《无家别》《北征》《彭衙行》，以及排律之《经昭陵》《重经昭陵》《别严贾二阁老》《别高岑》，皆由此而推之。立志不分，乃疑于神。

板桥平生无不知已，无一知已。其诗文字画每为人爱，求索无休时，略不遂意，则怫然而去。故今日好，为弟兄，明日便成陌路。

紫琼崖主人极爱惜板桥，尝折简相招，自作骈体五百字以通意，使易十六祖式、傅雯凯亭持以来。至则袒而割肉以相奉，且曰："昔太白御手调羹，今板桥亲王割肉，后先之际，何多让焉！"

板桥游历山水虽不多，亦不少；读书虽不多，亦不少；结交天下通人名士虽不多，亦不少。初极贫，后亦稍稍富贵，富贵后亦稍稍贫。故其诗文中无所不有。

陋轩诗最善说穷苦，惜其山水不多，接交不广，华贵一无所有。所谓一家言，未可谓天下才也。板桥诗如《七歌》，如《孤儿行》，如《姑恶》，如《逃荒行》《还家行》，试取以与陋轩同读，或亦不甚相让；其他山水、禽鱼、城郭、宫室、人物之茂美，亦颇有自铸伟词者。而又有长短句及家书，皆世所脍炙，待百年而论定，正不知鹿死谁手。

乾隆庚辰，郑燮克柔甫自叙于汪氏之文园，与《刘柳树册子》合观之，亦足以知其梗概。

叹老嗟卑，是一身一家之事；忧国忧民，是天地万物之事。虽圣帝明王在上，无所可忧，而往古来今，何一不在胸次？叹老嗟卑，迷花顾曲，偶一寓意可耳，何谆谆也！燮又记。

卞孝萱《郑板桥全集》（增补本），将郑燮此文题作《板桥后序》。

"少陵"，指的是唐大诗人杜甫（712—770），尝于诗中自称"少陵野老"。

"折简"，即写信。

"易十六祖式"，即清代画家易祖栻，字张有，又字淑南，号啸溪，湖南湘乡人。官青浦主簿。工书能诗。善画兰竹，兼写山水虫鱼。初游京师，馆于紫琼崖主人允禧府邸，为郡参军。著有《啸溪诗稿》。

"傅雯凯亭"，指的是清代画家傅雯，字凯亭。

"陋轩诗"，指的是清代诗人吴嘉纪的诗集，有多种古籍刻本。吴嘉纪（1618—

1684），字宾贤，号野人，江苏东台安丰人。由于他亲眼见清兵南下，明朝覆亡，便绝意仕进，唯以吟诗度日，靠教书和朋友接济维持生计。因其家临近盐场，而自题居室名为"陋轩"。

"鹿死谁手"，出自《晋书·载记·石勒下》："勒因飨高句丽、宇文屋孤使，酒酣，谓徐光曰：'朕方自古开基何等主也？'对曰：'陛下神武筹略迈于高皇，雄艺卓荦超绝魏祖，自三王已来无可比也，其轩辕之亚乎！'勒笑曰：'人岂不自知，卿言亦以太过。朕若逢高皇，当北面而事之，与韩彭竞鞭而争先耳。脱遇光武，当并驱于中原，未知鹿死谁手。"此处所谓"鹿"，一般指猎取的对象，此处比喻政权。"未知鹿死谁手"，意思是说，不知天下为谁所得。郑燮此处借以表述自己所撰诗文成就如何，自有后人评说。

是时，郑燮还游如皋范大任之古澹园。古澹园，在如皋县城东洗钵池左，为明代余元美所筑，名为壶领园。清康熙中，范大任将其葺为古澹园，作为别墅。郑燮在其所作的《过古澹园》诗中写道：

隔水名园问范家，秋清雨过好烟霞。谁将玉笛三更弄，吹白葭芦一片花。

卞孝萱《郑板桥全集》（增补本）将郑燮此诗，题作《过古淡园》。窃以为，尽管"淡"与"澹"相通，然此处还是应该以郑燮当时所书"澹"字为是。

是年九月初九重阳节，郑燮欲登高望远不果，在过兴化吴公湖时作《兰竹图轴》，并在题记中，对禹鸿胪画竹颇能乱，大加赞赏。郑燮写道：

文与可、梅道人画竹，未画兰也。兰竹之妙，始于所南翁，继以古白先生。郑则元品，陈则明笔。近代白丁、清湘，或浑成，或奇纵，皆脱古维新特立。近日禹鸿胪画竹，颇能乱，甚妙。乱之一字，甚当体任，甚当体任！

乾隆庚辰秋九月，登高不果，过吴公湖上写此。板桥郑燮。

周积寅《郑板桥年谱》，将郑燮此处所谓"皆脱古维新特立"作"皆脱古维新独立"。上古版《郑板桥集》将"过吴公湖上写此"误标点作"过吴公，湖上写此"。吴公湖，系位于江苏兴化的湖泊，面积约34平方千米，是古射阳湖分化后的残迹湖之一。据嘉庆《重修扬州府志》记载，因昔有吴高尚隐居于此而得名，又讹传为蜈蚣湖。

"文与可"，指的是北宋画家文同（1018—1079），"与可"乃文同之字。

"梅道人"，系元代画家吴镇（1280—1354）之号。

"所南"，系宋末诗人、画家郑思肖（1241—1318）之号。

"古白",系明代画家陈元素之字。

"清湘",指的是明末清初画家石涛(1630—1707),俗名朱若极,小字阿长,广西全州人。出家后僧名元济,一作原济。别号若干,有大涤子、钝根、石道人、苦瓜和尚、瞎尊者、清湘老人、清湘遗人、零丁老人等。

周积寅《郑板桥年谱》在为郑燮此题记"清湘"所作注⑥中,将原济生卒年份记作(1642—约1718)。

"禹鸿胪",指的是清代画家禹之鼎(1647—1716),康熙中任鸿胪寺序班。

"白丁",指的是明代画僧,字过峰,云南人,明楚藩之裔。明亡,披薙游滇,居无定所。年八十余,殁于昆明。工写兰,抒其心画,时人评价其画作当与郑思肖、赵孟坚旷世同珍。郑燮对白丁画兰浑化无痕迹及其妙才妙想之法深为叹服,并借此对学画者提出"十分学七要抛三,各有灵苗各自探"的忠告,诚可谓至理名言,值得学书习画者认真琢磨反思。郑燮在《题画·兰》中写道:

僧白丁画兰,浑化无痕迹。万里云南,远莫能致,付之想梦而已。闻其作画,不令人见,画毕,微干,用水喷噀,其细如雾,笔墨之痕,因兹化去。彼恐贻讥,故闭户自为,不知吾正以此服其妙才妙想也。口之噀水,与笔之蘸水何异?亦何非水墨之妙乎!石涛和尚客吾扬州数十年,见其兰幅,极多亦极妙。学一半,撇一半,未尝全学。非不欲全,实不能全,亦不必全也。诗曰:十分学七要抛三,各有灵苗各自探。当面石涛还不学,何能万里学云南?

周积寅《郑板桥年谱》将"付之想梦而已"作"付之梦想而已"。

郑燮认为,古之善画者,大都以自然造物为师。诚所谓天之所生,即吾之所画。画到天机流露处,无今无古寸心知。郑燮在是年秋所作的《兰竹石图横幅》上题记:

画兰之法,三枝五叶;画石之法,丛三聚五。皆起手法,非为竹兰一道仅仅如此,遂了其生平学问也。古之善画者,大都以造物为师。天之所生,即吾之所画,总需一块元气团结而成。此幅虽属小景,要是山脚下洞穴旁之兰,不是盆中磊石凑栽之兰,谓其气整故尔。聊作二十八字以系于后:"敢云我画竟无师,亦有开蒙上学时。画到天机流露处,无今无古寸心知。"

乾隆庚辰秋,板桥郑燮。

·郑燮《兰竹石图横幅》

上古版《郑板桥集》和周积寅《郑板桥年谱》，均将郑燮此幅墨迹中所写的"非为竹兰一道仅仅如此"误作"非为兰竹一道仅仅如此"。卞孝萱《郑板桥全集》（增补本）将"敢云我画竟无师"误作"敢云我画竞无师"。

是年秋杪，郑燮作《竹石图轴》，于其上题记：

秋风昨夜窗前到，竹叶相敲石有声。及至晓来浓露湿，又疑昨夜未秋清。

乾隆庚辰秋杪，板桥郑燮。

周积寅《郑板桥年谱》将郑燮此题记中的"及至晓来浓露湿"误作"及至晓来浓雾湿"。

是年，郑燮题清代书画篆刻家程邃《印谱》。程邃（1605—1691），字穆倩，号青溪，又号垢道人，安徽歙县人。诸生。晚年侨居江都（今江苏扬州）。早年从黄道周、杨廷麟游，不肯应贤良诏。甲申（1644）阮大铖、马士英执掌权柄，大兴党狱，程邃只身匿迹获免。山水初仿巨然，后纯用渴笔焦墨，沉郁苍古，迥不犹人。诗文、书法绝不蹈袭，尤工分书，长于金石考证之学。刻印精研汉法，而能自见笔意，天都人皆宗之。亦工诗文，著有《会心吟》《萧然吟》诗集。《扬州画舫录》卷十："程邃，字穆倩，号江东布衣，又号垢道人，歙县人。博学工诗文，精金石篆刻鉴别古书画及铜玉器，家藏亦夥。善画山水，纯用枯笔。写巨然法，别具神味。工隶书。为人品行端悫，敦崇气节。早从漳浦黄公道周、清江杨公廷麟游。晚年侨居江都。文简冶春诗云：白岳黄山两逸民，即谓邃与孙默也。秀水曹侍郎溶过扬州，作长歌赠之。"

《程邃印谱》系素纸本，钤印拓三百五十七枚，其印文皆出自清初名流之手。是册前副页郑燮题二开；册后副页郑燮题一开

·郑燮《竹石图轴》

半,何子贞题一开。何绍基(子贞)于咸丰八年八月廿四日漫题十韵,跋云:"板桥跋极赞其八分书,尤以未见为恨。"

郑燮在为《程邃印谱》题记中,除了对程邃印作给予极高评价外,还借此机会,批评那些当着众人面标榜乡贤以自夸,然却不能自为的糊涂者,并以宽宏大量具有君子风度的苏轼与这些人进行比较。郑燮写道:

> 生客会宴,皆四方远地人也。有一人自赞曰:"吾乡有某先生能诗,某先生能书法,某孝廉、某进士、某翰林皆有文集行世可观。"言之累累,无一人应者。又有一人,与之树敌,自赞其乡人,亦复如是,亦无一人应者。其主人不得已曰"敬慕久仰",便请举酒。四字外,不能更著一字也。此等辈如虾螺蟀(蚌)蛤,不能自为,何能为人?况其所称者,是亦虾蠃(螺)蚌蛤而已哉!孟子曰:一乡之善,友一乡。一国之善,友一国。天下之善,友天下。而又上论千古。夫席中谈前辈者,必吾辈读书人,岂有读书而不读《孟子》者乎?何鹘突也!东坡最好奖借文人,以川蜀之遥,一奖山谷,西江人;一奖与可,湖州人;一奖少游,高邮人;一奖元章,襄阳人。其他如晁无咎、滕达道、毛东堂、姜唐佐、陈无己之流,皆非蜀产,而称道不置。纵横千里万里,夫岂井蛙夏虫之拘笃而已哉!燮,扬州人,穆倩,亦扬州人。称其篆刻为四海一人,得无私甚?然此非一人之私言,而天下之公论也。设东坡当日眉州更出一才如东坡,亦必称道之不去口。
>
> 乾隆庚辰,郑燮。
>
> 楷书必从八分书来,盖今书之母也。点画形象,偏旁假借,皆有名理。本朝八分,以傅青主为第一,郑谷口次之,万九沙又次之,金寿门、高西园又次之。然此论其后先,非论其工拙也。若论高下,则傅之后为万,万之后为金,总不如穆倩先生古外之古,鼎彝剥蚀千年也。
>
> 板桥郑燮。
>
> 周栎园先生《印人传》,八十余人,以何雪渔、文三桥为首,而往复流连,赞不容口者,则为垢道人,可谓知人特识矣。其《赖古堂印谱》近千颗,分为四册,然皆方硬板重,如道人之浑古流媚者,百不得一。想道人亦深自贵重,不轻为人捉刀耶。
>
> 板桥。

周积寅《郑板桥年谱》,将郑燮是文题作"题程邃《印拓册》";将"是亦虾蠃蚌蛤而已哉"误作"是亦虾蠃蚌哈而已哉"。

郑燮此处所谓"孟子曰：一乡之善，友一乡。一国之善，友一国。天下之善，友天下"句，源自《孟子·万章章句下》，其原文："孟子谓万章曰：一乡之善士，斯友一乡之善士。一国之善士，斯友一国之善士。天下之善士，斯友天下之善士。以友天下之善士为未足，又尚论古之人。颂其诗，读其书，不知其人可乎？是以论其世也。是尚友也。"

"鹘突"，犹糊涂。

"东坡"，系北宋大文学家书画家苏轼（1037—1101），因"乌台诗案"被贬黄州之后，所起之号。"山谷"，系北宋诗人、书法家黄庭坚（1045—1105）号。"与可"，系北宋画家文同（1018—1079）字。"少游"，系北宋词人秦观（1049—1100）字。"元章"，系北宋书画家米芾（1051—1107）字。

"晁无咎"，系北宋文学家晁补之（1053—1110），巨野（今属山东）人。"滕达道"，系北宋书法家滕元发（1020—1090），东阳（今属浙江）人。"姜唐佐"，系苏轼弟子，琼山（今广东省海南岛北部、南渡江下游）人。"陈无己"，系北宋诗人陈师道（1053—1102），彭城（今江苏徐州）人。

"傅青主"，指的是明清之际思想家、书画家傅山（1607—1684），字青主。"郑谷口"，指的是清代书法家郑簠（1622—1694），号谷口。"万九沙"，系清代书法家万经（1659—1741），号九沙。"金寿门"，即清代书画家金农（1687—1764）。"高西园"，系清代画家高凤翰（1683—1748），字西园。

"周栎园"，指的是明末清初著名书画家、鉴藏家周亮工（1612—1672），字元亮，又有陶庵、减斋、缄斋、栎园、适园等别号，河南祥符（今开封）人。移家金陵（今南京）。崇祯十三年（1640）进士，任山东潍县知县，迁浙江道监察御史。入清后，历任两淮盐法道、淮扬兵备道、福建布政使、都察院左副都御史、户部右侍郎等。后屡次被弹劾判死刑，又遇赦免。康熙十一年（1672）于江宁逝世。享年61岁。周亮工精鉴赏，家有赖古堂，藏弆印篆、书、画极富。工诗文，善隶、草，间作山水。著有《读画录》，以及他为自明代文彭至清初篆刻家中的五十九人所作《印人传》和载录自己曾经鉴藏宋、明旧印的《赖古堂印谱》等。

"何雪渔"，即明嘉靖时篆刻家何震，字主臣、长卿，号雪渔，安徽婺源（今属江西）人。篆刻风格端重，名盛一时，后人将其推为"皖派"（也叫"徽派"）的开创者。著有《续学古编》。与文彭并称"文何"。

"文三桥"，指的是文徵明长子、明代篆刻家、书画家文彭（1498—1573），字寿承，号三桥、渔阳子、三桥居士，南直隶苏州府长洲（今江苏苏州）人。官至南京国子监博士，人称"文国博"。继承家学，善诗文，工书画，尤精篆刻。

通过前面所述，相信读者已深知郑燮喜爱画兰竹石。通过郑燮画作墨迹可知，郑燮或以兰配石，或以竹配石，或以兰竹配石。是年，郑燮忽发奇想，别出心裁，于画面中不配兰竹仅画一巨石，作《柱石图》。这在郑燮画作中是比较少见的。郑燮题记：

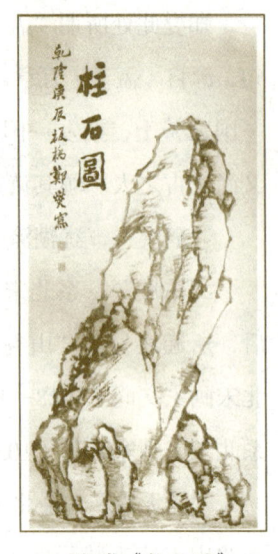

·郑燮《柱石图》

柱石图
乾隆庚辰板桥郑燮写。

是年，郑燮为载翁老父台作《竹石大堂幅》。所谓"父台"，系旧时士绅对"父母官"州县长官的一种敬称。郑燮题记：

柱石□盘大地，竹枝一片清风。泽洒江南淮海，此风遍满天东。
载翁老父台教画，板桥居士郑燮。乾隆庚辰。

是年，郑燮为焦山定慧寺古刹作行楷书《藏经楼》匾额。

·郑燮《藏经楼》匾额

周积寅《郑板桥年谱》对郑燮所书此匾额作［按］："此匾额原在焦山定慧寺古刹藏经楼中，'文化大革命'中，藏经楼被毁，横额幸存。"

是年，郑燮为乡贤挚友李鱓追随蒋廷锡学画时所作《花卉蔬果册》作跋，细说李鱓学画师承历程以及青壮年时取得的绘画艺术成就。同时，也不为尊者讳，实事求是地悲叹李鱓六十岁衰年之后画作所呈现出来的那种散慢颓唐，无复筋骨的衰笔、败笔。郑燮在跋中写道：

复堂之画凡三变：初从里中魏凌苍先生学山水，便尔明秀苍雄，过于所师；其后入都，谒仁皇帝马前,天颜霁悦;令从南沙蒋廷锡学画,乃为作色花卉如生。此册是三十外学蒋时笔也。后经崎岖患难,入都得侍高司寇其佩,又在扬州见石涛和尚画,因作破笔泼墨,画益奇。初入都一变,再入都又一变,变而愈上,盖规矩方圆尺度,颜色深浅离合,丝毫不乱,藏在其中,而外之挥洒脱落,皆妙谛也。六十外又一变,则散慢颓唐,无复筋骨,老可悲也。册中一脂、一墨、一赭、一青绿,皆欲飞去,不可攀留。世之爱复堂者,存其少作壮年笔,而焚其衰笔、赝笔,则复堂之真精神、真面目,千古常新矣。

乾隆庚辰,板桥郑燮记。

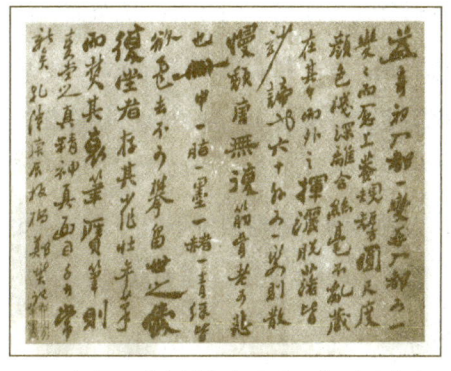

· 郑燮跋《李鱓花卉蔬果册》（局部）

"仁皇帝",指的是康熙皇帝玄烨。

"高司寇其佩",指的是清代画家高其佩（1660—1734）。

是年二月,金农于龙梭仙馆序书《自度曲》,由罗聘、杨爵出资开雕。

是年,王文治中进士;罗聘作《冬心先生午睡图轴》;张庚卒,享年76岁。张庚(1685—1760),字浦山,号瓜田,浙江秀水人。著有《浦山论画》《图画精意识》《国朝画征录》和《国朝画征续录》等。张庚对郑燮十分敬重。他在《国朝画征续录》卷下中记云:"郑燮,号板桥,乾隆丙辰进士,兴化人。工诗词,善书画,长于兰竹,兰叶尤妙,焦墨挥毫,以草书之中竖长撇法运之,多不乱,少不疏。脱尽时习,秀劲绝伦。书有别致,词亦不屑作熟语。为人慨忼啸傲,曾知山东潍县事,以病归,遂不复出。"

乾隆二十六年辛巳（1760）,郑燮69岁。是年三月,郑燮作《芝兰全性图轴》,并在题记中重申自己愿居深山绝谷之间,与适其天、全其性的野生芝兰相生相伴。郑燮借此强调,人不能违背天意压抑心性,应该顺应天意,顺其自然。尽管此前曾录其文字内容,但考虑到配图并不相同,此处照录,供读者比对欣赏。

昔人云:入芝兰之室,久而忘其香。夫芝兰入室,室则美矣。芝兰弗乐也。吾愿居深山绝谷之间,有芝弗采,有兰弗撷,各适其天,各全其性。乃为诗曰:高山峻壁见芝兰,竹影遮斜几片寒。便以乾坤为巨室,老夫高枕卧其间。

乾隆辛巳三月,板桥道人郑燮。

周积寅《郑板桥年谱》和卞孝萱《郑板桥全集》(增补本),均将郑燮此幅墨迹中所写的"芝兰弗乐也"误作"芝兰勿乐也"。

是年四月,郑燮作《兰竹石图册页》,其中一页题记以兰花质性清幽喻清高者并不自由,借此说明《大戴礼记·子张问入官篇》中所谓"水至清则无鱼,人至察则无徒"的道理。郑燮写道:

兰花质性太清幽,卖与人间不自由。好把竹枝兼石块,故交相伴免春愁。

乾隆辛巳清和月,板桥老人郑燮画并题。

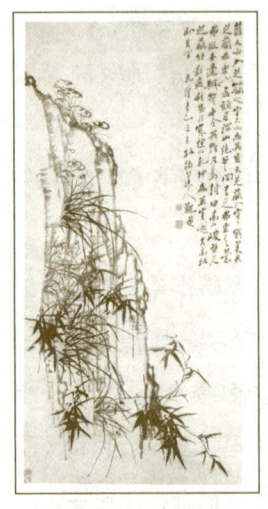

· 郑燮《芝兰全性图轴》

是年四月二十日,值谷雨节气,郑燮会同江春、杭堇浦、汪石恬、陈江皋、李于亭、费苕溪、常菜畦、黄北垞诸友,同游扬州铁佛寺,并赋诗。分赋得篆字。江春曾于《随月读书楼诗集》卷中,记载此事。

是年夏天,酷暑炎热,人颇难耐。光缵四哥不顾溽暑,三次登门拜访郑燮,却均未遇。郑燮于七月二日画《折枝盆兰》一幅,赠光缵四哥以表示歉意。郑燮在《与光缵书》中写道:

承三枉顾,而不得一回候,罪何如也。溽暑炎敲,蒸耳灼目,三游湖而三病,两拜客而两病,老朽残躯,惟裹足杜门为便耳。高明谅之。

偶画折枝兰一盆,以为清供,亦销暑之一法也。板桥弟郑燮顿首光缵四哥足下。

乾隆辛巳七月二日。

郑燮此处所谓"枉",乃屈就之意。

"清供",指的是清雅的供品。旧俗凡节序、祭祀等,每用清香、鲜花、膳食等为供品。如新岁以松、竹、梅供几案,谓之岁朝清供;以清香祭先,谓之清香供奉;乡居素食淡茶,谓之山家清供。

"顿首",即叩头。头叩地而拜,系古代九拜之一。《周礼·春官·大祝》:"辨九拜,一曰稽首,二曰顿首。"后通用作下对上的敬礼。常用于书信

· 郑燮《兰竹石图册页》之一

中的开头或末尾，也有首尾都用者。

是年七夕，天降大雨。郑燮于雨中作《墨竹通屏》，并于题记中以萧何造未央宫为例，阐发自己创作大幅竹画的心得体会，借此宣扬凡事应该先立其大者的思想主张。郑燮写道：

> 画大幅竹，人以为难，吾以为易。每日只画一竿，至完至足，须五七日画五七竿，皆离立完好。然后以淡竹、小竹、碎竹经纬其间。或疏或密，或浓或淡，或长或短，或肥或瘦，随意缓急，便构成大局矣。昔萧相国何造未央宫，先立东阙、北阙、前殿、武库、太仓，然后以别殿、内殿、寝殿、宫室、左右廊庑、东西永巷以经纬之，便尔千门万户，总是先立其大者，则其小者易易耳。一丘一壑之经营，小草小花之渲染，亦有难处；大起造，大挥写，亦有易处，要在其人之意境何如耳。
>
> 板桥郑燮画并题。乾隆辛巳七夕雨中成此。

扬州博物馆藏郑燮《墨竹横幅》墨迹亦题此文，将"东西永巷以经纬之"作"东西永巷经纬之"，将"总是先立其大者"作"总是先立其大"，将"要在其人之意境何如耳"作"要在人之意境何如耳"，落款作"板桥郑燮"。

·郑燮《墨竹通屏》（扬州博物馆藏）

·郑燮《墨竹通屏》（局部）

萧何（？—前193），汉初大臣。"未央宫"，汉高帝七年（前200）由丞相萧何主持所筑，周回二十八里。宫建成后，常为朝见之处。新莽末毁。遗址在今陕西西安市西北郊汉长安故城内西南隅。

"意境"，通常指的是艺术家将自己的生存体验、审美情趣、艺术理想，与经过自己提炼、加工的自然形象融为一体后，在其创作艺术作品中呈现出来的艺术境界。意境，既是主观与客观、有限与无限的统一，也是鲜明性与含蓄性的高度统一。例如，中国古典诗、书、画论中的所谓"象外之象、景外之景""意居笔先，妙在画外"等说法，都是对意境这一审美特性的阐发与概括。

是年九月九日，金农为焦五斗题汪士慎画作《乞水图轴》。焦五斗，名士纪，一作仕纪。《扬州画舫录》卷十："焦五斗，镇江丹徒人，孝然裔孙。尝作《焦山志》，忽失去，其子复得之于郡城骨董铺中，公由是修《金焦二山志》。"是年九月十四日，郑燮亦为焦五斗题汪士慎《乞水图轴》，对汪士慎和焦五斗不以诗书画易金而以之易水的清品，予以高度赞赏。郑燮写道：

此画此诗此书，可值一瓮金，瓮水不足偿也。然巢林居士不以易金而以易水，则巢林之清品可知矣。不以易他人之水，而以易焦君五斗之水，则焦君之清品益可知矣。板桥老人系以诗曰：抱瓮柴门四晓烟，画图清趣入神仙。莫言冷物浑无用，雪汁今朝值万钱。

乾隆辛巳九月十四日。

郑燮此处所谓"巢林"，乃清画家汪士慎号。

郑燮亦与焦五斗频繁往来，过从甚密。郑燮曾画《墨兰》赠焦五斗。是年冬，郑燮又因充作治宾，再次借用焦五斗的白里外褂等衣物。郑燮在《与焦五斗书》中写道：

早间遣奴子送《墨兰》一幅，想已呈览，乞为教正。不过糊墙黏壁之物，未足入高人赏鉴也。汪锡三兄家开吊，弟为治宾，仍须白里外褂。去年所借宫绸袷套，祈发来手，用后即赵上。待雪晴后，更当谋一聚之欢也。

弟板桥郑燮顿首五斗老长兄前。庆余。

卞孝萱《郑板桥全集》（增补本），将郑燮此文题作《与焦士纪书》。

是年冬，郑燮作《楷书轴》，以桑蚕苦、女红难，告诫人们不能喜新厌旧、得新忘故。

桑蚕苦，女红难，得新忘故后必寒。
辛巳仲冬，板桥郑燮。

曾任中华书局董事的书法家邵松年，对郑燮此幅书作评曰："笔势古雅，奇而不诡于正。"邵松年（1848—1924），字伯英，号息盦，江苏常熟人。

是年，郑燮频频作画，步入其画作的又一个高峰期。郑燮为祝贺罗聘妻方婉仪三十初度，作《石壁丛兰轴》，题记：

> 板桥道人没分晓，满幅画兰画不了。兰子兰孙百辈多，累尔夫妻直到老。
> 乾隆辛巳，为两峰罗四兄尊嫂方夫人三十初度。郑燮草稿。

"两峰罗四兄"，指的是工诗画的清代画家罗聘（1733—1799），字遁夫，号两峰，又号衣云、花之寺僧、金牛山人、师莲老人等，祖籍安徽歙县，其先辈迁居扬州。为金农入室弟子。布衣。好游历。罗聘《香叶草堂诗存·江上怀人绝句十五首》之一写道："一官轻弃返初心，游戏人间岁月深。曾到蓬莱看东海，题诗笑付老龙吟。（郑板桥）"

"尊嫂方夫人"，指的是罗聘之妻、画家方婉仪（1732—1779），一作畹仪，字仪子，号白莲居士，安徽歙县人。善画梅、兰、菊、竹、石。著有《学陆集》《白莲半格诗》。罗聘称方婉仪有出尘想，惟不苟作。

是年，郑燮为乃心年学老长兄作《竹石图》，题记中充满了人生哲理说教。他认为，贵者因忙于当官顾不上家，富者因赚钱利欲熏心绞尽脑汁，可见富贵者的日子其实并不快乐自由，倒不如那些不为官、不图利在竹林茅屋中读诗唱曲的闲者优游自适、逍遥快活。郑燮写道：

> 虬松怪石，异草名花，画槛朱楼，斜阳曲沼，此富贵人之园亭也。贵者鹜于朝而不得归，富者鹜于市而不得乐，何如一个闲人，数间茅屋，一块石头，几竿修竹，转得优游自适也。诗曰：一个闲人数间屋，阶下石头檐外竹。偶然读得好诗词，高声唱个无腔曲。
> 乃心年学老长兄笑正。乾隆辛巳，板桥居士郑燮。

是年，郑燮为瞻乔老长兄作《兰石大轴》，并于题记中宣扬，人只有心地中存有芝兰之德香，才能于纷扰的尘世中处乱不惊，活得自在。其中写道：

> 唯君心地有芝兰，种得芝兰十顷宽。尘世纷纷谁识得，老夫拈出与人看。
> 乾隆辛巳，为瞻乔老长兄画并题。板桥郑燮。

是年，郑燮为载翁同学老长兄作《兰竹石图轴》并题记：

老去仍然作画工，题诗题上石玲珑。远看却似磨崖刻，藏在兰条竹叶中。
乾隆辛巳，为载翁同学老长兄，板桥道人郑燮。

"磨崖"，亦作"摩崖"。人们通常将在山崖石壁上镌刻之文字，称作"摩崖石刻"。

是年，郑燮为玉川老铭弟作《兰竹石堂幅》，并于题记中再次强调"先从天而入于人，则规矩法律井然；后从人而返于天，则造化生成无迹"的作画之道。郑燮写道：

此山水之畏，佳也。若以时下之剪裁植绳之，则左矣。大率作画之道，先从天而入于人，则规矩法律井然；后从人而返于天，则造化生成无迹。老拙之谈，不识玉川老铭弟何以教我。
乾隆辛巳。板桥兄，燮。

是年，郑燮作《墨兰图轴》，在题记中将人的品德与兰花散发出来的馨香相联系，认为品行高尚之人心地中散发出来的德香，终将使其遐迩闻名，受到众人赞叹。其中写道：

乌衣子弟何其盛，酷似南朝王谢家。百岁老人多种德，自然九畹尽开花。
乾隆辛巳，板桥郑燮。

郑燮此处所谓"乌衣"，指的是在今南京市秦淮河南与朱雀桥相近的乌衣巷。东晋时，这里曾是王、谢贵族的住宅区。其中"王"，指的是东晋大臣王导（276—339），司马睿于大兴元年（318）称帝时，王导任丞相。"谢"，指的是东晋政治家谢安（320—385），孝武帝时，位至宰相。

是年，郑燮作《墨竹图轴》，题记中所写"打窗敲户影婆娑""留与三更警睡魔"的诗句，会使人联想到他在《潍县署中呈年伯包大丞括》中所写的"衙斋卧听萧萧竹，疑是民间疾苦声。些小吾曹州县吏，一枝一叶总关情"那首著名诗作。其中写道：

竹里秋风应更多，打窗敲户影婆娑。老夫不肯删除去，留与三更警睡魔。
乾隆辛巳，板桥郑燮画并题。

是年,郑燮作《竹石图轴》并题记:

  一块峰峦耸太行,两枝修竹画潇湘。湖南泽绎三千里,都入吾家郭外庄。
  乾隆辛巳,板桥郑燮写于扬州。

"太行",指山西高原与河北平原间的太行山。"潇湘"乃湘江的别称。

是年,郑燮为至交好友高凤翰所作《高凤翰画册》中的五幅画作题跋。

《高凤翰画册》之一题记:

  睡龙醒后才伸爪,抓破南山一片青。
  聊题画境,其笔墨之妙,古人或不能到,予何言以知之。
  弟郑燮板桥。

《高凤翰画册》之二题记:

  此幅已极神品、逸品之妙,而虫蚀剥落处,又足以助其空灵。
  板桥。

所谓"神品",指的是构思精妙、气韵生动、出于天成的书画艺术作品。"逸品",指的是超脱绝俗的书画艺术作品。

《高凤翰画册》之三题记:

  此幅从何处飞来,其笔墨未尝著纸。然飞来又恐飞去,须磔狗血以厌之。
  板桥居士郑燮。

《高凤翰画册》之四题记:

  仿白石翁,亦似高房山。
  板桥居士郑燮记。

"白石翁",乃明画家沈周(1427—1509)晚号。

"高房山"，指的是元画家高克恭（1248—1310），号房山老人。

《高凤翰画册》之五题记：

此幅三石挤塞满纸，而其为绿、为赭、为墨，何清晰也！为高、为下、为内、为外，何径路分明也！又以苔草点缀，不粘不脱，使彼此交搭有情，何隽永也！西园老兄，秀才出身，故画法具有理解。近日诗古家骂秀才，骂制艺，几至于不可耐。不知诗古不从制艺出，皆无伦杂凑。满口山川风月，满手桃柳杏花，张哥帽，李哥戴，直是不堪一笑耳。圣天子以制艺取士，士以此应之。明清两朝士人，精神会聚，正在此处。试看西园兄画，绝无时文气，而却从时文制艺出来。

乾隆辛巳，愚弟板桥郑燮题。

"西园"，乃高凤翰（1683—1749）字。

张素琪编注《板桥题画》中，将郑燮此次题《高凤翰画册》，按一、二、三、四、五顺序排列。周积寅《郑板桥年谱》将郑燮此处题跋，记为《高凤翰画册》第一、二、四、五、八画幅上所题。

高凤翰此册中，有黄易乾隆五十五年（1790）跋："南阜书画，有味外味。板桥以其品格在石田、青藤、且园之间，评论是矣。易谓此派，大涤子劲敌也。苍老之中，气韵奇秀，似又过之。板桥幅幅题识，互相映带，精采双妙。想见二老风流，明窗展对，满纸生动。"

是年，郑燮作《墨竹大册》（十二页），一一题记，画作与诗文交融，耐人寻味。

《墨竹大册》第一页题记：

神龙见首不见尾。竹，龙种也，画其根，藏其末，其犹龙之义乎？

乾隆辛巳，板桥郑燮画并题。

《墨竹大册》第二页题记：

莫漫锄荆棘，由他与竹高。《西铭》原有说，万物总同胞。

板桥。

《墨竹大册》第三页题记：

不是春风,不是秋风。新篁初放,在夏月中。能驱吾暑,能豁吾胸。君子之德,大王之雄。

板桥道人。

《墨竹大册》第四页题记:

一阵狂风倒卷来,竹枝翻回向天开。扫云扫雾真吾事,岂屑区区扫地埃。

板桥戏题。

《墨竹大册》第五页题记:

一枝偶向崖边出,便晓山中篠荡多。寄语采樵人莫羡,留他君子在岩阿。

板桥。

《墨竹大册》第六页题记:

忽焉而淡,忽焉而浓。究其胸次,万象皆空。

板桥。

《墨竹大册》第七页题记:

谁家新笋破新泥,昨夜春风到竹西。借问竹西何限竹,万竿转眼上云梯。

板桥。

《墨竹大册》第八页题记:

短节古干,如地下之鞭,忽飞腾于地上。然则地上之竹,独不可飞腾于天上耶?高卑固无一定也。

板桥。

《墨竹大册》第九页题记:

雨中听竹知秋意，秋在书窗小榻边。
板桥。

《墨竹大册》第十页题记：

水竹不如山竹劲，画来须向石边青。
板桥居士。

《墨竹大册》第十一页题记：

竹林七竹如何六？两阮原应共一枝。
板桥。

《墨竹大册》第十二页题记：

竹中有竹，竹外有竹。渭川千亩，此为巨族。
乾隆辛巳，板桥道人画并题。

金农此前曾在《冬心先生杂画题记》中评论郑燮画竹时写道："乾隆戊辰，予从江上移居城隅……近复画竹不倦，别出新意，自谓老文、坡公无此法。时兴化郑进士板桥，曾为七品官，亦擅此长。见一诗云：'画竹多于买竹钱，纸高八尺价三千。'予尝对人吟讽不去口，益信吾两人画竹，皆见重于世人也。板桥闻之，能不釐然一笑乎？"金农此处所谓"老文"，指的是文同；"坡公"，指的是苏轼。是年四月，金农又于《冬心先生杂画题记》中写道："吾友兴化郑板桥进士，擅写疏篁瘦筱，颇得萧爽之趣。予写此者，亦其流派也。设有人相较吾两人画品，终逊其有林下风度耳。辛巳四月，荐举博学宏词杭郡金农记。"

周积寅《郑板桥年谱》将金农"予写此者"作"予间写此"；将"设有人相较吾两人画品"误作"没有人相较吾两人画品"。

是年，宋弼序高凤翰《南阜诗集》。是年秋日，黄慎于翠华官舍作《商山四皓轴》。

乾隆二十七年壬午（1762），郑燮70岁。是年春日，郑燮于扬州寓斋为六源同学兄作《兰竹石图轴》并题记：

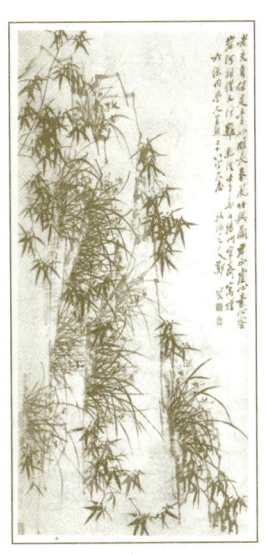

·郑燮为六源同学兄作
《兰竹石图轴》

老夫自任是青山,颇长春风竹与兰。君正虚心素心客,岩阿相借又何难。

乾隆壬午春日,扬州寓斋写赠六源同学兄,并题二十八字见志。板桥道人郑燮。

是年初夏,郑燮作《墨竹四屏条》,分别题记:

琼条玉线才开碧,凤尾鸾翎已扫空。自是书窗借青翠,砚池茶碗色如葱。

乾隆壬午初夏,板桥郑燮。

秋风昨夜窗前到,竹叶相敲石有声。及至晓来浓露湿,又疑昨夜未秋清。

板桥。

细细的叶,疏疏的节。雪压不垂,风吹不折。

板桥郑燮。

老老苍苍竹一竿,长年风雨不知寒。好教真节青云去,任尔时人仰面看。

板桥郑燮。

是年夏五月某日午后,郑燮为受老年学兄作《竹石图轴》,于其上题记两次。他在第二次题记中重申,文与可画竹,胸有成竹;自己画竹,胸无成竹。此乃大化之流行,其道如是。郑燮写道:

一半青山一半竹,一半绿阴一半玉。请君茶熟睡醒时,对此浑如在岩谷。

受老年学兄正。板桥道人郑燮。乾隆壬午夏五月午后写此。

文与可画竹胸有成竹,郑板桥画竹胸无成竹。与可之有成竹,所谓渭川千亩在胸中也。板桥之无成(竹),如雷霆霹历(雳),草木怒生,有莫知其然而然者。盖大化之流行,其道如是。与可之有,板桥之无,是一是二,解人会之。

燮又记。

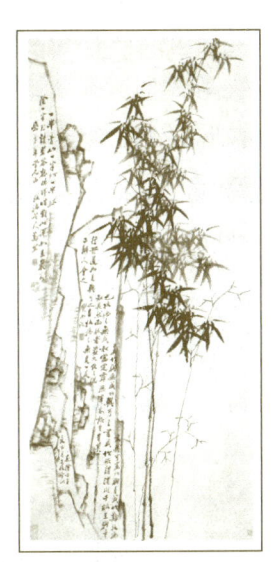

·郑燮为受老年学兄作
《竹石图轴》

是年五月，郑燮作《行书九言联》。其中写道：

霜熟稻粱肥，几邨农唱；
灯红楼阁迥，一片书声。
乾隆壬午蕤宾月，板桥郑燮。

・郑燮作《行书九言联》

是年闰五月二十八日，郑燮应陆伯瞻裔孙陆元礼之嘱，题《陆公伯瞻出使高丽赠送诗文卷子》。陆伯瞻，即陆颙，字伯瞻，江苏兴化人。生于元末，卒于明永乐年间。洪武中，由明经入仕刑部主政。戊寅（1398）冬，改礼部。奉上选廷臣堪使高丽者，乃遣颙。次年春，复遣赍玺书历日。敕赐袭衣白金。

明王朝为巩固发展与邻国的睦邻关系和进行文化交流，曾派遣陆颙连续两次出使高丽，皆不辱使命。明代胡顺华《兴化县志》对此记载："公至东海谕德意，国王李芳远稽首致谢，率其臣金瞻辈交赠之诗帙。"当时赠送给陆颙诗文的还有高丽国人晋阳河崙、昌宁成溥、平原赵璞等。明朝湘献王、辽简王、方孝孺等数十位王公大臣，也为陆颙出使高丽以及归国书赠诗文。尔后，陆颙将这些所赠诗文装裱成卷子收藏。钱塘于谦、兴化李春芳、宗臣等人又作跋题诗于该卷子后帙。由此可见，陆颙当时出使高丽一事，在两国之间被传为美谈。兴化古"四牌楼"上四十七块匾中的"辽城汉节"一匾，就是褒扬陆颙两使高丽促进睦邻友好之功的。

陆颙的这册诗文卷子，由此便为陆家传世之宝。康熙年间传至其后裔陆震（即郑燮从其学词之师）之手后，却不慎遗失，陆震将其视为终生憾事。岂料，陆震后辈陆元礼在陆震殁后，复得此卷。陆元礼庆幸之余，乃请先祖陆震门生郑燮为之题跋。由于郑燮对于乡贤陆颙之德才政绩十分敬佩，故于七十高龄时，兴致勃勃地为《陆公伯瞻出使高丽赠送诗文卷子》题写了七言古诗。其诗云：

山海关雄蓟北门，大明天子嫌侵吞。高句骊古东属国，陆公万里宣王言。
彼之事我实帝天，我之字爱如弟昆。不用干戈用礼让，松花鸭绿波涛温。
小队前驱骑后簇，中持使节凤飘翻。关门小吏出罗拜，香狨彩障连花邨。
旌旆旗羽列山阜，入其国郭王来奔。公之丰裁动中国，况经异域光辉熉。
夏琏商瑚周大贝，光价百倍璠玙璊。君臣赓歌劳行役，盈廷唱和如簴簨。

不取珍奇取笔墨，外国愈益天朝尊。即今三百七十载，字迹端好诗完存。
锦囊玉轴檀匣椟，世世继继贤儿孙。君家沧浪及方壶，神仙经济难具论。
鹧鸪春草动宰相，虚静恬澹笺漆园。爝火文章欻灭没，此独屹崒撑乾坤。
云间诸陆古所贵，精灵百代犹渊源。
公之裔孙元礼嘱题，后学郑燮拜手敬颂。乾隆二十七年岁在壬午后五月二十有八日。

郑燮此处所谓"后五月"，或当指此年闰五月。

是年夏，郑燮为静翁年兄作《墨竹图轴》，并于题记中描述了自己憧憬向往的日常生活场景。郑燮写道：

茅屋一间，新篁数干。雪白纸窗，微侵绿色。此时独坐其中，一盏雨前茶，一方端砚石，一张宣州纸，几笔折枝花。朋友来至，风声竹响，愈喧愈静。家僮扫地，侍女焚香，往来竹阴中，清光映于画上，绝可怜爱，何必十二金钗。梨园百辈，须置身于清风静响中也。

壬午夏日写此，静翁年兄政。板桥老人郑燮画并题。

"梨园"，乃唐玄宗时教练宫廷歌舞艺人之处。一在长安（今陕西西安市）光化门北禁苑中，有广场，兼可拔河、打球。一在蓬莱宫侧宜春院，其中分设男女二部。唐玄宗曾选三百人于梨园学习乐舞，甚至亲加教正。后人称戏班为梨园，戏曲演员为梨园子弟。

是年十月，郑燮作《兰竹图轴》，在题记中细论绘画史上有人善画兰，有人善画竹，惟石涛兼而有之，所画兰竹妙绝冠时；并阐发兰与竹色相似、德相似、寿相似之说；且以石涛自比，说明自己也深得花竹情理。郑燮写道：

昔人画竹者称文与可、苏子瞻、梅道人。画兰者无闻。近世陈古白、吾家所南先生，始以画兰称，又不工于竹。惟清湘大涤子山水、花卉、人物、翎毛无不擅场，而兰竹尤妙绝冠时。盖以竹干叶皆青翠，兰花叶亦然，色相似也；兰有幽芳，竹有劲节，德相似也；竹历寒暑而不凋，兰发四时而有蕊，寿相似也。清湘之意，深得花竹情理。余故仿佛其意。又闻有明三百年，文人皆善兰竹，今不概见，不识何故。

乾隆二十七年岁在壬午小春月，板桥郑燮。

上古版《郑板桥集》和卞孝萱《郑板桥全集》（增补本），皆将"而兰竹尤妙绝冠时"

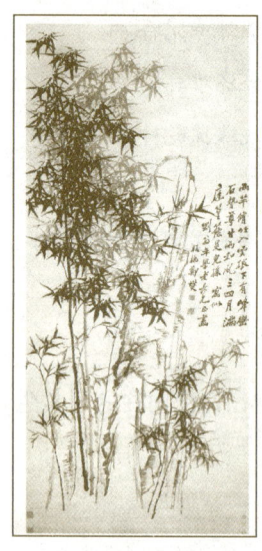

·郑燮为刚翁年学老长兄作《峭石新篁图》

·郑燮为孟翁年学老长兄作《竹石图》

作"而兰竹尤绝妙冠时"。窃以为,周积寅《郑板桥年谱》"而兰竹尤妙绝冠时"为是。

郑燮是性情中人,念念不忘同年学友情谊,频繁应请作画。除了前述标有月份的,还有一些没有标记月份者,此处一并录入,供读者参考。

是年,郑燮为刚翁年学老长兄作《峭石新篁图》并题记:

两竿修竹入云根,下有峰峦石势尊;
甘雨和风三四月,满庭篁篠是儿孙。

写似刚翁年学老长兄正画。板桥郑燮。

《郑板桥书画集》在此画注释中,将末句"满庭篁篠是儿孙"误作"满庭篁条是儿孙"。

是年,郑燮为孟翁年学老长兄作《竹石图》,题记了他那首脍炙人口的著名诗作:

咬定青山不放松,立根原在乱岩中。千磨万击还坚劲,任尔东西南北风。
孟翁年学老长兄教。板桥弟郑燮。

《郑板桥书画集》将郑燮此幅《竹石图》画作,题作《托根乱岩图》。

是年,郑燮颇为得意顺手,连作了若干《竹石图》。尽管这些画作名称一致,画面呈现出来的景致却各有千秋,题记也不尽相同。例如,一幅《竹石图》题记:

逬出新篁石缝中,数枝清瘦夐玲珑。已经扫尽尘氛气,
多谢先生又画风。

乾隆壬午,板桥郑燮。

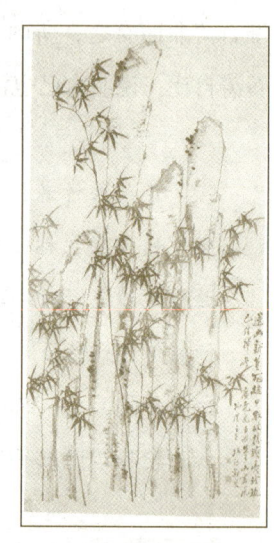

·郑燮《竹石图》

尤其令人想不到的是，郑燮是年还为堂弟作《竹石图轴》，这也是文献资料唯一提及郑燮为郑墨作画。

七十衰翁澹不求，风光都付老春秋。画来密篠才逾尺，让尔青山出一头。
燮堂大弟教画，愚兄板桥郑燮。

"堂大弟"指堂弟郑墨。
"澹"乃"淡"的异体字，旨在说明自己对仕宦地位、金钱名利统统淡漠，不欲追求。尽管郑燮年届古稀，但并不服老，觉得自己仍然年轻。他在是年所作《竹石堂幅》上题记：

竹也瘦，石也瘦，不讲雄豪，只求纤秀，七十老人尚留得少年气候。
板桥郑燮。

是年，郑燮再作《竹石图轴》并题记：

写来三祝仍三竹，画出华封是两峰。总是人情真爱戴，大家罗拜主人翁。
乾隆壬午，板桥郑燮。

· 郑燮《竹石图轴》

上古版《郑板桥集》将郑燮此幅《竹石图轴》落款脱漏"板桥郑燮"四个字。

是年，郑燮还作《墨竹》并题记：

石上披兰更披竹，美人相伴在幽谷。试问东风何处吹？吹入湘波一江绿。
乾隆壬午，板桥郑燮。

是年，郑燮又有焦山之旅。郑燮于《焦山竹石图》上题记：

焦山石块焦山竹，逐日相看坐古苔。今日雨晴风又便，扁舟载得过江来。
乾隆壬午，板桥郑燮。

据《焦山志》卷一记载，是年郑燮焦山之旅，还为重建的焦山自然庵作并书对联：

山光扑面因新雨，江水回头为晚潮。

郑燮自焦山返回后，闭门不出，绝大部分时间都在挥毫作画，以维持全家人生计。通过《兰竹图轴》上的题记可见一斑。

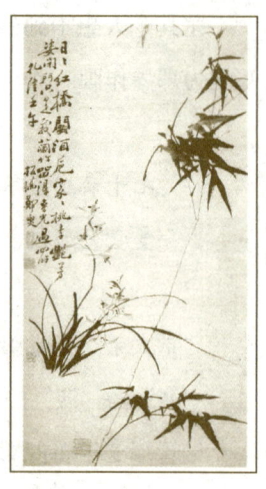
· 郑燮《兰竹图轴》

日日红桥斗酒卮，家家桃李艳芳姿。闭门只是栽兰竹，留得春光过四时。

乾隆壬午，板桥郑燮。

· 郑燮《兰竹石图轴》

是年，郑燮作《兰竹石图轴》，题记中赞叹竹石幽兰，任由风霜雪雨摧残，苍翠依然不减，体现乾坤正气。

竹石幽兰合一家，乾坤正气此间赊。任渠霜雪连冰冻，苍翠何曾减一些。

乾隆壬午，板桥郑燮。

是年，郑燮作《兰竹石图轴》，题记中称赞兰竹惟青惟绿，是为君子。

石多于兰，兰多于竹，无紫无红，惟青惟绿，是为君子之谷。

乾隆壬午，板桥郑燮画并题。

是年，郑燮至交好友乡贤李鱓去世，享年77岁。郑燮闻知噩耗，老泪纵横，不能自已。郑燮于《兰竹石图》上题记：

介于石，臭如兰，坚多节，皆《易》之理也，君子以之。

复堂李鱓，老画师也。为蒋南沙、高铁岭弟子，花卉翎羽虫鱼皆妙绝，尤工兰竹。然燮画兰竹，绝不与之同道。复堂喜曰："是能自立门户者。"今年七十，兰竹益进，惜复堂不再，不复有商量画事之人也。

"蒋南沙"指的是清代画家蒋廷锡（1669—1732），号南沙。"高铁岭"指的是清代画家高其佩（1660—1734），因系铁岭（今属辽宁）人，故名。

郑燮与李鱓同乡，两人相交莫逆，感情甚笃。不但以诗画齐名，而且都在罢官后于扬州卖画。李鱓并无诗文集传世，后人无从通过李鱓的视角了解郑燮，不过，郑燮撰写的诗文和画作题跋足以反映二人过从甚密，关系非同一般。本书将他俩交往之事有年款者分别录入当年，那些无年款者一并录下，供读者参考。

郑燮在《饮李复堂宅赋赠》诗中，记述了某年四月十五日他去李鱓府中拜访时两人饮酒的情景，并将李鱓的艺术成就、生活状态、晚年遭遇，毕呈其中。郑燮写道：

四月十五日在树，淡风清影摇窗户，举酒欲饮心事来，主客无言客起去。主人起家最少年，骅骝初试珊瑚鞭，护跸出入古北口，橐笔侍直仁皇前。才雄颇为世所忌，口虽赞叹心不然。萧萧匹马离都市，锦衣江上寻歌妓，声色荒淫二十年，丹青纵横三千里。两婴世网破其家，黄金散尽妻孥婢，剥啄催租恼吏频，水田千亩翻为累。途穷卖画画益贱，佣儿贾竖论非是，昨画双松半未成，醉来怒裂澄心纸。老去翻思踏软尘，一官聊以庇其身，几遍花开上林树，十年不见京华春。此中滋味淡如水，未忍明良径贱贫。

郑燮时常到李鱓府上拜访交流，李鱓也时来郑燮家里饮酒畅谈。某年冬夜，李鱓造访，两人饮酒赋诗，谈至漏尽。郑燮《冬夜喜复堂至》诗中写道：

残夜凝寒酒一卮，灯前重与说相思。可怜薄醉微吟后，已是沉沉漏尽时。

李鱓也将自己的若干画作交由郑燮题跋。例如，郑燮在《题李鱓画老少年图轴》中写道：

仰天鸿雁唳晴空，立地珊瑚七尺红。惊尔文章成绚烂，从人阅历换霜风。

郑燮在《题李鱓古柏凌霄图轴》中写道：

古柏苍然挺岁寒，淹留废院气兀兀。画工助尔参天力，故遣凌霄上下盘。

板桥。

郑燮在《题李鱓红菊册页》中写道：

篱菊花开艳，经霜色更红。不畏西风恶，巍然独自雄。

郑燮在《题李鱓墨笔稻菜小轴》中写道：

稻穗黄，充饥肠；菜叶绿，作羹汤。味平淡，趣悠长。万人性命，二物耽当。几点濡濡墨水，一幅大大文章。
板桥题。

上古版《郑板桥集》将郑燮《题李鱓墨笔稻菜小轴》作《题李复堂秋稼晚菘图》。
是年，郑燮为诞敷大兄作《花卉四屏条》，并一一题记。

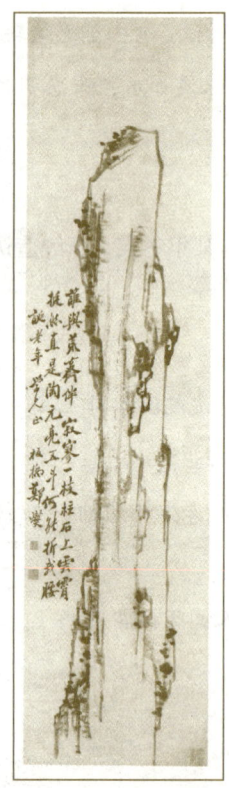

·郑燮为诞敷大兄作《花卉四屏条》

郑燮在《花卉四屏条》之一《兰竹芳馨图》上题记：

兰竹芳馨不等闲，同根并蒂好相攀。百年兄弟开怀抱，莫谓分居彼此山。
诞敷大兄一笑，并为诸郎君勖之。七十老人板桥郑燮。

郑燮在《花卉四屏条》之二《甘菊谷泉图》上题记：

南阳甘谷家家菊，万古延年一种花。
板桥郑燮。

郑燮在《花卉四屏条》之三《南山松寿图》上题记：

如南山之寿，祝其太夫人也；如松之盛，祝其身之德行并子孙之挺拔也。
诞老年学兄其并承之，板桥郑燮。

郑燮在《花卉四屏条》之四《柱石干霄图》上题记：

谁与荒斋伴寂寥，一枝柱石上云霄。挺然直是陶元亮，五斗何能折我腰？
诞老年学兄正，板桥郑燮。

落款中的"诞敷大兄"与"诞老年学兄"，实为同一人的不同写法。

"陶元亮"指东晋大诗人陶渊明（352或365—427），名潜，字元亮，号五柳先生，谥靖节先生，江州寻阳郡寻阳（今江西九江）人。"折腰"，即弯腰行礼，引申为屈身事人。"五斗何能折我腰"句，出自《晋书·陶潜传》："郡遣督邮至县，吏白应束带见之。潜叹曰：'吾不能为五斗米折腰，拳拳事乡里小人邪！'"

是年，郑燮似乎又忆起了为官范县、潍县的经历，他将千秋不变之君子，加上兰、竹、石并称"四美"，作《兰竹石四条屏》。《兰竹石四条屏》之《竹》题记：

乾隆壬午，板桥郑燮。

《兰竹石四条屏》之《竹石》题记：

记得为官种竹枝,泰山脚下崞山陲。应知尔日新篁发,定有清风忆我时。

乾隆壬午,板桥郑燮。

《兰竹石四条屏》之《竹》题记:

满目黄沙没奈何,山东只是吃馍馍。偶然画到江南竹,便想春风燕笋多。

板桥郑燮。

《兰竹石四条屏》之《兰竹石》题记:

四时不谢之兰,百节长青之竹,万古不变之石,千秋不变之人。

写三物与大君子为四美也。板桥。

是年,郑燮为景翁老先生使君作并书《七言联》,其中大有深意。郑燮写道:

民于顺处皆成子,

官到闲时更读书。

乾隆壬午,题为景翁老先生使君并正。

板桥郑燮。

是年,乾隆皇帝弘历第三次南巡过扬州。金农于乾隆南游行在进诗。

是年,卢见曾告休,赵之璧接任两淮盐运都转使;罗聘为金农编《画佛题记》;画家朱孝纯(1735—1801)中举人。朱孝纯,字子颖,号思堂,东海(今山东郯城西)人。隶奉天汉军正红旗。官至两淮盐运使。诗画得其家法,工山水、花鸟。著有《海愚诗钞》。朱孝纯对郑燮钦佩之至,崇敬有加。他在《海愚诗钞·为王晴崖题墨竹帐额》中写道:"古诗何年载酒瓢,竹林寒翠晚萧萧。相期禅榻听秋雨,只忆扬州郑板桥。"

乾隆二十八年癸未(1765),郑燮71岁。是年三月三日,郑燮于卢雅雨召集的虹桥修禊席上,与清代著名文学家袁枚初次相

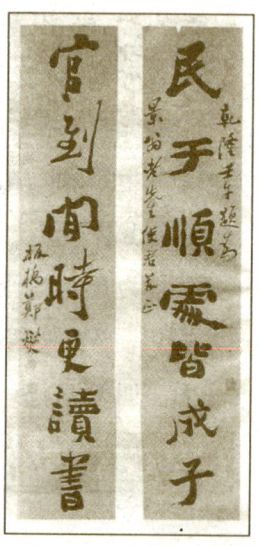

· 郑燮为景翁老先生使君作并书《七言联》

见。袁枚（1716—1798），字子才，小字瑞官，号简斋，一号存斋，因居于江宁（今南京）小仓山随园，世称随园先生，晚年自号仓山居士、随园老人、仓山叟等，钱塘（今杭州）人。

此次虹桥修禊席上，袁枚以"遇晚共怜双鬓短，才难不觉九州宽"诗句赠郑燮，郑燮则在《赠袁枚》中以"室藏美妇邻夸艳，君有奇才我不贫"诗句作答。四川省博物馆藏郑燮作《行书奉赠简斋七律》墨迹中云：

> 晨星断雁几文人，错落江河湖海滨。抹去春秋自花实，逼来霜雪更枯筠。女称绝色邻夸艳，君有奇才我不贫。不买明珠买明镜，爱他光怪是先秦。
> 奉赠简斋老先生正，板桥弟郑燮。

由此可见，郑燮《赠袁枚》这两句诗，应是出自他所作《行书奉赠简斋七律》中诗句，只不过将"女称绝色"改为"室藏美妇"而已。袁枚之孙袁志祖在《随园琐记》卷六中云："郑板桥先生集中，有赠先犬父诗云'室藏美妇邻夸艳，君有奇才我不贫'，只此二句，并不成篇，或系楹帖耶。"由此来看，郑燮与袁枚之间的交往并不密切。

不过，袁枚却假借郑燮名人社会效应，将自己与郑燮的关系大肆渲染。袁枚在《小仓山房诗集·投郑板桥明府》诗中云："郑虔三绝闻名久，相见邗江意倍欢。遇晚共怜双鬓短，才难不觉九州宽。君云：'天下虽大，人才有数。'红桥酒影风灯乱，山左官声竹马寒。底事误传坡老死，费君老泪竟虚弹？有误传余死者，板桥大恸。"

袁枚还在《随园诗话》卷九中，有与之相似的记述："兴化郑板桥作宰山东，与余从未识面，有误传余死者，板桥大哭，以足蹋地。余闻而感焉。后廿年，与余相见卢雅雨席间。板桥言：'天下虽大，人才屈指不过数人。'余故赠诗云：'闻死误抛千点泪，论才不觉九州宽。'板桥深于时文，工画，诗非所长。佳句云：'月来满地水，云起一天山。''五更上马披风露，晓月随人出树林。''奴藏去志神先沮，鹤有饥容羽不修。'皆可诵也。板桥多外宠，常言欲改律文笞臀为笞背。闻者笑之。"

周积寅《郑板桥年谱》在为是作注①中，将袁枚《投郑板桥明府》误作《投板桥明府》。并在为之所作［按］中，将"天下虽大"误作"大下虽大"。

其实前面已经说过，郑燮为官山东时误听传闻，以为好友金农去世，流泪悲痛不已，为之设牌位祭奠。袁枚所谓"有误传余死者，板桥大恸"的说法，确系子虚乌有的假说。由于当时郑燮与袁枚并未相见，且不熟识，即使闻听袁枚去世的传闻，恐怕也不会以足蹋地，为之大恸的。关于郑燮与袁枚的关系，请参阅喻蘅《郑燮与金农、袁枚交谊考辨》一文，其中有详细考证。

是年四月五日,郑燮应卢见曾之邀,与杭世骏、金农、陈江皋诸友人,泛舟虹桥,赋诗畅游。郑燮在《和卢雅雨红桥泛舟》中写道:

今年春色是何心,才见阳和又带阴。柳线碧从烟外染,桃花红向雨中深。笙歌婉转随游舫,灯火参差出远林。佳境佳辰拚一醉,任他杯酒渍衣襟。

至乾隆二十八年,郑燮离开山东潍县已十年。此时曾于郑燮潍县任上因热心公益事业、屡督大工役而深受郑燮赏识,且精通医术的潍县人郭伦昇(名栋),专程前往扬州拜访郑燮。郭伦昇此行,又勾起郑燮对潍县的思念,深觉光阴似箭,感叹自己在不知不觉中已经去官十载。是年四月,郑燮于郭伦昇返回潍县时,书赠《怀潍县二首赠郭伦昇》。其中写道:

相思不尽又相思,潍水春光处处迟。隔岸桃花三十里,鸳鸯庙接柳郎祠。
纸花如雪满天飞,娇女秋千打四围。五色罗裙风摆动,好将蝴蝶斗春归。
怀潍县二首,即送伦昇年兄归里。时乾隆二十八年岁在癸未夏四月,板桥郑燮去官十载,寿七十又一。

郑燮诗中所谓"潍水",即潍县城东的潍河。潍县,亦由该水而得名。

"鸳鸯庙",指位于潍县城东三十八里宋家双庙庄西部的龙女庙。明天顺二年(1458)建,今废。庙建于高埠上,祀奉龙女、湖女二神。二殿并建,因名双庙。诗人将双庙雅称鸳鸯庙。龙女,系指唐人李朝威所撰《柳毅传》中之龙女。唐太宗曾封龙女为膳国夫人。

"柳郎祠",即柳毅祠。庙址在龙女庙西二十余米处,今废。因唐太宗曾封柳毅为河平王,此庙被称为河平王庙。庙内有咸水泉,俗称海眼。讹传龙女、柳毅于此建庙。

"纸花",系指风筝,古名"纸鸢"。通过郑燮"纸花如雪满天飞"诗句,足见当时潍县放风筝的民俗盛况,亦可知潍坊玩赏风筝历史悠久,遍及民间。

"秋千",墨迹写作"鞦韆",系民间游戏和体育用具。在木架上悬挂两绳,下拴横板。游戏者或立或坐横板之上,两手握绳,前后摆动。

是年八月,郑燮为尚宾老人作《论书法横幅》。郑燮论议苏轼用笔之后,又说明了自己喜用泰州邓氏羊毫散笔的理由。郑燮写道:

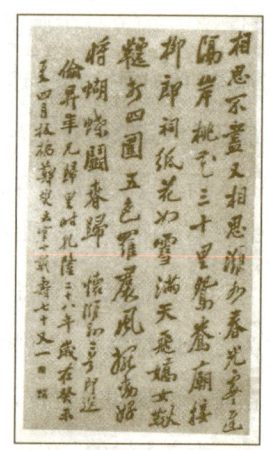

· 郑燮《怀潍县二首赠郭伦昇》

苏学士用宣城诸葛齐锋笔作字，疏疏密密，无不如意。后至惠州、儋耳，囊中笔罄，乃用三钱鸡毛笔，心手俱不相应，亦苦矣。余不喜湖毫，多用画家羊毛著色，尤以泰州邓氏羊豪散笔为贵，婉转飞动，乍沉乍浮，无不如意，其亦宣城诸葛之齐锋乎？予何敢妄拟东坡，而用笔作书皆爱肥不爱瘦，亦坡之意也。

乾隆癸未秋八月，郑板桥书付尚宾老人藏之。

"苏学士"指苏轼。《苏轼文集·题跋·书诸葛笔》："宣城诸葛氏笔，擅天下久矣。纵其间不甚佳者，终有家法。如北苑茶、内库酒、教坊乐，虽弊精疲神，欲强学之，而草野气终不可脱。"《苏轼文集·题跋·书诸葛散卓笔》："散卓笔，惟诸葛能之。他人学者，皆得其形似而无其法，反不如常笔。如人学杜甫诗，得其粗俗而已。"

"鸡毛笔"，《苏轼文集·题跋·书孙叔静诸葛笔》："久在海外，旧所赍笔皆腐败，至用鸡毛笔。拒手狞劣，如魏元忠所谓骑穷相驴脚摇镫者。今日忽于孙叔静处用诸葛笔，惊叹此笔乃尔蕴藉耶！"

"惠州"，位于广东省南部、东江下游。"儋耳"，即儋州。

是年秋八月，郑燮应请为乡贤朱逢年所作著色绢本《山水人物画册》题记。朱逢年，字十千，江苏兴化人。工山水、人物，用笔精细。该画册内有十二幅，郑燮以粉色纸本一一题记。

郑燮为朱逢年《山水人物画册》之一《山村渔归图》题记：

路转峰回一迳奢，绿阴深处有人家。小桥流水杳然去，取得鱼归半日斜。
板桥老人题。

郑燮为朱逢年《山水人物画册》之二《牛角挂书图》题记：

不识他年作邺侯，山中读罢饭黄牛。虽然未遂中原志，已有英名振九州。
板桥题。

诗中所谓"牛角挂书"，源自《唐书·李密传》："密闻包恺在缑山，往从之，以蒲鞯乘牛，挂《汉书》一帙角上，行且读。杨素适见于道，蹑其后，问所读，曰《项羽传》，因与语，奇之。"

郑燮为朱逢年《山水人物画册》之三《仿米氏云山图》题记：

披图常爱米襄阳,水阁横空树数章。山雨欲来风满座,隔溪时见白云翔。
板桥老人郑燮。

诗中所谓"米襄阳",指的是北宋书画家米芾(1051—1107),号襄阳漫士。画山水不求工细,多用水墨点染,自谓"信笔作之,多以烟掩映树石,意似而已"。其子米友仁继承父法,自称"墨戏"。中国绘画史将米芾父子画作,或称"米家山",或称"米氏云山",或将其称为"米派"。

郑燮为朱逢年《山水人物画册》之四《朝为行云暮为行雨图》题记:

翩翩舞袖爱新妆,姨娘歌声绕画梁。不识行云行雨意,令人空忆楚襄王。
乾隆癸未秋八月,橄榄轩主人题。

周积寅《郑板桥年谱》,将郑燮此诗首句"翩翩舞袖爱新妆"误作"翩翩舞袖爱新粔"。然"粔"指的是"粔籹",乃古代一种环状的米饼,显然与郑燮此诗内容不符。

郑燮为朱逢年《山水人物画册》之五《秋山疏林图》题记:

疏林落叶带霜红,细草斜阳一迳通。最爱幽人山上坐,云深山色更玲珑。
郑板桥老人题于吴公湖上。

郑燮为朱逢年《山水人物画册》之六《长生图》题记:

由来五福寿为先,细藕新桃色色鲜。月华金精符玉兔,丹成九转羡长年。
橄榄轩主人题。

郑燮为朱逢年《山水人物画册》之七《苍松雪山图》题记:

云满寒山水自流,朔风凛凛六花稠。峨嵋万叠皆如玉,溪上苍松尽白头。
板桥郑燮。

郑燮为朱逢年《山水人物画册》之八《细琴难字问相如图》题记:

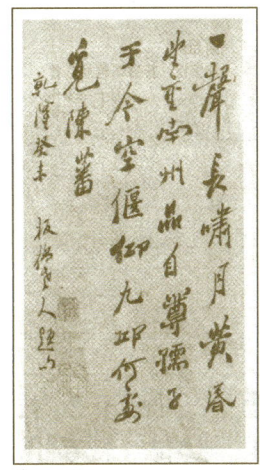

·郑燮为朱逢年《山水人物画册》题记末页

一种风流祇自知，当垆俨有读书时。携来灯下低声问，妒杀五陵轻薄儿。

板桥戏题。

通过朱逢年此幅画作题目《细琴难字问相如图》可知，画的应该是汉代司马相如和卓文君因相爱而私奔的故事。

郑燮诗中所谓"当垆俨有读书时"，说的是汉临邛大富商卓王孙之女卓文君，寡居在家。司马相如过饮于卓氏时，以琴心挑之，文君由此心动，夜奔相如，同归成都。后因家贫，两人又重返临邛，当街卖酒。卓文君当垆，司马相如和佣保杂作。卓王孙对此深以为耻，分财产与卓文君，使其与司马相如重回成都安居。

郑燮为朱逢年《山水人物画册》之九《深山楼阁图》题记：

深山楼阁乱红飞，几处花光接翠微。网得江鱼常换酒，一尊岩畔对斜晖。

板桥老人郑燮漫题。

郑燮为朱逢年《山水人物画册》之十《陆机督洛客进黄耳图》题记：

陆子曾停洛下车，往来黄犬为传书。呼人牵向王庭立，豪气原来尚未除。

板桥。

此处所谓"陆机督洛客黄耳"，说的是西晋文学家陆机（261—303），字士衡，吴郡吴县华亭（今上海市松江）人。太康末，与弟云同至洛阳，文才倾动一时，时称"二陆"。《晋书·陆机传》："初机有骏犬，名黄耳，甚爱之。既而羁留京师，久无家问，笑语犬曰：'我家绝无书信，汝能赍书取消息不？'犬摇尾作声。机乃为书，以竹筒盛之而系其颈。犬寻路南走，遂至其家，得报还洛。"

郑燮为朱逢年《山水人物画册》之十一《甘雨和风图》题记：

甘雨和风四月天，秧针初绿柳如烟。何年卜筑深山里，也傍长堤学种田。

郑燮为焦山啸江大师作《七言联》

郑燮题。

郑燮为朱逢年《山水人物画册》之十二《徐孺下陈蕃之榻图》题记：

一声长啸月黄昏，望重南州品自尊。孺子于今空偃仰，九邱何处觅陈蕃。
乾隆癸未，板桥老人题句。

此处所谓"徐孺下陈蕃之榻"，说的是东汉南昌人徐稺（97—168），字孺子，家贫，躬耕而食。朝廷多次征聘，不仕。陈蕃（？—168）为太守，不接宾客，唯稺来，特为之设一榻，去则悬之。

是年九月，郑燮又去焦山一趟，并为焦山啸江大师作六分半书《七言联》：

秋老吴霜苍树色，
春融巴雪洗山根。
题为焦山啸江大师。乾隆癸未九月，板桥郑燮。

郑燮此次焦山逗留期间，作《幽兰图轴》并题记：

重慊曲径草为堂，四座幽兰四壁芳。况复盆栽犹未尽，留余滋味最悠长。
乾隆癸未，板桥郑燮画并题，时在焦山。

是年，郑燮好友翔高老长兄四十初度，索请郑燮画竹为寿。郑燮合邑中尚竹、禹竹并自家远追禹、尚二公遗笔所成之郑竹，为之作《墨竹图横幅》，以为华封人之三祝。郑燮在题记中，悉数邑中禹之鼎和尚有朋的画竹艺术成就之后，申明自己学画竹至今五十年不辍，且不学他技，不宗一家，自出机轴。郑燮写道：

吾邑善画竹者，以禹鸿胪为最，而渔庄尚友次之。禹竹称于上都，渔庄之名遍于湘楚，皆童而习之，老而入妙。予不逮二公远甚。今年七十有一，不学他技，不宗一家，学之五十年不辍，亦非苟而已也。翔高老长兄四十初度，索予写竹为寿，且曰：宁乱毋整，当使天趣淋漓，烟云满幅，此真知画意者也。予既自出机轴，亦复远追禹、尚二公遗笔。是不独郑竹，并可谓之尚竹、禹竹，合是三家，以为华封人之三祝，有何不可！
乾隆二十八年岁在癸未，板桥道人郑燮画并题。

·郑燮《墨竹图横幅》

卞孝萱《郑板桥全集》(增补本)附录四《书画选》,将郑燮此幅画作题为《丛竹图》。

通过郑燮此幅墨迹来看,周积寅《郑板桥年谱》和卞孝萱《郑板桥全集》(增补本)皆将"亦非苟而已也"误作"亦非首而已也";并将"予既自出机轴"误作"予既出机轴"。

郑燮此处所谓"禹鸿胪",指的是清代画家禹之鼎(1647—1716),字尚吉,号慎斋,江苏兴化人。

"渔庄尚友",指的是清代画家尚友,字有朋,号渔庄,江苏兴化人。清初寓湖南茶陵,词翰、丹青,皆妙绝一时。

诚如郑燮上面为翔高老长兄四十初度所作《墨竹图横幅》题记中所说,古稀之年的郑燮,仍然挥毫画竹不辍。是年,郑燮又为木斋老长兄作《水竹横轴》并题记:

曲曲溶溶漾漾来,穿沙隐竹破莓苔。此间清味谁分得,只合高人入茗杯。
为木斋老长兄政,板桥郑燮。乾隆癸未。

是年,郑燮于其所作的《墨竹图轴》上题记:

养成便是干霄器,废置将为爨下薪。千古兰亭修竹茂,事因王谢几家人。
乾隆癸未,板桥郑燮。

是年,郑燮作《竹图》,题记中极尽幽默风趣,直白地写道:

山僧爱我画,画竹满其欲,落笔饷我脆萝卜。
乾隆癸未,板桥郑燮。

卞孝萱《郑板桥全集》（增补本），将"落笔饷我脆萝卜"误作"落年饷我脆萝卜"。

是年，郑燮为满足自己的画竹之瘾，还作《墨竹四屏条》。

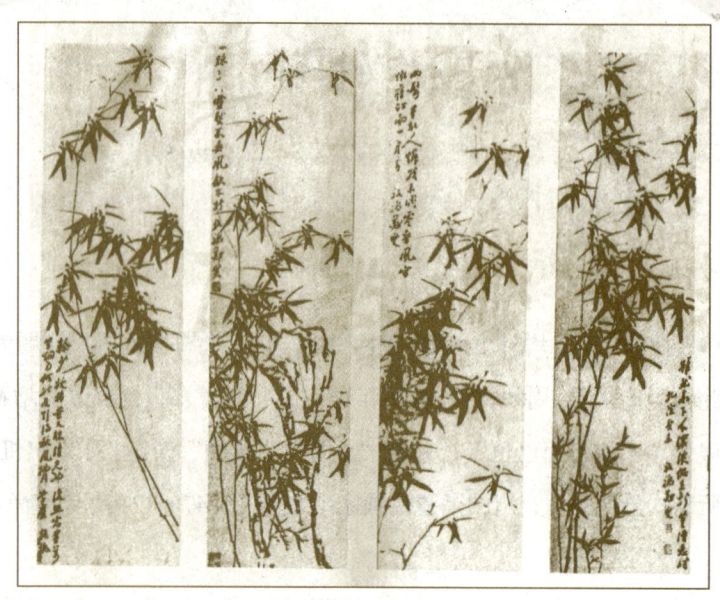

·郑燮《墨竹四屏条》

《墨竹四屏条》之一《竹》题记：

  虽然高下分浓淡，总是新篁得意时。
  乾隆癸未，板桥郑燮。

《墨竹四屏条》之二《竹》题记：

  两鬓星故人，怜我未凋零。春风写依旧，江南一片青。
  板桥郑燮。

《墨竹四屏条》之三《竹石》题记：

  细细的叶，疏疏的节。雪压不垂，风吹不折。
  板桥郑燮。

《墨竹四屏条》之四《竹》题记：

干少枝稀叶又疏，清光也复照窗书。万竿烟雨何能及，引得秋风拂草庐。
板桥。

常言道，人贵有自知之明。郑燮在作画过程中非常自信，认为自己用笔非凡，足以凭借兴致，任意挥洒。是年，郑燮在其所作的《竹石图轴》题记中写道：

七十老人画竹石，石更崚嶒竹更直。乃知此老笔非凡，挺挺千寻之壁立。

· 郑燮为观文家兄作《兰竹图轴》

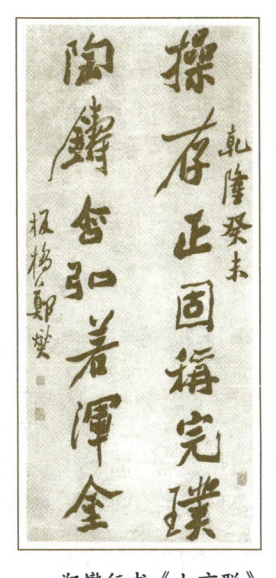

· 郑燮行书《七言联》

乾隆癸未，板桥郑燮。

是年，郑燮为观文家兄作《兰竹图轴》并题记：

挥毫已写竹三竿，竹下还添几笔兰。总为本源同七穆，欲修旧谱与君看。
观文家兄教画。乾隆癸未，板桥愚弟燮。

郑燮此处所谓"七穆"，指的是春秋时期郑国七家卿大夫家族的合称。其中包括驷氏、罕氏、国氏、良氏、印氏、游氏、丰氏，都是郑穆公的后代。

是年，郑燮作行书《七言联》：

操存正固称完璞，
陶铸含弘若浑金。
乾隆癸未，板桥郑燮。

是年，《红楼梦》作者曹雪芹卒；汪中应试，列扬州府属第一；罗聘、项均，客西湖两月余。

乾隆二十九年甲申（1764），郑燮72岁。是年二月，郑燮作《七言联》：

烹茶活火还温酒，
洗砚馀波好灌花。
乾隆甲申二月，板桥郑燮。

是年秋九月，郑燮作《隶书岣嵝碑文轴》。《岣嵝碑》，原刻于南岳衡山岣嵝峰，故名。相传，该碑为颂扬夏禹事迹，因此又被称为《禹王碑》和《大禹功德碑》。《岣嵝碑》，字似缪篆，又似符篆。由于其文字奇特，历代对其内容释读非一。古代大多学者认为此碑系记录大禹治水的内容，有些学者则不同意这种说法。例如，曹锦炎就认为《岣嵝碑》系战国时代越国太子朱句代表他的父亲越王不寿上南岳祭山的颂词。通过郑燮所书《隶书岣嵝碑文轴》墨迹可知，曹锦炎的说法比较可信。郑燮写的是：

承帝曰咨，翼辅佐卿。州渚与登，鸟兽之门。参身洪流，而明发尔兴。久旅忘家，宿岳麓庭。智营形释，心罔弗辰。往求平定，华岳泰衡。宗疏事衷，劳余伸裡。郁塞昏徙，南渎衍亨。衣制食备，万国其宁，窜舞永奔。
《岣嵝碑》。乾隆甲申秋九月，板桥郑燮敬书。

窃以为，周积寅《郑板桥年谱》所附图版中的这幅郑燮作《隶书岣嵝碑文轴》，与其此前书写风格迥异，没精打采，状如算子，结体呆板，或系赝作。

是年秋日，郑燮作《竹石立轴》并题记：

绕膝龙孙好节柯，居中柱石老嵯峨。春风夏雨清光满，历到秋冬翠更多。
乾隆甲申秋日，板桥道人郑燮。

是年秋杪，郑燮自扬州返回兴化居杏花楼，对雨独酌，醉后作《竹石图轴》留赠主人。杏花楼在兴化城内西北区鹦鹉桥附近，亦即郑燮在《范县署中寄舍弟墨第二书》中曾提到过要买以"结茅"之处。郑燮于题记中说明，画竹欲超最上乘，就不能拘泥成局，而是要会心得神；并借此说明自己在画竹时，既为竹写神，亦为竹写生，以显示其凌云豪气、不为俗屈。郑燮写道：

画竹之法，不贵拘泥成局，要在会心人得神，所以梅道人能超最上乘也。盖竹之体，瘦劲孤高，枝枝傲雪，节节干霄，有似乎士君子豪气凌云，不为俗屈。故板桥画竹，不特为竹写神，亦为竹写生。瘦劲孤高，是其神也；豪迈凌云，是（其）生也；依于石而不囿于石，是其节也；落于色相而不滞于梗概，是其品也。竹其有知，必能谓余为解人，石如有灵，亦当为余首肯。

甲申秋杪，归自邗江，居杏花楼。对雨独酌，醉后研墨拈管，挥此一幅，留赠主人。板桥。

周积寅《郑板桥年谱》在抄录郑燮此题记时，漏脱"不为俗屈，故板桥画竹，不特为竹写神，亦为竹写生。瘦劲孤高是其神也，豪迈凌云"这一大段至关重要的文字。

郑燮此处所谓"邗江"，即扬州。

· 郑燮《隶书岣嵝碑文轴》

期间，郑燮还于兴化杏花楼书《八言联》：

鹤矫云中，霞飞天半；
竹明水际，松挺岩阿。
乾隆甲申秋杪，书于杏花楼。板桥郑燮。

除此之外，上海博物馆还藏有郑燮这个时期所作的《墨竹图轴》《兰竹石图轴》和《竹石兰花轴》等墨迹。

郑燮曾经为官七年的山东潍县，始终是郑燮难以忘怀的地方。是年，郑燮念念不忘潍县好友、年学兄郭芸亭，为其作《行书条幅》寄赠。其中写道：

春风潍水足相思，宝马雕鞍丽日迟。隔岸桃花三十里，鸳鸯庙接柳郎祠。
乾隆甲申书寄芸亭年学兄。板桥郑燮。

是年，郑燮又作《六分半书节录怀素自叙轴》，抒发心中对古人书法的钦敬之意。不过，郑燮书写这幅书作时，毕竟已是

· 郑燮《竹石图轴》

七十二岁老者，不仅较乾隆五年精力旺盛时为秉钧年长翁所作《行书节录怀素自叙轴》的文字内容有所省略，而且通篇精气神也大不如前，明显呈现出差强人意的老迈之态。此处照录，供感兴趣的读者比对参考。郑燮写道：

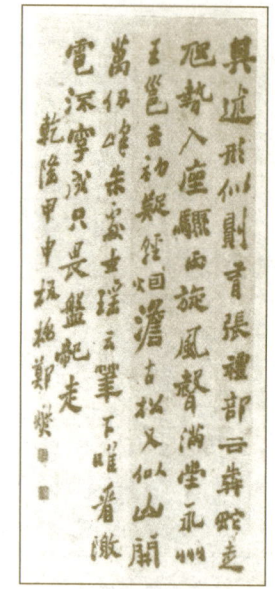

·郑燮《六分半书节录怀素自叙轴》

其述形似，则有张礼部云：奔蛇走虺势入座，骤雨旋风声满堂。永州王邕云：初疑轻烟澹古松，又似山开万仞峰。朱处士瑶云：笔下唯看激电流，字成只畏盘龙走。

乾隆甲申，板桥郑燮。

郑燮认为，画有在纸中者，也有在纸外者。然郑燮无比自信地认为，自己于纸中所作之画，正复清于纸外者，也足以散怀破寂，令人陶醉其中。郑燮此处所谓"纸外者"，无疑指的是生长于大自然中者。是年，郑燮作《墨竹图轴》并题记：

画有在纸中者，有在纸外者。此番竹竿多于竹叶，其摇风弄雨，含露吐雾者，皆隐跃于纸外乎！然纸中如抽碧玉，如削青琅玕，风来戛击之声，铿然而文，锵然而亮，亦足以散怀而破寂。纸中之画，正复清于纸外也。

乾隆甲申，七十二老人板桥郑燮写此。

是年，郑燮又作《墨竹大幅》，画面中新竹三竿，巨石中峙，墨色浓淡相间。郑燮在题记中称竹为君，呼石为丈。足见其对竹石的崇仰之情。郑燮写道：

竹称为君，石呼为丈。锡以嘉名，千秋无让。空山结盟，介节贞朗。五色为奇，一青足仰。

乾隆甲申，板桥郑燮写。

是年，郑燮又有焦山之行。期间，郑燮为东序年学兄作《焦山竹石图横幅》。所题的依旧是自己乾隆壬午（1762）70岁时重返焦山所作《焦山竹石图》上那首诗。

焦山石块焦山竹，逐日相看坐古苔。今日雨晴风又便，扁舟载得过江来。

乾隆甲申为东序年学兄,板桥郑燮画并题。

郑燮一生,作于焦山和为焦山而作的诗文书画作品颇多。除了前面记载的标有年款者外,还有诸多无年款者。这里选录部分供读者欣赏参考。

郑燮曾于自然庵为慧通禅师作《行书游焦山诗轴》,其中写道:

日日江头数万山,诸山不及此山闲。买山百万金钱少,赊欠何曾定要还。
老去依然一秀才,荥阳公子旧安排。乌纱不是游山具,携取教歌拍板来。
《焦山诗》。慧通禅师正。板桥郑燮书于自然庵。

郑燮这首诗曾经写过多遍。卞孝萱《郑板桥全集》(增补本)于此诗下作编者注:"江西省博物馆藏郑燮行书轴,录此首,署'七十二老人郑燮'。'荥阳'写作'荣阳'。"

据《焦山志》卷一记载,郑燮还有为焦山海若庵所作并书的楹联。其中写道:

楚头吴尾,一片青山入座;
淮南江北,半潭秋水烹茶。

据《焦山志》卷二十二记载,郑燮有《题自然庵墨竹》诗云:

静室焦山十五家,家家有竹有篱笆。画来出纸飞腾上,欲向天边扫暮霞。

据《楹联丛话》卷六记载,郑燮有为焦山自然庵作并书的楹联。其中写道:

汲来江水烹新茗,
买尽青山当画屏。

据《楹联续话》卷四记载,郑燮有为焦山长老作并书的楹联。其中写道:

花开花落僧贫富,

·郑燮为东序年学兄作《焦山竹石图横幅》

云去云来客往还。

是年，郑燮为敬翁同□老长兄作《竹石大堂幅》并题记：

渭川千亩入秦关，淇澳清清水一弯。
两地高风来拱向，中间突兀太行山。
乾隆甲申，为敬翁同□老长兄并慰故乡之意。板桥居士郑燮。

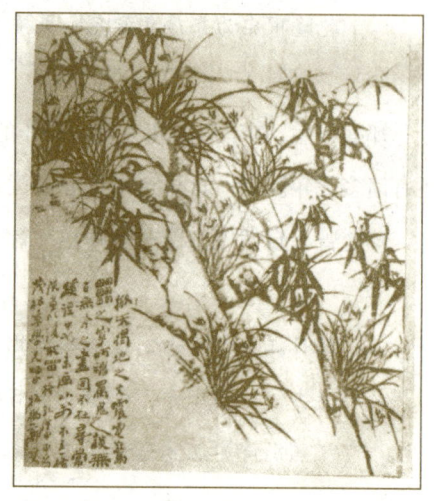

· 郑燮为茂林年学兄作《兰竹石图轴》

富有真气、真意、真趣的郑燮，对自己平生所作文章诗词、书作、画作以及自己持有的独特思想观念，曾做过实事求是的自我评价，并且多次在赠友人的画作中予以题记。例如，郑燮是年在为茂林年学兄所作的《兰竹石图轴》题记中，就对此写道：

掀天揭地之文，震电惊雷之字，呵神骂鬼之谈，无古无今之画，固不在寻常蹊径中也。
未画以前，不立一格，既画以后，不留一格。
乾隆甲申为茂林年学兄哂正。板桥郑燮。

周积寅《郑板桥年谱》将郑燮此诗首句"掀天揭地之文"误作"揭天揭地之文"。

另外，郑燮在《题画·乱兰乱竹乱石与汪希林》中，亦曾题书此文。其中"固不在寻常蹊径中也"书作"原不在寻常眼孔中也"。

除此之外，中国历史博物馆还藏有郑燮于是年所作的《兰石轴》《行书七言绝句轴》以及《题画诗六段卷》等墨迹。

关于郑燮《题画诗六段卷》，各种文献资料表述有所不同。卞孝萱《郑板桥全集》（增补本）附录四《书画选》，将郑燮《题画诗六段卷》题作《题画册页》。周积寅《郑板桥年谱》于是年正文中写道："作《题画诗六段卷》，纸本。中国历史博物馆藏墨迹。"《郑板桥书画集》亦将其题作《题画诗六段卷》并附上六幅图片。然周积寅《郑板桥年谱》却又在是年正文中写道"题李方膺《画册》"。通过与《郑板桥书画集》所附六幅图片进行比对，上述不同标题指的应该是同一件事，即郑燮为《李方膺画册》题诗。只不过，上古版《郑板桥集》和周积寅《郑板桥年谱》将李方膺所作每一幅画都添加了小标题，而且其排序也与《郑板桥书画集》所附六幅图片有所不同。这里依据《郑板桥书画集》图片对其排序，同时纠正其文字注释中出现的诸多错误，并对上古版《郑板桥集》和周积寅《郑板桥年谱》将每一幅画所添加的小标题做一说明，以使读者通过比对明了其中关系。

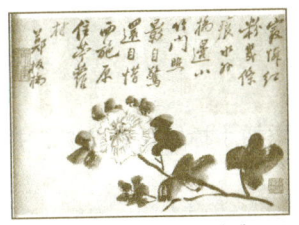
·郑燮《题画诗六段卷》之一

·郑燮《题画诗六段卷》之二

·郑燮《题画诗六段卷》之三

·郑燮《题画诗六段卷》之四

·郑燮《题画诗六段卷》之五

·郑燮《题画诗六段卷》之六

郑燮在《题画诗六段卷》之一中题记：

最怜红粉几条痕，水外桥边小竹门。照影自惊还自惜，西施原住苎罗村。
郑板桥。

上古版《郑板桥集》和周积寅《郑板桥年谱》，均将此幅添加小标题《芙蓉》，并将其排列为第六幅。

《郑板桥书画集》将郑燮这首诗末句"西施原住苎罗村"误注为"西施原住宁罗村"。春秋末年越国美女西施，一作先施，苎萝（今浙江诸暨南）人。由越王勾践献给吴王夫差，成为夫差最宠爱的妃子。相传，吴亡后，西施与范蠡偕入五湖。

郑燮在《题画诗六段卷》之二中题记：

菊花盘里是明珠，金椀红心翠叶铺。凉气未来霜未落，秋风富贵尽堪图。
板桥。

上古版《郑板桥集》和周积寅《郑板桥年谱》，均将此幅添加小标题《菊花》，并将其排列为第五幅。

《郑板桥书画集》将郑燮这首诗末句"秋风富贵尽堪图"误注为"秋风富贵尽堪国"。

郑燮在《题画诗六段卷》之三中题记：

鹡鸰两两唤同行，不减原令好弟兄。可叹世人无古道，酿他饥饿逼他争。
乾隆甲申，板桥郑燮。

上古版《郑板桥集》和周积寅《郑板桥年谱》，均将此幅添加小标题《鹡鸰》，并将其排列为第三幅。

《郑板桥书画集》将郑燮这首诗末句"酿他饥饿逼他争"注为"让他饥饿逼他争"。

郑燮在《题画诗六段卷》之四中题记：

类同乾鹊将毋小，族比慈乌未是多。借问人间何手足，相逢此鸟便称哥。
板桥老人郑燮。

上古版《郑板桥集》和周积寅《郑板桥年谱》，均将此幅添加小标题《八哥》，并将其排列为第二幅。

郑燮在《题画诗六段卷》之五中题记：

最得闺中妇女怜，牙床绣被任他眠。偶来花下寻蝴蝶，吉兆先期九十年。
板桥老人。

上古版《郑板桥集》和周积寅《郑板桥年谱》，均将此幅添加小标题《萱猫》，并将其排列为第一幅。

郑燮在《题画诗六段卷》之六中题记：

鹭鸶拳足立溪边，红蓼花残九月天。欲把霜翎斗霜色，直随孤鹤去摩天。
板桥郑燮。

上古版《郑板桥集》和周积寅《郑板桥年谱》，均将此幅添加小标题《鹭鸶》，并将其排列为第四幅。

· 郑燮《四名家图》

《郑板桥书画集》将郑燮这首诗第二句"红蓼花残九月天"误注为"红蓼花线九月天"。

这里借机说明一下，尽管郑燮最擅长写兰、竹、石，然通过相关文献资料和现存墨迹来看，郑燮还画过松、梅、菊、荷、秋葵、蒲草、灵芝、芙蓉、桃、樱桃、莲蓬、菱角、佛手、香橼、蒜头，以及鸟、虫、鱼、虾、蟹等，还有以花瓶、水盂、如意等文玩为题材的画作。

关于郑燮画荷，本书在乾隆二十三年戊寅（1758）时段援引过陶元藻《泊鸥山房集·与郑板桥书》："前月于金寿门斋头，见足下所画残荷一朵，败荷叶一片，插在缺口磁瓶内，墨汁模糊，如有烟光月晕，淡中自带野趣。"

关于郑燮画松，读者可通过此前所说郑燮为肃翁同学老长兄所作《双松图轴》和郑燮为诞老年学兄所作《四条屏》之三，窥见其大致面目。

关于郑燮画菊，可通过此前所说郑燮为诞老年学兄所作《四条屏》之二，一探究竟。

关于郑燮以花瓶为题材创作，这里以郑燮于乾隆壬申（1750）做潍县知县时所作的《四名家图》为例，予以说明。郑燮在《四名家图》题记中写道：

兰梅竹菊四名家，但少春风第一花。寄与东君诸子弟，好将文事夺天葩。

乾隆壬申，板桥郑燮。

由于郑燮于《四名家图》中，仅画了兰、竹、菊三家，因此题记中所谓"但少春风第一花"，指的便是梅花。

天津市艺术博物馆藏有郑燮作《兰竹册》（六幅）墨迹。郑燮在《兰竹册》之一的主要部位画了一盆菖蒲，并在左下角以一苗两花的兰花作为陪衬。郑燮题记：

玉盎金盆徒自贵，只栽蒲草不栽兰。

板桥。

郑燮在《兰竹册》之五中画了一个花瓶，花瓶中插了一枝菊花，并以一枝兰花作为陪衬。

·郑燮《兰竹册》之一　　　　　　　　·郑燮《兰竹册》之五

郑燮为朋友贺寿作《佛手香橼兰花小轴》,左下角并排画了一个香橼和一个佛手,右上角画了一丛兰花,寓意相望庆贺。郑燮题记:

始则幽兰在谷,继则一手擎元。以是相望,即以此相贺矣。
板桥居士郑燮。

·郑燮《佛手香橼兰花小轴》

是年,郑燮为宜纶年学兄作《墨竹图轴》并题记:

掷去乌纱不做官,归来江上钓鱼竿。问渠钓具从何买,笔底新篁万尺宽。
乾隆甲申。宜纶年学兄正画。板桥郑燮。

前面说过,郑燮对社会中的弱势群体始终抱有同情之心。是年,郑燮应邀为朱炎《百瞽图卷》题跋。朱炎,字朴庵,江苏兴化人。朱逢年之子。朱炎学父画而多写意,尤精写盲人景物。郑燮于朱炎《百瞽图卷》上题记:

说与闺中妇女知，嫁夫须要嫁盲儿。缺额掀唇都不见，恩情到老是西施。

乾隆甲申。

是年，清代著名经学家、训诂学家、金石学家阮元生。阮元（1764—1849），字伯元，号芸台、雷塘庵主、揅经老人、怡性老人，江苏仪征人。乾隆五十四年（1789）进士，先后在礼部、兵部、户部、工部任职，并出任山东、浙江学政，浙江、江西、河南巡抚，及漕运总督、湖广总督、两广总督、云贵总督等职。所到之处，以提倡学术、振兴文教为己任，勤于职守，治绩斐然。晚年官拜体仁阁大学士。谥号"文达"。阮元工诗文书画，精鉴别。生平著述丰富。著有《揅经室集》《石渠随笔》《十三经注疏校勘记》等。阮元对郑燮十分敬仰，撰写了不少关于郑燮的文章，字里行间，充满了他对郑燮建树业绩及其艺术成就的褒扬、赞叹。

清嘉庆二十四年己卯（1819）夏，阮元在《题板桥先生行吟图》中写道："板桥先生出宰潍县，爱民有政迹。余督学时，潍之士犹感道之不衰。片纸只字，皆珍若圭璧，固知此君非徒以文翰名世也。己卯夏，乡人阮元识。"

阮元在《淮海英灵集丙集·郑燮》中写道："字克柔，号板桥，兴化人。乾隆丙辰进士。知山东潍县及范县。岁饥，为民请赈，大吏忤之，罢归。其诗有云：'长官好善民已愁，况以不善司民牧。'真至言也。工画兰竹，书法以隶楷行三体相参，古秀独绝。潍县人感其政治，至今宝其书画，多有效其体者。性疏宕，尝置一囊，银钱果食之类，皆贮于内，遇故人子，或乡邻之贫穷者，随手取而赠之。作诗不拘体格，兴至则成，颇近香山、放翁。著《板桥诗钞》二卷、《词》一卷、《家书》一卷。"阮元是集中，还录有郑燮《海陵刘烈妇歌》《郏城》《寄许衡州》《悍吏》《除夕前一日上中尊汪夫子》《由兴化迁曲至高邮》《送都转运卢公》《骨董》《贫士》《广陵曲》《乳母诗》《怀扬州旧居》《范县诗》《破屋》《思归行》《和雅雨山人红桥修禊》《自题画柱石图》等诗作。

阮元在《广陵诗事》卷一中写道："郑板桥燮令潍县，后调范县。以岁饥为民请赈，以是忤大吏罢归。元在山东过潍县，见邑人宝其书画，多能仿效其体，其流风余韵，入人深矣。板桥尝有诗云'长官好善民已愁，况以不善司民牧'。盖板桥实不愧古良吏，或以山人游客目之，非也。"值得注意的是，阮元此处所谓"郑板桥燮令潍县，后调范县"，系明显错误。通过本书前述可知，郑燮乾隆七年50岁时任范县知县，乾隆十一年54岁时才调任潍县。

阮元在《广陵诗事》卷二中写道："兴化郑明府燮幼失母，乳母费氏育子。费本明府祖母婢也。值岁饥，费自食于外，服劳于内。每晨起，负明府入市中，以一钱市一饼置诸手,然后治他事。间有鱼飨瓜果,必先食明府,然后夫妻子母可得食也。数年,费益不支,其夫谋去,费泣不敢言,日取旧衣湔洗补缀,汲水盈瓮,买薪数十束积灶下,不数日竟去。其屋中釜内,尚存菜一盂,饭一盏,以待明府。越三年复来。其子俊得操江提塘官,屡迎养不去。及明府成进士,乃喜曰:'吾抚幼主成名,儿子作八品官,复何恨!'年七十六无疾终。明府哭以诗云:'平生所负恩……不如饼在手。'郑板桥燮置一大布囊,所得银钱食物,杂贮于内,每归,则凡经过亲戚族友家,度其贫否而与之,囊空乃止。"

阮元在《广陵诗事》卷八中写道:"田云鹤爱耽山水,尝为仙霞、武夷之游。高西园凤翰为作《烟霞泉石图》。当时雅雨山人及黄彤章炜、郑克柔燮,皆为之题。郑板桥明府答泰州田上舍云鹤云:'昨买一小园,在水中央。又得铜菩萨像五枚,意欲改此园为铜菩萨庵。'郑板桥少为楷书极工,自谓世人好奇,因以正书杂篆隶,又间以画法,故波磔之中,往往有石纹兰叶。"

是年,与郑燮过从甚密的交厚好友金农去世,享年78岁。郑燮与金农的交往,除了前面有年代者已经著录外,还有一些无年代可考者,摘录如下。

郑燮为官山东时,金农曾撰诗寄赠郑燮。郑燮除将金农赠诗悬于衙署,还题诗回赠金农并将这首诗布告于众,以启后贤。郑燮在《赠金农》诗中写道:

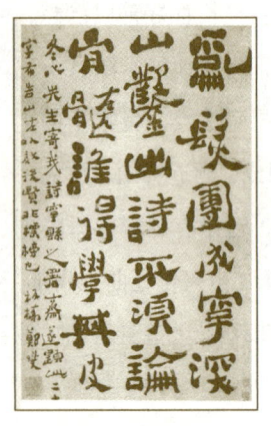

·郑燮《赠金农》

乱发团成字,深山凿出诗。不须论骨髓,谁得学其皮。

冬心先生寄我诗字县之署斋,遂题此二十字布告山左,以启后贤。非标榜也。板桥郑燮。

通过郑燮此诗题记可知,这首诗应该是郑燮为官山东时所作。不过,究竟作于范县,还是作于潍县,由于资料缺乏,目前仍不得而知,只能留待后考。

郑燮在应潍县芸亭年兄索其画并索题金农诗句时,在为其所作的《墨兰图轴》题记中写道:

杭州金寿门题墨兰诗云:"苦被春风勾引出,和葱和蒜卖街头。"盖伤时不遇,又不能决然自引去也。芸亭年兄索余画,并索题寿门句。使当事尽如公等爱才,寿门何得出此恨句?

板桥郑燮。

某日，郑燮应扬州豪家索请，为之画兰。当郑燮这幅画完成并作题记时，恰逢金农登门拜访。金农见此画，甚爱之。郑燮当即又于此画上题诗，将其赠给了金农。郑燮在这幅《墨兰图》上写道：

扬州豪家求余画兰，题曰：写来兰叶并无花，写出花枝没叶遮。我辈何能构全局，也须合拢作生涯。金寿门见面爱之，即以为赠。题曰：昨宵神女降云峰，折得花枝洒碧空。世上凡根与凡叶，岂能安顿在其中？以寿门诗文绝俗也。

郑燮为官山东和脱离官场重返扬州外出游历时，也曾多次与金农书信联系，除相互问候，了却思念之心外，还重在进行学术探讨交流。金农曾书《七夕诗》寄赠郑燮。郑燮在《与金农书》中对此论议道：

赐示《七夕诗》，可谓词严义正，脱尽前人窠臼，不似唐人作为一派亵狎语也。夫织女乃衣之源，牵牛乃食之本，在天星为最贵，奈何作此不经之说乎！如作者云云，真能助我张目者，惜世人从未道及，殊可叹也。我辈读书怀古，岂容随声附和乎！世俗少见多怪，闻言不信，通病也。作札奉寄，慎勿轻以示人。寿门征君，弟燮顿首。

郑燮在收到金农寄赠所作新词数阕后，便在《与金农书》中与金农讨论作词问题，并提出"作词一道，过方则近于诗，过圆则流于曲"的观点。郑燮写道：

词学始于李，唐人惟青莲诸子，略见数首，余未有闻也。太白《菩萨蛮》二首，诚千古绝调矣。作词一道，过方则近于诗，过圆则流于曲，甚矣词学之难也。承示新词数阕，俱不减苏辛也。燮虽酷好填词，其如珠玉在前，翻多形秽耳。板桥弟燮书寄寿门老哥展。

卞孝萱《郑板桥全集》（增补本），将"俱不减苏辛也"作"俱不减辛苏也"。

金农曾于《冬心先生自度曲·题庭前草本小花为板桥居士作》中写道："郑家小婢，草丛一半新栽红紫；老却关情，爱他容易开花结子。来春分种，看离落墙根蔓延不已；野香无比，风味是沣兰湘茞。"通过金农此作文字内容看，应是郑燮脱离官场重返扬州后，金农为之所作。

是年，丁有煜去世，享年83岁。梁悦馨等《通州直隶州志》卷十三《人物志》下《文苑传·静海乡·国朝》:"丁有煜,字丽中。扶风令腹松子也。诸生,入太学。少习举子业,沈鸷类章罗。既而弃去,肆力诗古文及篆刻水墨画。远近名流联吟无虚日。晚年自号个老人。居双薇园,幅巾宽袖,须眉如雪,望之若仙。其卒也,袁枚闻之,叹曰:'个老亡,江北无名士矣。'"

丁有煜生前曾为郑燮刻过印章。郑燮《板桥先生印册·海阔天空》对此记载:

南通州丁丽中刻。

· 郑燮常用印《海阔天空》(清代丁丽中刻)

丁有煜生前曾与郑燮有书信往来。丁有煜在《答郑板桥柬》中写道:"虫鱼蚊虱,各托以命。刻生刻杀,变态须臾。疾痛之忧,造物亦不顾也。而莫(漠)然视之,如人心何?君子以索(素)位出之,儒者取譬,释氏普济,均小补焉。"

关于郑燮与丁有煜,见前文乾隆二十五年郑燮68岁时段。

乾隆三十年乙酉(1765),郑燮73岁。是年,乾隆皇帝第四次南巡,过扬州。是年,篆刻家丁敬去世,享年71岁。

是年二月,郑燮作《墨竹图轴》并题记:

干少枝稀叶又疏,清光也复照窗书。万竿烟雨何能及,引得秋风拂草庐。
乾隆乙酉春二月,板桥郑燮。

是年春,郑燮好友咏亭大兄某夜于梦中有郑燮赠其联句一事。咏亭醒后,即将此事告知郑燮,并请郑燮为其书此梦中联句。郑燮在为咏亭所作《行书七言联》中写道:

琢出云雷成古器,

辟开蒙翳见通衢。

咏亭大兄，梦予赠以偶句，因令予书之。不敢推让，乃为走笔。但惭愧好句如珠，未免为板桥装脸面也。

乾隆乙酉春，橄榄主人郑燮。

是年春，郑燮作并书《十一言对联》。

百尺高梧，撑得起一轮月色；
数椽矮屋，锁不住五夜书声。
乾隆乙酉春，板桥老道人郑燮。

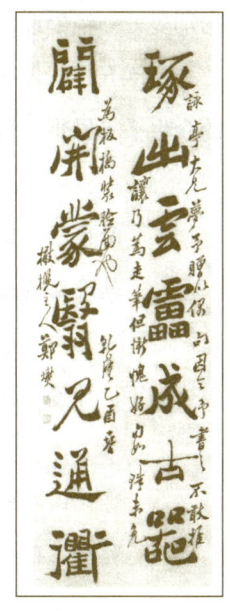

·郑燮为咏亭大兄作《行书七言联》

窃以为，此联落款"板桥老道人郑燮"中的"老"字，疑衍。因为从目前所见郑燮文献资料关于郑燮名号中，仅见"板桥道人"，未见"板桥老道人"之说。

是年四月，郑燮作《竹石图横幅》，旨在抒发非唯自己爱竹石，竹石亦爱自己，有情有味，历久弥新之情，并说明自己敛之则退藏于密，放之可弥六合之意味。郑燮于其上题记：

十笏茅斋，一方天井，修竹数竿，石笋数尺，其地无多，其费亦无多也。而风中雨中有声，日中月中有影，诗中酒中有情，闲中闷中有伴，非唯我爱竹石，即竹石亦爱我也。彼千金万金造园亭，或游宦四方，终其身不能归享。而吾辈欲游名山大川，又一时不得即往，何如一室小景，有情有味，历久弥新乎！对此画，构此境，何难敛之则退藏于密，亦复放之可弥六合也。

乾隆乙酉清和月，板桥郑燮画。

各种文献资料在记载郑燮此处题记时，均有异文。由于上古版《郑板桥集》和卞孝萱《郑板桥全集》（增补本）记载郑燮此题记内容基本相同，此处将其作为依据录入。只不过，卞孝萱《郑板桥全集》（增补本）将"石笋数尺"误作"百笋数尺"。周积寅《郑板桥年谱》则将"而风中雨中有声"作"然而风中雨中有声"；将"即竹石亦爱我也"作"即竹石亦留恋我也"；将"或游宦四方"作"而游宦四方"；将"终其身不能归享"作"或终其身不能到"；将"何难敛之则退藏于密"作"敛之则退藏于密"；将"亦复放之可弥六合也"作"未尝不放之弥□（六）□（合）□（也）"。窃以为，周积寅《郑板桥年谱》或系依据郑燮另一幅墨迹录入,否则不应该出现如此众多不同之处。

是年五月三日,郑燮作《修竹新篁图轴》,题记中阐发"本是同根复同气,有何卑下有何高"的众生平等思想。郑燮写道:

两枝修竹出重霄,几叶新篁倒挂梢。本是同根复同气,有何卑下有何高。
乾隆乙酉五月三日,板桥郑燮。

是年,郑燮为蔚起年学兄作《行书江晴诗扇面》,写道:

雾里山疑失,雷鸣雨未休。夕阳开一半,吐出望江楼。
乾隆乙酉年书似蔚起年学兄正。板桥郑燮。

· 郑燮为蔚起年学兄作
《行书江晴诗扇面》

是年,郑燮为永公大和尚作《瘦竹图轴》并题记:

一枝瘦竹何曾少,十亩丛篁未是多。勘破世间多寡数,水边沙石见恒河。
乾隆乙酉,为永公大和尚正,板桥郑燮。

郑燮此处所谓"恒河",即佛教所说的"恒河沙数"的省称。用如同印度恒河中沙似的,来比喻沙粒极其微小,多至不可胜数。《金刚经·一体同观分第十八》:"须菩提,于意云何?如一恒河中所有沙,有如是沙等恒河,是诸恒河所有沙数佛世界,如是宁为多不?"唐代李商隐《李义山诗集·安平公》:"仰看楼殿摄清汉,坐视世界如恒沙。"

是年,郑燮作《墨竹图轴》,并在题记中既自赞,又自嘲。郑燮写道:

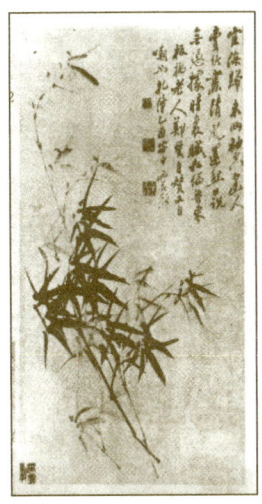

· 郑燮《墨竹图轴》

宦海归来两袖空,逢人卖竹画清风。还愁口说无凭据,暗里赃私遍鲁东。

板桥老人郑燮自赞又自嘲也。乾隆乙酉,客中画并题。

卞孝萱《郑板桥全集》(增补本),将"郑燮自赞又自嘲也"误作"郑燮白赞又自嘲也"。

"赃私",指的是自己的诗书画艺术作品。

是年,郑燮为济翁年学兄作《竹石图轴》,并在题记中祝福济翁年学兄日日温凉适宜,平安吉祥。郑燮写道:

两枝修竹一新篁,柱石相依对画堂。日日平安来好信,又宜温暖又宜凉。

乾隆乙酉,为济翁年学兄正画,板桥郑燮。

是年,郑燮作《竹石图轴》并题记:

参差错落无多竹,引得春风入座来。
乾隆乙酉,板桥郑燮。

是年,郑燮为玉老年学长兄作《竹石图轴》。并在题记中为自己退出官场之后在扬州卖画又十年的生活状态,作一小结。郑燮写道:

十年作客广陵城,落落身如竹叶轻;最是五更凄响处,唤人早起读书声。
乾隆乙酉写似玉老年学长兄,板桥郑燮。

周积寅《郑板桥年谱》于该题记下作 [按]:"此画疑系伪作。"

郑燮终其一生,念念不忘对其诗书画艺术创作和日常生活影响至深的宋代苏轼。是年,郑燮又书录苏轼《与姜唐佐秀才》和《书海苔纸》文,作《六分半书苏轼文轴》。其中写道:

今日霁色,尤可喜。食已,当取天庆观乳泉泼建溪之精者,念非公莫与共之,然早来市无肉,当相与啖菜饭了。不嫌,可只今相过。

昔人以海苔为纸，而今无有。今人以茧为纸，亦古所无有也。

乾隆乙酉，板桥郑燮。

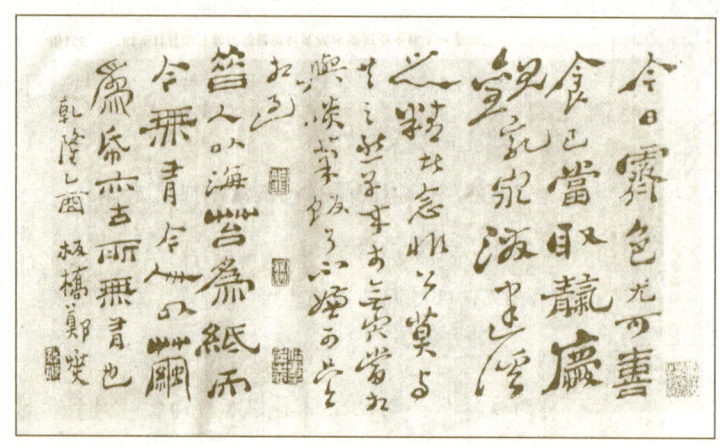

·郑燮《六分半书苏轼文轴》

郑燮此处所书第一段文字，出自《苏轼文集·尺牍·与姜唐佐秀才》，字句稍有改动。苏轼原文是："今日雨霁，尤可喜。食已，当取天庆观乳泉泼建茶之精者，念非君莫与共之。然早来市中无肉，当共啖菜饭耳。不嫌，可只今相过。某启上。"

第二段文字节录苏轼题跋《书海苔纸》，字句也稍有改动。与郑燮乾隆十六年所作《行书节录苏轼书海苔纸》（拓本）同。详见前文。

是年，郑燮作《行书节录苏轼答言上人横幅》，其中写道：

雪斋清境，发于梦想，此间但有荒山大江，修竹古木；每饮村酒醉后，曳杖放脚，忘路之远近，亦旷然天真，与武陵旧游，未易议优劣也。

乾隆乙酉，七十三老人郑板桥书。

郑燮此处所书"曳杖放脚，忘路之远近"句，源自《东坡七集·续集·答言上人》。苏轼原文作"曳杖放脚，不知远近"。

周积寅《郑板桥年谱》将"郑板桥书"误作"郑仗桥书"。

是年，郑燮作《兰竹图》并题记：

十亩桑麻构小园，自成农圃自成村。凡葩乱草何能入，惟有芝兰近竹根。

乾隆乙酉板桥郑燮画并题。

据《中国古代书画目录》第三册著录，是年，郑燮还曾作《行书节录怀素自叙轴》，纸本。

是年，郑燮作《墨竹图》，题记中再次描述了自己憧憬向往的日常生活场景。令人想不到的是，此画竟然成为郑燮一生画作的绝响。郑燮于《墨竹图》中题记：

> 茅屋一间，新篁数干。雪白纸窗，微侵绿色。此时独坐其中，一盏雨前茶，一方端砚石，一张宣州纸，几笔折枝花，朋友未来，风声竹响，愈喧愈静，家僮扫地，侍女焚香，往来竹阴中，清光映于面上，绝可怜爱。何必十二金钗，梨园百辈，须置此身于清风静响中也。
>
> 板桥老人郑燮。乾隆乙酉。

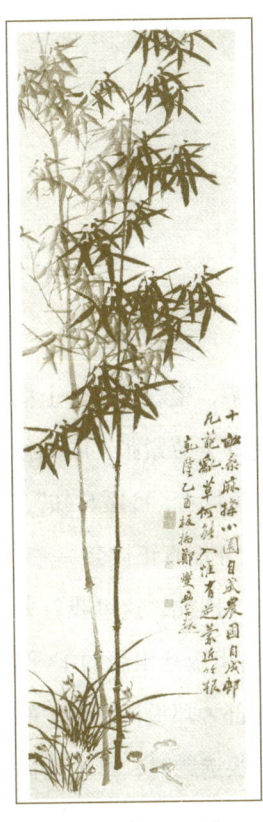

·郑燮《兰竹图》

通过墨迹可知，题记基本上照录了乾隆二十七年壬午70岁时为静翁年兄所作《墨竹图轴》上的题记。不过将"朋友来至"改作"朋友未来"，将"清光映于画上"改作"清光映于面上"，将"须置身于清风静响中也"，改作"须置此身于清风静响中也"。

乾隆三十年乙酉（1765）十二月十二日未时，郑燮去世，享年73岁。葬于兴化县城东管阮庄。与郑燮过从甚密的交厚好友大多已先他而去，因此没有留下更多悼念郑燮的纪念文字。尽管如此，郑燮一生"三绝诗书画"的艺术成就，和其中所包含的真气、真意、真趣，永远值得人们钦敬和怀念。

郑燮所生二子均已夭亡，因此以其堂弟郑墨之子郑田（字砚耕）为嗣。孙郑镕（字范金）。曾孙郑国璋（字文址）。从孙郑銮（字子砚）、郑铉（字景堂）。郑燮这些后人中，只有郑镕继承了郑燮善画的衣钵。据《续纂扬州府志》载，郑镕"工画兰竹石，得其伯祖板桥大令法。"

郑燮堂弟郑墨，殁于嘉庆三年戊午（1798），享年82岁。葬于兴化剌院寺。

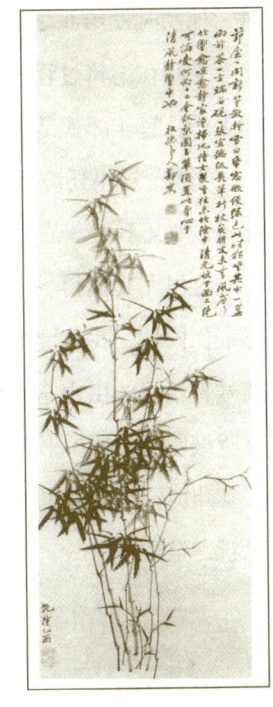

·郑燮《墨竹图》

后 记

2022年11月20日上午，当我将拙著《郑板桥评传》文稿审校完毕，望着写字台上摆放的这部近40万字、200多幅图片的厚厚文稿，历经八个月日思夜想的辛劳紧张，顷刻化为乌有，顿觉一身轻松。实际上，这些年我对此的确是深有感触。"如鱼饮水，冷暖自知"。撰著过程中的那些疲惫苦辛和蕴含其中的兴奋愉悦，只有亲身经历者，才能真正体会。

写书不易，出书更难，这或许早已成为当下作者的一种普遍共识。因此，这里我首先得衷心感谢青岛出版社总编辑郭东明老师。自2005年至今，我在青岛出版社出版的13部拙著中的12部，都是由郭总责任编辑的。此次当我向郭总谈及撰写这部《郑板桥评传》的选题意向时，立刻得到他的积极响应，并在出版社编委会筛选审定出版选题时，给予鼎力支持，从而使得本书得以顺利出版。

这里也应该衷心感谢本书的责任编辑程兆军老师。在我按照出版社要求申报该书选题时，他及时发给我填报选题的相关表格和注意事项，使得该书选题申报得以顺利通过。程兆军老师在编辑过程中的认真负责态度，令我印象非常深刻。我在青岛出版社出版的13部拙著中，有4部就是由程兆军老师协助郭东明老师完成的。

当然，这里还应该感谢著名书法家宋文京道兄。他曾经为我此前出版的多部拙著题签。此次，他又不辞辛苦为《郑板桥评传》精心书写了横式、竖式两幅题签供选用，为拙著添彩。

这里尤其值得一提的是，还应该衷心感谢我的两位大学同学。一位是住在山东潍坊的郭宗仁同学。我在撰写这部拙著翻阅查看资料的过程中，找到了上世纪80年代郭宗仁同学挂号寄给我的由山东潍坊十笏园藏石拓制的两种《板桥碑刻拓片》和山东潍坊工艺美术研究所编印的《板桥书画拓片集》。另一位是住在江苏泰州的张亚斌同学。上世纪90年代我去泰州时，张亚斌同学和夫人李凤娟，陪同我前往兴化郑板桥故居参观的情景，令我记忆犹新，至今难忘。

参考文献

《清代学者像传》叶衍兰、叶恭绰编，黄小泉、杨鹏绘，上海书店出版社，2001

《郑板桥集》中华书局上海编辑所编辑，中华书局，1962

《郑板桥集》本社编（原中华上编版），上海古籍出版社，1972新1版

《郑板桥全集》（清）郑燮著，江苏广陵古籍刻印社据扫叶山房1924年版影印，1997

《影印真迹郑板桥全集》郑燮著，王缁尘校，中州古籍出版社据1935年世界书局本影印，1992

《郑板桥年谱》周积寅、王凤珠著，山东美术出版社，1991

《郑板桥全集》（增补本）卞孝萱、卞岐编，凤凰出版社，2012

《郑板桥》周积寅著，四川美术出版社，2019

《郑板桥书画集》（清）郑板桥著，长城出版社，2003

《扬州画舫录》（清）李斗撰，中华书局，1960

《梦溪笔谈》（宋）沈括著，诸雨辰译注，中华书局，2016

《四库全书总目》（清）永瑢等撰，中华书局，1965

《元好问全集》姚奠中主编，山西人民出版社，1990

《武林旧事》（南宋）周密撰，山东友谊出版社，2001

《晋书》（唐）房玄龄等撰，中华书局，1974

《史记》（汉）司马迁撰，中华书局，1982年第二版

《礼记》陈澔注，上海古籍出版社，1987

《〈水经注〉选注》谭家健、李知文选注，中国社会科学出版社，1989

《清史稿》赵尔巽等撰，中华书局，1977

《魏书》（北齐）魏收撰，中华书局，1974

《刘禹锡诗编年校注》（唐）刘禹锡撰，高志忠校注，黑龙江人民出版社，2005

《诗经》朱熹注，上海古籍出版社，1987

《李太白全集》（唐）李白著，上海书店据世界书局旧版本影印，1988

《南史》（唐）李延寿撰，中华书局，1975

《汉书》（汉）班固撰，（唐）颜师古注，中华书局，1962

《王右丞集笺注》（唐）王维著，（清）赵殿成笺注，上海古籍出版社，1984

《佛光大辞典》星云大师监修，慈怡主编，北京图书馆出版社据台湾佛光山出版社1989年6月第五版影印

《中外历史年表》翦伯赞主编，中华书局，1961

《韩昌黎集》韩愈著，中国书店据1935年世界书局本影印，1991

《孟子》朱熹注，上海古籍出版社，1987

《中国书法家全集·王羲之王献之》李廷华著，河北教育出版社，2006

《中国书法家全集·虞世南》虞晓勇著，河北教育出版社，2004

《雲笈七籤》（宋）张君房编，李永晟点校，中华书局，2003

《开元天宝遗事》（五代）王仁裕撰，中华书局，2006

《山静居画论》（清）方薰著，西泠印社出版社，2009

《清诗别裁集》（清）沈德潜编，中华书局，1975

《后汉书》（宋）范晔撰，（唐）李贤等注，中华书局，1965

《世说新语校笺》（修订本）（南朝宋）刘义庆撰，（梁）刘孝标注，杨勇校笺，中华书局，2006

《陆放翁全集》陆游著，北京市中国书店据世界书局1936年版影印，1986

《新唐书》（宋）欧阳修、宋祁撰，中华书局，1975

《庄子今注今译》（最新修订重排本）陈鼓应注译，中华书局，2009

《佛学大辞典》丁福保编，宗教文化出版社，2015

《春秋三传》杜预等注，上海古籍出版社，1987

《三辅黄图校注》魏全瑞主编，何清谷校注，三秦出版社，2006

《苏轼诗集》（清）王文诰辑注，孔凡礼点校，中华书局，1982

《明史》（清）张廷玉等撰，中华书局，1974

《徐文长》徐嵩著，上海人民出版社，1962

《石涛画语录》石涛著，窦亚杰编注，西泠印社出版社，2006

《释名》（汉）刘熙撰，中华书局，2016

《古玩指南》赵汝珍编述，北京市中国书店，1984

《老子　列子》老子著　列御寇著，上海古籍出版社，1989

《南村辍耕录》（元）陶宗仪撰，中华书局，1959

《潜夫论》王符撰，上海古籍出版社，1990

《清稗类钞》（清）徐珂编撰，中华书局，2010

《板桥书画拓片集》山东潍坊市工艺美术研究所编印

《抱朴子》葛洪撰，上海古籍出版社，1990

《抱朴子内篇校释》（增订本）王明撰，中华书局，1985

《读史方舆纪要》（清）顾祖禹撰，贺次君、施和金点校，中华书局，2005

《孟浩然集校注》徐鹏校注，人民文学出版社，1989

《法书要录》（唐）张彦远辑录，范祥雍点校，上海古籍出版社，2013

《履园丛话》（清）钱泳撰，张伟点校，中华书局，1979

《周易》朱熹注，上海古籍出版社，1987

《书经》蔡沈注，上海古籍出版社，1987

《司马相如集校注》（汉）司马相如著，朱一清、孙以昭校注，人民文学出版社，1996

《淮海居士长短句》（宋）秦观著，徐培均校注，上海古籍出版社，1985

《乐章集校注》（宋）柳永著，薛瑞生校注，中华书局，1994

《清真集笺注》（修订本）（宋）周邦彦著，罗忼烈笺注，上海古籍出版社，2008

《装潢志》（明）周嘉胄著，尚莲霞编著，中华书局，2012

《尚古说印》鄢敬新著，青岛出版社，2019

《池北偶谈》（清）王士禛撰，中华书局，1982

《稼轩词编年笺注》（增订本）（宋）辛弃疾撰，邓广铭笺注，上海古籍出版社，1993

《韩非子》韩非著，上海古籍出版社，1989

《冬心题画记》金农著，阎安校注，西泠印社出版社，2008

《西安碑林古刻集粹》武天合编著，西安地图出版社，1996

《楹联丛话》（附新语）（清）梁章钜等撰，白化文、李鼎霞点校，中华书局，1987

《郑板桥画选》荣宝斋编辑出版发行，1989

《茶禅一味》鄢敬新著，青岛出版社，2013

《石林燕语》（宋）叶梦得撰，宇文绍奕考异，中华书局，1984

《历代书法论文选》上海书画出版社、华东师范大学古籍整理研究室选编，上海书画出版社，1979

《袁枚全集》王英志主编，江苏古籍出版社，1993

《扬州八怪》文物出版社资料室编，文物出版社，1981

《评选古诗源》（清）沈德潜，丁巳秋上海会文堂书局印行（石印本）

《雅墨清赏》（书法卷）鄢敬新著，青岛出版社，2016

《中国书画全书》卢辅圣主编，上海书画出版社，1993

《李太白集　杜工部集》李白　杜甫著，张式铭标点，岳麓书社，1989

《文选》（梁）萧统编，（唐）李善注，上海古籍出版社，1986

《隋书》（唐）魏征等撰，中华书局，1973

《资治通鉴》（宋）司马光编著，（元）胡三省音注，中华书局，1956

《玉台新咏》（陈）徐陵编，线装本《四部备要》集部，上海中华书局据长洲程氏删补本校刊

《全唐诗》（清）彭定求等编，中华书局，1960

《尚古说香》鄢敬新著，青岛出版社，2014

《插花清供》鄢敬新著，青岛出版社，2015

《雅墨清赏》（绘画卷）鄢敬新著，青岛出版社，2017

《板桥题画》张素琪编注，西泠印社出版社，2006

《旧唐书》（后晋）刘昫等撰，中华书局，1975

《陶渊明集笺注》袁行霈撰，中华书局，2011

《金刚经·心经》赖永海主编，陈秋平译注，中华书局，2010

《中国书法家全集·颜真卿》朱关田编著，河北教育出版社，2002

《中国书法家全集·金农》范正红著，河北教育出版社，2003

《中国书法家全集·高凤翰》曹建著，河北教育出版社，2004

《中国历史纪年表》方诗铭编，上海辞书出版社，1980

《赵孟頫集》（元）赵孟頫著，钱伟强点校，浙江古籍出版社，2015

《林和靖集》（宋）林逋著，沈幼徵校注，浙江古籍出版社，2016

《中国绘画美学史》（修订第二版），陈传席著，人民美术出版社，2012

《中国画家大辞典》北京市中国书店据神州国光社1934年8月版影印，1982

《诗书画印成语典故辞典》佟玉斌、佟舟编著，荣宝斋出版社，2011

《苏轼文集》（宋）苏轼撰，（明）茅维编，孔凡礼点校，中华书局，1986

《李商隐诗歌集解》刘学锴、余恕诚著，中华书局，1988

《顾黄书寮杂录》（王献唐遗书），齐鲁书社，1984

《郑板桥判牍》李一氓编，文物出版社，1987

《郑板桥书画》山东省文物局、潍坊地区出版办公室编,山东美术出版社,1984
《苏东坡全集》苏轼著,中国书店据世界书局1936年版影印,1986
《刘克庄集笺校》(宋)刘克庄著,辛更儒校注,中华书局,2011
《扬州八怪书法印章选》张郁明编著,江苏美术出版社,1993
《弘一法师李叔同评传》鄢敬新著,青岛出版社,2021
《明成化本东坡七集》(宋)苏轼撰,国家图书馆出版社,2019